·2020·

沙洋年鉴

SHAYANG NIANJIAN

沙洋县人民政府　主办
沙洋县档案馆　主编

中国文化出版社
CHINA CULTURE PUBLISHING HOUSE

中国文化出版社

图书在版编目(CIP)数据

沙洋年鉴（2020）/沙洋县档案馆 主编—中国文化出版社，2020.12
ISBN978-988-8729-23-4/Z.3099
Ⅰ.沙… Ⅱ.沙… Ⅲ.年鉴.湖北省荆门市.沙洋县—中国—当代 IV.0245
中国文化出版社CIP数据核字（2020）第20200245号

沙 洋 年 鉴（2020）

主　　办：沙洋县人民政府
主　　编：沙洋县档案馆
网　　址：http://www.zgwh.cn
责任编辑：红 玉
装帧设计：许 敏
开　　本：880×1230mm 1/16
字　　数：630千字
印　　张：21.5
版　　次：2020年12月第1版 第1次印刷
书　　号：ISBN978-988-8729-23-4/Z.3099
定　　价：300.00

内部用图

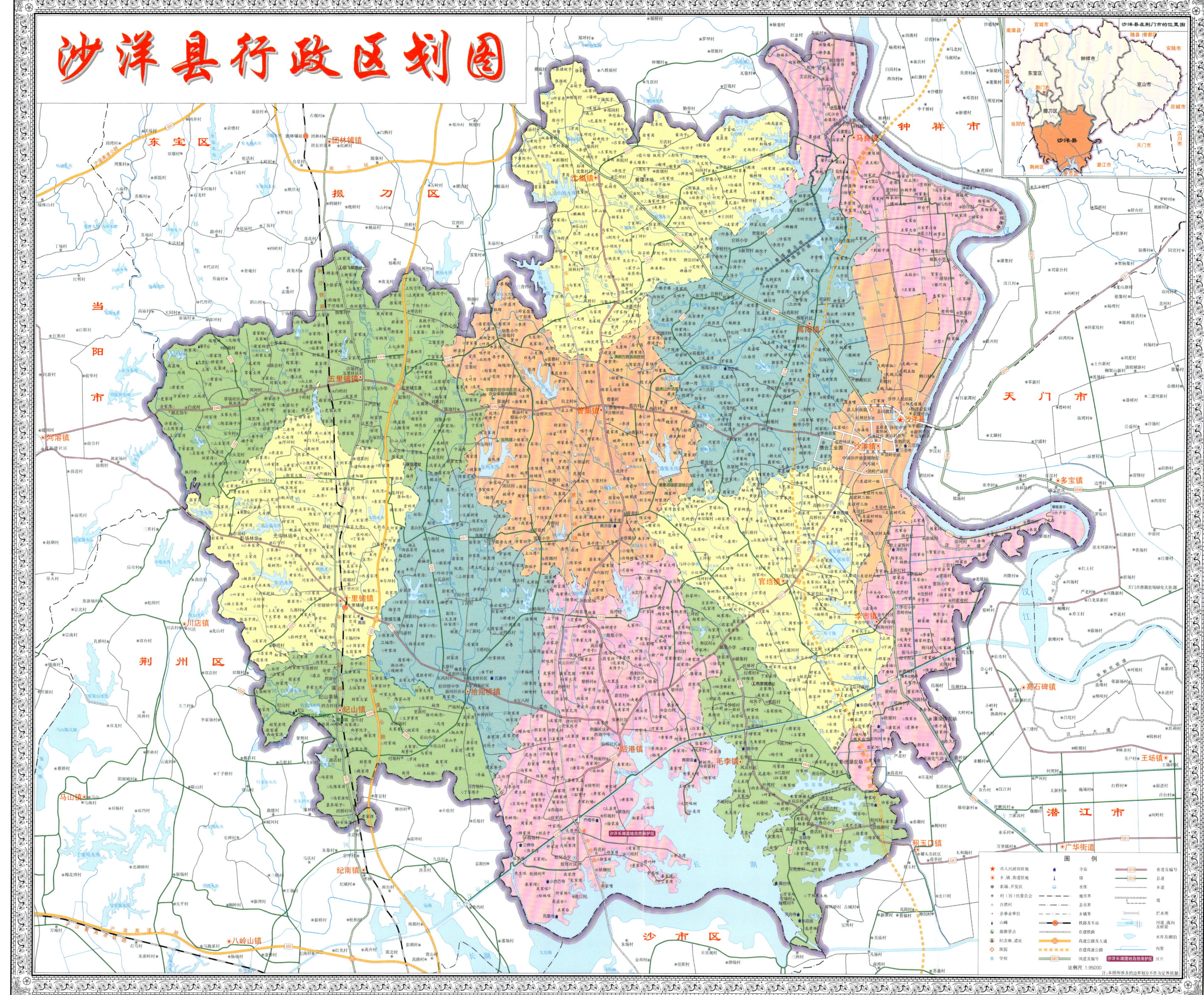

审图号:荆门市 S（2018年）002号

沙洋县民政局 湖北省国土测绘院编制 二〇一八年八月

富强 民主 文明 和谐

自由 平等 公正 法治

爱国 敬业 诚信 友善

2019年6月20日，省委常委、宣传部部长、长湖省级湖长王艳玲（前排中）带领省直相关部门负责人到沙洋县，现场检查长湖水生态环境综合治理工作

2019年3月，首届湖北油菜花节开幕，省人大常委会副主任王玲（左四）参观张池农耕文化体验园

2019年8月29日，省人大常委会党组成员、副主任胡志强（前排左一）率部分省人大常委会组成人员和省人大代表到沙洋县开展《湖北省乡镇人民代表大会工作条例》执法检查和“聚力脱贫攻坚、人大代表在行动”代表交叉视察活动

2020年8月28日，省政协副主席马旭明（前排中）到沙调研乡村文化振兴

2019年7月10日下午，市委书记张爱国（左二），市委副书记、市长孙兵（右二）率全市二季度项目建设和招商引资拉练活动观摩团观摩沙洋县活动现场

2019年8月21日，市委副书记、政法委书记李涛（中）到沙调研沙洋县脱贫攻坚、村级退役军人服务站建设、美丽乡村建设等工作

2019年1月18日，市委常委、宣传部部长吕晓华（右二）带队到沙调研重点文旅项目

2019年5月7日，市人大常委会副主任丁萍（右二）带队到沙对《湖北省乡镇人民代表大会工作条例》以及省市有关文件贯彻落实情况开展调研

2019年12月24—27日，沙洋县第五届人民代表大会第四次会议在县文化中心召开

2019年12月23—26日，政协沙洋县第五届委员会第四次会议在县文化中心召开

2019年4月11日，新时代公民道德建设工作培训班在重庆举行。县委副书记、县长刘克雄在培训班上，以《开展“九久入户”工程，推动社会主义核心价值观在基层落地生根》为题，向全国推介沙洋县社会主义核心价值观“九久入户”经验

2019年4月25日，全市“四个三重大生态工程”建设暨小城镇环境综合整治现场推进会在沙洋县召开

2019年4月19日，县委、县政府召开创建国家卫生县城工作推进会

2019年3月23日，县委副书记、县长刘克雄向到访的斯洛伐克大使介绍沙洋县油菜花产业发展

2019年3月27日，沙洋县举行首届湖北油菜花节花卉苗木展览会暨沙洋县第八届花卉苗木交易会

2019年3月19日，“荆品名门”区域公用品牌发布会暨特色农产品展示展销会在曾集镇张池村举行

2019年5月21日，华润沙洋马良150MW风电场项目开工仪式现场

2019年3月19日，首届湖北油菜花节开幕式表演

2019年3月29日上午，首届湖北油菜花节——中国·油菜花海小镇春季主题活动节目表演

2019年3月23日，“互通杯”2019湖北沙洋江汉运河桨板10千米表演赛

2019年3月23日上午，太平洋保险2019湖北沙洋江汉运河国际半程马拉松现场开跑

浩吉铁路长湖特大桥

西荆河畔

借粮湖天鹅

沙洋新港

平湖公园

改建后的荷花大道

编辑说明

一、《沙洋年鉴》是由沙洋县人民政府主办，沙洋县档案馆编纂出版的地方综合年鉴，创刊于2008年。本卷《沙洋年鉴》(2020)为第十卷，收载2019年沙洋县国民经济和社会发展的基本情况和基本资料。

二、《沙洋年鉴》以马克思列宁主义、毛泽东思想、邓小平理论、"三个代表"重要思想、科学发展观、习近平新时代中国特色社会主义思想为指导，全面、系统、真实地记载沙洋县自然、经济、政治、文化和社会发展的历史进程，为各级党政领导科学决策提供可靠依据和最新信息，为社会各界了解沙洋、研究沙洋、建设沙洋提供基本资料，为续修《沙洋县志》积累保存史料。

三、本年鉴采用分类编辑法，以"部类"为单元，"部类"由"分目"和"条目"组成，"条目"为收录资料信息的基本单元。本卷年鉴共设27个部类：(1)特载；(2)专文；(3)2019年沙洋荣誉；(4)年度关注；(5)县情概览；(6)2019年大事记；(7)政治；(8)群众团体；(9)法治；(10)军事；(11)城乡规划建设管理；(12)生态建设与保护；(13)交通 邮政；(14)工业与信息化；(15)农业和农村经济；(16)贸易；(17)经济综合管理；(18)财政 税务 审计；(19)金融；(20)社会事业；(21)教育；(22)文化 体育 旅游；(23)卫生与健康；(24)社会民生；(25)镇(区)概况；(26)人物；(27)附录。为方便读者使用，本年鉴于卷首设目录、卷末设索引，以备检索。

四、本年鉴所有"条目"均由县直各部门、各镇(区)及驻沙洋省、市属单位负责撰写，并经撰稿单位领导审核，资料具有权威性。

五、本卷年鉴收录的内容一般以2019年1月1日至2019年12月31日为限，极少数文字图片资料有所突破。书中刊载的县直各级各部门及镇(区)领导成员名单以中共沙洋县委组织部2019年底在职档案为准；其他领导成员名单由供稿单位提供。因统计口径、资料来源等原因，有关部门所用个别数据可能与"统计资料"类目中的数据不尽一致，采用时请酌选。

六、本年鉴凡涉及沙洋县国民经济和社会发展的全局性数据概以县统计局提供的数据为准。

七、本卷年鉴原则上使用法定计量单位。考虑到实际工作需要和方便读者使用，有些记述中计量单位仍保留少量市制。

《沙洋年鉴》编纂委员会

《沙洋年鉴》编辑部

目　　录

特　　载

专　　文

2019 年沙洋荣誉

年度关注

县情概览

2019年大事记

政　　治

法　　治

军　事

城市规划建设与管理

生态建设与保护

交通 邮政

工业与信息化

农业和农村经济

贸　易

经济综合管理

财政 税务 审计

金 融

科学技术

教 育

文化 体育 旅游

卫生与健康

社会民生

乡镇(区)概况

人　物

附　　录

特　　载

在全县半年经济形势分析会议上的讲话

（2019 年 7 月 19 日）

中共沙洋县委书记　刘克雄

发展是第一要务，是硬道理，是全民所盼。今年以来，根据中央要求，各地在防范化解重大风险的基础上，推动经济高质量发展。我们沙洋县经济相对落后，更应该加快推进高质量发展，缩小与周边地方的差距。现在是 7 月，今年的工作已进入下半场。为确保全年经济发展有重大成就，县委、县政府决定今天在这里召开全县半年经济形势分析会，动员全县上下认清形势，找准问题，理清思路，坚定信心，顽强拼搏，奋力实现今年后发赶超跨出一大步的目标。

今天上午，我们组织大家对重点项目和重点工作进行了现场观摩。这些观摩点是事先挑选出的最好的，代表全县上半年经济发展的最高水平，相信大家看后有很多感想。我的感想是喜忧参半，喜的是全县上半年经济确实有发展，有进步，不容易，忧的是这些观摩点不能让人震撼，反映出我县后发赶超的步子不快，气势不猛。

刚才，杨孟富同志通报了全县上半年经济运行情况，相关单位主要负责人也作了典型交流发言。下面，我围绕上半年工作怎么看、下半年工作怎么干，讲四点意见：

一、认真总结分析，理性看待当前发展形势

（一）肯定成绩，坚定信心

今年上半年全县上下非常努力，非常辛劳，工作忙而有效，主要体现在三个方面：一是经济指标稳中普升。1—6 月，全县规模工业增加值、固定资产投资、社会消费品零售额等多项经济指标位居全市前列，实现了“双过半”的目标任务。二是在建重大项目多。熊兴化工循环经济产业化项目、京城新能源装备制造项目、华润沙洋马良风电场等项目开工建设；佳悦 BOPP 包装新材料、劲驰汽车零部件生产、弘益玻璃制镜等亿元以上项目建成投产；蒙华铁路、枣潜高速公路即将在年底建成通车；汉江二桥、太一湖等重大民生项目进展顺利；总投资 60 亿元的保华华中沙洋能源转化与矿产加工贸易试验区项目正在加快推进。三是招商引资力度强。投资 22 亿元的风电装备制造产业园、投资 20 亿元的国际食品产业园、投资 13 亿元的循环经济产业园、投资 5 亿元的明阳风机叶片制造等一批大项目签约落地。积极开展粤港澳大湾区招商推介活动，签约风电装备制造、BOPP 胶带等 5 个项目，总投资 25 亿元。四是主导产业集群发展态势好。1—6 月，全县绿色食品加工、新材料、装备制造三大主导产业累计完成产值 137.85 亿元，占全县规模以上工业增加值的 88.52%，同比增长 13.9%。五是经济发展环境更优。深入开展“两整”活动，大力推行网上审批、并联审批、容缺审批等模式，行政审批效率大大提速，兑现减税降费惠企政策资金 3.71 亿元，县域营商环境持续优化。六是城乡面貌变化大。全面打响创建国家卫生县城攻坚战，县城功能和社区管理水平显著提升，城市面貌明

显改观。大力实施乡村振兴战略，加快推进“四个三”重大生态工程，持续抓好“两带”示范、百村整治，农村发展活力不断增强，面貌明显改善。

（二）正视问题，剖析原因

因为基础弱，且受全国经济发展动能转换、贸易摩擦加剧等宏观大背景影响，我县稳定经济增长的压力不断加大，短板仍然很明显。主要表现在：

一是经济总量依然偏小。县级财政压力较大，收支矛盾较为突出，1—6月，我县财政总收入总量全市排第五位、增长速度6.4%全市倒数第二，公共财政预算收入增长速度11.1%全市排第五位，地方总税收入增长速度5.4%全市倒数第二。虽然我县正处于经济加快发展、后发赶超关键时期，但是经济规模偏小，发展速度不快，质量效益不高的状况尚未从根本上得到改变。

二是经济持续增长后劲不足。招商引资质效不高，全县规上工业企业总量小、科技含量不高等问题依然存在，截至目前没有新建新投产企业进规，仅2月份新增2家“规下转规上”规模以上工业企业。对产业集聚、产业链延伸有带动力的大项目、高新科技和外资项目仍显不足，1—6月，民间投资增速、房地产投资增速分别比去年同期下降2.52、231.4个百分点。固定资产投资增速不稳，保持稳定增长的难度较大。

三是项目推进相对滞后。受宏观经济环境影响，招商引资难度加大，跟踪项目难签约、签约项目难落地、落地项目推动慢等问题依然存在。今年上半年，我县签约合同（协议）项目43个（工业项目32个，服务业项目6个，总部经济项目5个），与去年同期相比减少了21个。

四是高新技术制造业大幅下降。全县以农产品加工型企业居多，以粗加工为主，产品附加值低，科技含量低。1—6月，高新技术制造业仅涉及医药制造业，且产业的综合竞争力不强，工业增加值同比下降36.8%，较上年同期低42.4个百分点；高新技术制造业增加值占全县规模以上工业增加值的比重为1.0%，占比较同期低1.1个百分点。

五是要素制约问题依然突出。在融资方面，虽然多次召开银企对接会，给予金融政策支持，但企业缺乏融资抵押物，担保市场不健全，银行信用贷款产品少，小微企业融资难、融资贵问题依然突出。在用工方面，专业技能人才短缺，企业招工难，园区配套和薪资待遇与发达地区存在差距，企业留工难。

存在以上问题原因是多方面的，客观上是受宏观经济大环境的影响，但主要还是主观方面的原因。归纳起来，主要表现在“三个不够”：一是主动担当作为不够。我们的目标能否实现、工作有无突破，关键取决于我们的精神状态、担当精神和工作干劲。从目前情况看，有两种消极心态亟需克服：第一种是畏难思想，信心不足，找不到工作的有效突破口；第二种是小进则满，认为今年的工作比去年小有进步就行了，不需要付出更大的精力。二是思想解放不够。思想超前一步，发展就领先一步。我们与周边县市（区）的差距，实质上是思想解放程度的差距。我们有些干部习惯了“温水煮青蛙”，习惯于“坐井观天”，按部就班，一成不变。三是攻坚克难的韧劲不够。有些单位、有些干部过于圆滑，遇见矛盾绕道走，不想攻坚克难担风险。如企业发展面临的融资难、融资贵问题，一直无法破解。在招商引资方面，虽然瞄准了大企业、好项目，但不能千方百计对接上，或者遭到一两次碰壁就放弃了。帮助企业技改扩规，提高科技含量，增强竞争力，这是一条加快发展的好路子，但有的单位、有的干部在这方面没有持续不断地为企业想办法、解难题，或者认为是企业自己的事，该企业自己负责。

（三）分析形势，抢抓机遇

我们在看到成绩和问题的同时，还要善于从当前的发展大势中寻找蕴含的有利因素。

一是国际形势逐渐回暖。在刚结束的G20峰会上，中美两国在领导人会晤后表示不再加征新的关税，且重启经贸磋商，贸易摩擦短期内急剧恶化的风险得到了遏制。这意味着前段时间中美紧张气氛告一段落，外部环境形势有望逐渐好转。对于我县外贸型依存度较高的企业而言，将迎来转机。

二是宏观政策持续利好。今年，中央围绕推动高质量发展，综合运用三大政策体系，在深化供给侧结构性改革、财税金融、促进消费、乡村振兴等方面出台了一系列新举措和“政策包”，我们要深入研究、用足用活。比如，做好地方政府专项债券发行及项目配套融资工作的通知中，明确提出“允许将专项债券作为符合条件的重大项目资本金”，这突破了以往专项债券只能做配套资金的限制。用好这项政策，有利于我们推动项目融资，促进项目发展。

三是产业转型升级机遇。近年来，生态环保、产业结构调整等因素，虽给企业带来不少阵痛，但倒逼我们转变发展方式、转换新旧动能，为企业优化管理，创新发展、转型升级提供更多空间，为做优做强三大主导产业，发展文化旅游产业、电子商务产业等新型产业提供了更多机遇和广阔前景。

二、明确重点任务，加快推进县域经济发展

下半年是我们完成全年目标任务的冲刺阶段，各地各部门务必始终保持奋发有为的精神状态，紧抓发展第一要务，确保下半年经济工作取得重大成就。

（一）围绕指标精准调度

下半年，我们要对着经济指标抓工作，先进指标保位次，落后指标争进位。对完成较好，甚至在全市领先的指标，要进一步巩固提升，保住优势，放大优势。对完成情况不理想的指标，要认真分析，拿出有效办法，争取迅速赶上。

（二）增强有效投资拉动

投资对经济发展起到的是最直接、见效最快的拉动作用。我县近年来的连续进位主要得益于此。我们要把增加有效投资作为稳增长的关键举措来抓，确保完成今年固定资产投资增长12%以上的目标。

一是持续推进招商引资。要进一步突出自身优势。当前，我们的招商引资政策，与周边地区相比，在土地、电力、配套服务等关键点上还没有形成明显的政策洼地，对项目、资金、人才、技术的吸引力不足。在不违反国家法律和政策规定的前提下，我们要进一步研究修改优惠政策，结合我县在江汉平原振兴发展示范区的中心区位和公铁水联运格局所带来的交通便利，彰显出我县的引资魅力。要紧盯三大主导产业，明确招商方向和细分领域，推动产业链招商科学化、精准化和路径化，力争引进关联度高、带动力强的大企业、大项目。要提升选资水平，在引资的同时更要选好资，要会用“望远镜”，敢于瞄准中国500强、民营500强企业，争取以一个大项目的落地来带动一项产业的发展；要会用“显微镜”，寻找出细分行业的隐性冠军，紧盯产业链上的关键企业，并积极引进，规模不论大小，只要能够在市场中保持顽强的生命力，就能够在沙洋发展壮大。

二是项目建设要提质增效。在当前国际贸易形势复杂、经济下行压力加大的环境下，抓好项目建设，仍然是我县今后一段时期经济社会发展的重头戏，我们要牢固树立“今天的项目数量就是明天的经济总量、今天的投资结构就是明天的产业结构”的理念，以重大项目建设的集中突破推动全县经济社会发展。要加快招商项目落地进程，盯紧在谈的项目，加快把意向转化为实际成果，确保项目招引实现新突破。要时刻跟进在建项目，分管县领导要切实负起责任，做好轻量化玻璃包装材料、华润沙洋马良风电场、光大国际生物质发电、富泰革基布搬迁扩改、汉江二桥等13个省、市重点建设项目的协调推进工作，继续做好每月重点项目拉练督办活动。包联服务要切实解决问题。在与上级部门衔接的过程中，需要县领导出面的，要义不容辞、主动出面协调；在县本级遇到的问题，要分解到部门、落实到人，以最快的速度协商解决，确保新建项目按时开工，续建项目按期完工，建成项目早日投产。

（三）产业发展要培育亮点

一是要围绕做大品牌，加快发展绿色食品产业。我县粮油、水产品、油菜等加工水平位列全省前列，是全国农谷绿色食品加工产业示范区、农业科技成果转化基地。当前，我们要进一步放大优势，大力发展五条全产业链，即：稻谷全产业链——大力引进和建设生态优质稻米、精制米糠油、高档功能保健食品、米蕈多肽功能饮料、功能性胶囊及含片等项目。油菜全产业链——打造集油菜科技研发、文化旅游、精深加工、仓储物流、品牌营销于一体的全产业链国家级示范园区。小龙虾全产业链——建设小龙虾物流园、小龙虾加工、养殖基地建设、苗种繁育体系。畜禽全产业链——建设生猪、肉牛、家禽及禽蛋等产品分割、深加工、仓储产业园。淡水鱼及水生菜全产业链——大力引进和建设鱼糕、风干鱼、即食鱼干等加工项目，开发保鲜荸荠、藕带、莲子米等特色食品。目前，市里打造的“荆品名门”农产品区域公共品牌已经正式推向全国，并开始了市场化运营，我们要搭“荆品名门”平台的顺风车向全国进行推广，以此来促进产业发展。

二是要围绕壮大集群，加快发展新型建材产业。近年来，在明弘、荆玻等龙头企业带动下，我县特种玻璃、高端建材及玻璃深加工制品迅猛发展，生产的玻璃

制品远销世界各地，形成了玻璃产业的“两基地一中心”格局——即中南地区最大玻璃生产基地、玻璃产品集散基地、玻璃行业高新技术转化中心，沙洋的快速崛起，让湖北成为继河北、广东之后的玻璃产能第三大省。当前，我们要重点发展玻璃深加工产业，围绕沙洋现有玻璃产业优势，建设玻璃改裁、镀镜、热弯、钢化、防弹、加丝加胶等深加工项目。大力发展汽车玻璃产业，利用沙洋现有玻璃企业生产的汽车玻璃原片，与国内各汽车制造企业签订单，生产适合的汽车玻璃。中国是全球最大的汽车生产消费大国，武汉是全国最大的汽车生产基地之一，汽车玻璃市场广阔。大力发展水晶灯饰及工艺品产业，建设玻璃灯饰、玻璃工艺品、玻璃器皿等项目，主要供应湖北、湖南、安徽、江西及周边地区。

三是围绕培育经济增长点，大力发展装备制造产业。近年来，我们将装备制造产业作为主导产业来培育，全力打造华中高端智能工业装备制造基地及汉江流域临港经济试点示范区。以泰富重装、首创环保为龙头，已初步形成了机电系统智造、智能装备、环保装备、风电装备四大特色产业园。当前，我们要重点发展以下产业：第一，新能源电动汽车产业，着力引进比亚迪、吉利等汽车制造企业，在沙洋建设新能源汽车产业园。第二，重型机床制造产业，打造成一个科、工、贸为一体的重型机床生产基地。第三，轨道交通装备制造产业，依托泰富重装，大力发展道路装备、桥梁装备、港口装备、火车站装备、能源装备、成套设备及各类钢结构制造，补全武汉武船重工集团的产业链。第四，智能环保设备及风电装备制造产业，主要生产废水、废气、固废、噪声治理设备，研发生产风力发电的装备。

（四）持续推动现代服务业发展

服务业前景广阔、潜力巨大，是我县当前经济发展的短板，也是未来经济发展的生力军。

一是生态文化旅游业要用心做大做强。国务院在6月底印发的《关于促进乡村产业振兴的指导意见》中明确指出，“实施休闲农业和乡村旅游精品工程，建设一批休闲农业示范县”。对我县来说，生态文化旅游产业基础好，已形成品牌优势，要进一步加快发展，使之成为县域经济的重要组成部分。各地各部门要按照荆沙乡村振兴示范带和江汉运河乡村示范带的“两带”布局，持续加强基础设施建设，完善配套旅游各要素，做好民俗文化资源开发，建成集观光、休闲度假、康体娱乐为一体的旅游产品体系，实现旅游与生态农业、健康药食、养生、运动健身等服务业融合发展。

二是物流行业发展要有突破。我们要持续推进公铁水联运项目布局，充分运用好蒙华铁路、枣潜高速、汉江沙洋港的联运优势，引入高规格物流企业，推动我县现代物流规模化、规范化、标准化发展。特别是汉江沙洋港物流园区项目，要紧盯建成汉江多式联运中心、“两江”供应链服务中心和中部地区农产品交易中心的目标，快马加鞭，只争朝夕，争取能够早日为我县主导产业和服务业发展提供强大动力。

（五）保障和改善民生不能松懈

一是“创卫”工作要切实改善县城面貌。我们要在“五城同创”过程中高点规划，同步提升城市建设和社区管理水平，逐步改善县城人居环境。硬件上，住建、规划、城管、交通等部门要从长远的角度对县城需要改进的地方进行系统规划改造，不要搞应付性工程；软件上，宣传部、卫健、城管、市场监管等部门要致力于提升群众、经营者、从业者的素养，最后的落脚点是全面提升全民共治水平。国家卫生县城的创建是我们“五城同创”进程中面临的第一场大仗，只允许胜利，不接受失败。

二是提高职业教育水平。今年2月份，国务院印发了《国家职业教育改革实施方案》，明确提出“引导行业企业深度参与技术技能人才培养培训”。目前我县专业技能人才短缺这一要素制约对企业落户、项目建设均产生了很大影响。人社部门和教育部门要认真贯彻改革要求，围绕沙洋产业发展需求，做好与企业的深度对接，特别是主导产业深度合作，探索开展订单式教育培训，培养企业急需的技能型人才，解决企业用工难题。

三是切实维护社会稳定。今年是国家大庆之年，下半年将迎来国庆、武汉军运会等大型活动，综治信访维稳工作任务艰巨。各地各部门要坚决担负起维护稳定的重大政治责任，把安全稳定工作紧紧抓在手中、扛在肩上，坚决完成“五个确保”任务，即：确保不发生影响稳定的群体性事件，确保不发生进京赴省非访、集访事件，确保不发生暴力恐怖事件，确保不发生极端恶性案件，确保不发生重大安全生产、食药品安全、校园安全等各类安全事故，坚决维护好我县社会和谐稳定大局。

三、坚持多点发力，统筹推进其他重点工作

（一）坚决打赢脱贫攻坚战

当前，脱贫攻坚工作已进入冲刺期和关键期，我们一定要杜绝松懈、厌战的情绪，一鼓作气，再接再厉，确保完成9个贫困村出列，11156名贫困人口脱贫的年度工作任务。关于扶贫工作，我再强调几点：一是要不折不扣抓好反馈意见整改工作。持续推进中央巡视反馈意见、国家考核反馈问题、“两不愁三保障”突出问题、省级考核反馈问题整改工作，逐项梳理和核查问题整改落实情况，按照“五个专”的要求整理好整改资料，抓好整改措施落实申请、初核和复核工作以及问题销号工作，做到每一项问题整改落实到位，确保圆满完成整改工作。扎实推进“两不愁三保障”突出问题排查工作，逐村逐户逐人逐项开展排查，找准突出问题，查漏补缺，重点抓好贫困户危房改造、饮水安全保障、适龄儿童控辍保学、异地就读资助政策落实和补充商业保险政策落实。二是要持续发力抓好“两业”扶贫工作。要精准落实产业帮扶，抓好贫困户产业发展工作。在大力推广稻虾种养模式的同时，鼓励各地因地制宜开展花卉苗木、食用菌、外出务工等，做到有劳动力的贫困人口至少有一条发展生产或就业务工路径，确保可持续性增收。健全新型经营主体带贫机制，集中力量推进产业扶贫工作。积极引导企业、新型经营主体吸纳贫困人口就业务工，建立贫困人口就业务工台账，强化技能培训，帮助有劳动力的贫困人口至少掌握1门就业务工技能。三是要激发脱贫内生动力。持续开展宣传引导，结合“九久入户”工程，大力弘扬社会主义核心价值观，积极宣传精准扶贫各项政策措施和各类脱贫典范，及时梳理贫困边缘户不满情绪，引导贫困人口树立自主脱贫、以贫困为耻等思想观念，在全县范围内营造“我脱贫、我光荣”的良好氛围。

（二）全力以赴打好污染防治攻坚战

第一，要下大力气改善中心城区大气质量。大气污染防治的重点还是中心城区，重中之重是抓好“一减三治”（减少煤炭消费，推进挥发性有机物污染治理、机动车尾气污染治理、道路和建筑工地扬尘污染治理）。环保部门要做好挥发性有机物治理、工业企业监管执法等工作，对环境违法行为依法严肃处理，绝不姑息。住建部门要加强对建筑工地日常巡查，对“六个百分百”落实不到位的，限定期限整改到位，整改不到位的直接停工整治，依法实施行政处罚。交通部门要继续保持治超的高压态势，加快城郊沿线路段施工硬化工程，并保持日常养护，确保不再出现“晴天一身灰、雨天一身泥”的现象。城管部门要加强汉津大道、荷花路等重点路段的洒水清扫工作，持续推进餐饮油烟整治。其他各部门及相关镇区要借“创卫”春风，抓好县城环境综合整治，确保中心城区大气考核达标。第二，要下大力气治理重点流域水环境问题。重点流域水环境问题一直是我县污染防治攻坚的软肋，也是治理难度最大的一项工作。我们一定要认真落实河湖（库）长制责任，严格对照问题清单，下大力气整治，确保竹皮河、西荆河水质逐步改善达到Ⅳ类功能区要求。竹皮河治理方面，要持续推广农村污水“客店模式”，迅速启动竹皮河（沙洋段）生态治理和修复工程。西荆河治理方面，要严格按照《西荆河流域生态环境治理责任清单》要求，明确工作任务、完善整治措施、加大整治力度，确保西荆河流域水环境质量明显改善。同时，要加强工业、生活污水处理厂以及垃圾渗沥液处理站运行管理，强化执法监管，确保污水处理设施正常运行，达标排放。第三，要下大力气加强突出环境问题整改。要加强督察反馈问题整改，严格按照“一个问题、一套方案、一个专班、一个作战图、一抓到底”的“五个一”要求，实行台账管理、挂图作战、销号落实，“整改一个、验收一个、公示一个、销号一个”。县“两办”及专项执法组要不定期加强检查督办，常态化开展专项执法行动，对环保设施运转不正常、私设排污口、偷排偷放等违法行为，按照高线从重处罚，同时强化环保行政执法与刑事司法衔接，提高震慑效果。

（三）大力推进乡村产业振兴

我们沙洋是农业大县，连续八年荣获湖北省“三农工作先进单位”，有发展产业的先天优势。一是要因地制宜，精准定位。优质稻、双低油、清水虾、蛋鸡和花卉苗木是我县五大传统产业，是优势产业，是我县推动产业振兴的核心。各地、各部门要围绕六大产业做文章，紧紧抓住不放，各镇要结合本地实际，做到“一镇一业”“一村一品”，一定要抓其中的一个，或者是两个。二是发挥头雁效应，建强基层党支部。“群众富不富，关键在支部”。我们要大力推进“三乡工程”，鼓

励市场主体和各类人才投身乡村事业建设,努力把基层党组织建设成为引领乡村振兴的坚强战斗堡垒,以"头雁工程"形成强大的"头雁效应。我们也正在探索村主职干部职业化道路,要选聘一批带富能力强、群众能力强、自愿扎根基层的年轻干部,为乡村产业振兴提供坚实的组织保障。三是坚持龙头带动,发挥品牌效应。我们现有楚玉小龙虾、洪森系列优质米、荆星菜籽油、纪山龙米等一些传统品牌和龙头企业,还要继续打造、继续强化、继续推进。同时要大力推广"一高三新"种植模式,实施"优质粮食工程",发展精品清水虾、优质米养殖种植基地,打造一批农产品品牌,以品牌带动效益,实现利益最大化。四是加强技术指导,完善保障体系。我县乡村振兴战略规划正在进一步修订完善,农业部门要加强对农民的技能培训和技术指导,大力推广"虾稻共作"、"一水双收"、"双水双绿"等高效模式,提高农民产业技术水平。同时,要加强农村基础设施建设,抓好高标准农田、高效节水灌溉以及有关的道路建设,不断提高农业农村工作的质量和水平。

(四)扎实推进农村人居环境整治

农村人居环境整治是今年的重要任务,目前距离我们的目标和人民群众的期盼还有很大的差距。我再强调几点:一是突出重点,开展专项整治。要继续开展"三清一改一植"活动,即全面清理农村生活垃圾、全面清理农村小微水体和全面清理畜禽养殖粪污等农业生产废弃物;改变影响农村人居环境的不良习惯;大力开展村庄植树整体绿化活动,推动农村人居环境全面改善。要紧咬"三年任务两年完成"工作目标不放松,加大七类厕所建设力度,打好"厕所革命"攻坚战,切实把这项惠民利民实事办好。继续打好垃圾整治攻坚战,做到环境明显改善,着力让村庄清洁成为常态。二是分类施策,示范带动。不同的镇村,具体标准可以有高有低,实现卫生乡村、整洁乡村、有序乡村全覆盖。要以荆沙乡村振兴示范带、江汉运河生态文化旅游城镇带"两带示范"为核心,加快打造一批达标示范村,以此来辐射带动全县范围内的环境整治工作,确保今年建设完成6个省级美丽宜居乡村和20个市级美丽宜居乡村建设任务。三是加强宣传,营造良好氛围。要充分利用电视、手机报、广播、刷写标语以及微信等多种方式,高水平、高频次、高覆盖面地进行农村环境治理工作精神及要求宣传,普及农村环保知识,引导广大农民积极参与到农村人居环境整治行动中来,努力在全县营造浓厚氛围。四是完善机制,确保长效。要建立完善基础设施管护机制和长效保洁机制,同时积极引导金融资本、民间资本投入美丽乡村建设,形成多元化、可持续的投入机制,培育清洁村庄的持久动力,确保农村人居环境政治取得长效。

(五)加快推进农村集体产权制度改革

当前,距离完成该项改革仅剩2个多月的时间,时间紧,任务重,我们务必要提高政治站位,各镇(区)党委书记要亲自挂帅,倒排工期,挂图作战,确保按时高质量完成改革任务。1. 准确把握"三个时间节点"。7月31日前,各镇要组织各村(社区)召开股东大会,成立股份经济合作社;8月31日前,按照程序,各村挂牌成立股份经济合作社,向全体成员(股东)颁发股权证书,县级向市级报送改革总结报告;9月30日前,迎接市级考核验收,并迎接农业农村部考核验收。2. 准确把握"四项政策原则"。一是要坚持正确改革方向。要把实现好、维护好、发展好广大农民的根本利益作为改革的出发点和落脚点。在这个问题上,决不能有任何偏离。二是要坚守法律政策底线。坚持农民集体所有不动摇,坚持农民权利不受损。三是要尊重农民群众意愿。四是要因地制宜有序推进,做到"一村一策""一事一策",不搞"齐步走",不搞"一刀切"。3. 准确把握"三大重点任务"。一是全力抓好清产核资和清人分类阶段验收后所列问题的整改工作。目前,清产核资和清人分类阶段验收自查工作已经结束,各地一定要结合实际尽快整改,加强工作指导,配备精干力量,依托驻村扶贫工作队、乡镇干部、村组干部共同做好这项工作。二是全力抓好股份合作制改革。股份合作制改革开展得如何,直接决定工作的成败,目前距离该阶段任务完成时间不多了。三是全力发展农村集体经济。各镇要因地制宜明确本地农村集体经济发展目标任务、重点工作和具体措施,推广资源开发、股份合作、服务创收、物业租赁等发展模式,提高生产经营水平和效益,实现优势互补、合作双赢。

四、改进思想作风,狠抓工作落实

下半年经济形势依然严峻,工作目标压力很大,各级各部门要进一步凝聚精神力量、转变工作作风、激发工作干劲，以实干担当的劲头、专心致志的态度抓落实，确保圆满完成全年目标任务。

第一，要强化担当，真抓实干。习近平总书记多次强调："有多大担当才能干多大事业，尽多大责任才能有多大成就"。沙洋目前面临着良好的发展机遇，正是起势的关键时期，也是爬坡过坎的攻坚阶段，要久久为功、铆足劲头，全县各级领导干部要紧盯全年目标任务，强化担当，主动作为，切实在推动我县经济社会发展中施展才华、建功立业。一是要有敢担当的精神。打好沙洋高质量发展这场"攻坚战"，确确实实需要广大干部在困难面前敢于担当、敢于亮剑。各级领导干部要以"功成不必在我"的精神境界和"功成必定有我"的责任担当，把全部心思放在干事业上，拿出敢想、敢闯、敢干的精气神，集中精力攻克制约发展的矛盾和难题。二是要有能担当的本领。习总书记指出，领导干部不仅要有担当的宽肩膀，还要有成事的本领。各级领导干部要强化学习意识，下真功夫掌握与分管工作相关的专业知识，了解产业发展前沿动态，争当懂经济、会发展的行家里手；要强化调研意识，深入基层、深入一线，察实情、出实招，推动工作见实效；要强化改革意识，注重运用改革的办法、创新的理念、市场的思维打通堵点、破解难题。三是要有善担当的办法。要用好"金钥匙"，善于把发展新理念、上级新政策、市场新知识等转化为工作新思路、发展新成效。要学会"弹钢琴"，在三大攻坚战、招商引资、服务实体等一线抓出特色、抓出特点、抓出亮点，创造更多在全国、全省、全市有地位的沙洋模式、沙洋经验。要大兴务实之风，坚决避免形式主义，坚决反对"以痕迹论英雄、靠台账评优劣"的错误导向。

第二，要强化落实，攻坚克难。后半年沙洋经济发展形势严峻，要以攻坚的姿态、攻坚的气概、攻坚的劲头，不折不扣抓好落实，全力以赴打好"下半场"。一是责任要实。目标完成的好坏、项目推进的快慢，根本差距是责任心的强弱。各级班子一把手要切实担当第一责任人责任，切实当好"指挥员"、"战斗员"的双重角色，部门和乡镇领导干部要切实担当工作推进主体和直接责任人的责任，主动担责、切实履责、全面负责。二是工作要实。结合今天会议要求，各地各部门要对目标任务、重点项目、重点工作要再疏理、再分解，建立工作清单，压实工作责任。要落实重点目标和重点项目推进时间倒排、任务倒逼、责任倒查机制，盯紧人、盯牢事、盯住结果，着力营造"层层有压力、人人有担子、个个坐不住"的攻坚态势。三是督办要实。既要督任务、督进度、督成效，也要督认识、督责任、督作风。严查工作中的不作为、慢作为、乱作为和弄虚作假、敷衍塞责、欺上瞒下等问题，打通落实"中梗阻"，以硬作风确保硬落实。本月中旬，省督查组将对我县进行暗访，各有关部门要高度重视，按照要求深入开展自查，确保各项工作落实到位。

第三，要强化联动，形成合力。对沙洋来讲，发展永远是大局。各镇(区)、各部门要牢固树立全县工作"一盘棋"的思想，自觉围绕大局、配合大局、服务大局，齐心协力把各项事业推向前进。对需要几个部门或乡镇共同完成的工作，各牵头责任单位和协办单位要强化整体联动、条块配合，形成分工明确、沟通顺畅、对接有力、反应迅速的工作格局，进一步凝聚谋发展、干大事的合力。尤其是重点工作牵头责任部门和主要经济指标责任单位，要切实负起责任，发挥牵头抓总作用，相关部门要主动衔接、积极配合，妥善解决好工作中遇到的各种问题，确保各项建设快速推进、各项指标全面完成。

同志们，当前我县经济社会发展任务相当繁重，各级各部门要切实做到奋勇争先有作为、攻坚克难抓落实，全力跑好后半程，确保圆满完成全年工作目标，为实现走在江汉平原振兴发展示范区前列、跻身全省县域经济第一方阵的总体目标作出新的更大贡献！

政府工作报告

——2019 年 12 月 24 日在沙洋县第五届人民代表大会第四次会议上

沙洋县人民政府代县长　陈　威

各位代表：

现在，我代表县人民政府向大会报告工作，请予审议，并请县政协各位委员和列席人员提出意见。

一、2019 年工作回顾

2019 年是新中国成立 70 周年，也是沙洋冲刺江汉平原振兴发展示范区前列的开局之年，更是我们保持战略定力、坚持务实重行、谱写发展新篇章的收获之年。面对经济下行压力和各种风险挑战，我们认真践行习近平新时代中国特色社会主义思想，在市委、市政府和县委的坚强领导下，在县人大、县政协的监督支持下，紧扣“创新转型、后发赶超”主题，团结和带领全县人民，攻坚克难，砥砺奋进，朝着全省县域经济第一方阵目标迈出了坚实步伐。

——经济运行提质增效。预计可实现地区生产总值 332.6 亿元，可比增长 8%；规模以上工业增加值增长 9%；社会消费品零售总额 116 亿元，增长 12.4%；招商引资市外境内实际到位资金 200 亿元，增长 12.4%；实际利用外资 6209 万美元，增长 9.3%；地方一般公共预算收入突破 10 亿元，增长 6.3%。在全省 2018 年度县域经济考核二类县市区中，沙洋又前进 2 位，四年来共跃升 12 位。

——发展动能更加强劲。固定资产投资同比增长 11.5%，其中完成工业投资 114.3 亿元，同比增长 12%；完成技改投资 47.6 亿元，同比增长 12%；连续 5 年获评“全省投资和项目建设贡献单位”，入选中国社科院发布的 2019 年度全国投资潜力百强县（市）名单。工业用电量同比增长 15%。信息技术综合运用普及率达 67%；完成技术合同交易额 4.5 亿元。

——生态建设成效明显。高质量完成中央和省、市交办的突出环境问题整改，空气优良天数率 75.8%，河流水质达标率 85.1%，13 个城乡集中饮用水源地达标率 100%。完成市定节能减排目标。创建国家森林乡村 1 个、省级森林城镇 1 个、省级绿色示范乡村 1 个。

——民生福祉大幅改善。民生投入 32.6 亿元，占公共财政支出的 82.8%。城镇登记失业率控制在 2.53% 以内。人口自然增长率 1.17‰。预计城镇和农村居民人均可支配收入达到 35013 元、20042 元，分别增长 8% 和 8.5%。年初承诺的农村饮水安全巩固提升工程、通村通组道路提档升级等民生实事高效办结，明月路、沙河线一级公路等项目正在加快推进。

一年来，我们主要做了以下工作：

（一）着力抓项目，扩大有效投资。签约引进国际农特商贸城、岳飞城田园综合体等 62 个亿元以上项目，其中 10 亿元以上项目 5 个。注重项目谋划，包装策划 2020 年重点项目 156 个，总投资 735 亿元，“十四五”规划项目 732 个，总投资 5115 亿元；成功争取新港物流园、老旧小区改造、妇幼保健医院等政策性项目 40 个。全力服务重大基础设施项目，浩吉铁路投入运行，枣潜高速通车在即，沙洋对外交通条件明显改善。健全“三级包联”制度，实施亿元以上项目 120 个，富泰搬迁扩改、轻量化玻璃包装材料等 46 个亿元以上项目开工建设，佳悦 BOPP 包装新材料、明阳风机叶片制造、丽阁 3 万吨铝型材生产线等 42 个亿元以上项目竣工投产。

（二）着力转动能，推动产业升级。全力以赴促转型，完成企业兼并重组 6 家，熊兴化工升级为丽康源科技，丰硕农业转型为中硕能源，荆玻石英建材重组为潜龙石英建材；楚玉调味虾、正邦饲料、弘港 LOW－E 玻璃二期等 10 个重点转型技改项目顺利投产；新增规上工业企业13家。积极推动科技创新,新获批国家高新技术企业11家,新培育科技型中小企业39家,新成立专家工作站5家,完成科技成果转化19项;熊兴化工建成我县首个“省级工程技术研究中心”;科技创新综合考评成绩获省委省政府通报表扬。深入实施乡村振兴战略,抓好“优质粮食工程”,建设各类高效农业示范区82万亩;新认证“三品一标”主体4家、产品9个,入选“荆品名门”品牌3个;创建标准化畜禽养殖场52个,汉江牛业获全国第二届种公牛拍卖大会“银牛奖”,曾集金鸡危氏水产成为省级健康养殖基地;农民合作社发展质量稳步提高,我县成功入选全国农民合作社质量提升整县推进试点单位,成立股份制经济合作社266个,新增省级重点龙头企业2家,主要农作物综合机械化水平、秸秆综合利用率分别达88.5%、94.5%,农业水价综合改革经验在全省推广,“三农”综合考评排名全省第三。现代服务业加速成长,新增规上服务企业和限上商贸企业17家,获评“全省服务业发展突出贡献单位”,供销社综合改革经验在全省交流,洪森油菜花海小镇、雷都樱花部落成为省级休闲农业示范点,首届湖北油菜花节在沙洋成功举办。

(三)着力补短板,统筹城乡建设。扎实推动生态宜居城市建设,实施城市道路工程27个,新增通车里程17.6千米;新增绿化面积38万平方米,新建东环线小游园2处,推广节能建筑29.5万平方米;推动479家餐饮店整治达标;新增城市雨污管网27.1千米,完成花园街黑臭水体、平湖菜场、东环线截污等城市环境问题专项整治;新建停车场2处,沙洋中心农贸市场、建设街市场、长林市场投入运营。国家卫生县城创建顺利通过国家技术评估。镇村建设成效明显,小城镇“五乱”现象得到有效整治;新增县乡公路24.5千米、“组组通”道路404.6千米,提档升级农村公路159千米,开通沙洋城区至李市、马良公交线路;改造农村电网477.3千米。

(四)着力破难题,打好三大攻坚战。严控政府债务风险,化解政府债务3.5亿元,债务余额控制在省定限额以内,信用风险被省政府评定为绿色等级。实施金融环境攻坚行动,协调化解银行业不良贷款1.2亿元,不良率1.7%,保持全市最低,金融案件执结率达90%。扫黑除恶战绩排名全省县市区方阵前列,刑事类警情连续5年下降;成功化解一批信访积案,圆满完成国庆七十周年、第七届世界军人运动会等重大活动期间安保维稳任务。扎实开展脱贫攻坚,统筹扶贫资金5.2亿元用于解决“两不愁三保障”突出问题,落实产业奖补资金421.4万元,发放贫困户小额信贷3950.7万元,引导2.7万贫困人口就业务工,完成危房改造1322户,实现11170名贫困人口脱贫、9个贫困村出列,贫困发生率下降到0.4%,扶贫“省考”位列优秀等次。强力破解环境治理难题,长湖流域水生态修复工程、湖堤加固项目全面完工,完成4家沿江化工企业“关改搬转”,10个镇级和2个“千吨万人”集中式饮用水源地环境保护规划编制完成,14家涉水企业“一企一管”、水和大气预防预警监测系统建成投入使用。新建和改建农村户厕67000余座、各类公厕300座,精准灭荒6800余亩,城区生活垃圾无害化处理率达100%、乡镇达70%以上,11个乡镇生活污水处理厂全部达标运行。开展省级生态文明建设示范县创建,创建省级生态镇2个、生态村10个。

(五)着力惠民生,促进社会和谐。坚持就业优先,新增城镇就业7281人,组织再就业2790人,发放创业担保贷款4765万元。退役军人“三位一体”服务体系全面建成。社会救助提标提效,发放各类社会救助资金8734万元;建成保障性住房2003套,分配入住929套,发放住房租赁补贴269户,均超额完成市定目标。办理法律援助案件214件、法律援助事项2300件。“家·后勤·家”学校后勤管理模式在全省推广。家庭医生签约服务常住人口25万,重点人群应签尽签;县人民医院内科大楼投入使用,县中医院与武汉亚洲心脏病医院结成医联体合作单位;在全省率先实现“省级卫生乡镇”全覆盖。积极创建省级食品安全示范县,食药安全形势持续稳定。三峡土家族村获评“全国民族团结进步模范集体”。民族宗教工作经验在全省推介。新全民健身工程积极推进,县体育中心加快建设,村体育设施实现全覆盖,成功举办第三届湖北沙洋江汉运河国际半程马拉松赛事。城河遗址被列入中国社科院“全国六大考古新发现”和国家文物局“中国十大考古新发现”,纪山楚墓群安防系统二期工程主体完工。

(六)着力转作风,提升行政效能。深入开展“不忘初心、牢记使命”主题教育,整改和解决问题101个。加快推进法治政府建设,执法程序、政府决策程序不断完善,“七五”普法深入开展;自觉接受人大法律监督和工作监督,主动接受政协民主监督,办理人大代表建议109件、政协委员提案99件。深入推进“放管服”改革,一网通办率达100%,“3550+100”改革全面达标;减税降费惠及企业780家次,减免税费1.7亿元;完成城乡建设用地增减挂钩4万亩,有效保障项目建设,营商环境持续优化。资产管理考核连续7年被省财政厅确定为优秀等次,财政扶贫专项资金绩效评价为优秀等次;政府平台公司运营良好;高质量完成第四次全国经济普查。深入推进政府系统党风廉政建设,加大财政、审计监督力度,政务环境风清气正。

安全生产总体平稳,实现"一无两降"目标;国防动员、人民防空、民兵预备役工作进一步加强,外事、对台、援疆、防震减灾、应急、保密、住房公积金、机关事务、检验检测、科普、气象、档案、编制、地方志和监地合作等工作取得新成绩,妇女儿童、青少年、残疾人、红十字、工会、慈善、侨联、工商联和文联等事业再上新台阶。

各位代表!奋斗充满艰辛,成绩来之不易。我们的每一点进步、每一项成绩、每一份荣誉,都是上级党委政府亲切关怀、精心指导的结果,是县委坚强领导、科学决策的结果,是县人大、县政协有力监督、全力支持的结果,是全县人民及社会各界广泛参与、团结奋进的结果。在此,我谨代表县人民政府,向全县人民,向人大代表、政协委员,向各民主党派、工商联、无党派人士和人民团体,向驻沙部队和驻沙单位,向离退休老同志,向所有关心沙洋、支持沙洋、投资沙洋的各界朋友致以崇高的敬意和衷心的感谢!

各位代表!圆梦路上无坦途,不畏艰险永向前。在沙洋后发赶超的征程上,我们不仅面临着不少宝贵机遇,更面临着诸多困难和挑战,特别是一些深层次问题亟待我们去破解。主要表现为:一是经济底盘不够大,传统产业转型任务艰巨,现代服务业发展相对滞后,赶超压力仍然巨大;二是统筹城乡不够紧,农村基础设施、公共服务和乡村治理比较薄弱,人民群众的获得感和幸福感仍有很大提升空间;三是作风转变不够实,少数干部思想解放不够、进取精神不强、推动落实不力,对发展造成了一定影响。对于这些问题,我们一定不回避、不退缩、不懈怠,勇于担当、克难攻坚,奋力推动沙洋高质量发展。

二、2020年工作安排

2020年,是全面建成小康社会、实现第一个百年奋斗目标的决胜之年,也是"十三五"的收官之年、"十四五"的谋划之年。做好全年政府工作,必须锁定目标任务,坚定信心决心,激发新斗志,展现新作为,干出新业绩。

2020年政府工作的指导思想是:坚持以习近平新时代中国特色社会主义思想为指导,全面贯彻党的十九大和十九届二中、三中、四中全会精神,认真落实中央经济工作会议安排部署和习近平总书记视察湖北重要讲话精神,坚持稳中求进工作总基调,坚持新发展理念,坚持高质量发展,统筹稳增长、促改革、调结构、惠民生、防风险、保稳定,冲刺全省县域经济第一方阵,奋力实现全面建成小康社会目标。

主要预期目标是:地区生产总值可比增长7.6%,规模工业增加值增长8%,全社会固定资产投资增长10.5%,地方一般公共预算收入增长5.5%,社会消费品零售总额增长11%,进出口总额增长8%,城镇和农村常住居民人均可支配收入增速与经济增长同步。人口自然增长率、城镇登记失业率和城镇新增就业数、节能减排等各项指标完成市定目标计划。

为实现上述目标,我们将重点抓好以下工作:

(一)聚焦聚力重大项目,提增发展后劲。

加快项目建设进度。充分发挥投资对优化供给结构的关键性作用,力争全年实施亿元以上项目125个,完成投资180亿元以上,争取纳入省重点项目2个、市重点项目11个。完善项目服务调度机制,解决项目落地和建设过程中的难点堵点问题,加快推动佳悦BOPP包装新材料二期、万锦塑料管道二期等48个亿元以上项目开工建设,力争轻量化玻璃包装材料、富泰搬迁扩改、沙洋干部学院、平湖花园酒店等45个亿元以上项目建成投产或投入运营。

提升项目招引精度。坚持"延链、补链、强链"思路,积极对接世界500强、国内500强和行业500强企业,引进一批知名度高的企业和成长性好的高能级项目。健全招商引资项目目录,开展区域招商、定向招商、存量招商,做到洽谈一批、跟踪一批、签约一批,争取引进亿元以上项目60个,其中10亿元以上项目4个,5至10亿元项目11个,工业项目、主导产业链项目占比均达到70%以上,招商引资实际到位资金220亿元以上,实际利用外资6600万美元以上。

拓展项目策划深度。积极对接长江经济带、汉江生态经济带,深刻把握国家新型城镇化、城乡一体化示范区建设等战略机遇,科学编制"十四五"发展规划,重点围绕补短板、强基础,谋划好汉江航道航线升级改造、沙洋5G无线通信网络工程等项目;围绕壮产业、强实力,策划好港口装备制造、医用玻璃等项目;围绕扬优势、强支撑，以打造“荆—沙—汉”千吨级航运圈重要节点为目标，包装好沙洋区域性物流中心、多式联运综合码头等项目。坚持统筹施策，策划2020年省市重大项目15个以上。

加大项目争取力度。坚持“策划储备一批、前期推进一批、启动实施一批”，实行项目定向争取清单管理，加速推进项目前期准备，确保武天宜高速沙洋段纳入国家高速公路网“十四五”规划，力争沙洋路口火电站等一批重大项目早日落地。着力将岳飞城水厂、光大垃圾焚烧发电等建成省级示范项目，力争更多项目纳入国家和省计划“笼子”。

（二）聚焦聚力实体经济，夯实产业支撑。

壮大园区经济总量。完善园区控制性详规和产业发展规划，优化产业布局。建优项目承接平台，依托县域企业孵化器，谋划推进园区科创中心建设；完善工业八路、工业九路延伸段配套设施，实施洪荆、钟荆输油管线迁移改造工程，完成化工集中区确认工作，提升园区承载力。深入实施省市“万企万亿”技改工程，推进园区传统产业、低产能企业改造升级，加快“僵尸企业”处置进度，完成企业兼并重组3家，实施重大技改项目15个，力争新增规模企业8家。

提升主导产业质量。围绕三大主导产业集聚发展，既抓好产业链节点项目的引进、建设和培育，又坚持“一企一策”，不断做大做强骨干企业。大力支持企业应用新技术、新工艺，抓好洪森香稻加工、豆邦绿色食品等项目建设，提升绿色食品产业能级。推进丽阁铝业喷涂铝型材技改等项目建设，支持湖北佳悦、湖北棕榈树等企业拓展国内外市场，提升新材料产业集群竞争力。充分发挥泰富重装、京冶重工等龙头企业带动作用，积极招引产业链上下游关联企业，打造全省新兴装备工业基地。

挖掘服务业增量。坚持培优引强，力争新增规上服务业企业、限上商贸企业14家，构建服务业发展新支撑。加快凯达、新港等物流园区建设，整合优质物流资源，打造现代物流集聚区。积极创建省级电子商务示范县，引导大中型涉农企业“买全国”“卖全国”。深入推进全域旅游，编制实施《沙洋县全域旅游发展总体规划》，不断完善五洋线、江汉运河等休闲旅游带服务功能，推进后港长湖花开农旅综合体、曾集猛虎山升活家田园综合体等项目建设，继续办好油菜花旅游节。

做优科技创新变量。坚持创新驱动发展，深入推进大众创业、万众创新。加强与武汉理工大学等院校对接，积极构建县校科技创新战略合作关系。支持县内规模以上企业与高校院所交流合作，建立校企研发中心、工程技术中心和产业技术研究院，力争申报省级科技创新平台2家。积极引进高端人才和科创团队，支持德美科技申报国家级科技企业孵化器。注重高新技术产业发展，力争新增高新技术企业8家，实现产业增加值30亿元。

（三）聚焦聚力乡村振兴，推进三农发展。

以“四个一批”为抓手，推动产业振兴。壮大一批特色产业，持续放大农业资源优势，加快推动生猪产业转型升级，做大做强小龙虾、花卉苗木、优质稻、高油酸油菜、蛋鸡等五大特色产业链。建设一批产业基地，抓好高标准农田、油菜轮作试点等项目建设，确保“一高三新”面积不低于90万亩，推广再生稻40万亩、稻渔综合种养45万亩。做优一批产业主体，抓好全国合作社质量提升整县推进试点建设，大力支持洪森、楚玉、蛟龙、汉江牛业等重点龙头企业拓展产业链条，推进农业产业化进程。打造一批特色品牌，积极参与省农博会、“荆品名门”系列营销活动，不断扩大沙洋农产品影响力。

以“三个建设”为抓手，优化人居环境。突出“两带示范”建设，全面推广浙江“千万工程”经验，全域实施乡村环境综合治理，深入推进农村生活污水处理、厕所革命、“五清一改”，重点抓好41个整治村、9个示范村美丽乡村建设。突出新社区建设，加快建设帅店等农村新社区，不断完善卷桥、高桥、五星等社区配套功能。突出农村基础设施建设，实施农村饮水提升工程，建立长效管护机制，重点提升五里、十里、拾桥等西部片区供水能力和供水质量；聚焦农村电网薄弱环节，改造电网474.4千米；积极创建省级“四好农村路”示范镇，不断完善公路养护机制，提升公路管养效率。

以“三项改革”为抓手，释放农村活力。抓好农村宅基地制度改革省级试点，稳妥推进农村宅基地“三权分置”，适度放活宅基地流转经营权，增加农民财产性收入。完成农村集体产权制度改革，保障农民财产权益，激活壮大村集体经济，推动村集体年收入稳步增长。扎实推进农业水价综合改革，建立管水、用水、护水新机制，提高农业用水效率，降低农民用水成本。

（四）聚焦聚力县城建设，打造宜居沙洋。

完善城市基础设施。健全城市路网，明晰城市发展边界，实现外环线全线贯通；加快明月路建设，彻底解决大货车穿城问题；打通太一湖防洪通道、工业三路等断头路、循环路，完成平湖桥至平湖公园段沿湖道路建设。深入推进城市绿化,重点实施西荆河南岸、汉江大堤东侧等绿化工程,力争新增绿化面积15万平方米。抓好平湖水生态治理;统筹开展城市边缘地段和城中村截污治污工程,新建截污管网6千米,稳步提升城市生活污水入网收集率。

优化城市公共服务。加快推进“划行归市”工作,切实抓好“三新经济”项目,分片区打造家居建材、农机农贸、餐饮美食、再生资源等商贸集聚区,建好五一路步行街、金水湾步行街等特色街区。不断优化城区教育、医疗、体育等公共资源布局,提升市民满意度。深入挖掘楚文化、水文化资源,重点建设平湖公园、太一湖湿地公园等休闲文化景观,着力打造“文化沙洋”“水韵沙洋”。

加强城市长效管理。巩固“创卫”成果,打造城市宜居环境。着力规范建管秩序,推动城市管理综合执法常态化,集中开展中心城区专业市场、交通秩序等专项整治,加强常态化保洁、治超、控违等工作;推进城乡生活垃圾分类,加大背街小巷、城乡结合部等街容巷貌整治力度,全方位改善城市面貌。高效推进“智慧城市”建设,推动政务数据、企业数据、社会经济数据整合汇集。持续开展文明劝导等志愿服务,加大宣传引导力度,不断提升市民文明素养。

(五)聚焦聚力生态环保,加快绿色崛起。

全面加强环境问题整治。坚持“共抓大保护、不搞大开发”,深入实施长江大保护十大标志性战役和汉江综合治理,突出抓好城乡生活污水治理、重点流域截污清淤生态整治、固体废物污染专项治理、长湖退垸还湖等工作。巩固环保问题整改成果,完成中央环保督察“回头看”18项和省级环保督察34项整改任务。认真落实《沙洋县污染防治攻坚三年行动方案》,完成污染防治既定目标任务。

全面推进生态环境保护。坚决打好“蓝天”保卫战,实施大气污染防治精细化管理,重点抓好城区大气污染联防联控和乡镇秸秆禁烧工作。坚决打好“碧水”保卫战,严格落实河湖长制,持续抓好国控断面汉江、长湖、竹皮河、西荆河等重点流域综合治理,加强城乡饮用水源地保护,加快推进备用水源、生活污水处理厂二期等项目建设,推动工业污水处理厂规范运行。坚决打好“净土”保卫战,严格贯彻落实耕地保护基本国策,强化农用地土壤污染风险管控,抓好马良矿山生态治理和修复。完善生态文明建设考核评价、约谈问责机制,探索实施生态环境损害赔偿、公益诉讼等制度,坚决守护好我们共同生活的家园。

全面倡导绿色发展方式。大力实施长江经济带绿色发展十大战略性举措,推进化工、建材等传统产业绿色化改造。积极发展清洁能源产业,加快华润风电、沙洋楚伏光伏发电等项目建设。探索建立工农复合循环经济产业链,提高工业固体废弃物综合利用率。全面启动国土空间规划编制,守住生态保护红线、永久基本农田和城镇开发边界“三条控制线”。加快创建省级生态文明建设示范县,深入开展绿色机关、绿色校园、绿色家庭等创建活动,建设一批生态镇村。

(六)聚焦聚力改革创新,优化发展环境。

深化重点领域改革。深入推进“放管服”改革,加快行政审批和公共服务标准化建设,完成行政服务中心整体搬迁,持续推进“一网一门一次”改革,力争“最多跑一次”事项覆盖率达100%,确保新开办企业相关手续3个工作日办结,不动产登记5个工作日办结,一般性工业项目50个工作日内取得施工许可证,工程项目100个工作日内取得施工许可证。深化行政管理体制改革,做好机构改革后续工作,加快推进后港、官垱经济发达镇行政管理体制改革,全面提升服务效能。进一步深化行政执法体制改革,严格落实行政执法公示、执法全过程记录和重大执法决定法制审核等制度,不断提升人民群众执法满意度。加快政府平台公司改革步伐,促进平台公司提档升级。不断深化监地共商共建共荣合作机制。

提升开放发展水平。全方位融入全省“一芯两带三区”区域和产业发展布局,着力营造大开放的交通环境,构建大发展的空间布局和产业格局。大力实施重大基础设施项目,加快港口总规修编,启动码头二期工程和疏港铁路建设;加快推进G348汉江二桥、G207一级公路、S311沙洋至后港一级公路建设,完成G348绕城公路、S342沙洋至五里段道路建设,全面推动S311后港至十里段、S266沙洋至马良段一级公路改扩建前期工作。大力推进县城与官垱、李市、马良、高阳、曾集“1+5”城镇圈建设,加快规划、基础设施、公共服务等一体化进程,切实推动城乡协调、产城融合。大力推进环长湖城镇圈建设,支持后港、毛李、拾桥镇围绕水生态优势,科学谋划,协同发展。大力支持纪山、十里、五里、沈集等口子镇发展,重点推进沈集科技创业园、纪山郭店中草药景观示范区建设,打造沙洋区域经济发展新驱动。实施外贸产业三年倍增计划,积极对接荆门市B型保税物流中心,加快引进外贸服务综合平台公司，加大外贸企业服务力度，着力降低企业运行成本。

深入实施金融工程。进一步深化政银企合作，引导银行、保险资金投向实体经济，力争新增贷款20亿元以上。进一步优化和丰富金融要素市场，建立新型政银担合作机制，积极引进有实力的银行、证券、保险机构设立沙洋分支机构。支持地方法人银行优化治理结构，增强核心竞争力。加快完善县级产业引导基金顶层设计，围绕县域支柱产业设立1—2支产业发展基金。严厉打击逃废金融债行为，建立健全防范化解金融风险长效机制，确保全县不良贷款率控制在2.5%以内。

打造一流营商环境。全面贯彻落实中央和省、市支持民营企业发展的各项政策措施，持续推进减税降费。严格施行国家市场准入负面清单，不设置清单之外的任何准入条件。建立健全党政领导与企业家恳谈会和包联重点民营企业制度，构建“亲”“清”政商关系。抓好土地收储，依法处置闲置土地，保障主导产业、重点项目用地需求。积极引导大专院校、县职教中心与企业人才需求充分对接，为企业发展提供更多高素质实用型人才。

（七）聚焦聚力民生事业，共享发展成果。

决战决胜脱贫攻坚。突出“两不愁三保障”，严格落实扶贫政策，完成剩余1014户1777人脱贫“清零”任务。突出抓好产业扶贫，不断壮大稻虾连作、花卉苗木等扶贫主导产业；持续抓好基础设施、基本公共服务、基本技能培训、基层组织建设，提高农村贫困人口自我发展能力，确保真脱贫、不返贫。扎实开展脱贫攻坚“回头看”，认真总结扶贫工作经验，巩固脱贫成效，确保“全面小康、不落一人”。

做实做优公共服务。切实抓好社会保障和社会救助，稳步提升特殊困难群体社会福利。大力实施课堂教学改革，稳步推进“543”送教下乡培训，招录一批优质教师，支持沙洋中学提档升级，完成县职教中心新校区建设，加快县外国语学校、县特殊教育学校、居民小区配套幼儿园建设。深入推进紧密型医疗共同体建设，推动县妇幼保健院、县残疾人康复中心投入使用；进一步健全医疗保障服务体系，确保医保基金高效运行、安全可控。适时启动博物馆、文化馆、游泳馆建设，全力办好荆门市八运会、第四届湖北沙洋江汉运河国际半程马拉松、第二届江汉运河桨板赛等大型体育赛事。

细化优化社会治理。扎实抓好第七次全国人口普查。严格落实优抚政策，强化退役军人就业创业等安置措施，大力营造尊军崇军社会氛围。建立健全长效机制，强化行业治理、基层治理，推动扫黑除恶专项斗争向纵深掘进。进一步巩固全国综治“长安杯”成果，重点完成5个城区智慧平安小区建设，深化农村、学校等重点领域综合治理，夯实矛盾纠纷多元化解基层基础。加强宗教场所、宗教事务规范化管理，引导社会组织健康发展。加大食品药品安全执法力度，守护群众“舌尖上的安全”。充实应急救援力量，启动防救灾综合物资保障服务中心建设；抓好安全生产，坚决遏制重大事故发生。

各位代表，2020年我们将为人民群众办好以下民生实事：

1. 提升城市公交服务能力，新增3条公交线路，优化城区公交格局；完成公交车售票智能化改造；为65岁以上老人提供免费乘车服务。

2. 提档升级农村公路60千米，改造农村公路危桥10座。

3. 新建和改造农村户厕12000座、农村公厕40座、城市公厕6座、旅游公厕10座、加油站公厕10座。

4. 改造老旧小区2个以上，安装老城区小街小巷路灯200个。完成农村危房改造600户。

5. 新建城区智能（生态）停车场4个。

6. 免费为2000对夫妇提供孕前优生健康检查；免费为100户贫困重度残疾人家庭实施无障碍改造；免费为符合条件的农民工、残疾人等困难弱势群体办理法律援助案件200件，办理其他法律援助事项2000件。

7. 城镇新增就业6700人，发放创业担保贷款3200万元，扶持创业920人，带动就业3680人，为企业提供职业技能培训500人次。

8. 完成纪山小学、纪山中学、五里小学、毛李中学、西湖小学、沈集小学等6所学校食堂提档升级。

各位代表！当前，国家区域发展战略全面实施的号角已经吹响，各地竞相比拼，不进则退、慢进亦退，我们必须强化斗争精神，抢前争先、竞进求胜；随着汉江生态经济带、“一芯两带三区”等国家、省级战略机遇叠加，浩吉铁路建成通车，枣潜高速即将通车，铁水联运谋划推进，沙洋后发赶超的态势初步形成，我们必将把握机遇、担当作为、乘势而上，不负时代赋予的历史责任和重大使命。我们将驰而不息加强政府自身建设，着力提升政府治理能力，建设人民满意的服务型政府，努力向全县人民交出一份满意答卷。

——旗帜鲜明讲政治。深入学习贯彻习近平新时代中国特色社会主义思想,建立“不忘初心、牢记使命”制度,树牢“四个意识”,坚定“四个自信”,坚决做到“两个维护”。严格落实政府系统意识形态工作责任,牢牢把握正确政治方向。强化全局思维,坚决贯彻上级和县委决策部署,围绕中心,服务大局。深入推进法治政府建设,切实做到公正用权、依法办事。建立健全政府与人大、政协定期联系机制,主动接受县人大及其常委会的法律监督、工作监督和县政协的民主监督,认真办理人大议案、建议和政协提案。

——攻坚克难勇担当。始终保持斗争精神,勇于直面风险挑战,坚定干事创业信心,加快解决一批历史遗留问题。坚持守正创新,加快推动作风转变,切实担负起改革发展稳定任务。坚持“三个区分开来”,深入落实“鄂纪励十二条”,健全容错纠错机制,为担当者担当、为负责者负责、为实干者撑腰,充分激发党员干部干事创业的精气神。

——真抓实干提效能。坚持效果导向,紧盯目标任务,实化工作举措,以“钉钉子”的精神推动落实。践行“一线工作法”,推动工作重心下移、干部力量下沉,强化决策执行力。大兴学习之风、调研之风、落实之风,加快服务职能转变,推动高效施政。坚决整治形式主义、官僚主义等“四风”问题,严控文件会议,规范检查考核,切实减轻基层负担。

——清正廉洁作表率。认真履行政府系统全面从严治党主体责任和“一岗双责”。严格落实中央八项规定实施细则精神以及省、市实施办法,严控“三公”经费和一般性支出,厉行勤俭节约。强化财政监督和审计监督,加强重点领域监管,压减权力设租寻租空间。全力支持纪委监委监督执纪,严肃查处损害群众利益的不正之风和腐败行为,以零容忍态度惩治腐败,打造清正廉洁政府。

各位代表!征程万里风正劲,重任千钧勇担当。让我们高举习近平新时代中国特色社会主义思想伟大旗帜,在省、市和县委的坚强领导下,围绕人民对美好生活的向往,始终坚持“创新转型、后发赶超”,勠力同心、锐意进取,奋力谱写冲刺全省县域经济第一方阵、推动沙洋高质量发展的新篇章!

名词解释

浩吉铁路:原蒙华铁路,起点为内蒙古鄂尔多斯浩勒报吉,终点为江西吉安,途径沙洋县境内沈集、曾集、拾桥、后港等4个镇25个村,跨长湖进入荆州。

三品一标:无公害农产品、绿色食品、有机农产品和农产品地理标志。

退役军人“三位一体”服务体系:退役军人事务部门、县镇村三级军人服务中心(站)、关爱退役军人协会三方协同推进退役军人服务各项工作。

一无两降:无重特大事故发生,事故总量和较大事故数量呈下降趋势。

一高三新:高效农业、新技术、新品种、新模式。

两带示范:荆沙乡村振兴示范带、江汉运河生态文化旅游带。

千万工程:浙江省2003年6月启动以农村生产、生活、生态“三生”环境改善为重点的“千万工程”,从全省4万个村庄中选择1万个左右的行政村进行全面整治,把其中1000个左右的中心村建成全面小康示范村。

五清一改:清除村庄垃圾和杂物,清除村庄违规搭盖或不规整、临时性的畜圈禽舍,清除村庄乱搭建、危旧房,清除河流、湖库、沟渠和田间地头各类垃圾及废弃物,清除违章广告和破损、污损宣传标识;引导改变影响人居环境的不良习惯习俗。

三新经济:新产业、新业态、新商业模式生产活动的集合。

一网一门一次:推动企业和群众到政府办事线上“一网通办”,线下“只进一扇门”,现场办理“最多跑一次”。

B型保税物流中心:经海关批准,由中国境内一家企业法人经营,多家企业进入并从事保税仓储物流业务的海关集中监管场所。

三个区分开来:把干部在推进改革中因缺乏经验、先行先试出现的失误和错误,同明知故犯的违纪违法行为区分开来;把上级尚无明确限制的探索性试验中的失误和错误,同上级明令禁止后依然我行我素的违纪违法行为区分开来;把为推动发展的无意过失,同为谋取私利的违纪违法行为区分开来。

鄂纪励十二条:为深入落实中央办公厅《关于进一步激励广大干部新时代新担当新作为的意见》和省委办公厅《关于进一步激励广大干部新时代新担当新作为的实施意见》,省纪委监委出台“鄂纪励十二条”,旨在营造恪尽职守、勇于担当、开拓创新、攻坚克难、干事创业的良好局面。2019年10月印发实施。

专 文

沙洋县推行"一状三例两考"制度 着力营造竞进有为的干事创业环境

沙洋县积极适应全面从严治党、从严治吏的新常态,着力推行"一状三例两考"制度,探索激励干部竞进有为的新机制,营造了"以实绩论英雄、凭实绩用干部"的良好政治风气,加快了全县后发赶超步伐。该县县域经济在全省排名由2014年的二类24名,上升到目前的二类14名(最新数据截至2017年度),三年累计前进了10位。

一、清理规范一张目标责任状,助力轻装上阵

一是总体指标全面瘦身聚焦。县委、县政府根据鄂发〔2018〕37号文件精神,对全县责任状进行全面清理规范,坚持多项工作只签一个责任状,实行"一状管全年"。今年,乡镇(区)责任状指标个数原则上控制在20个以内,比清理规范前精简近50%;县直单位责任状指标个数原则上控制在25个以内,比清理规范前精简近30%。

二是目标设置凸显差异个性。在目标设置上,坚持不搞"一刀切",充分考虑目标单位实际,在保证工作落实到位基础上实行柔性管理,如对工业基础较好的镇(区),按省定主要经济指标增幅设置高于其他镇(区)10%以上;新建或改造一条街道任务,条件好的地方需超过1千米,条件较差的只需超过100米。目的是让各地年年都要干事,积少成多、集腋成裘,力争通过一年接一年的努力,彻底改变沙洋的面貌。

三是实行正向激励反向约束。一方面,结合上级部署和全县中心工作,分轻重缓急赋予各项指标分值,并出台便于操作的评分细则。凡完成规定任务的,即可得满分;任务没有完成的,按设定标准扣分,严格抓工作结账。另一方面,设置特色工作加分项,赋分10-20分,鼓励地方和部门结合实际创新创造,提升工作效能。目前,在正向激励作用下,该县先后形成了土地按户连片耕种、小微权力监管、社会主义核心价值观"九久入户"工程、全国综治最高奖"长安杯"等省级以上重要工作经验6个。

二、统筹实行三个例行督促,力保落实落地

一是每月例行综合调度督进度。推行重点任务月度督办制度,每月召开县"四大家"领导联席会议,县级领导干部集中"亮业绩",并对招商引资、项目建设等事关全局性的工作进行督办,现场对责任单位和责任人"亮分",倒逼比学赶超。通过每月调度管理施压,全县新招商引进项目数量年增长25%,招商引资实际到位资金年增长19%,项目建设年提速30%以上。

二是每季例行现场检查解难题。每季度组织一次全县性现场拉练,对扶贫攻坚、化解金融风险、整治环境污染等重点工作"把脉问诊",现场发现问题、研究问题、解决问题。今年一季度,全县建立重点工作问题清单9项,通过例行现场检查,已有效解决7项。

三是每年例行审计监督防风险。每年对镇(区)、县直单位的人员编制、预算执行、财务管理开展一次例行审计,及时发现问题督促整改,违纪问题移交纪委监委,真正抓好源头治理,避免小错酿成大过,确保干部扎实干事、安全干事。目前,累计对95家单位开展例行监督,预防风险36个,违纪问题较例行审计监督前下降近12%。

三、公正实施两个综合考评,激发干事活力

一是考人三听三印证。在被考核对象条目式述职的基础上,听本单位班子成员评价印证工作成绩、听机关干部评价印证工作能力、听服务对象评价印证口碑与作风,全面剖析干部的德能勤绩廉。若被考核对象单位主要负责人对其排名、民主测评排名、考核组现场排名三者之间出现颠覆性差别(如单位主要负责人将张三在班子中的排名列在第一位,而民主测评张三排在最后一位），考核组必须进行二次考核，并就考核情况作出说明，力争考准考实干部表现。近三年，年均对1100余名科级干部明确考核位次和等次，并建立实绩考核档案。

二是考事双管齐下。对全年工作目标任务完成情况进行考评，坚持既看政绩，又看口碑。一方面，采取数据核对、现场核实的方式，对目标完成情况进行360度考核，并进行打分排名。另一方面，深入开展调查，走访涉及到的干部群众，采取多种形式进行民意调查，杜绝弄虚作假，注重发现潜绩，公平公正考出实绩。2018年，全县49个镇（区）和县直单位因工作实绩突出，得分排名靠前，被评为“优秀”等次，占参与考核单位总数的51.6%。

三是结果综合运用。坚持将“两考”结果作为干部选拔的重要依据，树立凭实绩用干部导向。同时，对一年“两考”末位的诫勉谈话，轮岗交流；对连续两年“两考”排名末位的乡镇和县直单位班子成员就地免职。近三年来，因实绩突出被提拔重用干部76名，排名末位、不胜任现职被轮岗交流干部16名，就地免职干部5名，降级使用干部4名。

沙洋县围绕“三合”做文章筑牢平安基石

近年来，沙洋县坚持做好“整合、结合、融合”文章，着力打造“实体化、实用化、实战化”于一体的县镇村三级综治中心，搭建综治大平台，筑牢平安基石。先后斥资300余万元，建成了覆盖全县、规模合理、功能明确、规范运行的1个县、14个镇（区）、279个村（社区）综治中心。

一、注重整合，建实体化中心

一是整合资源。该县于2017年6月出台了《沙洋县镇（区）综治中心建设与管理规范（试行）》，对综治中心建、用、管，都提出了明确要求。在“建”的问题上，因地制宜，结合实际，最大限度整合现有资金、资产、资源，有效规避重复建设和职能重叠设置。全县14个镇（区）综治中心有6个依托政务服务中心建设，有8个单独建设，办公面积均在100平米以上；279个村（社区）全部依托党员群众服务中心建设。拾回桥、后港等镇将政务服务中心最具区位优势的功能区划归综治中心；纪山镇郭店村、沙洋镇洪岭社区等村（社区）将党员群众服务中心一楼大厅一半面积作为综治中心办公区。

二是整合职能。各级综治中心统一设置“三室一厅”，即矛盾纠纷调处室、监控研判室、义工调解室和群众接待大厅，义工调解室是今年该县深化拓展“五老综治协会”，在各村（社区）建立的公益性调解组织。县、镇综治中心实行综治、信访、司法、网格化“四部门”硬性进驻，鼓励公安、民政、人社、生态环境、住建等民生部门及社会组织派员进驻；村（社区）综治中心与党建、民政、社保、卫健、物业等部门合署办公，推行“一厅一站式”服务工作模式，推动便民服务触角向网格延伸，群众足不出户即可享受公共服务、行政审批、社会保障3大类115项便民服务事项。

三是整合流程。综治中心依托网格化视频监控、公共安全视频监控等信息化系统，建立协作配合、精干高效、便民利民的实体化工作平台，实现信息互通、优势互补、工作互动。按照“统一受理、归口分流、催办督办、跟踪回访”的运作流程，按照相关职能设立若干窗口席位，搭建全程化、一站式、高效率的综合服务管理平台，相比以前提升工作效率50%以上。村（社区）综治中心还以现有网格化服务管理为基础，下沉到村（居）民小组，入户上门开展矛盾纠纷调处化解，提供民生保障、社区矫正、居家养老等在内的全方位服务，真正方便群众、服务社会。

二、注重结合，建实用化中心

一是“党建”与“队建”相结合。按照“党委领导、政府主导、社会协同、公众参与、法治保障”总体要求，建立健全综治中心组织机构，落实“一正、一副、四员”人员配备，由镇分管领导、村（社区）党组织书记分别担任镇、村（社区）综治中心主任，配备一名专职副主任负责日常工作，落实警员、网格员、义工调解员、法律顾问员等“四员”入驻，实行门牌标识、办公设施、岗位设置、工作制度“四统一”，着力打造决策科学、指挥高效、处置有力的综治平台。

二是“为民”与“靠民”相结合。各级综治中心始终坚持以人民为中心，牢牢抓住广大人民群众期盼平安、需要平安的愿望，广泛动员，着力激发居民群众、企事业单位、社会组织参与平安建设的主体意识，指挥演奏一场社会治理“大合唱”。以深入推进社区（村）社会治理积分制管理为重要抓手，在平安建设上引导群众变“要我参与”为“我要参与”，积分制管理已实现279个村（社区）全覆盖，每个镇还确定了5－8个提档升级的村（社区）。今年该县还依托综治中心开展了“平安十创”工作，着力打造村湾平安中心户、社区平安楼栋长、家长志愿护学岗、义工调解室、心理咨询工作室等平安特色品牌。

三是“自治”与“共治”相结合。在完善社区居民自治机制的同时，深入推进社区治理创新，加快推进社区综治中心、警务室、网格化服务管理一体化建设、精细化服务，整合社区警务室、社区网格办力量，创新推行“警格联建”，由社区综治中心组织社区警员、社区网格员结合各自行业特点，深入大街小巷开展社情民意收集、基础数据采集、政策法规宣讲、矛盾纠纷调处、安全隐患排查等，成为活跃在沙洋城区、集镇社区的一道靓丽风景线。2018年通过“警格联建”更新重点人员信息2586条，发放平安建设宣传资料10万余份，提供社会治安、安全隐患问题线索365条，调处矛盾纠纷663件次，得到了社区居民的大力褒扬和充分肯定。

三、注重融合，建实战化中心

一是机制融合。各级综治中心与相关职能部门建立健全纠纷联调、治安联防、工作联勤、问题联治、平安联创的“五联融合”工作机制，有效防范化解社会风险。高阳镇综治中心定期组织派出所、司法所、信访办和村（社区）综治干部会商《法治高阳》编辑工作；拾回桥镇五八村综治中心常年预约邀请县司法局、县民政局、县农业局等职能部门到村开展“周日说法”广播栏目；沙洋镇农建社区每逢节假日及重大活动期间，都组织辖区单位巡逻队开展治安联防，及时发现和消除安全隐患问题，震慑违法人员，有效遏制了盗抢骗、打架斗殴等案件的发案势头，提升了辖区群众的安全感和获得感。

二是信息融合。以情报信息为引领，通过坚持123综治例会制度、重大敏感时期情报信息战时日研判制度、推广应用群防沙洋手机APP、网格化平台信息采集等，做到“综治中心工作职责清、综治基础信息清、精神障碍患者等特殊人群底数清、重点信访人员诉求及解决情况清”等“四清”，及时受理、妥善处理群众的求助、投诉、信访问题，将社会矛盾和不安定因素消除在萌芽状态，真正把矛盾纠纷化解在基层、解决在萌芽状态，做到问题不上交、矛盾不扩大。

三是治理融合。深入推进社区治理创新，着力构建富有活力和效率的新型基层社会治理体系。沙洋镇洪岭社区综治中心积极践行“枫桥经验”，开展“最美洪岭”创建，深入推动社区、社工、社会组织“三社联动”，常年组织社区干部、民警、网格员、义工、法律顾问和辖区单位开展矛盾纠纷调处化解，妥善处置了洪岭佳苑搬迁户违规装修、辖区畜禽散养户环境污染、移民后扶资金发放等苗头性矛盾隐患。全县逐步形成了以综治中心为枢纽，以社区网格为单元，以情报信息为支撑，以便民服务为宗旨的社区治理工作体系。

沙洋县“四板斧”突围社保扩面“新战场”

近年来，沙洋县强力推动社保扩面增源，通过信息数据比对、养老保险稽核、劳动保障年审、落实惠企政策“四板斧”，深入挖掘隐形参保源，目前，参保人数达35.9万人，实际参保率为89.7%，居全市第一。

一是强化部门信息比对，建立未参保人员数据库。通过与公安部门户籍人口数据比对，全盘掌控人口信息、参保信息等数据，精准锁定符合参保条件却未进入社保体系的群体，其中属于企业职工未参保的由社保局定向扩面，属于城镇居民未参保的由居保局负责引导宣传。截至目前，企业职工已扩面1625人；城镇居民已扩面6115人。

二是严格养老保险稽核，确保社保扩面质量。严格执行“五险一单”核定征缴，最大限度降低企事业单位选择性、逃避性缴费风险。重点对参保未缴费、降低缴费标准和中途断保的群体进行稽核，通过电话沟通、上门走访、邮寄信件等方式督促服务对象自觉参保，按时缴费。同时遵循“低基数、低门槛，边进入、边规范”的原则吸引参保，对规模大、用工多的企业，实行技术骨干和中层管理先行纳入参保范围，后期逐步实现全员参保。

三是用足劳动保障年审，切实推动社保扩面增源。由县劳动监察局对上年度已按规定缴纳养老保险的用人单位准予年审通过，由县结算中心核定本年度参保人数和缴费基数。对年审未通过的用人单位，下发劳动保障监察建议书，督促整改；对未参保的用人单位进行上门检查督办，下发年审资料，登记基础信息，要求限期缴纳职工养老保险;对拒不整改的用人单位按照相应法规依法查处。今年计划选取两个规模企业作为试点,深度挖掘未参保临时务工人员,督促实行依法参保、全员参保。

四是全面落实惠企政策,促进企业积极参保。及时兑现企业奖补,真金白银地缓解企业财务支出压力,推动企业积极主动参保。今年以来,共为46家企业3314名员工发放稳岗补贴92.9万元,为10家企业52名员工发放技能提升补贴6万元,为3家企业14名就业困难人员发放社保补贴6万元,为10家企业49名建档立卡贫困人口发放就业奖补9.8万元,合计补贴114.7万元。

沙洋县“三招”推进基层社会治理现代化

今年以来,沙洋县围绕持续巩固提升“长安杯”创建成果目标,以创新社会治理为导向,坚持发展新时代“枫桥经验”,广泛发动群众积极参与社会治理,着力推动社会治理人员下沉、科技下沉、平台下沉,更好地为群众提供精准有效的服务,在推进基层社会治理能力现代化方面进行了一些有益探索和实践,取得了较好成效。

一是人员下沉,壮大基层治理力量。针对农村基层干部配备有限,工作任务繁重,在抓基层社会治理上心有余而力不足的客观实际,该县通过从村(社区)老干部、老党员、老模范、老教师、老复退伍军人等“五老”人员所在家庭中推选“平安中心户”(即由普通群众推选出德高望重、办事公道、群众认可的村民代表,将其家庭确定为“平安中心户”),创新推行村湾平安中心户“835”模式,有效解决了基层社会治理力量薄弱难题。“835”模式,“8”即落实八项措施。为确定的“平安中心户”安装门牌标识、采录基本信息、明确工作职责、配备工作用品、制发工作资料、配发工作手册、配备巡防装备、购买社会治安综合保险等八项措施,有力调动了其工作积极性。“3”即做到三个清楚。“平安中心户”成员需做到对本村湾基本情况清楚、治安状况清楚、农村常用实用政策法规清楚,确保在解决具体问题和化解具体矛盾时得心应手、事半功倍。“5”即履行“五员”职责。“平安中心户”成员需履行信息采集员、平安宣传员、矛盾调解员、治安巡防员、积分申报员等五项职责,他们不占编制,不要报酬,用身边人解决身边事,在壮大基层治理力量,延伸基层治理触角方面,发挥了较大作用。目前,该县已在35个试点村(社区)确定平安中心户387户,今年以来,通过其开展平安宣传800余次,化解村级矛盾纠纷400余件,基本实现了小事不出组,矛盾不上交。

二是科技下沉,防范基层社会风险。近年来,通过非法购买散装汽油实施纵火等制造严重暴力、恐怖犯罪的案件屡屡发生,严重影响了人民群众的生命财产安全。沙洋县是农业大县,很多农户需购买散装汽油用于小型农机耕种,散装汽油管控存在重大风险隐患。经过研判,该县依据农户购买散装汽油分布情况,在县内19家民营加油站安装了实名制认证系统,该系统依托云计算、大数据,通过先进的人脸识别比对系统和对接重点人员库,解决散装油销售过程中以往靠开纸质证明、人工核查不准确和管理难度大问题,实现对散装油销售过程的比对、预警、布控及研判分析。截至目前,累计有3950人次通过实名制信息管理系统购买散装汽油,共计3.4万升,让群众在感受便利的同时,进一步加强了对散装汽油的动态管控。同时,该县还投资300多万元,在全县103所学校安装紧急一键式报警装置,实现了全覆盖,只需按动一个按钮,360度旋转高清摄像头即可自动开启,110指挥中心就可以立即看到报警人及校门口实时画面,为及时防范和解决校园暴恐等恶性事件赢得了时间、提供了便利。

三是平台下沉,推动基层群防群治。随着经济社会发展,新型犯罪和治安问题隐蔽性也随之增强、跨区域性特点凸显,问题处置涉及面广、警力与信息严重不足、社会治安防控中人防、物防、技防相互脱节,人民群众参与面不广等问题日益凸显。该县借助信息化手段,借鉴社会治理积分制管理,创新研发“群防沙洋”手机APP,实现“社会治安数据平台共享、群防信息报送一键操作、指挥调度掌上流转”的社会治理新模式。“群防沙洋”手机APP包含线索审核、队伍管理、扫黑除恶、交通管理、纠纷协调、政策法规、视频报警、义务巡逻等33个项目,为广大群众参与社会治理提供了方便、快捷、高效的信息化平台。“群防沙洋”手机APP运行两年来,实名注册用户数达1.9万余人,收集各类线索2000余条,协助查处各类案件264起,抓获逃犯59人,帮助查找走失人员和失物招领108起,有效发挥了全民参与社会治理的作用。

2019年沙洋荣誉

受国家部、委表彰的先进集体

获奖单位	获奖情况	授奖单位	获奖时间
县老区建设促进会	2019年度老区宣传工作“三等奖”	中国老区建设促进会	2019年5月
县气象局	重大气象服务先进集体	中国气象局	2020年1月
县文物管理所	参与的城河遗址发掘项目获“2018年度全国十大考古新发现”	中国考古协会	2019年3月
县老年人体育协会	全国老年人持杖健走(乌海站)4x400米第一名	全国老年人体育协会	2019年7月
县教育局	教育新闻宣传先进单位	中国教育报刊社	2019年11日
县教育局	2019年度教育新闻宣传工作先进单位	中国教师报	2019年11日
县统计局	第四次全国经济普查先进集体	国务院第四次全国经济普查领导小组	2019年

受国家部、委表彰的先进个人

获奖者姓名	获奖者单位	获奖情况	授奖单位	获奖时间
万亚琴	五里铺镇杨集村	入选“中国好人榜”候选名单	中央文明办	2019年1月
曹四宠	县法院刑一庭	优秀援疆干部	最高人民法院	2019年2月
龙艳荣	县审计局	征文《以侠客之名》获“我们的故事”征文比赛二等奖	审计署	2019年6月
张　敏	县妇女联合会	全国维护妇女儿童权益先进个人	中华全国妇女联合会	2019年11月
李　晶	拾回桥镇老山小学	全国优秀教师	教育部	2019年9月
李　晶	拾回桥镇老山小学	全国最美基层高校毕业生	中共中央宣传部、人力资源和社会保障部	2019年12月
钱光红	曾集镇水产服务中心	全国“互联网+农技”推广服务之星	国家农业农村部	2019年11月

受省委、省政府和省厅(局)表彰的先进集体

获奖单位	获奖情况	授奖单位	获奖时间
县财政局	第三届财税知识网络答题竞赛先进组织	省财政厅	2019年1月
县财政局	2018年基建资金预算执行管理优秀单位	省财政厅	2019年1月
县财政局	2018年度全省财政政法工作先进单位	省财政厅	2019年2月
县财政局	2017－2018年湖北省公共机构节能示范单位	省机关事务管理局	2019年2月
县财政局	2018年度全省财政监督工作先进单位	省财政厅	2019年2月
县财政局	2018年度湖北省财政系统干部教育培训工作突出单位	省财政厅	2019年3月
县财政局	2018年度地方财政资金统筹整合工作评定为A等次	省财政厅	2019年3月
县财政局	全省“七五”普法中期先进集体	省委宣传部	2019年5月
县财政局	2018年度财政专项扶贫资金绩效评价优秀等次	省扶贫办、省财政厅	2019年6月
县财政局	2018年度全省行政事业单位国有资产管理工作考评优秀等次	省财政厅	2019年7月
县财政局	2017年度美丽乡村建设试点村被评为典型示范村	省财政厅	2019年8月
县财政局	湖北省第三届法治动漫微电影大赛二等奖	省委宣传部	2019年9月
县财政局	2019年预算绩效管理优秀等次	省财政厅	2019年12月
县供销社	2019年度县级社发展进位奖	省供销合作总社	2020年2月
县供销社	2019年全省供销合作社系统综合业绩考核县级优胜单位一等奖	省供销合作总社	2020年2月
国家统计局沙洋调查队	全省国调系统综合考核县级队优秀	国家统计局湖北调查总队	2020年1月
高阳镇政府	2019年度省级生态文明示范乡镇	省环境保护委员会	2019年12月
高阳镇垢塚村	2019年度省级生态文明示范村	省环境保护委员会	2019年12月
高阳镇政府	舞林镇	省广场舞推广委员会	2019年12月
县普法工作办公室	“七五”普法中期“全省先进集体”	省委宣传部、省司法厅、省普法办	2019年5月
沙洋县	2019年湖北淘宝直播村播试点县	省商务厅	2019月12日
马良镇团委	“团建优品汇”沙洋县志愿服务活动	团省委	2019年

续　表

获奖单位	获奖情况	授奖单位	获奖时间
县老年人体育协会	省第二届福寿康宁持杖健走户外穿越第一名	省老年人体育协会	2019 年 7 月
县老年人体育协会	省第二届福寿康宁气排球比赛（十堰站）第二名	省老年人体育协会	2019 年 6 月
县环境监察大队	在 2018 年环境执法大练兵活动中，被评为“全省大练兵表现突出集体”	省生态环境厅	2019 年 11 月
县水利和湖泊局	省公共机构节水型单位	省水利厅、省机关事务管理局	2019 年 7 月
县巾帼志愿者协会	省三八红旗集体	省人力资源和社会保障厅、省妇女联合会	2019 年 3 月
县妇女联合会	省家庭教育工作先进集体	省人力资源和社会保障厅、省妇女联合会	2019 年 12 月
枣阳至潜江高速公路沙洋段项目建设协调工作指挥部	荆潜建设项目群 2018 年度协调工作先进集体	湖北交投荆潜指挥部综合办公室	2019 年 2 月
县教育局	2019 年湖北省教育教学信息化交流展示活动团体优胜奖	省教育信息化发展中心、省电化教育馆	2019 年 1 月
县教育局	省第十九届青少年爱国主义读书教育活动优秀组织奖	省青少年爱国主义读书教育活动组织委员会	2019 年 7 月
县教育学会	省教育学会第 32 次学术年会论文和教育故事评选活动科研组织奖	省教育学会	2019 年 11 月
县教育局	省 2018 年度校外教育工作先进单位	省中小学校长协会校外教育管理专业委员会	2019 年 4 月
沙洋县中国农谷·雷都樱花部落	2019 年湖北省休闲农业示范点	省农业农村厅	2019 年 8 月
县公安局	集体三等功	省公安厅	2019 年 3 月
县自然资源和规划局	省河湖和水利工程划界确权工作成绩突出单位	省河湖长制办公室	2019 年 12 月
县自然资源和规划局	森林普查调查质量优秀	省林业调查规划院	2019 年 12 月
县邮政分公司毛李支局	先进集体	省邮政分公司	2019 年 11 月
县邮政分公司	转型卓越奖	省邮政分公司	2020 年 5 月
县邮政分公司官垱支局	党支部示范点	省邮政分公司	2020 年 5 月

受省委、省政府和省厅(局)表彰的先进个人

获奖者姓名	获奖者单位	获奖情况	授奖单位	获奖时间
余　静	县劳动保障监察局	人社系统窗口单位业务技能练兵比武二等奖	省人社厅	2019 年 7 月
李　倩	县公共就业和人才服务局	人社系统窗口单位业务技能练兵比武二等奖	省人社厅	2019 年 7 月
杨文超	县司法局	“七五”普法中期“全省先进个人”	省委宣传部、省司法厅、省普法办	2019 年 5 月
姚杏花	县审计局	调研文章《县级行政事业单位内部审计工作现状及对策探究》获全省审计机关优秀审计论文和研究报告评选三等奖	省审计厅	2019 年 11 月
许卫江	县老年人体育协会	省第二届福寿康宁气排球总决赛最佳扣球手	省老年人体协育协会	2019 年 11 月
朱　联	县老年人体育协会	省第二届福寿康宁气排球总决赛最佳二传手	省老年人体协育协会	2019 月 11 日
刘　虎	县交通运输局	荆潜建设项目群 2019 年度协调工作先进个人	湖北交投荆潜指挥部综合办公室	2019 年 2 月
王　东	县交通运输局	荆潜建设项目群 2019 年度协调工作先进个人	湖北交投荆潜指挥部综合办公室	2019 年 2 月
李　杨	县公路管理局	2018 年度湖北省十佳治超员	省公路管理局	2019 年 4 月
潘家全	县航道管理局	省港航海事系统最美航道人	省港航海事局	2019 年 9 月
何长青	县委宣传部	2018 年度优秀通讯员	中国新闻社湖北分社	2019 年 1 月
何长青	县委宣传部	2018 年度优秀通讯员	湖北日报	2019 年 3 月
徐行琴	县委宣传部	2018 年度优秀网评员	省网信办	2019 年 1 月
罗云芳	毛李镇毛李中心小学	湖北省农村先进教师	省政府	2019 年 9 月
杨兴福	县教研室	2019 年“湖北好课堂”展评活动指导一、二等奖	省教育科学研究院	2019 年 11 月
刘　辉 张　斌	县教研室	2019 年“湖北好课堂”展评活动指导二等奖	省教育科学研究院	2019 年 11 月
周　丹	县教研室	全省第 32 次学术年会教育论文评比二等奖	省教育学会	2019 年 11 月

续 表

获奖者姓名	获奖者单位	获奖情况	授奖单位	获奖时间
田晓燕	青少年活动中心	全省校外教育工作先进个人	省中小学校长协会校外教育管理专业委员会	2019 年 4 月
张　琴	县市容环境卫生管理处	优秀环卫工人	省住建厅	2019 年 10 月
刘士金	县公安局	个人三等功	省公安厅	2019 年 3 月
高苏军	县公安局禁毒大队	个人二等功	省公安厅	2019 年 9 月
张于洪	县公安局刑侦大队	人民群众满意警察	省公安厅	2019 年 9 月
洪少华	县公安局刑侦大队	个人一等功	省委、省政府	2019 年 12 月
文生廷	县自然资源和规划局	省“七五”普法中期先进个人	省委宣传部、省司法厅、省普法工作办公室	2019 年 5 月
邓　锋 任　刚	县财政局	省财政厅关于 2018 年度全省财政监督检查工作先进集体和先进个人的通报	省财政厅	2019 年 2 月

受市委、市政府和市局(办)表彰的先进集体

获奖单位	获奖情况	授奖单位	获奖时间
县财政局	2018 年志愿服务先进单位	市精神文明建设委员会、市志愿者联合会	2019 年 2 月
县财政局	2018 年度全市总部经济发展工作考评第一名	市总部经济发展工作领导小组办公室	2019 年 2 月
县财政局	2018 年度全市财政监督工作先进单位	市财政局	2019 年 4 月
县财政局	2017 – 2018 年青年文明号	团市委	2019 年 7 月
县财政局	2019 年全市 PPP 工作先进单位	市 PPP 项目推进工作领导小组办公室	2019 年 11 月
县财政局	2019 年度会计报表工作先进单位	市非税局	2019 年 12 月
县残联	2019 年度全市残疾人工作先进单位	市残联	2019 年 4 月
县残联	2019 年荆门市残疾人职业技能竞赛团体第一	市残联	2019 年 9 月
县扶贫办	荆门市区域性增长极建设“先进单位	市委、市政府	2019 年 4 月

续　表

获奖单位	获奖情况	授奖单位	获奖时间
县供销社	2019 年度全市供销合作社系统综合业绩考核一等奖	市供销社	2020 年 4 月
沙洋农商行	荆门市架设江汉平原振兴发展示范区先进集体	市委、市政府	2020 年 1 月
县烟草专卖局	全市系统职工男子篮球赛第二名	市烟草专卖局	2019 年 11 月
县烟草专卖局	2019 年度荆门市质量提升小组活动 QC 成果二等奖	市质量协会	2019 年 5 月
沙洋镇	2018 年度志愿服务先进单位	市文明办、市志愿者联合会	2019 年 2 月
沙洋镇	2018 年度全市优秀乡镇(街道)团组织	团市委	2019 年 3 月
沙洋镇	2017－2018 年度全市老年体育工作先进集体	市文体新广局、荆门市民政局	2019 年 3 月
沙洋镇	荆门市区域性增长极建设先进单位	市委、市政府	2019 年 4 月
五里铺镇	市第二届电视广场舞蹈大赛三等奖	市委宣传部	2019 年 8 月
县气象局	年终目标考核特别优秀	市气象局	2020 年 4 月
县普法工作办公室	全市中小学生“教科杯”宪法学习暨文明城市创建主题征文比赛“优秀组织奖”	市普法办	2019 年 2 月
后港法庭	先进法庭	市中级人民法院	2019 年 2 月
县法院刑一庭	先进单位	市中级人民法院	2019 年 2 月
县法院执行庭	集体三等功	市中级人民法院	2019 年 2 月
县法院	工作突出扶贫队	市扶贫攻坚领导小组	2019 年 6 月
县法院	档案工作目标管理“省特级”	市档案局	2019 年 1 月
县法院	在“11.18”专案工作被记三等功	市委、市政府	2019 年 2 月
县法院刑一庭	在“11.18”专案表现突出给予嘉奖	市委、市政府	2019 年 2 月
县审计局	毛李镇党委书记汤祖泉任中经济责任暨自然资源资产审计获全市优秀审计项目二等奖	市审计局	2020 年 1 月
县融媒体中心	新闻报道先进单位	荆门日报社	2019 年
马良镇团委	全市五四红旗团委	团市委	2019 年 7 月
县人防办	2019 年度考核“优胜单位”	市民防办	2020 年 1 月
团县委	2019 年度县(市、区)共青团工作先进单位	团市委	2020 年 4 月
县文化和旅游局	市第二十届社区文化节文艺展演优秀组织奖	市委宣传部、市文旅局	2019 年 1 月

续 表

获奖单位	获奖情况	授奖单位	获奖时间
县老年人体育协会	市第十届老年人体育健身大会优秀组织奖	市组委会	2019 年 1 月
沈集中心小学	2019 年荆门市中小学校体育艺术教育“一校两特”创建项目展演优秀组织奖	市教育局	2019 年 12 月
沈集中心小学	2019 年荆门市中小学校体育艺术教育“一校两特”创建项目展演武术项目《英雄少年》荣获一等奖	市教育局	2019 年 12 月
沈集中学	平安校园	市教育局	2019 年 1 月
县交通运输局	全市交通运输系统先进集体	市交通运输局	2019 年 2 月
县交通运输局	全市 2018 年精准扶贫工作突出工作队	市交通运输局	2019 年 6 月
县航道管理局	全市港航海事系统先进集体	市港航海事局	2019 年 3 月
县委宣传部	荆门市区域性增长极建设(改革创新类)先进单位	市委、市政府	2019 年 3 月
危氏水产养殖专业合作社	荆门市农民合作社示范社	市委、市政府	2019 年 2 月
团曾集镇委	2018 年度全市五四红旗团委	团市委	2019 年 7 月
曾集镇市县代表小组	先进人大代表小组	市人大常委会	2019 年 12 月
县公安局“7.22 碰瓷诈骗案”侦破专班	集体三等功	市公安局	2019 年 1 月
县公安局 1118 专案组	集体三等功	市委、市政府	2019 年 2 月
县看守所	集体嘉奖	市委、市政府	2019 年 2 月
县自然资源和规划局	全市工作突出驻村片长工作队	市扶贫攻坚领导小组办公室	2019 年 6 月
县自然资源和规划局	全市国土资源管理目标责任制考评先进单位	市国土资源局	2019 年 1 月
县自然资源和规划局	全市五四红旗团支部	团市委	2019 年 7 月
县史志研究中心	全市史志系统先进单位	市史志研究中心	2019 年 12 月
后港镇	荆门市区域性增长级建设先进单位	市委、市政府	2019 年 4 月
县教育局	全市中小学生“教科杯”宪法学习暨文明城市创建主题征文比赛优秀组织奖	市普法工作办公室、市教育局	2019 年 2 月
县教育局	2019 年荆门市中小学电脑制作活动优秀组织奖	市电化教育馆	2019 年 9 月

续　表

获奖单位	获奖情况	授奖单位	获奖时间
县教育局	2019 年荆门市教育教学信息化交流展示活动优秀组织奖	市电化教育馆	2019 年 11 月
县教育局	2019 年荆门市中小学体育艺术教育“一校两特”创建项目展演优秀组织奖	市教育局	2019 年 11 月
县教育局	荆门市第三届中小学生经典诵读大赛优秀组织奖	市教育局、荆门广播电视台	2019 年 10 月
县教科所	“我和我的祖国”庆祝新中国成立 70 周年中小学生创新作文大赛优秀组织奖	市教育科学研究所、中国邮政集团公司荆门市分公司、广西教育学院杂志社、《创新作文》编辑部	2019 年 7 月
县教育局	荆门市第七届“荆门一中杯”中学生美术作品比赛优秀组织奖	市教育局	2019 年 12 月
县教育局	荆门市迎国庆第二届“杏坛杯”教工游泳比赛优秀组织奖	市教育局、市教育工会委员会	2019 年 9 月
县青少年活动中心	2019 年荆门“小小爱飞客”创客系列活动优秀组织奖	市教育局	2019 年 9 月
县青少年活动中心	2019 年荆门第六届“小小爱飞客”航空模型展演优胜奖	市教育局	2019 年 9 月

受市委、市政府和市局（办）表彰的先进个人

获奖者姓名	获奖者单位	获奖情况	授奖单位	获奖时间
戴金权	县委编办	荆门市 2018 年重点项目优秀驻点秘书	市重点办	2019 年 4 月
杨　玲	县财政局	2017 年－2018 年度质量工作先进个人	市质量协会	2019 年 1 月
吴学雄	县财政局	2018 年度全市招商引资工作成效明显的个人	市委、市政府	2019 年 2 月
陈芳芳 张华芳	县财政局	2018 年度全市财政监督工作先进单位和先进个人	市财政局	2019 年 4 月
蔡　敏	县财政局	2019 年度荆门市财政系统“书香财政家庭”	市财政局	2019 年 6 月
肖　飞	县财政局	2018 年度全市优秀共青团干部	团市委	2019 年 7 月

续　表

获奖者姓名	获奖者单位	获奖情况	授奖单位	获奖时间
黄　波 刘　怡	县残联	2019 年度全市残疾人工作先进个人	市残联	2019 年 4 月
曾　双	县烟草专卖局	2017 – 2019 年度优秀共产党员	市烟草专卖局	2019 年 6 月
曾　双	县烟草专卖局	2019 年职工思想政治工作论文三等奖	市烟草专卖局	2019 年 10 月
肖慧平	沙洋县投融资服务中心	荆门市建设江汉平原振兴发展示范区项目服务先进个人	市委、市政府	2020 年 1 月
余　蕾	县招商服务中心	荆门市建设江汉平原振兴发展示范区招商引资先进个人	市委、市政府	2020 年 1 月
彭　瑞	县气象局	目标考核优秀	市气象局	2020 年 4 月
王　雨 段皓冉	县气象局	全市气象部门先进工作者	市气象局	2020 年 4 月
李　佳	县司法局	三等功	市委、市政府	2019 年 2 月
郭文娟 周曲曲	县法院	优秀法官	市中级人民法院	2019 年 2 月
张　峰 金列成	县法院	办案标兵	市中级人民法院	2019 年 2 月
张立芳	县法院	个人三等功	市中级人民法院	2019 年 2 月
柳艾梅	县法院	全省法院第二十八届学术讨论会论文优秀奖	市中级人民法院	2019 年 7 月
柳艾梅 李芙蓉	县法院	全市法院学术讨论会论文三等奖	市中级人民法院	2019 年 7 月
张　兵	县法院	全市法院学术讨论会组织先进个人	市中级人民法院	2019 年 7 月
王云峰	县法院	在“11.18”专案工作被记三等功	市委、市政府	2019 年 2 月
张爱平 王紫优 曹春艳 周　刚 李梅妮 张　玉 全凡华 周　璇 朱秀晖 余少昌 舒　兵	沙洋县融媒体中心	荆门新闻奖	市新闻学会	2020 年

续 表

获奖者姓名	获奖者单位	获奖情况	授奖单位	获奖时间
贺本清	县老年人体育协会	市第十届老年人体育健身大会持杖走400米第一名	市组委会	2019年1月
杨援越	县老年人体育协会	市第十届老年人体育健身大会中国象棋第三名	市组委会	2019年9月
邓争平	县老年人体育协会	市第十届老年人体育健身大会乒乓球比赛男子单打第二名	市组委会	2019年1月
张大莉	沈集镇中心卫生院	市建设湖北区域性镇长极先进个人	市委	2019年4月
田梦璠	县职教中心、沙洋县妇联(挂)	最美妇联人	市妇女联合会	2019年3月
张丽萍	县妇联	最美婚姻家庭纠纷人民调解员	市妇女联合会	2019年12月
李　明	县港航管理局	全市交通运输系统先进个人	市交通运输局	2019年2月
陈应宜	县公路管理局	全市交通运输系统先进个人	市交通运输局	2019年2月
余　蓉 胡　培	县航道管理局	全市港航海事系统先进个人	市港航海事局	2019年3月
李　峥 陈　建	县港航管理局	全市港航海事系统先进个人	市港航海事局	2019年3月
周　璇	县委宣传部	优秀通讯员	荆门日报社	2019年6月
张佩娟	县委宣传部	荆门市区域性增长极建设(文化建设类)先进个人	市委、市政府	2019年3月
全凡华	县委宣传部	《散文三则》获2018年度第五届"荆门文学奖"优秀奖	市作家协会	2019年1月
笪立新	县教育局	2019年全市职业院校技能大赛先进个人	市教育局	2019年6月
周丹	县教研室	2019年"荆门好课堂"初中语文学科展评一等奖	市教学研究室	2019年11月
韩晓春	五里铺镇五里初级中学	记功奖励	市人力资源和社会保障局	2019年9月
彭小龙	十里铺镇十里小学	记功奖励	市人力资源和社会保障局	2019年9月
李　雄	纪山镇中心小学	记功奖励	市人力资源和社会保障局	2019年9月
江德超	拾回桥中学	记功奖励	市人力资源和社会保障局	2019年9月
郭军平	沙后港镇蛟尾小学	记功奖励	市人力资源和社会保障局	2019年9月

续 表

获奖者姓名	获奖者单位	获奖情况	授奖单位	获奖时间
邹　平 张　陈	毛李中学	记功奖励	市人力资源和社会保障局	2019 年 9 月
张绪发	官垱镇中心小学	记功奖励	市人力资源和社会保障局	2019 年 9 月
何　勤	李市镇李市中学	记功奖励	市人力资源和社会保障局	2019 年 9 月
罗　菊	马良镇马良中学	记功奖励	市人力资源和社会保障局	2019 年 9 月
段道兵	曾集镇许岗小学	记功奖励	市人力资源和社会保障局	2019 年 9 月
陈安武	沈集镇初级中学	记功奖励	市人力资源和社会保障局	2019 年 9 月
文黎明	高阳镇烟垢中学	记功奖励	市人力资源和社会保障局	2019 年 9 月
张春桃 刘　萍	实验小学	记功奖励	市人力资源和社会保障局	2019 年 9 月
龙金芳	汉上实验学校	记功奖励	市人力资源和社会保障局	2019 年 9 月
王志琼	实验初中	记功奖励	市人力资源和社会保障局	2019 年 9 月
伍　洲	沙洋中学	记功奖励	市人力资源和社会保障局	2019 年 9 月
李代学	县职业技术教育中心	记功奖励	市人力资源和社会保障局	2019 年 9 月
彭德滨	县教学研究室	记功奖励	市人力资源和社会保障局	2019 年 9 月
张道雄	长林中学	记功奖励	市人力资源和社会保障局	2019 年 9 月
刘云锋	高阳镇烟垢中学	荆门市第三届本土教育家	市委、市政府	2019 年 9 月
肖　涛	洪岭小学	优秀校长	市委、市人民政府	2019 年 9 月
李少君	沙洋中学	优秀教师	市委、市人民政府	2019 年 9 月
危国雄	危氏水产养殖专业合作社	第九届“荆门青年五四奖章标兵”	团市委	2019 年 5 月
朱昌梅 黄勇志 李学芹 张家祥 范梅花	县市容环境卫生管理处	优秀环卫工人	市城管委	2019 年 10 月

续 表

获奖者姓名	获奖者单位	获奖情况	授奖单位	获奖时间
彭军涛	县公安局刑侦大队	个人三等功	市公安局	2019年1月
李 翔	沙洋水陆派出所	个人三等功	市公安局	2019年1月
张 华	五里铺派出所	个人三等功	市公安局	2019年1月
李 波	县公安局	个人三等功	市委、市政府	2019年2月
李 俊	县公安局刑侦大队	个人三等功	市委、市政府	2019年2月
孙 权	县公安局经侦大队	嘉奖	市委、市政府	2019年2月
张 微 周 凡	县公安局刑侦大队	嘉奖	市委、市政府	2019年2月
陈天明	县公安局法制大队	嘉奖	市委、市政府	2019年2月
张红苹	县公安局网安大队	嘉奖	市委、市政府	2019年2月
周 杰	五里铺派出所	嘉奖	市委、市政府	2019年2月
时 超	沈集派出所	嘉奖	市委、市政府	2019年2月
王晓星	县看守所	嘉奖	市委、市政府	2019年2月
彭雪燕	县医疗保障局	第五届荆门市道德模范候选人	第五届荆门市道德模范评选表彰组委会办公室	2020年1月
宁良军 姚 军 陈华安 向进军 赵 军 刘 军 徐 健	县自然资源和规划局	全市国土资源管理先进工作者	市国土资源局	2019年1月
陈宜鹏 代 勇	县自然资源和规划局	全市森林公安优秀民警	市森林公安局	2019年1月
钟莹婧	县自然资源和规划局	全市优秀共青团员	团市委	2019年7月

年度关注

2019年县政府10件民生实事完成情况

1. 城镇新增就业6600人，发放创业担保贷款3000万元，扶持创业900人，带动就业3600人。全年全县城镇新增就业7281人，完成年初目标任务的110.32%；发放创业担保贷款4495万元，完成年初目标任务的149.83%；扶持创业1005人，完成年初目标任务的111.67%；带动就业4037人，完成年初目标任务的112.14%。

2. 免费为农民工、残疾人等弱势群体办理法律援助案件200件、其他法律援助事项2000件。全年全县免费受理法律援助案件217件，完成年初目标任务的108.5%；免费受理其他法律援助事项2300余件，完成年初目标任务的115%。

3. 完成太一湖主体工程及城区备用水源地建设。实施2019年农村饮水安全巩固提升工程，解决10.5万人饮水安全问题。启动岳飞城水厂项目建设。截至年末，已完成库区开挖、大坝填筑、护坡及输水涵建设工程，涉及公园景区部分的亲水平台和配套工程以及溢洪道施工工程已完工；涉及高阳、后港、纪山、沈集、十里铺、拾回桥、五里铺、曾集等8镇61村的农村安全饮水项目已基本完成；岳飞城水厂项目已动工建设、有序推进。

4. 完成明月路、胜利二街延伸段、汉津西路、卓政大道、荷花中路、荷花南路延伸段道路建设。完成荆新线城区段改造工程。截至年末，胜利二街延伸段、汉津西路、荷花中路、荷花南路延伸段主体工程全部完工，卓政大道、明月路建设工程正有序推进，荆新线城区段改造工程已完成项目财评预算等前期工作。

5. 完成工业三路、工业五路、工业六路西延伸段、工业八路、工业十路等道路绿化建设。截至年末，上述绿化建设工程已全面完工。

6. 新建公共停车场3处，新增停车位260个。完成荷花北路延伸段、开源大道、荆河北路及长林北一路等道路路灯建设。年内，汉江天地东侧停车场（停车位78个）、陈家山路停车场（停车位130个）、交通西路停车场（停车位60个）建设工程已完工；在荷花北路延伸段、开源大道、荆河北路、长林北一路分别新装LED节能路灯44盏、40盏、62盏、60盏。

7. 完成城区公交改革，收回公交车经营权，实现“公营”。优化城区公交线路，开通县城至马良公交车。年内，私营公交车经营权已回收，新购的40辆纯电动公交车已投入运营。县城至马良公交车已开通运营。

8. 完成枣潜高速连接线5.9千米路面工程和沈后线二级公路43.3千米路面工程。G348绕城公路、沙河线一级公路建成通车。提档升级通村通组道路100千米。年内，枣潜高速连接线和通村通组道路工程已建设完成；沈后线和沙河线一级公路可基本通车；G348绕城公路汉宜线以北段10千米路面工程已全部完工；汉宜线以南至汉江二桥段完成4千米路基土方工程。

9. 完成40个村的农体器材配送安装工作，实现全县农村体育健身工程全覆盖。对6所镇级中小学运动场进行改造升级。全年全县共投入资金60万元对52个村（社区）完成运动器材配送安装任务，其中乒乓球台86张、篮球架34套、健身路径9套；纪山中学、十里中学、五里中学、毛李中学、李市中学、拾桥小学等6所镇级中小学运动场建设全部通过竣工验收并投入使用。

10. 完成“一村一名大学生村医”培养招生36人。全年全县已完成大学生村医培养招生45人。

（县政府办）

精准扶贫精准脱贫

【概况】 2019年，沙洋县坚定不移地贯彻落实习近平总书记关于扶贫工作的重要论述精神和党中央关于脱贫攻坚的重大决策部署，坚持精准扶贫精准脱贫方略，紧扣“三落实”“三精准”“三保障”工作要求，着力抓重点、补短板、强弱项,精准施策,真抓实干,取得阶段性成效。全年全县实现减贫11170人、出列贫困村9个(全县38个贫困村至此全部出列),完成年初减贫计划。截至年末,全县仍有未脱贫贫困人口1014户、1777人,综合贫困发生率由14%降至0.4%。

【脱贫攻坚责任落实】 2019年,沙洋县强化政治担当,狠抓脱贫责任落实,取得突出成效。坚决扛起政治责任。始终把习近平总书记关于扶贫工作重要论述作为打赢脱贫攻坚战的根本遵循和行动指南,坚持第一时间传达学习、第一力度贯彻落实,切实增强“四个意识”,坚定“四个自信”,做到“两个维护”,把思想和行动统一到党中央决策部署上来。明确将“脱贫攻坚”学习纳入党委(党组)中心组2019年度学习计划,县委理论学习中心组坚持集中学习和个人学习相结合,研讨交流《中共中央 国务院关于打赢脱贫攻坚战三年行动的指导意见》的学习体会。各地各单位党委(党组)深刻领会贯彻习近平总书记关于扶贫工作重要论述精神。县委、县政府将脱贫攻坚作为重大政治任务,主要负责人调研督办村级脱贫攻坚工作开展情况,走访慰问贫困户,带头落实政治责任。县“四大家”领导走访包联镇、村、贫困户,督办脱贫攻坚工作。根据“尽锐出战”要求,调整增强年内预出列9个贫困村的县领导包联力量,县委书记、县长包联深度贫困村。压紧压实主体责任。县委、县政府实行月度研究扶贫工作机制,随时听取脱贫攻坚工作情况汇报,研究解决相关问题。先后35次召开县委常委会、县政府常务会和扶贫工作推进会,研究部署、督办推进扶贫工作。县扶贫攻坚领导小组根据扶贫工作需要及时组织召开领导小组会议研究推进扶贫工作。按照“五级书记抓扶贫”工作要求,县委书记已完成38个贫困村遍访工作;各乡镇党委书记实行月度工作汇报制,贫困户遍访率均在60%以上;各村支部书记将绝大部分精力用于脱贫攻坚,贫困户遍访率达100%。坚持将查处扶贫领域腐败和作风问题作为执纪监督的工作重点,严肃执纪问责,建立问题线索移交机制。全年县扶贫办向县纪委监委累计移交问题线索90条,县纪委监委对扶贫领域共追责问责102人,其中给予党纪处分9人、诫勉谈话20人、批评教育20人、书面检查9人、谈话提醒13人、工作约谈31人。全力落实工作责任。落实扶贫政策。各行业各部门对照政策落实要求,切实抓好教育扶贫、健康扶贫、危房改造、易地扶贫搬迁、安全饮水、社会保障兜底、产业扶贫、金融扶贫等政策落实,深入研究政策落实情况,细化工作举措,着重政策落实效果,坚持把政策落实到位。抓实扶贫项目建设。结合行业部门职责,抓好主管行业扶贫开发指导、扶贫项目建设、扶贫资金使用等工作落实,对照脱贫攻坚工作要求和“两不愁三保障”标准,加快推进扶贫项目建设,确保充分发挥扶贫效益。强化部门监管。各行业各部门承担行业扶贫主管和监管职责,对工作落实情况进行监督检查,督促各项工作落实落地。同时,抓好政策落实、资金使用和项目建设的公告公示,接受群众和社会监督,并积极利用“扶贫领域政策落实监察系统”开展监督检查。全年上级反馈问题线索924条,经核查有86条问题线索属实并违反政策,已全部进行整改,共追缴资金8.42万元,对相关责任人进行追责问责。认真落实帮扶责任。选优配强驻村力量。按照“全脱产、硬抽人、抽硬人”要求,选派优秀干部驻村扶贫,扎实开展驻村帮扶工作;派出单位主要负责人坚持定期到包联村调研指导扶贫工作、解决困难;明确一名班子成员具体负责,抓实抓细扶贫工作;各单位

2019年7月31日,全市扶贫系统配合省委巡视工作暨健康扶贫政策解读电视电话会在沙洋召开,来自各乡镇分管扶贫工作领导及工作人员与会。图为会议现场 (县扶贫办 供稿)

组织每半年听取一次驻村帮扶工作情况汇报,压紧压实驻村帮扶责任。4月,根据全县机构改革情况,对28个驻村工作组进行调整,进一步集中优势力量攻坚。调整后,省市单位包联20个村(社区)、69个县直单位包联200个村(社区)、12个镇包联49个村(社区)。严肃驻村工作纪律。全县出台《关于加强精准扶贫驻村工作组管理工作的实施意见》,进一步明确驻村工作组职责,规范驻村工作组管理,严格执行"五天四夜"脱产驻村工作纪律,确保真驻村、真帮扶。县"两办"督查室、县"两整办"、县扶贫办不定开展联合督查,对驻村不实的问题进行追责问责,全年开展督查10余次,印发驻村通报5期。年末由镇组织对所有工作组进行考评,对连续2次排名"后两位"的进行问责,县纪委监委根据2018年度驻村工作组考核的问题线索,对2018年度驻村工作组考核"后两位"的21名派出单位负责人进行约谈。培训提升工作能力。4月27日,全县组织召开脱贫攻坚能力提升培训会,从扶贫责任主体工作要求、脱贫出列标准、小额信贷、扶贫项目和资金管理、新型经营主体发展、农村"三留守"服务体系建设、规范监督检查、推进整改工作、加强作风建设等9个方面进行详细解读,帮助扶贫干部理解和掌握扶贫工作新形势下的新要求,提升扶贫工作能力。9月29日,组织对全县预出列贫困村支部书记、新调整的村支部书记和驻村工作组员进行培训,帮助提升工作能力。切实落实结对帮扶。组织党员干部与贫困户开展结对帮扶,做到结对帮扶全覆盖。根据贫困户实际情况,制定"一户一策"精准帮扶措施,及时帮助解决困难,开展精准帮扶。

【脱贫攻坚政策落实】 2019年,沙洋县瞄准突出问题和薄弱环节,狠抓脱贫攻坚政策落实,坚持精准施策,取得明显成效。落实"两不愁三保障"系列政策。着力落实贫困户教育保障。开展适龄儿童入学排查工作,严控失学辍学现象发生,全县有4名适龄儿童因残不能入校学习,通过采取送学上门方式予以解决。严格执行国家教育资助政策,通过部门之间信息数据比对、入户摸排、向异地学校发函等方式抓好教育资助政策落实。全年落实县内就读的建档立卡贫困学生教育资助8729人次,发放补助金556.40万元,覆盖率100%;落实异地就读未享受学籍地教育资助贫困学生507人次、28.6万元;实施"雨露计划"资助1468人次367万元,补发729人次182.25万元。加强农村学校硬件和软件建设,投入1838万元用于学校"全面改薄"建设,招录义务教育教师11名、幼师20名,全部充实到偏远学校。全县119名"两后生"(初、高中毕业未能继续升学的贫困家庭中的富余劳动力)接受职业教育和技能培训107人,11人外出务工,1人参军。着力落实贫困户基本医疗保障。县域内公立医疗机构设置"贫困人口服务窗口",推行"先看病、后付费"政策,实行"一站式"和"一票制"结算报销,全县所有贫困人口均参加城乡居民基本医疗保险,建立"四位一体"医疗保障体系(基本医疗保险+大病医疗保险+医疗救助+补充医疗保险),实施"985"政策。全县村级卫生室按要求建设达标,并配备至少1名村医。截至11月底,全县贫困人口县域内住院费用、门诊治疗费个人实际报销比例分别为93.2%、89.7%,县域内政策范围内个人自费部分严格控制在5000元以内;全县25种大病患者共1136人,救治率100%;贫困人口签约54650人,应签尽签率100%;体检38143人、服务38631人,应体检率、应服务率均达100%。着力解决贫困户住房安全问题。按照"应改尽改、

2019年5月29日,沙洋县召开关于运用扶贫领域政策落实监察系统开展监督检查培训会。县委副书记陈威(第二排左四)出席会议

(县扶贫办 供稿)

应补尽补”原则，对贫困户危房实施改造。全年完成“四类对象”危房改造1322户，补助资金2169.51万元，其中建档立卡贫困户1205户，补助资金1956.71万元。开展住房安全有保障排查整改活动，共排查“四类对象”21479户，其中建档立卡贫困户20053户，对排查出的43户危房全部完成改造，并对排查对象房屋全部出具“住房安全有保障”认定报告表。全县共实施易地搬迁926户1546人，至年末已全部入住，所有拆旧复垦工作全面完成，并通过技能培训、自主发展产业、引导就地就近就业、土地流转、入股分红等措施加强后续帮扶。着力解决贫困户安全饮水问题。对照《农村饮水安全评价标准》，全县采取逐户核查的方式，有针对性的采取措施帮助贫困户解决问题，安全饮水的水量、水质、用水便捷度、供水保证率等均达标，同时对61个村实施饮水安全巩固提升工程。落实社会保障兜底政策。落实农村低保、“五保”政策。实行农村低保、“五保”标准动态调整机制，全县2019年农村低保保障标准线为5616元/人/年，“五保”供养保障标准为9000元/人/年，将无劳动能力、无收入来源的贫困人口纳入低保或“五保”供养范围，确保这部分贫困人口享受保障兜底。全县共有低保贫困人口5763人、“五保”贫困人1177人。落实残疾人“两补”政策。按照每人每月50元标准为困难残疾人发放生活补贴，按每人每月100元标准为重度残疾人发放护理补贴。全县共有建档立卡贫困残疾人6864人。截至年末，共发放贫困残疾人生活补贴37636人次138.18万元、护理补贴34494人次34494余万元。抓实“三留守”关爱工作。全县共有留守老人8724名、留守妇女492名、贫困留守儿童448名。建立“三留守”关爱服务联系会议制度，全县共设置农村“三留守”人员关爱服务工作室266个，继续开展系列帮扶活动。落实养老保险政策。由财政出资为未脱贫贫困人口(16~59周岁)按照100元/年/人标准购买养老保险，全年共为6924名贫困人口购买养老保险，落实19379名60周岁以上建档立卡贫困人员养老保险待遇。推进产业扶贫和就业扶贫。大力实施产业奖补。全县出台产业奖补政策，鼓励贫困户发展特色产业增收，对贫困户发展生产投入超过5000元和1万元的分别一次性给与1000元和3000元补贴；出台《沙洋县支持发展稻虾种养产业扶贫实施办法》，对2018年秋冬以来新开挖稻田发展稻虾综合种养的未脱贫贫困户、已脱贫贫困户分别给予每亩600元、300元补贴。全年全县对449户发展产业的贫困户和11个带动贫困户增收的新型经营主体进行奖补，发放补助183.73万元；对1918户新发展稻虾种养的贫困户发放补助237.67万元。积极推进小额信贷。实施“五万元以内、三年期限、无担保、免抵押、全贴息”扶贫小额信贷政策，以解决贫困户产业发展和自主创业缺资金的问题。全县已累计发放贫困户小额信贷4195笔、27952万元，其中年内发放1252笔、5148万元。全面开展技能培训。积极对贫困人口进行生产技能和就业技能培训，组织“精准扶贫小龙虾养殖”、花卉苗木种植培训和失能人员护理员、叉车、创业等职业培训，共培训5000余人次。积极引导就业务工。通过鼓励县内企业吸纳贫困人口就业务工、组织招聘会等方式，帮助贫困人口实现就业务工。全年组织精准扶贫专场招聘会10场和为期14天的“大篷车”送岗位下乡活动，有近3700名贫困人员求职，县内企业吸纳贫困人口就业500余人；积极引导贫困人口就业务工，全县2万余人在沙洋地和外地就业务工；设立贫困户公益性岗位，引导和支持贫困人口1483人次就业务工。培育引导主体带贫。鼓励新型农业经营主体充分发挥带贫作用，对享受政府支持的新型农业经营主体要求必须有相应的带贫机制。全县有442个新型农业经营主体通过流转土地、入股分红、就业务工、技术培训、市场带动等方式带动12867户贫困户增收。强化生产生活基础设施建设。年内完成全县镇村综合文化服务站(中心)挂牌工作，争取省文化厅奖补资金200余万元，用于公共文化配套设施建设和县镇综合文化服务站免费开放工作。截至年末，全县已建成14个镇区文化站、14个镇级文化广场、266个村(社区)文体活动中心和文化活动室，实现所有行政村农家书屋全覆盖；完成农村公路安全生命防护工程161.25千米、20户以上通组公路建设420千米；所辖自然村通生产动力用电覆盖率100%。

【脱贫攻坚专项巡视反馈问题整改】 2019年，沙洋县将中央脱贫攻坚专项巡视反馈意见、国考和省考反馈问题、“两不愁三保障”突出问题、大调研反馈问题、各级监督检查等发现的问题相结合，着力抓好各类反馈问题整改，实行全县一体整改、一体推进。坚持将问题整改与高质量完成脱贫攻坚任务结合起来，以问题整改为导向，全面查找短板和不足，以高质量完成年度减贫计划体现整改成效。截至年末，全县对照中央巡视反馈的4类14项55个问题、国家考核反馈的7类35个问题、省考反馈的9类20个问题已全部完成整改。

【“两不愁三保障”突出问题排查整改】 2019年，沙洋县“两不愁三保障”突出问题排查整改力度加大。结合全县脱贫攻坚工作实际，制订《沙洋县“两不愁三保障”突出问题排查实施方案》，对照“两不愁三保障”标准，重点围绕义务教育有保障、基本医疗有保障、住房安全有保障、饮水安全有保障、兜底保障落实情况、易地扶贫搬迁情况、脱贫措施落实情况等方面，逐村逐户逐人逐项开展摸排工作，并制订《关于解决“两不愁三保障”突出问题的实施方案》，组织相关县直单位及镇（区）对照排查出来问题，拿出细化的整改措施，做到工作到户、措施到人、精准施策。对摸排出的4名适龄儿童少年因残不具备入校学习条件，已采取送教上门方式予以解决；对排查出的43户贫困户住危房的，已全部完成危房改造任务。

【扶贫对象“两摸底一核查”工作】 2019年，沙洋县严格按照省、市工作要求，着力抓好“两摸底一核查”工作，制订《2019年沙洋县扶贫对象动态管理工作方案》，组织全县开展统一培训，细化此项工作要求。截至年末，全县初步摸排出“边缘户”143户436人，占2014年初全县建档立卡贫困人口的0.6%；“脱贫监测户”91户294人，占比0.4%；合计730人，占比1%。

【扶贫资金项目管理】 2019年，沙洋县着力加强扶贫资金项目管理。抓投入，强支撑。加大对贫困人口支持力度，积极整合各类资金用于扶贫，切实改善全县农村生产生活基础条件。全年统筹用于脱贫攻坚资金5.18亿元，其中县级投入5003.11万元，符合投入资金不低于上一年度的要求。严监管，重效益。根据项目库建设“五个不得纳入”和“负面清单”相关规定，规范县级项目库建设。县扶贫部门聘请第三方机构对2018年度财政专项扶贫资金项目进行审计，财政部门组织对2018年度财政专项扶贫资金和县级扶贫配套资金使用情况进行核查，并聘请第三方机构对2018年财政专项扶贫资金项目效益发挥进行绩效评价，及时查找问题、解决问题，严格资金项目监管。

【基层扶贫队伍建设】 2019年，沙洋县基层扶贫队伍建设不断加强。调整优化基层力量。结合村“两委”换届工作，对全县38个贫困村中16名支部书记进行调整，38个贫困村党支部书记平均年龄为47岁，“两委”干部平均年龄44岁。加大人才储备力度。全县38个贫困村建立105名乡土人才和60名“两委”后备干部台账，13名优秀农村青年入选“一村一名大学生”培养计划。加强能力提升培训。出台年度村（社区）“两委”干部培训计划，全年已开展2次培训工作。

【脱贫攻坚宣传引导】 2019年，沙洋县加强宣传引导，助力脱贫攻坚。连续第三年举办“十选十美·我脱贫 我光荣”评选活动，每年从全县选取10名脱贫典型进行宣传，弘扬先进事迹，营造脱贫光荣氛围。积极引导贫困户转变思想观念，组织镇村在显眼的地方印刷扶贫宣传标语，由宣传政策逐渐转变为宣传扶贫成效，引导贫困户树立感恩思想。全县已印刷固定标语280多处。大力推进“九久入户”工程，强化社会主义核心价值观进村入户，有效激发贫困户依靠自身努力脱贫的内生动力。

【扶贫产业建设】 2019年，沙洋县将稻虾连作、优质稻（再生稻）种植和花卉苗木作为扶贫主导产业，结合各地实际情况，着力打造十里花卉苗木产业带、汉宜线再生稻产业带、五洋线油菜花观光旅游带、荆潜线蔬菜产业、全域优质稻和稻虾连作等产业建设。截至年末，全县发展稻虾连作40余万亩、花卉苗木近20万亩、优质稻（再生稻）和优质油110余万亩、蔬菜10余万亩，全县五大板块产业发展已初具规模。积极引导贫困户发展特色产业。全县已有16070余户贫困户通过发展优质稻、优质油菜、稻虾和花卉苗木等特色产业实现增收，尤其是稻虾增收亩均3000余元，有效推动贫困户脱贫。

【光伏扶贫电站建设】 2019年，沙洋县采取集中联建、集中运营管理方式推进光伏扶贫电站建设，有效解决光伏电站后期管理及维护不到位等问题。全县34个贫困村委托县扶贫投资公司在李市镇集中建设5兆瓦的光伏发电站，确保每村5万元集体年收益；在五里铺镇陈池村集中联建5.2兆瓦光伏扶贫电站，对20个集体经济比较薄弱的非贫困村加大扶持力度。至年末，上述两个联建光伏电站发电能力均达到0.95以上。规范光伏扶贫电站收益管理。按照全省村级光伏扶贫电站收益分配实施办法，上述两个联建光伏电站通过设置公益性岗位吸纳贫困人口务工

259人次，开展小型基础设施建设项目124个，发放贫困户补助6200余户、369万元。 （县“两办”）

重点项目建设

【概况】 2019年3月20日，沙洋县投融资服务中心（原沙洋县重点项目建设办公室）挂牌成立，为县政府直属公益一类事业单位。中心内设综合科、项目前期推进科、项目建设督办科等3个职能部门。其主要工作职能为：组织编制全县重点项目年度建设计划，研究提出重点项目建设工作的政策措施和建议，并做好重点项目建设管理和协调工作；建立全县重点项目台账，做好重点建设项目档案的收集、整理及保存工作；负责省、市重点项目申报编制工作，呈报县委、县政府审定，并督办年度建设计划落实；建立全县重点项目建设推进机制，组织开展对重点项目资金争取、筹措和建设情况定期督办检查、通报，并及时向县委、县政府汇报重点项目建设情况；承担全县重大项目集中开工、全市项目建设拉练、上级领导调研等活动筹备工作；承担全县重大项目前期推进工作，参与重大项目的策划、包装、推介管理和招商引资工作，编制重大项目前期工作路线图，并按时间节点进行督办落实；协调全县重点项目建设过程中在规划、土地、环保、资金、招投标、设计施工等方面存在的重大问题，并提出解决问题的建议意见。

2019年，沙洋县投融资服务中心以助推沙洋县域经济实现“创新转型、后发赶超”“冲刺全省县域经济第一方阵”为目标定位，不断完善重点项目落地协调推进机制，全力服务项目建设，推动全县重点项目早开工、快建设、早投产，全力促进县域经济又好又快发展。全年全县纳入省、市重点项目总数14个。其中，省级重点项目3个，年内完成投资8.6亿元，占年度计划6.5亿元的132.2%；市级重点项目11个，已全部入库并申报投资，年内完成投资25亿元，占年度计划19.9亿元的125%。截至年末，富泰革基布搬迁扩改、轻量化玻璃包装材料、华润沙洋马良风电场等46个亿元以上项目开工建设，佳悦BOPP包装新材料、明阳风机叶片制造、特种玻璃原片等42个亿元以上项目竣工投产，为沙洋高质量发展增添强劲动能。

2019年9月17日，县委副书记陈威（前排左二）督办全县重点项目建设情况 （县投融资中心 供稿）

【重点项目建设服务】 2019年，沙洋县投融资服务中心牢固树立“一切为了项目，一切服务项目”的理念，上紧发条，开足马力，盯紧任务、精准发力，全力做好项目服务工作，推动重点项目尽快落地生根、开花结果。多措并举推进项目前期工作。编制印发《沙洋县项目前期服务工作指南》，积极协调审批单位，从注册、立项、供地，到建设、验收的各个阶段，对项目审批各个环节中的经办人、办理流程以及审批所需资料等进行详细梳理，并印发各项目包联单位。组织召开全县合同项目前期工作推进会，召集各相关项目包联单位、项目前期手续审批单位相关负责人组织编制11个招商引资合同项目的前期推进路线图，明确各项手续办理时限、办理分管负责人，要求各包联单位按照时限完成。督办通报合同项目前期推进情况，组织专班对合同项目前期推进情况进行现场核查，了解项目前期工作是否按时间节点推进，并梳理合同项目推进过程中遇到的困难和问题，并予以通报。全年编发通报2期，推进11个合同项目中9个项目转化为开工项目。落实重点项目“三级包联”制度。提请县委、县政府出台《关于实行2019年重点项目建设挂旗作战的通知》文件，确定全县110个挂旗作战重点项目的包联指挥长、项目秘书和驻点秘书的“三级包联”，落实项目服务秘书工作机制；同时，起草出台《沙洋县领导包联项目服务工作机制》，进一步压实重点项目三级包联制度。强化驻点秘书包联服务。5 月 8 日，组织召开全县重点项目驻点秘书工作会议，县委常委、常务副县长杨孟富出席并讲话。会议通报 2018 年驻点秘书工作情况，对 10 名优秀驻点秘书进行通报表扬，总结交流服务重点项目工作经验，安排部署 2019 年项目服务工作。同时，对 40 余个县直部门和镇（区）的 70 余名重点项目驻点秘书集中开展业务工作培训，进一步明确驻点秘书工作职责和驻点纪律。开展重点项目挂旗作战评分挂旗。县委督查室、县政府政务督查室、县投融资服务中心每月对各重点项目进展情况进行评分挂旗，将评旗结果反馈给各项目包联指挥长及包联单位主要负责人，并在沙洋政府网和县政府办公大楼同步进行公示。全年共开展挂旗作战评旗活动 8 期。

2019 年 8 月 12 日，县委书记、县长刘克雄（中）督办第三季度项目拉练观摩项目 （县投融资中心　供稿）

【重点项目建设协调督办】 2019 年，沙洋县投融资服务中心加大重点项目建设协调督办力度，建立日、周、月督办工作机制，常态化开展督办，助推重点项目建设。常态化开展日汇报和周通报。建立县重点项目督办微信群，适时发布县重点项目建设相关信息，并采取图文并茂的形式，定期于周二、周四通报省市重点项目、工业类项目、城市基础设施类项目、社会发展类项目、招商引资拟落户项目等项目建设进展情况及遇到的问题，全年共完成日报 36 批次。每周五编发《2019 年重点项目建设周报》，分类详尽通报各重点项目建设进展情况，反映全县项目建设工作重点，关注项目建设过程中需协商解决的各类问题，全力推进项目建设。全年共编发《周报》25 期。举行县领导每月、每季重点项目拉练督办活动。每月开展一次由县“四大家”领导带队、各职能部门参与的项目拉练督办活动，充分发挥县领导在协调项目建设中的示范带头作用。通过采取现场查看、听取汇报、询问当事人等方式，详细了解项目进展情况及存在的问题，并现场办公协调解决影响项目推进中的重点难点问题。活动结束后根据各项目制定目标任务，印发拉练活动督办清单，全年共承办县领导重点项目拉练督办活动 9 次，印发督办清单 6 期。同时，组织开展第二、三季度全县重点工作拉练活动，统筹项目筛选、路线制定、现场讲解、活动方案等各个环节，保障活动有序开展，得到县主要领导肯定。

【重大项目集中开工活动】 2019 年，沙洋县投融资服务中心按照市委、市政府开展重大项目集中开工活动要求，认真筹备和组织全县重大项目集中开工活动。全年共筹备和组织集中开工活动 6 次，涉及重大项目 30 个。其中，2 月份纳入全市集中开工项目 8 个、4 月份纳入全市集中开工项目 4 个、6 月份纳入全市集中开工项目 4 个、8 月份纳入全市集中开工项目 4 个、10 月份纳入全市集中开工项目 4 个、12 月份（沙洋县为主会场）纳入集中开工项目 6 个。

【全市季度项目拉练观摩活动】 2019 年，沙洋县投融资服务中心根据市委、市政府统一安排部署，扎实开展季度项目拉练观摩筹备工作，取得较好成效。全年共筹备开展全市季度项目拉练观摩活动 3 次，分别是第二、三、四季度，共展示重点项目 10 个。其中：第二季度评分排名全市第四名，超过钟祥市；第三季度评分排名全市第三名，超过钟祥市、京山市和掇刀区；第四季度评分排名全市第二名，超过钟祥市、京山市和东宝区。

（王少玉）

县情概览

沙洋县概况

【地理位置】 沙洋县位于湖北省中部、汉江下游右岸,居汉江平原与鄂西北山区结合部。东临汉江,与钟祥、天门隔江相望;西濒漳水,与当阳毗邻;南滨长湖,与荆州、潜江交界;北靠荆山余脉,与掇刀区接壤。其西北距荆门市区 60 千米,东南至武汉 208 千米,西距宜昌 142 千米,地处襄阳、荆州、武汉、宜昌中心地带,与 207 国道、汉宜公路、荆潜省道,荆武、襄荆、沪蓉高速等道路网络相连,荆沙铁路穿境而过,县城依江而建,为全国最年轻的县之一。沙洋素有“江汉明珠”“鱼米之乡”“小汉口”“湖北八大历史重镇”等美誉,先后被确定为全国粮食生产先进县、国家农产品加工示范园区、全国油菜籽加工第一强县、全国生猪调出大县、全国平安建设先进县和中国菜籽油之乡。其地理位置为东经 112°02′~112°42′、北纬 30°23′~30°55′。境内东西最大横距约 62.4 千米,南北最大纵距约 59.2 千米。

【行政建制】 2019 年,沙洋县辖五里铺、十里铺、纪山、拾回桥、后港、毛李、官垱、李市、马良、高阳、沈集、曾集、沙洋等 13 个镇,1 个省级经济开发区(湖北沙洋经济开发区),2 个新区(滨江新区、新港区)及 232 个行政村、34 个社区,国土面积 2044 平方千米,占全省国土面积的 1.10%、全市国土面积的 16.56%。县城建成区面积 12.6 平方千米。

【历史沿革】 沙洋历史悠久,从县城沙洋镇黄家山出土的有孔石铲、石斧和毛李镇荆家城遗址、五里铺镇马家垸遗址、后港镇赵家湾遗址上发掘的“大溪文化”“屈家岭文化”“龙山文化”等遗存分析,早在 6000 年前就有人类在此繁衍生息。夏分九州,沙洋属荆州地域。商朝分封武丁后裔于汉水西岸建权国,在今马良镇建权城。周王室封姬姓宗室于汉江之间,周公承王命封其弟季载于冉建国,地域在今拾回桥镇境内,后被楚国所灭,沙洋全境属楚地。春秋时期,楚武王克权,在权国故地马良境内创建中国历史上最早的县级政权——权县。秦昭襄王二十九年(公元前 278),秦将白起伐楚,占领江汉间,在郢都(今荆州城)设南郡,荆门全境属之。汉代沙洋名“汉津口”,为汉江水运的重要港口。南北朝西魏恭帝(535—556)在沙洋城区设绿麻县,隋炀帝大业元年(605)绿麻县废更名为章山县,唐代省章山县入长林县,汉津改称长林镇。唐贞观八年(634)唐尉迟恭(敬德)在靠汉津口的琼台山修建“沙洋堡”,沙洋之名始于此。五代十国南平王高季兴于开平年(907)据江陵,荆邑尽属辖治要害百余里筑堤捍之,自沙洋到潜江三江口中,统名“高氏堤”。宋代沙洋曾设守城。宋史载:原蒙古兵围攻襄阳,共筑十城,新城(今沙洋县李市镇新城村)即在其中。北宋靖康元年(1126)设荆门镇。南宁高宗绍兴四年(1134)8 月,南宋招讨使岳飞在荆门的鸦坡(今沙洋县五里镇友联村)的小丘陵拓置城堡,进驻岳家军 8 年故名岳飞城。绍兴十四年(1144),荆门镇移新城(今沙洋县李市新城村)。元代筑绿麻县城。同时在县城北部建有麻城铺。该铺为东南道(荆门至沙洋)中的驿站,是古绿麻县城高在绿麻同(今沙洋镇)的引申。元文宗开历元年(1328)长林县迁至沙洋西南藻湖,于今后港建元长林保盈仓。元代,沙市、汉津(今沙洋)等 15 处设水驿站。明洪武九年(1374)废长林县入荆门县,沙洋设巡检司。明成化元年(1465),沙洋巡检司移驻新城。明天启年间,沙洋为玉州,属古荆门。清顺治三年(1646)改承天府为安陆府(今钟祥市),荆门属之。十二年(1655),安陆府设同知公所于沙洋。清乾隆时期(1736—1765),荆门州于沙洋设同州公所,新城的巡检司迁回沙洋。乾隆十十六年(1791),荆门州为直隶州,在沙洋设分府行署,与沙洋巡检司两级并存。民国元年(1911),荆门直隶州改荆门县设县佐公所于沙洋,沙洋仍设巡检司。民国三年(1914)沙洋改称第二区,后港、拾回桥、四方铺、建阳驿、柴家集分设第三、第四、第五、第六、第七区。民国十六年

(1927)，荆门直属省、沙洋镇上设2个联保办公处。民国十七年至十九年(1928—1940)，沙洋首次建市，辖沙洋镇，国民党湖北省政府将沙洋列为县、市单位，与汉口、沙市、宜昌、樊城、老河口、新堤、武穴并列为“湖北省八大重镇”。1938—1945年，沙洋被日军侵占。民国三十七年(1948)5月19日，中国人民解放军攻克沙洋。1949年初，沙洋第二次建市。同年9月撤市复镇，直属荆门县。1960年3月29日，国务院批准沙洋镇与沙洋农场管理局合并成立沙洋市，为沙洋第三次建市，隶属荆州专员公署。1961年12月31日撤市复为镇，仍归属荆门县。1985年5月成立荆门市辖沙洋区(县级)。1998年12月，沙洋撤区设县至今。

【自然环境】 沙洋境内地处中纬度北亚热带季风气候带，雨量充沛(多集中在4至8月)、阳光充足、无霜期长，具有春季温湿、夏季炎热、秋季干凉、冬季寒冷的特征。

地质 县境位于扬子准地台的江汉盆地西部的江陵凹陷。西临鄂西隆起带，北靠荆门地堑，东与潜江凹陷、丫角凸起衔接，南受控于公安——监利断裂。属陆台南京凹陷范围，为缓慢下降地带。基底地质构造复杂，构造框架主要受西部淮阳山字型构造前孤两翼(第三隆起带荆山弧形褶皱带)及北西——北西西向构造带控制。境内隐性南北向及东西向断裂呈网格状分布。出露地层以第四系为主，第三系地层仅在纪山镇砖桥村以西零星出露，一般多深埋于第四系之下。第四纪以来地壳缓慢下降，以接受沉积为主。地表地层时代分布为北老南新，沉积韵律呈典型二元结构(上细下粗)等特点。地震烈度为5°。

地貌 沙洋地处汉江平原中偏西部，境内地势北高南低，总体较平坦，微向东南倾斜。受荆山余脉尾部影响，形成低山、丘陵岗地区、平原湖区等3种类型，以岗坡地类型为主。低山区在东北部，主要分布在马良镇、五里铺镇一带，由石灰岩构成，海拔40～155米，相对高度40～50米，面积约4平方千米，约占全县总面积的0.02%。丘陵岗地区在西北部，主要分布在五里铺、十里铺、纪山、拾回桥、后港、官垱、高阳、沈集、曾集等镇，面积1486平方千米，约占全县占总面积的72.8%。平原湖区在东南部，主要分布在李市、毛李、马良、沙洋等镇，面积554平方千米，约占全县总面积的27%。

气候 境内属北亚热带气候，四季分明，雨量充沛，气候适中。由于季风强弱、进退时间不同，每年都有程度不同的旱、涝、大风、低温、冻害等灾情发生。一般春季冷暖多变，雨量递增；夏季炎热潮湿，雨量不均；秋季日暖夜凉；冬季寒冷干燥，雨少温度低。常年西北易旱、东南易涝。年平均气温16.1℃，年较差温度为24.8℃。1—7月气温逐月上升，8—12月气温逐月下降。最热月为7月，最冷月为1月。极端最高气温40℃(1959年8月23日)，极端最低气温零下15.2℃(1977年1月30日)。年平均降水量1025.6毫米。雨量多集中在4—8月，7月居多，1月和12月最少。最大年降水量1550毫米(1980年)，最少年降水量667毫米(1966年)。最长连续降雨日数为14天，最长连续无雨日数为39天。最大积雪深度为26厘米(1984年1月20日)。年平均日照时数1953.8小时，日平均5.4小时。最多一年达2 255.3小时，最少为1 609.1小时。年平均日照百分率为43%。夏季日照多，冬季日照少。年平均无霜期为265天。最短为238天，最长为292天。雾期多发生在秋冬，年平均雾期为30天。全年主导风向为北风(西北偏北、北、东北偏北)，约占40%；南风(西南偏南、南、东南偏南)次之，约占20%。其中，冬季以北风为主，夏季以南风为主。历年出现≥8级以上大风日数约为7.5天，多出现于7—11月。

【自然资源】 境内土地资源丰富，土壤肥沃，适宜种植水稻、棉花、小麦、油菜等农作物。以荆山余脉为界形成长湖、汉江两大水系，湖泊、港汊众多，为农作物的灌溉提供方便。

土地资源 境内平原、岗地、丘陵存在较大的区位差异，有着不同的区域优势。西北部为丘陵龙岗状地形，其岩性为湖相沉积棕黄色、黄褐色粘土，呈酸性和微酸性，耐压力1.0千克/平方厘米左右，土层深厚，土壤的通气性、透水性、保肥性、供肥性较好；南部为汉江堆积阶地，属汉江平原地域，土壤主要由汉江冲积物发育成的潮土组成，其岩性为亚粘土、砾土、粉砂和粘土，呈微碱性，耐压力1千克/平方厘米，土壤疏松，质地松软，适合棉花、麦类、豆类、花生生长；东部主要为汉江堤防外滩地带的河漫滩，岩性为细粉沙和亚粘土，一般标高仅为38～40米，遇汉江涨大水，即为溢洪道，受水流冲刷或淤积，常有变化，滩地土质肥沃，宜于种植早熟和晚秋旱作物。境内土壤类型有5个地类、11个亚类、34个土属、241个土种。主要为黄棕壤、紫色土、潮土和水稻土。土壤的主要特点是酸碱度PH值适中(PH值5~6.5),土壤质地大多为中壤至轻粘,保水透气性好,适合水稻生长,耕地土壤容重在1~1.4克/立方厘米之间。土壤的不利因素主要是有机质含量不足,氮、磷、钾含量偏低,地力衰竭现象较严重。

矿产资源 县境几乎全被第四纪土壤覆盖,矿产资源种类较少,建材非金属矿产占主导地位。至2006年底,境内已发现非金属、水气、能源等矿产资源9种。其中,非金属矿产有石膏、水泥用灰岩、建筑石料用灰岩(白云岩)、膨润土、砖瓦用粘土、河砂(位于汉江沿岸)等6种,水气矿产有矿泉水、地下水等2种,能源矿产有石油1种。境内已查明含有矿产资源的矿区(矿床)33处。其中:中型石膏矿床2处,主要分布在沈集镇的双庙村(石膏矿储量约39.1万吨)、五里铺镇的草场一带;小型水泥用灰岩矿床4处,主要分布在马良镇襄河村、王港村一带,储量约3233万吨;中型建筑石料用灰岩(白云岩)矿床1处,分布在马良镇襄河村;小型建筑石料用灰岩(白云岩)矿床6处,主要分布在马良镇襄河村、王港村一带,储量约1251万立方米;小型砖瓦用粘土矿床17处,主要分布于沈集、马良、五里铺等镇;大型膨润土矿床1处,分布在沈集镇,储量不详,尚未开发;小型石油矿床1处,主要分布于毛李镇借粮湖周边;中型矿泉水矿床1处,位于沙洋县城北郊,尚未开发。

水资源 境内南有长湖,中有西荆河、拾回桥河,以荆山余脉为界,形成两大水系。山脉以东为汉江水系,南境为长湖水系,均入长江。汉江水系由地下水补充,地表径流量受降雨影响,骤涨骤落,变化较大;长湖水系,因缺少地下水,属间歇性河流,雨季水位较高,旱季水位较低,往往断流。境内地下水资源较为丰富,储量约为5.4亿立方米,主要分布于西部丘陵岗地区(五里铺镇、曾集镇、沈集镇)及东南部平原湖区(高阳镇、官垱镇、后港镇、十里铺镇以南)。境内地表水主要由降水补给,全县多年平均径流系数280毫米,年均地表径流量5.16亿立方米。平均农业灌溉水量为2.04亿立方米,平均有效灌溉面积5.33万公顷,占耕地总面积的85.8%。境内地下水资源丰富。汉江中下游流域以高阳、马良为主,四湖流域以后港、官垱、毛李、李市、十里铺、五里铺为主要蕴藏区。

植物资源 境内有森林植物116科、303属、482种,其中乔木120种、灌木260种、木质藤木102种。在120种乔木中有用材林57种,其中乡土树种41种(马尾松、三尖杉、栓皮栎、麻栎、青岗栎、细叶栎、大叶榉、小叶榉、檀树、黄连树、苦楝树、楠树、椴树、稠树、喜树、榆树、楸树、合欢树、三角枫、五角枫、枫香、国槐、垂柳、泡桐、白杨、河柳、红心柳、樟树、化香树、毛白杨、响叶杨、青杨、钻天杨、大叶杨、旱柳、龙爪柳、厚朴、朴树、皂荚树、五针松、相思树)、引进树种15种(湿地松、火炬松、长叶松、落叶松、罗汉松、黑松、华北落叶松、水杉、意杨、刺槐、法桐、川柏、荒山松、湘杉、庐山松)。全县有经济林树种35种,即乌桕、油桐、漆树、油茶、柿树、黑桃、板栗、白果、樱桃、花红、文冠果、苹果、桃、杏、李、梅、枣、梨、柑、桔、石榴、桑、枇杷、木瓜、花椒、构树、枣皮、棕榈、梭罗、海茶花、油橄榄、无花果、青茶、杜仲、猕猴桃;有城市绿化树种31种,即苏铁、银杏、雪松、白玉兰、广玉兰、木莲、白兰花、含笑、深山含笑、金桂、银桂、丹桂、季桂(月桂)、石楠、梅花、桃花、樱花、木槿、玫瑰、金橘、紫荆、山茶花、黄杨、对节白蜡、迎春花、紫丁香、金叶女贞、小叶女贞、紫薇、牡丹、花石榴;有竹类8种,即毛竹、桂竹、水竹、斑竹、紫竹、丛竹、京竹、楠竹;有湿地高等植物180种,即线苔、泥炭藓、立宛藓、扭叶小灰藓、水灰藓、金发藓、中华水韭、节节草、笔管草、问荆、苹、槐、叶苹、满江红、水烛、香蒲、黑三棱、眼子菜、扭叶眼子菜、竹叶眼子菜、尖叶眼子菜、芽叶眼子菜、小眼子菜、弯果茨藻、金鱼藻、草茨藻、黄丝藻、大茨藻、小茨藻、东方茨藻、轮叶黑藻、茨菇、剪刀草、旱稗、狗牙根(狗儿秧)、中鞭草、白茅、假稻、千金子、乱子草、狼尾草、球米草、籼稻、粳稻、芦苇、岗柴、大芦、蒲草(席草)、苦草、菹草、聚草、早熟禾、金丝草、金发草、捧头草、狗尾草、芸尖苔草、大舌苔草、青绿苔草、书带苔草、大理苔草、宽叶苔草、相仿苔草、单性苔草、长尖苔草、三轮草、水莎草、空心莲子草、旱苗蓼、短叶水蜈蚣、砖子苗、荸荠、龙师草、牛毛毡、中毛毡、水葱、猪毛草、荆三棱、野芋、浮萍、青萍、品藻、芜萍、紫萍、凤眼萍、谷精草、饭苍草、水竹叶、翅茎灯心草、扁茎灯心草、鸭舌草、矮慈姑、凤眼莲、野灯心草、假灯心草、美人蕉、大花美人蕉、紫叶美人蕉、水麻、莲子草、反枝苋、刺苋、红睡莲、黄睡莲、睡莲、莲、草玉梅、水毛茛、驴蹄草、茴茴蒜、毛茛、猫爪草、龙芽草、地榆、长叶地榆、紫云英、含羞草、野大豆、田菁、铁扫帚、水马齿、凤仙花、黄金凤、紫花地丁、水苋菜、节节菜、千屈茶、无角菱、乌菱、双角菱、野菱、丘角菱、回角菱、芡实、中华柳叶菜、旱芹、细叶

芹、积雪草、马蹄芹、野胡萝卜、水芹、水苘麻、水皮莲、龙胆、荇菜、金银莲花、附地菜、田楼草、野香草、宝盖草、小叶地笋、地笋、小鱼仙草、夏枯草、半枝莲、苦枳、胡麻草、石龙尾、旱田草、挖耳草、水蓑衣、狸藻、车前、平车前、大车前、接骨草、半边莲、山梗菜、艾蒿、北艾、野菌、一点红、飞蓬、马兰、千里光、蒲公英、虾须草、苍耳、蜂斗菜、尖刀菜(兔儿菜)。境内被列为珍稀保护植物的有银杏(国家Ⅰ级)500株,零星分布在沈集、马良、曾集等镇;杜仲(国家Ⅱ级)800株,分布在全县13个镇;大叶冬青(省级)1万株,分布在全县13个镇;皂荚树(省级)1万株,分布在全县13个镇。2006年,境内有古树名木43棵。

动物资源 境内有鸟类137种,即鸬鹚、翠鸟、鹬、长脚鹭、苇鹭、苍鹭、大白鹭、白鹭、中白鹭、彩鹳、白鹳、黑鹳、白琵鹭、鸿雁、豆雁、白额雁、小白额雁、灰雁、大天鹅、小天鹅、赤头鸭、野鸭、鸳鸯、中华秋沙鸭、斑头秋沙鸭、普通秋沙鸭、凤头蜂鹰、鸢、苍鹰、赤腹鹰、松雀鹰、鹰雕、金雕、白肩雕、乌雕、白腹山雕、秃鹫、白尾鹞、草原鹞、鹊鹞、白腹鹞、白头鹞、蛇雕、白鹤、红胸田鸡、花田鸡、燕隼、灰背隼、红脚隼、红隼、灰胸竹鸡、红腹角雉、勺鸡、白冠长尾雉、白颈长尾雉、红腹锦鸡、灰鹤、白头鹤、黑水鸡、谷顶鸡、大鸨、水雉、凤头麦鸡、银鸥、普通燕鸥、红翅绿鸠、珠颈斑鸠、红翅凤头鹃、四声杜鹃、大杜鹃、小杜鹃、翠金鹃、褐翅鸦鹃、小鸦鹃、草鸮、黄嘴角鸮、红角鸮、领角鸮、雕鸮、毛腿鱼鸮、褐鱼鸮、褐林鸮、灰林鸮、长耳鸮、短耳鸮、普通夜鹰、短嘴金丝燕、白喉针尾雨燕、白腰雨燕、红头咬鹃、蓝翡翠、三宝鸟、戴胜、大拟啄木鸟、斑姬啄木鸟、黑枕绿啄木鸟、棕腹啄木鸟、星头啄木鸟、蓝翅八色鸫、家燕、金腰燕、毛脚燕、小太平鸟、虎纹伯劳、红尾伯劳、黑枕黄鹂、黑卷尾、发冠卷尾、八哥、麻雀、紫燕、燕子、松鸦、红嘴蓝鹊、灰袁喜鹊、喜鹊、大嘴乌鸦、白颈鸦、七彩山鸡、山雀、云雀、鱼鹰、乌鸫、画眉、红嘴相思鸟、相思鸟、丝光掠鸟、寿带、大山雀、小山雀、蓝喉太阳鸟、凤头鸟、鹌鹑、黄脚湿止鹑、董鸡、猫头鹰、斑鸠。其中,白鹳、黑鹳、中华秋沙鸭为国家Ⅰ级重点保护鸟类;白额雁、大天鹅、小天鹅、白琵鹭、松雀鹰、草鸮、红角鸮、斑头雁为国家Ⅱ级保护鸟类。境内鱼类资源丰富,回游、半回游、湖泊性、江河性、山溪性等鱼类有8目17科79种,即鲤、镜鲤、乌鳢、七星乌鳢、杂交鲤、兴国红鲤、散鳞沅鲫、鲫、银鲫、白鲫、青鲫、鲢、鳙、长青鳊、团头鲂、麦穗鱼、华鳈、棒花鱼、铜鱼、银色颌须鮈、似刺鳊鮈、黑鳍鳈、中华细鲫、鳡、鲩、鲦、尖头、马口鱼、赤眼鳟、鯮、鳍、餐条、油餐条、红鳍鲌、拟尖头红鲌、翘嘴红鲌、蒙古红鲌、青梢红鲌、银飘鱼、圆吻鲴、逆鱼、红鳞斜颌鲴、银鲴、黄尾鲴、大鳍鳑鲏、中华鳑鲏、高体鳑鲏、短须刺鳑鲏、刀鲚、鳗、鲡、短须鲚、凤尾鲚、土丝鲚、大银鱼、长江银鱼、中华沙鳅、梨头鳅、泥鳅、大鳞泥鳅、黄颡鱼、光泽黄颡、长吻鮠、鳜、斑鳜、翘嘴鳜、大眼鳜、鲶、黄黑幼鱼、乌龟豊、青鳉、针鱼、黄鳝、黄鰕、吻鰕虎、圆尾斗鱼、刺鳅、桂鱼、黄牯鱼。其中,铜鱼、鯮、鳡、长吻鮠、多鳞统颌鱼、细尾蛇鮈、鯮、鳍、为省级重点保护鱼类。境内有兽类6目7科15种,主要为獐、刺猬、华南兔、猪獾、狗獾、野猫、蝙蝠、褐家鼠、黄胸鼠、小家鼠、黑线姬鼠、沼泽田鼠、黄鼠鼬、水獭、水貂等小型兽类。其中,獐为国家二级保护动物。华南兔、猪獾、狗獾为省重点保护动物。爬行类动物有2目7科15种,主要有乌龟、湖龟、魔龟、黄缘闭壳龟、中华鳖、多关疣壁虎、兰尾石龙子、蝘蜓、虎斑游蛇、黑眉绵蛇、王绵蛇、红点锦蛇、乌梢蛇、蝮蛇、银环蛇等。其中,黄缘闭壳龟、王锦蛇、黑眉绵蛇、乌梢蛇和银环蛇为省重点保护动物。两栖类动物有1目2科6种,主要有中华蟾蜍、黑斑蛙、虎纹蛙、湖北金线蛙、泽蛙,饰纹姬蛙。其中,虎纹蛙为国家二级保护动物,其他为省级重点保护动物。甲壳类动物有沼虾、米虾、溪蟹、中华绒螯蟹、小龙虾。软体动物有湖螺、田螺、锥实螺、黄蚬、湖蛤、淡水壳菜、杜氏蚌、背瘤丽蚌、翼蚌、卵形蚌、锥蚌、褶纹冠蚌、三角帆蚌等。其中,背瘤丽蚌为省级重点保护动物。

【人口状况】 2019年末,沙洋县常住人口55.98万人,比上年同期减少0.53万人、减幅0.94%;人口出生率6.18‰,下降0.76个千分点;人口死亡率1.86‰,下降1.08个千分点;人口自然增长率4.32‰,增加0.32个千分点。

【民族】 沙洋县是一个少数民族居住较分散的地区。截至2019年末,全县有蒙古族、回族、藏族、维吾尔族、苗族、彝族、壮族、布依族、朝鲜族、满族、侗族、瑶族、白族、土家族、哈尼族、傣族、黎族、傈僳族、佤族、畲族、水族、纳西族、柯尔克孜族、土族、羌族、毛南族、仡佬族、塔吉克族等少数民族28个,总人口4929人。其中人口最多的为土家族,约占全县少数民族人口总数的62%,其次为回族、苗族、满族、壮族、彝族等。全县少数民族人口相对集中于沙洋城区及拾桥镇、纪山镇等地。2009年11月，全市唯一的少数民族村——沙洋镇三峡土家族村成立。

【宗教】 沙洋宗教历史悠久。全县有佛教、道教、天主教、基督教、伊斯兰教等5大宗教，其中以佛教、道教影响最为深远。截至2006年末，全县有经批准开放的五大教派宗教活动场所28处，其中佛教19处、道教5处、天主教2处、基督教1处、伊斯兰教1处；有宗教教职人员19人，其中佛教13人（比丘1人、比丘尼12人）、道教2人（道士1人、道姑1人）、天主教神父2人、伊斯兰教阿訇1人、基督教牧师1人；全县有信教群众2.5万人，其中佛教1.66万余人、道教5600余人、天主教2100多人、基督教500余人、伊斯兰教500余人。佛教传入境内始于东晋元兴元年（402），迄今已有1600余年，德山禅师在拾回桥西南约1000米处主持修建尊胜寺，为荆州、襄阳地区最早的寺庙之一。隋唐时期兴建纪山寺等一批庙宇。1933年，沙市章华寺和尚妙莲等到境内蛟尾、高桥、沙洋等地寺庙办“佛教会”，信众日增。1945年后，佛教沿袭会道门一套，月月做会，盘剥善男信女，正规佛事活动基本停止。中华人民共和国成立初期，一些寺庙在社会改革中被拆除或改作他用，尼姑、和尚还俗。党的十一届三中全会后，佛教陆续恢复，新建一批庙宇。道教于南北朝梁代（502—557）传入境内，道士张元始在内方山（现马良山）“凝铅炼丹”；唐代道士司马子徽也到内方山炼丹。清初，境内先后建有先农坛、全忠祠、节孝祠等。清朝中叶，境内有宫观57座（不含行政区划划进或划出的宫观）。2006年底，境内有宫、观5座。1998年11月20日，沙洋区道教协会（沙洋三元观道教协会）成立，并在三元观召开沙洋区道教第一次代表大会。1999年3月在三元观召开沙洋县道教第二次代表大会，会上将沙洋县道教协会更名沙洋三元观道教协会。境内的伊斯兰教多由回族中的伊斯兰教徒传入。清光绪十五年（1889），河南邓县12户回民移居沙洋。后又有河南新野回民迁居沙洋、拾回桥两地。回民不断迁入，伊斯兰教徒日增，阿訇逐渐迁入，所到之处修建清真寺，开展伊斯兰教活动。民国时期有回民迁居高桥、马良、姚集等地定居。新中国成立初期，境内有回民300～500人，普遍信仰伊斯兰教。清顺治十八年至清康熙二年（1661—1663），法国耶稣会教士穆迪我将天主教传入境内。清康熙八年（1669），境内有扣箭港会（今十里铺镇九堰村黎家经堂）、张家会（今拾回桥镇丁岗附近）等2个传教点。道光十八年（1838），湖广教区第一任主教李文秀（意大利人）巡视境内两会口。扣箭港有教友250余人，张家经堂有教友20余人。光绪十二年（1886）前后，十里铺、拾回桥一带有胡家会、张家会、车家会、王家会、黎家会、周家会、梁家坪会等7个会口。光绪二十年（1894），天主教在沙洋建立组织（会口），并在江汉坡下建造天主堂1座，先后由神甫张绪炳（沙洋白骨塔人）、彭玉田（荆州人）主持。20世纪初，比利时传教士先后在境内修建十里铺黎家经堂、拾回桥张家经堂和沙洋天主教堂，由比利时神甫坐堂，时有会口34个、教徒上千人。1938年，沙洋城区天主堂被日军飞机炸毁。“文化大革命”期间，十里铺黎家经堂和拾回桥张家经堂被捣毁，神父、修女被批斗、上街游行，天主教活动中止。1978年后，落实宗教政策，收回并修复张、黎二经堂，恢复正常宗教活动。1992年10月10日，荆门市天主教一届一次会议在黎家经堂召开，成立荆门市天主教爱国会。1998年12月28日，召开荆门市天主教爱国会第二届代表会议，将会址迁往荆门城区天主教堂。基督教于光绪二十九年（1903）由美国圣公会传入境内的蛟尾、后港、沙洋等地，发展教徒200余人。传教士先后在蛟尾、后港、沙洋等地建立圣公堂和圣公小学。1913—1930年，创办蛟尾、后港圣公堂小学、沙洋圣心小学，同时在沙洋创办博爱和大同2所医院。清光绪二十三年（1906），美籍牧师约仁深等在荆门设立北行道分会（区会），接着在境内的拾回桥、张家场、马良等地建立北行道支会并开办马良福音堂小学。宣统元年（1909），英国循道公会传入沙洋，成立沙洋堂区，修建教堂。1935年沙洋堂区升格为联区，管辖天门多宝、京山永隆河、钟祥旧口等堂区。教会办有沙洋福林初级小学及多宝湾、旧口福音堂小学。1938年日军飞机空袭沙洋，炸毁教堂，教牧人员避难到多宝，沙洋教会停止活动。中华人民共和国成立后，境内基督教逐步减少，至20世纪70年代末，基督教活动基本绝迹。20世纪90年代初，基督教逐渐恢复，以沈集、马良、沙洋等地为中心设立活动点，信徒逐渐增多。1997年12月，马良镇艾店村基督教活动点对外开放。2002年4月，设立五里铺镇三庙、后港镇团结、沈集镇集镇、沙洋镇农建等活动点。2006年底，境内有基督教教徒458人、其中马良镇189人，有牧师1人。

【县树 县花】 2018年9月，沙洋县正式启动“县树、县花”评选活动，旨在加快创建省级森林城市步伐，提升沙洋生态文化内涵和沙洋县城市形象和城市品位，助力绿色富民、生态宜居沙洋建设。2018年12月11日，县五届人民政府第四十三次常务（扩大）会议听取“县树、县花”评选活动情况汇报；12月19日，沙洋县第五届人民代表大会常务委员会第十六次会议正式决定香樟为沙洋县县树、油菜花为沙洋县县花。香樟又名小叶樟，为樟科樟属植物、常绿高大乔木，树冠广阔，枝叶茂密，气势雄伟，形姿美丽，根系发达，主根强大，其寿命长，可长成上千年的参天古树，属国家二级保护树种，在沙洋栽培历史悠久，是珍贵的乡土树种之一。经过近年来的发展，香樟等苗木种植已成为全县农村经济的主导产业，“沙洋香樟”已成为全国绿化知名品牌。“江汉平原美如画，最是沙洋油菜花”。沙洋是湖北油菜第一县，现已发展为全国油菜产业带的核心区、湖北最大的优质“双低”油菜生产区和“一壶油”战略的原料区、加工区，以及油菜新品种、新技术、新成果的转化区，沙洋县先后获评“全国优质油菜生产基地”“国家级优质油菜高产创建示范县”“中国油菜籽加工第一强县”“中国菜籽油之乡”等称号。近年来，沙洋县打出“世界油菜看中国，中国油菜看沙洋”的口号，充分挖掘资源优势，做足油菜产业文章，着力打造从油菜种植、油菜花观赏、油菜籽加工、油菜产业研发到油菜文化博览的全产业链，建成中国第一座油菜博物馆。同时，沙洋县自2008年开始，以乡村休闲观光为载体，以“千里花海 金色沙洋”为主题，连续举办油菜花旅游节，开全省农作物景观旅游之先河。“沙洋油菜花海”被评为“2018湖北最美油菜花海”，成为湖北省春季赏花品牌的“三朵花”之一，入选2017湖北旅游宣传片。

【方言】 沙洋话属西南方言区的荆襄片方言。陆路经襄荆古道直达河南南阳，北方官话对沙洋方言有深远影响；南下经水路直达湖南，东经长江、汉水直达武汉。湖南、武汉、天门、沔阳等地方言对境内语言也产生一定影响。沙洋方言实际上是北方方言、西南官话、湘方言等三大方言区过渡带上的次方言。在语音方面，沙洋话属荆楚颤音区，主要特点是颤音分布广，中平调居多，有四声区分，声调起伏变化较大，且各声调调值均与普通话略有差异，句尾语音有弱化现象。省道107公路以南的毛李、李市、官垱等地尾音高，省道107公路以北、五洋路以东等地，上声调值升得偏高。沙洋方言语音调值大致可分以下四片：北片以沈集话为代表，包括马良、姚集、高阳、曾集东北部的范店、范集等地（大致是曾集镇沈后路以东地区），但不包括沈集的郑岗（郑岗受钟祥话影响较重）。其主要特点是有较明显的四声缺陷，f、h基本不分；上声调先降后升，上扬幅度大。西片以五里铺话为代表，包括五里铺、曾集西南、十里铺、拾回桥、纪山，但不包括五里铺镇的草场西部（此地受当阳河溶话影响），也不包括十里铺的黎明等地，纪山与江陵接壤部分地区也不在此列。其主要特点阳平声调没扬上去、上声声调只降不升，没有高值调，也没有很低的调值。东南片以毛李话为代表，包括毛李、后港东部和南部，李市、官垱大部地区及曾集许岗西南等地。其主要特点是阳平声调值发音异常鲜明，尾音上扬，发音时值长，上声调值升幅欠缺。沙洋片主要是沙洋城区部分，说话略带鼻音，舌稍弹，发音稍缓，语音较圆润，阴平声调值比普通话稍低，阳平声调值较规范，“r”的颤音不明

沙洋县县花——油菜花 （县人大办 供稿）

显,没有翘舌音。沙洋话共有36个韵母,其中单韵母9个、复韵母13个、鼻韵母14个;有开口呼韵母14个、齐齿呼韵母9个、合口呼韵母8个、撮口呼韵母5个。与普通话相比,少了ing、eng、u、ueng、er,多了io、on。沙洋话中韵母en与eng、in与ing、ei与ui、an与uan、ong与eng等基本不分,o与u;an与ang不分。沙洋话的声调以县政府所在地的沙洋镇作为沙洋话的代表。沙洋话也有阴平、阳平、上声、去声等4个调类,调型与普通话一致,但调值不同。随着经济、文化、教育发展,境内文学语言和大部分口语已与普通话渐趋一致,沙洋方言与现代汉语语法基本一致,只是词汇略有不同。

【风景名胜】 沙洋历史悠久、文化灿烂,是名副其实的"文物大县"和楚文化发祥地之一,文化底蕴十分深厚,出土文物享誉世界。全县人文景观众多,地下文化遗存遍布。经沙洋县第三次全国文物普查,全县共登记录入不可移动文物点419处,其中复查文物点262处、新发现文物点157处。包含古墓葬1200多座、古遗址58处、古建筑12处、石窟寺及石刻2处,近现代重要史迹和代表性建筑26处。其中,有纪山楚墓群、马家垸古城遗址等3处全国重点文物保护单位,有岳飞城遗址、东周黄歇冢、荆家城遗址等6处省级文物保护单位,有市级文物保护单位115处。县域内遗存着大量楚国贵族墓葬,仅纪山镇108平方千米的土地上就有封土堆古墓葬378座,无封土堆古墓无法统计。1987年,省、市文物部门在十里铺镇发掘清理的被称为中华人民共和国建立以来全省考古发掘的第三大墓葬——"包山大冢",冢内出土先秦漆画《迎宾出行图》、迄今最早的折叠床和记录楚国司法文书的449枚竹简等一大批珍贵文物。1993年以来在纪山镇抢救性发掘清理郭家岗"中国第一湿尸"、郭店一号墓"郭店楚简",其中拥有804枚、1.3万余字的郭店楚简均为先秦时期道家和儒家学术典籍,其中除《老子》传世本,《淄衣》见于长沙马王堆汉墓中的帛书外,其余16篇均为失传2000多年的先秦佚书,具有极高的学术价值,被称之为"改写中国古代思想文化史"的重要发现,轰动海内外学术界。1994年,文物工作者抢救性清理纪山楚墓群保护区内的郭店一号墓,出土楚简804枚,整理出道家著作4篇、儒家著作14篇,轰动国内外学术界;1996年纪山楚墓群被国务院公布为全国重点文物保护单位,2002年被教科文组织中国全委会和国家文物局提名列入世界文化遗产预备清单,2009年被纳入全国100处大遗址项目库,2010年划入全国大遗址保护片区(荆州片区)。2000年配合襄荆高速公路建设工程,在五里铺镇发掘"左冢",出土一批战国时期的精美文物;2010年1月配合引江济汉工程,抢救性发掘后港镇严仓獾子冢,出土六驾车马器,其中包括一架指挥战车(经考证,墓主为楚怀王时期大司马悼滑);2010年10月,在黄歇村发掘黄歇村东周墓群一号墓,再次出土车马器、漆木器、青铜器、玉璧等一批珍贵文物。非物质文化遗产十分丰富。全县有民俗、民间文学、民间音乐、民间舞蹈、传统戏曲戏剧、民间美术和传统手工制作等14大类100多个小类,是名符其实的歌舞之乡、花鼓戏之乡、皮影戏之乡。其中:沙洋十番锣鼓、汉江硪歌、沙洋皮影戏被列入省级非物质文化遗产代表作名录;沙洋花鼓戏、纪山庙会、铁鞭古祠庙会、车水歌、踩茶舞等14个项目被公布为市级非物质文化遗产代表作名录。江南水乡风光旖旎。境内有长江第一大支流——汉江,南水北调中线江汉运河横穿县域33.4千米,长湖、潘集湖等国家级湖泊类湿地和众多河、塘、湖、库构成独特的"江南水乡"风貌。其中的江汉运河是中国最现代、单位投资最高、全国桥梁密度最大的运河,沿线大型工程密集,船闸、节制闸、泵站和防洪闸蔚为壮观,有亚洲最大的涵闸闸门,更有独特的湖上走长渠的壮观景象。人文资源独特。位于沙洋城区及郊外的沙洋"五七"干校旧址,湖北省文物保护单位。1969年初,根据毛泽东的"五七"指示精神,全国人大、政协、统战部、财政部、最高人民法院、最高人民检察院、中央民族学院、北京外国语学院、解放军总参谋部、总后勤部、湖北省革命委员会机关、武汉大学、湖北工学院等近百家中央国家机关、省直单位和部队,陆续来到沙洋创办"五七"干校,共下放干部及家属8万余人。全国人大常委会原副委员长、社会学家费孝通,全国政协副主席经叔平,中央统战部副部长张执一,最高人民检察院副检察长黄火星、江文,公安部副部长胡之光,财政部部长项怀诚,国家文物局局长单霁翔、社会活动家吴文藻,外交部副部长杨文昌,作家谢冰心、徐迟、冯亦代,画家周绍华,数学家罗声雄,原青海省委书记扎西旺徐等都到沙洋"五七"干校学习锻炼。1972—1979年2月,"五七"干校陆续解散。境内保存完好的"五七"干校旧址有位于小江湖监狱鸡鸣嘴的"三高"(最高法院、最高检察院、公安部)“五七”干校旧址;有位于湖北省警官学校内的财政部“五七”干校旧址;有位于范家台的1357干校(全国人大、政协、八大民主党派、全国工商联、中共社会主义学院、职工教育社)旧址等。沙洋监狱是湖北省乃至全国最大的监狱之一,随着部分监狱逐步淘汰闲置,为沙洋发展监狱文化旅游提供有利条件。宗教景观众多。全县有正式登记的五大宗教场所18处。其中,位于纪山镇纪山村纪山之巅的纪山寺,始建于隋开皇年间,唐朝进行大规模扩建和复修,寺院规模达到九重,分前、中、后殿,两侧有东大宫、西大宫和僧舍,纵横数百米。原名“红梅寺”,宋朝更名为“纪山寺”。明朝永乐十年(1412)重建。清光绪七年(1881),再次重建。历经1400余年的战火劫难,到处可见遗存的各时期残砖瓦砾。现存的纪山寺为砖木结构,高6.9米,整体建筑保留着明清风格。同时,寺内还遗存着明永乐十年(1412)冶炼的一口大铁钟,钟上铭文清晰可见。保存着明清时期石碑30余块、石刻画20余幅。三元观始建于唐贞观年间,由荆州路总管尉迟恭修建。1991年经批准重建,1996年开光,为武当山道教下院。铁鞭庙又称“铁鞭古祠”,位于后港镇铁鞭村,始建于西汉,重建于清嘉庆五年(1800),是一座四合院式的建筑。后殿为清代建筑,圆木立柱,排山木架,白墙黛瓦,飞檐翘角。祠内保存着清嘉庆年间一张神案,案上陈列着铁鞭、钢刀、铁链。古祠大门左侧墙中石匾上,有清咸丰十一年(1861)维修铁鞭古祠镌刻的碑文。

(县档案馆)

【2019年气候概况】 2019年,沙洋县平均气温17.0℃,年极端最高气温为38.1℃、出现于8月21日,年极端最低气温为-4.3℃、出现于1月1日。年内冷暖变幅大,冬季出现3次低温雨雪冰冻天气,夏季出梅后呈长时间高温少雨态势。全年降水量为734.6毫米,日最大降水量为92.7毫米、出现于5月25日;降水时空分布不均,夏季、秋季明显偏少;入梅时间正常(6月17日),出梅时间偏晚(7月18日),梅雨期降水偏少;春季连阴雨过程多、持续时间长。全年蒸发量为992.8毫米,月最大蒸发量为159.2毫米、出现于10月。全年日照时数为1632.8h,月最大日照时数为263.6h、出现于8月。

【主要气候事件】 2019年,沙洋县主要灾害性天气有低温雨雪冰冻、高温干旱、雾霾和连阴雨等,对全县农业、林业、电力、交通、水利等造成一定影响。年底霾天气频发,持续时间长,影响范围大;冬季3次降雪影响不大;冬、春两季均出现连阴雨,强度大,对农业影响较大;夏、秋两季降水偏少,出梅后的晴热高温天气造成水稻受灾;夏季干旱致全县多地受灾。

(彭　瑞　段皓冉)

国民经济和社会发展

【概况】 2019年,沙洋县实现地区生产总值335.85亿元,比上年同期增长7.6%。其中,第一产业69.15亿元,增长3.2%;第二产业132.78亿元,增长9.8%;第三产业133.92亿元,增长7.8%。

【农业】 2019年,沙洋县实现农林牧渔业总产值122.05亿元,比上年同期增长3.5%;实现农林牧渔业增加值72.78亿元,增长3.5%。

2019年3月18日,全县农机大培训暨春耕备耕现场会召开,县长刘克雄出席会议并讲话。图为刘克雄(左二)观摩农机新机具——自走式喷雾机

(县农业农村局　供稿)

全年粮食种植面积12.42万公顷，下降3.5%；棉花种植面积926.67公顷，下降1.5%；油料种植面积43660公顷，增长2.4%；蔬菜种植面积12413.33公顷，增长6%。全年实现粮食产量88.84万吨，下降2.3%；棉花890吨，下降1.1%；油料11.17万吨，增长7.6%；蔬菜42.63万吨，增长8.2%。全年生猪出栏53.62万头，下降40.4%；牛出栏4.84万头，增长0.3%；羊出栏2.01万头，增长4.1%；家禽出笼1398.98万只，增长12.1%；肉类总产量6.64万吨，下降26.8万吨；实现禽蛋产量3.38万吨，增长4.9%。水产品产量18.62万吨，增长4.9%。年末农业机械总动力达117万千瓦，同比增长2%。全年造林面积1733.33公顷，增长34.5%；木材采伐量3.2万立方米，增长60%。全年机耕面积144210公顷、机播面积101280公顷、机收面积128970公顷，全县农业机械化综合作业率达88.5%、秸秆综合利用率达94.5%。新认证“三品一标”主体4家、产品9个，入选“荆品名门”品牌3个；创建标准化畜禽养殖场52个，汉江牛业获全国第二届种公牛拍卖大会“银牛奖”，曾集金鸡危氏水产成为省级健康养殖基地；成立股份制经济合作社266个，新增省级重点龙头企业2家。年内，沙洋县农业水价综合改革经验在全省推广，“二农”综合考评排名全省第三。

【工业】 2019年，沙洋县新增规模以上工业企业13家，总数达到173家；规模以上工业增加值增长10%。全县规模以上工业中，轻工业增长9.1%、重工业增长11.4%。全县25个工业大类行业中，20个行业增加值实现增长。规模以上工业企业实现主营业务收入406.1亿元，增长10.9%；实现利润总额11.56亿元，下降48%；亏损企业亏损额0.19亿元，增长58.6%。工业产品销售率96.9%。全年实现建筑业总产值11.06亿元，增长17.4%。其中，建筑业竣工产值6.33亿元，增长10%。

【商品流通服务业】 2019年，沙洋县社会消费品零售总额116.09亿元，比上年同期增长12.2 %。其中，城镇消费品零售额83.59亿元，增长17%；乡村消费品零售额32.50亿元，增长1.3% 。分行业看：限额以上批发零售业实现零售额37.24亿元，增长18.2%；限额以上餐饮业实现收入5.15亿元，增长16.5%。全年完成外贸出口总额7亿元，增长28.8%。外商直接投资额6209万美元，增长9.3%。

【固定资产投资】 2019年，沙洋县完成固定资产投资额比上年同期增长11.7%。其中，国有经济控股单位完成投资增长26.1%；第一产业完成投资下降40%；第二产业完成投资增长11%；第三产业完成投资增长5.1%。主要行业中：制造业完成投资增长7.9%；电力、燃气及水的生产和供应业完成投资增长54.9%；交通运输、仓储和邮政业完成投资下降39.3%；房地产业完成投资下降5.5%；水利、环境和公共设施管理业完成投资增长3.6%；卫生、社会保障和社会福利业完成投资下降100%。全年全县房地产开发完成投资7.9亿元，下降15.5%；房屋施工面积228.94万平方米、增长5%，竣工面积22.98万平方米、下降42.3%；商品房销售面积19万平方米、下降31.4%，实现商品房销售额6.68亿元、下降38.9%。

【交通】 2019年，沙洋县完成道路货运量1083.3万吨、比上年同期增长2%，货运周转量20967.9万吨千米、增长2%；实现道路旅客运输量548.7万人、下降2%；城市公交周转量539万人，增长33.4%；出租客运周转量802万人，增长10.8%。全年完成水路货运量155.3万吨、增长9.9%，水路货运周转量2.15亿吨千米、增长21.2%。年内新建县乡公路24.5千米、“组组通”道路464.5千米，提档升级农村公路159千米，开通沙洋城区至李市、马良公交线路。

【金融】 2019年末，沙洋县金融机构各项存款余额280.98亿元，比年初增加17.58亿元。其中，住户存款199.54亿元，比年初增加21.1亿元；非金融企业存款34.76亿元，比年初减少7063万元；广义政府存款43.75亿元，比年初增加2.35亿元。各项贷款余额126.25亿元，比年初增加21.81亿元。其中，短期贷款8.12亿元，比年初增加1.01亿元；中长期贷款18.73亿元，比年初增加3.97亿元。

【财政】 2019年，沙洋县完成财政总收入13.25亿元、增长2.1%；一般公共预算收入10亿元，增长6.3%。其中，税收收入6.61亿元，增长8.1%。一般公共预算支出44.45亿元，增长7.6%。其中，一般公共服务支出3.79亿元，增长4.9%；农林水事务支出7.48亿元，增长7%；科学技术支出1.05亿元，增长10.7%；交通运输支出3.98亿元，增长12.1%；教育支出5.57亿元，增长3.4%；医疗卫生健康支出3.96亿元,增长5.6%;社会保障和就业支出6.37亿元,增长6.1%;商业服务业等支出1254万元,增长59.3%;住房保障支出1.24亿元,下降54.2%。

【旅游】 2019年,沙洋县接待国内外游客440万人次、比上年同期增长12.8%。其中,接待乡村旅游游客295万人次,增长2.4%;实现旅游综合收入21.2亿元、增长9.3%,其中乡村旅游综合收入13.4亿元、增长3.9%。年末,全县拥有星级饭店2家、旅行社2家、旅行社门市部6家、A级景区2个、乡村旅游休闲点6个(含2个省级休闲农业示范点)、农家乐390家、省级旅游名村1个、旅游商店专营店1个。

【社会事业】 2019年,沙洋县社会事业进一步发展。积极推动科技创新,年内获批国家高新技术企业11家,新培育科技型中小企业39家,新成立专家工作站5家,完成科技成果转化19项。熊兴化工建成沙洋县首个"省级工程技术研究中心";沙洋县科技创新综合考评成绩获省委、省政府通报表扬。全县拥有各级各类学校133所,其中中等职业教育学校1所、普通高级中学2所、普通初级中学14所、特校1所、小学47所、幼儿园68所;在校学生数38340人,在编教师数3578人。拥有公共图书馆1座,藏书量16万册。有博物馆1个、专业艺术表演团体18个。全县广播人口综合覆盖率100%、电视人口综合覆盖率100%。全县有卫生机构320个,其中医院、卫生院18个,妇幼保健院1个,疾病预防控制中心1个,监督综合执法局1个,社区服务站6个,村卫生室254个,诊所39个。有卫生机构人员数2755人,其中执业(助理)医师996人、注册护士822人。全县卫生机构编制床位数1917张。其中,医院床位数1050张、卫生院床位数845张。全年举办各类体育运动会15次。其中,综合运动会1次、单项运动会14次;参加运动员人数6.95万人次。

【社会民生】 2019,沙洋县新增城镇就业人员83101人,城镇失业人员实现再就业4448人;年末城镇登记失业人数1848人,登记失业率2.4%。全县居民人均可支配收入25134元。按常住地分,城镇居民人均可支配收入35324元,比上年同期增加2904元、增长8.96%;农村居民人均可支配收入20224元,增加1752元、增长9.48%。城市居民家庭恩格尔系数30.81%,农村居民家庭恩格尔系数为32.92%。年末城镇职工养老保险参保5.12万人,参加失业保险职工1.84万人,参加医疗保险职工3.42万人;年内领取失业保险金人数500人;城乡居民社会养老保险参保28.03万人,城乡居民医疗保险参保40.15万人。全县城镇最低生活保障对象1732人,农村最低生活保障对象8510人。全年发放住房租赁补贴269户,补贴金额32.54万元。年末,全县各类收留抚养类机构床位1831张,入住人数1132人。全年销售社会福利彩票4231万元,下降2.3%。

【脱贫攻坚】 2019年,沙洋县统筹扶贫资金5.2亿元用于解决"两不愁三保障"突出问题,落实产业奖补资金421.4万元,发放贫困户小额信贷3950.7万元,引导2.7万名贫困人口就业务工,完成危房改造1322户,实现11170名贫困人口脱贫、9个贫困村出列,全县贫困发生率下降至0.4%。年内,沙洋县在扶贫"省考"中获优秀等次。

【生态环境保护】 2019,沙洋县空气质量优良天数比例为75.8%,比上年同期减少6.9个百分点;水环境质量达标率80%,提升20个百分点。强力破解环境治理难题。长湖流域水生态修复工程、湖堤加固项目全面完工;完成4家沿江化工企业"关改搬转";编制完成10个镇级和2个"千吨万人"集中式饮用水源地环境保护规划;14家涉水企业"一企一管"、水和大气预防预警监测系统建成并投入使用。新建和改建农村户厕6.7万座、各类公厕300座,精准灭荒453.33公顷,城区生活垃圾无害化处理率达100%、乡镇达70%以上,11个乡镇生活污水处理厂全部达标运行。持续推进省级生态文明建设示范县创建工作,年内全县创建省级生态镇2个、生态村10个。

(县统计局)

招商引资

【概况】 2019年3月,沙洋县招商局更名沙洋县招商服务中心,为县政府直属事业单位、正科级。中心内设办公室、投资促进股、项目服务股、对外联络股、外资管理股等5个职能股室,核定事业编制15名,其中主任1名、副主任2名。其主要职责为:贯彻执行招商引资方针、政策,并根据沙洋县情况制定与之相适应的发展战略、具体措施和实施办法;统筹全县招商引资工作,制定全县招商引资年度工作目标并做好督办和组织考核,指导全县招商引资和投资促进工作,管理县直招商专班和产业招商专班招商引资、投资促进等工作;负责全县在境内外举办的招商引资活动的组织实施;县级招商顾问、委托招商主体的联络及服务工作;负责全县重大招商引资项目的策划、跟踪、引进、督办和服务工作;负责管理、服务和促进全县外商投资工作。2019年,沙洋县招商引资部门积极围绕"新材料、装备制造、绿色食品"等3大主导产业,突出"招大引强选优",着眼强链延链补链,促进全县产业集聚发展。年内先后出台《2019年沙洋县招商引资工作要点》《沙洋县招商引资政策(2019年版)》等文件,规范基础设施建设补助、固定资产投资补助、外商投资奖励、税收贡献奖励、产业基金支持、物流成本补贴等招商引资政策;坚持"周冒泡、月述职、季督办、年考核"的工作方式,强化协调督办,压实招商引资工作责任;坚持定期开展项目推介和集中签约,严格落实"四率"(合同履约率、开工率、资金到位率、投产达效率)考核机制,推动全县招商引资工作再上新台阶。截至年末,全县招商引资实际到位资金200亿元,比上年同期增长12.4%,完成年度目标任务的100.5%;实际利用外资6209万美元,增长9.3%,完成年度目标任务的101.2%;全年签约项目76个,投资总额208.7亿元,其中10亿元以上项目5个、5亿元~10亿元项目10个、1亿元~5亿元项目50个、亿元以下项目11个;已开工项目59个(其中,竣工项目7个)、占签约项目总数的77.6%,未开工项目17个、占22.4%。

2019年5月30日,沙洋经济开发区与上市公司明阳智慧能源集团股份公司举行风电装备(叶片)制造项目合同签约仪式。图为签约现场

(县招商服务中心　供稿)

【重点项目引进】 2019年,沙洋县招商引资部门加大重点项目引进力度,取得显著成效。投资22亿元的风电装备制造产业园项目、投资13亿元的循环经济产业园项目、投资10亿元的中国(沙洋)国际农特商贸城项目、投资5亿元的明叶风机叶片制造项目、投资5亿元的中硕再生资源综合利用项目、投资2亿元的棕桐树石塑地板二期项目、投资1.2亿元的万锦塑料管道生产项目等一批重大项目、优质项目先后落地沙洋。

【招商方式创新】 2019年,沙洋县招商引资部门积极推进招商引资方式创新,大力开展产业招商、组合招商、节会招商,深入推进以商招商,实现招商引资新突破。大员招商提质量。县主要领导始终将招商引资作为"一号工程"来抓,坚持带头走出去,重点围绕长三角等重点区域,紧盯"三五"企业和行业领军企业,大招商,招大商,先后引进风电装备制造产业园、中国(沙洋)国际农特商贸城、明叶风机叶片制造等大项目、优质项目,延伸全县产业链条,形成产业集聚,有效增强沙洋经济发展后劲。以商招商强内力。充分发挥行业龙头、隐形冠军等企业的引导和支撑作用,深入开展以商招商,加快推动特色产业集群集聚发展。依托明弘玻璃引进四川蓝剑包装集团,合资建设年产30万吨玻璃瓶罐项目;依托熊兴化工引进新加坡海天科技;依托好兆头铸造引进佛山亿励阀体;依托佳悦科技对接其下游企业上海会庆塑化科技有限公司,拟建设BOPP胶带项目。盘活存量促发展。将盘活存量资产与招商引资结合,整合资源,以存量引增量,以增量活存量,促进企业加速发展。全年盘活存量企业4家——盘活丰硕农业引进中硕集团,盘活凤悦生物科技引进劲驰汽车配件，盘活绿桥化肥引进玉联电子，盘活明弘玻璃后港厂区引进翔泰机电。

【招商机制建设】 2019年，沙洋县招商引资部门不断优化招商引资工作机制，完善项目跟踪管理，推动外出招商、项目统筹、跟踪服务得到有效落实。优化工作调度机制。压实“一把手”主体责任，不断强化工作统筹和调度力度。招商专班、镇（区）、县直单位围绕主导产业招商，其中，专班重点瞄准大企业，招大商。优化项目研判机制。坚持实行“工作月调度、信息月研判”工作机制，严把环评关、安评关和产业政策关，形成比选信息、比选企业、比选产业、比选项目的工作方式，实现统筹项目精准入园。优化领导包联机制。建立重大项目县领导领衔研判和推进机制，将投资1亿元以上重点跟踪和签约未开工的工业项目纳入全县统筹调度范围，推动领导力量向重大项目集中。优化专班管理机制。突出发展主导产业和特色产业，设立玻璃产业、新材料、绿色食品、装备制造、文化旅游、物流等8个产业招商专班，每个专班由2～3个县领导包联，组织开展招商引资工作。优化项目服务机制。对亿元以上重点跟踪项目实行“有进有出”的动态管理，县招商引资领导小组办公室定期对项目对接、推进、签约等情况进行督查，强化项目跟踪服务责任。 （吴雪飞）

精神文明建设

【概况】 2019年，沙洋县精神文明建设工作坚持以十九大精神和习近平新时代中国特色社会主义思想为指引，持续开展各类文明创建，着力推进新时代文明实践中心建设，不断深化“九久入户”工程，大力开展移风易俗树文明新风活动，不断拓展全民志愿服务领域，扎实做好各项常规工作，创新开展各项特色亮点工作，为推进沙洋高质量发展提供坚强的思想保证、精神动力和道德滋养。

【文明创建】 2019年，沙洋县各类文明创建工作持续开展。开展文明城市创建。将“创文”“创卫”作为“一把手”工程，成立创建工作领导小组，实行县“四大家”领导包联城区27个路段片区和14个镇（区），成立12个攻坚指挥部、5个分指挥部。按照“以块为主、条块结合、多方联动、分工负责”的要求，督导各地、各部门认领“责任田”，确保包联体系全县全域全覆盖。县财政共投入2.6亿余元资金用于创建工作。截至年末，全县建成区绿地总面积585.45公顷，建成区绿地覆盖率、绿地率分别达到38%和33.55%；建成公园绿地面积118.04公顷，人均公园绿地面积达到9.11平方米。深入开展文明家庭、文明单位（校园）、文明村镇、文明社区创建。按照公平、公开、公正原则，坚持文明单位（校园）必须行业领先、业绩突出，活动丰富、职工素质高，围绕中心、服务大局成效显著等标准，年内拟命名表彰2018—2019年度县级文明单位（校园）275个，2017—2019年度文明镇、村、社区159个，择优推荐2018—2019年度市级文明单位29个，市级文明校园4个。共评出市级“最美家庭”16户、县级“十选十美·最美家庭”10户、县级“最美家庭”30户。开展十星级文明户和社会主义核心价值观示范户评选活动。全县共评出十星级文明户15705户（参评率为94.7%）、社会主义核心价值观示范户267户。

【移风易俗树文明新风活动】 2019年，沙洋县持续广泛开展移风易俗、树立文明新风活动。县委文明办按照“以奖代补”原则向全县8个镇、11个村下拨2018年红白喜事奖励资金11万元。组织全县“以奖代补”的11个村村支部书记、各镇党委宣传委员到京山市曹武镇考察学习先进经验，通过学习，全县34个社区、13个镇、232个村结合当地实际、突出地域特色，完成以“勤、俭、孝、法、信”为主题的村规民约、居民公约制定工作。全县按照《关于推动移风易俗树立文明乡风的实施意见》（沙办发〔2017〕36号）文件要求，将培育和践行社会主义核心价值观、红白理事会建设等工作纳入村规民约、居民公约，规范村规民约和居民公约的内容和程序，强化制度约束，更好地引导村（居）民开展精神文明创建活动。将制定村规民约、居民公约工作纳入文明镇、村、社区创建考评内容，进一步推动此项工作落细落小落实。

【新时代文明实践中心建设】 2019年，沙洋县积极探索“双文融合”模式，创新推进新时代文明实践中心建设，取得明显成效。在沈集镇彭堰村、曾集镇孙店村、毛李镇三坪村等3个行政村开展新时代文明实践站示范试点建设。整合现有公共服务阵地资源，将新时代文明实践站和村综合文化服务中心融为一体，建立“双文融合”各项规章制度，成立志愿服务队伍，开展各项志愿服务活动。全县所有村(社区)全部实现文明实践站与综合文化活动中心"合二为一"、融合发展。以拾回桥镇招商引资新建美丽乡村文化综合体为契机,将拾回桥镇乡村文化综合体与拾回桥镇新时代文明实践所统一规划、统一建设,着力打造镇文明实践所、综合文化服务中心和美丽乡村文化综合体"双文融合""三位一体"的试点示范基地。全县通过"双文融合"模式,以镇村(社区)新时代文明实践站所为平台,开展文明实践志愿服务活动,打造"小蓝帽"等5个志愿服务特色品牌。

【"九久入户"工程建设】 2019年,沙洋县进一步深化"九久入户"工程,取得突出成效。在坚持将社会主义核心价值观"24"字同步印入宣传资料、送达千家万户基础上,进一步丰富和拓展社会主义核心价值观宣传教育载体,构建部门齐抓共管、上下整体联动的大宣传格局,全面抓好"印""读""看""听""答""跳""查""评""行"等环节的落地见效。同时,结合社区文化节,组织开展全县社会主义核心价值观广场舞大赛,以国家卫生县城创建为契机,在制作"创卫"宣传标语和专栏时融入核心价值观"24字"基本内容及"九久入户"工程的logo。"创卫"期间,全县各路段共制作"创文""创卫"固定宣传专栏547个、宣传彩绘12712平方米、宣传彩画570条、"T"型广告牌27个。3月8日,全市宣传部长会议暨社会主义核心价值观"九久入户"工程现场推进会在沙洋召开。4月9—11日,中宣部在重庆主办新时代公民道德建设工作培训班,中共沙洋县委副书记、县长刘克雄在培训会上以《开展"九久入户"工程,推动社会主义核心价值观在基层落地生根》为题,向全国推介沙洋县社会主义核心价值观"九久入户"经验。沙洋县是湖北省唯一一个作经验交流发言的地区。

2019年3月8日,全市宣传部长会议暨社会主义核心价值观"九久入户"工程现场推进会议在沙洋召开。市委书记张爱国(前排左二)、县委书记揭建平(前排左三)等出席活动　　(县文明办　供稿)

【全民志愿服务】 2019年,沙洋县全民志愿服务活动持续开展。在3月"学雷锋"志愿服务活动月,县直各部门积极开展志愿服务活动,向后港镇殷集小学捐赠羽毛球架、篮球、足球等体育器材,为每名学生送上跳绳、毽球、溜冰鞋、课外书等物资。积极服务好"首届湖北油菜花旅游节",500多名志愿者参加活动。5月10日,沙洋镇结合"创卫"工作,组织开展"小蓝帽"志愿者助力国家卫生县城创建誓师大会。以路段为抓手,各单位开展"文明交通"劝导活动。青少年志愿者小手拉大手,走上公交车劝导不吸烟、不吐痰,倡导为老人、妇女、残疾人等让座等文明行为。县内各类公益组织、志愿服务组织积极参加各类志愿服务活动。截至年末,全县网上注册登志愿者人数已达到6.8万人,开展文明实践活动1768场次。

【楷模推荐活动】 2019年,沙洋县积极发挥典型示范作用,组织开展各类楷模推荐活动。县委文明办通过遴选,全年发布3期"沙洋楷模",13人上榜;向市委宣传部报送"第五届荆门市道德模范"候选人9人,其中7人获评第二、三季度"荆门好人"。通过层层推荐和申报,县石油公司刘广俊被省委宣传部评为3月份"荆楚楷模榜"上榜人物,被中央文明办评为6月份"中国好人"上榜人物。持续开展"十选十美"最美人物评选活动。全县已评选出最美农民10名、最美家庭10户、最美创业青年10名、最美少年10名、最美乡村10个、最美自媒体人10名、最美文化人10名、沙洋县"首届最美退役军人"10名。

(县委文明办)

2019 年大事记

1 月

4 日

△由县委宣传部、县教育局、县文体新广局联合举办,以“传承戏曲情 共筑中国梦”为主题的“戏曲进校园”展演活动在县文化中心举行。来自全县 31 所中小学的 500 名师生演员同台演出,各学校师生代表、家长代表及社会各界群众 1000 多名观众观看演出。

7 日

△市委书记、市人大常委会主任张爱国,市委副书记、市长孙兵率全市四季度项目建设和招商引资拉练活动观摩团到沙洋县活动现场观摩。县委书记揭建平、县长刘克雄等参加观摩活动。张爱国、孙兵一行先后观摩弘益玻璃制镜、特种汽车玻璃原片、佳悦 BOPP 包装新材料等项目生产现场,听取相关情况介绍,对沙洋县项目建设给予充分肯定。

8 日

△沙洋县举行“弘扬爱国奋斗精神、建功立业新时代”活动推进会暨 2018 年度人才工程评选集中表彰和授牌仪式。县委常委、县委组织部部长周明出席活动并讲话。活动对入选“两江创客”“汉上英才・回归创业人才”等人才工程的 8 名优秀人才、2 个优秀引才工作站进行表彰,为 2 个农村实用人才实践基地授牌。

10 日

△县长湖管理局联合市水产局、市农业综合执法局、县渔政管理站等部门在后港镇荆南码头举行“2019 年长湖沙洋段增殖放流”活动,共投放经检疫合格后的草鱼、鲢鱼、鳙鱼等品种 600 万尾。

上旬

△市食品药品安全委员会组织考核组对全市各县(区)开展 2018 年食品药品安全考核评价工作,沙洋县综合考评得分率 98.7%,名列第一名。

11 日

△县长刘克雄主持召开县五届人民政府第四十六次常务(扩大)会议,传达学习市委八届五次全体(扩大)会议暨全市经济工作会议精神。会议研究县妇幼保健院整体搬迁项目建设、解决西荆河整治工程征收拆迁遗留问题、沙洋县天然气顺价相关事宜、沙洋县卫计系统国有资产处置情况、《沙洋县沈集镇双兴石膏矿山整治关闭工作方案》《沙洋县沈集镇双兴石膏矿采空区地质灾害搬迁避让工作方案》等。

12 日

△县委书记揭建平主持召开县委常委会会议。会议传达全市组织工作会议、全市宣传思想工作会议、中国妇女第十二次全国代表大会、湖北省第十二次妇女代表大会精神;听取关于开展 2018 年度县管领导班子政绩目标考核和领导干部履职尽责考核、县第四次妇女代表大会相关工作、2018 年全县安全生产工作、沙洋县关于配合中央生态环境保护督察“回头看”工作等情况汇报;研究讨论沙洋县人大常委会 2019 年工作要点(讨论稿)、政协沙洋县委员会 2019 年工作要点(讨论稿)、《中共沙洋县委关于加强新时代政协党的建设工作的实施意见》(讨论稿)、《沙洋县“春申杯”后发赶超先进单位和先进个人评选表彰工作方案》(讨论稿)、《沙洋县“三乡”工程三年行动计划》《沙洋县推进实施“三乡”工程的支持措施》等。

12—13 日

△沙洋县“荆玻广场杯”象棋邀请赛暨后港镇象棋分会成立活动在后港镇荆玻广场举行,来自全县 13 个乡镇的象棋爱好者共计 100 余人参赛。经过两天的角逐,最终评选出个人奖 20 名、团体奖 10 个。

14 日

△中国农谷干部学院(沙洋)建设项目专题会议召开。县委书记揭建平出席会议并讲话。会议听取项目精装修、空调、会议系统、智慧校园,以及项目后勤区、文保

区、展厅等设计方案汇报。揭建平强调,要结合沙洋实际,遵循简洁朴素、建筑功能多样化、适度超前的理念,统筹规划设计;要进一步细化、优化项目方案,为设备、材料等科学合理选择提供依据;要准确定位项目特点,把项目体验区和文保区功能有机结合,发掘“五七干校”文化,做足学员体验性文章。

16 日

△沙洋县召开迎接“2018 年度全省市县党委和政府扶贫开发成效考核”工作专题会议。县委副书记、县委政法委书记陈威主持会议并讲话。会议学习《2018 年度全省市县党委和政府扶贫开发成效考核方案》文件,听取各镇(区)、县直相关单位关于迎检准备工作情况汇报。

△县公安局沙洋水陆派出所举行退赃大会,将近期破获的系列摩托车、电动车被盗案中追回的 10 余辆摩托车及电动车退还给群众。

△省气象局副局长汪金福率省气象局纪检组、党办一行到沙洋县气象局开展春节慰问并指导工作。汪金福一行实地考察县气象局观测站、综合办公楼、气象台,详细了解全县气象业务平台建设、运行和气象服务等情况。

18 日

△市委常委、市委宣传部部长吕晓华带队到沙洋调研重点文旅项目。县委常委、县委宣传部部长杨宏银等陪同调研。吕晓华一行到五里铺镇实地调研五里花香·岳飞城文化旅游田园综合体项目,听取该项目建设相关情况汇报。

△沙洋县召开 2019 年全县经济工作“开门红”筹备会议,谋划经济工作“开门红”思路,安排部署全县 2019 年“开门红”活动各项工作。县委常委、常务副县长杨孟富出席会议并讲话。

20 日

△沙洋县与北京京冶轴承股份有限公司通过友好协商,就风电装备制造产业园项目达成合作共识并成功签约。县委书记揭建平等参与协商。县长刘克雄等见证签约仪式。沙洋经济开发区主任姚必泉代表县人民政府与京冶集团董事长罗虹签订合作协议。该项目总投资 22 亿元,占地面积 1063 亩,项目全部建成投产后可年上缴税收 1.6 亿元。

中旬

△沙洋县物流发展局新港物流园建设项目获首笔省补竞争性专项资金 600 万元。该项目选址于新港区,规划总占地面积 485 亩,第一期项目建设占地 354.56 亩,计划总投资 4.78 亿元,主要建设配送中心、普通仓库、保税仓库、信息服务中心、交易中心、园区道路、物流配套服务区及大型停车场等。

21 日

△沙洋县 2019 年“青春志愿行·奉献新时代”服务春运“暖冬行动”在卷桥汽车站正式启动。来自全县 20 多名青年志愿者参加启动仪式并开展“春运”首日志愿服务。

△县委书记揭建平主持召开县委常委会会议。会议听取首届湖北油菜花节筹备工作情况汇报;审定 2016—2017 年度县级文明单位和 2014—2016 年度县级文明镇、村(社区)复核合格名单及 2018 年度综治工作优胜单位名单;研究讨论《今冬明春困难群众生活安排和 2019 年春节走访慰问工作方案》(讨论稿)。

22 日

△晚,市人大代表,县委副书记、县长刘克雄做客荆门广播电视台“两会”特别节目——《争当排头兵 谱写新篇章》,畅谈沙洋县振兴发展的新思路、新目标和新举措。市人大代表、湖北荆华铝业有限公司董事长田华明,市人大代表、沙洋镇党委副书记、镇长熊敏,市政协委员、湖北德美科技有限公司董事长瞿德勤参加此次访谈节目。

23 日

△县科技局邀请市科技、统计、税务等部门专家到沙洋县开展全社会研发与试验发展(R&D)统计业务培训。全县规模以上工业企业、高新技术企业、科技型中小企业、科技孵化器在孵企业的技术及财务人员和各镇(区)统计干事共 190 人参训。

25 日

△政协沙洋县委员会五届十五次常委会议召开。县政协主席吴道新主持会议并讲话。县政协副主席姚在斌、毛晓洪、姚在潮、陈卫国及秘书长李国等出席会议。会议传达学习习近平总书记在庆祝改革开放 40 周年大会和《告台湾同胞书》发表 40 周年纪念会上的重要讲话、省政协十二届二次会议和市政协九届三次会议精神;协商通过《政协沙洋县委员会 2019 年工作要点》(草案)和《中共沙洋县委关于加强新时代政协党的建设工作的实施意见》(代拟稿);投票确定县城管、民政、经信、商务等 4 个单位为县政协 2019 年度提案办理述职评议单位。

△县人社局在后港镇举行以“就业帮扶，真情相助，不让一个困难群众掉队”为主题的“就业援助月”暨政策法规宣传活动。此次活动共发放“春风卡”和宣传资料5000余份，发送短信2万余条，42家用人单位共提供就业岗位2885个，2350余人进场求职，现场达成就业意向452人，培训报名85人。

26 日

△县长刘克雄到曾集镇走访慰问困难群众和专家人才。

△县长刘克雄带领县交通运输局、县交投公司、县林业局、县“圈办”和曾集镇、五里铺镇等部门、镇（区）负责人，对首届湖北油菜花节筹备情况进行现场督办。

28 日

△市政协主席周友坤到后港镇殷集村走访慰问。县委书记揭建平、县政协主席吴道新等陪同。

△县人大常委会主任刘良平主持召开县五届人大常委会第十七次会议，听取和审议县人民政府关于全县2018年度扫黑除恶工作情况报告，审议通过县人大常委会2019年工作要点（草案）、县人大常委会关于《沙洋县人民代表大会常务委员会讨论决定重大事项实施细则》修改的说明及相关人事任免事项。

△沙洋县召开党外代表人士和新社会阶层人士新年座谈会。县委书记揭建平出席会议并听取2018年全县统战工作完成情况和2019年主要工作思路汇报、各党外代表人士和新社会阶层人士对县委县政府工作的意见和建议。

29 日

△《沙洋港总体规划（2017—2035年）》在武汉市梅园宾馆通过专家评审。该《规划》以港口发展理论、口岸功能区理论和“港口—口岸—产业—城市”融合发展理论为支撑，将港口规划惯例与城市规划需求相结合，以区域发展格局和态势为切入点，制定港口口岸经济区发展路径，明确港口功能定位和发展目标，预测沙洋港的货类及运量，制订沙洋港功能布局方案。

△县人大常委会党组书记、主任刘良平带队到纪山镇走访慰问部分专家人才、困难群众和党员，为他们送上春节的祝福和慰问金。

△县政协主席吴道新带队到后港镇看望慰问部分贫困户、低保户、特困供养户和优抚对象，为他们送去节日的问候和新春的祝福。

30 日

△县委常委班子2018年度民主生活会召开。市委常委、市纪委书记、市监察委员会主任刘辉到会指导。县委书记揭建平主持会议。县委副书记、县长刘克雄等县委常委班子成员参加会议。会议书面通报县委常委班子2017年度民主生活会整改落实情况。会上，揭建平代表县委常委班子进行对照检查，并带头做个人对照检查，其他常委对其进行批评帮助。随后，其他常委依次进行个人对照检查，并结合工作实际，认真查摆问题，开展批评与自我批评。列席会议的县人大、县政协主要领导对县委常委班子提出批评意见。

31 日

△县政府党组2018年度民主生活会召开。县委副书记、县长刘克雄主持会议，县政府党组全体成员参加会议。会议书面通报县政府党组2017年度民主生活会整改落实情况。刘克雄代表县政府党组进行对照检查，并带头做个人对照检查。其他党组成员对其进行批评帮助。随后，其他党组成员依次进行个人对照检查，并结合工作实际，认真查摆问题，开展批评与自我批评。

下旬

△县气象局局长沈蕾获评全国“重大气象服务先进个人”荣誉称号，是全省市州以下气象部门唯一获此荣誉的个人。

2 月

1 日

△县长刘克雄带领县农业、国土、“圈办”等单位主要负责人督办“大棚房”清理整治和五洋路改造升级工作。

△县委副书记、县长刘克雄参加2018年度曾集镇党委班子民主生活会。

△县委书记揭建平主持召开县委常委会会议。会议研究讨论全县2018年度总结表彰暨2019年三级干部集训、经济工作会议会务方案（讨论稿）；审定沙洋县“春申杯”后发赶超先进单位和先进个人评选拟表彰名单（讨论稿）；听取2018年度全县党建先2018年度镇（区）、县直单位领导班子政绩目标考核结果汇报；审议首届湖北油菜花节沙洋县整体宣传方案；传达学习关于撤销各类“廉政账户”规定及集中整治“名贵特产类特殊资源谋取私利问题”工作要求，中纪委、省纪委全会精神，并研究贯彻落实意见。

3 日

△沙洋县召开沙洋籍返乡客商新春推介会。县长刘克雄出席会议并致新春贺词。

11 日

△县委书记揭建平主持召开县“四大家”领导联席会议。县长刘克雄等出席会议并讲话。会议讨论2019年春季全县三级干部集训会工作报告和2019年度工作目标责任状。

12 日

△全县2018年度总结表彰暨2019年三级干部集训、经济工作会议召开。县委书记揭建平主持会议并讲话。县长刘克雄出席会议并讲话。会议表彰近年来特别是在2018年表现突出的单位和个人;县委、县政府与各镇(区)和县直单位代表签订2019年工作目标责任状;部分镇(区)和县直单位代表就如何履职尽责、全面完成2019年工作任务作表态发言。

14 日

△沙洋县召开2019年重点项目“开门红”集中开工筹备暨“四经普”督办会议。县委常委、常务副县长杨孟富出席会议并讲话。会议听取2019年一季度全县重点项目集中开工活动筹备情况汇报,对当前经济普查工作进行安排部署。

△县委书记揭建平深入曾集镇陈闸、蔡庙、官集等贫困村调研精准扶贫精准脱贫工作,详细了解村级产业发展和驻村帮扶情况,察看贫困户“一户一档”资料,并走访慰问部分贫困户,鼓励他们自立自强,依托扶贫政策,逐步化解困难,勤劳致富。

△县人社局召开以“春风送暖雁归巢 齐心聚力谋发展”为主题的“春风行动”暨精准扶贫·退役军人大型招聘会。此次招聘活动共有75家用人单位提供就业岗位6180余个,印发“春风卡”、各类宣传资料2.5万余份,发送宣传短信30余万条,进场求职3500余人,现场达成就业意向1185人,培训报名226人。

△晚,县委书记揭建平主持县委理论学习中心组2019年第一次集中学习。会议学习《湖北省扶贫攻坚领导小组关于打赢脱贫攻坚战三年行动的实施意见》《2018年度市县党委和政府扶贫开发工作成效交叉考核操作规程》《关于开展2018年贫困县退出专项评估检查暨市县党委和政府扶贫开发工作成效考核的通知》等。

16 日

△县委、县政府组织召开全县2019年脱贫攻坚工作会议。县委书记揭建平出席会议并讲话。县委副书记、县长刘克雄主持会议并讲话。会议通报全县2018年度各镇(区)脱贫攻坚驻村工作组考核情况,12个考核排名倒数第一的驻村工作组派出单位负责人作检讨发言。

19 日

△县长刘克雄到曾集镇调研督导精准扶贫工作。

中旬

△沙洋县入选全省首批水稻完全成本保险试点县市名单,全省共有4个县市被确定为试点县市。试点期限为2019—2020年。

21 日

△全县“学习强国”学习平台推广使用工作推进会议在县委党校五楼会议室召开。县委常委、县委宣传部部长杨宏银出席会议并讲话。会议就做好“学习强国”学习平台在全县全面推广使用进行培训学习和安排部署。

△全县2019年“开门红”31个重大项目在沙洋经济开发区集中开工。县委书记揭建平宣布项目开工。县长刘克雄致辞。县委副书记、县委政法委书记陈威主持开工仪式。此次开工的31个项目投资均在5000万元以上,总投资107.45亿元。其中工业项目21个,基础设施类项目5个,现代服务业项目2个,农业水利、生态环境建设、社会发展类项目各1个。

22 日

△县金融办、经信局、人行沙洋支行、银监沙洋办事处以及县域各银行业金融机构主要负责人深入沙洋经济开发区企业开展“行长进企业”走访调研活动。 调研组一行先后前往佳悦BOPP新材料、凯菱电器、轻量化玻璃包装材料、子创新材料、硕星电器、盛隆科技、熊兴化工、宏顺铸造等企业,实地查看各中小企业建设和生产经营情况,听取企业负责人关于企业发展、融资需求的介绍;各银行、企业就融资问题进行详细交流座谈。

25 日

△县委书记揭建平、县长刘克雄带队督办2月份全县重点项目。揭建平、刘克雄一行先后前往五星级酒店、县外国语学校、县体育中心、县职教中心新校区、太一湖水库新建工程、汉津西路建设、轻量化玻璃包装材料、富泰革基布搬迁扩改、京城新能源装备制造、中核国际食品产业园、虾觉小龙虾深加

工、中国农谷干部学院、国道 348 南环线及汉江公路二桥等项目建设现场,实地查看重点项目推进情况。

26 日

△县长刘克雄主持召开县五届人民政府四十七次常务(扩大)会议。会议听取 2019 年全县经济“开门红”进展情况汇报,研究部署相关工作;研究《沙洋县农村宅基地“三权分置”试点实施方案》《沙洋县 2019 年精准扶贫及荆沙“四化同步”示范带财政资金统筹方案》《2019 年沙洋县招商引资工作要点》及全县 2019 年市政建设计划等。

△枝江市政协副主席杨万新带队到沙洋考察学习政协委员履职积分制管理工作经验,县政协主席吴道新陪同。

27 日

△省公安厅交管局、省交通运输厅、省公路管理局检查组到沙洋范家台超限检测站检查治超工作。市公路管理局、市路政支队负责人陪同检查。检查组仔细查看超限超载治理台账,详细了解近期治超工作以及不停车超限检测系统、电子抓拍系统联网建设及运行情况。

△沙洋县召开农村电商推进会暨阿里“农村淘宝”项目启动培训会。县委副书记、县委政法委书记陈威出席会议并讲话。

△沙洋经济开发区重点项目督办会召开,专题研究解决沙洋经济开发区及明弘玻璃存在的困难和问题。县委书记揭建平出席会议并讲话。县长刘克雄主持会议。县领导杨孟富、全昌国、李旭祥等出席会议。

△“沙洋县人民检察院法律援助值班律师办公室”正式挂牌办公。该办公室每周四下午安排一名律师值班,集中为适用认罪认罚从宽制度的犯罪嫌疑人提供法律帮助。

28 日

△全县 2019 年度村(社区)党组织书记首期培训班在县委党校开班。县委常委、县委组织部部长周明出席开班仪式并讲话。

△县人社局在拾回桥镇文化综合体广场举行“就业扶贫送温暖,服务企业促对接”专场招聘活动,为企业和求职者搭建供需平台。此次活动共有 35 家企业进场招聘,提供针对性岗位 2850 余个,发放各类宣传资料 1.5 万余份,进场求职者 2800 余人,现场达成就业意向 1500 余人。

下旬

△沙洋县争取到国家定向销售粮食出口计划 9.35 万吨,实现新年“开门红”。

3　月

1 日

△省政协民宗委主任汪梦军一行到沙洋调研三峡土家族村发展情况。市政协副主席杨武、县政协主席吴道新等陪同调研。汪梦军一行先后实地查看土家族村基础设施建设和绿色产业园发展情况,听取土家族村产业规划、乡村振兴发展和全县小微权利清单、“九久入户”工程等特色工作情况汇报,并围绕如何做好新时代城市民族工作、促进各民族交往交流交融进行深入讨论交流。

△县行政审批局发出第一份加盖公章的新版营业执照,标志着沙洋县已完成新旧营业执照的更替。

3 日

△晚,县委书记揭建平主持召开县委常委会会议。会议研究讨论揭建平在县纪委五届四次全会上的报告、县纪委五届四次全会报告;审议《县领导领题开展重大风险排查和精准扶贫调研工作方案》《沙洋县机构改革实施方案》《关于县委机构编制委员会组成人员任职的通知》《2019 年沙洋县招商引资工作要点》《沙洋县招商引资政策(2019 版)》;学习《市委、市政府关于印发〈沙洋县机构改革方案〉的通知》;传达学习市纪委八届四次全会精神;研究 2019 年沙洋县表彰项目申报工作。

4 日

△首届湖北油菜花节新闻发布会在省政府新闻办公室举行。省农业农村厅党组成员肖长惜、省文化和旅游厅副巡视员刘晗、副市长梁早阳、县长刘克雄等出席发布会并回答记者提问。

△沙洋县召开第四次全国经济普查工作推进会。县委常委、常务副县长、县第四次全国经济普查领导小组组长杨孟富出席会议并讲话。会议传达省、市主要领导重要批示精神,简要介绍全县经济普查工作进展情况。

△全县机构改革动员大会召开。县委书记揭建平出席会议并讲话。县长刘克雄主持会议。会上宣读《沙洋县机构改革方案》,并印发《沙洋县县级机构改革实施方案》。

△沙洋县召开全县重大动物

疫病暨非洲猪瘟防控工作会议。县委副书记、县委政法委书记陈威主持会议并讲话。会议通报沙洋县防控工作情况,安排部署下阶段防控工作。

△晚,沙洋县召开沙洋县汉江—小江湖—西荆河水系连通项目可研报告征求意见会暨S311沙洋至后港段一级公路改扩建工程初步设计方案汇报会。县委书记揭建平出席会议并讲话。县长刘克雄主持会议。会议听取水系连通工程规划及第一期可研报告编制情况及S311沙洋至后港段一级公路改扩建工程初步设计方案汇报,研究讨论待解决的相关问题。

4—6日

△市人大常委会副主任许道伦带队深入李市镇工农村开展"三天两夜"蹲点调研,并召开调研座谈会。县人大常委会党组书记、主任刘良平陪同调研并参加座谈。会议听取县人大常委会工作情况汇报,征求部分在沙市人大代表关于优化营商环境的意见建议,反馈蹲点调研情况。

5日

△市政协主席周友坤带队到十里铺镇荷堰村开展精准扶贫调研活动。县委书记揭建平、县政协主席吴道新等陪同调研。周友坤一行认真听取镇、村两级和驻村工作组扶贫工作情况汇报,仔细查看相关档案资料,并深入部分贫困户和边缘群众家中走访调研,了解贫困户生活状况、政策享受情况以及对扶贫工作的意见建议。

△中国共产党沙洋县第五届纪律检查委员会第四次全体会议召开。县委书记揭建平出席会议并讲话。县委副书记、县长刘克雄等出席会议。县委常委、县纪委书记杨成英主持会议并代表县纪委常委会作工作报告。会上,部分镇、县直单位党组织负责人向全会述责述廉,并进行现场问答和民主测评。

△县长刘克雄带领县农业、国土等单位主要负责人督办"大棚房"问题专项清理整治工作。在官垱镇马沟村、毛李镇凤灵社区、后港镇金山村和十里铺镇王场村,刘克雄详细了解"大棚房"违建和整治工作进展情况。他要求,坚决贯彻落实中央、省、市关于"大棚房"清理整治工作的决策部署,不折不扣整改到位,决不能触碰耕地保护红线和永久农田划定底线。

△团县委组织全体青年志愿者走进后港镇殷集小学,开展以"学习雷锋精神,践行社会主义核心价值观"为主题的道德讲堂和爱心捐赠活动。

△沙洋县召开推动长江经济带发展及长江中游城市群建设工作领导小组会议。县委常委、常务副县长杨孟富出席会议并讲话。会上,与会人员观看《长江经济带生态环境警示片》。县发改局传达国家、省、市推动长江经济带发展会议精神。县经信、环保、交通运输、水务等部门汇报推动长江经济带发展2018年工作开展情况及2019年工作安排。

6日

△县委书记揭建平主持召开专题会议,听取五届县委第五轮巡察工作情况汇报,研究部署下阶段巡察工作。县委副书记、县长刘克雄等出席会议。

7日

△沙洋县第四次妇女代表大会召开。市妇联党组书记、主席曹红姣,县委书记揭建平出席开幕式并讲话。县委副书记、县长刘克雄等出席开幕式。县委副书记、县委政法委书记陈威主持开幕式。

△全市物流公共信息平台应用操作培训会在沙洋县召开。县交通运输局党组副书记杨波主持会议。市物流发展局副局长余芳出席会议。各镇(区)及相关县直部门,全县工业、商贸、农业和物流企业代表90余人参加培训。

△市委常委、市委统战部部长郑中华带队到纪山寺调研宗教场所规范化建设和宗教教风建设情况。县委常委、县委统战部部长周翠兰陪同调研。

8日

△省体育局局长胡功民视察五里铺镇、陈池村新全民健身工程项目。县长刘克雄等陪同。在听取沙洋县体育工作情况汇报后,胡功民对沙洋县积极拓展城乡体育阵地、丰富群众体育活动给予充分肯定,并表示将进一步支持沙洋体育事业发展,促进全民健身,满足广大群众对美好生活的向往,助推健康中国战略实施。

△全市宣传部长会议暨社会主义核心价值观"九久入户"工程现场推进会在沙洋召开。市委书记张爱国出席会议并讲话。市委常委、市委宣传部部长吕晓华主持会议并讲话。市委常委、市委秘书长廖明国出席会议。县委书记揭建平参加会议并作典型发言。张爱国对沙洋创新方式实施"九久入户"工程,简单方便、零成本将社会主义核心价值观"24字"内容送达千家万户,并将该工程与农村治理、学校教育相结合的做法给予充分肯定。

10 日

△市人大常委会副主任钱先发带领市人大财经委员会成员到沙洋调研包联重点企业和项目。钱先发一行先后前往光大生物、弘德包装科技、熊兴化工、子创科技及泰富重工等企业，现场察看生产经营及项目建设情况。他强调：要理清思路，高质高效推进项目建设；要围绕销售、管理、环保等方面，切实抓好企业生产；要落实好责任清单，加大协调服务力度，为企业发展和项目建设创造更好环境，实现沙洋经济社会高质量发展。

11 日

△县委书记揭建平、县长刘克雄带队督办首届湖北油菜花节和江汉运河半程马拉松筹备工作。揭建平强调，要加快完善主会场舞台、产品展销区、停车场等基础设施的建设，做好核心景区及周边环境的打造整治，强化道路交通疏导和保障，确保首届湖北油菜花节圆满举办。要进一步细化完善江汉运河半程马拉松赛事活动方案，做细做实赛道建设、交通保障、通讯电力保障等各项筹备工作。刘克雄要求，要各负其责，秉持精益求精的理念，将相关工作任务落细落实，高标准做好各项筹备工作；要践行“现在就办”的理念，迅速协调解决筹备工作中遇到的问题，确保首届湖北油菜花节和江汉运河半程马拉松成功举办。

△沙洋县城乡规划委员会 2019 年第一次专题委员会召开。县长刘克雄出席会议并讲话。会上，各相关单位就建设项目选址方案、规划条件及用地性质调整、规划及建筑设计方案、市政项目等进行深入讨论，并分别提出意见和建议。

△中共东宝区委常委、宣传部部长、统战部部长、政府党组成员昌蓉带领东宝区党政代表团 60 多人到沙洋考察学习“九久入户”工程经验。县委常委、县委宣传部部长杨宏银陪同。

12 日

△县委书记揭建平、县长刘克雄等县“四大家”领导同县直各单位 400 多名干部群众到曾集镇蔡庙村安洼水库水源保护林开展义务植树“主题林”建设活动，共栽植香樟苗木 2500 余株、植树造林面积 60 余亩。

△晚，县委书记揭建平主持召开县委常委会会议。县人大常委会党组书记、主任刘良平，县政协主席吴道新等列席会议。会议听取当前“大棚房”问题整治工作进展情况、沙洋县 2019 年精准扶贫及荆沙“四化同步”示范带财政资金统筹工作情况汇报，关于 2018 年度县管领导干部履职尽责考核结果的报告；传达中央政法工作会议、省委政法工作会议、市委政法工作暨全市信访工作会议精神，省、市检察长会议精神及沙洋县贯彻落实意见，全市组织部长会议精神及沙洋县贯彻落实意见，全市宣传部长会议暨社会主义核心价值观“九久入户”工程现场推进会议，全国、全省审计工作会议精神及沙洋县贯彻落实意见；审议《2019 年政法工作要点》；研究讨论县委常委班子 2018 年度民主生活会整改方案、2019 年全县宣传思想工作会议方案。

13 日

△县长刘克雄主持召开县五届人民政府第四十八次常务（扩大）会议。县委常委、常务副县长杨孟富，县委常委、县委统战部部长周翠兰，县委常委全昌国，副县长李旭祥、王华芳、杨伟波等出席会议。会议学习传达省、市统计工作会议精神；听取全县统计工作、沙洋县 2018—2020 年脱贫攻坚项目库建设相关工作、全县金融工作等情况汇报；研究地方政府隐性债务化解方案、2019 年“厕所革命”工作；学习传达全国、全省审计工作会议精神，听取沙洋县贯彻落实意见情况汇报；学习《王晓东同志在恩施脱贫攻坚专项巡视反馈意见整改落实现场督办会上的讲话》《张爱国同志在全市招商引资和项目建设动员会上的讲话》。

15 日

△县消费者协会联合县工商局等部门在东方百货沙洋购物广场举行“3·15”国际消费者权益日宣传活动。县长刘克雄出席。县质监、食药监、烟草专卖等 14 个职能部门，银行、通信、保险、公共服务等行业的 19 个企事业单位现场为消费者耐心讲解《消费者权益保护法》《食品安全法》和《湖北省消费者权益保护条例》等法律法规，还以鉴别假冒伪劣烟酒等商品为例，生动直观地传授识假、辨假知识，为消费者答疑解惑，并现场受理消费投诉举报。此次活动共发放宣传资料 1800 余份，接待群众咨询 240 余人次，义诊 30 余人次，受理消费者投诉 4 起，调处解决 3 起。

△县委书记揭建平主持召开县委常委会会议。会议听取沙洋县小城镇环境综合整治情况汇报、关于 2018 年度计划生育目标管理考评结果的通报；研究讨论 2019 年城区市政设施和园林绿化建设计划；传达全市统战部长会议精神，《关于全省国防动员工作调研和重点潜力现地核查的情况报告》

省、市主要领导批示精神并研究沙洋县贯彻落实意见；审议《2019年宣传思想工作要点》。

18日

△沙洋县召开县直单位主要负责人集体谈话会。县委书记揭建平出席会议并讲话。县委副书记、县长刘克雄主持会议并讲话。会议宣布县委关于县直单位主要负责人职务调整的决定。

19日

△首届湖北油菜花节在沙洋县曾集镇张池村主会场开幕。省人大常委会党组书记、常务副主任王玲，中国工程院院士、国家油菜工程技术研究中心主任傅廷栋，中国工程院院士官春云、王汉中，全国农业技术推广服务中心，省人大常委会农委、环资委，省农业农村厅、文化和旅游厅，华中农业大学，武汉轻工大学，中国农科院油料作物研究所，湖北粮油集团公司等单位负责人出席开幕式。王玲宣布首届湖北油菜花节开幕。傅廷栋、王汉中、王戈、李开寿、肖长惜等分别在开幕式上致辞。市委书记张爱国在开幕式上致辞。市长孙兵主持首届湖北油菜花节开幕式。市委副书记、常务副市长李涛主持“荆品名门”区域公用品牌发布会。市人大常委会党组书记、主任张尚贵、县委书记揭建平等出席开幕式。本届油菜花节的主题为“荆楚大地、花海荆门”，主要包含首届湖北油菜花节开幕式、“荆品名门”区域公用品牌发布会暨特色农产品展示展销会、油菜产业发展高峰论坛、湖北沙洋江汉运河第三届国际半程马拉松（江汉运河10千米桨板表演赛）、“旅游闹春·春天到荆门来看花”春游活动、农民乡土趣味运动会等6大活动。

△省人大常委会党组书记、常务副主任王玲对沙洋县贯彻落实省十三届人大二次会议“关于大力推动新时代湖北高质量发展的决定”的情况开展调研。市长孙兵，市人大常委会党组书记、主任张尚贵，县委书记揭建平，县长刘克雄等陪同调研。王玲一行先后到曾集镇樱花部落，沙洋经济开发区BOPP包装新材料、湖北弘润建材有限公司和湖北硕星科技有限公司，泰富重工（沙洋）制造有限公司，汉江沙洋中心港码头，平湖公园以及沙洋镇调研美丽乡村建设、企业发展、城市建设以及市县代表小组活动开展等情况。

△沙洋县举办“首届湖北油菜花节招商引资推介签约暨金融春风行”活动。县委书记揭建平见证签约仪式并为招商引资优胜单位颁发流动红旗；县长刘克雄见证签约仪式并致辞。此次活动共签约项目26个，签约总金额137.9亿元。其中，合同项目22个，合同金额133.8亿元；协议项目4个，协议金额4.1亿元。工业类项目20个，签约金额109.6亿元；文化旅游产业项目4个，签约金额15.3亿元；物流产业项目2个，签约金额13亿元。银企对接集中签约项目和企业共208家，签约总额40.08亿元。其中，重点项目23个，签约金额26.10亿元；工业企业130家，签约金额10.30亿元；涉农企业55家，签约金额3.68亿元。信用培植企业30家。

20日

△省水利厅党组成员、副厅长唐俊带队到沙洋调研农业水价综合改革工作。县长刘克雄等陪同调研。调研组一行先后实地走访五里铺镇许山农民用水者协会一分干节水改造工程现场、拾回桥镇老山农民用水者协会、曾集镇金鸡水库管理处信息化中心，查看2018年农业水价综合改革信息化配套设施，并与用水者协会会长沟通交流，了解沙洋县农业水价综合改革工作的进展情况。

△沙洋县举行为烈属、军属和退役军人等家庭悬挂光荣牌工作启动仪式，现场为陈祖洋等13名烈属、军属和退役军人等家庭代表颁发光荣牌。县委常委、常务副县长杨孟富宣布悬挂光荣牌工作启动并致辞。县委常委、县人民武装部部长张继先出席仪式并致辞。

△湖北省卫健委基卫处负责人张全红、王浩一行到沙洋县高阳镇考察调研基层卫生综合改革工作情况，市、县卫生健康部门负责人陪同调研。

△沙洋县召开2019湖北江汉运河国际半程马拉松筹备工作督办会。县委书记揭建平出席会议并讲话，县委副书记、县长刘克雄主持会议并讲话。在听取赛事筹备工作情况汇报后，揭建平、刘克雄就确保赛程衔接有序、应急处突临危不乱等提出要求。

△市检察院党组成员、副检察长张克虎就“治理农村生活垃圾，守护花海荆门公益诉讼专项行动”到沙洋实地进行指导。县检察院党组书记、检察长赵龙等陪同。张克虎一行分别到沙洋汉江自来水厂取水点、沙洋围堤闸口段垃圾堆放点、沙洋县垃圾处理厂、建筑垃圾临时堆放点、五洋公路部分路段等处，就如何从公益诉讼角度开展饮用水水源保护、城市和农村生活垃圾处理等进行具体指导。

23日

△首届湖北油菜花节重点项

目之一——太平洋保险—2019 湖北沙洋江汉运河国际半程马拉松比赛举办。此次赛事以“花漾运河，乐跑沙洋”为主题，吸引国内以及俄罗斯、肯尼亚等 11 个国家的 6000 余名选手参加。省体育局党组成员、副局长骆启义出席活动。副市长李珩宣布马拉松启动。经过角逐，杜士洋（河北承德）、MAIYO MICHAEL KIMTAI（肯尼亚）、陈华威（广东惠州）分别获得男子半程前三名，甄燕南（河南漯河）、朱冰莹（河南驻马店）、李春霞（湖北荆门）分别获得女子半程前三名。斯洛伐克驻华大使杜尚·贝拉及其夫人尤金伲亚·贝拉出席半马赛颁奖仪式，向沙洋夫妻选手伍州、白小芳赠送礼品，并为男子半马赛前三名颁奖。

△2019 湖北沙洋首届江汉运河桨板 10 千米表演赛在江汉运河落幕。来自武汉、仙桃、孝感、黄石、松滋及沙洋本地的 19 支队伍共 100 余名选手参赛。经过角逐，武汉选手徐健夺得男子乙组冠军；曾雄雄、郑娟、陶洁分别获得男子甲组、女子甲组和女子乙组冠军。

△斯洛伐克驻华大使杜尚·贝拉应邀出席 2019 湖北沙洋江汉运河国际半程马拉松赛事活动。县委副书记、县长刘克雄会见杜尚·贝拉并一同观赏沙洋油菜花海，同时向其介绍沙洋县经济发展、文化历史等情况。

24 日

△沙洋县人社局在曾集镇张池村（首届湖北油菜花节主会场）举办大型招聘活动，推介沙洋本土企业，宣传人社政策法规，发布企业招聘信息。此次招聘活动发放各类宣传资料 1.5 万余份，共有 32 家重点缺工企业进场招聘，提供就业岗位 2400 余个，进场求职 3100 余人，现场达成就业意向 820 余人，登记就业、创业培训 72 人。

25 日

△晚，县委书记揭建平主持县委理论学习中心组 2019 年第三次集中学习。县委副书记、县长刘克雄等在家的县“四大家”领导参加。会上学习《中共湖北省委印发〈关于防治形式主义官僚主义的若干措施〉的通知》《中共湖北省委关于中央第二巡视组移交四件脱贫攻坚立行立改事项查处问责情况的通报》《关于完善脱贫攻坚有关政策标准的通知》；研讨交流《中共中央 国务院关于打赢脱贫攻坚战三年行动的指导意见》的学习体会。

26 日

△市卫生健康委员会综合监督科和市执法局领导及相关执法人员对沙洋县十里铺镇顺昊餐具有限公司进行卫生监督检查。

△市政协党组副书记、副主席陈前华以湖长身份，到沙洋县毛李镇巡查借粮湖管护工作。陈前华一行实地查看借粮湖环境治理和保护工作情况，并召开座谈会听取相关工作情况汇报，研究部署全年借粮湖河湖长制工作，推进借粮湖生态环境治理和保护。

26—28 日

△县长刘克雄到曾集镇官集村开展精准扶贫“大走访、大调研、大排查、大整改”活动。刘克雄在“三天两夜”蹲点调研期间，组织召开村“两委”干部、党员群众代表座谈会，认真听取村“两委”、驻村工作组 2018 年扶贫工作开展情况及 2019 年脱贫攻坚打算，详细了解产业扶贫、健康扶贫、教育扶贫、危房改造等政策落实情况，听取党员群众意见和建议，实地查看村级组织和文化阵地建设、扶贫产业发展状况，并走访调研包联村贫困户和边缘群众。

27 日

△沙洋县举行首届湖北油菜花节花卉苗木展览会暨沙洋县第八届花卉苗木交易会开幕式。市委常委、市政府党组成员赵俊出席交易会并宣布开幕。县长刘克雄出席交易会并致辞。此次展览交易会吸引省内外商户 220 余家，省林木种苗管理总站、全省各市州花卉苗木协会及风景园林协会 80 余家近 300 人参加，达成意向订单 10 亿元。

△县长刘克雄带领相关部门负责人深入熊兴化工和秦江化工等企业，检查安全生产工作。

△全县乡村振兴及乡村文化综合体建设推进会在拾回桥镇召开。县长刘克雄主持会议并讲话。会上表彰首届湖北油菜花节筹备工作先进单位和先进个人。

28—29 日

△财政部条法司司长贾荣鄂，省财政厅党组成员、总会计师关红一行到沙洋县开展全国财政系统法治财政建设示范点专题调研。县委书记揭建平、县长刘克雄等参加座谈。贾荣鄂一行实地查看沙洋县法治财政创建情况，观看县财政局拍摄的法治微电影，听取沙洋县全国财政系统法治财政建设示范点工作专题汇报。调研组一行充分肯定沙洋县法治财政建设工作取得的成效并强调：要加大宣传力度，让沙洋经验“走出去”；要深入推进法治财政建设工作，切实将依法行政、依法理财贯穿到财政工

作中。

29 日

△市长孙兵到沙洋开展长湖巡湖活动。县长刘克雄等陪同。孙兵一行先后来到长湖吴家湾码头和毛李镇钟桥村广坪河倒虹吸,查看长湖水质生态修复项目施工现场,听取长湖生态修复工程总体情况汇报,仔细了解工程规划、施工进度等情况,并就一些重、难点问题提出指导性意见。

△副市长梁早阳到沙洋调研优质粮食发展情况。县长刘克雄等陪同调研。梁早阳一行参观湖北洪森实业有限公司的优质稻米展区及中化农业 MAP,并与龙头企业、电商平台、种植大户、农业服务中心的负责人座谈,听取沙洋县优质粮食发展情况汇报,就优质粮食发展开展交流讨论。

△沙洋县召开乡村振兴规划编制调研座谈会。县长刘克雄出席会议并讲话。

△2018 年度全国十大考古新发现在北京揭晓,沙洋城河新石器时代遗址入选。该遗址位于沙洋县后港镇,在 1983 年文物普查中被发现,由中国社会科学院考古研究所、省文物考古研究所、市博物馆于 2012 年至 2017 年共同主持发掘,发现城垣、人工水系、大型建筑、祭祀遗存等重要遗迹,为屈家岭文化晚期至石家河文化早期的重要城址。

4 月

1 日

△市人大常委会副主任钱先发带领市人大常委会预算工委、市交通局、市公路局、市环保局、市民宗局、荆门供电公司、工行荆门分行负责人到沙洋调研包联重点企业和项目。钱先发一行先后到光大生物、弘德包装科技、熊兴化工、泰富重工、子创科技等企业,现场察看生产经营及项目建设情况。

2—3 日

△省委专家智库专家成员、省行政管理学会会长、武汉科技大学原副校长顾杰带队来沙考察。县长刘克雄等陪同。顾杰一行先后到曾集镇雷都樱花部落、沙洋油菜博物馆、佳悦包装新材料、特种汽车玻璃原片、汉江沙洋港、中国农谷干部教育学院等项目现场,实地察看了解沙洋县田园综合体项目和重点项目建设情况。顾杰对沙洋县发展双低油菜全产业链,提升农业附加值、提高农业综合效益的做法给予充分肯定。

3 日

△市委副书记、常务副市长李涛带队来沙调研弘润建材有限公司。县委副书记、县长刘克雄等陪同。李涛一行实地察看弘德包装科技项目建设现场,详细了解特种汽车玻璃原片生产线生产经营状况和存在的问题,听取相关工作情况汇报。李涛要求:企业要严抓生产经营管理,以管理促效益;要严抓安全生产,以安全促提升;要加快推进项目前期工作,破解项目推进工作难题,确保轻量化玻璃、耐火材料二期、LOW－E 玻璃深加工二期等新项目早开工、快建设。

4 日

△县委副书记、县长刘克雄主持召开县委常委会会议,安排部署当前重点工作。刘克雄强调:要强化政治意识,与上级党委保持高度一致,以强烈的政治意识和事业心,扎实做好当前各项工作,确保全县各项工作的连续性;要突出抓好本职工作,带好、管好、用好队伍,切实做到周部署、日督办;要扎实推进项目建设,坚持每月开展一次项目拉练,促进项目顺利实施,确保项目尽快发挥效益;县“四大家”领导要严肃工作纪律,发挥示范带头作用,率先垂范,充分调动广大党员干部工作的积极性和主动性,加快推进沙洋后发赶超,力争走在江汉平原振兴发展示范区前列。

7 日

△县义工联举办义卖义捐活动。来自全县各小学学生在家长陪同下来到活动现场,将家中闲置书籍、文具和玩具摆摊义卖,争当“公益小天使”;部分学生家长带来精心制作的手工作品、小饰品加入义卖行列,过往市民纷纷驻足购买。此次义卖所得的 1135 元“爱心款”,连同捐来的 500 余件衣物、学习用品、书籍、玩具等将全部捐给县义工联“爱心妈妈团队”,用来“一对一”帮助有困难的孩子。

8 日

△县长刘克雄主持召开县五届人民政府第五十次常务(扩大)会议。会议研究《关于坚持农业农村优先发展深入实施乡村振兴战略的意见》、长湖保护规划沙洋县长湖退垸还湖相关工作、沙洋县长江大保护十大标志性战役重点工作;听取沙洋县 2019 年第一季度社会消防工作情况汇报,安排部署相关工作;传达学习《曹广晶同志在全省长江大保护十大标志性战

役指挥部会议上的讲话》《王晓东同志在省扶贫调研座谈会上的讲话》文件精神。

9 日

△县长刘克雄率队开展 2019 年 4 月份全县重点项目拉练活动。县领导陈威、刘良平、吴道新、全昌国、康德兵、李旭祥、吴传斌、杨伟波、陈卫国等参加拉练活动。刘克雄一行先后深入五星级酒店、县外国语学校、县体育中心一期、县职教中心新校区、太一湖水库新建工程、轻量化玻璃包装材料、富泰革基布搬迁扩改、小龙虾深加工、枣潜高速公路沙洋城区连接工程、中国农谷干部学院（沙洋）、国道 348 南环线及汉江公路二桥工程等项目建设现场，详细了解各项目建设进度，并现场协调解决施工中遇到的困难和问题。

9—11 日

△中宣部在重庆市举办新时代公民道德建设工作培训班。中共沙洋县委副书记、县长刘克雄在培训班上以《开展“九久入户”工程，推动社会主义核心价值观在基层落地生根》为题，向全国推介沙洋县社会主义核心价值观“九久入户”经验。沙洋县为湖北省唯一一个作经验交流发言的县市。

10 日

△省工商联副主席彭斌一行到沙洋调研“百企帮百村” 助力贫困村出列工作推进情况。市工商联主席陈刚，县委常委、县委统战部部长周翠兰，县工商联书记党组张冠兰等陪同。省调研组一行先后深入曾集镇官集村、十里铺镇荷堰村视察，听取相关情况汇报，实地查看帮扶产业、走访农户。

11 日

△县自然资源和规划局邀请省地质局、华中农业大学等单位专家、教授组成专家评审组，对沙洋县土地质量地球化学评价（二期）项目设计方案进行评审。经专家评审论证，沙洋县土地质量地球化学评价（二期）项目设计方案评审结果为优秀。

12 日

△全县党建群团工作会议召开，县委副书记、县长刘克雄出席会议并讲话。会上，各镇、滨江新区党委书记，沙洋经济开发区、长湖湿地管理局党（工）委书记就抓基层党建、意识形态工作进行述职发言。刘克雄对述职发言作集中点评，并对下阶段沙洋县党建群团工作进行安排部署。

△沙洋县召开 2019 年度全县组织工作会议。县委常委、县委组织部部长周明出席会议并讲话。周明对 2018 年全县组织工作进行总结，对 2019 年全县组织工作进行安排部署。

△县委副书记、县长刘克雄主持召开县委常委会会议。会议听取湖北省“人民满意的公务员”和“人民满公务员集体”推荐工作情况汇报；研究讨论沙洋县 2019 年挂旗作战重点建设项目、《中央第二巡视组对湖北省开展脱贫攻坚专项巡视反馈意见沙洋县整改工作方案》《2019 年县级层面督查检查考核计划清单》；传达全市乡镇党委书记精准脱贫能力提升专题培训会议，全市党办工作暨市直机关党建、政研、机要保密、档案工作会议，全市 2019 年新的社会阶层人士统战工作培训暨创新实践项目现场会，全市宗教工作会议精神；审议《中共沙洋县委常委会 2019 年工作要点（讨论稿）》《2019 年度统战工作要点（讨论稿）》《2019 年度宗教工作要点（讨论稿）》等。

15 日

△2019 年县委政法工作、扫黑除恶专项斗争暨全县信访工作会议召开。县委副书记、县委政法委书记陈威出席会议并讲话。

16 日

△全县乡村综合体建设工作推进会召开。县委副书记、县委政法委书记陈威出席会议并讲话。副县长吴传斌出席会议。县政协副主席陈卫国主持会议。会上，湖北美丽家乡新农村建设有限公司汇报乡村文化综合体建设情况、存在的问题及下一步工作打算。

△2019 年全县宣传思想工作会议暨第一次意识形态工作联席会议召开。县委常委、县委宣传部部长杨宏银出席会议并讲话。会议传达全市宣传部长会议暨社会主义核心价值观“九久入户”工程现场推进会议和全县党建、群团工作会议精神；宣读《关于对 2018 年度宣传思想文化工作、意识形态工作、网络管理工作优秀单位和宣传思想文化工作优秀个人、意识形态工作优秀个人、优秀通讯员、优秀网评员给予表扬的通报》《关于给予县公安局通报表扬的决定》。

18 日

△沙洋县城乡规划委员会 2019 年第一次全体委员会召开。县长刘克雄出席会议并讲话。县委常委、常务副县长杨孟富，县人大常委会副主任田继明，副县长李旭祥、王华芳等出席会议。副县长吴传斌主持会议。会议研究审议

《岳飞城田园综合体规划》方案、《沙洋县城市总体规划(2012—2030)2016修改》方案、县应急救援中心选址调整方案及地块规划条件等。

19日

△县委、县政府召开创建国家卫生县城工作推进会议。省爱卫办副主任孙殿国、市卫健委工会主席王官松、县长刘克雄出席会议并讲话。省爱卫技术专家组作技术指导。县委副书记、县委政法委书记陈威主持会议。会议强调,全县上下要进一步统一思想,查找不足,研究措施,合力共为,扎实有效,深入推进创建国家卫生县城工作,确保在省、国家验收中交出一份优异的答卷。

△沙洋县在汉江沙洋段开展增殖放流活动,共放流本地种经济鱼类1000万尾。

中旬

△副市长、市公安局局长陈实突访县公安局基层所队,踏勘治安、交通重难点部位。县长刘克雄等参加活动。

22日

△荆门沙洋潘集湖湿地公园建成全省荷花科研基地,新引进国庆红、粉松球等300余种莲花。

24日

△沙洋县召开2019年长江大保护十大标志性战役工作推进会。县长刘克雄出席会议并讲话。县领导周翠兰、全昌国、田继明、李旭祥、王华芳、吴传斌等出席会议。会议通报2018年全县长江大保护十大标志性战役工作情况。各专项战役牵头单位对2018年工作完成情况进行交账,并结合《长江保护修复攻坚战行动计划》汇报2019年度重点工作。

△沙洋县青少年活动中心在拾回桥小学举办2019年"流动少年宫、流动科技馆、流动家长学校"走进拾回桥镇活动,为该小学1000余名学生和家长送来一场"科技盛宴"和"文化大餐"。此次活动共有科普展览、航模展示、家庭教育讲座、科技制作实践课、观看3D电影、爱心捐赠以及学校特色展示等7项内容。

△沙洋县人民医院召开"2019年度医疗新技术立项准入汇报会",15项新技术新项目通过审核、获准开展。

△市委老干部局、市关工委、县委老干部局、县关工委、县教育局联合在汉上实验学校挂牌成立"沙洋县关工委青少年家校共育基地"。这是市、县两级为积极探索建立家校共建体系共同搭建的学校、家长与孩子沟通交流平台。

25日

△全市"四个三重大生态工程"建设暨小城镇环境综合整治现场推进会在沙洋召开。市委常委、常务副市长赵俊出席会议并讲话。县委常委、常务副县长杨孟富等出席会议并参加现场观摩。

△沙洋县举办《沙洋论坛》2019年首场报告会。省社会科学院党组副书记、院长刘光远应邀以《坚持总体国家安全观,开创新时代国家安全新局面》为题做专题讲座。

27日

△全县乡村振兴、脱贫攻坚、农村产权制度改革工作推进会暨脱贫攻坚能力提升培训会召开。县长刘克雄出席会议并讲话。县委副书记、县委政法委书记陈威主持会议并讲话。会议组织学习习近平总书记对中央巡视组脱贫攻坚专项巡视重要指示精神,传达全市乡村振兴、脱贫攻坚、农村产权制度改革工作推进会会议精神。

29日

△沙洋县"纪念五四运动100周年"暨团县委三届二次全体(扩大)会议召开。

△全县深化"放管服"改革工作推进会召开。县委常委、常务副县长杨孟富出席会议并讲话。会议通报"全省一网""全市一网"建设进展情况,传达省、市相关会议精神,安排部署相关工作。

△市委书记张爱国一行到沙洋随机走访部分乡镇和村,就精准扶贫工作开展调研。他强调,贫困户能否真正实现脱贫,关键靠产业帮扶,核心是发展产业。要进一步加大产业扶贫力度,促进农民多渠道增收,真正让群众富在其中。市委常委、市委秘书长廖明国参加调研。

△在市总工会、市人力资源和社会保障局、市卫生健康委员会主办的全市职工职业技能大赛(医疗护理类)中,县人民医院选派的急诊科医、护、司3人团队获团体三等奖;护士张婉青以理论第一、操作第三、总成绩第二的成绩获技能竞赛个人二等奖。

△晚,县委副书记、县长刘克雄主持召开县"四大家"领导联席会议,传达全市"治超"工作推进会、全市打造干净城市动员会议精神和市委书记张爱国调研沙洋县部分镇(区)、村精准扶贫工作指示精神,听取全县创建国家卫生县城工作情况汇报。

5 月

1 日

△县长刘克雄带领县住建、交通运输、应急管理、商务、消防等部门主要负责人开展安全生产检查。副县长李旭祥等参加检查。

3 日

△县长刘克雄带队到范家台超限检测站检查督办“治超”工作，先后查看治超站卸货场、不停车超限检测系统、电子抓拍系统等情况。刘克雄强调：进一步加强源头管控，对县域内的矿产、货运企业等“治超”源头单位加大检查巡查整治力度；要加快不停车检测系统信息联网建设，提升“治超”效率；要强化路面联合执法，充实“治超”执法力量，常态化开展“零点行动”等集中整治行动，对所有超限超载、非法改装等违法行为进行严格查处；要在辖区范围内形成持续高压严管态势，坚决遏制违法超限运输行为，为群众出行创造安全畅通的交通环境。

5 日

△县长刘克雄率队调研沙洋县“创卫”工作并主持召开座谈会，听取“创卫”工作进展情况及亟待解决的问题。

6 日

△县委副书记、县长刘克雄主持召开县委常委会会议。会议研究讨论《沙洋县进一步优化营商环境重点任务清单》《沙洋县大力支持民营经济持续健康发展的重点任务清单》《关于坚持农业农村优先发展 深入实施乡村振兴战略的意见》相关工作和《2019 年党委（党组）理论学习中心组专题学习重点内容安排》《沙洋县突发网络舆情应急预案》《全县第二十个党风廉政建设宣传教育月活动方案》《2019 年县委巡察工作计划》《五届县委第六轮巡察工作方案》；传达学习全国、全省巡视工作会议和市委第五轮巡察工作动员部署会精神。

△沙洋县创建国家卫生县城技术指导培训在县人民医院门诊五楼学术报告厅举行。全县 11 个攻坚指挥部牵头单位联络员，5 个分指挥部分管领导及工作人员，沙洋镇、滨江新区各社区（村）相关负责人，城区各路段办主任，县义工联合会部分会员等 200 余人参加培训。

7 日

△市人大常委会副主任丁萍带队到沙洋调研《湖北省乡镇人民代表大会工作条例》以及省、市有关文件贯彻落实情况。县人大常委会党组书记、主任刘良平，县人大常委会副主任李家泉等陪同。

8 日

△沙洋县召开 2019 年重点项目驻点秘书工作会议，总结 2018 年重点项目服务情况，交流重点项目工作经验，安排部署 2019 年项目服务工作。县委常委、常务副县长杨孟富出席会议并讲话。

△县长刘克雄到曾集镇督办乡村振兴、农村产权制度改革、脱贫攻坚和人居环境治理等重点工作。

9 日

△沙洋县创建国家卫生县城工作督办会在县“创卫”指挥部办公室召开。县委副书记、县长刘克雄出席会议并讲话。县领导陈威、杨孟富、杨宏银、彭艳、李旭祥、吴传斌、杨伟波、陈卫国等参加会议。会议听取开展小餐饮及“五小”行业整治、除“四害”、宣传等“创卫”相关工作情况汇报。刘克雄强调，要进一步营造“创卫”工作的浓厚氛围，加大工作力度，强化工作责任，坚持久久为功，确保“创卫”工作取得实效、达到既定目标。

10 日

△县长刘克雄主持召开县五届人民政府第五十一次常务（扩大）会议，听取沙洋县第一季度维护稳定、安全生产、防范化解政府隐形债务风险等工作情况汇报。

△省工商联副主席彭斌一行到沙洋调研“百企帮百村” 助力贫困村出列工作推进情况。市工商联主席陈刚，县委常委、县委统战部部长周翠兰，县工商联党组书记张冠兰等陪同调研。

△由县委组织部、县委宣传部主办，团县委、县委党校、县文化和旅游局承办的“弘扬爱国奋斗精神、建功立业新时代”主题演讲比赛决赛在汉上实验学校学术报告厅举行，来自全县 16 名选手参加，共产生一等奖 1 名、二等奖 2 名、三等奖 3 名、优秀奖 10 名、优秀组织奖 5 家。县财政局王梦圆获此次演讲比赛一等奖。

上旬

△原“三高”（最高公检法）五七干校子女重访沙洋，参观沙洋新港码头、江汉运河及沙洋经济开发区建设，寻访 50 年前在干校的儿时记忆，赞叹沙洋新面貌新变化，为沙洋发展建言献策，表示愿为沙

洋建设发展贡献力量。

13 日

△全县防汛抗旱工作会议召开。县长刘克雄出席会议并讲话。县委副书记、县委政法委书记陈威主持会议。县领导刘良平、周明、杨宏银、伍勇、全昌国、张继先等出席会议。刘克雄强调:各地各部门要切实增强防大汛抗大灾的紧迫感,精准研判,提前准备,紧盯薄弱环节,补好防汛短板,确保安全度汛;要全力做好今年的防汛抗旱工作,切实抓好水系防控、减灾防灾、风险防控、应急保障,坚决做到不溃一堤、不倒一坝、不损一闸站,确保经济社会平稳运行,切实保障人民群众生命财产安全;要以严明的纪律压实工作责任,强化责任落实、联动配合、工作纪律,克难攻坚,坚决夺取 2019 年全县防汛抗旱全面胜利,为沙洋经济社会高质量发展保驾护航。

14 日

△省湖泊局专职副局长熊春茂带领省水利厅调研组到沙洋调研指导涉湖补短板项目建设情况。县长刘克雄等陪同调研。熊春茂一行先后实地考察新城泵站、马良泵站,了解项目规划设计、资金保障、建设进展及施工组织计划安排等方面情况。

15 日

△荆门市首届摄影艺术双年展(沙洋巡展)在沙洋县图书馆举行,共展出作品 273 幅。

△县委党校 2019 年新时代年轻干部成长工程培训一班学员座谈会召开。县委副书记、县长刘克雄出席并讲话。县委常委、县委组织部部长周明等出席。

16 日

△全县惠民惠农财政补贴资金"一卡通"专项治理工作会议召开。县委常委、常务副县长杨孟富出席会议并讲话。

△五届县委第六轮巡察工作动员会召开。县委常委、县纪委书记、县监委主任、县委巡察工作领导小组组长杨成英出席会议并讲话。会议传达学习全国、全省巡视工作会议及八届市委第五轮巡察工作动员部署会精神;宣读《关于五届县委第六轮巡察组组长、副组长的任职授权及任务分工的决定》。

△沙洋县召开成品油市场专项清理整治工作推进会。县委常委、常务副县长杨孟富出席会议并讲话。会议观看《荆门市成品油市场专项清理整治暗访短片》,并组织学习《荆门市成品油市场管理领导小组办公室关于迅速开展成品油违法经营行为整治的通知》和《市发改委关于全市成品油市场违法违规经营调查情况通报》。

20 日

△晚,县委副书记、县长刘克雄主持召开县委常委会会议。会议传达中央、省、市关于扫黑除恶专项斗争工作会议,省、市维护国家政治安全暨反邪教工作会议和全市公安工作会议精神;听取 2019 年第一季度信访工作情况汇报;研究讨论《县委党建工作领导小组 2019 年工作要点》《沙洋县平台公司融资债务收支测算情况》等。

21 日

△沙洋县 2019 年重大项目开工活动·华润沙洋马良 150MW 风电场项目开工仪式在沈集镇姚坪村举行。县委常委全昌国、华润电力控股有限公司华中大区襄阳分公司总经理谭奎出席开工仪式并致辞。华润沙洋马良 150MW 风电场项目规划总装机容量 15 万千瓦时,投资总额约 12 亿元,设计安装 60 台单机容量 2500 千瓦风力发电机组,同期新建一座 110kV 升压站并配套建设一条 27 千米长的上网线路。该项目建成后,预计年上网电量 3 亿千瓦时、年产值约 1.8 亿元、年均创税约 2500 万元,每年可减少排放烟尘 1200 吨、二氧化硫 290 吨、氮氧化物 700 吨、一氧化碳 5000 吨、二氧化碳 16 万吨,具有良好的经济和社会效益。

△市长孙兵率队到沙洋调研督办乡村振兴示范带项目建设工作。市委常委、市委组织部部长高义勇,市委常委、市委秘书长廖明国等参加调研活动。县长刘克雄陪同调研。孙兵一行先后实地深入五里铺镇创升铸业项目、沙洋天佑生态农业有限公司,以及高阳镇光大生物质发电项目现场,详细了解项目企业生产销售、产业扶贫带动能力、废物综合利用、企业税费缴纳等情况。

△沙洋县召开招商引资推介会。湖北省北京大学校友会会长、湖北省长江国际商会会长、长江国际控股集团有限公司董事长刘萌等湖北省北京大学校友会成员出席。县委副书记、县长刘克雄出席会议并讲话,县委副书记、县委政法委书记陈威主持会议。县委常委、县委宣传部部长杨宏银,副县长李旭祥等出席会议。会议集中观看沙洋城市宣传片《水韵沙洋》、北大校友会宣传片、长江国际商会宣传片,听取沙洋县招商引资产业推介。

△沙洋县全阅办与沙洋陈家山监狱联合开展以"读经典、学新

知、促改造”为主题的全民阅读主题帮教活动。副县长杨伟波参加活动。活动现场,举行沙洋县图书馆陈家山监狱阅读服务点授牌仪式,县图书馆和县新华书店向陈家山监狱捐赠价值万元的图书,监地双方进行经典诗文朗诵。

△北大荆楚讲坛第二讲暨沙洋论坛第二场报告会在县文化中心举办。中共中央对外联络部原副部长、中国人民争取和平与裁军协会副会长于洪君作专题报告。湖北省北京大学校友会会长、湖北省长江国际商会会长、长江国际控股集团有限公司董事长刘萌等湖北省北京大学校友会成员出席论坛。市委常委、市委统战部部长郑中华出席活动。县委副书记、县长刘克雄主持报告会。

22 日

△由县全民阅读活动领导小组办公室、团县委、县教育局、县文化和旅游局主办,县新华书店、汉上实验学校承办,以“祖国在我心中”为主题的沙洋县第十九届青少年爱国主义读书教育活动县级决赛举行。经过角逐,实验小学的《扬帆远航,再创辉煌》、汉上实验学校的《祖国,我为你点赞》,与长林中学的《心向祖国》、县职教中心的《历史告诉我》分获小学组、初中组演讲比赛一等奖;汉上实验学校的古筝《礼仪之邦》、李市小学的合唱《歌唱新沙洋》,与沙洋中学的歌伴舞《祖国不会忘记》、长林中学的配乐诗朗诵《我有祖国我有母语》分获小学组、中学组才艺表演一等奖。

△国家健康扶贫项目工程——沙洋县人民医院内科大楼竣工启用,项目总投资 8495 万元,其中中央投资 4000 万元。

△晚,县委副书记、县长刘克雄主持召开县“四大家”领导联席会议。会上,与会县“四大家”领导汇报各自“创卫”工作、包联重点项目、防汛抗旱工作进展情况,以及包联镇(区)各项工作(包括乡村振兴、四个三重大生态工程、乡村环境整治、精准扶贫等)开展情况。

△沙洋县召开第二季度防范非法集资工作、打击恶意逃废银行债务专项整治暨优化金融环境工作组第一次联席会议。县长刘克雄出席会议并讲话。副县长李旭祥主持会议。各镇(区)主要负责人,县纪委监委、县委组织部、县人民法院、县检察院、农发行沙洋支行、工行沙洋支行等单位主要负责人参加会议。刘克雄强调,要提高站位,认真贯彻落实中央、省、市决策部署,深刻认识维护金融稳定的极端重要性,精准防控金融风险,不断优化金融环境,全力打好打赢防范化解金融风险攻坚战。

23 日

△省人大常委会党组副书记、副主任王建鸣带领省人大常委会调研组到沙洋调研小龙虾产业发展情况。市委副书记、市长孙兵,市人大常委会党组书记、主任张尚贵,市人大常委会党组副书记、副主任钱先发,县委副书记、县长刘克雄等陪同调研。

△省生态环境厅党组成员、副厅长李国斌到沙洋调研水环境综合治理情况。县长刘克雄等陪同调研。李国斌一行深入广坪港倒虹吸、吴家湾桥、藻湖咀、后港自来水厂、拾回桥桥河等地,实地视察长湖湖区水质生态修复项目和水环境综合治理情况,并听取相关工作汇报。李国斌对沙洋县在长湖湖区水质生态修复和水环境综合治理工作中取得的成效给予充分肯定。

△市人大常委会党组副书记、副主任钱先发带队到沙洋调研包联重点项目和企业。钱先发一行先后到泰富重工、熊兴化工等企业和子创功能性镀膜玻璃、光大生物质发电等项目现场查看企业生产经营情况。

△2019 年度沙洋县“十选十美·十大最美少年”评选结果揭晓。来自县长林中学的杨芊睿、县实验初中的唐桉琪、五里铺镇五里初中的盛婧、县实验小学的吕欣贝、沙洋中学的唐诗盈、沈集小学的王舒文、县后港小学的周米乐、汉上实验学校的申妙佳、后港中学的唐亚男、五里铺镇五里中心小学的陈雯雅鑫榜上有名。

24 日

△县长刘克雄带领县应急管理、水利和湖泊等有关部门负责人到高阳、马良、李市等镇检查防汛抗旱工作。刘克雄一行先后到高阳镇黄荡湖流域三叉河,马良镇马良泵站、北港围垸,李市镇沿河村蔡咀围垸等地,查看防汛抗旱各项准备工作落实情况,听取相关工作情况汇报。

27 日

△省文联主席刘醒龙到沙洋调研基层文联工作。县委常委、县委宣传部部长杨宏银等陪同调研。刘醒龙参观完原财政部五七干校旧址、沙洋油菜博物馆,观看沙洋文艺精品展,并为《沙洋简史》题写书名。

27—28 日

△县长刘克雄深入五里铺、十里铺和纪山等镇督办乡村振兴、农

村产权制度改革、脱贫攻坚、集镇建设、环境治理等重点工作。他强调:要加大污染源管控力度,不断改善水质;要创新农村集体经济运行机制,保护农民集体资产权益,不断提升经济效益;要做大做强乡镇企业,增强产品品牌竞争优势,不断提升市场占有率。

28 日

△全市 2019 年血防办主任会议在沙洋召开,各县市区血防办主任、卫健局分管副局长及相关科室负责人参加会议。会议就全市血吸虫病消除达标、传染源防控精准施策、卫生基础血防对标、血防综合治理及转型发展等工作进行深入探讨和安排。

△水利部、生态环境部联合派出第三方评估单位——华北水利水电大学对沙洋县河湖长制工作进行总结评估。评估组对沙洋县河湖长制工作给予充分肯定,认为县委、县政府能够严格执行中央关于全面推行河湖长制工作的安排和部署,高位推动,组织有力,治理有实效,工作有亮点。要求进一步夯实基础,加快推进岸线划界确权工作,强化与科研院校的技术交流,进一步完善河湖治理长效机制。

△晚,由县委宣传部,县文化和旅游局,沙洋镇委、镇政府主办的沙洋县第二十届社区文化节暨沙洋镇洪岭社区创建国家卫生县城活动文艺晚会在洪岭社区广场举行。

29 日

△县长刘克雄主持召开县五届人民政府第五十二次常务(扩大)会议。会议研究 2019 年全县脱贫攻坚工作要点和调整部分村(社区)包联责任单位、全县农村公路“组组通”专项行动建设工作、沙洋县河湖长令(第 2 号)、岳飞城水厂项目建设事宜;听取全县扫黑除恶专项斗争工作进展、后港镇新能源电动公交车补贴工作、减税降费政策落实工作、生态环境部 2019 年固体废物专项行动交办问题核查工作等情况汇报;研究讨论《沙洋县河湖(库)长及联系单位调整建议名单》;传达学习《荆门市河湖长令》(第 2 号)、《关于 6 起违反中央八项规定精神典型案例的通报》(省纪委通报[2019]第 10 期)、《王晓东同志在省政府第二次廉政工作会议上的讲话》《黄楚平同志在全省减税降费工作电视电话会议上的讲话》《孙兵同志在全市一季度经济形势分析会上的讲话》等文件精神。

30 日

△县长刘克雄率队开展 2019 年 5 月份全县重点项目拉练活动。刘克雄一行先后深入五星级酒店、县外国语学校、县体育中心一期、县职教中心新校区、太一湖水库新建工程、轻量化玻璃包装材料、京城新能源装备、工业九路、富泰革基布搬迁扩改、中国农谷干部学院(沙洋)、国道 348 南环线及汉江公路二桥工程、建设街菜场改造、江滩改造等项目建设现场,详细了解各项目建设进度,并现场协调解决施工中遇到的困难和问题。

△沙洋县“九久入户”工程督办推进会暨 2019 年第二次意识形态联席会议召开。县委常委、县委宣传部部长杨宏银主持会议并讲话。会议观看“九久入户”工程融入“创卫”公益广告宣传图片,学习《公益广告促进和管理暂行办法》,听取各镇(区)意识形态工作和“九久入户”工程推进等情况汇报,安排部署重点工作。

31 日

△全市城乡居民基本养老保险批量扣缴工作推进会议在沙洋召开。县委常委、常务副县长杨孟富出席会议并致辞。

下旬

△县长刘克雄先后到拾回桥镇大新村新农村项目建设现场、楚峰粮油公司,后港镇蛟龙食品有限公司、丽阁铝业科技有限公司、荆玻集团,沈集镇郑岗村固废填埋场,曾集镇秸秆综合利用产业园、官集村,详细了解项目进展情况、乡村振兴产业发展现状和精准扶贫政策落实情况。

△县人社局微信公众号“沙洋人社”正式上线。该公众号将在就业创业、社会保险、人才服务、劳动关系等方面为全县群众提供网上办事、政策宣传服务,是县人社局畅通人社服务“最后一公里”的新尝试。

△县关工委获 2018 年度全省“中华魂”主题教育先进集体奖。

6 月

3 日

△晚,沙洋县第二十届社区文化节启动仪式暨创建国家卫生县城文艺晚会在平湖公园举办。县长刘克雄出席活动并致辞。

4 日

△沙洋县“2019 年文化和自然遗产日”文艺展演在平湖公园举行。县政协主席吴道新、县人大常

委会副主任康德兵、副县长杨伟波、县政协副主席姚在潮等出席。部分县人大代表、政协委员，县义工联、县巾帼志愿者、县体育总会、沙洋镇和滨江新区“创卫”志愿者代表及市民代表组成方阵现场观看演出。

△全市第二十个“宣教月”活动廉政历史剧《戒石碑》在沙洋县文化中心上演。县委副书记、县长刘克雄等县“四大家”领导与 700 余名干部群众现场观看。

5 日

△省农信联社党委副书记冯云乔一行到沙洋调研指导工作。市委副书记、市委政法委书记李涛，县委副书记、县长刘克雄等陪同。冯云乔对荆门、沙洋市县两级党委、政府关心支持农商行的发展和风险化解表示感谢，希望进一步加大对农商银行的支持力度，推动农商行各项工作高质量发展。

△县委副书记、县长刘克雄主持召开县委常委会会议。会议研究讨论《沙洋县直事业单位公务用车制度改革指导意见(讨论稿)》《沙洋县 2019 年软弱涣散村(社区)党组织整顿台账》《县纪委监委派驻(出)机构改革实施方案》；传达 2019 年全市对台工作会议精神及沙洋县对台工作安排；听取全县宗教工作整改及 2019 年全县政绩考核目标相关情况汇报。

△县委副书记、县长刘克雄主持县委理论学习中心组 2019 年第六次集中学习，传达学习中共中央关于在全党开展“不忘初心、牢记使命”主题教育的意见、省纪委《关于 6 起违反中央八项规定精神典型案例的通报》及《荆门市受党纪政纪处分或组织处理党员干部管理使用办法(试行)》等文件。

△市委副书记、市委政法委书记李涛在沙洋开展调研活动。县委副书记、县长刘克雄等陪同调研。李涛一行到先到沙洋弘润建材有限公司调研企业生产经营、安全生产工作等情况，随后到李市镇工农村村部、养虾合作社、贫困户家中以及西荆河枢纽了解脱贫攻坚和防汛抗旱等工作情况。

6 日

△荆门市儿童保健专家联盟——沙洋站主题活动在沙洋举办。市卫生健康委党组成员张勇为主题活动开班仪式致辞。县卫生局党组成员、副局长周启楼代表沙洋县卫健局党组致欢迎辞。来自全市各县、市、区的妇幼保健院以及各乡镇儿童保健分管负责人、工作人员共 135 人参加活动。

△副市长梁早阳到沙洋检查防汛工作。县委副书记、县委政法委书记陈威陪同。梁早阳先后查看鲍河、鲍河电排站等防汛工作，详细了解鲍河水位上涨及闸站安全管理等情况。梁早阳强调：要扎实做好水旱灾害防御各项工作，时刻绷紧水旱灾害防御这根弦；要加强水雨情的预测预报，及时快速发布各类预警信息；要认真梳理、修订、完善各种防汛预案，增强可操作性；要坚决落实好防汛抢险物资及劳力，强化各区域、各单位间信息对称，加强水利工程调度，把水库安全度汛作为重中之重；要严肃防汛抗旱工作纪律，认真落实汛期 24 小时值班制度。

△沙洋县幸福泵站工程试机运行成功。

△全县信访工作领导小组暨信访维稳工作会议召开。会议通报当前全县信访维稳工作情况，分析当前形势，安排部署下阶段工作任务。县委副书记、县委政法委书记陈威出席会议并讲话。副县长、县公安局局长刘士金，县法院院长胡多盛，县检察院检察长赵龙等出席会议。相关县直单位负责人，县委政法委、县信访局、县公安局等 30 余个县直单位分管负责人和各镇(区)分管副书记参加会议。会议通报全县 2019 年 1—5 月信访、维稳工作情况。陈威强调，各地各部门要准确把握当前全县信访形势，重点围绕“抓落实”，严格领导包案制度，积极推动积案化解，加强重大风险防范，进一步提高做好群众工作的方法和能力，不断提升信访维稳工作水平。

△县长刘克雄带队开展端午节安全生产检查。刘克雄一行先后前往中百仓储沙洋购物广场、湖北楚玉莱信克食品科技有限公司、熊兴化工有限公司、明弘首府建筑工地等处，听取行业主管部门及企业负责人关于安全生产工作情况汇报，重点检查各单位日常安全生产工作、端午节期间值班安排、消防设施配备等。

上旬

△沙洋县为五里铺镇陈池村、十里铺镇光华村、高阳镇垢冢村等 13 个全市首批村级“五好”关工委颁奖。

12 日

△中国励志家书“哲学女孩何金慧”，在武汉国际博览中心开幕的“中国 2019 世界集邮展览”上亮相。何金慧，1979 年出生于沙洋县沈集镇彭堰村。就学期间曾多次获各级“优秀学生”称号。2001 年不幸去世后，南京大学为她立碑，《名人读书艺术》收录她的读书艺术。2004 年何金慧遗作《林中树

林间路》和《飞扬的哲学女孩——何金慧日记书信选》问世，记录她22年来“目标始终如一、行动不屈不挠”的心路历程。2009年何金慧的529封家书入选中国人民大学家书博物馆。中华全国集邮联合会为办好“中国家书展”，征集228框优秀家书展品。经过激烈角逐，20个主题的100框家书入选世界邮展，其中包括励志家书“哲学女孩何金慧”，选展的是何金慧在沙洋师范、湖北师范学院、南京大学就读期间写给家人的5封书信和家人回信。

△全县宣传思想战线开展增强“脚力、眼力、脑力、笔力”教育实践工作专题报告会召开。县委常委、县委宣传部部长杨宏银主持会议并讲话。北京大学法学博士、武汉工程大学马克思主义学院副教授彭颜红应邀作题为《新时代党的宣传思想干部必须提升防范政治风险的能力》专题辅导报告。

△县委副书记、县长刘克雄主持县委理论学习中心组2019年第七次集中学习。与会人员集中学习习近平总书记在全国生态环境保护大会、深入推动长江经济带发展座谈会上的重要讲话精神，研讨交流习近平生态文明思想的学习体会，集中观看《长江经济带生态环境警示片》。

13日

△市委副书记、市长孙兵带队来沙开展长湖巡湖活动。市政府秘书长何平，县委副书记、县长刘克雄等陪同。孙兵一行先后到后港镇荆华铝业、长湖吴家湾码头和毛李镇垃圾中转站、凤灵渡口实地查看工业废水处理设施运行、沿湖村组垃圾集中压缩转运情况，了解长湖水质生态修复项目建设及水质情况，并听取相关工作情况汇报。

17日

△《农民日报》以《“村社合一”如何壮大乡村产业》为题，介绍沙洋县推行“村社合一”模式发展壮大乡村产业的经验。

△市委书记张爱国带领市水利湖泊、应急管理等部门主要负责人到沙洋调研防汛抗旱工作，巡查汉江河湖长制工作落实情况。张爱国强调，各级各部门要进一步提高思想认识，强化防范措施，落实工作责任，确保汉江安全度汛，确保人民生命财产安全。市委常委、市委秘书长廖明国，副市长胡小国，县委副书记、县长刘克雄等参加调研。

18日

△市政协党组副书记、副主席陈前华带队来沙开展借粮湖巡湖活动。县长刘克雄等陪同。陈前华一行察看借粮湖水质情况，了解老鹳嘴岛湖心岛居民垃圾集中转运和改厕情况，并召开座谈会听取相关工作情况汇报。

△县委副书记、县长刘克雄主持召开县委全面深化改革委员会第一次会议。县领导陈威、杨成英、杨孟富、周翠兰、伍勇、李旭祥、吴传斌等出席。会议传达学习中央全面深化改革委员会第六、七、八次会议，省、市全面深化改革委员会第一次会议精神；审议《沙洋县2019年全面深化改革工作要点》《沙洋县2019年全面深化改革工作要点落实责任分工》《中共沙洋县委全面深化改革委员会专项小组设置方案》《中共沙洋县委全面深化改革委员会工作规则》《中共沙洋县委全面深化改革委员会专项小组工作规则》《中共沙洋县委全面深化改革委员会办公室工作细则》等文件。

19日

△沙洋县召开优化营商环境工作推进会，传达省、市优化营商环境相关会议精神，对全县优化营商环境工作进行再研究、再督办、再部署。县长刘克雄出席会议并讲话。

△由市防汛抗旱指挥部和荆门军分区、武警荆门市支队、市消防救援支队、市卫健委、市汉江河道堤防管理处联合开展的防汛抢险应急救援综合演练活动，在汉江河道堤防管理处防汛抢险演练基地举行。

△市长、市防指指挥长孙兵宣布演练开始并作点评讲话。市委常委、荆门军分区政委黎磊，荆门军分区司令员、市防指副指挥长张昌军等出席演练活动。副市长、市防指副指挥长胡小国主持演练。县长、县防指指挥长刘克雄，县委常委、县人武部部长、县防指副指挥长张继先，副县长、县防指副指挥长王华芳等参加演练。此次综合演练设置巡堤查险、各类险情抢护应急抢险、水上搜救及医疗救助、无人机巡查及救生抛投器使用等科目。荆门军分区所属民兵应急分队、武警荆门市支队、市消防救援支队、市卫健委医疗救护分队、市汉江河道堤防管理处抢险队等军地专业救援队伍参加演练。

20日

△省委常委、省委宣传部部长、长湖省级湖长王艳玲带领省直相关部门负责人到沙洋现场检查长湖水生态环境综合治理工作。王艳玲一行到后港镇巡查长湖湖

长制工作，了解长湖水质保护和综合治理情况。

省委宣传部常务副部长张海明，省国资委主任傅立民，长江海事局副局长桓兆平，省水利厅副厅长丁凡璋，省文明办主任黄学龙等参加相关活动。市委书记张爱国，副市长梁早阳，县委副书记、县长刘克雄等陪同。

中旬

△沙洋县被省政府办公厅表彰为"全省服务业发展突出贡献单位"，并获服务业发展专项奖补资金 300 万元。全省仅 20 个县市区、全市仅沙洋县受此表彰。

24 日

△沙洋县召开创建国家卫生县城指挥部专题会议。县长刘克雄出席会议并讲话。会议研究讨论小餐饮整顿规范、"三无小区"建设整治规范、城市基础设施建设整治、市容市貌（环卫设施、城区绿化工程）整顿规范、农贸市场升级改造及白条禽进市场等工作方案。

25 日

△省人大常委会委员、省人大监察和司法委员会主任委员张绍明以普通代表身份，深入五里铺镇金台村参加第三代表小组"聚力脱贫攻坚、人大代表在行动"活动。市人大常委会副主任许道伦、县人大常委会主任刘良平等参加。

△市委常委、副市长赵俊带队到沙洋调研二季度拉练观摩项目。县委常委、常务副县长杨孟富陪同调研。赵俊一行实地查看风电产业园、轻量化玻璃包装材料、洪森米糠多糖、光大生物质发电等 4 个项目，对沙洋县二季度拟观摩项目筹备工作提出意见和建议。

26 日

△沙洋县举办"树清廉家风 创最美家庭"暨新任科级领导干部廉政谈话活动。县委常委、县纪委书记、县监委主任杨成英出席活动并讲话。

△县政协五届十六次常委会议召开。县政协主席吴道新出席会议并讲话。副县长李旭祥应邀出席会议并讲话。县政协副主席姚在斌主持会议。县政协副主席黄克翠、姚在潮、陈卫国，秘书长李国出席会议。会议书面学习全国地方政协工作经验交流会议精神传达提纲、"不忘初心 牢记使命"主题教育精神及创建国家卫生县城相关知识；书面印发县政府关于沙洋县 1—6 月经济形势及社会发展情况通报；听取县政府关于沙洋县民营经济发展情况的报告；审议通过关于"服务民营经济发展，助力沙洋后发赶超"等 4 个专题调研报告（审议稿）和《关于突破性发展民营经济的建议案》（审议稿）。

27 日

△县委副书记、县长刘克雄带领相关部门开展"七一"走访慰问老党员活动，并送去党和政府的温暖与关怀。

27—28 日

△由省文化和旅游厅、县文化和旅游局组织的荆楚"红色文艺轻骑兵"惠民演出活动走进拾回桥镇新河社区、沈集镇彭堰村。

28 日

△2019 年荆门（深圳）对接粤港澳大湾区招商推介会在深圳举办。县委副书记、县长刘克雄出席大会并发言。会上，刘克雄从沙洋县的地理位置、交通优势、文化底蕴、产业布局等方面，向大会来宾推介沙洋，并热忱欢迎广大客商来沙投资兴业。此次活动沙洋县共签约招商引资项目 5 个、合同总金额 25 亿元。

7 月

1 日

△市政协主席周友坤到沙洋县后港镇殷集村走访慰问贫困户和困难退伍老党员，向他们宣讲习近平关于扶贫工作的重要论述和"不忘初心 牢记使命"主题教育精神。县政协主席吴道新等陪同。

4 日

△省政府咨询委员、中国城市经济学会副会长、省"一带一路"研究院院长、荆门市"十三五"规划咨询委员会副主任秦尊文带领"2019 年省社科专家市县行"荆门调研组到沙洋调研现代农业和江汉平原振兴发展情况。县长刘克雄等陪同调研。调研组一行先后到洪森花果谷、千万只蛋鸡产业园、沙洋弘润建材有限公司特种汽车玻璃原片项目、湖北硕星电器有限公司、湖北楚玉食品有限公司、汉江（沙洋）港等地调研，并召开专题座谈会，听取沙洋县相关情况汇报。调研组对沙洋县积极融入"一芯两带三区"布局所做的工作给予充分肯定，建议沙洋县继续在改革上积极探索，不断推出沙洋创新经验，持续扩大沙洋影响力。

△晚，县长刘克雄主持召开县五届人民政府第五十三次常务（扩大）会议，研究将村级纪检委员履职待遇纳入县级财政预算事宜，听取 2019 年度住房保障工作情况汇

报,研究沙洋县建筑垃圾无害化处理及资源化利用实施方案。

5 日

△沙洋县的熊兴米业、洪森公司、楚峰粮油、共发米业、鹏森粮贸、洪森天利、正军粮油、环星油脂、纪龙米业、龙池米业等 10 家粮食企业通过全省第七批“放心粮油”示范加工企业审核认定。全市共 26 家企业通过审核认定。

8 日

△沙洋县召开领导干部大会,宣布市委关于沙洋县委主要领导任职的决定:刘克雄任中共沙洋县委书记。市委常委、市委组织部部长高义勇出席会议并讲话。

△市委常委、市委组织部部长高义勇带队到沙洋检查汉江沙洋堤防防汛工作。市政协副主席陈芝凤参加活动并主持座谈会。县委书记、县长刘克雄等陪同检查。高义勇先后深入汉江干堤赵家堤、李市镇沿河村崩岸等险段现场,查看围垸崩岸抛石固基、干砌护坡整治进展,详细了解汉江汛情形势及防汛备汛情况。认真听取沙洋县政府、市汉江河道堤防管理处、市应急管理局、市水利和湖泊局防汛工作情况汇报。

△沙洋县物业管理协会成立大会召开。副县长吴传斌,县住建局党组书记、局长陈云,县民政局党组书记、局长段军,县委统战部副部长、工商联党组书记张冠兰等出席会议。全县 30 余家物业企业负责人参加会议。会议表决通过并宣读沙洋县物业管理协会会员大会选举办法、协会章程、会员管理办法、会费管理办法等相关草案,选举沙洋县居逸物业公司总经理王泽凤为本届协会会长。

△晚,县委书记、县长刘克雄主持召开县委常委会会议。会议传达学习全市污染防治攻坚战半年交账工作会议、全市扶贫攻坚领导小组第二次全体会议、全省扫黑除恶专项斗争视频推进会会议、赵乐际在湖北省调研有关意见和要求摘要、赵乐际在市县巡察工作推进会上的讲话精神;研究讨论 2018 年度国家对湖北省脱贫攻坚成效考核反馈问题沙洋县整改方案、2018 年度市县党委和政府扶贫开发工作成效考核反馈问题沙洋县整改方案、《沙洋县领导干部离任经济事项交接办法(试行)》、《沙洋县防范化解党的建设领域风险工作方案》和县委有关议事协调机构组成人员;听取关于调整沙洋县机构编制委员会组成人员的情况汇报。

△海联会会长郑帅一行到沙洋县考察。县委书记、县长刘克雄等陪同。考察组一行先后考察蒙华铁路沙洋站、江汉运河、沙洋中心港码头等地,听取相关情况汇报。

△根据沙洋县人民法院执行裁定,县法院执行干警对廖海滨涉黑资产采取强制执行措施,对廖海滨在某矿业公司 50% 股权以及位于荆门城区的 4 家公司各 20% 股权、7 个门面、5 套住宅、2 台轿车,总价值 7000 余万元的资产依法予以没收。

9 日

△县委书记、县长刘克雄带队开展全县 2019 年第二季度拉练观摩项目现场演练。刘克雄先后到京城新能源装备制造、明阳年产 200 套风机叶片、棕榈树石塑地板、光大国际沙洋生物质发电等项目现场及观摩团来沙观摩行程沿线,详细了解项目建设现场观摩筹备及行程沿线环境卫生情况,听取项目负责人介绍,并对项目观摩筹备工作提出意见建议。

△县委书记、县长刘克雄主持召开全县市政设施建设项目方案审定会,研究审定荷花中路、文卫巷、洪岭北路、洪岭南路道路及立面改造方案。刘克雄强调:要进一步优化和完善设计方案,充分吸纳各方意见建议,在展现沙洋历史和文化的同时,要符合城市品位和发展需求;县住建局要结合全县“创卫”工作,全力推进市政设施建设和修复工作,切实改善群众生活环境,展现沙洋美好形象。

10 日

△市政协党组副书记、副主席陈前华到扶贫联系点——沙洋县曾集镇孙店村开展“打赢脱贫攻坚战”专题宣讲。市扶贫办、市农业农村局相关负责人参加并与贫困户互动、为其释疑解惑。

△市委书记张爱国、市长孙兵率全市二季度项目建设和招商引资拉练活动观摩团观摩沙洋县活动现场。县委书记、县长刘克雄等参加观摩活动。张爱国、孙兵一行先后观摩京城新能源装备制造、明阳年产 200 套风机叶片、棕榈树石塑地板生产、光大国际沙洋生物质发电等项目建设现场,听取相关情况介绍,对沙洋县项目建设情况给予充分肯定。

上旬

△受清华大学团委委派,由清华大学经济管理学院会计系主任肖星教授指导的清华大学学生“九久入户”社会实践支队到沙洋调研社会主义核心价值观“九久入户”工程。该支队深入高阳、纪山、沙

洋、拾回桥、曾集等镇和滨江新区，实地观摩村级社会主义核心价值观阵地建设、社区文化场地建设等，走访部分村民和社会主义核心价值观示范户，并与部分村“两委”干部座谈，详细了解沙洋县社会主义核心价值观“九久入户”工程的具体做法和实施效果。

11 日

△县人民法院一审公开开庭审理被告人李德康等 11 人涉嫌寻衅滋事罪、开设赌场罪、容留他人吸毒罪、破坏生产经营罪一案。这是县人民法院年内受理的首起涉恶势力犯罪集团案件。

△市药学质量控制中心临床药学专家一行 4 人到沙洋县妇幼保健院督导检查合理用药情况。检查组采取听汇报、查阅资料、到病区实地督查等方式，重点从抗菌药物管理、特殊药品管理、辅助用药管理、短缺药品管理等方面进行督导检查，对该院在合理用药和规范诊疗方面取得的成效给予充分肯定，对进一步规范合理用药提出建设性意见和建议。

12 日

△荆门市“打赢脱贫攻坚战”专题宣讲沙洋报告会召开。县委常委、常务副县长杨孟富主持会议并讲话。报告会邀请市委党校副校长张旭平，市政府办公室副调研员、京山市绿林镇全力村扶贫工作队队长罗光斌，曾集镇孙店村村民王在权等 3 人作“打赢脱贫攻坚战”专题宣讲。

△县城乡规划委员会 2019 年第二次专题委员会议召开。县委书记、县长刘克雄出席会议并讲话。会议研究审议南阳—荆门—长沙 1000KV 特高压交流输变电工程路径方案，春申大道（雨霖大道西侧—洪岭大道段）道路设计，鹏举大道钟荆、洪荆石油管道改线路由方案，县人民医院扩建项目选址方案，县公安交通管理应急指挥中心选址方案，高阳物流园（含加油站）选址方案，纪山镇楚医药特色小镇地块规划条件，官垱镇官垱大道西侧地块规划条件，官垱镇五星社区规划平面二次调整及建筑设计方案，高桥加油站、中石化沙洋江汉仪表加油站改建、公园壹号居住小区、御水尚都居住小区及北侧地块、长林党员群众服务中心、沙洋县应急救援中心及消防站的规划及建筑设计方案等。

13 日

△沙洋县棚改领导小组 2019 年第一次全体会议召开。县委书记、县长刘克雄出席会议并讲话。会议听取全县保障性住房审计问题整改工作、2019 年棚改工作进展、2019 年征收计划及征收工作方案等情况汇报。

14 日

△湖北经济学院法学院 H007 暑期社会实践小分队来到沙洋县五里铺镇，就“生态理性下农业绿色发展的法律保障问题探析”调研课题展开为期一周的实地走访。该课题研究以农产品电子销售模式为切入点，探究在农产品网上销售模式下如何满足消费者消费需求、倒逼农产品质量提升，促进农业绿色发展。

15 日

△第二届湖北改革奖候选名单在湖北日报、湖北日报微信公众号、湖北日报客户端上公布，沙洋县委全面深化改革委员会入围单位奖候选名单，县委常委、县委宣传部部长杨宏银入围个人奖候选名单。

16 日

△市人大常委会党组副书记、副主任钱先发带队到沙洋调研包联重点项目和企业。县委书记、县长刘克雄陪同。钱先发一行先后前往光大生物、弘德包装科技、子创科技、熊兴化工、泰富重工等企业，现场察看生产经营及项目建设等情况。

17 日

△省卫生健康委党组成员、副主任姚云一行实地调研沙洋县妇幼保健院综合大楼项目建设情况。市卫生健康委党组书记、主任李志珍，县卫生健康局党组书记、局长康凤英等参加调研活动。

△沙洋县召开创建国家卫生县城攻坚大会。县委书记、县长刘克雄出席会议并讲话。刘克雄强调，各级各部门要拿出“啃硬骨头”“攻碉堡”的勇气和魄力，创新机制，突出重点，克难攻坚，全力打好创建国家卫生县城攻坚战，确保县城面貌发生根本性变化，顺利通过验收，向全县人民交上一份满意的答卷。

18—19 日

△沙洋县“扫黄打非”领导小组办公室组织县委政法委、县委宣传部、县文化和旅游局、县公安局等 10 个部门，围绕“护苗 2019”“秋风 2019”“剑网行动”等 6 大专项行动重点，联合开展 2019 年暑期“扫黄打非”集中行动，对全县暑期文化市场进行集中整治，有效净化文化市场环境。

19 日

△副市长丁岱到沙洋调研湖北佳悦新材料科技有限公司，协调解决项目二期建设相关问题。丁岱一行实地参观该公司生产车间，详细了解项目投资、工艺流程、生产规模、设备运行、产品销售等情况，并召开座谈会，听取企业负责人相关情况汇报，协商解决企业反馈的问题。

22 日

△县委书记、县长刘克雄主持召开县委常委会会议，听取 2019 年上半年全县信访工作、食品药品工作情况汇报，传达全市 2019 年食品药品安全委员会全会精神，研究讨论《沙洋县防范化解意识形态领域重大风险实施方案》。

△县委书记、县长刘克雄主持召开县委理论学习中心组 2019 年第十一次集中学习会议。会议传达学习《王永辉同志在全省运用“扶贫领域政策落实监察系统”比对发现问题线索交办电视电话会议上的讲话》、国务院扶贫开发领导小组印发《关于解决“两不愁三保障”突出问题的指导意见》的通知、《关于全省人防系统腐败问题专项治理情况的通报(一)》《关于群众身边不正之风和腐败问题典型案例的通报(十八)》《关于全面实施“一芯驱动、两带支撑、三区协同”区域和产业发展布局的意见》《〈关于进一步完善县域经济工作考核的意见〉的通知》《中共中央国务院关于深化改革加强食品安全工作的意见》和中办国办印发的《关于地方党政领导干部食品安全责任制规定》等。

23 日

△沙洋县易地扶贫搬迁工作推进会召开。县委常委、常务副县长杨孟富出席会议并讲话。会议传达全省易地扶贫搬迁后续扶持工作现场推进会及全市易地扶贫搬迁工作推进会会议精神，通报全县易地扶贫搬迁工作存在的问题，并安排部署下阶段工作。

△县委书记、县长刘克雄主持召开县五届人民政府第五十四次常务(扩大)会议。会议研究讨论《沙洋县防范化解生态领域重大风险工作方案》《沙洋县中心城区高污染燃料禁燃区划定方案》、沙洋县违建别墅问题清查整治专项行动实施方案；研究沙洋县美丽乡村建设五年规划及 2019 年度实施方案、汉江下游堤防除险加固一期项目建设等相关事宜和《沙洋县 2019 年度就业补助资金收支预算》(草案)；听取全县上半年扶贫、应急管理等工作情况汇报。

△全市工业经济运行调度暨工业增长点推进会在沙洋举行。副市长胡小国出席会议并讲话。会上，沙洋县围绕工业增长点项目建设作典型经验交流。会议通报全市 2018 年度工业经济发展竞赛考评结果，沙洋县综合成绩居全市第一。

23—24 日

△省农业农村厅党组成员李顺清一行到沙洋开展“不忘初心、牢记使命”主题教育暨综治和扫黑除恶专项斗争调研活动。县委副书记、县委政法委书记陈威等陪同。

24 日

△县委书记、县长刘克雄主持召开沙洋外国语学校项目建设推进会，专题研究加快项目建设相关事宜。

25 日

△县委书记、县长刘克雄主持召开沙洋县城市工业污水处理厂建设运营推进会。会上，北京首创公司负责人汇报工业污水处理厂建设运营情况和需要解决的相关事项，各相关部门负责人进行研究讨论。

△沙洋县举办《沙洋论坛》2019 年第四场报告会。武汉大学法学院副院长、教授、博士生导师何荣功应邀就“扫黑除恶中的政策把握与法律适用”作专题讲座。县委书记、县长刘克雄出席会议。

△晚，县委书记、县长刘克雄就乡镇污水处理厂运营、管理相关问题对马良、高阳二镇镇长进行约谈。刘克雄强调：各镇要迅速警醒，认清形势，提高站位，以高度的“发动机意识”，切实推进乡镇污水处理厂运营、管理工作；要以问题为导向，迅速制定整改措施，进一步摸清管网底数，提高乡镇污水处理厂质效，确保管网全覆盖、污水全收集；要抓住重点，突破难点，做好镇直单位、学校、医院、菜场、居民小区等重点区域的管网建设和污水收集工作，实现雨污分流，杜绝跑冒滴漏等现象发生；要加大工作力度，严格督办落实，确保各镇污水处理厂按期完成整改，切实把乡镇污水厂建设成为惠及广大人民群众的“民心工程”。

26 日

△市委常委汪在祥一行到沙洋县五里铺镇却集河开展河湖长制巡河工作。县委常委、县委宣传部部长杨宏银等陪同。

△沙洋县召开 2019 年上半年招商引资工作督办述职会，总结上半年招商引资工作情况，安排部署下半年招商引资工作。县委书记、

县长刘克雄出席会议并讲话。

△沙洋县老龄协会召开第二次会员代表大会。县委书记、县长刘克雄出席会议并讲话。刘克雄要求,要整合资源,形成“党政主导、社会依托、家庭参加”的齐抓共管局面,实现为老服务资源配置最佳化和服务效能的最优化;要稳定基层老龄工作干部队伍,提升管理和服务水平,加大老龄工作扶持力度;要发挥老龄协会的带头作用,找准工作定位,推进老龄协会三级网络建设;要围绕“六个老有”基本目标和任务,谋老龄工作之策,做老龄工作之事,开创全县老龄工作新局面。会议选举产生沙洋县老龄协会第二届理事会会长。

28 日

△新疆博州精河县托里镇党委书记刘川徽带领托里镇考察团一行 5 人到沙洋镇考察交流基层党建、乡村振兴、壮大村集体经济等相关工作,并就援建村级事宜进行对接。县委组织部副部长段红蕾、沙洋镇党委副书记、镇长熊敏等陪同。

29 日

△县委书记、县长刘克雄率领县“四大家”领导集中走访慰问驻沙部队、消防官兵以及部分退役军人,送去党和政府的节日问候及慰问物资。

30 日

△晚,沙洋县举行庆“八一”建军节 92 周年暨“最美退役军人”颁奖典礼活动。县委书记、县长刘克雄出席颁奖活动并致辞。县“四大家”领导为王良国等 10 名获“最美退役军人”、王军等 10 名获“优秀退役军人”称号的代表颁奖,并与社会各界群众代表共同观看先进事迹展播及文艺演出。

△2019 年夏季征兵体检工作在沙洋县人民医院全面展开,450 余名应届硕士研究生、大学毕业生、大学在校生、应届高中毕业生及社会青年参加体检。

31 日

△荆门市生态环境局沙洋分局正式挂牌。县委常委、县委统战部部长周翠兰出席挂牌仪式并揭牌。新组建的荆门市生态环境局沙洋分局整合原沙洋县环境保护局职责,县发改局应对气候变化和减排职责,县水务局编制水功能区划、排污口设置管理、流域水环境保护、南水北调中线工程项目区环境保护职责,县农业局监督指导农业面源污染治理职责。

△县委书记、县长刘克雄带队来到县征兵体检站检查指导征兵体检工作,详细了解应征青年身体素质等有关情况,听取全县 2019 年征兵体检工作开展情况汇报。

下旬

△由市扫黑办统一指挥,市国资委、市财政局、沙洋县扫黑办、沙洋县人民法院等部门人员组成工作组,前往南漳县一矿业公司,对罪犯刘井民涉黑资产进行强制执行。

8 月

1 日

△县委书记、县长刘克雄率沙洋县党政代表团到仙桃市考察学习美丽乡村建设工作先进经验。县领导陈威、伍勇、黄凤兰、王华芳、吴传斌等参加考察。仙桃市委书记胡玖明等陪同。刘克雄一行先后考察仙桃市胡场镇下麻村生态园和河口村生态村庄、垃圾分类项目,排湖风景区密塘渔村美丽庭院建设项目,三伏潭镇栗林嘴村文化广场、村卫生室、幼儿园、幸福食堂项目和李台村人居环境整治、垃圾分类、生态公墓建设项目,听取相关情况介绍。

△县委书记、县长刘克雄督办协调湖北丽康源纺织材料项目建设相关事宜。刘克雄强调:要进一步统一思想,明确措施,推进湖北丽康源纺织材料公司现有项目发展壮大、未建项目尽快落地;要围绕企业需求,拟定清单,及时回应企业诉求,一切以项目顺利建成投产为目标,全力以赴解决企业用地、用电、用水、环保等方面的问题;要不断向成功案例学习,创新工作方法,落实好减税降费各项政策,为企业提供最优的服务,确保各项扶企惠企政策落地,增强企业发展信心和动力。

△市人大常委会副主任许道伦带队到沙洋县五里铺镇开展“打赢脱贫攻坚战”专题宣讲。宣讲团围绕习近平总书记关于扶贫工作的重要论述,中央、省委关于脱贫攻坚的重要部署要求,驻村工作队脱贫攻坚工作经验等内容,为该镇 21 个村的村“两委”干部、驻村工作队员及全体镇机关干部进行讲解。

△晚,沙洋县公安局举办集中退赃大会,展示沙洋城区公安机关近期打击“盗抢骗”工作成果,向 26 名当事人退还被盗摩托车、电瓶车、三轮车共 19 辆,被盗手机 5 部,涉案赃款 18.5 万元,并通过播放视频、现场授课、发宣传单、竖立展板等形式向市民群众宣传防范“盗抢骗”知识。

2日

△县委书记、县长刘克雄主持召开县委退役军人事务工作领导小组第一次全体会议。县委副书记、县委政法委书记陈威，县委常委、县委组织部部长周明，副县长刘士金等出席会议。会议传达市委退役军人事务工作领导小组第一次会议精神，听取全县退役军人事务工作开展情况汇报，安排部署相关工作。刘克雄强调，要牢树“一盘棋”思想，形成强大工作合力，切实肩负起服务好、保障好退役军人职责使命，把中央、省委、市委有关退役军人工作的决策部署贯彻好、落实好。

△县委书记、县长刘克雄主持召开县委常委会会议。陈威、刘良平、吴道新、杨成英、周明、杨宏银、周翠兰、伍勇、全昌国等县“四大家”领导参加会议。会议传达全市美丽乡村建设动员会暨培训会、全市优化营商环境工作会议、全市金融工作会议和省委“不忘初心、牢记使命”主题教育活动精神并研究部署相关工作；听取全县乡镇生活污水处理厂运行及管理、金融工作开展、扶贫工作检查等情况汇报；研究讨论《沙洋县房屋征收工作方案》《2019年度房屋征收指挥长制度》《沙洋县防范化解重大风险实施方案》《沙洋县防范化解政治和社会领域重大风险工作方案》。

△2019年全县脱贫攻坚、河湖长制暨美丽乡村建设推进会召开。县委书记、县长刘克雄出席会议并讲话。会议通报2019年度各镇（区）脱贫攻坚半年工作检查情况、2019年上半年全县河湖长制工作情况。

4日

△荆门同乡会理事长、退役空军中将、前台湾空军官校校长陈盛文偕同夫人陈许宁华及家人回到十里铺镇李河村探访祖居、看望亲人。

5日

△县委书记、县长刘克雄主持召开县五届人民政府第五十五次常务（扩大）会议。会议研究讨论《沙洋县防范化解经济领域重大风险工作方案》《沙洋县防范化解自然灾害领域风险工作方案（讨论稿）》《沙洋县落实省监委〈监察建议书〉清理整改工作实施方案（征求意见稿）》《沙洋县关于〈省纪委监委贯彻落实中央第四生态环境保护督察组反馈意见整改方案〉责任分解方案》；研究全县房改房资产清理工作、2018年度平台经营业绩考核结果及2019年度考核细则；听取县人防系统专项治理及落实省“监察建议书”工作、全县宗教场所涉殡葬设施整改工作等情况汇报；传达学习《关于应城市民政局等4家单位提供残疾人“两项补贴”数据出现严重错误问题处理情况的通报》《王晓东同志在全省上半年经济运行调度电视电话会议上的讲话》等文件精神。

△晚，县委书记、县长刘克雄主持召开县委常委会会议。会议听取上半年应急管理工作情况汇报；研究讨论《沙洋县防范化解自然灾害领域重大风险工作方案》《沙洋县防范化解经济领域重大风险工作方案》《沙洋县防范化解生态环境领域重大风险工作方案》；研究2018年度平台公司经营业绩考核结果和2019年度考核细则；审议《后港镇行政管理体制改革实施方案》《官垱镇行政管理体制改革实施方案》《中共沙洋县委机构编制委员会工作规则》。

6日

△市长孙兵带队到沙洋开展长湖巡湖活动。县委书记、县长刘克雄等陪同巡查。孙兵强调，要强化沙洋境内长湖污染源头综合治理，常态化做好水面岸线清洁保洁，切实保护好长湖水生态环境；要把握时间节点，有序推进长湖划界确权；要高标准、严要求督促企业进行环保设施改造升级，确保企业达标排放。

△省交通运输厅副厅长王本举一行到沙洋调研交通发展重点工作。县委书记、县长刘克雄等陪同。王本举一行先后到多式联运、“四好农村路”建设等地，调研了解全县交通发展重点工作推进情况，并深入沙洋农商银行高阳支行慰问在ETC发行现场的工作人员。王本举要求，要认真落实党中央国务院关于高速公路拆站和加强ETC发行的工作部署，确保这项严肃的政治任务和重大民生工程落到实处；要探索创新，打造品牌，结合沙洋实际，创建省级示范“四好农村路”，建造公铁水多式联运体系，重塑沙洋水运优势。

7日

△丹江口市检察院综合检察、技术部门负责人一行6人到沙洋县检察院观摩交流“智慧执检”工作，参观12309检察服务中心、案管大厅、涉案财物管理室等，重点观看“驻所检察智能管理平台”。

△由团县委、县妇联主办，港隆·花畔美墅承办的“青春同行·缘聚沙洋”青年联谊活动在港隆·花畔美墅营销中心举行。来自全县各机关、企事业单位的40余名单身男女青年参加。

△晚，荆门市第二届电视广场舞蹈大赛半决赛暨沙洋县社会主

义核心价值观广场舞大赛决赛在沙洋县平湖公园举行。来自全县14 个镇(区)18 支代表队参赛,2000 余名观众到场助阵。经过角逐,沙洋镇的《有事好商量》、高阳镇的《中国人民有信仰》、五里铺镇的《公正阳光照人民》、马良镇的《我和我的祖国》、毛李镇的《咏唱中国梦》等 5 个节目获比赛一等奖。10 支广场舞代表队将代表沙洋县参加全市第二届电视广场舞蹈大赛总决赛。

8 日

△市政协调研组到沙洋专题调研政协委员服务管理及履职积分制管理工作,听取县政协委员履职积分制管理和政协机关积分制管理工作情况汇报,对县政协机关干部和政协委员“两支队伍”管理及委员履职积分制管理工作给予充分肯定。县政协主席吴道新参加调研并作经验交流。

8—9 日

△县委书记、县长刘克雄带队到内蒙古和北京开展招商引资工作,参观内蒙古新蒙西环境资源发展有限公司危固废处置项目,考察内蒙古包头神华集团煤制油有限公司和包头煤化工有限公司煤化工产业,到北京拜访中国保华控股集团有限公司总裁陈昊,双方就推进铁水联运、煤炭仓储物流园项目进行深入交流并取得重大进展。

9 日

△沙洋县召开农村“厕所革命”工程建设、易地扶贫搬迁工作暨农村饮水安全巩固提升项目推进会。县委常委、常务副县长杨孟富出席会议并讲话。

上旬

△省高级人民法院将沙洋县法院公开开庭审理的廖海滨涉黑案庭审视频确定为全省法院教学视频。全省法院仅有 2 个庭审视频被确定为教学视频。

12 日

△县委书记、县长刘克雄率队督办 2019 年第三季度项目拉练观摩项目。刘克雄一行先后深入五星级酒店、县职教中心新校区、高桥社区新农村二期、中国农谷干部学院(沙洋)、县中医医院、农胜农贸大市场等建设项目现场,认真查看项目建设施工进度,详细听取项目建设相关情况汇报。

13 日

△武汉市蔡甸区人大常委会副主任陈为标带领蔡甸区部分街道部门和企业负责人调研沙洋县拾回桥镇乡村文化综合体建设运行情况,并召开座谈会听取乡村文化综合体关于“乡村振兴、文化先行、产业融合”等相关工作汇报。县委书记、县长刘克雄,县人大常委会主任刘良平等陪同。

△市委组织部副部长、老干部局局长李克英一行 6 人到沙洋县检察院调研离退休干部党支部建设情况。县老干部局主要负责人陪同调研。

△市供电公司总经理、党委副书记万康带队来沙考察供电需求工作。县委书记、县长刘克雄陪同考察并出席座谈会。

14 日

△市政协副主席陈芝凤带领市直相关单位负责人到沙洋巡查马集河。县委副书记、县委政法委书记陈威陪同巡查。

△县委书记、县长刘克雄主持召开县委常委会会议,听取关于全省中央脱贫攻坚专项巡视整改暨基层党建工作重点任务推进会会议精神及沙洋县贯彻落实情况。刘克雄强调:全县上下要高度重视中央脱贫攻坚专项巡视反馈问题整改工作,全面开展问题排查梳理,举一反三,不折不扣抓好相关工作;要把握城市党建、机关党建、“两新”组织党建等工作各自的重点,创新工作举措,积极为基层减负,解决考核多、发文多、报材料多等形式主义问题,推动基层党建工作减负提质增效,促进基层党建全面进步;要结合全县实际,扎实开展村主职干部专职化试点工作,打造更多具有沙洋特色的党建工作品牌。

△省统计局党组书记、局长朱慧带队到沙洋开展“不忘初心、牢记使命”主题教育调研并指导全县统计工作。县委书记、县长刘克雄等陪同调研。

△县委书记、县长刘克雄主持召开县委全面依法治县委员会第一次会议。陈威、周明、杨宏银、伍勇、张继先等县“四大家”领导出席会议。会议审议通过县委全面依法治县委员会工作规则、协调小组成员名单及工作规则、办公室工作细则、2019 年工作要点;传达学习中央全面依法治国委员会第一、二次会议,省委全面依法治省委员会第一、二次会议和市委全面依法治市委员会第一次会议精神。刘克雄强调,要提高政治站位,严格责任落实,把握重点任务,发挥县委全面依法治县委员会牵头抓总的作用,深入推进法治建设,为全面提升沙洋县营商环境建设水平,实现走在江汉平原振兴发展示范区前列、跻身全省县城经济第一方阵

的总体目标提供坚强的法治保障。

△县委书记、县长刘克雄主持召开县委审计委员会第一次会议。会议学习《党政主要领导干部和国有企事业单位主要领导人员经济责任审计规定》;听取县委审计委员会办公室工作汇报;审议《县委审计委员会工作规则》和《县委审计委员会办公室工作细则》。刘克雄强调,县委审计委员会各成员单位要进一步提高政治站位,准确把握新时代审计工作新特点、新使命,打造一支高素质专业化审计队伍,强化责任担当,依法独立行使审计监督权,持续发力推进审计事业科学发展,为全县改革发展保驾护航、添劲助力。

16日

△县委书记、县长刘克雄主持召开中国农谷干部学院(沙洋)建设督办会,解决项目推进过程中存在的问题,进一步加快项目建设。

19日

△县委书记、县长刘克雄带队到国电荆门热电厂,就沙洋县路口电站项目建设事宜进行商洽。国电荆门热电厂主要负责人介绍路口电站项目情况,分析项目优势和前景。双方坚定路口电站建设信心,明晰将路口电站项目纳入十四五规划的路径,并确定工作专班,为加快推进路口电站项目奠定良好基础。

△沙洋县召开城区旱厕整改督办结账会暨单位厕所对外开放动员会议。会议就解决群众如厕难问题出台多项整改措施。会议要求:要高度重视城区旱厕整改工作,认真摸排,查清底数,按照分类施策、统一规划、分区建设要求迅速整改,切实做到责任上肩;要积极做好群众解释工作,真正将这件改善人民生活质量、提升城市品质的民生实事办好;要按照"方便群众""谁所有、谁管理""文明如厕"原则,将沿街单位内部厕所免费对外开放,制定科学合理的管理办法,明确开放时间,设置明显的标示标牌,优化县城公厕配置,实现资源共享。

20日

△武汉荆门商会常务副会长、海王(武汉)医药有限公司董事长、沙洋中学79届校友赵勇带领武汉荆门商会到沙洋中学开展爱心助学捐赠活动。县委书记、县长刘克雄等出席活动。武汉荆门商会爱心人士为曾欢、龙安妮等贫困学生捐赠助学金。

中旬

△滨江新区联合长林社区、新湖社区在长林东方百货和普罗旺斯广场连续举办两场"庆祝新中国成立70周年·携手共创国家卫生县城"主题纳凉晚会,吸引800余名观众到场观看。

21日

△市委副书记、市委政法委书记李涛到沙洋调研脱贫攻坚、村级退役军人服务站建设、美丽乡村建设等工作。县委书记、县长刘克雄,县委副书记、县委政法委书记陈威等陪同调研。

22日

△县委书记、县长刘克雄带领县"创卫"指挥部和县城管、住建、商务等部门实地督办城区"创卫"工作。刘克雄一行实地走访建设街农贸市场建设现场、东环线、长林农贸市场改扩建项目建设现场、长林社区、荆潜公路沿线等地,了解相关项目建设进度、"创卫"工作开展情况及存在的困难,并现场协调解决"创卫"工作中的重难点问题。

△沙洋县召开创建国家卫生县城冲刺大会。县委书记、县长刘克雄出席会议并讲话。

23日

△全县农村公路建设现场会暨镇(区)重点工作汇报会议召开。县委书记、县长刘克雄出席会议并讲话。县领导陈威、杨孟富、伍勇、全昌国、王华芳等出席会议。会议通报全县农村公路建设情况,安排部署下阶段建设任务;听取沈集镇农村公路建设、重点项目建设进展情况和各镇(区)重点项目、美丽乡村、精准扶贫、河湖长制、抗旱、通组公路等重点工作进展情况汇报。

△县委书记、县长刘克雄带队拉练8月份全县重点项目。县领导陈威、刘良平、吴道新、杨孟富、伍勇、全昌国、李旭祥、王华芳、吴传斌、杨伟波等参加活动。刘克雄一行先后实地察看明月路、卓政大道、县体育中心一期、太一湖水库新建工程、荆沙新型城镇带五洋一级公路改扩建、京城新能源装备制造、明阳风机叶片制造、富泰革基布搬迁扩改、首创环保装备制造产业园、中核国际食品产业园、轻量化玻璃包装材料、国道348南环线及汉江公路二桥等项目,详细了解各项目建设进度,并现场协调解决项目推进过程中遇到的困难和问题。

26日

△县委书记、县长刘克雄到五里铺、曾集二镇督办乡村振兴、精准扶贫、村居环境整治和通组公路

建设等重点工作。刘克雄先后深入五里铺镇刘集村天佑生态养殖产业园项目,曾集镇官集村、金鸡村、危氏水产养殖专业合作社和湖北聚菇园农业科技有限公司,详细了解蛋鸡养殖、村级主导产业、通村公路建设、蘑菇种植、特种水产品养殖等情况,并走访慰问包联贫困户。

△"沙洋县特殊教育学校"挂牌成立,填补全县无特殊教育学校空白。

26—27 日

△全市"聚力脱贫攻坚 人大代表在行动"交叉视察和走访市人大代表第五小组到沙洋县开展视察和走访活动。县人大常委会党组书记、主任刘良平陪同。视察组听取全县"代表行动"工作、"脱真贫、真脱贫"综合分析、精准扶贫工作等情况汇报,深入五里铺、后港、曾集、官垱等镇实地视察"代表行动"活动开展情况,集中走访并听取市人大代表在促进民营经济发展、实施乡村振兴战略、打赢精准脱贫攻坚战、加快农业产业发展、加强环境保护、优化城乡教育资源配置等方面提出的意见和建议。

27 日

△县委理论学习中心组(扩大)集中学习暨扫黑除恶专项斗争市级宣讲团沙洋报告会举行。县委书记、县长刘克雄主持报告会并讲话。市委党校党建教研室主任、副教授陈松松和东宝区公安分局政治处组织人事科负责人万莉,分别以《坚决打赢荆门扫黑除恶专项斗争攻坚战》《一切为了人民——荆门市扫黑除恶情况概述》为题应邀为与会人员作报告。

△晚,县委书记、县长刘克雄主持召开县委常委会会议。在家的县委常委出席会议。县政协主席吴道新、县人大常委会副主任田继明、副县长刘士金等列席会议。会议听取关于沙洋县文学艺术界联合会第四次代表大会筹备工作,关于镇(区)、县直单位领导班子2019 年政绩考核目标,关于从村(社区)干部中定向招录乡镇公务员工作等情况汇报;传达全国、全省、全市公安工作会议、关于全市主题教育先学先改安排部署暨基层党建重点工作任务推进会会议、全市公务职务与职级并行制度实施工作动员会会议精神。

△晚,县委网络安全和信息化委员会第一次会议召开。县委书记、县长刘克雄主持会议并讲话。县委副书记、县委政法委书记陈威,县委常委、县委宣传部部长杨宏银,县委常委、县委办公室主任伍勇,副县长李旭祥、刘士金等出席会议。会议听取《中共沙洋县委网络安全和信息化委员会工作规则(送审稿)》《中共沙洋县委网络安全和信息化委员会工作细则(送审稿)》《沙洋县 2019 年网信工作要点(送审稿)》《关于县委网信办兼职副主任任职的通知(送审稿)》的说明;传达市委网络安全和信息化委员会第一次会议精神。刘克雄强调,要提高政治站位,聚焦工作重点,加强网信队伍建设,筑牢网络安全屏障,奋力开创全县网络安全和信息化工作新局面。

28 日

△省政协副主席马旭明带队到沙洋专题调研乡村文化振兴工作。市政协主席周友坤,县委书记、县长刘克雄等陪同调研。马旭明一行先后深入拾回桥镇、沙洋镇洪岭社区、五七干校旧址,以及新港区码头等地,实地调研美丽家乡乡村文化综合体建设、社区文化活动开展、文物保护及地方经济发展等情况,对全县乡村文化振兴工作给予充分肯定。

△全县农业农村体制改革工作推进会议召开。县委副书记、县委政法委书记陈威出席会议并讲话。

△县检察院举行"检察护航民企发展"公众开放日活动,辖区 7 名民营企业家代表和县工商联相关负责人面对面为检察工作献言献策,2 名人民监督员参加活动。

29 日

△省人大常委会党组成员、副主任胡志强率部分省人大常委会组成人员和部分省人大代表在沙洋开展《湖北省乡镇人民代表大会工作条例》执法检查和"聚力脱贫攻坚、人大代表在行动"代表交叉视察活动。市委常委、市委统战部部长郑中华,市人大常委会副主任许道伦,县委书记、县长刘克雄等陪同。

△市委编办副主任邵登宁一行对沙洋县机构改革落实情况进行检查验收。县委常委、组织部部长周明陪同。邵登宁一行重点对沙洋县机构改革中机构的撤销、合并或调整,县直单位机构挂牌和内设机构挂牌,"三定"规定和机构编制事项调整文件印发,职能划转及整合后职责运行等情况等进行检查,对沙洋县机构改革完成情况给予充分肯定。

9　月

1 日

△省委第五巡视组组长孙永

平带领省委第五巡视组到沙洋县开展主题党日活动。县委书记、县长刘克雄参加活动。巡视组一行先后到新港区码头、五七干校旧址、中国农谷干部学院(沙洋)、江汉运河及兴隆水利枢纽工程等地参观调研。

△全县乡镇污水处理厂运行及管网建设督办会召开。县委书记、县长刘克雄出席会议并讲话。会议通报全县乡镇污水处理厂运行及管网建设整改情况。

2 日

△县委书记、县长刘克雄带领相关部门现场督办全县生态环境问题整改落实情况。刘克雄一行先后到马良竹皮河龚家湾、马良鑫茂建材矿坑复绿工程现场、毛李凤灵渡、太平河、工业污水处理厂、联投生物公司、太一湖工地、荷花大道工地等地,详细了解重点水域水环境治理、矿山复绿、大气污染防治等生态环境问题整改落实情况,听取相关情况汇报。刘克雄强调,相关部门和属地政府要加大对生态环境问题治理监管力度,及时掌握整改动态,举一反三抓好环境问题治理,确保生态环境问题整改落实见成效。

△县委书记、县长刘克雄主持召开全县 2019 年秋播油菜生产工作座谈会,就秋播生产暨油菜轮作试点工作展开研究讨论。会议听取沙洋县 2019 年秋播油菜生产规划和轮作试点规划落实情况汇报,了解油菜生产重点区域、高油酸品种订单生产规划等。刘克雄强调:要重点抓好五洋线、运河线、荆潜线等核心区油菜种植,抓好现场会办点,确保种满种足;要依托荆门环星油脂加工企业,做好高油酸油菜菜籽订单生产,充分挖掘“中国菜籽油之乡”和“荆品名门”地域品牌,做大做强油菜产业。

3 日

△全县脱贫攻坚工作推进会召开。县委书记、县长刘克雄出席会议并讲话。县委副书记、县委政法委书记陈威主持会议。刘良平、吴道新、杨成英、杨孟富、周明、杨宏银、周翠兰、伍勇等县“四大家”领导,县人武部政委,县法院院长,县检察院检察长,沙洋经济开发区主任,县直单位主要负责人,县委办、县政府办联系扶贫工作副主任,县委督查室、县政府政务督查室主任,各镇(区)党委书记、镇长(主任)、分管扶贫领导、扶贫办主任,各镇(区)督导组组长等出席会议。会议通报近期省、市暗访相关情况,传达全市扶贫工作会议精神,对当前扶贫工作进行安排和业务培训。

4 日

△县人大常委会主任刘良平带领县城投公司、县水利和湖泊局及项目设计、施工、监理等单位相关人员,现场督办太一湖水库工程和首创环保装备制造产业园项目建设。

5 日

△由省委网信办主办的“壮丽70年,巨变看荆楚”纪念新中国成立70周年——网络大V看湖北主题采访活动走进沙洋。来自省、市20余名网络大V先后考察湖北明弘玻璃有限公司、汉江沙洋港码头、江汉运河,亲身感受沙洋在产业转型升级等方面的发展成果。县委常委、县委宣传部部长杨宏银出席活动。

△沙洋县召开秋季秸秆“禁烧”和综合利用工作推进会。县委常委、县委统战部部长周翠兰出席会议并讲话。

△中央、省委巡视反馈意见整改推进会暨全县第四次意识形态工作联席会议召开。县委常委、县委宣传部部长杨宏银主持会议并讲话。

6 日

△县委书记、县长刘克雄主持召开县五届人民政府第五十七次常务(扩大)会议。会议研究部分乡镇农贸市场整体移交所属乡镇管理事宜、《关于全面学习浙江“千万工程”经验加快推进农村人居环境整治和美丽乡村建设的实施意见》、沙洋县长湖流域水污染防治方案;传达全省“四个三重大生态工程”建设现场推进会、全市外贸会议精神;听取全县外贸工作、沙洋县 2019 年事业单位公开招聘工作情况汇报。

△省水利厅副厅长焦泰文一行到沙洋县汉江李市段、沙洋段和城区段老码头,检查汉江堤防加固、河道采砂整治、划界确权界桩、“清四乱”及码头复绿等河湖长制工作情况,对沙洋县河湖长制工作给予充分肯定。

9 日

△全县教育工作座谈会召开。县委书记、县长刘克雄出席会议并讲话。会上,县教育局主要负责人汇报沙洋县教育事业发展情况,部分优秀校长、教师代表作交流发言,县直相关部门就如何支持办好沙洋教育作表态发言。刘克雄强调:要肯定成绩,正视不足,全面提振发展教育事业的信心;要抓住关键,务求实效,全面提升教育发展水平;要强化保障,共识共为,全力

推动教育事业健康发展。

10 日

△副市长梁早阳到沙洋调研农村人居环境整治、秋收秋播生产等工作,查看了解五里铺镇五里社区、高阳镇垢冢村农村人居环境整治和美丽乡村建设情况,详细询问曾集镇水稻收割、油菜秋播准备情况。梁早阳强调:要结合各村实际,加强村庄规划管理,扎实推进整治村、示范村建设,切实抓好改水、改厕、改厨、改圈、改院等综合治理,着力改变农村污水乱流、杂物乱放、垃圾乱倒等现象,不断优化农村人居环境和改善群众生产生活条件;要调整农业结构,坚持高质量发展,重点抓好高油酸油菜秋播生产,提高农民收入;同时要推进规模经营,提升农业机械化水平,积极引导和支持种植大户、家庭农场等新型农业经营主体加快发展,在乡村振兴中发挥龙头作用。

上旬

△教育部公布《关于表彰全国优秀教师和全国优秀教育工作者的决定》。沙洋县拾回桥镇老山小学教师李晶获“全国优秀教师”称号。全省仅有 65 名教师获此殊荣。

△市委宣传部印发《荆门市社会主义核心价值观“九久入户”工程推广实施方案》的通知,要求各县(市、区)、市直各单位推广沙洋县“九久入户”工程经验。

11 日

△省防办一行到沙洋调研秋汛防范工作。市防办、省汉江河道管理局沙洋办事处、市汉江河道堤防管理处及县应急管理局相关人员分段进行陪同。调研组一行先后前往汉江沙洋段袁家台险工险段、小江湖和邓家湖分洪口、马良泵站进行调研。调研组强调,要切实加强汉江沿线防洪管理,进一步强化基础设施建设,做好重点位置的防范应对工作,确保汛期行洪畅通。

△县政府组织召开省级食品安全示范县创建工作推进会,部分县直单位分管负责人参加会议。会议通报前期工作情况,反馈市食药安办检查提出的问题意见,对后期工作进行再安排再部署。

12 日

△全县“不忘初心、牢记使命”主题教育工作会议召开。县委书记、县长刘克雄出席会议并作动员报告。市委第一巡回督导组负责人出席会议并讲话。

△县委书记、县长刘克雄主持县委理论学习中心组 2019 年第十五次集中学习。学习会上,集中学习《中国共产党重大事项请示报告条例》《关于解决“两不愁三保障”突出问题座谈会的纪要》《王晓东、万勇同志在解决“两不愁三保障”突出问题座谈会上的讲话》《省委办公厅 省政府办公厅印发〈关于进一步完善保障农村贫困人口基本医疗的若干措施〉的通知》《关于规范全市农村贫困人口大病特殊慢性病门诊医疗管理的通知》;传达市、县关于“不忘初心、牢记使命”主题教育先学先改工作的有关精神。

△县委书记、县长刘克雄主持召开县委常委会会议。会议研究《关于全面学习浙江“千万工程”经验加快推进农村人居环境整治和美丽乡村建设的实施意见》;听取县融媒体中心建设情况汇报;讨论《沙洋县 2019 年从优秀村(社区)党组织书记中公开招聘事业编制人员方案》;传达全市“不忘初心、牢记使命”主题教育动员会会议、全市公务员职务与职级并行专题会议精神;听取沙洋县职务与职级并行制度实施工作情况汇报。

16 日

△市政协党组副书记、副主席陈前华带队到沙洋开展借粮湖巡湖活动。县委常委、县委组织部部长周明等陪同。陈前华一行察看借粮湖水质,了解借粮湖近期水位变化,并召开座谈会听取相关工作情况汇报。

△县委书记、县长刘克雄主持县委理论学习中心组“不忘初心、牢记使命”主题教育第一次集中学习。会议传达省委、市委开展主题教育活动有关文件、会议精神,集中学习《党章》中的《党纲》及第一、二章内容,集中观看张富清先进事迹电视纪录片《本色》。

△沙洋县后港、官垱二镇在 2018 年全市乡镇财源建设工作考核中排位靠前。其中:后港镇为全市唯一当年新增地方财政收入过亿元的乡镇,获奖励资金 50 万元;官垱镇综合经济发展排名全市第三,获奖励资金 20 万元。

17 日

△沙洋县召开“不忘初心、牢记使命”主题教育巡回指导动员会议。县委常委、县委组织部部长周明出席会议并讲话。

△沙洋县文学艺术界联合会第四次代表大会召开。县委书记、县长刘克雄为大会的召开致贺信。县委副书记、县委政法委书记陈威出席会议并讲话。县委常委、县委宣传部部长杨宏银出席会议并宣

读刘克雄贺信。县人大常委会副主任康德兵、副县长杨伟波、县政协副主席姚在斌等出席会议。会议审议通过县文联第三届委员会工作报告，修订《沙洋县文学艺术界联合会章程》，选举产生沙洋县文学艺术界联合会新一届领导机构。

18 日

△全县污染防治攻坚战百日攻坚行动工作会召开。县委书记、县长刘克雄出席会议并讲话。

△县委书记、县长刘克雄主持召开专题会议，听取五届县委第六轮巡察工作情况汇报，对下阶段巡察工作进行研究部署。

△沙洋县召开2020年度城乡居民医疗、长期护理保险和2019年度城乡居民养老保险征收工作动员会。县委常委、常务副县长杨孟富出席会议并讲话。

△工业和信息化部产业政策司司长许科敏带领国务院第二督查组考核一组对沙洋弘润建材有限公司特种汽车玻璃原片生产线产能置换情况进行实地督导检查。省经信厅副厅长郭涛，县委书记、县长刘克雄等陪同。

19 日

△县市场监督管理局组织开展2019年“质量开放日”活动，部分县人大代表、政协委员、企业代表和媒体记者应邀到泰富重装、万锦科技、佳悦新材料等企业和县公共检验检测中心实地观摩，近距离了解5S质量管理、卓越绩效模式在制造业的推广、科技兴企和食品检验检测公正检验过程，切身感受沙洋县质量发展成效，并就进一步加强和改善质量工作提出宝贵意见和建议。

△晚，沙洋县庆祝新中国成立70周年、人民政协成立70周年专场晚会在县文化中心举行。政协委员以自编自演的舞蹈、情景剧及歌曲、现场书画等，回顾人民政协成立70年来的光辉历程，全面展现广大政协委员和统一战线人士的新面貌、新气象。

20 日

△沙洋县召开县人武部党委第一书记任职大会，宣布县委书记、县长刘克雄任县人武部党委第一书记。市委常委、军分区政治委员黎磊宣读任职通知并讲话。

△沙洋县召开沈集创业园建设督办会。县委书记、县长刘克雄出席会议并讲话。会议听取沈集创业园建设情况汇报，与会人员发表意见建议。

△县人大常委会组织部分常委会组成人员和人大代表对《湖北省水污染防治条例》贯彻实施情况进行执法检查。视察组先后实地查看沙洋县区域内汉江、西荆河、官垱河、长湖等水污染防治情况，并组织召开集中座谈会。会议强调，要提升政治站位，把水污染防治工作作为增进群众福祉的重要民生工作，促进习近平生态文明思想落实落细；要落实法定职责，理顺监管体制，明确水污染防治管理责任单位，促进政府部门担当作为、见功见效；要善用法律武器，依法加大对违反水污染防治法规行为的打击力度，促进真管效果立竿见影；要加大宣传力度，让广大群众和社会各界参与到水污染防治中来，保障公众知情权、参与权、监督权。

△首届湖北地理标志大会暨品牌培育创新大赛在武汉举行。沙洋县选送的地理标志证明商标“沙洋花生”在品牌培育实训营中获得“优秀奖”，并获湖北省知识产权局颁发的湖北地理标志名片。

中旬

△县城管局联合县“创卫”办向城区党政机关、企事业单位发出号召，号召各单位厕所免费向社会公众开放，以解决城区公厕数量不足、群众如厕难问题，实现资源共享。

21 日

△沙洋县城乡规划委员会2019年第二次全体委员会召开。县委书记、县长刘克雄出席会议并讲话。会议研究《沙洋县“1+5”城镇圈规划》《高阳镇镇域规划(2018—2030)》《沙洋县滨江新区发展规划(2017—2030)》等项目规划编制方案，华润沙洋马良二期风电场及110KV上网线路路由、五里铺镇岳飞水厂、十里铺清真牛羊屠宰有限公司、御水金都南侧地块、汉津大道与开源大道交叉口西南角地块(妇幼配套设施用地)等建设项目选址及规划条件，沙洋弘润建材有限公司综合配套服务中心、黄山广场(原天水广场)等规划及建筑设计方案。刘克雄强调：要理清“1+5”城镇圈规划与县城、各镇区域规划之间的关系，突出城镇圈规划协调统筹指导作用，更加精准地做好县城“一镇三区”功能划分、县城边界确立等规划，更好体现出县城对“卫星镇”的辐射带动作用；要充分考虑可预见的交通路网、重大项目投资对地区发展影响，以及五个“卫星镇”的地理位置、自然资源、优惠政策、特色产业等优势，更加科学地制定“1+5”城镇圈规划；要根据全县近三年发展需求，重点做好城镇圈内交通物流、功能分

区、三大主导产业规划,加强与相关部门对接,核准有关数据指标,进一步完善规划编制方案,推动城镇圈规划方案尽快审批。

△县委书记、县长刘克雄先后到曾集镇孙店、范店、曾集、蔡庙、柴集等村了解村"两委"班子建设、集体经济、产业发展、"三资"清理等情况,梳理存在的问题,逐村研究整改措施。

23—27 日

△市国土整治局组织验收专家组对 2018 年度沙洋县五里铺、纪山二镇的 19 个土地开发项目进行竣工验收。验收组一行在听取项目实施和工程监理情况汇报,查看内业档案资料,对项目质量进行实地抽检,对项目资金使用情况进行专项审查后,同意项目通过验收。

24 日

△荆门市"生态小公民"教育活动启动仪式在沙洋举行。此次活动旨在激励全市各地把青少年环境保护工作作为一项战略性任务、长期性工程抓紧抓好,教育引导青少年积极加入到生态文明保护中,用实际行动维护自己的家园、守护一片蓝天。

△省委组织部干教处到沙洋调研中国农谷干部学院建设情况。县委书记、县长刘克雄等出席相关活动。

△县政协五届十七次常委会议召开。县政协主席吴道新出席会议并讲话。副县长吴传斌应邀出席会议并讲话。县政协副主席姚在潮主持会议。县政协副主席陈卫国、秘书长李国等出席会议。会议传达学习习近平总书记在中央政协工作会议暨庆祝中国人民政治协商会议成立 70 周年大会上的讲话和"不忘初心、牢记使命"主题教育精神;审议通过关于"打造精致城市,提升幸福指数"等 4 个调研报告和建议案。会上,县自然资源和规划、文化和旅游、住建、城管 4 个单位负责人现场回应委员建言并与委员互动交流。

25 日

△沙洋县庆祝新中国成立 70 周年赛歌会在县文化中心举行。县委书记、县长刘克雄出席赛歌会并致辞。最终,教育系统、财税经贸系统和金融系统等 3 支代表队获得一等奖。

27 日

△县委书记、县长刘克雄主持召开县委常委会会议,研究讨论关于确定软弱涣散村(社区)党组织的情况报告、《沙洋县贯彻落实〈党组讨论和决定党员处分事项工作程序规定(试行)〉实施细则》,传达贯彻习近平总书记重要批示、深入落实中央八项规定精神电视电话会精神,研究沙洋县纠"四风"工作情况,学习统战工作相关会议精神。

28 日

△沙洋县在五里铺镇杨集村举行岳飞城水厂项目开工奠基仪式。县委书记、县长刘克雄出席仪式并宣布项目开工。县委副书记、县委政法委书记陈威出席仪式并致辞。该项目总投资约 3.6 亿元,设计日供水量 5 万立方米。项目建成后,将彻底解决五里铺、十里铺、纪山等 8 个镇(区)26.45 万人安全饮水问题,并将作为沙洋城区 15 万人应急备用供水,进一步提升供水质量。

△县委书记、县长刘克雄到曾集镇张池、团结、陈闸等村调研指导村(社区)党组织建设工作,实地了解村"两委"班子建设、集体经济、产业发展等情况,梳理存在的问题并研究解决办法。

△县人大常委会党组书记、主任刘良平深入沙洋、纪山二镇走访慰问沙洋"最美身边人"代表王爱萍和优秀退役军人代表李德金。

△浩(勒报吉)吉(安)铁路(原蒙华铁路)正式开通运营。该条铁路在沙洋县设沙洋、后港二站,其中沙洋站(位于曾集镇民主村)为客货两用站,后港站为越行站。

29 日

△县人大常委会主任刘良平主持召开县五届人大常委会第二十一次会议,听取和审议县人民政府关于行政事业性国有资产管理情况、《湖北省水污染防治条例》贯彻实施情况、2018 年财政决算、2018 年财政预算执行和其他财政收支审计工作情况、国民经济和社会发展第十三个五年规划纲要实施情况中期评估等报告,审议通过县人民政府关于变更中心城区荆河路和启林大道交叉路口西北角地块用地性质议案和有关人事任免等事项。

△县委书记、县长刘克雄带队督办全市三季度拉练拟观摩项目。刘克雄一行实地查看沙洋中心农贸市场、中国农谷干部学院(沙洋)、平湖花园大酒店等项目建设现场,详细了解项目建设进度、环境整治、观摩事项准备等情况,并就进一步完善项目观摩活动进行安排部署。

△县人大常委会组织召开征求人大代表意见座谈会,听取人大

代表对“一府一委两院”和人大常委会工作的意见建议。县人大常委会党组书记、主任刘良平出席会议并讲话。

30 日

△在全国第六个烈士纪念日到来之际,沙洋县在烈士陵园举行纪念日活动,缅怀烈士功绩,弘扬烈士精神,激发全县干部群众为实现沙洋跻身全省县域经济第一方阵努力奋斗。县委书记、县长刘克雄等县“四大家”领导出席纪念活动。县人武部政委、县法院院长、县检察院检察长、沙洋经济开发区主任,驻沙部队官兵代表,县直各单位主要负责人,烈士亲属,老战士,师生代表等 200 余人参加活动。

△全县县处级领导干部大会召开,宣布市委关于县政府主要领导任职决定。市委决定,提名陈威为沙洋县人民政府县长人选。市委组织部常务副部长唐承凤出席会议并讲话。县委书记、县长刘克雄主持会议并讲话。县领导刘良平、吴道新、杨成英、杨孟富、周明、杨宏银、周翠兰、伍勇、全昌国、张继先等出席会议。

下旬

△沙洋中学组织开展中国教育发展基金会中央专项彩票公益金滋惠计划助学项目评审。经评审小组讨论表决,同意胡心悦等 46 名同学为沙洋中学 2019 年滋蕙计划受助者,其中 43 名为建档立卡贫困家庭学生、3 名为非建档立卡家庭经济困难学生。

△由县科协申报的湖北新保得生物科技有限公司、湖北万锦科技有限公司、湖北鼎顺生物质能源有限公司、湖北布实非织造布有限公司、沙洋中诚牧业有限公司等 5 家院士专家工作站获批。

10 月

1 日

△沙洋县在县政府机关院内举行庄严的升国旗仪式,庆祝中华人民共和国成立 70 周年。县委书记刘克雄出席升旗仪式并讲话。县委副书记、县委政法委书记陈威主持仪式。刘良平、吴道新、杨成英、杨孟富、周明、杨宏银、周翠兰、伍勇、全昌国、张继先等县“四大家”领导出席仪式。县人武部政委,县法院院长、县检察院院长,沙洋经济开发区主任,县直各单位主要负责人,沙洋镇干部及群众代表参加仪式。

7 日

△市政协副主席杨武带领相关部门负责人先后到沙洋秦江化工有限公司、沙洋县高阳镇刘庙村、沈集镇郑岗村和沙洋县帅店林场,检查节日期间森林防火及安全生产工作。

8 日

△副市长、市公安局局长陈实到沙洋调研退役军人服务体系建设工作,现场查看沈集镇唐店村、沙洋镇、县退役军人事务管理局等地,听取沙洋县相关工作情况汇报。

△市政协主席周友坤带队到沙洋调研政协党的基层组织建设。县委书记刘克雄出席相关活动。县政协主席吴道新汇报全县政协党的基层组织建设情况。周友坤一行就《关于加强新时代全市政协党的建设工作的实施意见》贯彻落实情况,围绕基层政协党的组织建设、工作开展、党建工作制度体系建设、党员委员“双重管理”、作用发挥、“两个全覆盖”等情况,到后港镇殷集村进行实地调研,听取相关情况汇报,查找存在的突出问题和薄弱环节,并研究提出整改措施。

9 日

△县委党校举行 2019 年秋季主体班开学典礼。县委书记刘克雄出席开学典礼并讲话。县委副书记、县委政法委书记陈威主持典礼。县委常委、县委组织部部长周明等出席。主体班全体学员、2019 年招录的事业单位工作人员等参加。刘克雄以《勤学善思,求真笃行,为沙洋后发赶超贡献力量》为主题,勉励学员们珍惜机会,深入学习、刻苦钻研,努力锤炼党性作风,完善知识结构,提升工作能力,以更高的素养、更广的视野和更强的本领,积极投身到沙洋“创新转型、后发赶超”的伟大事业中去。

△沙洋县召开创建国家卫生县城迎检动员会。县委书记刘克雄出席会议并讲话。县委副书记、县委政法委书记陈威主持会议。刘良平、吴道新、杨成英、周明、杨宏银、周翠兰、全昌国、张继先等县“四大家”领导,县直单位主要负责人,沙洋镇、滨江新区各社区主要负责人,志愿者代表等参加会议。

10 日

△县五届人大常委会召开第二十二次会议。县人大常委会主任刘良平主持会议。会议决定接受刘克雄同志辞去县人民政府县长职务,报县五届人大四次会议备案;决定任命陈威为县人民政府副

县长、代理县长。

△县政府党组举行“不忘初心、牢记使命”主题教育研讨交流会。县委书记、县政府党组书记刘克雄主持会议并作题为《以坚定的理想信念守初心担使命》的交流发言。县政府党组成员围绕习近平新时代中国特色社会主义思想和习近平总书记“四个着力”“四个切实”殷殷嘱托等重点内容,结合工作实际和职责分工,进行交流研讨。

△县委书记、县政府党组书记刘克雄主持召开县五届人民政府第五十九次常务(扩大)会议。县委副书记、代县长、县委政法委书记陈威等出席会议。会议研究将消防工作纳入基层政权建设和社会治理事宜、长湖退垸还湖实施方案;听取中央第二巡视组对湖北省开展脱贫攻坚专项巡视反馈意见沙洋县整改工作、沙洋老城区退出汉江行洪区运用规划项目工作、S311 沙洋城区至后港段改扩建工程项目进展等情况汇报;传达全市重大项目谋划工作专题会议精神,听取沙洋县 2020 年和“十四五”重大项目谋划情况汇报;传达学习《王晓东、黄楚平同志在全省“四个三重大生态工程”建设现场推进会上的讲话》文件精神。

△县政协主席吴道新带队到沙洋县后港镇开展“不忘初心、牢记使命”主题教育调研。吴道新一行先后到后港镇乔姆、韩场等村,通过发放征集意见函、召开座谈会等形式,查找在推动政协工作向基层延伸、发挥政协在基层协商民主中的作用方面存在的问题,征求基层政协委员和人民群众的意见建议。

11 日

△五届县委第七轮巡察动员部署会召开。县委常委、县纪委书记、县监委主任、县委巡察工作领导小组组长杨成英出席会议并讲话。县委常委、县委组织部部长、县委巡察工作领导小组副组长周明主持会议。

△市委副书记、市委政法委书记李涛围绕“市域社会治理现代化探索研究”主题,带队到沙洋开展“不忘初心、牢记使命”主题教育调研。县委书记刘克雄参加走访活动。县委副书记、代县长、县委政法委书记陈威陪同调研并汇报沙洋县社会治理现代化工作情况。

△杭州航民达美染整有限公司总经理朱顺康等湖北丽康源纺织材料有限公司重要来宾到沙洋考察。县委书记刘克雄等陪同。

12 日

△省财政厅二级巡视员高建华一行到沙洋开展退役军人“五有”服务体系建设督查“回头看”。高建华一行先后到马良、沙洋二镇退役军人服务站和县退役军人事务管理局详细查看,了解人员编制、经费保障和业务工作开展情况。

15 日

△沙洋县召开创建国家卫生县城迎检工作联席会议。县委副书记、代县长、县委政法委书记陈威出席会议并讲话。县政协副主席陈卫国主持会议。陈威强调,全县各级各部门要众志成城,全力冲刺,踢好临门一脚;紧扣“细”“全”“准”“严”,突出重点,查漏补缺,确保打赢“创卫”攻坚战。

△沙洋县举办《沙洋论坛》2019 年第五场报告会。市委统战部副部长、市民宗委主任胡端雄应邀作《深入学习贯彻新修订〈宗教事务条例〉切实提高宗教法治化工作水平》专题辅导报告。县委书记刘克雄等出席报告会。县委常委、县委统战部部长周翠兰主持报告会。

△由斗鱼直播平台、湖北知音心理、益心社会服务中心联合主办的“留守儿童艺术公益直播课堂启动仪式”在沙洋县李市中心小学和官垱中心小学举行。该活动通过线上艺术直播课,聚焦留守儿童心理教育,为促进孩子健康快乐成长奠定良好基础。

15—16 日

△县委书记刘克雄结合“不忘初心、牢记使命”主题教育,到五里铺、曾集和李市三镇实地调研精准扶贫、秋播生产、基层党建等工作。刘克雄强调:要坚守精准扶贫工作底线,扎实做好各项基础工作,以优异的成绩迎接省检国考;要高质量高标准抓好秋播生产工作,引导群众种满种足,夯实农业生产基础;要加强基层党建工作,建强村级党组织,带领群众发展壮大村集体经济;要切实做好信访维稳工作,为“军运会”成功举办营造平安稳定的社会环境。

16 日

△县委书记刘克雄主持召开县委常委会会议。县委副书记、代县长、县委政法委书记陈威等出席会议。会议传达学习习近平总书记在内蒙古考察并指导开展“不忘初心、牢记使命”主题教育时的重要讲话和省委组织部副部长蔚盛斌在省委巡回指导组第九次联络员会议上的讲话精神;听取中央第二巡视组对湖北省开展脱贫攻坚专项巡视反馈意见沙洋县整改工作情况报告,传达全市扶贫攻坚领

导小组第三次会议精神;学习市委书记张爱国在全市污染防治攻坚战百日攻坚行动工作会议上的讲话精神,讨论研究《沙洋县贯彻落实中央生态环境保护督察"回头看"及长江保护与湖泊开发专项督察反馈意见整改方案》;学习新修订的《中国共产党问责条例》和《关于鼓励和保护干部干事创业的意见》,研究贯彻落实意见。

△县委书记刘克雄主持召开县"四大家"领导联席会议。县委副书记、代县长、县委政法委书记陈威等出席会议。会上,县领导汇报主题教育工作开展情况、包联路段(社区)创卫工作进展情况及包联镇(区)精准扶贫、秋播生产、秸秆"禁烧"等情况。

17 日

△省生态环境厅重点流域处处长陈再达到沙洋调研省级河湖水质不达标断面情况。县委书记刘克雄陪同调研,并就沙洋县汉江河长制落实情况进行汇报。县委副书记、代县长、县委政法委书记陈威等参加相关活动。陈再达一行现场察看汉江新港码头断面水环境情况,详细了解相关工作,并召开座谈会听取市级河湖长联系部门关于汉江不达标断面河长工作及沙洋县、钟祥市关于汉江河长工作情况汇报。

△市委常委、市委组织部部长高义勇到沙洋调研"不忘初心、牢记使命"主题教育工作和湖北沙洋干部学院建设情况。县委书记刘克雄陪同调研并参加座谈会。县委副书记、代县长、县委政法委书记陈威等参加座谈会。

△沙洋县"庆祖国70华诞"暨"就业扶贫行动日"专场招聘会在五里镇赵集村举行。此次招聘活动现场设置"政策法规宣传""企业现场招聘""技能培训报名""便民服务义诊"等4大区域,为贫困人员送政策、送岗位、送技能、送医疗。此次招聘会共有25家企业进场招聘,提供岗位1850个;发放各类宣传资料5000余份;进场求职1900余人,其中贫困人员385人;达成就业意向436人,其中贫困人员89人;培训登记报名53人。

△在全国第六个扶贫日到来之际,沙洋县积极开展"扶贫日"系列活动,营造全社会广泛参与脱贫攻坚的社会氛围,进一步动员全社会力量,齐心协力打赢脱贫攻坚战。

△县委党校2019秋季主体班全体学员走出校园,围绕"城乡结合部小水电建设现状""城乡教育均衡发展现状""全县重点项目建设情况""沙洋县乡村旅游现状"等课题进行实地调研。

△晚,市农业综合执法局、荆门长湖管理局和沙洋县公安局后港水陆派出所在长湖联合开展打击非法捕捞专项整治行动。至18日凌晨,共查获违法捕捞行为人9人、违法收购长湖鱼鱼贩1人,有力地震慑当地非法捕捞分子。

18 日

△县委书记刘克雄主持召开县委常委(扩大)会暨"不忘初心、牢记使命"主题教育调研成果交流会议。市委第一巡回指导组组长张恒新到会指导。县委副书记、代县长、县委政法委书记陈威等出席会议。会上,刘克雄带头作交流发言,县委常委依次交流调研成果。张恒新对调研成果交流会的开展进行点评指导。

△县人大常委会党组书记、主任刘良平主持召开县人大常委会党组"不忘初心、牢记使命"主题调研成果交流会议。会议集中学习县委《关于进一步激励干部新时代新担当新作为的实施意见》,以及主题教育提醒第九期、第十期等文件。刘良平与县人大常委会各党组成员分别就主题教育调研成果进行集体交流学习。县人大常委会机关部分委室主任进行主题教育党课授课。

△县委书记刘克雄带队开展三季度拉练观摩项目现场演练。县委副书记、代县长、县委政法委书记陈威等出席活动。刘克雄一行先后前往湖北沙洋干部学院、沙洋中心农贸大市场、沙洋平湖花园酒店等项目现场,查看项目建设进度,了解项目建设现场观摩筹备情况,听取项目负责人相关情况介绍,并对项目观摩筹备工作提出意见建议。

△全县重大项目谋划工作专题会议召开。县委书记刘克雄出席会议并讲话。县委副书记、代县长、县委政法委书记陈威主持会议。会上,县发改局汇报全县2020年和"十四五"重大项目谋划情况。各镇(区)、县直单位及相关二级单位汇报重大项目谋划情况。

△沙洋县举办2019年第四季度政银企合作签约活动。湖北银行总行党委委员、纪委书记陈晓谋,湖北银行总行纪委副书记李明鹏,湖北银行总行人力资源部副总经理周力萍,湖北银行荆门分行行长郑荣来,县委书记刘克雄,县委副书记、代县长、县委政法委书记陈威等出席签约活动。县委常委、常务副县长杨孟富主持签约活动。陈晓谋、李明鹏、郑荣来、刘克雄、陈威为湖北银行沙洋支行揭牌。陈威与郑荣来签订《沙洋县人民政府 湖北银行荆门分行战略合作协

议》。湖北银行沙洋支行与沙洋县宏图城市建设投资有限公司、沙洋县交通投资有限公司、湖北省联投生物科技股份有限公司、湖北楚玉莱信克食品科技有限公司、湖北德美科技有限公司等企业签订授信协议,授信总额 10.9 亿元。

19 日

△由县文旅局、县扶贫办、马良镇联合主办的“推进文化惠民 助力精准扶贫”——荆楚“红色文艺轻骑兵”演出活动在马良镇耀星村举行。县纪委监察委、县图书馆联合开展的流动图书车活动,现场赠送普法资料、科技图书(光碟)300 多套,深受群众喜爱。

中旬

△宜昌市水利和湖泊局组织各县区水利和湖泊局到沙洋交流学习农业水价改革先进经验。沙洋县水利和湖泊局党组副书记、南调局局长曾维国,西荆河堤防管理段段长、农水股负责人郑俊峰等陪同。

21 日

△全省棉花无膜直播全程机械化技术集成示范和机收现场会在沙洋召开。省农业农村厅副厅长肖长惜等出席会议。省农科院副院长邵华斌致辞。县委书记刘克雄参加现场相关活动。

22 日

△县人大常委会机关组织全体党员干部到平湖公园参观“传承红色基因、不忘初心使命”沙洋红色革命文化展览。县人大常委会党组书记、主任刘良平参加活动。

△市委书记张爱国、市长孙兵率全市三季度项目建设和招商引资拉练活动观摩团到沙洋观摩。县委书记刘克雄,县委副书记、代县长、县委政法委书记陈威等参加活动。观摩团先后参观湖北沙洋干部学院、沙洋中心农贸市场、沙洋平湖花园大酒店等项目运营建设现场,听取沙洋县项目建设工作汇报,对沙洋县项目建设和发展态势予以好评。

△县政协召开 2019 年度提案办理民主评议工作会议。县政协主席吴道新出席会议并讲话。县委常委、常务副县长杨孟富应邀出席会议并讲话。经民主评议,县科技经信局、县商务局、县城管局、县民政局获“县政协 2019 年度提案办理民主评议满意单位”称号。

△荆州市检察院党组成员、副检察长范苇带领该市检察机关八个县市区院相关负责人一行 16 人到沙洋县检察院实地参观考察,共同探讨适用认罪认罚从宽制度工作。荆门市检察院党组成员、副检察长顾仕超、沙洋县检察院党组书记、检察长赵龙等陪同。

△省社会保险局城乡居保管理处处长张文奇、市社保局局长张韵秋一行到沙洋调研基本养老保险扶贫工作落实情况。

23 日

△县政协党组书记、主席吴道新带领机关支部及老干部支部全体党员到平湖公园参观“传承红色基因、不忘初心使命”沙洋红色革命文化展览,共同接受思想政治洗礼。

24 日

△湖北省继续医学教育项目《呼吸危重症》学习班在沙洋县人民医院举办。华中科技大学同济医学院附属协和医院、武汉大学人民医院等省内医院的知名教授和专家分别授课。来自全市及周边县市的 200 余名医务人员参加学习活动。

△常德市委统战部副部长、市工商联党组书记李宏岸带领考察团参观考察沙洋县香米产业转型升级、实现高质量发展情况。市工商联主席陈刚,县委统战部副部长、县工商联党组书记张冠兰等陪同。

25 日

△县人大常委会组织部分常委会组成人员和人大代表,对县公安局、人社局、农业农村局、卫健局、供电公司等 5 个被评单位的重点问题整改情况进行集中视察。县人大常委会主任刘良平参加视察并讲话。

△全县扶贫工作推进会召开。县委书记刘克雄出席会议并讲话。刘良平、吴道新、杨成英、杨孟富、周明、周翠兰、伍勇、全昌国、张继先等县“四大家”领导,县人武部政委、县法院院长、县检察院检察长、沙洋经济开发区主任,县委办、县政府办分管副主任,县委督查室、县政府政务督查室主任,县直各单位主要负责人,各镇(区)党政班子成员、扶贫办主任,各村(社区)党支部书记,各镇(区)督导组组长及驻村工作组组长等参加会议。会议学习习近平总书记有关扶贫重要论述及第六个扶贫日上的重要指示,传达全市扶贫攻坚领导小组第三次全体会议精神,安排部署当前工作。

△县委书记刘克雄以《秉承初心使命、加快后发赶超》为题,从学思践悟、夯实理论基础,看齐核心、强化为民担当,知行合一、加快后发赶超等 3 个方面为全县领导干

部上了一堂“不忘初心、牢记使命”主题教育专题党课。刘良平、吴道新、杨成英、杨孟富、周明、周翠兰、伍勇、全昌国、张继先等县“四大家”领导，县人武部政委、县法院院长、县检察院检察长、沙洋经济开发区主任，县委办、县政府办分管副主任，县委督查室、县政府政务督查室主任，县直各单位主要负责人，各镇（区）党政班子成员、扶贫办主任，各村（社区）党支部书记，各镇（区）督导组组长及驻村工作组组长等参加会议。县委常委、常务副县长杨孟富主持会议。

28 日

△“全国知名诗家荆门采风行”走进沙洋。此次活动旨在传承与发扬中华传统文化，以诗词学术交流形式讲好荆门故事、培养荆门诗词人才、扩大荆门文化影响力。来自全国各地的70余名诗词名家先后实地参观沙洋五七干校、引江济汉工程枢纽、沙洋油菜博物馆，感受沙洋厚重的文化、优美的风景、丰富的物产和日新月异的乡村建设。

29 日

△县委副书记、代县长、县委政法委书记陈威主持召开县五届人民政府第六十次常务（扩大）会议。会议传达学习习近平对脱贫攻坚工作的重要指示和李克强批示、《关于印发湖北省人民政府及其各部门任命的国家工作人员宪法宣誓实施办法的通知》《关于鼓励和保护干部干事创业的意见》等文件精神；听取全县第七次全国人口普查、全县政府系统建议提案办理暨民生实事推进、县行政审批局搬迁新址工作等情况汇报；传达学习全市第三季度金融工作会议精神；研究沙洋县综合能源项目投资合同书、沙洋县畜禽养殖区域划分标准调整工作。

△市委副书记、市长、长湖市级湖长孙兵，就长湖沙洋段湖长制工作落实情况带队到沙洋县部分镇村开展巡查调研。县委副书记、代县长、县委政法委书记陈威等陪同调研。孙兵一行先后察看后港镇荆华铝业公司、长湖吴家湾码头、后港倒虹吸、毛李镇垃圾中转站、凤灵渡口小游园等处，调研了解工业废水处理设施运行、长湖水质生态修复项目建设及“禁钓”工作、沿湖村组垃圾集中压缩转运及农村改厕等情况，听取沙洋县和相关单位落实湖长制工作情况汇报，对沙洋县狠抓重点任务，突出问题导向、目标导向和效果导向取得的阶段性工作成效给予高度肯定。

△县委副书记、代县长、县委政法委书记陈威主持召开县政府党组“不忘初心、牢记使命”主题教育调研成果交流会。会上，县政府党组成员结合工作职责和调研课题，围绕农村安全饮水、城区道路交通管理、退役军人服务体系建设、玻璃产业发展等方面，交流调研成果，查找工作中存在的问题，剖析产生问题的原因，提出解决问题的办法。陈威强调：要旗帜鲜明讲政治，不断强化维护核心、对标看齐的思想自觉、政治自觉和行动自觉；要持之以恒提升能力，以务实举措和过硬能力为民服务解难题；要克难攻坚抓落实，推动主题教育取得扎扎实实的成效；要团结协作多交流，共同营造合力共为的工作氛围；要严明纪律带队伍，营造风清气正的干事环境。

△县委副书记、代县长、县委政法委书记陈威以《守初心 担使命 强能力 勇担当 加快推进沙洋高质量发展》为题，为县政府机关领导干部讲主题教育专题党课。

30 日

△湖北省“优质服务基层行”专家组一行3人对沙洋县沈集镇中心卫生院开展“优质服务基层行”活动进行复审。专家组通过查阅资料、现场询问、实地考核等方式进行指导交流，并深入临床科室，从规章制度执行、日常工作管理、医务人员业务技能、医疗废物处置等方面，对该院功能任务与资源配置、基本医疗和公共卫生服务、业务管理、综合管理等4个方面进行全面系统的检查评估并提出整改意见和建议。

△红安县组织县政府办及县发改、水利和湖泊、财政、农业农村等相关部门负责人到沙洋县交流学习农业水价改革工作经验。

31 日

△市政协副主席柯昌军带队走访驻沙的市政协委员。县政协副主席姚在斌陪同。柯昌军一行先后走访湖北佳悦新材料科技有限公司、湖北德美科技有限公司，详细了解企业发展情况，并召开座谈会，征集委员对市政协开展“不忘初心、牢记使命”主题教育，全市经济社会发展特别是“两整”活动方面，以及市政协工作的意见和建议。

△市委常委、市纪委书记、市监委主任刘辉一行到沙洋调研“不忘初心、牢记使命”主题教育及纪检监察工作开展情况。县委书记刘克雄等陪同调研。刘辉一行先后到十里铺、纪山、拾回桥、后港等镇的部分村、社区，对沙洋县产业发展、美丽乡村建设、基层纪检监察机构建设、村级纪检监察组织职

能发挥和待遇保障等进行实地调研,并详细听取各地纪检监察工作情况汇报,与镇村干部进行交流。

△省委第三巡回指导组副组长、省人大常委会办公厅一级巡视员周友明带队到沙洋指导“不忘初心、牢记使命”主题教育工作。市委常委、市委组织部部长高义勇,县委书记刘克雄,县委副书记、代县长、县委政法委书记陈威等陪同。周友明一行先后到沙洋镇三峡土家族村(绿色食品产业园)、沙洋新港码头、湖北沙洋干部学院(五七干校)调研指导,了解掌握全县主题教育进展情况。

下旬

△由县政府投资 70 万元建成的全市首座餐厨废弃物处理站——沙洋中学餐厨废弃物处理站投入使用。该处理站作为新型环保项目,每天可自动化处理餐厨垃圾 500 千克,实现餐厨垃圾自主分捡。

△县人力资源和社会保障局举办首届沙洋县“荆工巧匠”职业技能大赛,来自全县各行业领域的 59 名技能人才分别参加烹饪、维修电工、茶艺、汽车维修、建筑镶贴工等 5 个项目的竞技。经过比拼,最终李栋梁、王平等赢得各项目第一名,各获奖励 1 万元,并被优先推荐参加市级“荆工巧匠”职业技能大赛。

△县档案馆在平湖公园开展“传承红色基因、不忘初心使命”沙洋红色革命历史展览,共接待全县 100 多个党支部、2000 余名党员参观学习,发放《红色沙洋》500 余本。

△沙洋县沈集镇凤桥村、十里铺镇荷堰村等 9 个村被省委组织部、省财政厅、省农业农村厅正式确认为 2019 年度湖北省发展新型村级集体经济扶持村。纳入扶持范围的行政村可获一次性补助 50 万元,其中中央财政 30 万元、省级财政 10 万元、县级财政 10 万元。

11 月

1 日

△市政协副主席、民盟荆门市委主委程彻到沙洋开展“不忘合作初心、继续携手前进”主题教育调研。县委副书记、代县长、县委政法委书记陈威等陪同。程彻一行先后深入后港镇和沙洋镇进行走访,听取盟员在思想认识、学习体会、感恩奋进、工作差距等方面的汇报和民盟沙洋总支组织工作情况介绍,并征求对民盟荆门市委班子及成员的意见建议。

4 日

△全国农技中心副主任刘信率农业农村部种业管理司一行到沙洋调研汉江牛业发展有限公司畜禽种业发展情况。县委副书记、代县长、县委政法委书记陈威等陪同。调研组一行先后听取汉江牛业公司基本概况及繁殖育种情况汇报,参观种牛养殖基地,并对汉江牛业发展给予充分肯定。

△跨区域长湖生态环境保护公益诉讼协作机制会签暨启动仪式在沙洋县检察院举行。长湖沿线沙洋县、潜江市、荆州市荆州区、沙市区 4 地基层检察院分管领导及公益诉讼部门负责人参加会签暨启动仪式。

△全县三季度经济形势分析会、招商引资工作督办述职会暨重点工作观摩活动举行。县委书记刘克雄出席会议并讲话。县委副书记、代县长、县委政法委书记陈威主持会议。会议传达全省三季度经济运行调度电视电话会议和全市三季度经济形势分析会议精神,通报全县前三季度经济运行情况。

5 日

△县政协主席吴道新到官垱镇走访看望五届县政协委员。吴道新先后到委员所在单位、企业了解委员的工作生活情况并与委员面对面座谈,传达学习“不忘初心、牢记使命”主题教育知识和习近平总书记在中央政协工作会议暨人民政协成立 70 周年会议上的重要讲话精神,征集对县政协党组“不忘初心、牢记使命”主题教育、全县经济社会发展以及县政协工作等方面的意见建议。

△县委书记刘克雄带领湖北佳悦新材料科技有限公司、湖北洪森实业(集团)有限公司等 10 家企业负责人参加在上海国际会展中心举办的第二届中国国际进口博览会。

△县政府组织县水利和湖泊局、沙洋经济开发区、县住建局、县农业农村局、县教育局、县科技经信局、县融媒体中心、县自来水公司等单位负责人到天门市考察学习节水型社会建设创建工作先进经验。

6 日

△省人大常委会委员、监察和司法委员会主任委员张绍明率队到沙洋检查“代表行动”有关意见建议办理情况。市人大常委会副主任许道伦、县人大常委会主任刘良平等陪同检查。张绍明一行先后查看五里铺镇第三代表小组在“代表行动”中提出的关于重建两

港口桥和修建金台村14组泵站的意见建议办理现场，并听取有关承办单位办理情况汇报。张绍明对“代表行动”有关意见建议办理情况表示满意，对沙洋县“代表行动”工作给予充分肯定。

△全县金融形势分析会暨银法联席会召开。县委副书记、代县长、县委政法委书记陈威出席会议并讲话。会议传达全市三季度金融工作座谈会精神，通报1—10月全县金融运行、银行业不良贷款化解等情况，安排下阶段信贷投放、金融信用县镇创建、小额扶贫信贷等工作。陈威强调，要精准研叛金融运行态势，聚焦互信合作，精准发力，推动沙洋县金融业高质量发展，全力打好金融工作主动仗。

7日

△沙洋县关爱退役军人协会成立暨第一次会员大会召开。大会表决通过《会员大会制度》《理事制度》，选举产生沙洋县关爱退役军人协会第一届会长、副会长、秘书长。会议强调：要一以贯之强化党建引领，坚持政治建会、关爱立会、能力强会、作风兴会，发挥党组织主导作用，大力营造“让军人成为全社会尊崇职业”的浓厚氛围；要一以贯之强化履职尽责，铭记关爱之责，突出政治、政策、就业、情感、精神等“五大关爱”，凝聚合力，创新方式，提升效果，热心细心耐心地为退役军人提供多样化的优质服务；要一以贯之强化自身建设，健全制度规范，加强自身管理，自觉接受监督，严格依规履职，努力把协会办成党委政府信赖的“得力助手”、退役军人喜爱的“温馨家园”、人民群众认可的特色社会组织。

△省委统战部宣讲调研第五组负责人以《新时代统一战线工作的科学指南》为题，为全县统战系统党员干部作辅导报告。县委常委、县委统战部部长周翠兰等出席报告会。

△全县部门联合“双随机、一公开”监管工作推进会召开。副县长、县市场监督管理委员会主任李旭祥出席会议并讲话。县市场监督管理委员会成员单位分管负责人及双随机监管平台操作人员共计50余人参加会议。会议传达国务院《关于在市场监管领域全面推行部门联合“双随机、一公开”监管的意见》文件和全省“双随机、一公开”监管工作视频会议精神；组织学习《沙洋县市场监管领域部门联合“双随机、一公开”监管实施办法（草案）》；通报县市场监管委员会工作开展情况；部署安排全县部门联合双随机工作。

8日

△省退役军人事务厅二级巡视员曹传铎带领省部分退役士兵保险接续工作专班到沙洋调研，实地查看县退役军人服务中心社保接续集中办公点，召开座谈会听取沙洋县工作汇报和社保、医保、公安等相关单位意见建议。副县长罗雁陪同调研。

△沙洋县召开污染防治攻坚战百日攻坚行动督办会。县委副书记、代县长、县委政法委书记陈威出席会议并讲话。县委常委、县委统战部部长周翠兰主持会议。县委常委全昌国、县政府副县长李旭祥等参加相关活动。会议通报沙洋县污染防治攻坚战、环保督察反馈意见整改、长江大保护等工作情况。

9日

△沙洋县实验初中八（2）班同学罗安琪在安徽省宣城市举行的第四届全球华人少年书法大会现场总决赛中蝉联十强。

11日

△晚，县委书记刘克雄主持召开县委常委会会议。县委副书记、代县长、县委政法委书记陈威等出席会议。会议传达学习习近平总书记在推动中部地区崛起工作座谈会上的讲话，《关于鼓励和保护干部干事创业的意见》，全省扫黑除恶专项斗争视频推进会、扫黑除恶百日追逃行动部署视频会会议精神；听取统计补短板工作、沙洋县2019年从优秀村（社区）党组织书记中公开招聘事业编制人员、县五届人大代表补选建议人选、沙洋县知联会和新联会筹备工作等情况汇报，以及关于推荐荆门市劳动模范和先进工作者的精神汇报。

△晚，县委书记刘克雄主持县委理论学习中心组2019年第二十八次集中学习。县委副书记、代县长、县委政法委书记陈威等参加学习。学习会上，集中学习习近平总书记、李克强总理在第六个国家扶贫日到来之际对脱贫攻坚工作作出重要指示、批示精神，刘永富在全国扶贫办主任座谈会上的讲话精神，《王晓东同志在赴恩施调研脱贫攻坚、东西部扶贫协作和经济社会发展工作座谈会上的讲话》，《王鸿津同志在十九届中央第二轮巡视工作专项检查情况通报会上的讲话》《关于6起违反中央八项规定精神典型案例的通报》，《中共湖北省委关于落实促进中部地区崛起战略推动高质量发展的意见》等。

12日

△县政协主席吴道新主持召

开县政协五届三十七次主席会议，传达学习《党的十九届四中全会精神》《中共沙洋县委办公室关于印发的通知》，协商通过《县政协机关职务与职级并行实施细则》（讨论稿），听取各组走访委员情况和大会发言筹备工作情况汇报，对县政协五届四次会议筹备工作进行安排部署。

△省水利厅党组成员刘文平到沙洋检查南水北调中线一期兴隆水利枢纽蓄水影响整治工程沙洋段施工建设情况。刘文平一行先后到姚集中闸泵站、蔡咀泵站建设现场，实地检查工程建设情况，听取施工单位工作汇报，详细询问工程施工进度和工程建设中存在的困难与问题。

13 日

△沙洋县举办《沙洋论坛》2019 年第六场报告会。市经济责任审计局副局长张进军应邀以《加强对权力运行的制约和监督 促进领导干部履职尽责、担当作为》为题作经济责任审计专题辅导报告。县委书记刘克雄等出席报告会。县委常委、常务副县长杨孟富主持报告会。

14 日

△水利部建安中心总经济师张忠生带领考核组赴沙对幸福泵站进行 2018—2019 年度水利建设质量工作考核。考核组通过现场检查、听取汇报、查阅资料，对幸福泵站水利建设质量工作给予充分肯定并提出意见和建议。

△县委书记刘克雄带队到天门市考察学习经济社会发展先进经验。县委副书记、代县长、县委政法委书记陈威，县政协主席吴道新，县委常委、常务副县长杨孟富，县委常委、县委办公室主任伍勇，县委常委全昌国等参加考察。天门市委书记、市长庄光明等陪同。刘克雄一行参观天门市城市规划馆，调研徐工湖北环保科技股份有限公司、路伟换热器（天门）有限公司、天门纺织机械有限公司，考察学习天门市城市规划、工业产业等经济社会发展经验。

15 日

△集康养、度假、乡村旅游、现代农业于一体的中国后港·长湖花开农旅综合体项目签约仪式举行。该项目计划总投资 30 亿元，占地 5400 亩。县委书记刘克雄出席仪式并致辞。

△《沙洋县乡镇饮用水源地保护规划》征求意见暨专家评审会召开。县委常委、县委统战部部长周翠兰出席会议并讲话。会上，规划编制单位——湖北省环境保护科学研究院汇报沙洋县乡镇集中式饮用水水源地环境保护规划相关情况，与会专家提出修改完善意见。

△县委副书记、代县长、县委政法委书记陈威主持召开县五届人民政府第六十一次常务（扩大）会议。会议传达学习《中共中央关于坚持和完善中国特色社会主义制度、推进国家治理体系和治理能力现代化若干重大问题的决定》文件精神；传达《关于中央宗教工作督查“回头看”有关事项的通知》文件精神，听取县宗教工作整改情况汇报；传达全市粮食安全领导小组暨粮食安全考评工作会议精神，研究部署落实意见；研究讨论《中国后港·长湖花开农旅综合体项目投资合同书》《沙洋县不动产登记相关问题处理补充意见》；听取县城区公交车改革工作、县应急管理工作相关情况汇报。

18 日

△沙洋县召开湖北沙洋干部学院建设专题会议，推进该院弱电智能化、会议系统、浮雕、电力设计等工作。县委书记刘克雄出席会议并讲话。县委副书记、代县长、县委政法委书记陈威等出席会议。

△县委书记、县第一总河湖长刘克雄对近期水质较差的重点河湖 6 名镇级第一总河湖长和 10 名联系单位负责人进行集中约谈。相关县级河湖长参加约谈会。

19 日

△县委书记刘克雄带队到襄阳市襄州区学习考察“一江两河”治理项目。县委副书记、代县长、县委政法委书记陈威，县委常委、县委办公室主任伍勇等参加考察。襄州区委书记杨兴铭，区长黄进，区委常委、区委办主任、统战部长肖平等陪同。刘克雄一行先后实地考察唐白河洪山头堤防示范堤段、汉江老西湾堤顶、浩然广场等地，学习考察襄州区河流岸线保护利用及水生态保护（“一江两河”治理）等工作。座谈会上，与会人员观看襄州区“一江两河”治理项目总结片，杨兴铭详细介绍实施“一江两河”治理项目的主要思路和具体措施。刘克雄表示，沙洋与襄州一衣带水、人文相通，希望进一步加强交流互动，互通有无，推动两地经济社会加快发展。

20 日

△县委书记刘克雄主持召开县委常委会会议。县人大常委会党组书记、主任刘良平，县政协党组书记、主席吴道新列席会议。会议传达学习习近平总书记在中央政

治局第十七次集体学习上的重要讲话精神，杨晓渡在第二批“不忘初心、牢记使命”主题教育部分中央指导组、巡回督导组工作座谈会上的讲话精神，杨晓渡在“不忘初心、牢记使命”主题教育专项整治工作推进会上的讲话精神，省委、市委领导在宗教工作督查问责通报上批示意见精神，《关于中央宗教工作督查“回头看”有关事项的通知》文件精神，并听取全县宗教工作整改情况汇报；传达全市扶贫攻坚领导小组第四次全体会议暨中央脱贫攻坚专项巡视反馈意见整改工作“回头望”会议精神；听取全县“不忘初心、牢记使命”主题教育工作，县“两会”筹备工作情况汇报。会议原则同意县五届人大四次会议、县政协五届四次会议分别于12月23—27日、12月22—26日召开。

△县委常委会召开对照党章党规找差距专题会议。县委书记刘克雄主持会议并作总结讲话。会上，刘克雄带头对照检查。与会常委对照党章、《准则》和《条例》，从18个“是否”入手，深入查摆问题，剖析根源，明确努力方向，制定整改措施。

△沙洋县首个“企业新型学徒制”培训班在湖北荆玻海龙玻璃制品有限公司举行签约及开班仪式，首批58名荆玻职工将参加由荆门技师学院与该公司合作开展的电气自动化设备安装与维修班2年制的培训学习，标志着“企业新型学徒制”在沙洋县成功启动并推行。

△以“森林城市与长江大保护”为主题的第六届湖北生态文化论坛在荆州举行。沙洋县五里铺镇严店村被授予省级“绿色乡村”称号。

21日

△沙洋县城乡规划委员会2019年第三次专题委员会召开。县委副书记、代县长、县委政法委书记陈威出席会议并讲话。会议审议楚伏新能源沙洋拾回桥兴业50MWp、雨霖50MWp农光互补光伏电站项目选址论证报告、升压站规划条件及电力路由，沙洋县城市生活污水处理工程二期项目规划条件，马良（沈集镇内）风力发电升压站规划条件及风机位用地，沙洋县中心城区E1－01－05－01地块规划条件调整，荷花大道与长林路交叉口西北侧地块规划条件（省交投配地），平湖大道与洪岭大道交叉口西北角地块（沙洋国际农特商贸城）选址及规划条件，县鹏举加油站、县友谊加油站规划平面方案（中海油），县第一拘留所和看守所建设项目规划及建筑设计平面方案，美丽家乡·乡村文化综合体沙洋县总部中心规划及建筑设计方案，御水金都小区修建性详细规划平面三次调整方案，沙洋国际农特商贸城规划及建筑设计方案等。

22日

△县政府召开领导班子对照党章党规找差距会议，推动主题教育向纵深开展。县委副书记、代县长、县委政法委书记陈威主持会议并带头作对照检视。会上，县政府领导班子成员围绕“守初心、担使命，找差距、抓落实”总要求，严格对照《党章》《准则》《条例》，聚焦“18个是否”，紧密结合自身思想和工作实际，以正视问题的自觉和刀刃向内的勇气，逐一深入查摆剖析自身存在的问题差距。

△县市场监督管理局组织开展以“安全用药、良法善治”为主题的“安全用药月”集中宣传活动。通过设置科普展板海报、假劣药品实物展示、发放科普宣传册、现场咨询等形式，向广大市民宣传新修订的《药品管理法》和《疫苗管理法》等药品相关法律法规。围绕安全用药常识与误区，邀请专家现场普及安全用药科学理念和实用知识，促进公众科学用药、安全用药、合理用药。同时，联合相关企业在宣传活动现场开展清理家庭小药箱和过期药品回收公益行动。活动期间，共发放宣传资料1260余册，接受现场咨询100余人次。

26日

△县政府、县政协联席会议召开。县委副书记、代县长、县委政法委书记陈威出席会议并讲话。县政协主席吴道新，县委常委、常务副县长杨孟富，县委常委、县委统战部部长周翠兰，县委常委全昌国，副县长彭艳、刘士金、王华芳、杨伟波、罗雁，县政协副主席姚在斌、姚在潮、陈卫国等出席会议。会上，杨孟富通报县政府2019年度工作情况，吴道新报告县政协2019年度工作及委员走访情况。

27日

△市人大常委会党组副书记、副主任钱先发带队到沙洋调研包联重点项目和企业。钱先发一行先后到光大生物、泰富重工、子创科技、弘德轻量化玻璃、丽康源纺织材料有限公司等企业和项目建设地，现场察看生产经营情况及项目推进情况。钱先发对光大生物项目建设和丽康源纺织材料有限公司生产经营情况给予充分肯定，对泰富重工和子创科技反映的融资难等问题提出建设性意见。

△县委书记刘克雄带队到李市镇调研乡村社会治理工作，先后

走访李市镇荆马村、金牛社区，实地了解基层组织建设、社会治理、政务服务“全市一网”自助服务终端运行情况等工作，并召开座谈会听取镇综治办、镇派出所、蔡咀村、青年村、新灯村、金牛社区、中心戒毒社区等单位负责人关于社会治理工作的主要做法、建议和意见。县委宣传部、县委政法委等单位参加调研。

△市长孙兵带队到沙洋县部分镇村调研督办精准扶贫精准脱贫工作。市政府秘书长何平，县委副书记、代县长、县委政法委书记陈威等参加活动。孙兵一行先后到沈集镇姚坪村、高阳镇贺集村，采取看现场、查资料、听汇报、算细账等方式，了解村级扶贫产业发展、基础设施配套、扶贫政策落实、人居环境整治等有关工作，重点围绕“两不愁三保障”开展核查，督办检查中央脱贫攻坚专项巡视反馈意见以及国考、省考通报问题整改落实情况。孙兵强调，要坚持以人民为中心，凝心聚力，决战决胜，全力以赴打好打赢精准脱贫攻坚战，不断增强人民群众获得感、幸福感。

△沙洋县“四个三重大生态工程”建设暨长江经济带“双十”工程推进会召开。县委副书记、代县长、县委政法委书记陈威主持会议并讲话。会议传达省、市相关会议精神，听取相关部门关于改厕工作、乡镇污水处理、精准灭荒、城乡垃圾治理、绿色产业发展、国家生态警示片反馈问题整改、“十大标志性战役”和安全饮水等工作推进情况汇报以及下阶段工作打算。

28 日

△在第三十二个“世界艾滋病日”即将到来之际，县疾控中心、县人民医院、县中医院、县义工联等单位在城区中百桥举行宣传活动，拉开艾滋病性病检测咨询月活动帷幕。活动中共发放宣传折页 200 份、安全套 6000 支，解答群众咨询 100 余人。

△县人大常委会主任刘良平主持召开县五届人大常委会第二十三次会议。会议听取和审议县人民政府关于县五届人大三次会议以来代表建议办理情况的报告、2018 年民生实事未完成事项的情况说明、沙洋县 2019 年财政预算调整方案的报告、《湖北省实施〈中华人民共和国农民专业合作社法〉办法》贯彻实施情况报告审议意见办理情况的报告；听取重点建议承办单位关于县五届人大三次会议重点建议办理情况汇报并进行满意度测评；审议通过县五届人大四次会议召开时间的决定（草案）以及有关人事任免事项。

△县委书记刘克雄主持县委理论学习中心组 2019 年第三十次集中学习。县委副书记、代县长、县委政法委书记陈威等参加。学习会上集中观看警示教育片《叩问初心》；学习《中共中央关于加强党的政治建设的意见》，习近平总书记在中央财经委员会第四次会议上的讲话，《湖北省扶贫攻坚领导小组关于印发〈2018 年国家对湖北省脱贫攻坚成效考核反馈问题整改方案〉的通知》《湖北省扶贫攻坚领导小组印发〈关于解决“两不愁三保障”突出问题的实施意见〉的通知》，省扶贫攻坚领导小组办公室《关于进一步明确脱贫攻坚有关政策标准和工作要求的通知》，《湖北省扶贫攻坚领导小组印发〈关于构建稳定脱贫长效机制的意见〉的通知》；传达市委书记张爱国对沙洋县相关工作重要指示精神，市长孙兵调研督办沙洋县精准脱贫工作时的讲话精神。

29 日

△县委书记刘克雄主持召开县委常委会会议。会议传达学习习近平总书记在十三届全国人大二次会议甘肃代表团审议会上的讲话精神、《十九届中央脱贫攻坚专项巡视反馈意见湖北省整改工作领导小组关于印发〈省委常委班子脱贫攻坚专项巡视整改专题民主生活会整改落实方案〉的通知》；听取关于县委领导班子 2018 年度民主生活会及巡视考核反馈等意见整改落实情况报告；研究县人大法制、财经委员会组成人员调整。

下旬

△县公安局成功打掉一个贩卖冰毒、麻果的犯罪团伙，共抓获涉嫌贩毒、容留他人吸毒犯罪嫌疑人 13 人，同步查获吸毒违法人员 45 人。

△沙洋县高阳镇创新巡河机制，首次运用无人机对全镇河湖水域开展全方位、无死角巡查，“借天眼”治水。

12 月

1 日

△位于沙洋县高阳镇、总投资 3.82 亿元、占地 166 亩、装机容量 4 万千瓦的光大国际（沙洋）生物质发电项目正式投产。

2 日

△湖北佳悦新材料公司二期项目协调会召开。县委书记刘克雄出席会议并讲话。县委副书记、代县长、县委政法委书记陈威，县

委常委、常务副县长杨孟富，副县长李旭祥等出席会议。会议听取湖北佳悦新材料公司二期项目相关情况汇报；各与会单位就项目发展建设中的相关问题及解决措施作表态发言。

△县委书记刘克雄带队开展12月份全县重点项目拉练活动。县领导刘良平、吴道新、杨孟富、周明、伍勇、全昌国、康德兵、彭艳、李旭祥、吴传斌、杨伟波、陈卫国、姚必泉等参加。刘克雄一行实地察看卓政大道、明月路、中国（沙洋）农特商贸城、县职教中心新校区、县外国语学校、万锦科技二期、轻量化玻璃包装材料、京城新能源装备制造、富泰革基布搬迁扩改、豆邦食品搬迁、湖北沙洋干部学院、国道348南环线及汉江公路二桥工程等项目建设现场，了解项目建设进度及现阶段面临的问题，协调解决项目推进过程中存在的问题，推动项目加快建设。

3日

△县委副书记、代县长、县委政法委书记陈威主持召开县五届人民政府第六十二次常务（扩大）会议。县领导杨孟富、周翠兰、全昌国、彭艳、李旭祥、王华芳、吴传斌、杨伟波、罗雁等出席会议。会议传达学习《关于群众身边不正之风和腐败问题典型案例的通报（二十二）》《省委办公厅 省政府办公厅印发〈关于进一步完善保障农村贫困人口基本医疗的若干措施〉的通知》等文件精神；研究《2020年政府工作报告》《关于2019年国民经济和社会发展计划执行情况与2020年国民经济和社会发展计划草案的报告》《沙洋县2019年财政预算执行情况和2020年财政预算（草案）》、建立县级粮食收购贷款信用保证基金相关工作、根治拖欠农民工工资工作；听取2020年全县民生实事征集情况汇报；传达全国安全生产电视电话会议，全国、全省、全市民政会议精神，研究解决全县民政工作相关问题。

△沙洋县残联会同曾集镇政府在曾集镇福利院联合举办“扶贫助残暨残疾人辅助器具发放仪式”，共为有需求的残疾人免费发放轮椅33台（其中电动轮椅2台）、语音电饭锅和智能电磁炉22个、电动护理床3台、拐杖盲杖34根，惠及建档卡贫困残疾人56名。

4日

△县委书记刘克雄主持召开县委常委会会议。会议传达学习习近平总书记在黄河流域生态保护和高质量发展座谈会上的讲话精神；听取2019年根治欠薪工作情况汇报；常委议军，听取县人武部工作情况汇报，研究解决武装工作有关问题；研究县五届人民代表大会常务委员会委员候选人、社会建设委员会组成（兼职）人员，县五届政协常务委员会委员候选人、委员初步人选。

△沙洋县组织县农业农村、公安、教育、民政等30余家县直单位开展“国家宪法日”宣传活动。县委副书记、代县长、县委政法委书记陈威等出席。此次活动共发放宪法宣传页、各类普法读本3000余册，接待咨询220人次，受教育面达6000余人次。

△县人大常委会组织全体常委会组成人员和机关干部开展“宪法宣传日”活动。县人大常委会党组书记、主任刘良平参加活动并讲话。

5日

△沙洋县2019年度村（社区）党组织书记第四期培训班开班。县委常委、县委组织部部长周明出席开班仪式并讲话。各镇（区）组织委员、村（社区）党组织书记共230余人参加会议。周明要求，支部书记要做好政治上的“明白人”、党的建设的“责任人”、富民强村的“带头人”、党员群众的“贴心人”。

△县政协五届十八次常委会议召开。县政协主席吴道新出席会议并讲话。会议书面学习党的十九届四中全会精神和省委政协工作会议精神；听取《县政府关于县政协五届三次会议以来提案办理工作情况通报》和县政府工作情况报告；审议通过《县政协常委会工作报告》和《提案工作报告》；听取县纪委监委工作情况通报；书面听取县人民法院、县人民检察院工作情况通报和县政协各委室工作报告。

6日

△县委副书记、代县长、县委政法委书记陈威主持召开县五届人民政府第六十三次常务（扩大）会议。会议传达学习习近平总书记在十三届全国人大二次会议甘肃代表团审议会、解决“两不愁三保障”突出问题座谈会、中央财经委员会第四次会议，蒋超良在省委十一届六次全体（扩大）会议第一次全体会议和第二次全体会议，王晓东在赴恩施调研脱贫攻坚、东西部扶贫协作和经济社会发展工作座谈会上的讲话精神等；研究讨论《沙洋县贯彻落实省第一环境保护督察组反馈意见整改方案》；听取关于沙洋老港区华兴港埠有限公司和船厂码头关停补偿工作的情况汇报，研究继续设立新材料产业发展资金事宜；通报2019年1—11月单笔100万元以上财政资金拨

付情况。

9 日

△县委书记刘克雄到曾集镇范店村调研力戒形式主义、官僚主义,减轻基层负担工作。

10 日

△县五届人民政府第四次全体(扩大)会议召开。县委副书记、代县长、县委政法委书记陈威出席会议并讲话。县委常委、常务副县长杨孟富,县委常委、县委统战部部长周翠兰,县委常委全昌国,副县长彭艳、李旭祥、王华芳、吴传斌、杨伟波、罗雁等出席会议。会议学习习近平总书记在中共中央政治局会议上关于2020年经济工作、党风廉政建设和反腐败工作的讲话精神,国务院扶贫开发领导小组《关于解决"两不愁三保障"突出问题指导意见》文件精神;审议并表决通过《政府工作报告(讨论稿)》。

△沙洋县召开乡村振兴规划编制情况汇报会。县委书记刘克雄出席会议并讲话。县委副书记、代县长、县委政法委书记陈威主持会议。会议听取规划编制情况汇报,与会人员从不同角度对规划提出改进建议和意见。

11 日

△县委书记刘克雄主持召开县委常委会会议。会议传达学习习近平总书记在十九届中央政治局第十八次集中学习时的讲话精神;听取县人大常委会2019年工作及五届人大四次会议筹备、县政协2019年工作及五届四次会议筹备、省电视问政"农小保"征收增加基层负担、全县村(社区)阵地建设等情况报告;审议《2020年政府工作报告》;研究讨论《关于2019年国民经济和社会发展计划执行情况与2020年国民经济和社会发展计划草案的报告》《关于沙洋县2019年财政预算执行情况和2020年财政预算(草案)的报告》《沙洋县贯彻落实省第一环境保护督察组反馈意见整改方案》,建立县级粮食收购贷款信用保证基金相关工作;通报学习《沙洋县公务员(县管干部)职级晋升工作流程》并研究干部职级晋升工作。

12 日

△荆门市第六届校长论坛在沙洋县汉上实验学校举行。副市长李珩出席并讲话,宣布论坛开幕。全市200多名中小学校长和教师代表参加活动。论坛会上,与会校长及教师代表观摩沙洋县汉上实验学校、实验初中展示课题建设的文艺表演,听取5名校长围绕"新课程改革背景下的学校课程建设"主题所作的交流发言,并就如何进一步深化学校课程建设,把中小学办成有质量、有内涵、有品位、有特色的学校进行互动、对话和探讨。

△县人大常委会主任刘良平主持召开县五届人大常委会第五十二次主任会议。会议组织学习省信访局关于《深入学习贯彻习近平总书记关于加强和改进人民信访工作的重要思想 高质量做好新时代信访工作》精神;听取常委会各调研组关于年终走访人大代表、征求对人大常委会和"一府一委两院"工作意见建议、开展政府民生实事项目人大代表票决工作情况,各专工委室关于2019年工作总结和2020年工作安排情况以及各筹备组关于县五届人大四次会议筹备情况汇报;研究讨论县五届人大常委会第二十四次会议程序性文件。

△省委党校(行政学院)副校(院)长张继久一行到沙洋调研党校工作。县委常委、县委组织部部长周明陪同调研。张继久一行实地调研财政部"五七干校"旧址和湖北沙洋干部学院,听取县委党校工作情况汇报,以及相关单位负责人和教师、学员代表的意见、建议。

13 日

△沙洋县召开全县2019年脱贫攻坚工作推进会。县委书记刘克雄出席会议并讲话。县委副书记、代县长、县委政法委书记陈威主持会议。县领导吴道新、周明、周翠兰、伍勇、全昌国、张继先等出席会议。会议传达中央脱贫攻坚专项巡视"回头看"暨2019年脱贫攻坚成效考核工作部署会精神并通报全县脱贫攻坚专项检查情况。省监狱管理局驻高阳镇王集村工作组、市行政审批局驻五里铺镇左冢村工作组、县市场监督管理局驻李市镇工农村工作组、纪山镇驻金牛村工作组进行述职发言。

△县委书记刘克雄参加指导曾集镇党委班子"不忘初心、牢记使命"主题教育专题民主生活会。县委主题教育督导组参加指导。

15—16 日

△省委党建办综合处副处长、二级调研员陈孝逸带队到沙洋县调研指导软弱涣散基层党组织整顿工作。县委常委、县委组织部部长周明陪同。调研组一行先后深入曾集镇龚庙村、高阳镇寿庙村、沈集镇雨林村等3个市级挂牌重点村进行指导督办,重点询问"四个一"要求落实、整顿进展、党员队伍建设、后备干部培养等方面问

题,并就下一步整顿工作提出指导性的意见和建议。

16 日

△县委书记刘克雄带队到县易地扶贫搬迁安置中心调研指导工作。刘克雄一行察看县易地扶贫搬迁安置中心各项基础配套设施建设情况,走访慰问部分易地搬迁对象,详细了解搬迁对象搬迁入住和后续帮扶落实情况。

17 日

△县政协第五届新政协委员培训会召开。会议集中观看《初心和使命——庆祝人民政协成立 70 周年》纪录片;围绕人民政协理论知识,如何发挥好合作共事、提高民主监督和参政议政能力进行细致讲授;针对提案工作、反映社情民意信息、委员积分制管理等进行专题培训。

△全县乡镇污水处理厂运行及管网建设整改督办会召开。县委副书记、代县长、县委政法委书记陈威出席会议并讲话。会议通报全县乡镇污水处理厂运行及管网建设整改情况;后港、五里铺、高阳等镇(区)汇报近期工作情况、存在的问题及下一步工作打算。陈威强调:要提高站位,树立大局意识和责任意识,贯彻落实好省委、省政府关于推进“四个三重大生态工程”建设的决策部署,全力以赴推进全县乡镇生活污水治理工作;要强化督办指导,加大统筹力度,加强沟通联系,形成强大工作合力,切实解决项目运行中存在的问题,保证月底达标运行;要找准方法,查漏补缺,补齐短板,完善日常管护巡查机制,建立健全长效机制,确保乡镇污水处理厂运行良好、发挥实效。

△县委副书记、代县长、县委政法委书记陈威带队视察县五届人大三次会议重点建议暨民生实事完成情况。陈威一行先后视察明月路、卓政大道、荷花中路、太一湖水库、G348 绕城公路、李市中学运动场改造、枣潜高速连接线、光大沙洋生活垃圾焚烧发电等项目,与包联单位、施工方负责人交流,详细了解项目建设进展情况及存在的问题,协调解决项目推进过程中的问题。

△学习贯彻党的十九届四中全会精神荆门市委宣讲团在沙洋县举行报告会。县委书记刘克雄主持报告会并讲话。县委副书记、代县长、县委政法委书记陈威等出席报告会。市委宣讲团成员、市委党校常务副校长、党组书记郭强以《大国智慧:中国之制与中国之治——党的十九届四中全会精神解读》为题,对全会精神进行系统阐述和深入解读。

18 日

△沙洋县举行 12 月份重大项目集中开工仪式。此次集中开工的 6 个亿元以上项目总投资 18.4 亿元,涉及先进制造业、服务业、基础设施等领域。市委常委、常务副市长赵俊出席开工仪式并宣布项目开工。

△县公安局骑警队首次亮相并投入勤务工作。首批骑警队由 20 名队员组成,配备警用摩托车、骑警服、电台、执法记录仪、单警装备等执勤执法装备,主要任务是通过灵活机动的巡逻方式开展街面治安巡防、交通秩序管控、重点警情和突发案事件的先期应急处置、校园安保护学、法治宣传服务等工作。同时,骑警队接受指挥中心点对点调度,反应将更迅速、更精准。

19 日

△财政部预算司体制处处长张波,省财政厅党组成员、副厅长陈明一行到沙洋调研南水北调汉江中下游地区生态环境保护和建设工作。市委常委、常务副市长赵俊,县委书记刘克雄等陪同。

20 日

△沙洋县举办《沙洋论坛》2019 年第七场报告会。武汉大学经济与管理学院市场营销与旅游管理系副教授、博士吴思,湖北大学资源环境学院教授、博士生导师李兆华应邀作专题辅导报告。县委书记刘克雄等出席报告会。县委常委、常务副县长杨孟富主持报告会。

△县委书记刘克雄主持县委理论学习中心组 2019 年第三十三次集中学习。县委副书记、代县长、县委政法委书记陈威等参加学习。会议传达学习《中国共产党第十九届中央委员会第四次全体会议公报》《中共中央关于坚持和完善中国特色社会主义制度、推进国家治理体系和治理能力现代化若干问题的决定》及说明、《中国共产党党内法规制定条例》《中国共产党党内法规和规范性文件备案审查规定》《中国共产党党内法规执行责任制规定(试行)》等,并围绕学习贯彻党的十九届四中全会精神进行研讨交流。

中旬

△呆萌可爱的检察服务智能机器人“萱萱”正式亮相沙洋县人民检察院 12309 检察服务中心。机器人“萱萱”可通过语音对话专业解答法律问题,也可进行人脸识别,通过人脸识别技术对人进行实时身份识别和全视图数据检索,智

能识别其性别、年龄，便于提供差异化、个性化服务。除具备常见的查询功能外，“萱萱”还可直接访问12309 检察服务中心平台以及案件受理中心的公开案件信息。

21 日

△县委书记刘克雄带领市生态环境局沙洋分局、县委督查室等单位负责人到高阳镇杨集村、沈集镇鄢岗村等地，督办检查秸秆“禁烧”、精准扶贫、农村人居环境整治等工作。

23 日

△参加沙洋县第五届人民代表大会第四次会议和政协沙洋县第五届委员会第四次会议的人大代表、政协委员视察枣潜高速公路沙洋段。

△县五届人大四次会议召集人会议召开。县委书记刘克雄出席会议并讲话。县委副书记、代县长、县委政法委书记陈威等出席会议。县人大常委会党组书记、主任刘良平主持会议。会议宣读县委关于建立大会临时党委的文件，提出各代表团正、副团长建议名单和临时党支部成员建议名单。

24 日

△县委书记刘克雄主持召开县“两会”全体党员会议并讲话。县委副书记、代县长、县委政法委书记陈威出席会议。

△副市长、市公安局局长陈实等沙洋县走访调研。副县长、县公安局局长刘士金陪同调研。陈实先后到拾回桥镇派出所慰问一线民警并督导重点工作，到纪山镇查看考古发掘现场安保防范工作、调研退役军人服务站工作情况。陈实要求：基层派出所要结合本地实际做好交通安全管理、矛盾纠纷排查化解及相关安全保卫工作，保障岁末社会大局安全稳定；从事退役军人服务工作的干部要切实把事办好，将党中央的关心关怀传递到每一个退役军人心中。

25 日

△市委常委、市委组织部部长高义勇到沙洋调研荆沙城镇示范带建设工作。县委书记刘克雄，县委副书记、代县长、县委政法委书记陈威等陪同。高义勇一行先后深入五里铺、曾集、高阳等镇，调研岳飞城农业综合体、升活家田园综合体、光大生物质发电等项目，详细了解项目建设规模；运营模式、投资收益、带动就业、未来规划等情况。高义勇强调：要进一步搞好项目策划，结合市场主体招大引强，着力推进一二三产业融合发展，完善基础设施，推进美丽乡村建设，实现生态 + 新型城镇化、农业现代化、新型工业化发展目标；要统筹资源，积极盘活各类要素，进一步提升生态文化旅游、田园综合体生态品位，培育特色产业，全力打造荆沙城镇示范带的乡村振兴示范典型。

23—26 日

△政协沙洋县第五届委员会第四次会议召开。刘克雄、陈威、刘良平、吴道新、杨孟富、周明、周翠兰、伍勇、全昌国、张继先等县“四大家”领导，县人武部、县人民法院、县人民检察院的领导，沙洋经济开发区主任，沙洋监狱管理局、市汉江河道堤防管处、省引江济汉工程管理局、荆门长湖管理局、楚纪南城大遗址保护区荆门纪山管理处等驻沙单位领导出席会议。大会以无记名方式进行投票选举，康凤英当选为政协沙洋县第五届委员会副主席，葛尚君、李恩良当选为政协沙洋县第五届委员会常务委员。会议举行县政协提案办理民主评议满意单位授牌仪式；表彰县政协 2019 年度优秀提案和履职优秀政协委员；听取政协沙洋县第五届委员会第四次会议提案审查情况报告；通过政协沙洋县第五届委员会常务委员会工作报告的决议、政协沙洋县第五届委员会常务委员会提案工作报告的决议、政协沙洋县第五届委员会常务委员会第四次会议政治决议。

24—27 日

△沙洋县第五届人民代表大会第四次会议召开。刘克雄、陈威、刘良平、吴道新、杨孟富、周明、周翠兰、伍勇、全昌国、张继先等县“四大家”领导，县法院院长、县检察院检察长及邀请人员等出席会议。县委各部门、县政府工作部门、县直单位负责人，市垂直管理机构负责人，各镇区政府、人大负责人等列席会议。会上，与会代表以无记名投票方式选举陈威为县人民政府县长；选举姚必泉为县五届人大常委会副主任，选举李美坊为县五届人大常委会委员；表决通过县五届人大有关专门委员会组成人员人选名单。与会代表以举手表决的方式逐项通过《关于政府工作报告的决议》《关于沙洋县 2019 年国民经济和社会发展计划执行情况与 2020 年国民经济和社会发展计划的决议》《关于沙洋县 2019 年财政预算执行情况和 2020 年财政预算的决议》《关于县人大常委会工作报告的决议》《关于沙洋县人民法院工作报告的决议》《关于沙洋县人民检察院工作报告

的决议》。

28 日

△省商务厅副厅长胡中海带队到沙洋调研农产品供应链项目建设情况。副县长吴传斌陪同调研。

△江西省婺源县委书记吴曙带领婺源县党政代表考察团到沙洋考察油菜产业发展情况。县委书记刘克雄、县长陈威等陪同。考察团一行先后到新港码头、油菜博物馆、张池农耕文化体验园、油菜花海小镇等地进行实地考察,详细了解沙洋县油菜产业发展状况。

△省农业农村厅党组书记、厅长肖伏清一行到综治联系点——沙洋县调研社会治安综合治理和农业农村工作。市委副书记、市委政法委书记李涛陪同调研。肖伏清一行先后到李市镇唐垴村、官垱镇运河新村,实地查看了解高油酸油菜种植以及农村人居环境整治、农村改厕、垃圾分类等工作,随后到县公安局警务综合服务站(荷花路站)、沙洋镇洪岭社区综治中心、三峡土家族村,询问了解"交巡合一,控面保畅"、社区综治工作、村级集体经济发展、社会治理积分制管理等情况,对沙洋县相关工作开展及取得的成效给予充分肯定。

△武汉理工大学"先进材料制造装备与技术研究院"执行院长胡业发一行到沙洋调研企业科技创新工作。县委书记刘克雄等陪同。胡业发一行先后深入佳悦新材料、弘润建材、明阳智能、硕星玻璃、劲驰汽车、京冶重工、泰富重工等企业,详细了解企业生产状况、人才结构、技术难题等情况。随后召开座谈会,听取沙洋发展优势和前景、新材料装备技术研发成果的情况汇报,对与会企业家提出的技术难题、发展规划等情况逐一"把诊问脉"并提出建设性的意见和建议,双方达成初步合作意向。

30 日

△县人大常委会党组书记、主任刘良平主持召开县人大常委会党组(扩大)会议,学习《中国共产党重大事项请示报告条例》、中宣部部长黄坤明关于《推动基层宣传思想工作强起来实起来暖起来》重要讲话精神,传达县委关于年终检查考核工作会议精神,研究谋划县人大常委会 2020 年工作。

31 日

△县委书记刘克雄带队到县自来水公司、沙洋鼎力装卸运输有限公司、东方百货超市、卷桥车站、湖北丽康源纺织材料有限公司、湖北弘港科技有限公司等企业检查安全生产。县委副书记、县长、县委政法委书记陈威等参加检查。刘克雄强调:要时刻紧绷安全生产这根红线,全力做好节日期间安全防范工作,坚决防范各类安全事故发生;要落实安全责任制度,规范岗位操作制度,将隐患和风险消灭在萌芽状态;要认真查缺补漏,坚持把排查治理各类安全隐患作为重中之重,对检查出来的各类安全隐患立即整改;要加强应急值守,重点监管人流密集、客流量大的重点场所、区域,坚持 24 小时值班制度,确保万无一失;要做好应急预案,严格执行各项安全制度和措施,加强对施工现场、重点位置的巡查,坚决遏制各类安全事故。

下旬

△由县委、县政府主办,县档案馆主编的《沙洋年鉴(2019)》在中国文化出版社公开出版。这是《沙洋年鉴》自 2008 年创刊以来首次公开出版。

△沙洋县土地质量地球化学评价(二期)项目野外调查工作通过省地质局、市自然资源和规划局等专家野外验收,被评定为优秀等级。（县档案馆）

政　　治

中国共产党沙洋县委员会

概　　述

【概况】 2019年，沙洋县委贯彻落实习近平新时代中国特色社会主义思想、党的十九大精神和中央、省委、市委决策部署，以开展“不忘初心、牢记使命”主题教育为动力，强化干部担当精神和拼搏作风，各项工作取得较好成绩。

2019年7月10日，市委书记张爱国（前排左二）率全市二季度项目建设和招商引资拉练活动观摩团到沙洋现场观摩

（县投融资中心　供稿）

【全面从严治党】 2019年，沙洋县委始终坚持党要管党、全面从严治党，不断提升管党治党工作水平，营造良好的政治生态，为推进全县各项工作提供坚强保障。开展“不忘初心、牢记使命”主题教育。通过举办主题教育读书班、开展集中交流研讨、邀请省市专家进行专题辅导、编印口袋书等方式，系统学习“一章三书”等规定篇目和党的十九届四中全会精神等最新内容，组织开展2次应知应会知识测试。围绕群众身边的操心事、烦心事开展调研，县级领导干部共建立问题清单228个，领办农贸市场改造升级等民生实事76件；县委常委班子、县委常委个人分别整理收集意见建议26条、57条，各镇（区）、县直各单位领导班子及成员梳理意见建议1023条。重点围绕党中央确定的8个问题、省委确定的6个问题、市委部署和全县自查的问题，建立“即知即改、立行立改”问题清单。加强基层组织建设。确定软弱涣散村（社区）党组织20个，分别制定整顿措施；在全县党员中开展“讲政治、做表率，讲示范、争先进，讲纪律、严要求，讲公德、当模范”的积分活动，激励各领域党员当先锋、作表率、促发展，激发干事创业的新活力；加强意识形态工作，深入推进社会主义核心价值观“九久入户”工程，其经验走向全国。持续强化监督执纪问责。开展县委第六轮、第七轮巡察，并对第四轮、第五轮巡察整改落实情况开展回访督查，运用监督执纪“四种形态”问责62人；完善村级“小微权力”规范运行机制，其做法和经验在全省推广。全年全县纪检监察机关受理各类信访举报122件（次），同比下降54.78%；处置问题线索370件，立案253件，给予党纪政务处分226人，采取留置措施审查调查7人，移送司法8人。

【“三大攻坚战”】 2019年，沙洋县委按照中央、省委、市委统一安排部署，全力以赴打响“三大攻坚战”，取得阶段性成效。坚决打好防范化解重大风险攻坚战。县委、县政府制定《沙洋县防范化解重大风险实施方案》，严控政府债务风险，强化县级政府投资项目管理和审计监督，政府债务总量、负债率长期保持低位。坚守金融安全底线，全县银行业不良贷款余额2.08亿元，不良率降至1.72%，比上年减少0.01个百分点。严防社会风险，化解一批信访积案，阳光信访考核位居全省前列。推进脱贫攻坚。全县建档立卡贫困户66231人，贫困村38个。截至年底，累计脱贫64446人，38个贫困村已全部出列，其中2019年减贫11161人，9个贫困村出列，全县剩余贫困人口1785人。连续三年举办“十选十美·我脱贫我光荣”评选活动，对脱贫典型进行表彰，激发贫困户脱贫的内生动力。坚决打好污染防治攻坚战。严格落实河湖长制，将全县122处河湖库纳入河湖长制管理，全面解除养殖合同，禁止投肥投料养殖。对湖北省第三大湖泊——长湖全面拆除养殖围网。对县域内汉江、长湖水域全面禁捕。先后投入河湖治理资金5000余万元，对县域内重点水体开展专项治理，城乡生活污水处理厂和工业污水处理厂运行良好，所有排废企业实现达标排放。

【县域经济发展】 2019年，沙洋县委贯彻“五大发展理念”，抢抓汉江生态经济带建设等机遇，大力推进县域经济高质量发展。重点项目建设有序推进。全年实施亿元以上项目(不含房地产)101个，完成投资165亿元，同比增长19.5%。总投资5.35亿元的湖北沙洋干部学院主体工程基本完工。平湖花园五星级酒店、明阳风机叶片、新港物流园等项目正在抓紧建设之中。营商环境进一步优化。积极盘活土地指标，申报实施增减挂钩项目13个，总规模1447.47公顷，实施完成验收2367.67公顷(含历年项目)，在市级平台交易增减挂钩指标120公顷，为地方财政创收1.8亿元。加大土地利用批后监管力度，通过依法收回、限期动工建设、二次开发、置换等方式处置闲置土地56.07公顷。积极帮助企业解决融资贵、融资难问题，先后与省农担公司、蚂蚁金服集团签订战略合作协议，搭建政银企合作平台。全力推动减税降费，减税9721万元。推进“零审批”改革，变“先批后建”为“先建后验”或“边建边验”，推广联合验收，利用好工程建设项目审批管理系统，保障全县工程建设项目100个工作日内完成审批，工业建设项目45个工作日内取得施工许可证。区位优势进一步凸显。鄂中公铁水联运枢纽初现雏形，汉江沙洋港为“千里汉江”沿岸最大的综合型现代化码头，完成集装箱运输2万标箱，件杂货和散货吞吐量200万吨。浩吉铁路建成通车，五洋线一级公路改造工程基本完工，形成连接曾集火车站与汉江沙洋港的宽阔通道，连接沙洋港的铁路支线已纳入省发改委“十三五”规划中期调整项目。枣潜高速公路12月底前建成，汉宜路官垱至沙洋县城段改造扩宽工程基本完工，县城周边枣潜高速公路3个出入口连接汉江沙洋港的通道更宽阔畅通。三大主导产业提档升级。全力推动玻璃产业延伸链条，LOW－E玻璃、特种玻璃原片、制镜玻璃、轻量化玻璃包装材料等项目发展态势良好。大力扶持发展智能化重型装备、环保装备产业，沙洋正在成为华中最大的风电装备生产基地。大力扶持绿色食品加工产业发展，湖北楚玉莱信克食品科技有限公司生产的小龙虾系列食品远销欧美等国家，全年出口创汇近7000万美元，为沙洋县乃至全省、全国小龙虾、水产食品产业的发展注入强劲动力。

【全面深化改革】 2019年，沙洋县委以推进治理体系和治理能力现代化为目标，征集“微改革”金点子20多条，将其中的“深化公交车改革”“优化社保缴纳流程”等民生问题纳入重点改革范围，让社会各界、广大群众享受改革成果，推动改革向深水区迈进。持续总结宣传改革成果，农业水价综合改革、农村金融改革等一批经验在省市推荐。

【乡村振兴】 2019年，沙洋县委持续抓好荆沙乡村振兴示范带建设，总投资20亿元的中国油菜花海小镇正式对外开放。成功举办首届湖北省油菜花节，吸引全国各地游客100多万人次；举办第三届江汉运河国际半程马拉松，吸引国内外参赛运动员6000多人，“最美油菜花海”已成为沙洋响亮名片。通过实施产业奖补政策，每年稳定种植“双低”油菜4万公顷左右。其中，创建高油酸油菜生产基地4000公顷。以小龙虾产业带动乡村振兴和精准扶贫，坚持不懈做优品质，打响品牌，提高效益。全县小龙虾养殖面积达3.67万公顷(其中，虾稻共作2.67万公顷)，年加工小龙虾6万吨，实现总产值30亿元。

【民生保障】 2019年，沙洋县委扎实创建国家卫生县城，投资5.27亿元，实施100多项工程，补齐城市建设短板。先后接受国家、省、市爱卫技术专家组初评。稳步推进紧密型医疗共同体建设，向镇卫生院派驻第二批执行院长12名，医疗专业技术人员14名，接诊3129人次，开展远程平板静态心电会诊1938例，人民群众就医获得感不断增强。完成县乡产业路建设24.54千米，农村公路组组通建设404.6千米，开展治超“零点行动”180余次，查处超限车辆1.1万辆，全县道路交通运输环境明显改善。全县安全生产、防汛抗旱、森林防火、食品药品监管工作平稳有序，未发生一起重大事故。扎实开展扫黑除恶专项斗争，成功打掉4个黑社会性质犯罪组织、捣毁5个恶势力犯罪集团，铲除28个恶势力犯罪团伙，破获涉黑恶类刑事犯罪案件114起，抓获犯罪嫌疑人198人，刑事拘留188人，扫黑除恶战绩排名全省县市第一。

党委综合

【概况】 2019年，沙洋县委办公室不断加强自身建设，着力提升围绕中心、服务大局的工作水平，发挥统筹协调、参谋辅政、督办落实等重要职能作用，全面推进县委各项工作的顺利开展。

【参谋服务和调查研究】 2019年，沙洋县委办公室贯彻县委高质量发展战略部署，紧扣县委、县政府“走在江汉平原振兴发展示范区前列、跻身全身县域经济‘第一方阵’”的发展目标，突出生态文明建设，从乡村振兴、文旅产业发展、三大主导产业发展等方面入手，对全县如何主动融入省委“一芯驱动、两带支撑、三区协同”高质量发展区域和产业战略布局，在区域发展中明确定位、加快突破进行深入研究思考，提出的《关于实施三大产业“千系新品”计划，加快沙洋后发赶超的建议》《关于打造江汉运河“银河鹊桥”生态文化旅游区的调查与思考》等事关沙洋经济社会发展的意见建议，进入县委决策。坚持把调查研究作为了解全县经济社会发展、了解群众所需所盼的重要方法，牵头开展多批次、多领域调研工作。在经济建设方面，重点调研江汉运河文旅区建设、增加主导产业产品品类等工作；在社会管理方面，重点调研推进社会治理现代化和提升志愿服务质量工作；在精准扶贫方面，重点调研产业扶贫工作；在服务县委方面，重点调研党办系统如何贯彻落实县委高质量发展部署等工作。全年累计形成调研成果8篇、发布信息285条，在省级刊物发表1篇，在市级刊物发表2篇。

【督查督办】 2019年，沙洋县委办公室围绕县委重大决策部署和全县中心工作开展督查，对督查发现的问题和情况如实反馈，及时提出解决对策，确保“督必果、果必真、真必报”。全年组织开展督查33项，编发《督办通报》21期，同比下降超过40%；办理市、县领导批示件147件，办结回复率100%。

【综合协调】 2019年，沙洋县委办公室按照县委阶段性工作安排，扎实做好全县文件、会议、接待等工作的统筹协调，确保与县委保持一致。认真落实“基层减负年”要求，进一步核减发文数量、压缩会议规模、控制会议规格，全年制发规范性文件12份、议事协调机构类文件5份、主要领导讲话文件4份，处理上级来文1084件，协调组织县委常委会议27次、县“四大家”领导联席会5次、全县性会议20余次，发文、会议同比下降42.5%、14.7%。严格落实中央八项规定精神，坚持把接待工作作为展示沙洋形象的重要窗口、扩大友好交往的重要纽带、密切交流合作的重要平台，按照求全求细、勤俭节约、突出特色的标准，先后圆满完成20余次省市领导调研、15次外地企业考察等商务接待活动，较好地展示沙洋经济社会发展成果。

【机要保密和国家安全】 2019年，沙洋县委办公室扎实做好密码通讯服务保障工作，累计收发明密件电报192份、递送办理201次，确保县委、县政府政令安全畅通；没有漏办、错办、压误明密电；定期开展普通密码和内网终端安全使用环境巡察及保密预警监控平台预警信息审核，及时对监测到的违规行为进行整改；强化密码安全保密责任，坚持日常巡查、季度自查、半年检查的监督检查机制。严格执行机要保密纪律和规定，加强对各镇（区）、县直各单位密码安全、密码电报和“三密”文件管理情况的定期检查，确保无失泄密事件。建立健全国家安全工作机制，定期开展国家安全政策和常识宣讲，细化完善全国“两会”、军运会等重要敏感时期的安全预警防范措施，对发现的13个风险点挂牌督办，扎紧防范风险制度笼子。

（田云昭　许君涵）

政策研究

【概况】 2019年3月，成立中共沙洋县委政策研究室，由在县委办公室挂牌调整为县委工作机关。中共沙洋县委全面深化改革委员会办公室、中共沙洋县委财经委员会办公室设在县委政策研究室。主要职能是围绕县委中心工作，对全县经济、政治、文化、社会、生态文明和党的建设等方面的重大问题开展调查研究，为县委决策提供参考。承担县委重要报告、县委主要领导讲话等文稿的起草、修改工作。负责对各镇（区）及县直各部门的调研力量进行组织、联络、协调、指导，发挥调研中心的作用。负责全县全面深化改革重大问题的研究，提出政策建议。负责拟订全县全面深化改革规划，组织开展重要改革方案论证，协调和督促改革任务落实。负责收集、分析、整理和报送有关改革的重要信息、动态，为县委决策提供信息服务；负责联系有关研究机构和专家学者就改革重要问题进行研究和咨询，开展改革工作培训。负责全县财经工作重大事项的研究，提出政策建议。负责协调推动全县性重大财经工作，协调处理全局性、长远性、跨领域、跨地区、跨部门的重大财经问题。承担县委全面深化改革委员会和县委财经委员会的日常工作。内设3个股室：综合股、政策研究股、改革股。下设事业单位1个：沙洋县委政研室政策宣传中心（8月成立）。核定编制数10名，配备领导职数3个，实有干部职工8人。

【政研工作】 2019年，沙洋县委政研室起草各类文稿228篇。其中，各类讲话、发言、致辞157篇，汇报材料64篇，调研文章7篇，共计80多万字。审核把关修改各单位起草的全县性重要文稿100多篇。围绕全县三大主导产业发展、志愿者服务、江汉运河生态文化旅游开发、县城建设、产教融合、乡村振兴、沙洋行政区划变迁的影响等7个课题开展深入调查研究，形成7篇调研成果。全年在《湖北日报》发表文章1篇，在市级刊物《荆门研究》《改革简报》各发表文章1篇。编印内部刊物《内部参阅》5期、《县委决策参考》2期、《调查与研究》2期。积极与省委政研室、市委政研室联系对接财经、政策宣传工作，严格按上级政策精神和有关要求积极开展工作。及时对中央、省、市政策精神进行解读宣传，通过沙洋手机报推送政策信息26期。

【改革工作】 2019年，沙洋县纳入改革工作要点的项目共54项。其中，上级规定项目47项，自选项目7项。一批改革事项成为全省乃至全国亮点。推广社会主义核心价值观“九久入户”工程。3月8日，全市宣传部长会议暨社会主义核心价值观“九久入户”工程现场推进会议在沙洋县召开。4月9—11日，在中宣部新时代公民道德建设工作培训班上，沙洋县作为湖北省唯一一个地区作“九久入户”经验交流发言，标志着“九久入户”工程正式走向全国。推进基层综合性文化服务中心建设。在拾回桥镇探索建立一个由政府引导，农业生产和农民消费搭台唱戏，三产融合、实体运营、具有内生动力的创新型新农村项目——乡村文化综合体。相关经验在5月15日《荆门日报》头版予以报道。创新农业金融服务。创新开发主要为合作社、家庭农场、种养大户、涉农小微企业提供无抵押贷款的融资担保——“新农贷”，有效解决涉农信贷中抵押担保物不足、农业经营主体融资难题。1月12日，“沙洋创新农业金融资金‘输血’兴大户”》在《湖北日报》头版刊发。深入推进社会治理现代化。围绕巩固提升“长安杯”创建成果，以“平安十创”（平安村〈社区〉、平安家庭、平安机关、平安校园、平安医院、平安企业、平安小区、平安市场、平安车站、平安码头）为抓手，以综治中心为依托，以创新载体为手段，着力破解社会治理的一些难点、痛点和盲点，在推进社会治理现代化上进行一些有益探索和实践。《法制日报》于7月18日以“校门前的家长护学岗”报道该经验做法。探索村党支部领办合作社。由农村党支部通过引领合作社发展，实行组织领导“合一”、经营管理“合一”、利益分配“合一”，“三合一”带领广大群众共同致富，有效壮大乡村产业和村级集体经济，带领贫困户脱贫增收，增强基层党组织战斗力。6月17日，相关经验在《农民日报》予以报道。（县委政研室）

巡察工作

【概况】 沙洋县委于2016年6月启动巡察工作，成立中共沙洋县委巡察工作领导小组，设立县委巡察办和4个巡察组。2019年，县委巡察办挂牌成立，为县委工作部门。县委巡察机构贯彻党的十九大精神，坚持以习近平新时代中国特色社会主义思想为指导，落实中央、省、市巡视巡察工作会议精神，始终将“两个维护”作为新时代巡察工作的“纲”和“魂”，深入开展政治巡察监督，持续净化党内政治生态，促进全县经济社会发展。

【政治巡察】 2019年，沙洋县委高度重视巡察工作，将巡察工作纳入县委重要议事日程，摆在重要突出位置推进落实。县委理论中心组3次、县委常委会8次集中学习传达中央和省委关于巡视巡察工作新精神新要求新部署，县委书记专题会2次听取巡察情况汇报，县委主要负责人14次对巡视巡察工作有关文件进行批示，县“四大家”领导22次参加巡察反馈会议。县委巡察工作领导小组严格落实组织实施责任，7次专题研究部署年度及阶段巡察工作，及时听取巡察工作情况汇报。县委巡察办充分发挥承上启下、联络各方、贯彻执行和督促落实的职能职责，持续深化政治巡察。坚持把被巡察党组织学习贯彻习近平总书记重要指示批示精神落实情况，“不忘初心、牢记使命”主题教育开展情况，打好“三大攻坚战”，纠治形式主义、官僚主义、宗教政策等情况纳入政治监督内容，发现贯彻执行上级决策部署不力问题23个，形式主义、官僚主义问题7个，充分发挥巡察政治监督功能，有力推动党的各项工作部署落实落地。

【巡察全覆盖】 2019年，沙洋县委巡察办按照五届县委任期内巡察全覆盖要求，对机构改革后的87个县委巡察对象排出“时间表”“路线图”。按照县、镇、村巡察进度一体谋划、一体推进的要求，采取常规巡、延伸巡和专项巡等方式，开展县委第六和第七轮巡察。其中，对7个镇（区）、14个县直单位进行常规巡察，并采取“巡镇带村”的方式对7个镇（区）所辖的106个村（社区）进行延伸巡察，对2018年度全县13个软弱涣散村（社区）党组织进行专项巡察。发现问题407个，问题线索35条。

【上下联动】 2019年，沙洋县委巡察办主动把整改落实省委巡视反馈问题情况，纳入县委巡察监督重点，会同县委办开展督办检查，严格实行整改销号制，督促机关部门和单位建立完善制度53个。5月，按照市委交叉巡察工作安排，对钟祥市人社局开展交叉巡察，发现问题25个，问题线索3条，圆满完成市委交叉巡察工作任务。9月，市委第三交叉巡察组向沙洋县人社局反馈问题21个，向县纪委监委移交问题线索6条。通过部门联动抓整改，第五轮巡察反馈整改率达99.4%。

2019年7月12日，县委专项巡察组对全县13个软弱涣散村（居）党组织进行专项巡察。图为巡察组走访贫困户，了解扶贫政策落实情况　　　　（县委巡察办　供稿）

【成果运用】 2019年，沙洋县委巡察办加强对被巡察单位整改方案审核把关力度，探索实行“镇村一体反馈”“镇村一体整改”的村级巡察整改模式。4月、11月，县委专项巡察组对17个贫困村和2018年度全县13个软弱涣散村（社区）党组织开展巡察反馈。3月、8月分别对第四轮、第五轮巡察整改落实情况开展回访督查。截至年底，县委第四轮巡察反馈的231个问题，全部整改完成，被巡察党组织在整改过程中运用监督执纪“四种形态”问责33人；县委第五轮巡察反馈的342个问题，整改完成340个，被巡察党组织在整改过程中运用监督执纪“四种形态”问责29人。10月，结合“不忘初心、牢记使命”主题教育，重点对2017年以来县委巡察反馈整改不到位的54个问题进行督查督办，年内已全部整改完成。

【队伍建设】 2019年，沙洋县委结合全县党政机构改革的实际，进一步理顺巡察机构定位，配备专职巡察干部13名。其中，配备领导职数7名（主任、副主任、副科级巡察专员各1名，巡察组专职副组长4名）。通过事业单位招录考试招录1名事业编制干部，选拔5名符合条件的干部调入县委巡察办工作，配齐配强干部队伍。探索实行“单位推荐+组织考核”的方式组建巡察干部库,组建116人的巡察干部库(组长库37人,人才库79人)。同时,建立健全巡察工作规则、巡察内部管理制度、巡察机构与相关部门协作机制、巡察反馈与整改等方面35项制度机制,不断提高巡察工作规范化、制度化水平。

(郭永超)

组织工作

【概况】 2019年3月,按照《沙洋县县级机构改革实施方案》要求,沙洋县委组织部启动机构改革工作,调整优化部门职能配置和机构设置。县委组织部统一管理公务员工作,统一管理县委机构编制委员会办公室、县委老干部局。将县委县直机关工作委员会更名为县委直属机关工作委员会,由县委组织部管理的机关调整为在县委组织部挂牌;将县委老干部局由县委组织部管理的机关调整为县委工作机关。2019年,沙洋县共有基层党组织908个。其中,党委40个、党总支51个、党支部817个。40个党委中,含乡镇党委13个、派出工作部门党委5个、县直机关党委12个、县直事业单位党委4个、企业党委5个、村(社区)党委1个;817个党支部中,农村党支部235个、社区党支部36个。全县共有党员22836名。其中,女党员4478人、少数民族党员67人、农村党员13442人、35岁以下党员4365人、大专以上文化程度党员7746人。一年来,县委组织部坚持以习近平新时代中国特色社会主义思想为指导,贯彻落实党的十九大精神和中央、省、市组织工作会议精神,围绕中心、服务大局,做好基层党建、干部、人才、考评等工作,扎实开展“不忘初心、牢记使命”主题教育,深入实施农村(社区)“红色头雁”工程,全面实施公务员职务与职级并行工作,为沙洋走在江汉平原振兴发展示范区前列,冲刺全省县域经济“第一方阵”提供坚强组织保证。全年召开部务会32次,集体研究决策组织工作重大问题128项并加强督办落实。先后在中央、省级媒体发文6篇,较好地宣传推荐沙洋组织工作。

【基层党组织和党员队伍建设】 2019年,沙洋县委组织部全面开展“整县推进提升”行动。推进支部标准化建设。推动“阵地提升”工程刹尾清零,在卷桥社区试点开展新型综合城市社区建设。实施基层党建五个专项整治行动,开展“两新”党组织“创业先锋”争创活动。首次集中在76个县直机关事业单位开展党组织换届选举。强化“领头雁”队伍建设。开办村(社区)、县直机关事业单位党组织书记专题培训班5次,累计培训880余人次。严格落实村(社区)党组织书记任免县级备案管理制度,按照程序调整村(社区)主职干部6人。开展村(社区)主职干部专职化试点工作,完成3名大学生村官转事业编制工作。优化党员队伍建设。通过表彰示范支部、常态检查督办、开展专题培训等措施,全面推行党员积分制管理。坚持政治标准,完善发展党员“八步工作法”。深入实施“三不”流动党员、“党员信教问题”等专项清查,妥善处置不合格党员30名。提升党建工作服务大局实效。完成中央巡视反馈精准扶贫领域的7个问题整改,选派18名县直单位党员干部到贫困村担任“第一书记”。深入开展扫黑除恶专项斗争,依法收回被长期霸占的集体资产资源2处。县镇村三级联动,20个软弱涣散村(社区)党组织转化升级,整改问题350个,省委党建办调研后给予充分肯定。

【干部队伍建设】 2019年,沙洋县委组织部突出政治标准选人用人,树正实干实绩导向,营造干事创业的浓厚氛围。稳妥有序完成机构改革干部调配、编制配置、人员转隶等工作任务;围绕沙洋改革发展需要,提拔重用干部119名。其中,提拔重用扶贫、招商、项目建设一线干部13名、乡镇干部17名。着力提升干部能力素质。办好春季、秋季党校主体班,脱产培训干部203人;先后开展脱贫攻坚、生态文明建设等专题培训,培训专业型干部1000余人次;开展第三批干部人才双向挂职,从县直和乡镇择优选派27名年轻干部开展双向挂职锻炼;举办干部政治理论考试5次,以考促学倒逼党员干部加强学习。强化干部选任监督和日常监督。全面完成省委组织部选人用人专项巡视反馈的23个问题整改。对8个镇(区)和13个县直单位开展选人用人专项检查,规范选人用人行为。坚持干部选任“凡提四必”,严格执行考察人选征求纪检机关意见和干部任前公示制度。深入开展“不担当、不作为”“两整”专项整治行动。运用提醒函询诫勉手段问责干部9名。开展领导班子和领导干部综合考评。完成71个单位(其中,镇区16个、县直单位55个)领导班子政绩目标考核、1172名科级领导干部履职尽责考核。综合评定出优秀领导班子44个和履职尽责优秀个人308名。

【人才队伍建设】 2019年,沙洋县委组织部聚焦人才需求，坚持以用为本，在引人才、用人才、聚人才等方面做好结合文章，充分发挥人才的智力支撑作用。组织近百家企业参加“我选湖北·创在荆门”“春风行动”等各级招聘引才活动15场，引进技能人才200余人；实施“博士人才挂职”“招硕引博”“双千计划”等系列工程，引进硕博人才18人，引回大中专毕业生650余人。完成“德创汇·众创空间”主体建设，建成沙洋县第一家工程技术研究中心，新建专家工作站5家。建成农村实用人才实践基地、大学生实习实训基地109家，选树湖北省校企共建肉牛育种技术研发中心等3个优秀平台。举办人才工程集中授牌表彰、绿色食品加工产业专家咨询、“两江创客”座谈、专家人才走访慰问、“弘扬爱国奋斗精神、建功立业新时代”系列主题活动近10场。大张旗鼓评选“两江创客”、回归创业人才、“汉上英才”，兑现人才政策资金80余万元。

【“不忘初心、牢记使命”主题教育】 2019年8月，沙洋县委组织部在全县启动“不忘初心、牢记使命”主题教育，提高干部政治素质。以学习贯彻习近平新时代中国特色社会主义思想为主线，用新思想武装党员干部头脑、指导工作实践。坚持将学习教育贯穿始终。深入学习“一章三书”等规定篇目90多篇；举办县委常委（扩大）会读书班1期，各地各单位举办读书班87期；在平湖公园开设红色革命文化长廊，6000余名党员干部重温入党誓词，以红色教育滋养初心使命。坚持将调查研究贯穿始终。聚焦群众最急最忧最盼问题调研，各级领导干部领办落实民生实事992件（其中，县级领导干部76件，各地各单位领导班子成员916件）。坚持将检视问题贯穿始终。广泛征求社会各界意见建议，认真查摆思想、政治、作风、能力、廉政等方面问题，高质量召开专题民主生活会和组织生活会。严格精文减会，发文、会议分别同比减少42.5%、34.8%；各项督查、检查分别同比下降36%、24.2%。坚持将整改落实贯穿始终。抓好民生实事跟踪办结，解决一大批群众操心事、烦心事、揪心事，新建农胜中心农贸市场、建设街市场、长林市场，城区农贸购物环境焕然一新；新增“组组通”道路404.6千米，提档升级农村公路159千米；推进农村饮水安全提升工程，12个村4398户1.8万人喝上放心水，《湖北日报》给予报道。

2019年10月31日至11月1日，省委第三巡回指导组副组长周友明（前左二）一行到沙洋县指导“不忘初心、牢记使命”主题教育工作。市委常委、市委组织部部长高义勇（前左一），县委书记刘克雄（右一）等陪同参加相关活动。图为巡回指导组一行在长林市场视察县委主要领导领办的民生实事项目进展情况　　（县委组织部　供稿）

【村（社区）主职干部专职化试点】 2019年，沙洋县委组织部制定《沙洋县2019年从优秀村（社区）党组织书记中公开招聘事业编制人员方案》，坚持“德才兼备”的选人导向，遵循公开、平等、竞争、择优原则，启动村（社区）党组织书记专职化试点。经发布公告、报名审核、笔试、面试、体检、考察等环节，从优秀村（社区）党组织书记中聘用6名事业编制人员。

【公务员职务与职级并行工作】 2019年，沙洋县委组织部以中央、省、市相关规定及实施方案为指导，制定《沙洋县公务员职务与职级并行制度实施工作方案》。积极开展职级套转，全县614名非领导职务、县以下职级待遇及普通公务员进行套转并轨。及时批复职级设置方案，完成全县16个镇（区）、76个县直单位职级职数设置方案批复工作。适时开展职级晋升，制定《沙洋县公务员职务与职级并行晋升工作流程》，先后开展4个批次373名干部职级晋升工作，在全市率先完成全面首次晋升工作，受到市领导充分肯定。（陈传哲）

宣传思想工作

【概况】 沙洋县委宣传部是县委主管意识形态方面工作的职能部门，统一管理新闻出版工作，加挂县人民政府新闻办公室、县新闻出版局（县版权局）、县委精神文明建设指导委员会办公室牌子。2019年3月，因机构改革，新增新闻出版和电影管理两项职能。2019年，全县宣传思想工作紧扣庆祝新中国成立70周年这条主线，坚持围绕中心、服务大局，牢牢把握新时代宣传思想工作“举旗帜、聚民心、育新人、兴文化、展形象”的使命任务，坚持守正创新，社会主义核心价值观“九久入户”工程走向全国，“十选十美”“新媒体党组织书记负责制”等特色工作名片持续擦亮，县级融媒体中心和新时代文明实践中心建设稳步推进，各项工作取得新进展、新成效。年内，县委宣传部被市委、市政府表彰为荆门市区域性增长极建设（改革创新类）先进单位；何长青被中国新闻社湖北分社和湖北日报社，徐行琴被省网信办表彰为2018年度优秀网评员，周璇被荆门日报社表彰为优秀通讯员，张佩娟被市委、市政府表彰为荆门市区域性增长极建设（文化建设类）先进个人，全凡华《散文三则》获2018年度第五届“荆门文学奖”优秀奖。

【理论武装】 2019年，沙洋县委理论学习中心组充分发挥“龙头”作用，将习近平新时代中国特色社会主义思想作为理论学习重中之重，开展集中学习33次。其中，围绕习近平生态文明思想和打赢脱贫攻坚战等内容开展专题研讨5次，示范带动各级党委（党组）中心组扎实开展理论学习。拓宽学习载体。全面推广中宣部“学习强国”学习平台，探索搭建“学习强国”百姓宣讲平台架构，吸引基层群众主动参与学习，平台激活总数达2.6万人。利用“沙洋论坛”学习平台，邀请原中共中央对外联络部副部长、第十二届全国政协外委会委员于洪君，省社会科学院党组副书记、院长刘光远等专家领导，为全县党员干部作7场培训讲座。推进理论宣讲。组织县“一团八队”和各镇区各领域宣讲小分队深入机关单位、学校、镇村（社区）、网站开展宣讲活动318场，覆盖听众达1.8万人次。开展“打赢脱贫攻坚战”专题宣讲活动32场。曾集镇孙店村农民王在权作为全市唯一农民脱贫典型宣讲骨干，入选市级宣讲团，参加全市专题巡回宣讲。成立社科联组织。组织和指导开展社会科学学术研究，成立沙洋县社会科学联合会，注册成立郭店楚简研究总会，完成《郭店楚简》第一期的编撰工作。

【意识形态】 2019年，沙洋县委严格按照意识形态工作“五纳入”要求，完善明责、确责、履责、督责、问责“五责”机制，全面压实各级党委（党组）意识形态工作主体责任。县委常委会定期专题研究意识形态工作，听取全县意识形态工作报告。县委每半年组织对各地各单位工作情况进行一次督促检查，并在年底召开述职会议，专题听取全县各级党委（党组）关于意识形态工作的汇报。建立健全制度。制发《沙洋县防范化解意识形态领域重大风险实施方案》，进一步明确各级党委（党组）的意识形态风险防范化解责任。定期研判。全县按照月月划重点的思路，及时对敏感时间节点重大舆情热点及特定领域进行前瞻性分析研判、安排布置和督办推进。全年召开联席会议4次、分析研判会议4次、敏感时间节点专题防控会议3次，有效确保意识形态领域整体安全稳定。提升工作能力。继续用好“意识形态大家谈”网上专栏、“沙洋意识形态工作交流群”等网络意识形态工作交流学习平台，引导各镇（区）宣传委员、县直相关单位分管负责人每周分享一篇意识形态领域的理论文章或工作经验，开阔全县意识形态工作的视野。全年分享意识形态领域的好文章、好经验457篇。

【新闻宣传】 2019年，沙洋县委宣传部加强内宣工作，提高新闻舆论引导力。围绕县委、县政府的中心工作和重大决策部署，在《新沙洋》、政府门户网站、《湖北手机报沙洋版》开辟《壮丽70年，奋斗新时代》《创卫进行时》《精准扶贫 不落一人》《推行“九久入户” 厚植核心价值观》等专栏，为全县营造良好的舆论氛围。扩大外宣，提升沙洋美誉度。加强与中央、省、市主流新闻媒体沟通联系，及时报送新闻选题，提供新闻素材，上稿数量稳中有进。全年在市级以上主流新闻媒体刊发新闻（不含新媒体）921篇（条）。其中，各级媒体头版头条9篇（条）；中央级22篇（条），省级20篇（条），市级879篇（条）。

“最美油菜花海”名片不断擦亮，百亿玻璃产业链全省盛名，城河遗址入选中国考古新发现，有力传播沙洋声音，提升沙洋形象。

【网络舆情管控】 2019年，沙洋县委宣传部加强网络舆情监管，维护网络安全。以机构改革为契机，成立县网络舆情信息监管中心。制发《沙洋县突发网络舆情应急预案》，先后妥善处置4起敏感或重大舆情，重点加强新中国成立70周年国庆、军运会期间等敏感时间节点的舆情监测、预警和管控，全年全网涉沙网络舆情态势平稳。持续加强网站与新媒体管理。建立沙洋县政府门户网站24小时值班制度；对2018年已关停的网站域名注销情况进行检查，确保彻底关停；对尚未关停的6家网站进一步强化运维责任。健全完善“新媒体党组织书记负责制”，进一步压实新媒体管理责任，规范新媒体管理工作，加强网评员队伍建设。全年在全县范围内开展3次政务类新媒体清查整改行动，做到底数清、情况明。及时有效治理网络空间。组织开展网络生态治理专项行动，“扫黄打非·净网2019”暨“清朗”专项行动，依法处置1起在微信群转发谣言的事件，有效维护网络空间秩序。

【文化事业】 2019年，沙洋县委宣传部广泛开展文化惠民活动，促进文化事业发展。组织“荆楚红色文艺轻骑兵”小分队奔赴全县各村（社区），开展送春联、送演出、送戏曲活动300余场。成功承办首届湖北油菜花节和第三届江汉运河国际半程马拉松赛，组织开展民俗文化展演、庆祝新中国成立70周年赛歌会、社会主义核心价值观广场舞大奖赛、“我和我的祖国”系列快闪活动，丰富城乡群众的精神文化生活，在全县形成和谐团结、积极向上的良好氛围。推进文化阵地建设。相继建成13个镇文化站、6个乡镇级文化广场、200余个村（社区）文体活动中心和文化活动室，实现全县村（社区）农家书屋、体育设施全覆盖。沙洋县体育中心主体工程已完工并通过竣工验收，拾回桥镇文化综合体建成投入使用，沈集镇、沙洋镇文化综合体开工建设。大力实施文艺精品工程。开展庆祝新中国成立70周年系列征文、书法、摄影、文学采风活动，编辑出版沙洋文史资料《沙洋简史》，全年出版《沙洋文艺》4期。

【“九久入户”工程】 2019年，沙洋县深化创新举措，推动“九久入户”工程持续发展。县委、县政府印发《沙洋县深化“九久入户”工程的实施意见》，创新明确“印”“读”“看”“听”“答”“跳”“查”“评”“行”等九个方面的结合，推动“九久入户”工程全面融入群众生产生活。清华大学组织社会实践支队深入全县各镇（区）调研“九久入户”工程，形成学术性调研成果，进一步扩大“九久入户”工程的影响力。举办全县社会主义核心价值观广场舞大赛，引导城乡群众积极参赛，营造学习践行社会主义核心价值观的强大气场。精心设计“九久入户”工程LOGO标识，并推动融入县域内各种宣传媒介，实现同步宣传核心价值观的良好效果。1月16日，省委办公厅《工作简报》第2期专题推介沙洋县“九久入户”工程的做法。3月8日，荆门市宣传部长会议暨社会主义核心价值观“九久入户”工程现场推进会议在沙洋县召开。会后，钟祥市、东宝区、漳河新区党政代表团专程到沙洋进行实地考察学习。4月9—11日，在中宣部新时代公民道德建设工作培训班上，沙洋县专题介绍“九久入户”经验，成为湖北省唯一一个作经验交流发言的代表，标志着“九久入户”工程正式走向

2019年4月9—11日，在中宣部新时代公民道德建设工作培训班上，县委副书记、县长刘克雄专题介绍沙洋县“九久入户”工程的经验做法

（县委宣传部 供稿）

全国。8月22日,市委宣传部印发《荆门市社会主义核心价值观“九久入户”工程推广实施方案》,在各县(市、区)、市直各单位推广。

【文明创建】 2019年,沙洋县将创文创卫作为“一把手”工程,成立创建工作领导小组,实行县“四大家”领导包联城区27个路段片区和14个镇(区),成立12个攻坚指挥部、5个分指挥部。按照“以块为主、条块结合、多方联动、分工负责”的要求,督导各地各部门认领“责任田”,确保包联体系全县全域全覆盖。县财政投入近2.6亿元用于创建工作。开展文明单位(校园)、文明村镇、文明社区,文明家庭创建活动。截至年底,全县评出县级文明单位(校园)276个,文明镇、村、社区159个;市级文明单位28个、校园4个,市级文明镇村、社区25个;省级文明单位11个、校园1个,省级文明村镇、社区7个;全国文明乡镇1个,文明村1个。评出县级“十选十美·最美家庭”10户、县级“最美家庭”30户,市级“最美家庭”16户。开展十星级文明户和社会主义核心价值观示范户评选活动。全县评出十星级文明户16227户,参评率96.3%;社会主义核心价值观示范户285户。

【新时代文明实践中心建设】 2019年,沙洋县委宣传部探索“双文融合”模式,创新推进新时代文明实践中心建设。在沈集镇彭堰村、曾集镇孙店村、毛李镇三坪村开展新时代文明实践站示范试点建设,整合现有公共服务阵地资源,将新时代文明实践站和村综合文化服务中心融为一体,建立“双文融合”各项规章制度,成立志愿服务队伍,开展各项志愿服务活动。全县所有村(社区)全部实现文明实践站与综合文化活动中心合二为一,融合发展。以拾回桥镇招商引资新建美丽乡村文化综合体为契机,将镇乡村文化综合体与镇新时代文明实践所统一规划、统一建设,打造镇文明实践所、综合文化服务中心和美丽乡村文化综合体“双文融合”“三位一体”的试点示范基地。全县通过“双文融合”模式,以镇村(社区)新时代文明实践站所为平台,开展文明实践志愿服务活动,打造“小蓝帽”等5个志愿服务特色品牌。全年全县网上注册登记的志愿者人数达6.8万人,开展文明实践活动1768场次。

【文化市场监管】 2019年,沙洋县委宣传部学习借鉴“长安沙洋”网格化管理经验,将全县16家网吧划片分组,实行“制度上墙、人员包店、照片张贴、电话公开”,并严格实行“谁包联、谁负责;谁失职、问责谁”。建立完善文化市场技术监管平台监控、手机“APP”,对上网人员身份验证、浏览网页、游戏娱乐等终端在线情况实时监督。加强网络文化市场监管。组建沙洋县文化市场交流微信群,通过与业主交朋友,举案说法,引导依法经营。在全县16家网吧、50余家KTV点歌系统均设置“社会主义核心价值观”开(待)机页面,并张贴醒目标语数百条,倡导绿色网吧、文明歌厅。加强出版物及音像监管。建立完善执法联动机制,会同镇政府、公安、工商等部门,对场所不达标、资质不合格的单位责令整改或取缔,重点督促音像制品统一加贴防伪标识近万份(盘)。在开展专项活动时,发现207国道边有外省游商兜售非法出版物,现场封存200余本。开展文化市场执法和专项整治。以开展“校园周边整治”“暑期整治”等专项整治为契机,充分利用多部门联合执法机制,全面整治文化市场存在的疑难、突出问题。全年开展集中行动2次、专项整治行动4次,出动文化市场执法检查35车次,人员140人次,检查各类文化经营单位230家次,取缔出版物游商地摊4处,收缴非法教辅书籍380多册,排查安全隐患12处。

【扫黄打非】 2019年,沙洋县委宣传部开展“扫黄打非”集中行动,净化文化市场。1月21—25日,开展春节“扫黄打非”集中行动,检查网吧13家、KTV26家、印刷厂9家、出版物经营场所12家。7—8月,开展暑期“扫黄打非”集中行动,出动执法车辆10余台次,人员43人次,重点对车站、物流、校园周边进行拉网式检查,检查文化经营场所81家次。对接纳未成年人上网的2家网吧下达处罚告知书;对证照不全的12家KTV下达催办通知书;收缴非法出版物26册、压缩光碟15张;发现无证游戏机室1家,扣缴电脑主板2块,责令停业整顿;对2家未实名登记和1家灭火器过期的网吧、1家印刷内部出版物未及时向主管部门报备样本,登记簿没有填写完整,责令其限期整改。开展“五大专项行动”。开展“护苗、清源、固边、净网、秋风”五大专项行动,检查音像、出版物、印刷企业等文化经营场所160家次。对没有严格落实验印登记、销毁制度问题的1户印刷企业给予警告,对发行非法出版物的3家书店给予警告和罚款的行政处罚。对11家印刷厂、9家图书销售店、16家网吧、1家动漫城、39家歌舞厅的文化经营情况进行明察暗访，下发整改通知书4家，办理行政处罚案件3件，对3家书店给予警告和罚款。推进“扫黄打非”基层站点建设。按照“扫黄打非”标牌上墙、人员情况上墙、工作职责上墙、工作制度上墙、宣传有阵地、举报有渠道的“六有”标准，推进“扫黄打非”基层站点建设。沙洋镇卷桥社区、曾集镇孙店村申报第三批全省“扫黄打非”进基层示范点。

【全民阅读】 举办年度阅读之星评选颁奖活动，分别授予9位读者年度阅读之星荣誉称号，并颁发荣誉证书和奖品。开展第十九届青少年爱国主义读书教育活动。开展诗歌朗诵活动。9月27日晚，县妇联、县巾帼志愿者协会开展诗歌朗诵活动，庆祝新中国成立70周年，15名参赛者用一首首经典诗词表达对祖国的热爱之情。开展全民读书月活动。联合沙洋陈家山监狱开展以“读经典、学新知、促改造”为主题的全民阅读主题帮教活动。活动现场，举行沙洋县图书馆陈家山监狱阅读服务点授牌仪式，县图书馆和县新华书店向陈家山监狱捐赠价值万元的图书。县新华书店向曾集镇许岗小学图书馆捐赠5000余元的图书。组织开展流动图书车送书下乡活动。免费发放农业科技书籍2600余册，光碟3000多盘。开展“希望家园”读书分享活动。全县43个“希望家园”建设点开展读书分享活动160余次。丰富农家书屋图书。筹资近40万元采购新书和报刊，为全县234个行政村农家书屋新增图书38种、征订报刊10种。

【融媒体中心建设】 按照沙洋县机构改革实施方案，原沙洋广播电视台和原沙洋县新闻中心整合为沙洋县融媒体中心，并于2019年4月9日正式挂牌。9月12日，县委常委会专题研究县融媒体中心建设事宜，讨论通过《沙洋县融媒体中心建设实施方案》，成立沙洋县融媒体中心建设实施工作领导小组，着力协调解决县级融媒体中心的人员、编制、经费和平台建设问题。11月26日，县委编制委员会研究通过《沙洋县融媒体中心三定方案》，明确为县委直属公益一类事业单位，归口县委宣传部领导，事业编制数增加到50名，设领导职数7人；内设机构10个，分别是办公室、财务室、总编室、采访部、广播部、电视部、报刊部、新媒体部、技术部、产业发展部。通过重构组织构架，搭建起适应全媒体生产传播的运行管理体系。2019年，县融媒体中心围绕县委、县政府中心工作和重大决策部署，加强宣传策划，做优主题报道。在沙洋电视台、《新沙洋》报纸、沙洋政府门户网站、湖北手机报沙洋版上开辟《壮丽70年，奋斗新时代》《创卫进行时》《整治村庄环境建设魅力沙洋》《安全发展和谐共建》《精准扶贫不落一人》《推行“九久入户”厚植核心价值观》《扫黑除恶进行时》《优化营商环境助推高质量发展》《人大评议进行时》《政协委员风采》《创卫曝光台》《天下沙洋人》等栏目，为全县各项重点工作顺利推进营造良好的舆论氛围。形成“一中心六平台”的宣传格局（“一中心”即：沙洋县融媒体中心；“六平台”即：沙洋广播电视台、《新沙洋》、沙洋政府门户网站、云上沙洋、湖北手机报沙洋版、沙洋双微矩阵）。云上沙洋客户端从沙洋电视台、沙洋政府门户网站、省市新闻媒体上精选图文视频720条进行推送。新开办的《创卫进行时》《创卫曝光台》等栏目，分别在沙洋电视台和云上沙洋客户端播出。《天下沙洋人》栏目采访一批在外成功创业的沙洋籍人士，讲述其创业故事和成功经验，激发全县人民的创业激情。全年在中央、省、市媒体推出电视新闻280条，在中央、省、市级主流媒体刊发新闻1600多篇。（刘　桃）

统战工作

【概况】 2019年，沙洋县委统战部坚持以求同存异、民主协商、和谐共赢的理念开展统战工作，全县各项统战工作正在迈上新台阶。加强党外干部安排力度。县政府工作部门中有4个党外干部任实职正职，3个乡镇配备党外班子成员，1个政府工作部门二级单位配备党外正职干部。做好党外人士政治安排工作。全年调整增补县政协委员12人，县人大代表6人，推荐市光彩事业促进会理事和会员共14人。成立新的社会阶层人士联谊会，开创性地打造“沙洋·德创汇”新的社会阶层人士统战工作实践创新示范基地；沙洋镇三峡土家族村村委会被授予全国民族团结进步模范集体称号。

【思想建设】 2019年，沙洋县委统战部坚定政治立场，牢牢把握意识形态领域主动权。加强政治理论学习。县委理论学习中心组和统战工作领导小组将习近平总书记关于加强和改进统一战线工作的重要思想纳入学习内容；开展中共十九届四中全会精神宣讲活动；通过《沙洋论坛》对宗教事务条例进行解读；县委常委会专题听取2019

年全国、省、市统战部长会议精神。组织参加理想信念报告会。组织40多名企业家参加全市民营企业家理想信念报告会,明弘建材董事长王明洪在会上作题为《不负时代重任,勇于社会担当》的报告发言。

【民主党派基层组织建设】 2019年,沙洋县委统战部持续推进民主党派基层组织规范建设,照顾同盟者利益。有意识的推荐优秀人才。全年有2名民建会员分别被提拔为县商务局局长和县科技经信局局长,2名民盟盟员提拔为党外副镇长,1名民盟盟员提拔为二级单位负责人。提供经费支持。每年为各民主党派基层组织提供一定的经费作为活动开支,在有大型活动时给予专项支持,当年专项拨款支持民建沙洋基层委员会赴长沙、韶山等地开展"不忘合作初心,继续携手前进"主题教育活动。加强干部培训和锻炼。每年选送大量党派成员参加各类培训班,多次召开各种座谈会、调研会、学习会,引导党派成员提升素质,积极参政议政和开展民主监督。2019年民进荆门市基层组织委员培训暨基层组织建设主题年现场推进会在沙洋召开;民进沙洋支部主动认领竹皮河民间河长,成为全省首个民主党派基层组织民间河长。

【党外知识分子和新阶层统战工作】 2019年,沙洋县委统战部画好更大同心圆,不断开创党外知识分子和新阶层统战工作新局面。广泛开展座谈。多次召开座谈会,广泛听取党外知识分子、新的社会阶层代表人士的意见和建议,将收集到的意见和建议向县委、县政府进行报告,并以县政府办名义下发文件对所提建议进行任务分解和督办。成立组织。成立党外知识分子联谊会和新的社会阶层代表人士联谊会机构,落实全额事业编制1名,并于12月17日召开大会,选举产生会长、副会长、理事、秘书长等人选。打造新的社会阶层人士实践创新项目基地。先后组织相关人员赴老河口市和赤壁市学习先进经验,打造"沙洋·德创汇"新的社会阶层人士和党外知识分子统战工作实践创新示范基地。

【非公有制经济领域统战工作】 2019年,沙洋县委统战部聚焦两个健康,促进非公有制经济领域快速发展。积极开展"党员主题活动日"进企业进商会活动,组织民营企业家参加华中农业大学经济管理学院资本市场专题培训、民营企业财务管理培训、全省电商消费扶贫培训。推荐20名企业家参加北京大学、清华大学、人民大学、华中科技大学等高校研修班。组织建材商会到江浙一带考察,物业协会到荆门取经,组织水云山电商、荆玻集团、荆华铝业等企业到全国做得最好的同行企业中学习取经。邀请四川绵阳的专家为全县化工企业拿脉问诊,出谋划策。邀请省内专家为明弘玻璃全体干部职工开展专题培训。加强商会工作。上半年,新增执委4名,副主席3名,发展会员32家;继建材商会、粮油商会、物业管理协会成立之后,筹建沙洋装饰协会;海南沙洋商会正在积极筹备,商会框架基本成型,人员基本到位,班子成员基本确定。服务企业成效明显。通过召开执委会和会员企业联谊会,促成48家企业在资金、管理经验、技术、产品销售、原材料采购等方面相互帮助相互支持;分别与农商银行、建设银行、农发行签订战略合作协议,解决银企信息不对称、资金错配、时间错配等问题,受到银行与企业的称赞。精准扶贫开展有力。动员组织明弘玻璃、洪森实业等25个企业结对帮扶贫困村。树立五里富强农庄、马良汉江牛业、后港荆华铝业、官垱澎湖农庄等精准扶贫示范典型。全县参与精准扶贫各类企业达184家,参与率达71%。省工商联副主席彭斌对沙洋县精准扶贫工作给予高度评价,特别对曾集镇花中花米业有限公司段传清点对点帮扶贫困户模式给予高度肯定。

【营商环境】 2019年,沙洋县委统战部优化营商环境,构建"亲""清"新型政商关系。落实包联机制。提请县委、县政府制定出台2019年度"三千行动"工作方案,并对"三千行动"包联名单进行调整,制定《沙洋县领导包联项目服务工作机制》等文件,确定全县110个挂旗作战重点项目的包联指挥长、项目秘书和驻点秘书,实行三级包联。畅通投诉渠道。成立非公企业投诉中心,设立"工业110"热线电话,在县纪委监委设立民营企业投诉服务专线电话,成立信访快速处置专班,对涉及企业问题举报及时处理、优先处置。解决实际困难。多次不定期分层次、分类别召开现场办公会和座谈会,召集人社、土地、金融、环保、征收办等部门,现场解决项目建设、招工难、中小企业融资、征地拆迁等问题,及时解决企业发展面临的困难。典型引导。在沙洋电视台、云上沙洋、《新沙洋》、沙洋政府网站、湖北手机报沙洋版开设专题专栏,开展"最美创业青年""最美企业家"的模范榜样宣传,总结推广陈瑶杰等10名优秀企业家和创业者的先进事迹，深入报道明弘建材、正邦集团、万锦科技、硕星家电、奥格森化工等一批民营企业的优秀事迹。

【宗教管理】 2019年，沙洋县委统战部强化责任担当，严格落实宗教规范管理。加强宗教工作整改落实。组织4个专班对全县所有宗教场所“四进”“八无”“三上墙”情况进行检查督办，推进国旗、宪法和法律、社会主义核心价值观、中华传统优秀文化进宗教场所。在全县开展了“双学(学《宗教事务条例、学社会主义核心价值观》)双促(促规范管理、促社会和谐)”培训，特别是重点乡镇毛李和后港还单独召开培训会。通过沙洋论坛、宗教政策培训班、宗教场所负责人培训班等形式宣传党的宗教政策，推进宗教中国化进程；联合县委组织部下发文件，对全县党员干部信教问题进行清理整顿。完成省委督查重点整改任务。全面认领反馈意见，认真落实工作要求，做到举一反三。出台《沙洋县关于省委宗教工作督查反馈意见整改方案》，建立台账，实行问题销号管理。全面清理佛道教商业化和烧高香等问题，对纪山寺祈福塔档位进行全面拆除清理。加强日常监管。多次组织全县28个宗教场所的负责人开展宗教政策培训学习；重新核查上报全县宗教场所，将所有宗教场所进行重新登记备案，对场所名称、具体地址、场所负责人、联系方式均以台账形式登记造册存档，并建立联合执法、综合执法机制。

【民族团结】 2019年，沙洋县委统战部争取资金22万元，支持少数民族村建设，促进民族村实现民族团结和谐发展。年内，沙洋镇三峡土家族村被授予全国民族团结进步先进集体称号。

【对台事务】 2019年，沙洋县委统战部突出交流交往，促进对台工作深入开展。加强沙台交流活动。全年组织公务赴台一批，民间组织赴台一批。沙洋中学校友会组织一批校友赴台湾参访沙洋中学校友、知名画家李有梅；积极参加湖北台湾周荆门分会场活动，接待台湾原空军中将、空军官校校长陈盛文回乡祭祖。开展台胞台属摸底登记工作。启动新一轮台胞台属的登记工作，统计在沙台胞6人，台属13人，涉台婚姻9人。接待台商来沙考察。先后接待3批次台商到沙考察，协调多个参观点参访了解。

【侨务工作】 2019年，沙洋县委统战部发挥桥梁作用，逐步扩大侨务工作影响范围。组织安排参加2019年华侨华人创业发展洽谈会。成功促成湖北美宝生物科技股份有限公司与美国博士郝秀娟女士对接，双方达成初步合作意向。开展侨情普查工作。联系沙洋监狱管理局共同开展侨情普查工作，进一步扩大侨情信息收集范围，新增侨情信息80余条，总量达200余条。开展困难侨属走访活动。对贫困侨属进行走访慰问，为他们送上致侨胞侨属的一封信和涉侨政策以及慰问金，进一步宣传党的政策和社会主义核心价值观。

（徐正梦）

机构编制工作

【概况】 2019年3月，根据《沙洋县机构改革方案》，沙洋县机构编制委员会办公室更名为中共沙洋县委机构编制委员会办公室，为县委机构编制委员会的办事机构，承担县委机构编制委员会日常工作，作为县委工作机关，归口县委组织部管理，单位性质为行政单位；内设4个股室，即综合股、行政编制股、事业编制股、事业单位登记管理股；辖2个事业单位：县事业单位登记管理局、县机构编制政务信息中心。在职人数10人。年内，县委编办在2019年度全县综合考评工作中，先后获得县级最佳文明单位、党建先进单位、综治优胜单位、档案先进单位、党风廉政建设先进单位等荣誉。县委编办主任戴金权被评为荆门市2018年重点项目优秀驻点秘书。

【机构编制基础管理】 2019年，沙洋县委编委坚持机构编制事项集体审议。严格贯彻执行党和国家关于机构编制管理工作的政策和法规，凡涉及机构编制事宜，均由县委编委领导研究决定后再进行办理。全年县委编委召开编委会议3次，分别研究审议沙洋县机构改革方案、党政机构“三定”框架、改革后相关单位机构编制调整等事宜。严守机构编制总量“红线”。截至年底，全县设置机构313家，其中行政63家，事业250家；核定行政编制1469名，核定事业编制8902名。实行人员编制实名制管理。2019年度查询、调整机构编制实名制系统4627人次，及时对沙洋县新录用、调动、任职、退休、辞职、处分等人员信息进行更新，结合机构编制核查、机构编制年报统计工作，对人员管理台账进行变更维护。人才招录服务。核准人才招录(聘)用编计划。2019年度人才招录(聘)核准行政编制招录用编计划37名、事业单位招聘用编计划189名。为2018年度招录(聘)人才办理进编及2019年县内人员调动办理进编手续278人次。开启机构编制“不见面审批”新模式。6月,承担全省机构编制业务“不见面审批”试点,为全县各行政主管部门制作登录CA证书,编印《操作指南》,并及时召开全县机构编制“不见面审批”工作会进行动员培训。年内,各单位可自行登录新系统,在线上传印证文件扫描件即可办理机构编制业务。出台县委编委工作规则、县委编办工作细则。8月,经县委编委审议、县委常委会通过后,印发《中共沙洋县委机构编制委员会工作规则》《中共县委机构编制委员会办公室工作细则》。

【机构改革】 2019年,沙洋县全面完成县级党政机构改革任务。3月底,全县在全市率先完成县级党政机构改革,4月初代表荆门市接受省机构改革领导小组专题调研,7月通过全市检查验收。县委编办按照规定时间,依次完成14家单位集中挂牌、11家单位调整办公场所、原42个部门的285名人员转隶、26个单位出台新“三定”规定、16个单位出台机构编制调整方案等工作,推进机构撤并调整有机融合。改革后,全县设置37个党政机关和8个党委政府直属事业单位。完成事业单位去行政化和规范名称工作。将全县原承担行政职能的40家事业单位去行政化,将其行政职能全部上收至行政主管机关,并在相关单位新“三定”规定和机构编制调整方案中进行明确;对名称不规范的11家事业单位予以更名。

【行政管理体制改革】 2019年,沙洋县委编办完成县级“5+1”综合行政执法改革。根据省委、省政府实施意见,组织县市场监管、文化旅游、农业农村、交通运输、城市管理相关部门领导召开协调推进会,带队赴宜都市、江陵县、团风县等地开展综合执法改革调研学习,推进起草各系统改革实施方案。年末,全县成立县级生态环境、文化市场、交通运输、农业、市场监管综合执法队伍、城市管理等“5+1”综合执法队伍,在全市率先完成“5+1”县级综合行政执法改革。推进纪委派出机构改革。根据省市要求,撤销县纪委派出第一至第四纪工委,撤销县纪委派驻县教育局等5个纪检组,撤销县法院等6个部门的内设纪检监察机构,成立县纪委监委派出第一至第八纪检监察组。深化“经济发达镇”管理体制改革。按照中央指导意见、省级实施意见要求,牵头推进后港镇、官垱镇经济发达镇行政管理体制改革阶段任务,11月初迎接省级第三方第一次综合评估验收。改革的主要任务:建立赋权事项清单。适应现代城镇的特点和发展规律,县政府赋予后港镇、官垱镇19个部门353项行政职能,并与县直部门签订《行政职权授权委托书》。优化党政内设机构。对后港镇、官垱镇内设机构进行整合,根据工作需要综合设置6个内设机构;遵循精简、统一、效能的原则,统筹后港镇、官垱镇设置直属事业单位4个,即综合行政执法中队、政务服务中心、财政所、退役军人服务站。改革延伸派驻体制。将水利站、人社服务中心、自然资源所等延伸派驻机构调整为由镇党委、政府管理,市场监管所、司法所、公安派出所、学校、卫生院继续实行县级部门延伸派驻体制;加强综合行政执法。赋予后港镇、官垱镇政府的行政执法权由各镇综合行政执法中队具体实施,真正实行“一支队伍

2019年12月17日,省委编办秘书处处长、二级巡视员王伟雄(右三)调研沙洋县新港区机构运行情况。县委书记刘克雄(右二)、市委编办主任陈俊峰(右一)、县委组织部部长周明(左一)等参加调研

(县委编办　供稿)

管执法”，切实解决上级“管得着、看不见”和基层“看得见、管不着”问题。推进集中审批服务。全力打造综合、便民、高效的政务服务平台，实行“一门式办理、一站式服务”，实现承担依法依规下放、授权后港镇、官垱镇政府的许可及公共服务事项全部进入政务服务中心办理。完善退役军人服务体系。设立沙洋县退役军人服务中心，为县退役军人事务局所属公益一类事业单位，核定全额事业编制10名；设立14个镇（区）退役军人服务站，为镇政府（区管委会）直属公益一类事业单位，核定全额事业编制28名（每个服务站2名）。完善医保经办体系。将县人社局、县民政局承担的医疗保险、生育保险、医疗救助等经办服务职责统一划转到县医疗保障局，理顺医疗保障经办服务工作管理体制。将县医疗保障局所属的县社会医疗保险局更名为县医疗保障服务中心，核定全额事业编制35名。其中，乡镇派出事业编制13名（每镇1名），采取“县管乡用”方式由县医疗保障服务中心统一管理。另核13个“以钱养事”服务岗位（每镇1个），共同负责乡镇及以下医疗保障参保登记、资格初审、人员异动、政策宣传等相关工作。配合推进生态环境保护领域改革。机构改革期间，生态环境部门由县管调整为系统垂直管理，沙洋县环境保护局15名行政编制、沙洋县环境监察大队20名事业编制、沙洋县环境监测站11名事业编制调整为市管编制。探索构建基层简约高效行政管理体制。推进省级试点后港镇和官垱镇经济发达镇行政管理体制改革，探索优化镇行政体制，推进镇治理体系和治理能力现代化；优化统筹镇党政机构设置，全县13个镇均规范设立党政综合办公室（人大办公室）、政法办公室（应急办公室）、经济发展办公室、社会事务办公室（民政办公室）等内设机构；提升镇级政务服务水平。推进审批服务便民化改革，持续开展“减证便民”行动，全县各镇均建成“一站式服务”综合政务服务平台并向村（社区）延伸，方便群众办事。

【事业单位法人登记】 2019年，沙洋县委编办规范事业单位法人登记。县行政审批局审批专网专线系统集中办理事业单位设立登记事项26项、法人变更登记事项31项。规范事业单位法人年度报告公示。按时完成事业单位法人年检公示310家，公示率100%。

（县委编办）

信访工作

【概况】 2019年，沙洋县信访指标低于市定控制指标，“阳光信访”“五率”指标位居全市前列。进京重点地区访为0；进京越级访28批28人次；赴省越级访53批111人次；到市越级访24批24人次。县群众信访接待服务中心全年接待来访群众607批1951人次。其中，集体访102批1170人次。“阳光信访”平台受理投诉件289件，其中网访235件、办信54件；县长专线办受理总量2792件次，其中受理市民来电2230个、受理市长专线转办的投诉件562件。年内，县信访局被评为2019年度领导班子综合考评优秀单位、沙洋县2019年度平安建设（综治）工作考评优胜单位、2019年度全县党建工作先进单位。

【阳光信访】 2019年，沙洋县“阳光信访”信息系统网上受理群众信访事项391件，受理率100%；已办结391件，办结率100%；按期办结391件，按期办结率100%。地方责任单位受理707件，受理率100%，及时受理率100%。地方信访事项办结805件，办结率100%，按期办结率100%。地方信访部门纳入评价范围204件，满意189件，满意率96.08%。地方责任单位纳入评价范围471件，满意421件，满意率98.09%。

【落实信访解难资金】 2019年，沙洋县向各镇（区）、县直相关单位拨付信访解难资金91.75万元，解决疑难复杂信访案件86件。其中，民政类58件、农业农村类18件、其他类10件。

【敏感时期信访维稳】 2019年省委第五巡视组进驻荆门期间，沙洋县共收到省委第五巡视组交办信访件4批48件，办结48件，办结率100%。在全国、省、市、县“两会”以及第七届世界军人运动会、国庆70周年庆典等重大活动及重要敏感时期，全县信访接待场所实行全天候开门大接访，做到随来随接、随接随办。在“迎大庆、保军运”活动期间，县级领导针对3类重点群体案件开展带案下访、专题研判，研究问题解决措施及方案，推动解决信访难题。

【积案化解】 2019年，沙洋县继续推行县级领导带班接访，县级领导值班74人次，处理信访案件65件次。县级领导包保信访积案135件，化解127件，稳控8件，化解率94.1%。

（张 瑞）

党校·行政学校工作

【概况】 沙洋县委党校、沙洋县行政学校位于洪岭大道南9号,为县委直属事业单位,是县委培训轮训干部、培养党的理论队伍的重要阵地。内设办公室、教务处、教研处、学员组织处、对外培训中心、总务处、信息化管理中心7个科室,编制16名。学校占地面积30亩,建筑面积5000平方米,2015年新建一栋建筑面积为3000平方米的教学综合楼,新建塑胶篮球场、网球场、门球场各1个。2019年2月,县委党校获评"全县宣传思想文化工作'春申杯'后发赶超先进单位"。

【意识形态工作】 2019年,沙洋县委党校狠抓意识形态工作,管好课堂阵地。全年两期主体班均开设意识形态专题课程,从理论上加强学员意识形态教育。管好科研阵地。严格教师调研论文发表审核,严禁在科研学术活动中发表违背中央精神的文章和言论。管好宣传阵地。加强教学管理,健全教学专题审核、教学内容审查、教学过程监督、教学效果反馈体系,落实集体备课、教案审查、教师外出讲课报批等制度,唱好主旋律,确保无"杂音"。管好机关阵地。加强本单位微信群、QQ群等平台的监管,坚持定期进行意识形态分析研判,及时做好重要节点和敏感时期的舆论监督,强化防范风险管控。

【中国农谷干部学院(沙洋)项目建设】 2019年,沙洋县委党校加快推进中国农谷干部学院建设,抽调专业工程技术人员和档案资料整理人员各1名具体负责协调督办。年末,一期11栋建筑全部开工建设,其中食堂、图书教学综合楼、文体中心和学术报告厅主体工程全部完工;1号、2号学员宿舍完成主体结构施工,3号、4号学员宿舍完成基础施工;后勤区完成基础开挖和垫层浇筑。房屋精装修和景观、排水等市政建筑同步进行施工。

【干部培训】 2019年,沙洋县委党校举办春秋两季主体班,组织学员分赴井冈山干部教育学院、河南焦裕禄干部学院开展异地教学。分别与县委组织部、县城投公司、县卫生健康局开展联合办学,举办包括村支部书记培训(2期)、意识形态专题培训、井冈山异地教学等特色专题联合培训,培训700余人次。组织骨干教师赴县直单位、镇(区)、企业广泛开展宣讲活动,累计宣讲20场,培训党员干部3000余人次。按照"专兼结合、外聘内培、资源共享"的原则,两期主体班聘请35名包括省、市委党校(院校)教授、先进人物代表与各领域专家学者、县直机关领导干部、业务骨干及企业人士等为客座教师,办学质量稳步提升。

【科研工作】 2019年,沙洋县委党校组织教师深入全县工业企业、各镇区、贫困村、县直单位等围绕民营经济发展、农村土地流转现状、基层领导干部意识形态状况专题开展实地调研,完成调研课题3项。主体班培训期间,组织学员参与科研活动和交流研讨,围绕环境整治、垃圾分类、乡村振兴、民营经济、土地流转、三产融合等专题开展实地调研,进一步提升学员调查研究的能力和水平。

【师资队伍建设】 2019年,沙洋县委党校选派4名年轻教师到县委办及招商引资、精准扶贫、项目建设等急难险重工作一线接受锻炼,丰富工作经验。选派青年教师参加省委党校、省委讲师团、湖北红安干部学院、市委党校学习、交流15人次,为青年教师快速成长提供学习平台。通过新课试讲环节,3名青年教师成功走上主体班讲台,5名青年教师以组为单位开展联合调研,并顺利结项。

【书香党校建设】 2019年,沙洋县委党校在原有图书规模上,按照自拟书单、季度更新的原则,新购图书100册,进一步充实图书室书目,为打造"书香党校"提供重要支撑。坚持每人每年精读两本好书,每周一分享、每周一点评,全年举办"红炉读书会"32期,分享点评书籍40本。主体班培训期间,教职工与学员、作协代表展开读书互动。通过读书分享常态化,形成领导带头读、干部跟着读、学员一起读的良好风尚。 (雷洋卉)

老干部工作

【概况】 中共沙洋县委老干部局位于沙洋县五一路13号,内设2个职能科室(办公室、安置服务科),下属二级单位1个(县老干部活动中心——县老年大学)。2019年机构改革,新增休干所,核定编制11名,其中局机关行政编制5名,参公编制3名,全额事业编制3名。全县有离退休人员3130人。其中,离休干部14人,副县级以上退休干部65人,科员以上退休干部650人,事业单位退休人员2401人。离退休干部(职工)党员1368

人，设离退休干部党支部69个。

【政治建设】 2019年，沙洋县委老干部局充分运用现代信息技术，将有一定能力的离退休党员全部注册为沙洋“学习强国”学员，每天利用手机平台在线学习积分；对没有行动能力的老干部老党员，则采取“1+1”模式，由年轻党员每月送学上门。指导各支部建立微信群、QQ群，开展网上组织生活，实事播报活动内容和情况。根据老干部实际情况，在县老年大学党员人数较多班级中成立4个临时党支部，在荆门城区浏河社区、望兵石社区成立固定分会场，方便在荆老干部老党员就近就便参加组织生活，确保每名党员都在组织的管理之下。

【老年大学建设】 2019年，沙洋县委、县政府把老年大学作为民心工程、敬老工程、德政工程，投入大量资金支持县老年大学建设。县老年大学在一期建设完成后，迅速开启二期工程建设（教室吸音装修及烹饪教室改建、绿化园林景观及停车场、网球场等3个项目），并于年底完工，使县老年大学基础建设更加完善。年内，县老年大学秋季学期开班32个，学员突破千人大关，达到1050名学员、1470余人次。办学社会效益进一步凸显。组织学员进公园、进学校、进社区开展文艺演出，坚持与沙洋镇社区联办文化艺术节，观演群众累计达1.7万人次。同时，引导1050名学员全部签订安全责任书，要求每个班级专门拿出一节课学习《沙洋县老年大学学员安全责任书》《沙洋县老年大学安全教育书》，增强学员安全意识，提供安全保障。

【社会服务】 2019年，沙洋县委老干部局组织老干部参观城市建设、重点项目和重点企业，让他们了解沙洋日新月异的变化，为沙洋经济社会发展当好“发展谋士”。县人大办离退休干部党支部到纪山镇郭店村参观考察时，了解到有40户刚迁入新居的农户家中尚未通电，随即核实情况并反映给县人大常委会领导，不出三天便解决这一问题，得到干部群众的一致好评。引导离退休干部投身公益事业，开展社会服务。各支部离退休干部积极参与“牵手残疾青少年”活动，带头捐款捐物、扶残帮困，与困难学生进行结对帮扶，定期走访慰问，帮助解决实际问题。离退休干部组建“五老”队伍，联系社会各界爱心人士，为贫困学生捐赠篮球、乒乓球、足球、羽毛球等体育器材100多副；联系沙洋康泽眼科医院为全县青少年免费普查眼睛，并为特别困难的贫困学生免费配镜30副；“五老”人员还自发前往探望智力残疾贫困儿童，为他们送去关怀和温暖。组织离退休老干部帮教“入狱”青少年，为沙洋监狱捐赠《放飞梦想》《中国火炬》《沙洋普法资料》等文学读物各200本，捐赠羽毛球拍10套，牙膏、牙刷、香皂、毛巾等生活用品。积极打造“霞映沙洋”品牌，组建离退休干部宣讲团，深入学校、革命基地、监狱、机关进行红色故事宣讲，传播社会正能量。

【文体活动】 2019年，沙洋县委老干部局依托县老年大学平台，组织全县老干部开展庆祝新中国成立70周年活动，选送书画作品28幅、摄影作品8幅，文艺节目3个参加荆门市庆祝新中国成立70周年暨第四届文化艺术节活动，受到观演群众的广泛好评。其中，由县委老干部局选送的老干部舞蹈类节目《汉江花鼓韵》获一等奖，《两个老兵赞沙洋》获三等奖，书画类获一等奖1个，县委老干部局获评优秀组织奖。

【政治待遇】 2019年，沙洋县委老干部局把抓离退休干部党组织建设作为加强老干部思想政治工作的着力点，充分激发离退休干部党组织思想政治教育的核心作用。及时组建基层党支部。机构改革后，全县离退休干部党支部新组建5个，更名3个，撤销7个。加强流动党员管理。通过设立临时党支部、固定分会场、流动分会场等方式，确保每名党员都在组织的管理之下。优化离退休干部党支部班子建设。指导13个县直单位离退休干部党支部完成换届选举工作，选出5名新的党支部书记。同时，要求每个党委（组）安排1名在职年轻党员为离退休干部党支部联络人，为老干部党支部解决开展活动中存在的一些文档资料技术难题，帮助整理学习资料、档案等，确保离退休干部党支部活动规范开展。规范组织活动。制定出台《沙洋县离退休干部党建工作考评细则》以及党员积分管理细则，严格管理各离退休支部组织生活，持续开展离退休干部党支部书记培训，督促各离退休支部按照“八有”进行规范化阵地建设。3月，县卫生与计划生育局离退休干部党支部、县直离退休干部第二联合党支部获评2018年度离退休干部省级“示范党支部”，高阳镇教育卫生离退休党支部获评市级离退休“示范党支部”。全县有4个省级离退休干部“示范党支部”，创建数量位居全省前列。加强督促检查。8月，县委离退休干部工委对全县69个离退休干部党支部进行一次调研，通过座谈走访全面掌握各离退休干部党支部活动开展情况及面临的困难，为进一步提升离退休干部党建工作水平打下基础。

【生活待遇】 2019年，沙洋县委老干部局坚持统一领导、分工协作、分级负责、分类管理的原则，进一步完善退休干部服务管理办法。坚持思想上关心、生活上照顾、精神上关怀，保持敬重之心、倾注关爱之情、多做务实之事。积极联系督促各单位落实离休干部每年1万元的医疗保险费，离休干部医保报销超出部分由财政补助。每月护理补贴、离休工资、体检等，由原渠道全部落实到位。每年走访慰问全部落实。原单位或主管单位和县委老干部局进行双重走访，包括春节、重阳节、生日、生病住院等。春节全覆盖走访离休干部及其遗属、县“四大家”县级退休干部及其遗属，部分生活困难退休干部、优秀离退休干部党支部书记（委员）及优秀退休干部代表78人，送去慰问金4.95万元。帮助解决上半年4名去世离休干部的抚恤金、丧葬费和遗属补贴，尤其是协助解决差额事业单位——沙洋人民医院离休干部宋文选的抚恤金和丧葬费。协调解决离休干部谷怀良、任培宇代管费等问题。帮助离休干部刘祖科解决住院报销问题。积极落实离退休干部党支部书记每月200元的待遇。

（县委老干部局）

档案史志工作

【概况】 2019年3月，根据沙洋县级机构改革方案，将县档案局调整在县委办公室挂牌，不再保留单设的县档案局，县档案馆调整为县委直属事业单位，县委党史办公室更名为县史志研究中心，调整在县档案馆挂牌。机构改革后，县档案馆除增加史志研究中心职能外，经协商，全县档案工作目标管理、行政执法工作由县委办公室（县档案局）一并授权县档案馆组织开展。年内，县档案馆学习贯彻习近平新时代中国特色社会主义思想和党的十九大精神，用习近平新时代中国特色社会主义思想指导工作，按照依法治档、科技兴档、人才强档、安全管档的思路，推进沙洋档案事业健康发展。

【档案法治宣传】 2019年3月，沙洋县档案馆参加全县湖北省首届油菜花节法治宣传活动，发放宣传资料300余份。6月9日“国际档案日”宣传周期间，发送宣传短信3000条，联合有关部门印发《关于举办“新中国的记忆”主题征文活动的通知》，发动全县各部门参与征文活动，征集征文30篇上报至国家档案局。9月，完成“双随机一公开”档案行政执法工作，随机抽查8家单位。12月4日，参加全县法制宣传日活动，发放宣传资料400份。

【档案业务培训】 2019年6月27日，沙洋县档案馆举办2019年度全县档案工作目标管理推进会，申报2019年档案工作目标管理考评单位的分管领导和档案工作人员共140余人参会。会上，发放培训辅导教材《档案规范性文件实操手册》，邀请市档案馆4名业务专家进行授课。7—9月，分别召开人社、林业系统3次现场会，现场指导档案业务。常态化开展文书档案立卷归档工作指导，采取上门指导、跟踪服务、接受电话及网络咨询等方式，指导与督促全县各立档单位做好归档工作。对县重点办确认的3个省级重点建设项目进行档案登记，并实行跟踪监督指导。

【档案目标管理】 2019年，沙洋县档案馆坚持“标准统一，从严治档”的原则，完成省特级复查3家，省一级晋升49家，省一级复查56家。同时，加大对机构改革单位的档案指导力度，防止因机构变动、人员调整，导致档案无人监管，发生档案流失等事件。

【档案馆库建设】 2019年，沙洋县档案馆完成档案馆库房高压细水雾、温恒湿设备、防磁库、密集架设备安装及馆藏档案上架工作。建立严格的档案安全岗位责任制，落实档案安全责任人，建立档案信息安全保密的档案安全体系。严格按照“十防”要求，对库房进行经常性检查，做到库房管理员日查、馆长周查、馆安全小组月查、重大节日必查制度。

【档案资料征集】 2019年，沙洋县档案馆安排专人跟进首届湖北省油菜花节暨2019年湖北沙洋江汉运河国际半程马拉松赛，完整搜集所有活动档案。积极接收各类符合进馆条件的档案，为服务大局、服务发展、服务群众提供丰富馆藏档案。

【史志编研】 2019年，沙洋县档案馆史志编研成果丰硕。编纂完成《沙洋年鉴（2019年）》并首次公开出版。编纂完成《中国共产党湖北省沙洋县组织史资料（第四卷）》、湖北要览丛书《沙洋县要览》初稿。《中国共产党沙洋历史》(三卷本)初稿撰写完成30万字左右。编纂印刷《红色沙洋》。10月21—28日,在平湖公园开展“传承红色基因、不忘初心使命”沙洋红色革命历史展览活动,接待全县100多个党支部、2000余名党员参观学习,发放《红色沙洋》500余本。

(肖　鹍)

沙洋县人民代表大会

概　述

【概况】 2019年,沙洋县人大常委会学习贯彻习近平新时代中国特色社会主义思想,贯彻落实党的十九大和十九届二中、三中、四中全会精神,紧扣服务改革发展大局,紧扣推动高质量发展,紧扣推进民主法治进程,紧扣打好三大攻坚战,紧扣增进民生福祉,牢记初心使命,勇于担当作为,较好完成县五届人大三次会议确定的目标任务,在沙洋“创新转型、后发赶超”中发挥积极作用。坚持党的全面领导。始终坚持党对人大一切工作的领导,牢固树立“四个意识”,不断增强“四个自信”,坚决做到“两个维护”。不折不扣服从县委安排,坚决落实县委决策部署,严格请示报告制度,对重大事项决定、重要会议召开、人事任免等各项工作以及工作中存在的问题和困难及时主动向县委请示报告,做到与县委在思想上同心、在目标上同向、在工作上同步。认真开展监督工作。始终坚持以人民为中心,按照依法监督、有效监督的要求,推动解决人民群众关心关注的热点难点问题,不断增强人民群众的获得感、幸福感。听取和审议“一府一委两院”专项工作报告,扎实开展执法检查、视察调研、工作评议、履职评议等工作。科学决定重大事项。严格遵照法律规定和法定程序,及时就涉及全局性、根本性和长远性的重大事项以及人民群众普遍关注和迫切要求解决的问题作出决议、决定,提出审查、审议意见。全年依法作出决议、决定和审查、审议意见26项。依法开展人事任免。依法规范人事任免,坚持任前法律知识考试和任后向宪法宣誓制度,不断增强选举和任命人员的责任意识、法治意识和公仆意识。全年依法任免地方国家机关工作人员36人次。其中,任职26人次,免职10人次。

2019年6月29日,县人大常委会部分组成人员及机关全体工作人员到湖南红色教育基地接受教育　　(县人大办　供稿)

重要会议

【县五届人大常委会第十七次会议】 2019年1月28日,沙洋县五届人大常委会第十七次会议召开。县人大常委会主任刘良平主持会议并讲话,县人大常委会副主任康德兵、田继明、全纯金、黄凤兰、李家泉出席会议,常务副县长杨孟富,县监察委员会、县人民法院、县人民检察院负责人列席会议。会议审议通过县人大常委会2019年工作要点;听取和审议县人民政府关于全县2018年度扫黑除恶工作情况的报告和县人大常委会关于《沙洋县人民代表大会常务委员会讨论决定重大事项实施细则》修改的说明;通过相关人事任免事项。

【县五届人大常委会第十八次会议】 3月28日,县五届人大常委会第十八次会议召开。县人大常委会主任刘良平主持会议并讲话,县人大常委会副主任康德兵、田继明、全纯金、黄凤兰、李家泉出席会议,常务副县长杨孟富,县监察委员会、县人民法院、县人民检察院负责人列席会议。会议听取和审议县人民政府关于2018年度法治政府建设情况的报告、关于《宗教事务条例》贯彻实施情况的报告、关于2017年财政预算执行和其他财政收支审计查出问题整改情况的报告、关于《沙洋县城市总体规划(2012—2030)》(2016年修改)的议案、关于中心城区E1-01-05-01地块用地性质变更的议案;审议2017年度县级预算执行和其他财政收支审计工作报告审议意见办理情况的报告、全县义务教育阶段学生免费体检工作落实情况报告审议意见办理情况的报告;通过相关人事任免事项。

【县五届人大常委会第十九次会议】 5月24日,县五届人大常委会第十九次会议召开。县人大常委会主任刘良平主持会议并讲话,县人大常委会副主任康德兵、田继明、全纯金、黄凤兰、李家泉出席会议,副县长王华芳,县监察委员会、县人民法院、县人民检察院负责人列席会议。会议听取和审议县人民政府关于《湖北省实施〈中华人民共和国农民专业合作社法〉办法》贯彻实施情况的报告、关于《沙洋县人大常委会关于〈开展第七个五年法治宣传教育的决议〉》执行情况的报告、关于调整沙洋县2019年财政预算方案的报告;审议通过《沙洋县人大常委会2019年度关于开展法官、检察官履职评议工作实施方案》;通过相关人事任免事项。

【县五届人大常委会第二十次会议】 7月30日,县五届人大常委会第二十次会议召开。县人大常委会主任刘良平主持会议并讲话,县人大常委会副主任田继明、全纯金、黄凤兰、李家泉出席会议,副县长吴传斌,县监察委员会、县人民法院、县人民检察院负责人列席会议。会议听取和审议县人民政府关于《荆门市城市管理条例》贯彻实施情况的报告、关于2019年上半年固定资产投资和重点项目建设情况的报告、关于2019年上半年财政预算执行情况的报告;审议全县2018年度扫黑除恶工作情况报告审议意见办理情况的报告;听取和审议县人民法院近3年刑事审判工作情况的报告;听取和审议县人民检察院近3年刑事执行检察监督工作情况的报告。

【县五届人大常委会第二十一次会议】 9月29日,县五届人大常委会第二十一次会议召开。县人大常委会主任刘良平主持会议并讲话,县人大常委会副主任康德兵、田继明、黄凤兰、李家泉出席会议,副县长吴传斌,县监察委员会、县人民法院、县人民检察院负责人列席会议。会议听取和审议县人民政府关于行政事业性国有资产管理情况的专项报告、关于《湖北省水环境污染防治条例》贯彻实施情况的报告、关于国民经济和社会发展第十三个五年规划纲要实施情况中期评估的报告、关于2018年财政预算执行和其他财政收支审计工作情况的报告、关于变更中心城区荆河路和启林大道交叉路口西北角地块用地性质议案及说明;审查和批准县人民政府关于2018年财政决算的报告;书面审议《宗教事务条例》贯彻实施情况报告审议意见办理情况的报告;听取和审议县人大常委会代表资格审查委员会关于县五届人大三次会议以来代表变动情况的报告;通过相关人事任免事项。

【县五届人大常委会第二十二次会议】 10月10日,县五届人大常委会第二十二次会议召开。县人大常委会主任刘良平主持会议并讲话,县人大常委会副主任康德兵、全纯金、黄凤兰、李家泉出席会议,常务副县长杨孟富,县监察委员会主任杨成英,县委组织部部长周明;县人民法院、县人民检察院主要负责人列席会议。会议通过相关人事任免事项。

【县五届人大常委会第二十三次会议】 11月28日,县五届人大常委会第二十三次会议召开。县人大常委会主任刘良平主持会议并讲话,县人大常委会副主任康德兵、田继明、全纯金、黄凤兰、李家泉出席会议,常务副县长杨孟富,县监察委员会、县人民法院、县人民检察院负责人列席会议。会议听取和审议县人民政府关于县五届人大三次会议以来代表建议办理情况的报告、关于调整沙洋县2019年财政预算方案的报告;书面审议关于2018年政府承诺民生实事办理情况的说明、《湖北省实施〈中华人民共和国农民专业合作社法〉办法》贯彻实施情况报告审议意见办理情况的报告;听取和审议县五届人大三次会议重点代表建议承办单位办理情况汇报;通过县五届人大四次会议召开时间的决定;通过相关人事任免事项。

【县五届人大常委会第二十四次会议】 12月13日,县五届人大常委会第二十四次会议召开。县人大常委会主任刘良平主持会议并讲话,县人大常委会副主任康德兵、全纯金、黄凤兰、李家泉出席会议,副县长吴传斌,县监察委员会、县人民法院、县人民检察院负责人列席会议。会议听取县人民政府关于2019年政府承诺民生实事办理情况的报告；听取和审议县人大常委会代表资格审查委员会关于县五届人大三次会议以来代表变动情况及补选代表资格审查情况的报告；审议通过县五届人大四次会议程序性文件、县人大常委会工作报告；通过相关人事任免事项。

【县五届人大常委会第二十五次会议】 12月23日，县五届人大常委会第二十五次会议召开。县人大常委会主任刘良平主持会议并讲话，县人大常委会副主任康德兵、田继明、全纯金、黄凤兰、李家泉出席会议，常务副县长杨孟富，县监察委员会、县人民法院、县人民检察院负责人列席会议。会议通过相关人事任免事项。

【沙洋县五届人大四次会议】 2019年12月23—27日，沙洋县第五届人民代表大会第四次会议在县文化中心召开。县“四大家”领导，县人民法院院长、县人民检察院检察长、沙洋经济开发区主任，湖北省沙洋监狱管理局、荆门市汉江河道堤防管理处、楚纪南城大遗址保护区荆门纪山管理处、沙洋地区人民法院、沙洋地区人民检察院、在沙的省十三届人大代表和曾担任过县人大常委会的主要领导出席会议。县人民政府工作部门负责人，县政协委员，县直机关团体负责人和各镇人民政府镇长列席会议。会议听取和审议沙洋县人民政府工作报告，审查和批准沙洋县2019年国民经济和社会发展计划执行情况与沙洋县2020年国民经济和社会发展计划，审查和批准沙洋县2019年财政预算执行情况和沙洋县2020年财政预算，听取和审议沙洋县人民法院工作报告，听取和审议沙洋县人民检察院工作报告，听取和审议沙洋县人大常委会工作报告，审议通过沙洋县第五届人民代表大会第四次会议选举办法；选举陈威为沙洋县人民政府县长，补选姚必泉为沙洋县第五届人民代表大会常务委员会副主任，补选李美坊为沙洋县第五届人民代表大会常务委员会委员，通过沙洋县第五届人民代表大会社会建设委员会组成人员名单。审议通过沙洋县第五届人民代表大会第四次会议的各项决议。

重要工作

【监督工作】 2019年，沙洋县人大常委会加强监督工作，听取审议专项工作报告。听取和审议县人民政府关于扫黑除恶专项斗争、2018年度法治政府建设等工作情况的报告；听取县人民政府关于《沙洋县人大常委会关于〈开展第七个五年法治宣传教育的决定〉》执行情况的报告；审查县人民政府关于沙洋县国民经济和社会发展第十三个五年规划纲要实施情况中期评估的报告；审议县人民政府关于沙洋县城市总体规划修改（2012—2030）议案；听取和审议县人民法院近3年刑事审判、县人民检察院近3年刑事执行检察监督工作情况的报告。开展执法检查。对《宗教事务条例》《湖北省水污染防治条例》《湖北省实施〈中华人民共和国农民专业合作社法〉办法》《荆门市城市管理条例》等4部法律法规开展执法检查，推动依法行政取得新成效。开展视察调研。对政府承诺民生实事办理、重点代表建议办理、土地“按户连片耕种”的成效和推广、重大项目建设、支持民营经济发展、秸秆综合利用、紧密型医疗联合体建设、民营学校发展、乡村文化振兴、厕所革命进展情况开展调研。全年开展调研视察16次。加强计划和财政预决算监督。听取审议县人民政府关于2017年财政预算执行和其他财政收支审

2019年5月23日，省人大常委会党组副书记、副主任王建鸣（右二）一行到沙洋调研小龙虾产业发展情况。县长刘克雄（右一）陪同调研

（县水产服务中心　供稿）

计查出问题整改、2018年财政预算执行和其他财政收支审计工作、2019年上半年财政预算执行、2019年上半年固定资产投资和重点项目建设等情况的报告；审查批准县人民政府关于2018年财政决算、2019年财政预算调整方案的报告；建成人大预算联网监督平台；继续对城投、交投2家平台公司整改及市场化转型发展情况开展调研。加强信访工作。认真对待群众来信来访，督促“一府一委两院”及有关部门研究解决群众正当诉求和实际问题85人次。做好备案审查工作。依法备案审查《沙洋县惠民惠农财政补贴资金“一卡通”发放管理实施细则》《沙洋县房屋征收工作方案》等规范性文件5件，对审查中发现与法律相抵触或不适当的问题，督促制定机关予以纠正，维护法制统一。

【代表工作】 2019年，沙洋县人大常委会完善常委会组成人员联系人大代表、人大代表联系选民“双联”制度，不断增强代表履职意识。加强代表先进事迹宣传，在省市媒体刊发宣传报道15篇次。加强代表履职管理，建立代表履职档案，统一印制《沙洋县代表小组活动记录簿》。以贯彻落实《湖北省乡镇人大工作条例》为抓手，推动基层人大工作规范化、制度化。坚持“请进来”与“走出去”相结合，邀请专家到沙开展专题讲座2场次，培训260余人；组织48名人大代表赴北京、成都等地参加学习培训；组织各镇人大主席、监狱管理局和城区代表小组组长到东宝区学习代表积分制管理经验。搭建代表履职平台，畅通代表知情知政渠道，邀请代表列席或参加常委会会议、工作评议、履职评议、视察调研、执法检查、建议督办等重要活动。持续开展代表述职评议、代表结对扶贫脱贫、“代表行动”等活动，丰富代表活动内容。加强代表建议督办，对县五届人大三次会议上提出的113件代表建议，采取领衔督办、视察督办、满意度测评督办等方式，推动办理落实。选择站位较高的10件建议作为重点建议，由常委会主任会议成员领衔督办，对其他建议，由常委会委室牵头督办。年内，10件重点建议获得满意评价9件、基本满意1件；103件一般建议得到代表和群众满意认可102件，建议办理满意率达98.2%。

【工作评议】 2019年，沙洋县人大常委会以转作风、强素质、优服务、促发展为目的，对县公安局、县人社局、县农业农村局、县卫健局、县供电公司等5个单位开展历时7个月的工作评议，收集意见建议1100余条，归纳整理295条，问题全部整改落实。根据《湖北省人大常委会关于加强对司法工作监督的决定》规定，对8名员额法官和5名员额检察官开展履职评议。法官、检察官自觉接受人大监督的意识明显增强，公正司法能力和水平不断提高，司法公信力持续提升。县人民法院审判案件结案率同比提升14.3%，发回重审率同比下降3.8%；县人民检察院落实认罪认罚从宽、智慧住所检察系统建设等工作均走在全市前列。

【“聚力脱贫攻坚、人大代表在行动”活动】 2019年，沙洋县人大常委会按照省、市人大统一部署，聚焦“2015年以来脱贫人口脱真贫、真脱贫”情况。6月，1078名四级人大代表采取“四看六问一算账两评判”方式，进村入户，走访调研，评估脱贫质量，收集意见建议362条，梳理归纳问题意见71件，实现代表参与和走访贫困户“两个全覆盖”。8月，通过现场调研、异地交叉视察、面对面综合问效等方式开展检查督办，71件问题意见均得到较好办理。（朱成杰）

沙洋县人民政府

概　　述

【概况】 2019年，沙洋县政府面对经济下行压力和各种风险挑战，认真践行习近平新时代中国特色社会主义思想，紧扣“创新转型、后发赶超”主题，团结和带领全县人民，攻坚克难，砥砺奋进，朝着全省县域经济第一方阵目标迈出坚实步伐。全年实现地区生产总值335.85亿元，增长7.6%。规模以上工业增加值增长10%。固定资产投资增长11.7%。社会消费品零售总额116.09亿元，增长12.2%。直接利用外资6209万美元，增长9.3%。进出口总额7亿元，增长28.8%。地方一般公共预算收入10.01亿元，增长6.3%。城镇和农村常住居民人均可支配收入分别为35324元、20224元，分别增长8.96%、9.48%。人口自然增长率1.17‰。城镇登记失业率控制在2.53%以内。

【机构改革】 2019年，沙洋县政府机构改革后设政府组成部门26个（县民宗局与县委统战部合署办公，不计入县政府机构个数）。其中保留机构8个，包括县政府办（研究室、人防办、金融办）、县教育局、县公安局、县民政局、县财政局(国资局)、县住建局、县交通运输局、县统计局。新组建或重新组建机构12个,即:新组建县自然资源和规划局,整合县国土局、县林业局、县规划局、县发改局、县水务局等相关部门职责,挂县林业局牌子;新组建县水利和湖泊局,整合县水务局、县移民局职责,挂县河湖长制办公室牌子;新组建县农业农村局,整合县农业局、县委农办、县畜牧兽医局的职责,以及县发改局、县财政局、县国土资源局、县水务局有关农业项目管理的职责;新组建县文化和旅游局,整合县文体新广电局、县旅游局的职责,挂县广播电视局、县体育局、县文物局牌子;新组建县卫生健康局,整合县卫计局的职责,以及县民政局的老龄工作职责,县安监局的职业安全健康监管职责;新组建县退役军人事务局,整合县民政局、县人社局有关职责,按中央部署实施;新组建县应急管理局,整合县安监局职责、县政府办的应急管理职责以及公安、民政等多个部门救灾防灾职责,挂县地震局牌子;新组建县市场监督管理局,整合县工商局、县质监局、县食药局职责以及物价、科技、商务等部门有关执法职责,挂县知识产权局牌子;新组建县医疗保障局,整合县人社局的城镇医保、新农合、生育保险职责,以及县物价局、县民政局相关职责;新组建县科学技术和经济信息化局,将县科技局、县经信局的职责,与县创新创业局的创新职责、外侨办的外国专家管理职责整合;重新组建县发改局,将县发改局、县粮食局以及县经信局、县物价局有关职责整合,挂县粮食局牌子;重新组建县司法局,整合县司法局、县政府法制办的职责。调整优化机构8个,即:县环保局由县政府工作部门调整为市政府工作部门的派出机构;县商务局由县政府直属事业单位调整为县政府工作部门;县城管局更名为县城市管理执法局后,由县政府办所属事业单位调整为县政府工作部门;县民宗局由县政府办管理调整为县政府工作部门,与县委统战部合署办公,不计入县政府机构个数;县扶贫办由县政府办所属调整为县政府工作部门;优化县人社局职责,将县创新创业局的创业职责划入;优化县审计局职责,划入县发改局、县财政局、县国资局有关职责;优化县行政审批局职责,将县编办行政审批制度改革职责,县政府办政务公开、电子政务管理等职责划入,挂县公共资源交易监督管理局、县政务服务和大数据管理局牌子。不再保留机构12个,包括县国土资源局、县林业局、县水务局、县农业局、县卫计局、县安监局(安办)、县工商局、县质监局、县食药监局(食药安委办)、县粮食局、县科技局、县经信局。

【项目建设】 2019年,沙洋县坚持把扩大有效投资作为加快发展的第一动力,不断积蓄发展动能,投资和项目建设连续五年被省政府评为"全省投资和项目建设贡献单位"。狠抓项目协调推进。完善"三级包联"制度,实施亿元以上项目120个,富泰革基布搬迁扩改、轻量化玻璃包装材料、华润马良风电场等46个亿元项目开工建设,光大生物质发电、明阳风机叶片、丽阁3万吨铝型材生产线等42个亿元项目竣工投产。狠抓招商引资。全面推行招商项目研判和预审机制,签约亿元以上项目62个,湖北布实防水基布、申华精密机械、金台田园综合体等一批招商引资项目落地建设。狠抓项目包装策划。谋划2020年重点项目156个,总投资734.89亿元;"十四五"规划项目732个,总投资5115.8亿元。

【工业发展】 2019年,沙洋县突破性发展新材料、装备制造、绿色食品加工三大主导产业,完成产值347亿元,占工业总产值的78%。持续推动企业转型升级。加快新旧动能转换,实施重大技改项目17个,湖北棕桐树新材料、金禹防水建材、豆邦食品技改扩规等10个重点技改项目建成投产;完成海天科技对熊兴化工、潜龙石英建材对荆玻石英建材、中硕再生资源对丰硕农业科技等12家企业兼并重组。深入开展"科技进企业"活动,佳悦新材料、劲驰汽车配件、硕星电器等39家企业被认定为科技型中小企业。

【农业发展】 2019年,沙洋县大力推进蛋鸡、高油酸油菜、小龙虾、优质稻等特色产业发展,新增省级重点龙头企业2家,成立股份制经济合作社266个,累计建设各类高效农业示范基地5.47万公顷。开展品牌创建工作。沙洋县光馨蔬菜专业合作社、沙洋县绿悠缘家庭农场、沙洋县雨田家庭农场等4家企业9个产品完成"三品一标"认证,洪森实业等3家企业入选"荆品名门"品牌。推进农业现代化。全县主要农作物耕种收机械化综合水平、秸秆综合利用率分别达88.5%、94.5%。李市镇、高阳镇成功创建省级生态镇,官垱镇大港河村、毛李镇黄湾村、马良镇艾店村等10个村成功创建生态村。年内,沙洋县"三农"工作再次获评"全省'三农'综合考评先进县"。

【服务业发展】 2019年，沙洋县实现服务业增加值84.64亿元，增长7.8%，占GDP比重达35.9%，新增规模以上服务业企业和限上商贸企业17家。成功签约中国后港·四季花开农业休闲度假区等5个服务业项目，湖北沙洋干部学院、五星级酒店、沙洋建材家居市场等12个服务业重点项目加快建设，沙洋汉江港运行良好，新港物流园建成投入使用，浩吉铁路投入运行，枣潜高速通车在即，沙洋港中心港区疏港铁路纳入《国家铁路专用线重点项目（2019—2020）》《湖北省铁路中长期发展规划》。成功举办首届湖北油菜花旅游节和第三届沙洋江汉运河国际半程马拉松赛事，油菜花海小镇、樱花部落、水云山生态观光园等景区初具规模，全年接待游客390万人次，实现旅游综合收入21亿元。商贸企业品牌进一步提升。全县累计创建"中国驰名商标"2个，"国家地理商标"1个，"湖北名牌"23个，"放心餐厅"15家，"绿色餐厅"10家。沙洋县服务业工作获评"全省服务业发展突出贡献单位"。

【营商环境优化】 2019年，沙洋县全面完成行政许可事项划转，在全市率先将407项行政审批事项划转至县行政审批局，156项公共服务事项入驻政务中心，"一门通办"比例达82.2%，"一窗受理"覆盖率达80%以上，县、镇、村三级可网办率达100%，网办事项开通率分别达97.7%、96.4%、95%，可网办率、网办事项开通率均居全市前列。全力提升政务服务审批效率，实现企业开办3个工作日、不动产登记5个工作日办结目标，用水用气用电等高频服务事项办结时效居全市前列。全力落实惠企政策，全年受理惠企申请780次，兑现包括减税降费在内的各项惠企政策资金1.7亿元。积极化解企业融资难题，县内金融机构推出涉农、涉小微信贷产品56个，全年投放各项贷款120.14亿元。全力开展法治护企行动，判决非法吸收公众存款案1起，打掉涉恶犯罪集团1个，调处并解决涉企纠纷56起。沙洋县优化营商环境考评获全市第一名，获全省最佳金融信用县（市）评比第六名、全市第一名。

【社会事业】 2019年，沙洋县大力提升就业创业质量，新增城镇就业7281人，组织再就业2790人，发放创业担保贷款4765万元。全面提升社会保障水平，低保、五保兜底标准再次上调，发放各类社会救助资金8734万余元；建成保障性住房1098套，分配入住757套，发放住房租赁补贴200户。推进精准扶贫精准脱贫，全年实现11170名贫困人口脱贫、9个贫困村出列。持续改善教育医疗条件，启动特殊教育学校、滨江新区幼儿园建设，"家·后勤·家"学校后勤管理模式经验在全省推广；人民医院内科大楼、中医院综合楼、残疾人康复中心建成投入使用。养老服务体系逐步完善，10个城乡养老服务中心和1个县级示范性城市社会居家养老服务中心建成投入使用，全县养老床位总数达3662张，每千名老人拥有床位数达34张。

【城乡建设】 2019年，沙洋县扎实推动生态宜居城市建设，实施城市道路工程27个，新增通车里程17.6千米；新增绿化面积38万平方米，新建东环线小游园2处，推广节能建筑29.5万平方米；推动479家餐饮店整治达标；新增城市雨污管网27.1千米，完成花园街黑臭水体、平湖菜场、东环线截污等城市环境问题专项整治；新建停车场2处，沙洋中心农贸市场、建设街市场、长林市场投入运营。国家卫生县城创建顺利通过国家技术评估。镇村建设成效明显，小城镇"五乱"现象得到有效整治；新增县乡公路24.5千米、"组组通"道路404.6千米，提档升级农村公路159千米，开通沙洋城区至李市、马良公交线路；改造农村电网477.3千米。

【污染防治】 2019年，沙洋县着力破解环境治理难题，坚决打好"蓝天、碧水、净土"三大保卫战。加强对大气环境实时监控，及时发布大气污染预警信息，针对性做出防控，在沙洋经济开发区建设化工集中区大气预警监测系统，实时监控开发区大气环境质量。先后启动长湖综合整治、西荆河流域污染治理、竹皮河流域污染治理、河湖库水环境监管等项目建设，河流水质达标率85.1%，13个城乡集中饮用水源地全部达标。深入推进"四个三重大生态"工程，累计新建和改建农村户厕67578座、各类公厕300座，精准灭荒6863.2亩，城区垃圾无害化处理率达100%、乡镇达70%以上，11个新建的乡镇生活污水处理厂全部达标运营。

重要会议

【全市"四个三重大生态工程"建设暨小城镇环境综合整治现场推进会】 2019年4月25日，荆门市"四个三重大生态工程"建设暨小城镇环境综合整治现场推进会在沙洋县召开。市委常委、常务副市长赵俊出席会议并讲话。县委常委、常务副县长杨孟富等参加现场观摩并出席会议。上午,与会人员分两组分别实地观摩沙洋县“四个三重大生态工程”建设现场和钟祥市小城镇环境综合整治现场。下午,召开会议。会上,市住建局、市发改委、市自然资源和规划局分别通报一季度小城镇环境综合整治、乡镇生活污水治理和城乡垃圾无害化处理,“厕所革命”,精准灭荒等工作的推进情况及下一步工作安排。各县(市、区)汇报一季度“四个三重大生态工程”建设、小城镇环境综合整治情况及下一步工作打算。

【全县乡村振兴、脱贫攻坚、农村产权制度改革工作推进会暨脱贫攻坚能力提升培训会】 2019 年 4 月 27 日,沙洋县乡村振兴、脱贫攻坚、农村产权制度改革工作推进会暨脱贫攻坚能力提升培训会召开。县委副书记、县长刘克雄出席会议并讲话,县委副书记、县委政法委书记陈威主持会议并讲话。会议组织学习习近平总书记对中央巡视组脱贫攻坚专项巡视重要指示精神,传达全市乡村振兴、脱贫攻坚、农村产权制度改革工作推进会会议精神。会议要求,要大力推进乡村产业振兴,围绕全县优质稻、双低油菜等六大产业,加快配套服务设施建设,积极培育农业产业化市场主体,进一步优化农产品供给质量,强化品牌建设。要加快推动农村人居环境整治,以“两带示范、百村整治”工程为抓手,以“三清一改一植”、农村“厕所革命”等为重点,建立健全投入、保洁、管护等机制,全域开展人居环境整治。要坚决打赢脱贫攻坚战,认真学习领会习近平近日在重庆考察就解决“两不愁三保障”突出问题发表的重要讲话精神,坚决抓好中央巡视反馈意见整改,狠抓产业奖补、“两不愁三保障”等扶贫政策的落实,加快补齐产业扶贫短板,扎实高效推进脱贫攻坚。要深入推进农村集体产权制度改革,坚持问题导向,聚焦重点任务,精准发力,稳步推进,努力打造全县农村集体产权制度改革样板。

【全县深化“放管服”改革工作推进会】 2019 年 4 月 29 日上午,沙洋县深化“放管服”改革工作推进会召开。县委常委、常务副县长杨孟富出席会议并讲话。会议通报“全省一网”“全市一网”建设进展情况,传达省、市相关会议精神,安排部署当前工作;相关单位和镇(区)分别作表态发言。会议要求,要深入推进“放管服”改革。加大放权力度,放宽市场准入;完善监管体系,优化发展环境;创新服务方式,提升服务质效。要加强基层便民服务,打通服务群众“最后一公里”。完善服务机制和服务平台,健全服务规范,开展自助服务终端的安装培训工作。要加强综合监管,规范公共资源交易市场。厘清职责,破除市场壁垒;聚焦重点,加强交易监管;宽进严管,创新信用监管手段。要推进政务环境整治,进一步优化营商环境。要细分责任,提升本领,健全机制,真抓实干落实改革措施。

【招商引资推介会】 2019 年 5 月 21 日晚,沙洋县召开招商引资推介会。湖北省北京大学校友会会长、湖北省长江国际商会会长、长江国际控股集团有限公司董事长刘萌等湖北省北京大学校友会成员出席会议。县委副书记、县长刘克雄出席会议并讲话,县委副书记、县委政法委书记陈威主持会议。县委常委、宣传部部长杨宏银,副县长李旭祥等出席会议。会议集中观看沙洋城市宣传片《水韵沙洋》、北大校友会宣传片、长江国际商会宣传片,听取沙洋县招商引资产业推介。

【优化营商环境工作推进会】 2019 年 6 月 19 日,沙洋县召开优化营商环境工作推进会,传达省、市优化营商环境相关会议精神,对全县优化营商环境工作进行再研究、再督办、再部署。县委副书记、县长刘克雄出席会议并讲话。会议传达省市优化营商环境会议精神,安排部署当前工作。县优化营商环境 6 个专项工作组汇报工作开展情况,并作表态发言。会议要求,要进一步认清形势,清醒认识优化营商环境的极端重要性和现实紧迫性,提升站位,明确中央、省市要求和市场主体的期盼,在企业融资、转型升级、减税降费、行政审批、执法服务等方面下足功夫,切实增强后发赶超的动力。要聚焦聚力观念更新、营商指标、环境再造、症结破解,制定落实好政策环境、政务环境、金融环境、法治环境、人文环境 5 个专项优化方案,不折不扣完成优化营商环境的目标任务。要加强领导,压实责任,加大宣传力度,强化问责,确保层层负责、层层尽责,形成攻坚合力,齐心协力把这项重要工作抓实抓好,助推沙洋后发赶超,早日实现走在江汉平原振兴发展示范区前列目标,以优异的成绩向新中国成立 70 周年献礼。

【创建国家卫生县城攻坚大会】 2019 年 7 月 17 日下午,沙洋县召开创建国家卫生县城攻坚大会。

县委书记、县长刘克雄出席会议并讲话。会议总结前段时间的创卫工作，强调各级各部门要拿出“啃硬骨头”“攻碉堡”的勇气和魄力，突出重点，克难攻坚，进一步完善城市基础功能、提升社区管理水平、提升市民素质、打好“五城同创”的基础。要以强烈的工作责任感和任务紧迫感，以更快的工作速度和更强的工作力度，强化工作责任，创新工作机制，严格督办结账，狠抓落实，全力打好创建国家卫生县城的攻坚战，确保县城面貌发生革命性变化，顺利通过验收，向上级组织和全县人民交上一份满意的答卷。会上，各路长单位、各攻坚指挥部和分指挥部汇报创卫情况；观看沙洋县创卫视频资料；公布擂台赛结果，并对擂主单位授旗。

【“迎大庆，护军运”安全生产会商会】 2019年9月23日下午，沙洋县召开“迎大庆，护军运”安全生产会商会。县委常委、常务副县长杨孟富出席会议并讲话。会上，通报三季度安全生产大检查督查情况。会议要求，要提高站位，绷紧思想之弦，认真组织开展各领域安全生产大排查活动，全面排查、整改安全生产隐患。要夯实责任落实，层层传达压力，切实履职尽责，全面落实企业的主体责任、行业部门的监管责任和镇政府的属地管理责任。要强化隐患整改，加大企业违法行为惩治力度，对存在重大安全隐患的企业和行业要实行立即停产、停业整顿，切实做到执法必严、违法必究。要加大安全生产执法人员的业务培训，强化值班值守，做好应急救援准备，严格落实24小时值守制度，为新中国成立70周年和军运会成功举办营造安全稳定的社会环境。

【“四个三重大生态工程”建设暨长江经济带“双十”工程推进会】 2019年11月27日下午，沙洋县“四个三重大生态工程”建设暨长江经济带“双十”工程推进会召开。县委副书记、代县长、县委政法委书记陈威主持会议并讲话。会议传达省市相关会议精神，听取相关部门关于改厕工作、乡镇污水处理、精准灭荒、城乡垃圾治理、绿色产业发展、国家生态警示片反馈问题整改、“十大标志性战役”和安全饮水等工作推进情况汇报以及下阶段工作打算。会议强调，要看清形势，再加压力，深入推进“四个三重大生态工程”，确保如期完成“厕所革命”、乡镇污水治理、精准灭荒、城乡垃圾无害化处理工作全年目标任务。要对标对表，精准发力，转变工作理念，提升发展质量，严格标准，聚焦绿色产业、绿色项目、绿色生活、改革创新，扎实推进长江经济带“双十”工程。要主动担当，夯实责任，进一步压实各级责任、健全推进机制、转变工作作风，确保各项工作高效落实。

【全县2019年脱贫攻坚工作推进会】 2019年12月13日，沙洋县召开全县2019年脱贫攻坚工作推进会。县委书记刘克雄出席会议并讲话。县委副书记、代县长、县委政法委书记陈威主持会议。县领导吴道新、周明、周翠兰、伍勇、全昌国、张继先等出席会议。会上，传达中央脱贫攻坚专项巡视“回头看”暨2019年脱贫攻坚成效考核工作部署会精神并通报全县脱贫攻坚专项检查情况；省监狱管理局驻高阳镇王集村工作组、市行政审批局驻五里铺镇左冢村工作组、县市场监督管理局驻李市镇工农村工作组、纪山镇驻金牛村工作组进行述职发言。会议强调，全县上下要提高政治站位，以清醒的头脑迎接“回头看”和成效考核，坚持工作力度不减、工作标准不降，以突出的脱贫攻坚成绩展现“不忘初心、牢记使命”主题教育成果。要把握考核要求，明确考核指标、工作标准，做好工作总结、资料准备、访谈准备、现场准备和人员准备，以精准的筹备迎接“回头看”和成效考核。要补齐工作短板，全面压实脱贫攻坚政治责任、党委政府主体责任、县直部门工作责任、扶贫干部帮扶责任，全面落实“两不愁三保障”、社会兜底保障和“两业”扶贫等政策，严格落实各项工作任务，以突出的实效迎接“回头看”和成效考核。要加强组织领导，大员上阵，强化调度，坚持实事求是，力戒形式，以严明的纪律迎接“回头看”和成效考核，全力以赴打赢脱贫攻坚战，为中国2020年实现全面建成小康社会目标作出沙洋应有的贡献。

政府综合

【概况】 2019年，沙洋县政府办公室坚持以习近平新时代中国特色社会主义思想为指导，紧扣沙洋“创新转型、后发赶超”发展主题，拼抢时代机遇，争当跨越先锋，充分发挥政府办参政辅政、服务领导、协调各方的作用，各项工作均取得一定成绩。

【机构改革】 2019年3月，根据《沙洋县机构改革方案》和《沙洋县机构改革实施方案》，县人民政府办公室对职责和机构进行调整。

调整如下:将应急管理职责划至县应急管理局;将政务公开、电子政务管理职责划至县行政审批局,将法制工作职责划至县司法局;将外事侨务办公室的外事管理职责划至县委办公室;将外事侨务办公室的侨务管理职责划至县委统战部;将外事侨务办公室的外国专家管理职责划至县科学技术和经济信息化局;划入原机关事务管理局的公共机构节能管理职责;划入原经信局融资性担保行业监督管理职责;划入县商务局典当行、融资租赁公司监督管理职责。县人民政府办公室对外加挂县人民防空办公室、县人民政府研究室、县人民政府金融领导小组办公室牌子。

【办文办会】 2019 年,沙洋县政府办公室认真落实基层减负年相关要求,规范办文程序,处理各类公文 3000 余件。在发文登记方面,审核精简公文 40 余件,制发政府及政府办公室各类公文 204 件,同比减少 20%;加强会议统筹,提升办会质量和降低会议数量,同比减少 40%。

【参谋研究】 2019 年,沙洋县政府办公室强化参谋研究,提升政府决策能力。全年撰写领导讲话等各类材料 200 余篇,为政府工作提供智力支持。发挥好政务信息建言献策作用,全年编发《沙洋政务信息》48 期,上报信息 260 篇,被直接采用 115 条,信息采用篇数多季度排名全市前列。认真开展调查研究,撰写调查报告和经验材料 12 篇。其中,4 篇在市级及以上交流,为政府决策提供参考。

【督办检查】 2019 年,沙洋县政府办公室围绕精准扶贫精准脱贫、环境污染治理、“放管服”、秸秆禁烧、“五个一”、创卫、招商引资考核等工作开展专项督查 90 余次,印发督查通报 10 期;办理县长批示件 20 件,办结 20 件;督办落实政府常务会议和专题会议纪要 28 期;对 2019《政府工作报告》中确定的 76 项重点工作和 10 件民生实事实行跟踪督办,确保各项工作按时完成。接办省、市、县人大代表建议 109 件,政协委员提案 99 件,办复率、见面率 100%,满意率达 99%。

【应急值守】 2019 年,沙洋县政府办公室编制下发值班工作制度,规范政务值班处置程序,切实做到值班工作 24 小时不断档,确保上传下达准确无误。全年受理县长公开电话来电 1200 余次,接待群众 500 余人次,妥善处置非正常死亡事件、群体性上访事件,有效地确保全县社会稳定。 (李冬琴)

行政审批

【概况】 沙洋县行政审批局是县政府工作部门,为正科级,加挂县政务服务和大数据管理局、县公共资源交易监督管理局牌子。主要职能是负责全县政府职能转变和“放管服"改革、行政审批、数字政府、电子政务、政务公开、大数据和公共资源交易统筹规划、指导协调、监督考核工作;负责办理县级投资项目审批、施工许可、市场服务、社会事务等行政审批事项,组织协调联合勘查验收、技术论证、社会听证工作,完善和落实审管联动制度;负责全县政务服务体系建设,统筹推进县、镇、村三级政务服务集中办理,推进审批服务规范化、标准化和便民化;推进全县“互联网 + 政务服务"建设、运行和管理一体化政务服务平台;负责电子政务、数字政府、大数据建设管理工作,统筹指导协调全县政府数据资源整合应用和共享开发;指导监督全县政务公开工作,具体负责县政府信息公开工作,负责政府门户网站管理和考评工作;规划指导县公共资源交易一体化平台建设,推进公共资源交易目录内的项目进公共资源交易平台交易,推进公共资源交易平台运行和服务规范化、标准化;监督管理县级公共资源交易平台,统筹协调全县公共资源交易专项督查和法律法规执行情况检查工作;负责建立公共资源投诉举报机制,按照职责分工依法受理查处公共资源交易平台交易活动中的投诉举报,协调督促有关行政监督部门处理投诉举报和查处违法行为;负责建立管理行政审批、政务服务和大数据、公共资源交易专家库,推进全县专家资源共享,健全专家准入、考评、退出机制,开展业务培训,规范专家管理和使用;统筹协调全县行政审批、政务服务和大数据、公共资源交易信息化工作,组织开展行政审批、政务服务、公共资源交易统计和大数据分析;负责受理妨碍政务服务环境行为投诉举报,组织开展行政审批、政务服务、公共资源交易诚信体系建设工作;完成上级交办的其他任务。2019 年,县行政审批局以“互联网 + 政务服务”为突破口,以“优化营商环境”为契机,推进“互联网 + 放管服”改革向纵深发展。聚焦重点领域改革,全县“3550 + 100 改革”目标圆满完成,政务服务水平显著提升,事中事后监管体系进一步完善,便民利企成效显著,为保持全县经济平稳健康发展发挥重要作用。

【政务服务】 2019年,沙洋县行政审批局建立组织保障体系,发挥统筹协调作用。成立推进政府职能转变和“放管服”改革协调小组,由常务副县长任组长,县行政审批局局长任办公室主任,对上负责承接省、市级关于“放管服”工作的最新工作要求,对下负责部署工作,监督检查工作开展情况。全年召开“放管服”工作推进会议5次,对相关工作进行督办,解决“放管服”工作开展过程中的问题,107个项目获批施工许可证。推进“一网、一门、一次”改革。推进“一网通办”。实现电子政务外网全覆盖。通过电子政务外网专线部署,实现全县县直各单位及14个镇(区)、266个村(原为279个村)电子政务外网全覆盖,为电子政务OA协同及“互联网+放管服”提供有效网络支撑。引导办事群众在“湖北政务服务网”上注册申报。加强网上注册宣传,制作网办操作指南,提高群众办事便利度,全县三级网上申报办件达1.2万件。做好自助服务终端安装使用培训工作。集中采购200台自助服务终端配备至镇、村便民服务大厅(室),组织开展业务培训28场次,累计参加培训500人次。启动“鄂汇办”App沙洋版块数据对接工作。与“鄂汇办”App开发商进行前期工作对接,做好高频服务事项接入的准备工作,实现“办事不出门,随时随地办”。做好镇、村两级服务事项模板编制工作。编制新版乡村服务事项民政板块一级模板,组织县、镇、村三级民政工作人员录入相关数据,并审核水利、农业农村、退役军人、人社4个部门模板编制情况,按时完成一级模板编制任务。做好电子证照汇集录入工作。全县共汇集17个部门95类电子证照模板,每日新产生的证照均按要求在24小时内录入电子证照系统,全年录入12个部门22类证照2159件。推行“一门通办”。实行“一枚印章管审批”。在全市率先实现行政许可事项划转,全县共有571项行政许可事项,已将408项行政许可事项直接划转至县行政审批局,实现“一枚印章管审批”,剩余163项未直接划转至县行政审批局的事项分属于公安、气象、安监、消防、国土、规划、环保等7个部门(事项未划转主要是由于技术限制、省垂部门未直接进行划转),未划转的行政许可事项除公安因场地原因外,其余均由相关部门在政务大厅设立窗口办件。实行政务服务事项集中办理。全县依申请类公共服务事项共有227项。其中,进驻服务大厅事项有156项,剩余71项公共服务事项在5个(车管、户政出入境、社保、公积金、税务)办事大厅,“一门通办”的事项达82.2%(市定目标80%)。攻坚“最多跑一次”。梳理“四办”清单。根据“四办”服务模式梳理全县“四办”清单,全县共有政务服务事项1251项,由于镇级政务服务事项正在梳理中,待省级公布最新乡村两级政务服务清单后,全县将下发第二批“最多跑一次”清单征求意见稿,征求各方意见,确保“一次办”事项比例达80%以上。推进审批服务“一窗受理”。印发《沙洋县政务服务办事大厅“一窗受理”工作方案》,在政务服务办事大厅设立“企业开办”“工程建设项目审批”“不动产登记”3个一窗受理窗口,推行“一窗式”审批服务,实行“前台综合受理、后台分类审批、综合窗口出件”的受理模式。

【公共资源交易监管】 2019年,全流程电子交易全面施行。按照市公共资源交易监督管理局要求,全年由标准文本的全流程电子化交易比例定为90%。6月22日印发《关于对工程建设类项目施工、监理、勘察、设计以及设备、材料等货物采购实行全流程电子化交易的通知》,在电子交易平台中配置“通用招标文件标准文本”,全面提升全流程电子化交易率,实现“网下无交易”的工作目标。全年完成35个全流程电子化交易项目,全流程电子化交易成为常规化交易手段。

【公共交易综合监管】 2019年,沙洋县行政审批局根据市公共资源交易监督管理局《关于开展全市招投标领域专项整治活动工作方案》要求,印发《关于开展全县招投标领域专项整治活动工作方案》,6月17—21日联合县住建、交通、水利等行政监督部门开展专项检查,解决群众反映强烈的围标串标、买标卖标、规避招标等突出问题。落实省委巡视组反馈意见整改工作。根据省委第十巡视组反馈全县共有6个招投标项目存在问题。经核查,其中5个问题属实,对2名招标人作出行政处罚,对3名招标人进行通报。经省、市公共资源交易监督管理局核查,问题已整改到位。按照市公共资源交易监督管理局关于《开展易地扶贫搬迁项目招投标问题自查整改工作方案》,印发沙洋县《易地扶贫搬迁项目招投标问题自查整改工作方案》,与县发改局共建工作专班,对“沙洋县易地扶贫搬迁安置中心和残疾人托养中心联建项目”“沙洋县2016年易地扶贫搬迁建设项目”“沙洋县易地扶贫搬迁安置中心(二期)工程建设项目”进行检查,未发现中央第二巡视组对湖北省巡视时所反映的问题。强化日常监督。全年完成59个项目的项目注册、招标方案备案、招标文件备案、招标公告发布、评标结果公示、中标结果公告的审核工作,并对项目的开标、评标过程进行监督,各项目顺利通过招标阶段,未接到相关投诉。动态管理评标专家。10月12—30日,面向全县公开征集相关专业评标专家,收到各类人才共129人的报名申请。

【大数据中心建设】 2019年,沙洋县行政审批局根据机构改革后各单位职能调整情况,积极沟通线路运维和涉及单位办公地址变化的单位,及时做好线路对接调整,全力保障政务外网畅通和OA协同办公正常运转。优化电子政务外网专线布局。在全力保障专线畅通的基础上,根据单位办公地址特点,对办公地点集中区域专线进行优化,在同一办公地点的采取合并专线多单位共用一条专线,通过局域网分配,合理利用线路资源,并将优化出来的专线分配到新设立机构,保障新旧衔接不掉档。及时完善新成立机构的OA协同软件环境布置及培训工作。先后完成县委巡察办、退役军人事务局、融媒体中心、公共资源交易中心等单位的软件环境布置和培训工作。统筹更新OA协同办公系统电子签章。积极联系电子签章售后维护,及时收回已停用电子签章(KEY)11个,合理分配介质资源,对全县21家单位46个电子签章21个签章(KEY)进行统一更新维护。全面做好政务公开工作。深入推进公开解读回应、政务服务、政务公开平台建设、政务公开基础保障等工作,较好地完成全年政务公开工作。加强政府投资信息化项目管理工作。先后组织相关专家对化工园区应急指挥平台、城乡智慧交通、消防应急指挥平台等信息化建设项目进行技术方案评审工作。完成对全县政府部门政务新媒体清查整改工作。清查各镇(区)、政府各部门开设政务新媒体51个。其中,微信公众号48个,微博公众号2个,移动客户端1个。针对存在的部分政务新媒体交互功能缺乏、内容更新不及时、主办单位人员配备不专、主办单位履责不严等现象,建议相关单位进行关停、整改,并在省平台注册登记,进一步加强政务新媒体管理工作。

(县行政审批局)

应急管理

【概况】 2019年3月,组建沙洋县应急管理局,为县政府工作部门,正科级,加挂县地震局牌子。内设办公室、安全生产综合协调股、防汛抗旱股、危险化学品安全监督管理股、安全生产基础股、火灾防治管理股、救灾和物资保障股。主要负责应急管理工作,指导全县各地各部门应对安全生产类、自然灾害类等突发事件和综合防灾减灾救灾工作。全年全县安全生产较为平稳:发生一般生产安全事故15起,死亡15人,无较大及以上生产安全事故,较2018年持平。

【安全生产责任体系】 2019年,沙洋县将安全生产工作纳入党委和政府重要议事日程,县政府常务会每季度研究一次安全生产工作。省市县“两会”和节假日等重要时间节点,县委、县政府主要领导现场调研安全生产工作10次,检查企业34家次;其他县“四大家”领导联合开展督查检查3次,对规模以上企业实行全覆盖巡查。年初,按照管行业必须管安全、管业务必须管安全、管生产经营必须管安全和谁主管谁负责的原则,制定下发工作要点,坚持季度考查、半年考核、年末考评,督促各地各单位落实安全生产责任。先后对十里铺、县科技和经信局、开发区相关责任人给予纪律处分,约谈沈集、五里铺、开发区等相关责任人12人次。

【教育培训】 2019年,沙洋县应急管理局加强宣传教育工作,进一步提升安全意识。组织全县137家工贸企业、67家危化生产和经营企业、239家烟花爆竹销售网点企业法人及安全管理员参加教育培训,考试合格率100%。聘请专家开展消防安全主题讲座,培训干部1000余名。发动干部群众20余万人次参加全省应急管理普法知识竞赛,干部群众安全生产知识知晓率大幅提升。组织26家县安委会成员单位开展“6·14”安全生产宣传咨询日活动,播放《张家口盛华化工“11·28”重大爆燃事故警示教育片》,展出宣传展板130块,接受群众咨询1000余人次,发放资料3万余份。14个镇区同步开展咨询日活动,推动安全生产理念走进千家万户。召开江苏盐城“3·21”事故等警示教育会,传达中央、省、市领导指示批示精神,达到“一厂出事故、万厂受警示”的效果。

【隐患排查】 2019年,沙洋县应急管理局排查治理进一步深化。开展全覆盖、无盲区、高频次的安全生产大检查，抓实隐患整改，对在《荆门日报》上挂牌的14家企业32处安全隐患，实行媒体挂牌督办，隐患全部整改完毕。突出烟花爆竹、危险化学品、非煤矿山、建筑施工、城乡燃气、综合交通、食品药品、人员密集场所等重点，集中开展专项整治行动，检查单位129家次，排查安全隐患320处，下达反馈意见书100份，现场检查整改意见书110份。采取联合执法、“零点行动”等方式，对全县安全生产领域非法违法行为进行常态化打击。全年各地各单位累计开展零点行动240多批次，组织参与人员4400人次，检查企业（经营点、场所）2100多家次，查处隐患1600多处，现场整改1200多处。针对生产安全存在的顽疾、隐患强点，实施常态化打击，顶格执法。按照年度执法计划检查危化品经营单位49家，排查隐患197处，下达文书186份；检查工商贸企业38家，排查隐患142处，下达文书114份；检查烟花爆竹销售个体户37家，排查隐患65处，下达文书111份，倒逼企业落实主体责任。

【防汛抗旱】 2019年，沙洋县加强灾情预报和减灾预防，精准核报水、旱灾害损失。安排115万元补充防汛抗旱物资，采购储备砂石料、救生衣等必备物资，维修泵站等，筑牢防汛抗旱基础，确保安全度汛。安排65万元采取合同储备方式补充物资，保障物资储备到位。全县实物储备防汛物资编织袋22.04万条，帆布332床，救生衣3615件，木桩9896根，砂石料1309立方米。各镇按照不少于50人、防汛重镇不少于80人的要求组建防汛抢险队伍，对防汛抢险劳力登记造册，防汛抢险队伍814人、一线劳力1825人、二线劳力4242人、三线劳力8982人，做到有姓名、有联系电话、有住址、有负责人。安排50万元用于水毁工程修复，确保基础夯实。

【森林防火】 2019年，沙洋县应急管理局夯实基础工作，森林防灭火水平提质。成立森林防灭火指挥机构，明确县镇两级指挥部责任，建立分级负责的林长巡查制，由包联镇的县领导担任所在镇林长、包村镇干部担任所在村林长、村干部分别担任本村内林区林长，分片包干林地山头，开展巡查巡护。投入50万元用于森林防灭火队伍建设和装备购置，将防灭火经费纳入县、镇两级财政预算。充分利用《新沙洋》报纸、村广播等平台，刊登播发森林防火公益广告及防火、用火安全知识；通过联通、电信平台推送2万条防火短信；在重点地段、重点林区及交通要道设立永久性标识牌35处；印制防火公益宣传资料5万份，在重点镇村逐户发放张贴；对重点林区、重点农户签订护林公约。

2019年7月8日，市委常委、市委组织部部长高义勇（右三）在沙洋检查汉江沙洋堤防防汛准备工作。县委书记、县长刘克雄（右二）等陪同检查 （县应急管理局 供稿）

【应急救援】 2019年，沙洋县先后遭受“6·5”和“6·20”两次强降雨，全县受灾人口达5632人，农作物受灾面积1109.78公顷，直接经济损失208.09万元。下半年，全县因旱受灾人口87295人，因旱需生活救助人口15799人，受灾面积14808公顷，绝收面积605公顷，直接经济损失7517万元。积极争取中央和省自然灾害救助资金，下拨694万元救助资金，全县无一例群众因灾致贫返贫事件发生，确保受灾群众生活无忧。开展应急预案修订工作，组织相关部门修订完善各类预案30部。强化应急演练，评估检验预案可行性，先后参加全市防汛抢险应急救援综合演练和山洪灾害非工程措施暨防汛抢险知识培训演练；以“5·12全国防灾减灾日”为契机，组织全县104所中小学、幼儿园开展校园应急逃生演练活动，普及防震知识，增强学生应震水平；在危化行业领域开展安全生产县级综合演练，紧急救援能力全面显著提升；在汉江干堤配合开展荆门市2019年防汛抢险应急救援综合演练，提升防大汛、抢大险的实战能力。新组建防灭火、防汛等应急救援队伍16支，出动救援车辆313台次，应急救援207次，救困19人，疏散87人，抢救财产价值534.63万元，提升救援能力与救援效率。

【消防救援】 2018年12月29日，根据《深化党和国家机构改革方案》原沙洋县公安消防大队正式更名为沙洋县消防救援大队，实行统一领导、分级指挥，并设有专门的衔级职级序列和队旗、队徽、队训、队服。2019年，县消防救援大队接警出动344起，其中火警255起，抢险救援59起，社会救助30起，出动车辆395辆，出动警力2401人，抢救被困人员17人，抢救财产价值33万元，圆满完成国庆安保、军运会安保工作任务，未发生有影响的火灾事故和安全事故，实现社会面和队伍内部的“双稳定”。全员参训，夯实基础技能。改进训练模式，细化奖惩措施，树立练兵导向，激发训练热情，提升全体人员的技战术水平。在参加支队“火焰蓝”春季比武竞赛中获得团体第一名。大力开展实装实战演练、定期培训指导多种形式消防队伍，深入辖区重点单位开展实战演练65次，联合多种形式消防队伍培训演练18次，提升队伍实战能力。严格执法，推进火患整治。先后开展化工场所隐患摸排、“控小火、防亡人”专项整治、老旧小区及临街门面专项整治等专项行动，排查整治隐患10059处。保持对火灾隐患或违法行为高压态势，办理行政处罚42起，临时查封29处，三停16家，拘留5人。 （艾俊飞）

机关事务服务

【概况】 2019年3月，根据《中共沙洋县委、沙洋县人民政府关于印发〈沙洋县县级机构改革实施方案〉的通知》精神，沙洋县机关事务管理局更名为沙洋县机关事务服务中心，为县委直属正科级事业单位。主要承担县“四大家”机关大院以及指定的生活区服务管理相关工作。负责县直机关事务服务保障；县级党政机关办公用房统一管理；县级党政机关和事业单位公务用车管理；县级领导周转房服务保障；县直机关职工住宅小区的统建、分配与管理；县直机关办公用房的统一规划、集中建设管理；以及为县“四大家”机关提供餐饮、安保、绿化、环境卫生、物业管理等相关服务。中心内设办公室、财务股、基建维修股、办公用房管理股、公务用车管理股。核定事业编制15名，设主任1名，副主任3名；股级干部职数6名（含机关党组织专职副书记1名）。

【党政机关公务用车管理】 2019年，沙洋县机关事务服务中心贯彻落实省、市关于企事业单位车改政策精神，积极稳妥推进企事业单位公车改革。7月底，全县事业单位公车改革工作全面完成。改革前实有公车183辆，改革后保留公车166辆（一般业务用车88辆、特种用车78辆），取消公车17辆。参改人员3452人，公务交通补贴发放人数216人，发放率6.26%。改革前公务交通费1399.71万元，改革后公务交通费1195.38万元，改革节支204.33万元，节支率14.60%；推进公务用车管理平台建设。与湖北佳裕电子技术有限公司合作安装北斗定位系统，全县所有公车（除侦查办案等保密车辆外）纳入平台信息化、动态化管理，真正做到纵向省、市、县三级和横向机关事务管理、纪检监察，财政等部门互联互通，实现公车管理服务“全省一张网”。

【党政机关办公用房管理】 2019年，沙洋县机关事务服务中心完善党政机关办公用房管理配套制度建设，参照两个“办法”，制定《沙洋县规范县直党政机关办公用房维修管理意见》《沙洋县政府机关大院周转房管理办法》，按照集中统一管理“四个统一”要求，全面推进办公用房规范管理。积极做好机构改革办公用房调配。根据《中共沙洋县委 沙洋县人民政府关于印发〈沙洋县县级机构改革实施方案〉的通知》精神，按照《党政机关办公用房建设标准》《湖北省党政机关办公用房管理办法》等有关规定，对县发展和改革局、科学技术和经济信息化局、自然资源和规划局、水利和湖泊局、农业农村局、文化和旅游局、退役军人事务局、应急管理局、市场监督管理局、医疗保障局、融媒体中心、公共资源交易中心、投融资服务中心、公共检验检测中心等14家单位办公用房，按照依法合规、科学规划、规范配置、有效利用、厉行节约的原则进行调配。

【机关后勤保障服务】 2019年，沙洋县机关事务服务中心抓牢安保维稳工作基础，强化安保人员责任意识，提升安保队伍素质。全年配合接待上访人员500余人次，及时排查消除安全隐患20余处。做好机关水电暖的维护、维修和保养工作,做到勤巡查,消除安全隐患;勤动手,压缩维修开支。精细食堂管理,及时收集、掌握服务对象意见建议,从细节入手,优化主食和菜品供应,不断提高餐饮质量和服务水平。加强办公区卫生保洁清洁工作,注重保洁质量,落实卫生保洁标准,确保办公区域内环境卫生整洁,为机关干部职工创造舒适优雅的办公环境。实施政府机关大院绿化改造工程,坚持适时更新、翻种绿化带花草树林,完成办公区灭四害、杀虫除白蚁工作。积极做好创卫和环境整治工作,累计投入人力300余人次,在机关大院、原政府机关大院、原检察院办公区开展大型保洁清障活动,累计清理牛皮癣40余处、出动车辆50余台(次)、清理垃圾20余吨、清障3处、拆除违章危棚6处、清理鱼塘10余亩、更换路灯30余处、栽种树苗800余株、新增绿化面积1000多平米,同时对篮球场、乒羽活动中心进行基础维修,机关大院面貌焕然一新。 (曹　松)

接待工作

【概况】 2019年3月,根据沙洋县机构改革要求,县委县政府接待办公室更名为县接待服务中心,由县委直属事业单位调整为县委办公室所属事业单位。县接待服务中心积极顺应新形势、新要求,坚持在规范化、制度化上下功夫,在高标准、严要求上树形象,在显特色、求创新上做文章,务实高效做好接待工作,充分发挥接待工作辅政职能。全年完成国家、省、市督查组到沙检查,省、市“四大家”领导到沙调研,斯洛伐克驻华大使到沙、其他县市党政考察团到沙考察、湖北首届油菜花旅游节及沙洋江汉运河国际半程马拉松赛事嘉宾到沙等重大活动、大型会议、大型团组的接待任务,服务宾客188批2030人次。“严”字当头。严格执行中央八项规定精神。根据“安全、优质、高效、保密、节约”的原则,认真执行中央、省、市、县各级有关接待工作的规定和文件精神,严把接待标准,规范接待行为,从严从简做好接待服务。“精”字着眼。突出精细化、规范化服务,牢牢把握“事前、事中、事后”三个环节,事前周密制定接待方案、统筹协调各方、对接待各环节进行模拟演练,及时发现可能存在的疏忽和纰漏;事中热情细致周到、接待人员实行分工负责制、工作补位制,全程跟踪服务;事后及时查找不足、总结经验做法、改进工作方法,提升接待效果。“专”字为要。突出标准化、专业化服务,通过开展“我讲我的业务”、岗位实战练兵和派员到恩施、宜昌、荆州等城市学习先进接待工作经验等活动,讲学、实践、交流三管齐下,全面提升接待队伍的综合素养,提供专业化服务。“新”字见章。接待中,突出人性化、特色化服务,努力将沙洋特色文化嵌入其中,用餐安排突出地方特色美食和文化饮食,菜品选择兼顾来宾地域特点及沙洋时令食材,彰显沙洋味道。年内,中心被表彰为首届湖北油菜花节承办工作突出贡献单位,党组书记、主任任兴郡获评沙洋县“春申杯”后发赶超先进个人(社会管理和民生保障类 精准扶贫工作先进个人)和首届湖北油菜花节承办工作突出贡献个人,党组成员、副主任谢静获评首届湖北油菜花节承办工作突出贡献个人。 (李胜兰)

中国人民政治协商会议沙洋县委员会

概　　述

【概况】 2019年,沙洋县政协常委会坚持以习近平新时代中国特色社会主义思想和中共十九大以及十九届二中、三中、四中全会精神为指导,牢牢把握团结民主两大主题,稳步推进政治协商,不断深化民主监督,务实主动参政议政,充分展现新时代人民政协的重要作用和独特优势,为推动沙洋改革发展稳定作出积极贡献。全年召开全会1次,常委会议5次,专委会对口协商26次。

重要会议

【县政协五届四次会议】 2019年12月22—26日,沙洋县政协五届四次会议召开。县委书记刘克雄致辞,县政协主席吴道新代表五届政协常委会作工作报告,县政协副主席姚在斌作提案工作报告。杜琼、谢红兵、黄碧艳、杨洋等10名委员围绕发展民营经济、打造生态美丽乡村、发展优质教育等作大会发言。会议期间,委员们分组讨论刘克雄讲话,审议常委会工作报告和提案工作报告。政协沙洋县第五届委员会第四次会议举行第三次全体会议。会议以无记名投票的方式,选举康凤英为县五届政协副主席,补选葛尚君、李恩良为县五届政协常务委员。闭幕会上,举行县政协提案办理民主评议满意单位授牌仪式,表彰县政协2019年度优秀提案和履职优秀政协委员。委员们以举手表决的方式通过政协沙洋县第五届委员会常务委员会工作报告的决议、政协沙洋县第五届委员会常务委员会提案工作情况报告的决议、政协沙洋县第五届委员会第四次会议政治决议。

【县政协五届十五次常委会议】 2019 年 1 月 25 日,沙洋县政协五届十五次常委会议召开。县政协主席吴道新主持会议并讲话。县政协副主席姚在斌、毛晓洪、陈卫国,秘书长李国出席会议。会上,书面传达学习习近平总书记在庆祝改革开放 40 周年大会和《告台湾同胞书》发表 40 周年纪念会上的重要讲话精神、省政协十二届二次会议精神和市政协九届三次会议精神,协商通过《政协沙洋县委员会 2019 年工作要点》(草案)和《中共沙洋县委关于加强新时代政协党的建设工作的实施意见》(代拟稿),投票确定“县城管局、县民政局、县经信局、县商务局 ”4 个单位为县政协 2019 年度提案办理述职评议单位。

【县政协五届十六次常委会议】 6 月 26 日,县政协五届十六次常委会议召开。县政协主席吴道新出席会议并讲话。县政府副县长李旭祥应邀出席会议并讲话。县政协副主席姚在斌、黄克翠、姚在潮、陈卫国,县政府办公室主任刘顺华,县政协秘书长李国出席会议。会议书面传达学习全国地方政协工作经验交流会议精神传达提纲,“不忘初心 牢记使命”主题教育精神,创建国家卫生县城相关知识;印发县政府关于沙洋县 1 至 6 月份经济形势及社会发展情况通报;听取县政府关于全县民营经济发展情况的报告;审议通过关于“服务民营经济发展,助力沙洋后发赶超”4 个专题调研报告(审议稿)、《关于突破性发展民营经济的建议案》;协商通过《政协沙洋县第五届委员会常务委员会关于增设机构及相关专门委员会更名的决定》《政协沙洋县第五届委员会常务委员会关于江芳等同志任职的决定》等人事调整相关事宜。

【县政协五届十七次常委会议】 9 月 24 日,县政协五届十七次常委会召开。县政协主席吴道新出席会议并讲话。县政府副县长吴传斌应邀出席会议并讲话。县政协副主席姚在潮、陈卫国,秘书长李国出席会议。会议书面传达学习习近平总书记在中央政协工作会议暨庆祝中国人民政治协商会议成立 70 周年大会上的讲话和“不忘初心、牢记使命”主题教育精神;审议通过关于“打造精致城市,提升幸福指数”4 个专题调研报告(审议稿)、《关于打造精致沙洋,提升幸福指数的建议案》;相关单位现场回应委员建言,并与委员互动交流;会议还协商通过人事调整相关事宜。

重要工作

【政治协商】 2019 年,沙洋县政协重点围绕“服务民营经济发展、助力沙洋后发赶超”开展议政性常委会会议协商,提出营造民营经济发展氛围、助力民营企业转型升级、突破民营经济要素瓶颈、护航民营企业轻装前行等建议,为推进全县民营经济发展提供有益参考;围绕“厕所革命”实施情况、青少年毒品预防宣传教育情况、公安“队所合一”改革推进情况等开展界别、民主党派视察活动 5 次,有效推进各项工作深入开展;针对“家庭农场”建设、技能人才培养、传统文化进校园等工作中存在的问题,开展专委会对口协商 6 次,提出的意见建议被相关单位积极采纳;连续两年将马良矿山生态修复纳入常委会监督议题,组织常委会组成人员到马良镇视察,为“马良矿山关停后,如何做好转型升级工作”把脉问诊,提出加快马良山生态修复的若干建议,引起县委、县政府及相关部门的高度关注。

【民主监督】 2019 年,沙洋县政协坚持把提案工作作为一项全局性工作部署和推进,对五届三次会议以来收到的 174 件建议进行认真审查,形成正式提案 99 件;通过建立会商机制,搭建沟通平台,开展集中办理等方式,促进提案办理落实。县委县政府领导以上率下、亲力亲为,积极领办重点提案,县委书记刘克雄领衔督办《关于大力支持我县民营企业发展的建议》,参加现场视察和协商座谈会,把关支持民营企业发展政策的制定落实,为提案办理工作起到示范引领作用。开展提案办理民主评议工作,县科技和经信局、县商务局、县城管局、县民政局作为被评单位,按照“三见面”要求,把面商过程变成与委员交流沟通的过程,把办理过程变成与界别群众增进共识的过程,全面提高提案办理质量。县科技和经信局落实关于加大对高新技术企业扶持力度的建议,全年累计投入创新扶持资金 3778 万元,起草《沙洋县科技计划项目管理办法》,为全县企业申报创新项目资金提供平台;县商务局积极办理关于健全农贸市场功能建议的提案,全面关闭拆除五一农贸市场，用一个半月完成长林、建设街两个市场的建设，最大限度保护市场主体和人民群众的利益；县城管局针对委员提出的加快城区交通整治的提案，协助交警部门对城区集贸市场、学校附近等重点路段进行交通疏导和整治，勘划120多个非机动车、摩托车专用停车位，建设汉津大道生态停车场，有效缓解停车难问题；县民政局以办理加快农村公益性公墓建设提案为契机，制定试点推进方案，全年建成农村公益性公墓3处，推进建设22处，有效节约农村土地资源。在提案办理测评中4个单位均获得“提案办理民主评议满意单位”。各界委员以高度的责任担当和履职情怀，围绕党委政府重视、人民群众关心的环境保护、交通出行、城市建管、医疗养老、安全保障、扶贫脱贫等问题多方反映群众诉求。全年征集社情民意信息84条，经归纳整理向省、市政协报送《社情民意信息》36期，向县委县政府报送《社情民意直通车》12期，其中《让“传统文化进校园”活动更有实效》《乡镇自来水厂安全隐患多》《残疾人对“两项补贴”有“三盼”》等19篇信息被省、市政协采用；全年上报理论文章、调研报告11篇，其中《发展农村产业、助力乡村振兴》《后发赶超的借鉴标杆》等8篇调研成果在省、市媒体发表，《关于推广科学种植模式的建议》《关于加强临港经济发展的建议案》被评为全市“十佳”社情民意和“十佳”调研报告，在全市“两会”上公开受奖，《加强和改进基层政协工作的实践探索》被省政协“庆祝人民政协成立70周年理论征文”采用，并获邀参加全省政协理论成果研究座谈会。

【参政议政】 2019年，沙洋县政协树立“商以求同、协以成事”理念，搭建形式多样、规范有序的协商平台，为全县经济社会高质量发展建言献策。常委会议议大事。二季度，常委会紧贴时代要求，聚焦民营经济发展，组织委员深入企业实地调研，提出“营造发展氛围、助力转型升级、突破要素瓶颈”等12条建议，为破解全县民营企业融资难、用工贵、政策落地难等问题出谋划策，得到县委县政府和企业的一致好评；三季度，常委会顺应群众期盼，将“打造精致城市、提升幸福指数”作为议政重点，从完善规划引领、彰显文化底蕴、配套公共服务、加强城市管理等方面提出加快精致城市建设的18条措施，为再现沙洋山水之灵、文化之美、后发之势，打造宜居宜业宜游新沙洋指明方向，得到县委充分肯定。对口协商商难事。各专委会围绕食品加工业发展、传统文化进校园、技能人才培养、推进健康扶贫等重难点工作开展对口协商7次，形成调研报告12篇，收集整理委员意见建议49条，得到相关部门的积极响应。调研视察言实事。各界别、民主党派围绕“厕所革命”、青少年毒品预防宣传、城区餐饮业现状、残疾人康复中心建设等开展视察活动12次，提出合理化建议40余条，有力促进各项民生实事的落实。专题协商奏实效。落实“有事好商量，众人的事情由众人商量”，针对发展中的重点、难点问题开展专题协商，让协商成果落到实处。持续关注生态文明建设。组织全体政协常委、部分政协委员及相关单位负责人对马良矿山生态修复情况进行专项视察，提出“高站位对待马良矿山生态修复、高起点包装建设马良旅游产业、高质量推进矿区修复配套工作”等建议，为合理处置马良山全面禁采后的遗留问题提出切实可行的方案。

2019年8月28日，省政协副主席马旭明（右二）到沙洋调研乡村文化振兴工作。县委书记、县长刘克雄（右一）陪同调研

（县政协办　供稿）

【参与中心】 2019年，沙洋县政协

全力开展招商引资,全面完成机关招商引资任务。全年主席会议成员带队外出开展招商引资活动6次,接待客商到沙投资考察8批次。倾力服务项目建设。主席会议成员牵头或参与的全县重大项目达12个,先后有两名副主席专职协助全县精准扶贫和创卫工作;光大国际生物质发电项目正式投产,汉江二桥、绕城公路快速推进,中心农贸市场、美丽乡村综合体等项目进展顺利。引导广大委员将自身能力优势转化为服务农村、造福群众的生动实践,一些委员积极发展现代农业,回报家乡;一些委员带领群众科学种养,发家致富;一些委员长期帮扶贫困家庭和困难学生,为他们解决实际困难;还有一些委员慷慨解囊,为扶贫帮困贡献力量。全年委同累计捐款捐物300多万元,帮扶困难群众2200余人次。

【专委会和界别工作】 2019年,沙洋县政协围绕“协商什么、与谁协商、怎样协商”等问题,积极探索协商民主的参加范围、讨论原则、基本程序、交流方式等。继续推行“履职菜单”办法,委员结合自身实际自主申报,参加相关活动,使委员履职更加灵活、更有实效。坚持推进“双向协商”,实行委员与县直单位负责人面对面协商办法,提高监督的透明度,使协商更有深度、落实更有力度。建立“协商成果”制度,以建议案、调研报告、视察报告、集体提案、社情民意等形式报送协商意见,通过听取汇报、组织视察、开展评议、提案考核等方式,推动协商成果转化落实。发挥文化纽带作用。发挥政协组织文化资源富集的优势,开展以文化人、以文会友、以文聚气的工作。精心举办“庆祝新中国成立70周年、人民政协成立70周年”专场文艺晚会和文学、书画、摄影作品评选展出活动,全体委员以饱满的政治热情和良好的精神状态,热情讴歌新中国成立70年来经济社会发展的巨大成就,回顾人民政协70年来的光辉历程,深情表达不忘初心、继续前进的信心与决心,充分展现全体政协委员积极向上、锐意进取、干事创业的精神风貌。编辑出版《沙洋县庆祝新中国和人民政协成立70周年文学艺术作品专辑》《2016年沙洋人民抗洪救灾专辑》文史图书,汇集沙洋发展重大事件,梳理沙洋文化历史脉络,展示新时代沙洋改革创新的辉煌成就,激发全县人民爱党爱国、共建家乡的信心和热情。

【委员队伍建设】 2019年,沙洋县政协把宣传贯彻习近平新时代中国特色社会主义思想作为加强思想政治引领的中心任务,引导全体政协委员增强“四个意识”,坚定“四个自信”,做到“两个维护”,确保政协工作正确的政治方向。开展习近平总书记关于加强和改进人民政协工作重要思想学习研讨活动和“不忘初心、牢记使命”主题教育,坚持把学和做结合起来、把查和改贯通起来,把开展教育活动同发挥政协优势和专门协商机构作用统一起来,取得实实在在的成效。建立党组会议、主席会议、常委会议学习制度,全年开展集中理论学习56次,向委员寄发学习资料1200余份,利用“委员之家”微信群推送学习资料390余篇,并通过心得体会交流、理论知识考试等形式推进学习入脑入心。提升积分管理效能。开展委员积分制管理,其工作经验在全市政协主席会议上交流,《湖北政协》杂志对沙洋县积分制工作成效进行宣传推广,涌现出一大批履职尽责的先进典型。田辉、冯广兵、张忠香、李德虎、周进等委员坚持开展“夏送清凉冬送暖”慈善活动,为工作在一线的环卫工人、公交司机奉献爱心,深受群众好评;黄波、刘志红等委员热心政协事业,认真参与调研视察活动、积极提交提案、社情民意,为委员做出表率;彭传兵委员协助监狱管理局处理清风园小区合同纠纷,得到监狱方和业主一致认可;陈国强、全凡华委员带头弘扬社会公德、职业道德、家庭美德,分别获评全市“十佳家庭”“全县十大最美文化人”荣誉;谢红兵委员长期致力书法创作,作品入选“全国第十二届书法篆刻展”。

【团结联谊工作】 2019年,沙洋县政协以政协会议为平台、调研视察为载体、界别活动为纽带、走访联谊为抓手,加强与党派团体和各界人士的团结合作。及时向各民主党派、工商联传达中央、省委、市委和县委重要会议、文件精神,引导其围绕中心参政议政。认真做好新的社会阶层人士和非公有制经济人士工作,建立经常性联系渠道,宣讲党的方针政策,引导他们不断增强对党和政府的向心力。积极协助党委政府做好港澳台、民族宗教工作,组织委员赴台考察交流,及时收集和反映统一战线思想动态,认真做好释疑解惑、化解矛盾、增进共识工作。全年各民主党派、工商联参加政协调研视察等活动16次,在各类会议上发言52人次,提交提案72件,反映社情民意信息23条。畅通内外交流渠道。建立政府政协联席会议制度,沟通工作情况,反馈委员意见,争取政府对政协工作的支持。发挥政协协调联动的优势,加强与各级各地政协的联系,全年开展政协系统交流20多次。接待省、市政协领导到沙调研视察活动,配合省、市政协就文史文化、政协党建、精准扶贫等工作开展多次调研。加强对各镇政协联络组的指导,在大会发言、专题调研、委员活动等方面强化协同,形成合力,沙洋、沈集、后港、十里铺等镇坚持发挥委员作用,积极参与活动,充分展示政协联络组的工作成效。坚持开展"走进委员企业·早春行"活动和委员走访活动,了解委员企业生产情况,收集委员意见建议,为企业解决发展难题,为委员化解矛盾纠纷,进一步提升了政协组织的向心力、凝聚力。（县政协）

2019年2月21日,县纪委监委召开班子会,集中传达学习市纪委全会精神。图为会议现场（县纪委监委办　供稿）

纪检 监察

【概况】 2019年,沙洋县委编办批准县纪委监委机关行政编制49名、派出纪检监察组行政编制40名,实有在编在岗干部50人;机关内设13个部室,设立派出纪检监察组8个:办公室（政策法规研究室）、组织部、宣传部、党风政风监督室、信访室、案件监督管理室、第一纪检监察室（审查调查协调指挥室、追逃追赃办公室）、第二纪检监察室、第三纪检监察室、第四纪检监察室、第五纪检监察室(纪检监察干部监督室)、案件审理室、信息技术保障室,派出第一至第八纪检监察组。县纪委监委领导班子职数9名。县纪委书记1名,兼任县监委主任;县纪委副书记2名,兼任县监委副主任,其中空缺1人;县纪委常委4名,其中2名常委兼任县监委委员;县监委委员2名。年内,县纪委监委严格依规依纪依法行使纪检、监察两项职能,坚定落实"两个维护"政治责任,不断强化监督首责,持续深化作风建设,巩固发展反腐败压倒性胜利,切实维护群众利益,有力推动全面从严治党向纵深延伸和高质量发展。在"荆门市建设江汉平原振兴发展示范区先进集体"评选中,县纪委监委被市委市政府表彰为"优化营商环境先进集体"。

【落实"两个维护"】 2019年,沙洋县纪委监委充分发挥全面从严治党参谋助手作用,制定出台《贯彻落实〈党组讨论和决定党员处分事项工作程序规定(试行)〉实施细则》,推动各党组依规依纪精准处置党员干部涉嫌违纪问题,有关党组共立案17件,给予党纪处分6人。层层压紧管党治党责任。优化党风廉政建设责任制考核方案,集中约谈年度党风廉政建设责任制考核排名靠后的4个地方和单位党政主要负责人,有效推动全面从严治党主体责任落实落细。对扶贫驻村工作年度考核排名靠后的扶贫工作组所属单位21名主要负责人进行集中约谈,夯实脱贫攻坚政治责任。全面督促巡视巡察问题整改落实。督促相关单位将中央脱贫攻坚专项巡视反馈的4类14项55个问题主动认领、对账销号、彻底整改。对县纪委监委牵头的10项具体问题,逐项制定整改措施,明确整改责任,按时限完成整改并长期坚持。将五届县委第五轮巡察反馈的5大类98个问题纳入监督检查的重要内容,督促相关单位分类建立整改台账清单,并跟踪督办,确保问题全部整改,督促相关单位出台规范性制度文件3份。"不忘初心、牢记使命"主题教育专项检查。通过电话抽查、明察暗访、现场核验等方式开展监督检查,确保全县145项即知即改民生实事清单、23个县级"上级点"问题及5个市级"上级点"问题及时落实和化解。

【监督检查】 2019年,沙洋县纪委监委综合运用明察暗访、调查研究、监督检查、请示报备、职能部门监督等方式,加强对监管单位领导班子特别是一把手落实管党治党责任、执行党的路线方针政策、个人廉洁自律等情况的监督。全年开展党风廉政建设责任制、干部作风纪律等方面监督检查7次,通过组织召开民主生活会的方式公开为14名反映不实干部澄清正名,切实保护党员干部干事创业积极性。严把廉政意见回复关。坚持实事求是、客观公正的原则,严格执行廉政意见回复办理程序,严把政治关、廉洁关、形象关,坚决防止“带病提拔”“带病上岗”“带病评优”。全年对143批2731名拟提拔、重用或评优评先干部进行廉政审查。精准运用“四种形态”。坚持惩前毖后、治病救人方针,坚持严管和厚爱结合,把“早提醒早发现早预防”做到实处,对发现的问题及时提醒、抓早抓小、防微杜渐。全年全县综合运用“四种形态”处理344人次,第一、二种形态处理314人次,占比达91.3%。

【作风建设】 2019年,沙洋县纪委监委紧盯春节、国庆等重要节点和问题易发领域,通过明察暗访、专项检查等方式,发现问题43个,移送问题线索18条,追责问责13人次,有效纠治隐形变异“四风”问题。通过印发《党员干部操办婚丧喜庆事宜“八不准”公告》和《厚德载物 廉能纳福——带头抵制“升学宴”“谢师宴”的倡议书》,开展常态化监督检查,有效遏制党员干部违规操办“升学宴”“谢师宴”歪风邪气。针对机关公务接待不规范问题,开展财物票据专项检查,发现并查处一批化整为零、“精致”走账等隐性“四风”典型问题,党纪处分5人。针对机构改革后,各单位人员及办公场所调整的情况,联合县机关事务服务中心对全县61个机关事业单位办公用房情况进行全面排查,发现问题28个,并下发整改函,督促迅速整改。结合主题教育专项整治,开展领导干部利用名贵特产资源谋取私利、对群众关心利益问题漠然处之等专项整治,追责问责10人次。大力整治形式主义官僚主义问题。制定出台《县纪委监委机关形式主义官僚主义监督执纪问责工作责任分工方案》,协助县委推进形式主义官僚主义集中整治,发现形式主义官僚主义问题38个,交办问题清单16份,党纪处分1人,印发暗访情况通报1期。同时,带头开展形式主义、官僚主义问题自查自纠,通过班子专题会议、组织生活会议,深入查找问题、分析原因,针对18项突出问题,制定清单、明确措施、主动整改。

【审查调查】 2019年,沙洋县纪委监委加强纪律审查,巩固反腐败压倒性胜利态势。全年受理各类信访举报122件(次),处置问题线索370件,立案253件,给予党纪政务处分226人,采取留置措施审查调查7人,移送司法8人。成功查处以沙洋镇原人大副主席、主任科员李某洲为代表的“小官巨腐”典型案件,该案时间跨度长、涉及面广、涉案金额特别巨大,在全市有影响、有震慑,引起省市纪委监委有关领导的高度关注,并指派专人进行指导。提升案件办理质量。结合市纪委开展的案件质量和处分决定执行情况检查反馈意见,在全县范围开展一次十八大以来所有审结案件质量和处分决定执行情况检查,逐案向承办单位开具清单,督促整改。制定出台《进一步强化“乡案县审”工作的暂行办法》,对案件审理、处分决定制作和执行及卷宗整理全过程严格流程管理,提升案件办理质效。

【维护群众利益】 2019年,沙洋县纪委监委集中整治损害群众利益问题,开展人防领域腐败问题专项治理,发现问题线索13条,追责问责5人,追缴人防工程易地建设费727万余元;开展违建别墅问题清查整治,发现问题2个,督促完成拆除并复耕1处,问责1人,下达专项监察建议3条。精准护航“三大攻坚战”。督促和协助县扶贫办运用“扶贫领域政策落实监察系统”开展监督检查,通过数据比对发现问题线索86条,追责问责48人。研究制定《县纪委监委机关加强防范化解重大风险工作的责任分解方案》,重点针对落实防范化解重大风险问题决策部署不到位、监管“宽松软”等问题,加大监督执纪问责力度。加大损害生态环境问题查处力度,发现问题线索3条,追责问责4人。坚决开展扫黑除恶毁伞斗争。坚持把扫黑除恶同基层“微腐败”治理相结合,深挖基层“保护伞”问题,排查问题线索34条,给予党纪政务处分10人,追责问责推进扫黑除恶工作不力责任人10人。

【纪法宣教】 2019年,沙洋县纪委监委充分发挥“支部主题党日”活动、沙洋清风微信公众号等平台作用,设立党风廉政教育专题栏目,将《中国共产党纪律处分条例》《监察法》等内容纳入其中,常态化开展党纪法规教育。全年组织128名新提任干部参加廉政法规知识考试,7400余名公职人员参加宣教月知识测试,持续推动以考促学、以考促行、以考促改。深入推进纪法教育进基层。结合“宣教月”活动和“九久入户”工程,精心准备纪法教育系列“精品套餐”,组织全县各地各单位分批收看《重整行装 利剑反腐》《不忘初心 方得始终》警示教育片,集中观看廉政历史剧《戒石碑》,组织新任科级干部及配偶200余人参加“树清廉家风 创最美家庭”助廉教育,增强党员干部党纪国法意识。借助油菜花旅游节、荆楚红色文艺轻骑兵下乡等活动,开展普纪普法“大篷车”下乡20余次,充分营造崇廉尚廉的浓厚社会氛围。学习运用纪检监察相关制度法规。组织纪检监察干部学好用好《中国共产党纪律检查机关监督执纪工作规则》《监督执法工作规定》和《纪检监察机关处理检举控告工作规则》。《湖北沙洋:一体执行〈规则〉〈规定〉》纪检监察工作经验材料,在中央纪委国家监委网站首页基层风采栏目刊载,在《湖北纪检监察信息》内刊做经验交流。

【基层基础建设】 2019年,沙洋县纪委监委综合运用机关集中学习、“支部主题党日”“学习强国”“楚天纪检监察大讲堂”“法宣在线”等平台,以集中培训、个人自学、研讨交流、实战练兵等方式,提高纪检监察干部综合素质能力。全年组织纪检监察系统业务培训13次,机关集中学习21次。持续强化基层监督力量。推进落实乡镇纪检监察机构做到专人、专岗、专责;建立健全村级监督“三合一”制度,研究出台《村级纪检委员(村务监督委员会主任、监察信息员)考核办法》,按照每年3000元标准落实待遇保障,充分激发村级纪检委员监督活力。高标准建设审查调查硬件设施。县政府划拨专门区域(原县食品药品监督管理局)建设谈话室(询问室)6间,配套建设医务室、指挥室等功能室3间,配齐安检、实时监控、同步录音录像等设备系统,有效提升安全文明执纪执法硬件支持。强化内控监督。严格贯彻落实纪检监察干部“二十五条”“十五不准”“十一不得”,构建“大监督”管理格局,着力打造纪检监察铁军队伍。全年受理涉及纪检监察干部信访举报4件5人。其中,谈话提醒3人,予以了结2人。

(县纪委监委)

民主党派·工商联

中国民主同盟沙洋支部

【概况】 2019年,民盟沙洋总支辖3个支部,总支主委杨继宁担任,副主委由吴建平、施爱民、何忠金担任;一支部主任由全凡华担任,二支部主任由宋娟担任,三支部主任由王晓庆担任 。全年发展盟员5人:杨曾峥、张凤君、张仁芳、李唐、杜睿。组织全体盟员参加潘集湖湿地公园护绿活动,献爱心款6200元。组织盟员调研,撰写调研材料,并作政协全会大会发言《凸显时代特色 发展优质公办教育》。继续做好提案工作。提交《关于加强沙洋城乡农贸市场建设,振兴乡村经济》《关于嘉禾大型停车场及增设车位的建议》《关于建设上线毒品预防教育实践基地》《关于推进全域旅游发展的建议》《关于加强青少年心理健康教育的建议》《关于提高市民素质和城市文明的建议》《关于我县加强公路管养工作的建议》《关于统一规划建设城区经商门店广告牌的建议》《关于进一步做好物业管理与服务的建议》等9件提案。宋娟在市九届人大三次会议上提出的《关于加大投入加强荆门职业学院建设的建议》被市人大常委会评为优秀代表建议。杨继宁在县政协五届三次会议上提出的《关于在现成适当位置规划修建公共停车场的建议》被评为2019年政协优秀提案。支持盟员建功立业,积极开展社会服务。杨继宁作品《政协十年》在县政协组织举办的“新中国成立70周年”征文大赛中获提名奖。毛祖华作品《同船过渡》获沙洋县首届“内方”文学奖。全凡华获评2019年“沙洋县最美文化人”称号。杨敏被评为荆门市中小学“教科杯”征文大赛优秀辅导老师;获沙洋县中青年教师写作基本功一等奖。宁欢欢获湖北省“一师一优课”省优质课奖;荆门市教科室传统文化案例一等奖。

(民盟沙洋总支)

中国民主建国会沙洋基层委员会

【概况】 2019年,民建沙洋基层委员会开展自身建设,积极履职参政,努力服务社会,扩大社会影响,全年工作卓有成效。组织建设稳步加强。经过前期推荐考察,全年吸纳5名新会员,涵盖教育、医卫、财政、住建及经济界,组织队伍得到发展和补充。组织17名会员赴韶山、长沙等地开展“不忘合作实心,继续携手前进”主题教育。履职参政更加广泛。五届四次政协全会上提交集体提案和会员个人提案比上年有所增加。会员刘文杨代表民建沙洋在政协全会作《以人民为中心,共建幸福沙洋城》的大会发言,得到县长陈威的充分肯定和高度评价。对脱贫攻坚工作开展民主监督,特别是在落实“两不愁三保障”扶贫政策方面提出意见和建议。郭安贵等会员被评为履职先进委员。会内开展理论研究,向民建中央报送1篇理论文章并得以刊载。组织活动丰富多样。多名会员参加新中国成立70周年庆祝活动并参加文艺汇演。组织骨干会员赴五里镇十岭村慰问贫困留守儿童,送去学习用具和部分生活用品。赴古田会议旧址学习并与当地民建组织交流基层组织建设。 (民建沙洋基层委员会)

中国民主促进会沙洋支部

【概况】 民进沙洋支部成立于1988年9月,有会员24人,会员中担任县政协常委2人,担任政协委员4人。2019年,民进沙洋支部认真学习新型政党制度理论,传承红色基因,持之以恒地同心同德、同向同行,围绕社会经济发展的热点,体察社会生活的焦点、难点,建言资政,坚持不懈地为地方经济社会发展贡献力量。年内,支部被民进荆门市委会表彰为2019年民进市级优秀基层组织,被民进湖北省委会表彰为2019民进省级优秀基层组织,支部会员朱博、张玲芳、章红钰、聂艳等被县政协表彰为“优秀政协委员”。加强组织建设。民进沙洋支部成立之初以教师会员为主体,自2007年后多数教师相继退休或到外地与子女团聚,沙洋支部在职会员不到4人,活动开展十分困难。经过10多年的发展,相继增加会员20名。认真履行民主监督职能,积极发挥参政议政作用。围绕全县中心工作和人民群众关心的热点难点问题,拟订乡村振兴、环境保护、河湖长制、长湖渔民上岸安置4个调研课题,多次开展现场课题调查研究,形成高质量的调研报告4篇。聚焦精准扶贫政策落实情况,积极响应县委统战部关于脱贫攻坚专项民主监督“问政”的号召,与县扶贫办和11个涉及扶贫政策落实的相关单位通过“面对面”座谈交流和“一对一”现场问答的方式,充分发挥民进智慧,强化专项民主监督,鼓励会员深度参与精准扶贫工作。充分利用“两会”开展参政议政活动,其中《关于健全新型职业农民培育体系的建议》《关于突破式发展我市民营经济的建议》《关于我市长湖拆围后生态修复的建议》被民进荆门市委评为年度参政履职优秀成果,《关于加大我县饮用水源地保护的建议》《关于推进我县河湖长制的建议》被县政协评为“年度优秀提案”。主动请缨担任“民间河长”。成为汉江、竹皮河沙洋段的民间河长,聘期3年,为湖北省首个民主党派基层组织民间河长。组织会员积极参与健康扶贫、文化惠民、爱心帮扶、关爱留守儿童等各项工作中。春节前,分别在沙洋县潘集湖湿地管理局、拾桥镇马新村和拾桥镇香店村开展“送春联·迎新春”生态文化惠民公益活动。除现场创作600余副春联,还为周边村民发送400余本生态环境知识宣传手册和30余副湿地生态保护宣传画。此外,在高阳镇王集村建立“民进沙洋支部关爱留守儿童中心”,变过去“运动式”送关爱为“阵地式”送关爱,形成帮扶长效机制。

(民进沙洋支部)

沙洋县工商业联合会(总商会)

【概况】 2019年,沙洋县工商业联合会(以下简称县工商联)坚持以十九大精神为指导,围绕“两个健康”工作主题,自觉把工商联工作放到全县工作大局中去谋划和推进,充分发挥桥梁纽和助手的作用,锐意进取、真抓实干、大胆创新、积极作为,工作取得突破性发展。

【两个健康】 2019年,沙洋县工商联开展“党员主题活动日”进企业进商会活动,增强非公经济中党员的党员意识和党性意识,发挥党员的先锋模范作用。有计划地组织企业家走出去。组织企业家参加华中农业大学经济管理学院资本主义市场专题培训、民营企业财务管理培训、全省电商消费扶贫培训等。开展“企业家进高校活动”,推荐20名企业家参加北京大学、清华大学、人民大学、华中科技大学等高校研修班。组织建材商会到京山雁门口商会考察学习,组织水云山农庄、荆玻集团、荆华铝业等到荆门东宝工业园参观考察。通过分行业组织同类型的企业到全国做得最好的同行企业中学习取经,看一流企业,学一流企业,做一流企业。有计划地开展请进来。3月初,邀请四川绵阳的专家为沙洋县化工企业拿脉问诊,出谋划策。3月中旬,邀请省内专家为明弘玻璃全体干部职工开展专题培训,受到企业的充分肯定。开展理想信念教育宣讲活动。6月14日,组织全县40名企业家参加全市民营企业家理想信念报告会。

【商会建设】 2019年,沙洋县总商会队伍进一步壮大,新增执委4名,副主席3名,发展会员32家。乡镇商会陆续开展登记,逐步实现规范化管理。行业商会进一步扩大。继建材商会、粮油商会、物业管理协会成立之后,又组建沙洋装饰协会,规范全县装饰行业管理,提高服务质量和水平。异地商会建设全面启动。海南沙洋商会已筹备完毕,商会框架基本成型,人员基本到位,班子成员基本确定。

【服务企业】 2019年,沙洋县工商联通过召开执委会和会员企业联谊会,促成50家企业在资金、管理经验、技术、产品销售、原材料采购等方面相互帮助相互支持。加强商会走访工作。通过走访,为42家企业解决实际困难和问题126件,为28家企业推荐工人1012名。深入沙洋县建材商会、沙洋县粮油商会、沙洋县天门商会进行走访,每到一家商会,详细了解商会工作开展情况,重点了解全县在营商环境营造、招商引资方面存在的问题及建议。全年通过微信平台发布惠企政策、政策宣传及利企信息256条。与农商银行、建设银行、农发行签订战略合作协议,分行业分地域分大小将银行与企业进行点对点的对接,解决银企信息不对称、资金错配、时间错配等问题,受到银行与企业的称赞。4月19日、10月17日,联合人社局分别在官垱镇、五里镇召开"就业政策惠民生·就业服务促发展"民营企业专场招聘会,拓宽全县贫困人口就业渠道。成立投诉服务中心,为企业提供维权平台。举办座谈会,共商营商环境建设。8月28日,与县检察院联合举办"沙洋县检查护航民企发展"活动,通过参观、座谈、发放调查表等形式,向企业家介绍检察机关职能和工作情况,听取他们对检察机关的意见和建议,凝聚各方力量齐心协力护航民营经济健康顺利发展。

【助力扶贫】 2019年,沙洋县工商联扎实开展"百企帮百村"精准脱贫活动。年初,向全县会员企业发出精准扶贫的倡议,动员并组织明弘玻璃、洪森实业等42个企业结对帮扶贫困村。树立五里富强农庄、马良汉江牛业、后港荆华铝业、官垱澎湖农庄等副主席单位,作为精准扶贫示范企业。主要采取4种帮扶方式:即龙头企业带动型、创业就业促进型、专业合作组织帮扶型和村企劳务对接帮扶型。全县参与精准扶贫各类企业达184家,参与率达71%。5月10日,省工商联副主席彭斌一行到沙洋县调研"百企帮百村"精准扶贫工作,对沙洋县的精准扶贫工作进行高度评价。

【招商引资】 2019年3月4日,四川成都荆门商会会长张明一行到沙考察澎湖农庄、秦江化工、熊兴化工、共发米业等民营企业,双方达成合作协议。4月17日,县工商联赴海南招商,与海南申美电有限公司董事长龚卫军(高阳镇王集人)洽谈。9月17日,香港摩尔城进驻五洲佳禾国际商贸城。

【参政议政】 2019年,沙洋县工商联健全调研课题机制,围绕非公经济发展和非公经济人士关心关注的重要问题选定调研课题,由领导带队细心调研,确保形成高质量的调研成果。通过深入企业、园区进行调研,形成《服务非公经济促进"两个健康"调研报告》《沙洋玻璃行业转型升级的启示》2篇调研报告,及时全面地反映全县民营企业发展情况,为县委县政府提供决策参考。提高建言献策水平。做好"两会"议案、提案和大会发言的调研、分析和撰写工作,确保工商联代表委员的议案、提案和大会发言有建设性意义,有提案列为重点提案。积极争取县政协支持,选择民营企业转型升级、创新创业、诚信守法等专题,开展工商联界别协商活动。做好人大、政协大会有关非公经济发展提案、议案的办理和落实工作,提交政协大会发言和提案,即《高举工业大旗 发展民营经济》和《关于进一步加强企业人才队伍建设的建议》。高度重视信息直报工作。组织38家民营企业在全国工商联民营企业调查系统注册,注册率和填报率均位居全市前列。11月26日,全市民营企业信息直报工作推进会在沙洋召开,县工商联在会上做经验交流。

(曾华群)

群众团体

沙洋县总工会

【概况】 2019年，沙洋县总工会坚持以习近平新时代中国特色社会主义思想为指导，围绕中心服务大局，在出实招、求实效上下功夫，切实履行“维护职工权益、竭诚服务职工”的职责，工会工作更有温度、更有深度、更有亮度。

【基层组织建设】 2019年，沙洋县总工会以“强基层、补短板、增活力”为核心，严格按照工会改革要求推进乡镇工会改革工作。截至年底，全县16个镇（区）均建立区域性工会联合会或总工会，同步建立经费审查委员会和女职工委员会。16个镇（区）工会主席全部由副科级党委委员、组织委员兼任，其中经济开发区设立工会主席职数，并配备1名专职副主席。推行工会干部“专兼挂”制度，由规模以上企业工会主席兼任镇（区）工会副主席。同时，联合县文化和旅游局共建马良镇联合工会改革“示范点”。按照“六有”要求在马良镇联合工会建设职工之家、职工书屋、篮球场、网球场、乒乓球室等场所，打造全市一流的乡镇工会改革“样板”阵地。全面推进“八大”群体入会。以开展货车司机入会集中行动为牵引，在推进“八大”群体建会入会上实现新突破。按照企业职工3人以上单独建会的要求，最大限度地把“八大”群体职工组织到工会中来。全县新建家政服务业工会1家、货运企业工会2家、网约送餐员工会1家、快递服务业工会7家、房产中介业工会4家、保安服务业工会4家、护理护工服务业工会1家。全县“八大”群体建会累计达20家，网络会员1565人，建会率和入会率分别达100%和98%。加强工会经费管理。3月和10月两次组织专班对全县行政事业单位和镇（区）工会经费使用情况进行专项抽查，提出指导意见40余条，并督促整改到位，确保工会经费合法合规使用。完善经费征缴机制，按照全市税务代收工会经费工作会议精神，全年工会经费征缴完成率100%。

【困难职工帮扶】 2019年，沙洋县总工会紧扣职工群众最关心、最现实、最直接的利益问题，不断做实工会“四送”服务品牌。在冬送温暖方面，元旦、春节期间共帮扶困难职工、农民工23人，帮扶金额5.8万元。在春送岗位方面，联合县人社局举办“春风行动”现场招聘会，为1000余名下岗职工、失业人员和农民工提供就业服务。在夏送清凉方面，全县各条战线发放降温物资及降温费价值约37万余元，慰问高温作业一线职工813人次。在秋送助学方面，帮扶困难职工子女37人，发放助学救助资金13.8万元。同时，进一步延伸服务链条，依托城区已建成的垃圾中转站，按照一套桌椅、一台微波炉、一台饮水机、一套冷暖设备、一台冰箱、一个应急药箱、一个阅览角的“七个一”标准，在平湖、开源、长林垃圾中转站新建3处户外职工“爱心驿站”，为从事户外劳动的环卫工人提供免费服务。此外，围绕脱贫攻坚大局，在打赢脱贫攻坚战中找准工会定位、发挥工会优势、展现工会作为。做好城市困难职工解困脱困工作，新编印“便民版”政策宣传资料上门入户发放，确保党的工会政策宣传到位。依托入户调查、大数据比对、脱困回访等工作，开展困难职工调查摸底，确保困难职工建档立卡不漏一户、不落一人。全年对符合条件的55户建档困难职工发放帮扶资金59.5万元。其中，生活救助28人次19.1万元，医疗救助20人次34.7万元，助学救助10人次5.7万元。

【劳模服务】 2019年，沙洋县总工会充分发挥“工人先锋号”“劳模创新工作室”和先进班组引领示范作用，在企事业单位广泛开展技术革新、发明创造、合理化建议等职工技术创新活动，通过鼓励培育技术革新，不断激发职工群众的劳动热情，调动广大职工投身创新创业的积极性。持续推进劳模创新工作室创建工作，新创建“湖北荆玻海润玻璃有限公司劳模创新工作室”，全县累计创建职工（劳模）创新工作室13个。深化劳模引领行动。大力弘扬劳模精神、劳动精神和工匠精神，选树、推荐的沙洋弘润建材有限公司被评选为“湖北五一劳动奖章”，瞿德勤、朱树培、陈学新等13人被推荐为市劳动模范和市先进工作者候选人。对全县30名省部级劳模生产、生活状况进行“家访式”慰问摸底，为困难劳模申报生活补助金和特殊困难补助金近4万元；组织部分全国五一劳动奖章获得者、省级产业工人劳模参加全总和省总组织的疗休养活动，在全社会营造尊重劳模、关爱劳模、崇尚劳模、学习劳模、争当劳模的良好氛围。

【技能竞赛和文体活动】 2019年，沙洋县总工会创新产业工人建功立业载体，实施“十百千万”计划，深入推进“聚力创新业·建功新时代”立功竞赛工程，全面提升职工技能素质。全县各条战线各个单位开展各类劳动竞赛活动50多场次，参与职工5000余人，涵盖厨师、焊工、电工、护士、教师等多个职业。张婉青在市总工会和市卫生健康局举办的职工技能大赛活动中，以理论第一、操作第三、总成绩第二的好成绩，获得全市技能竞赛个人二等奖。积极开展文体活动。以打造“健康职工、快乐职工、幸福职工”为目标，组织开展一系列寓教于乐的群众性文化体育活动。联合县文化和旅游局、县体育总局共同举办沙洋县2019年“互通杯”职工羽毛球赛，来自全县各级基层工会26支代表队100多名职工参加比赛。联合县委宣传部、县文化和旅游局开展沙洋县庆祝新中国成立70周年合唱比赛，全县党政机关、社会事务等12支代表队参加比赛。全县各级基层工会踊跃举办职工趣味运动会，演讲、歌唱、书法、棋类、球类比赛等群众性活动，进一步丰富干部职工业余文化生活。（县总工会）

中国共产主义青年团沙洋县委员会

【概况】 2019年，共青团沙洋县委以习近平新时代中国特色社会主义思想为指导，始终围绕抓住根本任务、政治责任、工作主线这三个根本性问题，全面实施“靓青春、创青春、爱青春、梦青春、律青春”五个青春工程，带领广大团员青年紧跟时代步伐，不断增强党对青年的凝聚力、青年对党的向心力和共青团的影响力，各项工作取得较好成效。

【思想建设】 2019年，共青团沙洋县委聚焦习近平新时代中国特色社会主义思想这一主线，在全县60所中小学广泛开展纪念五四运动100周年、庆祝新中国成立70周年、“清明祭英烈”“过五彩端午，品传统文化”等活动。五四期间，全县16所中学（中职）开展“青春心向党 建功新时代”主题团日暨新团员集中入团仪式，14所中学开展“十四岁集体生日”活动。六一、十一三期间，全县58所学校开展“争做新时代好队员”主题队日活动。开展“两红两优”评选，成功申报省市先进集体9个，先进个人18人。推荐县危氏水产养殖专业合作社优秀青年危国雄获评第九届“荆门青年五四奖章标兵”。联合县教育局开展“2019年最美少年”和“2019年最美中（职）学生”评选活动，向上推荐15名学生参加省市评选。常态化组织网上青年大学习活动，全年参加学习达2万余人次，每期参学人数达2000余人，学习完成情况位列全市前列。

【组织建设】 2019年，共青团沙洋县委按照“全团大抓基层”要求，深入推进基层团组织规范化建设，全面推广智慧团建系统，644个团组织和6575名团员团干入驻系统，构建全县共青团大数据。采取以奖代补方式，高标准建设五星和高桥社区“青年之家”。充分发挥“青年之家”平台作用，承办青年交友联谊、“希望家园”“我和我的祖国”等各类共青团活动20余场。持续深化团教协作，集中聘任全县58所中小学少先队大队辅导员，落实学校中层正职待遇。先后组织开展全县团组织规范化建设业务培训、智慧团建业务培训、少先队辅导员职业技能培训、中学团组织书记培训暨团课大赛等县级培训，选派优秀骨干团干参加市级培训，服务各类团干600余人次，实现团干轮训全覆盖。

【青年就业创业】 2019年，共青团沙洋县委开展2019年“十选十美·十大最美创业青年”评选活动，选树于春光、侯娟等10名优秀创业青年，并在市县媒体上进行积极推介。沙洋县创业青年评选活动已持续开展5届，成为沙洋青年创业“名片”。加大项目争取力度，为创业青年李梦瑾申报大学生创业扶持资金2万元，为创业青年姜维申报田园小康扶持资金3000元。

【关爱行动】 2019年，共青团沙洋县委常态化开展“双结双促”——春游、夏学、秋问、冬暖活动，确保志愿者“四个一”结对帮扶到位。积极向上争取10万元爱心大礼包，走访慰问贫困留守儿童。开展“冬暖.微心愿”公益众筹活动，广泛争取党政干部、人大代表、政协委员等社会各界的支持，筹集资金超过12万元，在上年的基础上增长一倍，所筹资金全部用于圆梦贫困留守儿童微心愿。全年建成“希望家园”43家，为1400余名农村留守儿童提供暑期公益培训。

【青少年维权】 2019年，共青团沙洋县委指导沙洋县义工联申报团省委2019年希望伴飞A类计划项目，为50余名困境青少年提供帮助。帮助11名贫困大学生获得“希望工程”助学金4.9万元。筹资3万元对100名困难儿童进行走访慰问。开展青少年毒品预防教育“四个一”活动60余场，覆盖中小学生2.4万人。开展国家宪法宣传周活动80余场，申报2019年“双零社区”项目3个。

【志愿服务】 2019年，共青团沙洋县委紧扣国家卫生县城创建、油菜花旅游节、春运等大型活动需求，先后组织全县各级志愿者多方联动开展“文明交通劝导”“红领巾亲子志愿服务”“助力河湖长制 共建碧水蓝天”和“暖冬行动”等志愿服务活动200余场次，吸引12000多人次志愿者参与其中。其中“文明交通劝导”为沙洋县建县以来持续时间最长、参与人数最多的志愿服务活动，受到社会各界广泛关注和一致好评。在各项志愿服务活动中，强力推进“志愿汇”APP普及使用，开展专题培训2次，注册志愿者服务队98支，注册志愿者22147名，志愿服务时长181281.8小时。

（魏瑞莲）

沙洋县妇女联合会

【概况】 2019年，沙洋县妇联牢牢把握“巾帼心向党”主旋律，团结带领全县各级妇联组织和广大妇女干部，注重妇女群众思想引领；继续开展“两癌”免费检查，深化健康关爱巾帼行动；实施家家幸福安康工程，评选推荐“最美家庭”，弘扬优良家风；加大妇儿维权力度，家调委触角向村（社区）延伸；进一步巩固和深化改革，全面建立妇联执委评议述职制度，实施荆门市妇联“公益木兰”项目1个，县级“幸福花开”公益项目20个，为全县妇女儿童和家庭提供更加精准和全面的服务。年内，县妇联获评2019年度“湖北省家庭教育工作先进集体”，县巾帼志愿者协会被评为湖北省“三八红旗集体”。县妇联张敏被中华全国妇女联合会表彰为全国维护妇女儿童权益先进个人，县职教中心田梦璠被市妇联授予荆门市“最美妇联人”称号，县妇联张丽萍被市妇联评为荆门市最美婚姻家庭纠纷人民调解员。

2019年10月，市妇联副主席张旭林（前左一）到马良镇调研贫困妇女“两癌”筛查工作　　（县妇联　供稿）

【思想建设】 2019年，沙洋县妇联牢牢把握“巾帼心向党”主旋律，加强妇女群众思想建设。开展主题宣传教育活动。发动全县三级妇联组织开展新中国成立70周年“巾帼心向党·礼赞新中国”“巾帼建国新时代 我与祖国共奋进”主题宣讲30余场，覆盖近2000名妇女群众。选树身边先进典型。评选出全市“最美妇联人”2人，沙洋县“最美妇联人”10人，全市“最美婚姻家庭纠纷人民调解员”2人，同时在全县开展先进典型事迹大宣讲，以先进鼓舞妇女群众提升素质，建功立业。

【创业就业和妇女关爱】 2019年，沙洋县妇联深化创业创新巾帼行动，帮助妇女创业致富。开展就业引导帮扶，帮助100名创业妇女申请小额贷款1090万元。推进乡村振兴巾帼行动。动员3000人次农村妇女参加县人社部门组织举办的各类培训，组织2名女农民参加全国妇联“乡村振兴巾帼行动”暨新型职业女农民培训，组织6名女性参加全国手工培训,19 名女性参加全县电商培训,400 余名留守妇女参加手工、家政、种养殖技术培训 10 场次。深化健康关爱巾帼行动,服务妇女群众发展。组织全县 5400 人城乡妇女开展“两癌”免费检查,先后为 1.5 万名贫困妇女“两癌”筛查实现全覆盖,为 43 名农村“两癌”患病妇女发放 43 万元救助金。

【最美家庭建设】 2019 年,沙洋县妇联实施家家幸福安康工程,弘扬优良家风。评选推荐最美家庭。推荐全市“最美家庭”16 户,评选出全县“最美家庭”40 户,在平湖公园打造“树清廉家风 创最美家庭”家风家教宣传长廊,展示 10 个全市“最美家庭”廉洁、修身、齐家的家风故事,弘扬以德治家、以廉养家的良好家风文化。开展“树清廉家风 创最美家庭”活动。依托家庭教育指导中心,实施“爱驻我家”家庭教育公益项目、“助鹰翱翔”关爱留守儿童项目、“携手护蕾”家庭教育项目,开展各类讲座、课堂 100 余次,惠及 2 万多名儿童。开展家庭助廉活动。联合县纪委监委开展“树清廉家风 创最美家庭”暨新任科级领导干部廉政谈话活动,引导各级领导干部家庭做“守纪律、讲规矩、作表率”的廉洁家庭。

【妇女儿童维权】 2019 年,沙洋县妇联加大妇女儿童维权力度,组织网络更加健全。抓宣传骨干培训。借助巾帼宣讲队、微信公众号、网上妇女之家,向全县 2 万余名妇女开展《反家庭暴力法》《湖北省反家庭暴力条例》等法律法规 30 余场次,多层次多角度多方位提高妇联干部的维权能力和妇女群众的维权意识。建立健全家调委组织网络。延伸家调委服务网络,依托乡镇、村(社区)建立维权服务站点。沙洋镇平湖社区、官垱镇高桥社区被评为“荆门市基层示范家调委”。县家调委接访、跟踪办理服务 10 余起,化解矛盾纠纷 8 起。

【妇联改革】 2019 年,沙洋县妇联全面深化妇联改革,妇联组织改革更有成效。实施公益项目。全年自创投 20 个“幸福花开”公益项目,实施荆门市妇联“公益木兰”项目 1 个,为全县妇女儿童和家庭提供更加精准和全面的服务。建立妇联执委评议述职制度。探索三级妇联执委述职评议,264 名县、镇、村妇联执委述职,接受 615 名群众评议,形成“妇联工作妇联工作干得怎么样,妇女群众说了算!”的工作格局。创建县级示范妇女之家。在全县创建 17 个县级示范“妇女之家”,高标准建成官垱镇五星社区、高桥社区 2 个妇联组织阵地。

(刘钰雯)

沙洋县残疾人联合会

【概况】 2019 年,全县残疾人工作以习近平新时代中国特色社会主义思想为指引,坚持以人民为中心的发展理念,履行“代表、服务、管理”职能,聚焦残疾人精准扶贫,加快推进残疾人小康进程,不断改善残疾人民生,不断提升残疾人的获得感和幸福感,残疾人各项工作取得明显成效。年末,沙洋县持二代残疾人证 14621 人。其中,一二级重度残疾 6559 人,占持证总数的 44.86%;三四级残疾 8062 人,占 55.14%。分类型看:视力残疾 2212 人,听力、言语残疾 1512 人,智力残疾 1616 人,肢体残疾 7666 人,精神残疾 1493 人,多重残疾 122 人。

【残疾人康复工作】 2019 年 5 月,沙洋县出台《沙洋县残疾儿童康复救助实施方案》,为全县 113 名儿童实施抢救性康复训练,全年补助资金达 135 万元。全年为全县 14 个镇(区)配发残疾人辅助器具近 2000 件;完成白内障复明手术 100 例;为 200 名精神病患者提供服药补贴政策,包括 140 名建档立卡贫困户;家庭医生签约服务 6707 人。总投资 1200 万元的沙洋县残疾人康复中心已建成,并完成康复设备、器材的采购安装工作。全年全县康复服务率达 85% 以上,处于全市领先水平。

【残疾人教育就业】 2019 年,沙洋县残联分别在沈集、曾集、李市和官垱等镇开展残疾人农村实用技术培训 5 次,参训学员 500 余人,实现创业就业 200 人。开展残疾人职业技能培训,首次举办盲人按摩培训班,32 名视力残疾人集中培训 2 个月;首次举办残疾人电子商务培训班,参训学员 23 名。全年参与职业技能培训人员中有 20 人实现就业。组织 300 余人次残疾人参加就业援助月活动和残疾人就业招聘会,为残疾人求职者和用工单位免费发放优惠政策宣传资料 400 余份,办理求职登记 70 余人次。依法推进残疾人分散按比例安置残疾人就业,经审核 39 家单位共安置残疾人 130 名。沙洋镇新河社区成立星河残疾人辅助就业工作站,有 6 名残疾人实现辅助性就业。为 10 户集镇小老板和农家小店主发放扶持资金 5 万元,为 10 名技术能手发放扶持资金 2 万元。按照每人每年800元标准为全县91名残疾学生发放助学补助金7.28万元。

【残疾人扶贫保障】 2019年，沙洋县残联为符合条件的残疾人发放困难残疾人生活补贴190.21万元，惠及建档立卡贫困残疾人27636人次，138.18万元；发放重度残疾人护理补贴694.08万元，惠及建档立卡贫困残疾人34494人次，344.94万元；为94名残疾人实施“阳光家园”托养服务，投入托养服务资金21.15万元；为6000余名重度残疾人缴纳基本医疗保险和长期护理保险费172万余元；为60户贫困残疾人家庭进行无障碍设施改造；为符合条件的251名残疾人发放机动轮椅车燃油补贴6.52万元；为198名符合条件的贫困智力、精神和重度残疾人评定提供补贴2.97万元；向350多户困难残疾人发放慰问金11.8万元。

【文宣工作】 2019年，沙洋县残联会同县盲人协会组织视力残疾人参加全市盲人节暨“积极融入社会，共推小康进程”活动；组织100余名残疾人和助残志愿者观看影片《我和我的祖国》；充分利用“全国助残日”“扶贫日”和“爱耳日”等主题活动，开展公益宣传、义诊、上门办证等形式多样的助残活动；在荆门举办的全市残疾人职业技能竞赛上，沙洋参赛选手获团体总分第一，并在摄影、理发、丝网花制作、糕点制作、海报设计、保健按摩等6个单人项目中获得第一名。全年向省、市、县残联、政府网站和《湖北日报》《荆门日报》《沙洋手机报》等媒体报送宣传稿件上百篇，被采用70余篇。

【残疾人信访维权工作】 2019年，沙洋县残联接待来信来访40多起130多人次，为20余名残疾人提供法律援助；成功处置沙洋城区残疾人麻木车主群体访事件，化解调处残疾人信访案件8起。邀请县人民医院骨科和精神科残疾鉴定医生先后赴曾集镇、后港镇、沈集镇、高阳镇、十里铺镇、拾桥镇、马良镇、监狱管理局等地开展上门办证服务达160余人次。结合“国家宪法日”宣传教育周活动，开展法律法规“进机关、进网络、进社区、进企业、进农村”主题活动，印发宣传资料1万余份，发送平安沙洋创建短信1万余条。 （刘雨薇）

2019年5月21日，市残联党组书记、理事长江克勤（后排右二）、副理事长李红梅（前排右一）一行到沙洋镇新河社区残疾人辅助性就业工作站调研残疾人就业工作 （县残联 供稿）

沙洋县科学技术协会

【概况】 2019年，沙洋县科协团结引领广大科技工作者贯彻落实《全民科学素质行动计划纲要》，以科普宣传、惠民培训为切入点，通过示范带动、产学研合作为全县经济社会发展服务，较好地完成全年各项工作目标任务。

【科普宣传】 2019年6月，沙洋县科协在报纸网络媒体上开辟宣传专栏，持续宣传科学生活小常识。《新沙洋》开辟“科普沙洋”专栏，全年持续选登24期；中国沙洋政府网站开辟“科普之窗”专栏，全年连续刊登3期。10月，在县委党校举办气象科普讲座活动，邀请中国第34次南极科学考察队员、市科协常委、市气象局高级工程师、市气象学会秘书长李鑫为党校学员普及气象知识。开展科普育才示范学校创建活动，培养学校师生学科学、爱科学、用科学的科普氛围。全年开展“科普大篷车”进校园活动3次，展出科普展板36块，科普展品10余件，发放宣传资料1000余册。全年举办面向职工专题讲座9次，组织职工开展技术交流和技能竞赛4次。为公众开展科学知识普及宣传，向群众发放科普知识宣传手册等资料共计2.5万份，展出展板112块，发放科普图书5000册，发放环保袋1000多个，受益群众达1.1万人次。

【科普惠农】 2019年，沙洋县科协把推广实用技术与提高农民科学素质结合起来，通过开展送科技下乡、实施科普惠农工程、建设科普惠农服务站等活动，培养一大批有文化、懂技术、会经营的新型农民。全年举行各类服务活动20次，发放宣传资料2800余册。

【科普示范】 2019年，沙洋县科协以示范基地的重要平台，在重大节假日期间，对外宣传科普知识，通过孵化培育一批基层科普工作示范典型，进一步强化基层科普服务能力，充分调动全社会科普工作者开展科普工作的积极性和主动性。全年争取项目资金50万元，加强对省级科普示范基地洪森集团花海小镇科普园的打造。成功申报"湖北省科普教育基地"1个(潘集湖国家湿地公园)、市级"科普惠民社区"1个(沙洋镇云龙社区)、市级"社区科普大学示范教学点"1个(沙洋镇新河社区教学点)。5月，向市科协推荐"最美科技工作者"1名(文茂林)。

【产学研合作服务】 2019年，沙洋县科协深入实施"科技创新源泉工程"，推动高校、科研院所与企业合作。分批带领科技工作者到华中科技大学、华中农业大学、武汉纺织大学、三峡大学、长江大学与相关教授开展学术交流活动，全年开展科技交流活动20次。申报获批院士专家工作站5家(湖北新保得生物科技有限公司、湖北万锦科技有限公司、湖北鼎顺生物质能源有限公司、湖北布实非织造布有限公司、沙洋中诚牧业有限公司)。

(季凯旋)

沙洋县归国华侨联合会

【概况】 2019年，沙洋县侨联按照"建班子、搭台子、抓品牌、创特色、争一流"的工作思路，围绕全县经济社会发展总目标，团结广大归侨侨眷和海外侨胞致力于促进经济发展、参政议政、维护侨益和促进祖国统一等各项工作，坚持求真务实的工作作风，努力创造新业绩，奋力取得新收获，开创侨联工作新局面，圆满完成年度任务。

【基层基础建设】 2019年，沙洋县侨联夯实基础，拓宽侨务工作渠道。拓宽涉侨信息获取渠道。通过联系沙洋监狱管理局共同开展侨情普查工作，进一步扩大侨情信息收集范围，新增侨情信息80余条，总量达200余条。加强基础教育培训。选送小学优秀英语教师参加湖北省侨联和香港惩教社教育基金合作举办的2019年暑期英语教师培训班；组织9名侨眷侨属代表参加市侨联举办的全市侨务知识培训班，派出侨联干部参加2019年全省侨联干部培训班，进一步了解涉侨政策知识和侨务工作。利用宪法日活动开展涉侨法律法规宣传。在沙洋镇建设街举办"法律知识社区行"活动，向群众宣传《宪法》《归侨侨眷权益保护法》《归侨侨眷权益保护法实施办法》等法律法规，发放宣传资料50余份，接受群众现场咨询30余人次。

【爱侨护侨】 2019年，沙洋县侨联爱侨护侨，拓宽维护侨益渠道。围绕培育和践行社会主义核心价值观，发扬中华优良传统，倡导文明新风，加强与广大归侨侨眷和海外华人华侨的联系，引导广大侨界群众共建中华民族共有精神家园。适时开展各类联络、联谊活动，光交朋友，增进了解，加深友谊。通过中国传统节日联络感情。在中国传统节日期间通过微信、电子邮件等形式，加强与沙洋籍侨胞的联系，向他们宣传家乡的发展变化，增进其对祖国和家乡的了解。继续做好改善侨眷民生工作。积极开展走访慰问活动，全年慰问侨界代表人士和困难归侨侨眷20多人，了解他们的生产生活情况，听取他们的意见和建议。走访李市镇青年村困难侨属，协调李市镇政府为其解决生活问题。全力做好华人回国接待工作。接待法国巴黎回国探亲华人余华英、余莲英两姐妹，宣传改革开放以来祖国及沙洋巨大的发展变化并赠送《回眸二十年》宣传画册。

【为侨服务】 2019年，沙洋县侨联凝聚侨心，丰富群众工作方式。认真做好侨联界政协委员服务工作。支持他们履行职责，开展学习、调查、视察和界别活动，积极撰写提案和社情民意，发挥参政议政作用，为经济建设献计出力。组织相关企业参加第19届华侨华人创业大会。成功促成湖北美宝生物科技股份有限公司与美国博士郝秀娟女士对接，双方达成初步合作意向。协办新中国成立70周年庆典活动。选送侨属毛翌临领舞《我爱你中国》参加沙洋县庆祝新中国成立及政协成立70周年晚会。

(刘晓晖)

法　　治

概　　述

【概况】 2019年,沙洋县委政法委围绕为新中国成立70周年、第七届世界军人运动会创造安全稳定环境的总目标,牢牢把握巩固提升“长安杯”创建成果这一主线,持续推进平安沙洋建设,推动政法领域全面深化改革,加强过硬队伍建设,履行维护国家政治安全、确保社会大局稳定、促进社会公平正义、保障人民安居乐业的“四大职责”,为全县冲刺全省县域经济“第一方阵”,走在江汉平原振兴发展示范区前列创造安全的政治环境、稳定的社会环境、公正的法治环境、优质的服务环境。

【维护社会稳定】 2019年,沙洋县委政法委坚决打好防范化解风险攻坚战,针对政治和社会领域梳理排查出的21个风险点,制定《沙洋县防范化解政治和社会领域重大风险实施方案》,由县领导分别带队在政治领域、社会领域、公共安全领域开展重大风险调研工作。全年省、市、县矛盾攻坚交办件32件全部化解,135件县领导包保信访案件化解123件,化解率91.1%。成功化解一批积年信访疑难案件,推动“中金行”、汉津花园办证问题等积案的化解进程。圆满完成春节、全国“两会”、第二届“一带一路”国际高峰论坛、省首届油菜花节、“迎大庆、保军运”等重要敏感节点、重要活动期间的安保维稳工作任务,全年实现“六个不发生”工作目标。

【平安创建】 2019年,沙洋县委政法委紧扣重点领域、重点行业特点,精心谋划开展“平安十创”工作,推出村湾平安中心户、社区平安楼(栋)长、义工调解室、家长志愿护学岗、一键式报警装置、“三实”综治中心、散装汽油销售管理智能化实名审核等一批“新品牌”。全县第一批24个试点村(社区)377户村湾平安中心户通过实行“八有三清五员”的“835”工作模式,化解小矛盾小纠纷980余起,宣传政策1663次;在城区小学、幼儿园和部分乡镇中心小学招募家长志愿者268人,推行“家长志愿护学岗”,涉校交通、治安案件同期下降18%;“女童保护公开课”工作经验被新华社宣传推介;散装汽油销售管理智能化实名审核得到省公安厅的高度认可,拟在全省推广应用。

【社会治理】 2019年,沙洋县委政法委通过实地调研,选定35个村(社区)示范开展社会治理积分制管理提档升级工作,先后组织5场次大型集中培训,培训业务骨干300多人次。抽调机关、网格中心10名干部组成4个包联镇(区)工作组,对14个镇(区)的提档升级工作进行包联督导,全县村(社区)社会治理积分制管理覆盖率达100%,软件对接率达100%。在全市积分先进表彰大会中,全县4个村(社区)、3个村(社区)工作者、5个积分先进个人受到表彰,获得奖励性资金4万元,其中沈集镇彭堰村获全市社会治理积分制管理4个优胜村(社区)之一。

【社会面安全管控】 2019年,沙洋县委政法委坚持县镇村“123”综治工作例会,及时排查因生活失意仇视社会等有极端倾向人员、社区矫正和刑释人员、易肇事肇祸精神障碍患者、吸毒人员等特殊群体底数,严格落实包保责任;加强枪支、爆炸、剧毒等危险物品,车站、学校、超市、医院等重点部位的动态管理,开展各类治安清查68次,检查宾馆180余家次、网吧60家次、KTV150家次,发现各类隐患74处,现场整改65处,责令4家KTV停业整顿,对2家烟花爆竹批发公司、26家烟花爆竹配送点、325家烟花爆竹零售点、2家剧毒化学品使用单位进行检查,收缴烟花爆竹残次品1600余件并集中销毁;开展3次校园安全风险大排查、大整治、大执法活动,排查安全隐患77处,安装一键式报警装置34个,实现城区、各集镇中心学校全覆盖;对浩吉铁路、荆沙铁路沿线居民开展铁路护路安全宣传教育,排查整改安全隐患12处;推动全县70家寄递企业落实“三个100%”制度,排查安全隐患51处,下发整改通知书29份，隐患整改28处，约谈5人，办理行政处罚案件1起，行政处罚1人，最大限度消除寄递渠道风险隐患；新增高清A类视频监控460个，人脸识别系统10个，推进“空中有监控、地面有巡逻、路上有卡点”的“三防”立体复合型治安防控体系。

【扫黑除恶专项斗争】 2019年，沙洋县政法机关侦办4起在全省有重大影响的组织领导黑社会性质犯罪组织案，捣毁5个恶势力犯罪集团，铲除28个恶势力犯罪团伙，破获涉黑恶类刑事犯罪案件115起，抓获犯罪嫌疑人191人。审结1起涉黑案件、开庭审理1起涉黑案件，一审1起涉恶案件，取得良好的政治、法律和社会效果。针对非法借贷、住建、工程建设项目招投标、农村集体“三资”、矿产资源等重点领域组织开展“五大”专项行动，清理“三资”问题合同数1923份，增效资金133.99万元；促成收回被非法恶意侵占的集体水库、鱼塘、山林等5处；掌握涉黑涉恶腐败和“保护伞”问题线索34条，办结27条，问责处理9人。其中，开除党籍、开除公职并移送司法机关1人，开除党籍并移送司法机关1人，给予党内严重警告处分1人。

【社会矛盾化解】 2019年，沙洋县委政法委按照“横向到边、纵向到底、全域覆盖”的原则，全面排查不稳定因素，做到重点领域全面排查、重点群体和重点人员滚动排查、重点问题跟踪排查，对排查出的重点问题全部分门别类建立县、镇(区)两级《矛盾问题清单》《矛盾问题化解稳控责任清单》两个清单，确保底数清、情况明、措施实，实行动态管控。全年调处婚姻家庭、邻里、房屋宅基地、合同、生产经营、损害赔偿、山林土地、征地拆迁、劳动争议、医疗、道路交通事故、物业等社会热点、难点纠纷712件，调解成功703件，调解成功率达98.7%，为当事人避免或挽回经济损失1200余万元，协议履行率达100%。

2019年9月30日，县委书记、县长刘克雄(前左三)到县公安局调研指导工作。县领导陈威、杨孟富、伍勇、罗雁等参加调研

(县公安局　供稿)

【反邪教工作】 2019年自机构改革反邪教工作职能并入县委政法委后，县委政法委迅速在人、财、物、工作场所、保密设备和制度建设上进行精准投入，争取财政拨款经费20万元，有力保障反邪教工作的开展。全年取得邪教人员教育转化率40%以上、群众知晓率80%以上、邪教人员稳控率90%以上的好成绩，查失率、在控率、解脱率均位于全市第一、全省前列的位次，沙洋县创建的“一低二高三建十进”工作经验得到市委政法委高度认可，并在全市推广。

【网格化建设】 2019年，沙洋县委政法委制定出台《沙洋县城区网格员积分绩效管理办法(试行)》，印发《巡查台账》《重点人群台账》《特殊人群台账》《安全隐患排查台账》等工作台账，将网格员的工作具体化、细致化，实行“一月一考核，每月一总结”的管理模式。将网格内社区矫正对象、吸毒人员、精神障碍患者、信访重点人员、刑满释放人员等“重点人员”作为网格员在每日巡查和入户走访的必登、必访对象，对全县“三留”人员以及高龄老人、残疾患者等特殊人员实行“ 日双巡”制，时刻了解生产生活情况并给予帮助。全年参与调处矛盾纠纷1000多起，调解成功率达98.2%。

【队伍建设】 2019年，沙洋县委政法委开展“不忘初心、牢记使命”主题教育，在全县主题教育中集中开展“扫黑除恶中央督导”“平安稳定突出问题”“黄赌毒听之任之、失职失责甚至包庇纵容、充当‘保护伞’问题”等专项整治。通过组织集中培训、分层学习等形式，在全县政法系统开展政治轮训，确保全县政法干警学深悟透《中国共产党政法工作条例》，切实认识到党对政法工作的领导地位和引领作用。有效整合政法系统资源力量，在社会治理、扫黑除恶、平安建设、矛盾纠纷排查化解、重点人稳定管控、优化营商法治环境等方面凝聚强大的政法合力，全面推行“勤下基层、干在一线”工作机制，通过个人周总结、股室月总结、干部例会工作汇报、全员积分制管理等方式倒逼干部责任落实。　（县委政法委）

2019 年 12 月 24 日，副市长、公安局长陈实（左二）突访县公安局拾回桥派出所、看望一线民警，查看纪山镇林场遗址（墓葬）考古发掘现场、慰问工作人员。市文物局局长汤学锋，副县长、公安局长刘士金等陪同调研　（县公安局　供稿）

公　安

【概况】　2019 年，沙洋县公安局按照县委县政府和市公安局的部署要求，围绕新中国成立 70 周年大庆和第七届世界军人运动会安保维稳的主线，提高“五大能力”，抓实“九项重点工作”，坚持抓基层、打基础，抓业务、带队伍，各项工作任务圆满完成，确保全县经济社会和治安大局持续平稳。“7·22 碰瓷诈骗案”侦破专班被市公安局记集体三等功，1118 专案组被市委、市政府记集体三等功，县看守所被荆门市委、市政府给予集体嘉奖，县公安局被省公安厅记集体三等功。

【安保维稳】　2019 年，沙洋县公安局连续打赢全国、省、市“两会”、第二届“一带一路”国际高峰论坛、“八节”（元旦、春节、元宵、清明、五一、端午、建军、中秋）、“两考”（高考、中考）、首届湖北油菜花节、“半马”赛事、纪山庙会等安保维稳硬仗，确保重大活动安全无事故。在创建国家卫生县城迎检、70 周年大庆和第七届军运会期间，全警上下严格执行战时一级勤务和战时纪律，实现“六个坚决防止、三个坚决确保”的工作目标，抓获潜逃 12 年的省督 FLg 网上逃犯张某，受到上级领导和社会各界的好评。

【严打整治】　2019 年，沙洋县公安局打掉廖某滨、黄某峰、刘某东等 3 个黑社会组织，捣毁李某康、陈某松、苏某、刘某金、王某、黄某等 6 个恶势力犯罪集团，铲除 28 个恶势力犯罪团伙，破获涉黑恶类刑事案件 114 起，抓获犯罪嫌疑人 198 人，刑事拘留 188 人，扫黑除恶战绩排名全省县市区局第一方阵。集中开展命案攻坚、毒品犯罪、经济犯罪打击整治等重点工作，全年破获各类刑事案件 236 起，刑事拘留 313 人，逮捕 161 人，移送起诉 287 人，刑事类警情“连续五年持续下降”，当年 3 起命案全破，抓获各类网上逃犯 155 人（其中，历年逃犯 40 人）。打掉 4 个涉毒犯罪团伙，打处 42 人，强制隔离戒毒 53 人，责令社区戒毒、社区康复 61 人；破获各类涉黄涉赌案件 62 起，刑事拘留 17 人，查处涉黄涉赌行政案件 53 起 125 人；侦办各类经济犯罪案件 17 起，刑事拘留 19 人，逮捕 12 人，移送起诉 10 人，为企业和群众挽回经济损失 500 余万元。

【安全监管】　2019 年，沙洋县公安局开展“三驾三超”等交通违法整治，查处各类交通违法行为 11.2 万起。其中，办理行政案件 1897 起，破获刑事案件 124 起。联合安监、交通等部门，排查整治全县国、省干道危险路段安全隐患 251 处，全县亡人交通事故数、死亡人数较上年同期分别下降 7%、14%。深入推进缉枪治爆专项行动，开展各类治安清查68次，发现整改各类隐患65处，责令4家KTV停业整顿，检查危化品、烟花爆竹企业30家，烟花爆竹零售点325家，收缴并销毁烟花爆竹残次品1600余件。同时，认真履行消防安全管理责任，加强对“十小场所”消防隐患排查整治，全县未发生危爆物品事故和较大以上火灾事故。做实“护校安园”、文物保护、单位内保、寄递物流等工作，建立民警＋教师＋保安＋家长志愿者“四位一体”的校园安防机制，其中“女童保护”专项宣讲活动，深受师生和家长欢迎，工作经验受到新华社宣传推介。强化监所“铁桶工程”建设，在长期超员收押的情况下，采取战时监管工作措施，抽调局直单位民警支援看守所，确保监所安全无事故，受到省公安厅、市公安局领导充分肯定。

【服务中心】 2019年，沙洋县公安局坚持重大项目“领导包联、挂牌联警”机制，走访调研重点规模企业140家，定期开展安全防范指导和隐患排查整改，严打重处侵害企业案事件，追回苏克来集资诈骗案涉案资金214万元及58套房产（折合人民币1450万元）；积极参与不良贷款清收，协助驻沙金融机构追回贷款420余万元。主动开展非法集资风险防范化解工作，排查出沙洋县P2P投资理财平台风险点（“沙洋县利巢投资管理有限公司”）并配合处置专班开展维稳工作；启动“中金行”案追诉程序，抓获并移送起诉犯罪嫌疑人3名。推进长江大保护专项行动，成功打掉汉江流域非法采砂团伙3个，捣毁非法采砂及收购窝点4个，抓获犯罪嫌疑人16人，扣押盗采河砂1000余吨，涉案价值300余万元。推进“创卫”迎检工作，全面完成责任路段清理整治、道路交通秩序管控、废旧回收业整治、露天秸秆禁烧、单位内部卫生整顿等工作，为创卫攻坚助力添彩。及时调整充实驻村扶贫工作组力量，主动争取扶贫项目资金30余万元；组织机关民警逐户走访贫困户，加大政策宣传力度，送去慰问资金和物资2万元。以人大工作评议为契机，结合工作实际，深入开展宣传发动、走访调研、征求意见、自查自纠、整改落实等工作，在全县被评单位中排名第一。

【双基建设】 2019年，沙洋县公安局全力推动公安重点项目建设，相继完成平安城市2期460个视频监控建设、智能违停抓拍系统、斑马线礼让行人抓拍系统、派出所数字化智能枪库及城区警务站建设。完成曾集、马良、洪岭派出所维修改造工程，搬迁重建五里派出所；配齐100名常备应急警力，配备反恐防暴车，列装无人机、反制枪等设备，应急处突能力大幅提升。进一步拓展公安“放管服”改革，车驾管、交通违法处理、道路交通事故快处快赔等业务均实现网上运行。全面深化“交巡一体化”改革，按照“错时动态、弹性互补”运行原则和五大工作职能（街面治安巡防、交通秩序管控、先期应急处置、校园安保护学、法治宣传服务），整合警力资源，优化运行机制，提升警务效能。完善健全农村“所队合一”运行机制，全县农村道路交通形势日趋好转，得到党委政府的肯定和广大人民群众的拥护。全面开展“枫桥式公安派出所”创建活动，后港派出所开创的“一校三网”新模式被《荆门日报》整版报道，受到广泛好评。践行“情指行一体化”作战机制，充分利用信息化手段，处置突发案事件30余起，破获各类案件150余起，抓获各类违法犯罪人员100余人，救助群众200余人。

【队伍建设】 2019年，沙洋县公安局坚持政治建警、从严治警，开展“不忘初心、牢记使命”和“践行新使命、忠诚保大庆保军运”实践活动及全县公安机关政治轮训，引导民警坚定理想信念，筑牢忠诚警魂，党建工作位居县直单位前列；开展“以案为戒、严明纪律”警示教育整训和党风廉政建设教育活动，全警作风更加过硬。推进“找短板教训、促规范安全、保大庆军运”专题教育整训，为基层所队发放装备1800余套，组成12人的“送教小分队”对全县一线实战单位300余名民辅警进行实战化送教培训，掀起“日练兵”热潮。严格落实季度考评、案审双轨、案卷评比“三项机制”，规范民警执法活动，连续三年创省优并记集体三等功。全年职级套改12人，调整任用科级干部24人、股级干部38人，6名民警被记个人三等功，刑侦、内保、监管、法制等单项工作及8名民警受到省公安厅通报表彰，并足额兑现5项奖励性工资。宣传攻势有声有色，新华社、学习强国平台、《人民公安报》《法制日报》《湖北日报》、湖北电视台等央省核心权威媒体多次报道沙洋公安工作经验、亮点和公安民警先进典型事迹，在全市排名第二。

【县公安局培训中心被省公安厅评为“十大示范实战训练基地”】 2019年，沙洋县公安局根据省公安厅《在全省公安机关开展五项“十大”推选活动的通知》要求，参加“十大示范实战训练基地”的推选活动。经过初评审核、专家评审、网络投票和实地考核，省公安厅于1月24日下发鄂公传发〔2019〕66号文件，通报五项"十大"的评选活动，县公安局培训中心被省厅评为"十大示范实战训练基地"。

【县公安局抓获一名潜逃17年的命案逃犯】 2019年12月25日，沙洋县公安局抽调刑侦、技侦、网侦、后港派出所合成作战精干力量组成追逃专班合力攻坚，远赴甘肃省陇南市抓获潜逃17年的命案在逃人员侯某奎（男，现年53岁，后港镇人），成功侦破"2002·12·10"命案积案。（曾　蜜）

检　察

【概况】 2019年，沙洋县人民检察院有中央政法专项编制51个，实有在编检察人员48人（其中，男性干警24人、女性干警24人），工勤编制4人。实行人员分类管理。其中，员额检察官17人、检察官助理12人、书记员6人、司法警察3人、检察技术人员3人、司法行政人员7人。全面落实内设机构改革，依照《湖北省基层人民检察院内设机构改革方案》，改革后设立第一至第六检察部、政治部、司法行政管理局、司法警察大队。内设机构由原来14个精简为9个，完成组织构架重建，实现机构职能调整。实行"捕诉一体"改革，一个案件由一名检察官负责办理到底，为强化法律监督职能优化组织保障。

【维护国家安全和公共安全】 2019年，沙洋县人民检察院围绕"迎大庆、保军运"，履行职能保平安护稳定，增强人民群众安全感。全年办理审查逮捕案件135件211人，审查起诉案件293件404人。其中，批准逮捕165人，起诉372人；不捕46人，不诉31人，附条件不起诉1人。维护公共安全，对涉枪涉爆、危险驾驶等危害公共安全犯罪批捕24人，起诉78人；维护社会秩序，严厉打击故意伤害、制毒贩毒、盗抢拐骗等严重暴力及易发多发犯罪，批捕46人，起诉63人。

【刑事检察】 2019年，沙洋县人民检察院强化立案和侦查活动监督，依法监督侦查机关立案10件，撤案4件；纠正漏捕16人；纠正侦查活动违法8件。强化刑事审判监督，纠正漏犯21人，纠正漏罪17人；纠正审判活动违法8件，提出抗诉2件。坚持重大疑难复杂案件检察长列席同级法院审判委员会2次。强化刑事执行监督，开展羁押必要性审查15件；纠正看守所监管活动违法12件；纠正监外执行违法28件。积极稳妥履行对司法工作人员职务犯罪的侦查权，对2名司法工作人员渎职案件进行立案侦查，为反腐败斗争作出贡献。

【民事检察】 2019年，沙洋县人民检察院强化民事裁判结果监督，探索建立繁简分流案件办理工作机制，针对法院在审判程序、诉讼文书送达以及终结执行程序等民事审判和执行活动违法方面提出监督建议5件。对裁判正确、依法不支持监督申请的1件案件，积极做好服判息诉工作，维护司法权威。

【行政检察】 2019年，沙洋县人民检察院立足促进司法公正和依法行政，加强对不动产登记、征地拆迁、社保行政核定等领域案件的监督，深化行政非诉执行专项监督，对行政非诉执行活动违法提出监

2019年12月16日，县检察院举办"迎两会，代表委员看检察"公众开放日活动，多名人大代表、政协委员、人民监督员和特邀嘉宾共同走进检察机关，近距离感受法治建设新变化。图为活动现场

（县检察院　供稿）

督建议5件,对有关单位存在的普遍性违法问题及行政管理、社会治理存在的漏洞提出改进工作建议4件,均得到采纳。

【公益诉讼】 2019年,沙洋县人民检察院认真履行"公共利益代表"职责,受理食品药品、生态环境保护、国有财产保护等领域检察公益诉讼案件线索71件,立案66件,不立案5件,发出诉前检察建议57件,起诉行政公益诉讼案件1件,办理刑事附带民事公益诉讼案件2件,有效维护国家和社会公共利益。

【服务民营经济】 2019年,沙洋县人民检察院开展"护航民营经济、服务民营企业"专项法律监督工作,以及"两整"暨服务和保障创新驱动发展大走访调研活动,走访高新技术企业。打击职务侵占、破坏生产经营等侵害企业权益犯罪,批捕19人,起诉26人;强化非公企业合法权益保护,审慎对企业管理人员采取强制措施,不批捕5人,不起诉9人,建议取保候审3人。

【服务"三大攻坚战"】 2019年,沙洋县人民检察院组织开展防范化解重大风险专项工作,全力排查、化解、防范政治、经济、社会、生态及检察工作自身风险,严格依法审查起诉,把好案件质量关。以汉江水资源保护、空气污染防治等为监督重点,持续开展"保护生态环境、促进绿色发展"专项法律监督工作。积极开展"治理农村生活垃圾,守护花海荆门"、城市建筑垃圾治理、西荆河流域水环境保护、饮用水源地环境保护、扬尘污染治理等小专项,促进沙洋生态环境改善。加强跨区域合作,牵头与潜江市、荆州区、沙市区三地检察院会签《关于建立跨区域长湖生态环境保护公益诉讼工作协作机制的意见》,共抓区域内湖泊湿地生态环境大保护。积极参与精准脱贫攻坚战,做好定点扶贫工作,加大对侵害民生民利和侵吞扶贫款物犯罪的打击力度,办理涉农犯罪38人。积极落实最高检《关于检察机关国家司法救助工作支持脱贫攻坚的实施意见》,对全县因案致贫、因案返贫的困难群众,建立司法救助常态机制,防止和减少因案致贫、因案返贫。

2019年3月11日,县检察院检察长办理首起适用认罪认罚从宽制度案件。图为办案现场 (县检察院 供稿)

【扫黑除恶】 2019年,沙洋县人民检察院以抓好中央督导组"回头看"反馈问题整改为契机,加大办案力度,组织专班先后办理黄某峰、李某康、王某、苏某等1个涉黑案件、5个涉恶案件,批捕涉黑涉恶犯罪9件19人,起诉6件54人。坚守法治原则,纠正漏捕9人,监督立案2件4人,做到"不是涉黑涉恶的,一个不凑数;是涉黑涉恶的,一个不放过"。强力"破网打伞",严格落实"签字背书"要求,将有无"保护伞"线索作为案件审查的必经程序,发现并移送相关线索8件。落实"缴财断血"要求,及时主动引导公安机关准确、全面查清涉案财产,依法采取查封、扣押、冻结等措施。

【落实认罪认罚从宽制度】 2019年,沙洋县人民检察院多措并举,促进认罪认罚从宽制度落地。全年适用认罪认罚从宽制度办理刑事案件280人,占案件总数69.3%;适用速裁程序审结案件96件,占比54.9%;对121人提出幅度型量刑建议,对89人提出确定型量刑建议,法院当年判决211人,采纳量刑建议191人,采纳率90.5%。初步实现认罪认罚从宽制度在提高诉讼效率、化解社会矛盾、减少社会对抗等方面的重要作用。

【参与社会治安综合治理】 2019

年，沙洋县人民检察院深入推进“群众来信件件有回复”工作，对11件群众来信、53件来访，均按规定做到七日内程序性答复以及三个月内实体性答复。做好未成年人检察工作，落实最高人民检察院“一号检察建议”，检察长兼任沙洋中学法治副校长；对全县64所高中小学实现“法治进校园”巡讲全覆盖；依法办理未成年人审查逮捕案件3件3人，审查起诉案件5件6人；依法逮捕侵害未成年人权益犯罪2人；纠正违法3件，追诉1人，发出检察建议2份，努力为未成年人提供全面综合司法保护。

【自觉接受监督】 2019年，沙洋县人民检察院自觉接受县人大常委会对员额检察官履职评议。制定实施方案，成立履职评议工作领导小组，召开履职评议动员会，组织评议对象开展自查，广泛听取意见建议，切实加强整改。强化案件信息公开。公开程序性信息487条、法律文书258份、重大案件信息144件，做到应公开尽公开，以公开促公正。加强代表委员联络工作。举办“检察护航民企发展”“迎两会，代表委员看检察”等公众开放日活动，邀请代表委员零距离感受检察工作新变化，面对面接受代表委员监督。加强人民监督员联络工作。邀请人民监督员参加案件公开审查、公开听证、公开宣告等活动，监督办案活动15次，认真听取意见建议并做好改进和反馈工作。

【队伍建设】 2019年，沙洋县人民检察院坚持把政治建设摆在首位，落实“不忘初心、牢记使命”常态化制度化要求，不断增强“四个意识”、坚定“四个自信”、做到“两个维护”。坚持以习近平新时代中国特色社会主义思想为指导，学习贯彻党的十九大和十九届二中、三中、四中全会精神，落实中央政法工作会议部署，坚持“讲政治、顾大局、谋发展、重自强”的总体要求，坚持“依法履职尽责、服务保障大局”的工作主题，以高度的政治自觉、法治自觉、检察自觉，主动把履行检察职能与落实县委各项决策部署紧密结合，推动“四大检察”“十大业务”全面协调充分发展，为“中国之治”的沙洋实践贡献检察力量。落实党风廉政建设“两个责任”。严格落实中央八项规定及实施细则精神，贯彻执行中央“三个规定”。始终把纪律挺在前面，强化内部监督管理和教育引导，全年开展检务督查33次。认真开展巡视巡察“回头看”活动，严格对照市院巡察组“回头看”反馈的意见，形成整改工作方案，对问题紧盯不放，确保整改到位。继续深化人才工程。加强骨干人才培养使用，坚持业务竞赛活动、外出学习常态化，开展经常性岗位练兵，加大上下交流轮岗力度，提高检察人员专业素能，两个集体获市院立功嘉奖。在以文化人、塑形上下功夫，广泛开展文化活动，抓好精神文明建设，发挥检察文化的熏陶、引领作用。（黄立力）

法　院

【概况】 2019年，沙洋县人民法院贯彻落实习近平新时代中国特色社会主义思想，围绕“努力让人民群众在每一个司法案件中感受到公平正义”这一目标，忠实履行宪法和法律赋予的职责，各项工作取得新进展。全年受理各类案件2447件，结案2337件。其中，受理诉讼案件1853件，审结1782件，审结率96.17%；受理执行案件594件，执结555件，执结率93.43%。县法院被评为“全省先进法院”，连续四届被评为省级文明单位。全年全院有11名干警受到市级以上表彰奖励。其中，郭文娟、周曲曲被市中级人民法院评为优秀法官，张峰、金列成被市中级人民法院评为办案标兵，张立芳被市中级人民法院记个人三等功，王云峰在“11·18”专案工作中被市委、市政府记三等功。

【扫黑除恶】 2019年，沙洋县人民法院坚持依法严惩方针，打击黑恶势力犯罪，审理李某康等11人恶势力团伙犯罪案、黄某峰等16人黑社会性质组织犯罪案，维护辖区社会稳定。在扫黑除恶过程中，制作的廖某滨涉黑案庭审视频被省高院确定为全省法院教学视频，供全省法院学习使用。

【刑事审判】 2019年，沙洋县人民法院围绕打好防范化解重大风险、精准脱贫、污染防治三大攻坚战，充分发挥审判职能作用。防范化解金融风险，审理被告人苏某来、刘某华等非法集资案件；加大对破坏自然资源和生态环境违法犯罪行为的打击力度，审理滥伐林木、非法采矿、非法捕捞水产品等破坏自然资源和生态环境案件14件。全年受理各类刑事案件303件，审结299件，结案率98.68%。

【民事审判】 2019年，沙洋县人民法院在民事审判工作中，坚持实体公正与程序公正相结合，法律效果与社会效果相结合，化解矛盾纠纷与维护社会稳定相结合，贯彻“调解优先、调判结合”的司法理念，加大民事案件调解力度，最大限度地实现案结事了。全年受理各类民事案件1544件，审结1477件，结案率95.66%，其中调解结案477件，调解率26.92%。

【执行工作】 2019年，沙洋县人民法院加大对规避执行行为的打击力度，组织开展“拂晓行动”“零点行动”等集中执行行动。执行人员先后赴广州、深圳、南宁、郑州、唐山等地对广东云裳科技有限公司传销案等案件进行集中执行，冻结资产4.7亿元，执行到位罚款4068万元。组织开展“打财断血”专项执行行动，对廖某滨涉黑案财产进行集中执行，执行到位标的额7700多万元。全年录入失信被执行人信息152条。其中，自然人132条，法人20条。与县文明委联合在沙洋县政府网、新沙洋等媒体上公布347名失信被执行人名单，先后有96名失信被执行人主动履行义务。

【司法公开】 2019年，沙洋县人民法院推进庭审公开，开展庭审直播案件24件。规范裁判文书制作，推进裁判文书网上公开，全年上网各类裁判文书2337份，裁判文书上网率100%。

【服务中心】 2019年，沙洋县人民法院围绕全县工作大局，服务县委中心工作。妥善审理执行涉及重大项目建设的各类案件，如枣潜高速公路沙洋段在建设施工中，一村民因不愿腾退鱼塘，阻碍高速公路项目的推进，案件起诉到法院后，法院及时组织力量对该案进行强制执行，迅速解决这一困扰项目建设的问题，为项目建设的顺利推进提供有力的司法保障。服务企业发展，加大企业破产案件审理力度，审结企业破产案件9件，盘活企业存量资产2900万元。

（县法院）

2019年7月8日，根据县法院执行裁定，该院执行干警对廖海滨涉黑资产采取强制执行措施，对廖海滨在某矿业公司50%股权以及位于荆门城区的4家公司各20%股权、7个门面、5套住宅、2台轿车，总价值7000余万元的资产依法予以没收。图为执法现场（县法院 供稿）

司法行政

【概况】 2019年，沙洋县司法局内设办公室、法治调研和督察股、行政复议应诉和行政执法协调监督股、普法和依法治理股、人民参与和促进法治股、公共法律服务管理股、律师工作股和社区矫正管理股等8个股室，辖13个司法所，1个所属事业单位（县公证处）。配备行政编制39名，事业单位编制3名。设局领导班子成员7名。其中，局长1名，副局长4名，政治处主任1名，党组成员1名。全县司法行政工作坚持以人民为中心的理念，深入学习“枫桥经验”，加强公共法律服务体系建设，依法抓好社区矫正工作，以宪法宣传为重点，深入开展“七五”普法宣传，以法治思维抓好全面依法治县工作，加强干部队伍政治思想教育和廉洁教育，提高干部队伍素质，不断转变作风，为沙洋冲刺全省县域经济第一方阵、推动沙洋高质量发展作出司法行政机关应有的贡献。年内，县普法工作办公室被省委宣传部、省司法厅、省普法办表彰为“七五”普法中期全省先进集体、被市普法办评为全市中小学生“教科杯”宪法学习暨文明城市创建主题征文比赛“优秀组织奖”。杨文超被省委宣传部、省司法厅、省普法办表彰为“七五”普法中期全省先进个人，李佳被市委、市政府记三等功。

【普法宣传】 2019年，沙洋县司法局落实“谁执法谁普法”责任，深入开展"七五"普法。建立健全全面依法治县委员会守法普法协调小组工作机制,加强对全县普法宣传工作的领导,强化行政执法部门的普法责任。深度融合"九久入户"工程,全年印制并发放"七五"普法农民读本《百姓法治宝典》10 万册,将社会主义核心价值观同步宣传,扩大影响面。持续办好《法治高阳》简报,出版并发放 146 期。

2019 年 9 月 29 日,县司法局组织全县社区服刑人员开展网络安全宣传暨"礼赞中国"主题教育活动。图为活动现场 (县司法局 供稿)

【社会维稳】 2019 年,沙洋县司法局学习借鉴"枫桥经验",围绕构建联调联防的大调解工作机制,促进行业性、专业性调解组织队伍专业化建设,加强人民调解员日常管理和业务培训工作,有效预防和化解各类矛盾纠纷,实现矛盾不上交、及时就地化解。全年排查矛盾纠纷 695 件,预防矛盾纠纷 626 件,确保重要敏感时段的社会稳定;调处社会热点、难点纠纷 712 件,调解成功 703 件,调解成功率达 98.7%,为当事人避免或挽回经济损失 1200 余万元,协议履行率 100%。防止民间纠纷转化为刑事、治安案件 2 起 7 人。

【社区矫正】 2019 年,沙洋县新增社区服刑人员 99 人,累计在册社区服刑人员 249 人,没有出现脱管漏管情形,再犯罪率为 0。全年受理审前调查委托 78 件,办结 76 件,累计教育 915 人次。从严适用"司法 E 通"监控系统,社区服刑人员定位率从 91% 提升至 99.2%,在全市范围内率先与省司法厅实现信息化互联,拓展视频调度功能。通过刑释解教软件平台,定期核查即将期满刑释人员,有效识别假姓名、假身份、假地址的"三假人员"。

【法律服务】 2019 年,沙洋县司法局积极解决农民工工资拖欠、工伤赔偿补助、交通事故人身损害赔偿、老年人请求支付赡养费、妇女婚姻家庭等纠纷,最大可能地保证符合法律援助条件的对象得到援助。全年县法律援助中心受理法律援助案件 214 件,办理法律援助事项 2300 余件。全县律师、司法鉴定、法律服务、公证四大类法律服务从业人员达 41 名,律师、法律服务工作者担任法律顾问 100 家,代理各类诉讼案件 771 件,解答法律咨询 4320 人次,办理非诉讼法律事务 96 件,调解纠纷 364 起;县公证处解答公证咨询 620 余人次,协助办理公证 95 件;司法鉴定机构接受委托鉴定 244 件。通过随机抽选、个人申请和组织推荐方式,选任人民陪审员 74 名。

【扫黑除恶】 2019 年,沙洋县司法局重点宣传两高两部《关于办理黑恶势力犯罪案件若干问题的指导意见》,发动强大宣传攻势,营造浓厚法治氛围。主动作为,依法履职履责,全力参与黄某峰涉黑案件的庭审工作,制定律师辩护引导服务工作方案,依法参加庭审辩护,引导律师依法执业,收到扫黑除恶专项斗争的政治效果、社会效果、法律效果。

【依法行政】 2019 年,沙洋县司法局组织开展机构改革后执法人员执法证换证、办证工作,审核换证人员 300 余人,审核新增办证人员 400 余人。规范执法程序,出台《沙洋县全面推行行政执法公示制度、执法全过程记录制度、重大执法决定法制审核制度实施方案》。规范执法监督,组织开展行政执法案卷评查,评查结果将在全县通报。印发《关于进一步完善政府规范性文件、县政府常务会议议题、政府合同等合法性审核及行政复议、行政诉讼有关事项的通知》,进一步明确合法性审查内容和流程,完善审查机制。开展无谓证明事项清理,严格清理县级各种"奇葩"证明、循环证明、重复证明,将学校、医院、物业公司等纳入清理范围,梳理出证明事项 14 项,拟保留的 8 项,已取消的 6 项。 (林 怡)

军　事

沙洋县人民武装部

2019 年 7 月 29 日，县委书记、县长刘克雄(中)带领县“四大家”班子领导到县武警执勤二大队、县消防大队、武警执勤沙洋中队、县武装部开展“八一”拥军慰问活动。图为刘克雄在武警执勤二大队沙洋中队慰问　　（县人武部　供稿）

【概况】 2019 年，沙洋县人武部坚持以习近平新时代中国特色社会主义思想和强军思想为指导，按照省军区“稳中求进、真抓实干、担当有为”和军分区“精准发力、久久为功、狠抓落实”的工作指导，突出抓根本铸军魂、突出担主责练主业、突出严法规抓落实、突出改作风正风气、突出守底线保安全，全县人武动员建设呈现出良好发展势头。县人武部党委被省军区党委表彰为“先进团级单位党委”，县人武部被军分区表彰为“军事训练先进单位”“安全管理先进单位”。

【党委班子建设】 2019 年，沙洋县人武部党委坚持以党的政治建设为统领全面推进党的建设，持续抓好习主席全面从严治党、正风肃纪反腐重要论述学习，严格落实七项组织生活制度，党委委员带头过党日、上党课、交党费，自觉参加双重组织生活，党内政治生活更加严肃、认真、经常。在领导干部报告个人有关事项方面，2 名领导干部接受军委国防动员部随机核查，没有任何问题。围绕习主席提出的党委班子要提高战略谋划、真打实备、改革创新、科学管理、狠抓落实能力要求，针对当前大项任务重和人手短缺的矛盾困难，党委一班人担当作为、负重前行，带头实干苦干，科学整合力量，统筹推进战备训练、民兵调整改革和民兵基地建设等重点工作，在完成重大任务中磨砺班子、锻炼干部、提振精神。

【思想政治建设】 2019 年，沙洋县人武部紧紧扭住学习贯彻党的十九大精神这个主线，深入学习习近平新时代中国特色社会主义思想和强军思想，及时跟进学习习主席最新讲话精神，认真制定年度理论学习计划，采取每周“干部精读三五篇，职工通读二三篇，集体组织学一篇”方式开展“强军思想大学习”活动，扎牢干部职工增强“四个意识”、坚定“四个自信”、做到“两个维护”，贯彻军委主席负责制的思想根子。深入开展主题教育，认真推进“传承红色基因、担当强军重任”主题教育活动，组织干部职工到沙洋“五七”干校开展党日实践活动，重温入党初心，传承红色基因，进一步坚定信仰信念。从 9 月开始，按照“抓实学习教育、搞好调查研究、深刻检视问题、突出整改落实”四个环节的规定动作，推进“不忘初心、牢记使命”主题教育，突出抓好理论武装，按照计划完成党委集中研学、单位主官带头进行党课辅导、观看教育纪律片《祖国在召唤》、组织全体党员学习交流等内容，党员意识进一步加强。贯彻落实习主席重要指示，把深入学习张富清先进事迹与主题教育结合起来，与学用身边典型结合起来，不断增强教育针对性实效性。全面彻底肃清郭徐房张流毒影响，及时传达各级通知通报，不漏一人观看《铁纪强军》“组织纪律篇”，逐人填写《参加社会组织及活动、发表言论情况报告表》，清理整治军队人员参加社会组织和活动、发表言论和信教等问题，部队更加纯洁巩固。

【训练战备工作】 2019年，沙洋县人武部坚决贯彻习主席备战打仗号令，从严落实议战议训制度，部党委每月进行一次议战议训，每逢重大演练活动召开专题办公会进行研究，修订完善8类28种战备支援方案，不断提升战备水平。贯彻落实民兵调整改革任务，协调县委、县政府成立沙洋县民兵调整改革领导小组成员，组织召开全县民兵整组工作会议，联合县政府下发《沙洋县2019年度民兵组织整顿工作方案》。先后两次召开培训推进会、一次下乡镇检查督导，多次组织全体专武干部进行民兵整组业务培训，有力地推进工作落实。全县基干民兵编建力量布局合理，人员编配合规，党员率、学历率、退伍军人率分别达33.8%、88.6%、30.3%。坚持按纲施训、从严治训，坚持抓好首长机关军事理论学习和业务技能训练。以基本工作任务为牵引，抓好业务工作按新标准新要求落实，提升干部文职人员的业务能力。坚持每天落实1小时体能训练，有效提高干部文职人员的身体素质。结合春节、十一等长假，适时组织开展机关小分队应急演练，有效提高应急处突能力。征兵工作结束后，结合年终考核任务，对照新大纲标准条件，狠抓干部体技能训练落实，在军分区组织的考核中成绩优异。全面落实民兵训练。上半年，圆满完成两期应急民兵分队训练，9、10月组织县属民兵专业分队参加全市民兵分队集中轮训，11、12月组织民兵专业分队、应急分队进行复补训，圆满完成205名应急民兵和67名专业民兵年度军事训练任务。人武部本级和1个基层武装部参加省军区整组验收分别排名第六和第三，县控民兵应急分队两次接受军分区拉动点验，到点率均达85%以上。组织民兵参加沙洋国际马拉松、油菜花节、纪山庙会安保执勤、冲锋舟操作骨干集训，进一步提高民兵队伍应急应战能力。针对严峻的防汛形势，配合军分区协调组织军地对辖区险工险段进行现地勘察，组织民兵参加荆门市抗洪抢险军地联合演练，切实做好防大汛、抗大涝的准备。

【国防动员和兵役工作】 2019年，沙洋县人武部深刻理解习主席“完善国防动员体系”重大战略部署，着眼担负支援各战略方向、首都联合防空和辖区防卫作战等动员保障任务，深入调查国防动员潜力，在县国防动员各专业办公室的通力配合下，对政治宣传、交通战备、国民经济、人民防空、人民武装、科技信息等国防动员需要的人力、物力进行摸底调查和系统登记统计，实地核实和预征预储装备器材情况，核查掌握重点领域动员潜力数据8大类151项8249条。坚持聚焦“五率”抓征兵，突出大学生征集重点，通过调信息、搞家访、现场登、远程录等方式，圆满完成全县适龄青年网上登录，全县18周岁公民兵役登记率达100%。结合兵役登记工作，同步展开征兵宣传。8月1—10日，组织全县近500名应征青年进行全封闭的体格检查。严格按相关规定要求，组织条件兵复查和政治考核。8月26日至9月2日，组织150应征对象参加为期一周的役前训练，确保入伍新兵质量。始终把廉洁征兵贯穿始终，全面落实“四公开”（标准条件、征集名额、政考名单、定兵结果），组织应征青年及家长签订廉洁征兵责任书，向入伍青年家庭发放《廉洁征兵问题排查表》等，高标准完成×××名（含4名女兵）年度征兵工作任务。

【安全管理】 2019年，沙洋县人武部认真学习新一代共同条令，严格落实军委国防动员部有关指示要求，组织开展“学习贯彻新条令、塑造军队好样子”活动，狠抓经常性教育管理，正规“四个秩序”。常态开展形势政策、安全法规、信息保密教育，紧盯问题开展安全大检查整治活动，严格落实人员管理、车辆派遣、网络运维等制度，先后投入20余万元升级改造保密文印场所、档案室、营门门禁、办公“无盘”站，全方位打牢安全工作根基，确保安全稳定。 （侯书洪）

人民防空

【概况】 2019年，沙洋县人防办坚持以党风廉政建设为先导，以项目建设为抓手，严格依法行政，克难攻坚，各项工作实现新发展，较好地完成全年各项工作任务。累计审批修建人防工程项目14个，面积51967.5平方米。年内，县人防办被市民防办评为年度考核“优胜单位”。

【人防知识宣传】 2019年，沙洋县人防办坚持将人防宣传教育作为搞好人防建设的基础性工作来抓。结合“9·18”防空警报试鸣日，“12·4”法制宣传日等，通过在报纸上刊登人防专版、设立电子宣传展板、发放手机短信等方式，推进人防知识进机关、进学校、进社区、进企业、进家庭、进网络。开展人民防空知识宣传，发放《人民防空政策宣传手册》1万余册，使人防宣传教育走进千家万户。

【指挥通信建设】 2019年，沙洋县人防办坚持以“能打仗、打胜仗”为目标，强化人防指挥通信建设。严格落实上级要求，落实《沙洋县防空方案》涉及人防事项。对警报系统进行全面检修维护，通过220M系统无线遥控中心城区12台固定警报器同时鸣响，充分展现警报报知系统的操控性和完好率。快速推进应急指挥中心信息系统建设工作。多次实地演练、依规使用，确保设备正常运转，确保技术水平在全省领先。

2019年6月11日，县人防办在县人民医院开展人防工程巡查工作（县人防办　供稿）

【行政执法】 2019年，沙洋县人防办围绕“两建同步”目标，推进“依法行政、文明执法”，落实报建联审制度，增强执法透明度，提升人防服务发展的能力，行政审批项目按时办结率达100%，得到上级领导和服务对象的认可。全年累计审批修建人防工程项目14个，面积51967.5平方米。竣工验收结建工程项目2个，面积5697平方米。同时，每月安排专人负责做好在建结建工程的施工设计图纸审查、工程监理、设备安装、质量检测、日常监管等方面工作，对已竣工人防工程进行检查，人防工程项目没有发生安全质量问题。

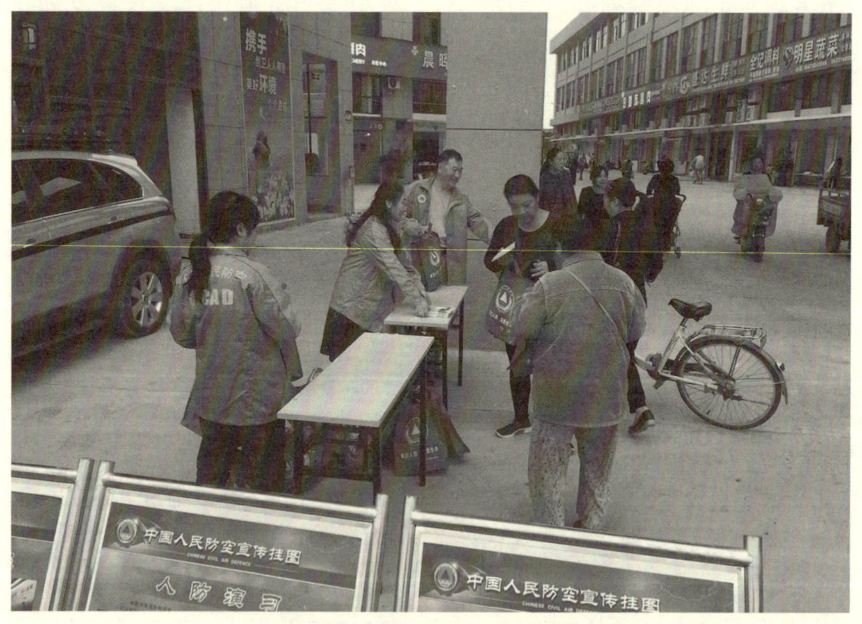

2019年9月18日，县人防办在县中心农贸市场开展人民防空知识宣传活动。图为活动现场（县人防办　供稿）

【机关准军事化建设】 2019年，沙洋县人防办强化“一岗双责”，加强对人防工程的廉政风险防控，全面掌握工程进展、存在问题和可能存在的廉政风险，确保项目推进过程中的每一步都依法依规按程序操作。在财务审批中严格落实经费管理规定，绝不搞“一言堂”“一支笔”。实行“三公”经费支出每月公示制度，所有公务接待均事先申报审批。定期对人员在岗办公和落实考勤制度等情况进行检查、通报，发现苗头问题及时进行谈心谈话，开展批评与自我批评。转变机关作风，对违反会议纪律、不按时参加廉政教育活动等违规行为，进行通报批评。（邓兰萍）

城乡规划建设与管理

概　述

2019年10月18日，市政协副主席陈前华率部分市政协委员对重点提案——《打通乡镇生活污水治理"最后一公里"》进行现场督办。图为陈前华（前排右三）一行在沙洋县官垱镇生活污水处理厂调研

（县住建局　供稿）

【概况】 2019年末，沙洋县住房和城乡建设管理局内设办公室、城市建设股、财务审计股等9个职能股室，下设沙洋县建筑工程管理处、沙洋县城乡建设档案馆等5个二级单位及12个乡镇分局，全系统共有在职干部职工93人。其主要职能为：贯彻国家、省、市城市建设和管理的方针政策、法律法规和规章，提出城乡建设重大问题的政策建议；负责政府投资工程建设和管理；负责规范建筑市场各方主体行为；负责统筹城乡建设；依法开展全县建筑工程、燃气、供水等行业管理等工作。

2019年，沙洋县城乡建设管理部门认真贯彻落实党的十九大精神和习近平新时代中国特色社会主义思想，围绕县委、县政府中心工作，以推进供给侧结构性改革为主线，以推进项目工程建设为重点，以住有所居为目标，大力推广绿色示范项目建设，强力开展环境综合整治，强化城市建设和公共行业管理，全面落实住房保障民生工程，切实履行房地产市场监管责任，有力促进城乡建设统筹发展。市政建设力度加大。项目建设步伐加快，全年完成新建道路14条、改造升级市政道路15条，总通车里程18.3千米。着力缓解城区"停车难"，年内建成汉江天地东侧停车场、陈家山路停车场等2座生态停车场。做好基础设施配套工作，新增道路亮化里程20余千米。大力实施"绿满沙洋"和精品绿化工程，全年完成绿化项目25个，新增城区绿地面积38.27万平方米，建成小游园2座。环境整治成效显著。加大乡镇生活污水治理力度，狠抓乡镇生活污水处理厂突出问题整改，促进厂区达标运行。截至年末，全县11座乡镇生活污水处理厂污水收集率、管网覆盖率、厂区负荷率、进出水浓度等指标均达到省定标准。有序实施城市截污治污工程。分批启动并完成花园街黑臭水体整治截污工程、平湖菜市场截污工程、东环线截污工程等14个截污清淤专项工程，累计铺设截污管网超过6千米。村镇建设步伐加快。以农村危房改造为突破口，狠抓精准扶贫政策落实。年内省住建厅下达沙洋县危房改造指标为1111户，全县实际开工并完成1322户，完工率达119%，共拨付补助资金2170万元。积极为企业解难纾困。开展住建系统"服务企业提质年"活动。全年共计走访建筑类企业20余家，收集企业运行中的困难和意见建议近50条，并将所有困难和意见建议按责任进行划分、由专人负责跟踪督办,全力帮助企业缓解困难,受到企业好评。

【住建领域机构改革】 2019年,沙洋县住建领域机构改革顺利完成。截至年末,原属县住建局的县规划局、规划勘察设计院划转至县自然资源和规划局,并将规划编制、规划实施、规划监管等职能一并划转;县装饰行业管理办公室调整至县建筑工程管理处;消防设计审查、验收等职能调整至县建筑工程管理处。

城乡规划

【规划编制】 2019年,沙洋县城乡规划部门进一步发挥规划引领作用,为高质量发展提供有力支撑。加快规划编制工作步伐。年内完成《沙洋县城市总体规划(2012—2030)2018年修改》任务,并于6月份获市政府审批;完成《沙洋经济开发区化工产业集中区总规》和《沙洋经济开发区化工产业集中区控规》等规划编制工作,并获县政府审批;完成《沙洋县"1+5"城镇圈规划》《沙洋县滨江新区发展规划(2017—2030)》等规划编制工作。《道路专项规划(2018—2030)》已通过专家评审,基本形成规划成果。加强乡镇、村规划编制工作。年内指导协助乡镇完成《岳飞城田园综合体的规划》《高阳镇镇域规划(2018—2030)》《李市镇镇域规划(2018—2030)》等规划编制工作。完成生态保护红线优化评估初步成果,启动"一张图"建设现状评估工作,协助全县9个示范村、41个整治村编制"多规合一"实用性村庄规划等国土空间规划前期准备工作,完成20个乡镇详细规划编制设计工作。服务城市建设。根据全县实际建设发展需求,依法依规调整小部分区域用地性质,优化中心城区布局,完善城市配套服务功能。年内完成40余项公建和房产开发项目修建性详细规划、18项工业项目的修规编制、2个专项规划、3个地块控规、30项规划核实任务、140项土地勘测定界图及宗地图编制;完成老城区围堤西侧(交通路—丈八沟)污水管工程、卷桥河片区太一湖东岸(体育中心—高坪路)污水管工程、农胜社区排水工程等10余项雨污改造工程设计;合作完成明月路、卓政大道道路工程设计,荷花大道中段、交通路、群力路的改造设计以及多个生态停车场和10余条交通标线施工图设计工作。

【规划审批】 2019年,沙洋县城乡规划部门着力优化规划审批服务,全方位提升规划服务水平和效能。严格执行规划会审程序,年内承办县规划项目审查会、县城乡规划委员会技术审查会、全体委员会、专题委员会、工业项目审查会共27次。严格核发"一书三证",全年受理办结建设申请共计115件。其中,建设项目选址意见书23份、建设用地规划许可证28份、建设工程规划许可证64份。严格落实规划批后监管,对新改扩建工程进行34次定位放线、复点,并实施跟踪管理;与县城管执法局对城区27个在建项目(其中,中心城区16个、开发区7个、新港区2个、滨江新区2个)开展联合巡察28次,下达违规违法建设函件6份,开具规划竣工核实通知单27份,办理《湖北省建设工程竣工验收规划条件核实证明》18份,补缴配套费通知3份。 (县自然资源和规划局)

市政园林

【概况】 2019年,沙洋县市政园林建设持续加强。加快市政设施"补短板",全年完成新建道路14条、改造升级市政道路15条,总通车里程18.3千米。全力打通城市"肠梗阻",完成开源大道西段"断头路"建设工程;着力缓解城区"停车难",年内建成汉江天地东侧停车场、陈家山路停车场等2座生态停车场。做好基础设施配套,新增道路亮化里程20余千米。实施"绿满沙洋"工程,全年完成绿化项目25个,新增城区绿地面积38.27万平方米;实施精品绿化工程,重点打造东环线水域绿化和三元观文化休闲广场绿化景观,建成小游园2座。

【市政基础设施建设】 2019年,沙洋县市政基础设施建设不断加强。拉通城市道路,全年主要完成长林西一路、长林北一路、开源大道西段等14条市政道路的修建。打通"断头路",打通开源大道西段断头路,经沙洋前往荆门、潜江、荆州等方向的车辆被分流至开源大道绕行外环线,极大地减轻城区交通压力。着力解决"出行难"问题,继续延伸荷花南路、开源大道、工业八路等4条道路,提高道路通达性和辐射功能,有效解决"出行难"问题。截至年末,全县新开工市政项目17个,续建项目17个;新建市政道路14条,完成道路提标改造15条;累计实现通车里程18.3千米。着力缓解"停车难"。年内建设生态停车场2座,新增停车位297个,部分城区“停车难”问题得到缓解。加快推进城区截污治污步伐。全年完成花园街黑臭水体整治截污工程、平湖菜市场截污工程、东环线截污工程等14个截污清淤专项工程,累计铺设截污管网超过6千米,保障县城“水更绿”。

【城市绿化建设】 2019年,沙洋县城市绿化建设紧密结合“创卫”工作,全力开展“植绿补绿”,重点完成精品绿化、零星绿化及道路绿化工程。全年实施园林绿化工程25个、老城区绿化补植补栽零星工程30余个,共计新增绿地面积38.27万平方米;完成工业三路、长林西一路、荷花南路等10余条道路绿化工程;对南环路、洪岭大道、汉津大道等20余处空闲零碎地带实施“见缝插绿”,重点打造东环线水域绿化和三元观文化休闲广场绿化景观,年内建成小游园2座。

公用事业

【供水节水】 2019年,沙洋县自来水公司围绕节水型社会建设的主题,坚持以保障城市供水为抓手,加大供水管网建设和水质检测监控力度,持续推进供水节水工作,确保安全、正常、稳定、优质供水。加强水质检测监控。上半年受强降雨影响,沙洋自来水取水口产生大量漂浮物,县自来水公司迅速启动水质应急预案,及时报告县环保部门,加大药品消毒剂量和排污清洗化验频次,活性炭投加保持正常预备状态,确保出厂水水质综合合格率保持在98%以上,出厂水压力控制在0.42~0.43兆帕内。全面升级供水设施,优化供水配置。年内,公司取水站630kva变压器工程项目已投入运行;355kw变频供水机组安装运行;取水站环保绿化工程已完工;10万吨取水泵船设计完成并进入建造招投标程序。坚持节水优先,严控产销差率。寻求标新立异的节水宣传模式。持续开展节水宣传。在“世界水日”“中国水周”和节水宣传周活动期间,采取制作展板、悬挂横幅、微信公众号推送等方式全面宣传节水。加强供水市场管理。供水监察中队全年累计查处违章用水22起,促进抄见率和水费回收率提升。强化管网抢修维修质量和速度,做到在接到报漏电话后半小时内赶赴现场、半日内完成修复工作,产销差率控制在13.5%。优化抢修维修服务,选择凌晨1点至凌晨6点时段维修,错开用水高峰期,将用户正常用水影响度降至最低。推进管网建设,优化供水环境。着手新铺工业六路、长林西一路等道路供水管网,加快改造荷花路、卷桥桥及沙中老校门前路段供水管网,完成蓝馨家园、汉江天地、御水金都小区管道分户安装工程。全年新增、改造DN100及以上供水主管8.7千米。高阳镇清源供水有限责任公司覆盖集镇用户2000余户,同时积极推进农村安全饮水工程项目,沙山、王集、吕集等3个贫困村已通上自来水,惠及农村用户1500余户。公司管网覆盖面积扩展至35平方千米。

【城市供气】 2019年,沙洋县城乡建设管理部门不断延伸供气范围、优化供气服务、强化安全管理,确保燃气供应安全。全年新增天然气管网20.15千米(含乡镇)、天燃气用户3463户,全县天然气累计开户数26895户。其中,民用26580户、商业285户、工业30户,住宅小区天然气使用覆盖率在90%以上。开展天然气安全生产咨询宣传活动,大力宣传天然气管道及燃气器具安装规范、安全用气知识和天然气报装流程,解答用户提出的疑难问题。全年共发放安全生产宣传资料400余份。开展燃气安全生产检查,全年下达《安全隐患整改通知书》16份,督促存在安全隐患的企业整改到位。

村镇建设

【农村危房改造】 2019年,沙洋县农村危房改造成效突出。省住建厅年内下达沙洋县危房改造指标1111户,全年实际开工1322户、完工1322户,完工率达119%;拨付补助资金2170万元。

【农村综合环境整治】 2019年,沙洋县持续开展小城镇综合环境整治。加强乡镇生活污水治理。年内完成11个乡镇生活污水处理厂问题整改工作,所有厂区运营逐步稳定,各项指标均达到省定标准。小城镇综合环境整治。沙洋县首批4个示范镇——后港、官垱、沈集、高阳均通过市住建局验收;第二批4个乡镇——五里铺、纪山、拾回桥、曾集均已启动综合环境整治工作。加快集镇公厕建改步伐。年内完成10座集镇公厕建改目标任务,提前1年超额完成《沙洋县“厕所革命”乡镇公厕建设三年攻坚行动计划》中集镇公厕建改任务目标。截至年末,全县累计完成集镇公厕建改任务35座。

建筑业

【概况】 2019年,沙洋县建筑业累计完成各类新建、续建工程项目44项,总建筑面积100.82万平方米。其中,中心城区项目27项,总建筑面积86.91万平方米;开发区项目8项,总建筑面积2.75万平方米;乡镇项目9项,总建筑面积11.16万平方米。全年受理各类消防设计审查、验收咨询50余项,消防设计审查8项,消防验收申请11项,实际完成消防设计审查3项、消防验收6项。

【建筑工程施工安全管理】 2019年,沙洋县建筑工程施工安全管理进一步加强。提高安全管理检查频次。全年开展各类专项检查10余次,累计下达建筑工程安全检查记录56份、安全隐患限期整改书28份、安全隐患停工通知书19份、建筑工程质量整改通知书9份、质量停工通知书2份,实施建筑工程行政处罚2起。加大安全隐患整改力度。对检查中发现的问题严格实行整改销号管理,全年全行业安全形势总体平稳,未发生一起重大安全责任事故。

【建筑扬尘治理】 2019年,沙洋县建筑业管理部门重拳出击工地扬尘治理,保障县城"天更蓝"。对全县所有在建工地实行"封锁"式扬尘处理。多措并举治理扬尘。通过采取材料覆盖、进出场工程车冲洗、移植绿色植被、设置建筑围挡等方式将建筑扬尘牢牢"封锁"在工地,实现主城区建筑工地"零扬尘"阶段目标。加大扬尘治理巡查力度。全年开展工地扬尘专项巡查7次,累计下达《大气污染防治督办通知书》10余份。

【墙体革新与建筑节能】 2019年,沙洋县墙体革新与建筑节能工作稳步推进。积极推广新型墙体材料运用,全年办理建筑节能备案项目7个、建筑面积31.48平方米,办理工程竣工验收5个、建筑面积10.53万平方米。其中,建筑面积7.5万平方米的汉江天地项目已向省住建厅申报一星级绿色评价设计标识认定,并于8月底获得标识证书。

【城建档案管理服务】 2019年,沙洋县城乡建设管理部门不断优化城建档案管理服务,全年累计进行城乡建设档案业务指导服务200余次,采集影像档案112GB、照片档案2067张,审核、验收190个单位建筑工程竣工档案共3393余卷,接待咨询、查档者41人次,提供案卷350卷次,复印档案资料(提供照片)1.1万张。 (高　凡)

房地产管理

【概况】 2019年,沙洋县房地产管理机构改革有序推进。8月,根据省委、省政府批准,市委、市政府印发的《沙洋县机构改革方案》,经县编委会研究,沙洋县房地产管理局更名为"沙洋县房产服务中心",属正科级事业单位,核定领导职数5名。其中,主任1名、副主任3名、总工程师1名,其他不变。12月,经县编委会研究,同意该中心内设机构调整为办公室(信访室、人事教育股)、市场股、财务股等3个股室。下辖沙洋县物业服务所(副科级)、沙洋县住房保障中心(副科级)等2个二级单位。县房产服务中心主要职责为:指导城镇住房制度改革;归口管理房地产开发、经营、交易和物业服务行业管理工作;负责城镇低收入住房困难家庭廉租住房补贴发放和保障性住房建设;负责城市老旧小区改造工作;依法查处违反房地产法律法规和房改政策的行为。

2019年,沙洋县房产服务中心坚持"以人为本、服务为民、公正廉洁"的服务理念,外树形象,内抓管理,进一步强化住房保障,加强房地产市场管理,加快推进老旧小区改造步伐,创新管理制度和服务方式,管理服务水平得到明显提升。全年共销售商品房1600套、17.61万平方米。其中,商品住宅1426套、16.69万平方米。全县商品住宅去化周期为30个月、已超21个月的警戒线。加强房地产交易窗口建设,全年累计办理房产交易业务1.35万件并实现"零错误",2次获"红旗窗口"称号,窗口工作人员获"服务标兵"称号4人次。积极做好提案、建议办理工作。全年共收到县政协提案主办和会办案各2件并全部办结,办复率和满意率均达100%。

【住房保障】 2019年,沙洋县房产服务中心进一步加强住房保障工作,促进房地产市场平稳健康发展。上级下达全年全县住房保障目标任务为:完成各类棚户区改造,基本建成住房1098套(户),分配入住757套(户),发放租赁补贴200户。截至年末,全县共申报房屋租赁补贴家庭279户,审核合格269户;申报实物配租年审家庭850户,新申报22户,审查合格20户。全年共发放租赁补贴269户

32.544 万元，20 户申请配租家庭已配租。

【老旧小区改造】 2019 年，沙洋县房产服务中心加快老旧小区改造步伐，着力解决老旧小区功能不全、设施落后、环境脏乱差及管理制度不健全、社区治理不完善等问题，有效提升老旧小区居民居住条件和生活品质。年内向上申报入库 134 个改造小区，涉及 382 栋、6825 户、64.228 万平方米。年内申报试点改造荷花小区、原化肥厂家属区等 2 个项目，其中荷花小区共 10 栋、280 户、3.3 万平方米，原化肥厂家属区 2 栋、56 户、0.56 万平方米。

【房地产市场管理】 2019 年，沙洋县房产服务中心着力规范房地产开发秩序，有效防止房地产乱象发生，维护广大购房者合法权益。严格销售行为管理。对项目在取得预售许可证之前，严禁开展各种以预订、发放 VIP 卡、会员卡等形式变相收取预定金的活动，一经发现，立即叫停，对收取的预订金进行清退；对取得预售许可证的项目，要求将“五证”上墙公示，每套房屋的单价必须公示，实行明码标价，明确在房地产销控表上。严格执行“一价清”制度。对房地产开发企业在销售房屋时，严格要求在合同销售单价中必须包含水、电、天然气的开户费用，不得在合同外另外收取开户费用。严格实行信息化管理。将所有新建商品房项目全部纳入网上签约销售和备案，让群众能够明明白白购房、随时随地可上网查看自己所购房屋的信息。加强预售资金监管。根据《沙洋县新建商品房预售资金监管办法》，对全县商品房项目实行预售资金监管，保证预售监管资金能够用于该项目工程建设。截至 10 月末，全县各楼盘已存入监管账户的预售资金 2700 万元。加大房地产市场巡查力度。根据《沙洋县房地产市场监督巡查制度》规定，对全县各在建、在售项目实行每季度巡查，对重点楼盘和市场风险较大的楼盘实行重点巡查和不定期巡查，对发现的问题勒令限期整改。

【物业服务管理】 2019 年，沙洋县房产服务中心切实履行物业服务管理职能，服务质量和管理水平明显提升。强化备案管理。对新签订的物业服务合同严格实行备案管理，明确要求重要岗位人员必须持证上岗。加大巡查力度。每月对各小区进行巡察、检查，现场指出存在的问题并督办整改，严格落实每季度情况通报制度。建立物业管理工作考核制度。完善考核机制，重点对业主委员会建设情况进行考核，并将其考核结果纳入各镇（区）年度目标绩效考核体系。妥善处理物业小区信访投诉。在接到投诉件后第一时间到现场了解情况，分析问题根源，找准法律依据，及时协调解决问题。全年共处理网上投诉 12 件次、电话投诉 15 件次、来访投诉 47 件次，办结率 100%。 （黎　军）

住房公积金管理

【概况】 2019 年末，荆门住房公积金管理中心沙洋办事处内设办公室、归集管理科、贷款管理科、计划财务科、管理部等 5 个职能部门，共有干部职工 19 人。全年全县共归集住房公积金 1.8 亿元，比上年同期增加 3000 万元、增长 20%，完成年度计划的 120%。全年发放个人住房公积金贷款 1.2 亿元，完成年度计划的 109%。年内，沙洋办事处先后被评为全县文明单位、社会治安综合治理先进单位。

【公积金归集】 2019 年，沙洋县住房公积金管理部门通过广泛宣传、强化管理，有效促进公积金归集扩面。发挥公积金政策宣传引领作用。充分利用电视飞播、中心网站、微信平台、住房公积金 QQ 群、沙洋手机报、电子显示屏等平台强势宣传住房公积金政策；将住房公积金新政编印成《住房公积金服务指南》《住房公积金提取销户一次性告知单》《住房公积金贷款一次性告知单》等宣传资料，放置于办事大厅，让前来咨询、办事的职工根据需求取阅；深入开展“不忘初心、牢记使命”主题教育调研，进机关、入企业、下乡镇、跑楼盘，面对面沟通，倾听民声民意，破解公积金归集难点问题，营造良好的住房公积金管部门形象；组织召开网上业务大厅推广应用培训会，现场指导部分单位操作网上缴存业务并对部分问题进行释疑解惑。积极维护缴存职工权益。完善部门联动机制，主动联系县人社、工商等部门，获取相关信息数据，通过对比筛查，全面排查全县行政、事业、企业及非公企业公积金制度建立及公积金缴存情况，对不合规缴存企业的生产经营状况进行有针对性的摸底调查，了解其不合规建制的原因，据此制定长远规划和年度工作计划，有计划、有步骤、分阶段地进行扩面工作，有效推动全县公积金归集工作。截至年末，全县归集住房公积金 1.8 亿元，比上年同期增加 3000 万元、增长 20%，完成年度计划的120%。

【公积金贷款】 2019年,沙洋县住房公积金管理部门努力提高公积金贷款工作效率,加强贷款审核,有效满足群众对公积金贷款的需要。政策倾斜,保证刚需。贯彻落实党的十九大报告提出的“房子是用来住的,不是用来炒的”科学定位,将资金使用向刚性住房需求倾斜。大力宣传公积金新政,保持住房公积金贷款政策的稳定性和连续性,扩大住房公积金贷款的市场占有率,充分发挥住房公积金的住房保障作用。对各房地产开发企业的销售楼盘进一步推行上门服务,提高服务质量,力争让每一名符合公积金贷款条件的职工应贷尽贷。全年发放个人住房公积金贷款1.2亿元,完成年度计划的109%。严格管理,防范风险。严格贷前审查。严格执行《荆门住房公积金操作规程》规范资金运作,实行面谈面签,严格把控借款人各项潜在逾期风险,仔细讲解还款时间、方式及逾期后果,强化借款人征信报告审查,对禁入类的借款人讲明政策拒绝受理,对关注类的借款人经查明原因,只要不是恶意拖欠,经审核通过后均可按正常程序申贷,有效规避信用风险。强化贷中管理。加强异地购房协查,利用房地产信息网核实商品房登记信息,确保购房行为的真实性,严防骗贷行为。突出贷后紧跟。每月初针对上月逾期贷款逐一进行电话催收,并建立催收台账。

【公积金优质服务】 2019年,沙洋县住房公积金管理部门着力规范公积金服务,努力铸造“金管家”品牌。按照“术有专攻”原则,组织干部职工学业务、学理论,特别是对市公积金中心密集出台的公积金新政进行学习,做到熟记于心、理解透彻,为办事职工零距离解答问题,提升业务技能和服务质量;着力推进住房公积金管理规范化、服务标准化、操作精细化的“三化服务”建设,切实提升服务和管理水平,提升行业形象。针对公积金工作与群众关系密切的特点,推出实行“一站式”服务、延长服务时间、大厅接待制度;另一方面要求各岗位工作人员各司其职,前台操作人员要做到熟练掌握每个环节操作技能,力争做到差错率为零,并按既定时间要求限时办结。规范考核制度,严格目标考核办法。年初与各科室签订“目标考核责任制”,进一步完善住房公积金管理内控机制,严格依规办事,实行痕迹化管理,服务质量明显提升。

（全晗枫）

房屋征收与补偿

【概况】 2019年,沙洋县房屋征收与补偿管理部门认真贯彻落实党的十九大精神,围绕“加快建设汉江流域临港经济试点示范区,冲刺全省县域经济第一方阵”奋斗目标,坚持服务群众总基调,全力服务沙洋城市建设,创新征收工作方式方法,确保全县征收工作和谐稳定大局。全年启动房屋征收项目21个,完成外国语学校建设等6个项目,推进西荆河棚户区改造等15个项目,共入户调查登记662户,签订房屋征收补偿协议325户,拆除房屋315户,拨付房屋与土地征收补偿资金24961.12万元。发放房票17张,兑付房票补贴资金589.99万元。

【房屋征收】 2019年,沙洋县房屋征收与补偿管理部门按照“围绕一个中心、抓牢四个基本点、包联跟踪督落实”的总体工作思路,大胆探索房屋征收工作新模式,积极稳妥构建房屋征收工作全域参与新生态。贯彻落实征收项目指挥长制。各征收项目成立项目指挥部,县“四大家”主要领导分别担任各征收项目指挥长。以指挥长为中心,项目业主单位、征收实施主体、包联单位(所有县直单位均参与项目包联)、征收办为基本点,各负其责,统筹协调,合力推进征收工作。全年启动征收项目21个,完成外国语学校建设等6个项目,推进西荆河棚户区改造等15个项目,共入户调查登记662户,签订房屋征收补偿协议325户,拆除房屋315户,拨付房屋与土地征收补偿资金24961.12万元。

【房票安置】 2019年,沙洋县房屋征收与补偿管理部门提请县政府延长房票安置模式2年有效期,并上调中心城区房票安置补贴标准,保障被征收群众利益。全年在汉江行洪区搬迁、荷花南路延伸段等征收项目处房票安置17户,兑付房票补贴资金589.99万元。

【控违工作】 2019年,沙洋县房屋征收与补偿管理部门持续加大查违控违执法力度,严格查违控违工作考核,做到对“两违”建设“零容忍”。全年督促、配合各相关镇(区)播放控违宣传音像广播400余小时,悬挂控违宣传横幅40条,开展大型控违法律法规宣讲活动4场,发放控违宣传资料5000余份,督促下达停工通知书30余份、限期拆除通知书210余份、限期改正通知书150余份,组织拆除历史违建遮阳棚（亭）507 处（面积约 6100 平方米）、历史违建房屋（板房）146 处（面积约 1300 平方米）、影响市容市貌及破旧广告牌 300 处（面积约 1500 平方米）；同时组织拆除新增违法建筑 24 处，面积约 165 平方米。（叶 舟）

城市管理与执法

【概况】 2019 年 3 月，沙洋县城乡管理综合执法局更名为“沙洋县城市管理执法局”，内设办公室、督查考评股、市容园林股、环境卫生股、法制股等 5 个职能股室，下设城市管理执法大队、市容环境卫生管理处、园林绿化服务中心等 3 个二级单位和后港分局、官垱分局等 2 个派驻机构。其主要职能为：承担城区市容环境卫生管理，城区园林绿化管养，城区道路的清扫保洁及生活垃圾清运、处理，建筑垃圾、公共厕所的监督管理；在城区依法行使市容环境管理和城市规划管理行政处罚权，建筑施工噪声污染、饮食服务业油烟污染、城区人口集中地区焚烧产生有毒有害烟尘和恶臭气体物质的行政处罚权；负责指导督办全县城乡生活垃圾无害化处理工作。

2019 年，沙洋县城市管理执法部门认真贯彻落实县委、县政府关于城市管理工作的要求，以创建“整洁美观、规范有序、诚信文明、和谐宜居”的城市环境为目标，深入推进城管执法体制改革，集中开展市容环境秩序综合整治，不断强化城市环境卫生和绿化管理，大力开展大气污染防治攻坚，持续推进城乡生活垃圾无害化处理，扎实做好城管信访维稳工作，城市环境不断改善，城管形象不断提升。年内，县市容环境卫生管理处有 6 名职工获省市表彰。其中：张琴被省住建厅表彰为“湖北省优秀环卫工人”；朱昌梅、黄勇志、李学芹、张家祥、范梅花等 5 人被市城管委表彰为“荆门市优秀环卫工人”。

【市容环境综合整治】 2019 年，沙洋县城市管理执法部门强力开展市容环境秩序综合整治，加大乱牵乱挂、乱贴乱画、乱搭乱建、乱停乱靠等“十乱”行为整治力度，市容秩序进一步规范。全年整治占道经营、出店经营、流动经营等现象 1200 余起，没收广告宣传单 3000 余份，清洗城市“牛皮癣”5000 余处，清理乱牵乱挂杂物 600 余件，拆除不符合设置标准的广告牌 900 余块，各类违规建筑物（棚）1000 余处、板房 30 余间，清理各种石墩、地锁等 300 余处，拆违面积 4000 余平方米；联合县交警部门查处违停行为 500 余起。经过长效整治和管控，城区市容环境秩序明显好转。

【环境卫生管理】 2019 年，沙洋县以创建全国卫生县城为动力，加大环境卫生管理力度，县城区环境卫生质量得到明显提升。高标准抓好清扫保洁。坚持“清扫、洒水、喷雾、捡拾”一体化作业保洁方式，做到生活垃圾日产日清，清扫、保洁率达 98%，机械清扫率达 72%，清扫保洁质量大幅提升；加大绿化带、水域、城乡结合部、背街小巷等整治力度，共清理各种杂物、垃圾 600 余车，约 300 余吨。加强县生活垃圾处理场维护。定期加强渗滤液处理车间设备检修与维护，确保渗滤液处理设备正常运转、监测数据实时同步上传；租赁 2 台渗滤液处理设备，加大存量渗滤液处理力度，减轻处理车间处理压力。对填埋库区实施雨污分流，常态化进行膜覆盖工作，有效减少蚊蝇滋生、臭气散发，杜绝垃圾二次污染。截至年末，共处理场日处理垃圾 200 余吨、渗滤液 280 吨，入场生活垃圾无害化处理率达 100%，尾水排放达标。完善环卫基础设备设施。积极争取“创卫”资金 1000 万元对城区环卫设备设施进行提档升级，购置多功能抑尘车、清扫车、

2019 年 6 月，县城管执法大队依法拆除洪岭大道违规搭建的遮阳棚。图为执法现场 （县城管局 供稿）

冲洗车及农用车，添置不锈钢分类式保洁板车100辆、环卫工作服600套，投放分类式果皮箱(桶)800个、勾臂式垃圾箱100个，安装分类式岗亭13个，在城区新建公厕4座、维修改造9座，超额完成全年城区“厕所革命”目标任务，城区市容市貌大为改善。

【城市绿化管理】 2019年，沙洋县城市管理执法部门不断加强宜居环境建设，着力抓好绿化管理，提升城市品牌形象。大力开展植绿补绿，年内完成东环线、江滩、花园街等地方绿化任务。积极开展园林绿化养护抗旱、防虫等管养工作，全年新增绿化面积33.8万平方米，人均公园绿地面积达到9.11平方米。持续开展园林执法，年内查处各种毁绿、损绿行为10余起，拆除公共绿地私设广告牌30余个，城市宜居环境质量明显提升。

【大气污染防治攻坚】 2019年，沙洋县城市管理执法部门打好大气污染防治攻坚战，促进空气质量大提升。持续加大城区扬尘管控力度。强化降尘措施，采用抑尘风炮车、洒水车、清扫车等机械化立体作业方式，加大洪岭大道、平湖路、荷花路等重点路段洒水降尘频次，较大程度地减少扬尘对空气的污染。开展建筑工地扬尘和城区油烟治理。常态化开展城区建筑施工工地巡查，严查未按规定设置降尘措施行为，大力整治渣土运输车带泥行驶、抛洒滴漏等行为，全年查处建筑工地违法违规行为40起；勒令城区3个灶头以上餐饮单位全部安装油烟净化装置，整治油烟污染扰民行为10起。开展建筑垃圾集中清理。对城区“断头路”、城乡结合部建筑垃圾进行排查清理，并在“断头路”设置临时围挡。全年设置警示牌50块，印发告知书1000余份，教育劝阻非法倾倒行为30余起，整治建筑垃圾堆放点50余处，清理建筑垃圾1560多吨。积极探索垃圾处理社会化运作新模式。争取资金55万元购买餐厨垃圾收集设备，以外包方式对城区餐厨垃圾进行集中收运处置；投资70万元在沙洋中学开展餐厨垃圾就地处理试点工作，以较低廉的运营成本实现餐厨垃圾就地无害化处理，取得较好的社会效应。公开招标1家企业实施建筑垃圾资源化建设项目，至年末该项目已建成投产。

【城乡生活垃圾无害化处理】 2019年，沙洋县城市管理执法部门全面推进城乡生活垃圾无害化处理工作，取得突出成效。开展农村生活垃圾治理工作专项督办。结合“一把扫帚扫到底，干干净净迎国庆”及“魅力沙洋”村庄清洁行动战役，加大农村生活垃圾治理工作督办力度，定期对各镇垃圾设施运行、保洁清运、垃圾转运等情况进行督查暗访，对垃圾清运不及时的乡镇及时予以通报；同时，在全县开展存量垃圾“清零”行动，督促各乡镇全面清除积存垃圾及沟渠污泥600余吨。完善垃圾处理基础设施配备。投入20余万元在曾集镇雷都村、官垱镇运河新村、纪山镇岳山村等7个行政村配备分类垃圾桶420套。推进城区公共机构、企业生活垃圾强制分类。截至年末，全县共有32个机关单位、10余家企业实行生活垃圾分类，共配备垃圾分类收集桶140余个，设置垃圾分类宣传栏30余处，为农户订制垃圾袋10万个，分发垃圾分类相关宣传资料2万余份。

【城管信访维稳工作】 2019年，沙洋县城市管理执法部门积极回应群众诉求，扎实做好信访维稳工作，取得明显成效。严格执行重大节假日、重要时间节点24小时值班制度和信息报送制度。积极主动排查并妥善处理各类矛盾纠纷和群众上访问题，严格落实首问责任制、限时办结制，及时处理群众来电、来访和网帖。全年共受理群众来电来访、市县长专线和网上投诉等举报投诉件150余件，办结人大政协建议提案26件，按时办结率、回访率均达100%，满意率达95%以上。年内，沙洋县城市管理执法局被表彰为全县“重点建议办理满意单位”“政协提案办理满意单位”。 (徐青松)

城市建设投资

【概况】 沙洋县宏图城市建设投资有限公司成立于2004年9月，注册资金17.13亿元，属沙洋县大型国有企业。该公司内设办公室、计划财务部、投资融资部、工程管理部、资产经营部等5个职能部室，核定编制数14人。其中，在职在编10人；设董事长1名、总经理1名、监事1名、副总经理2名。有关联企业18家。其中，公司所属二级企业7家，分别为沙洋县自来水公司(其全资子公司有沙洋县同兴市政工程有限公司)、沙洋县市政工程公司、湖北佳成建设工程项目管理有限公司、沙洋县宏达建筑工程质量检测有限公司、沙洋县宏诚测绘有限公司、沙洋县康绿排水有限公司、沙洋县建筑勘察设计院；全资子公司7家，分别为沙洋县通衢建设投资有限公司、沙洋县锦华建设投资有限公司、沙洋县太乙湖综合开发有限公司、沙洋县扶贫投资开发有限公司、沙洋县鼎诚建设投资有限公司、沙洋县龙池米业有限公司(委托粮食局实施代管)、沙洋县凤池米业有限公司(属县农发行打包资产,未实质开展工作);控(参)股公司2家,分别为湖北盛银担保有限公司(县城投控股51%)、湖北首创生态环境综合产业投资有限公司(县城投参股30%);实行"两块牌子一套班子"管理公司2家,分别为沙洋县宏硕现代农业投资发展有限公司、沙洋经济开发区宏强建设投资有限公司(其全资子公司有沙洋宏利产业发展有限公司)。集团员工总数300余人。公司主要经营业务有:投融资;资产经营;工程测绘、设计、施工、管理、检测、监理;给水、污水处理;融资担保、委托贷款;物业管理;房地产;粮食加工;光伏发电;国内货物运输代理;道路运输服务;仓储服务;物流服务等。

2019年,沙洋县宏图城市建设投资有限公司(沙洋县城市建设资金管理中心)努力克服宏观经济形势下行、地方投融资平台管控趋严、资产资金紧缺等不利因素影响,严格履行县政府赋予的工作职责,积极探索市场化运营新路径,加大项目融资投资力度,着力加强资产经营,不断强化二级单位经营管理,有效推进全县城市基础设施建设,实现国有资产的保值增值。截至年末,全公司总资产增至50亿元。其中,净资产39.39亿元。二级单位生产经营保持稳定。县自来水公司、湖北佳成建设工程项目管理有限公司、县宏诚测绘有限公司、县宏达建筑工程质量检测有限公司、县市政工程公司、县康绿排水有限公司、县建筑设计院全年实现产值

2019年9月28日,沙洋县岳飞城水厂项目开工仪式举行。县领导刘克雄、陈威、刘良平、吴道新、杨孟富,省漳河工程管理局、市水利和湖泊局、市漳河水库三干渠管理处相关负责人参加 (县城投公司　供稿)

(营业收入)分别为6164万元、552.96万元、126万元、181万元、7802万元、815万元、194.99万元。

【投资融资】 2019年,沙洋县宏图城市建设投资有限公司(沙洋县城市建设资金管理中心)积极应对金融政策不断趋紧的严峻形势,充分发挥市场化融资职能,积极落实政策性贷款,多渠道争取专项资金,取得明显成效。融资项目加快推进。县妇幼保健院整体搬迁项目。根据县政府第四十六次常务会议决定,由县城投公司全资子公司——沙洋县锦华建设投资有限公司向农发行沙洋县支行申贷4260万元。该项目已正式获批,批准贷款年限15年(含宽限期2年),利率5.39%。建设街农贸市场一期项目。由县锦华建设投资有限公司向农发行沙洋县支行申贷1100万元,该项目前期工作已完成、等待农发行湖北省分行批准。县岳飞城水厂项目。由县太乙湖综合开发有限公司向农发行沙洋县支行申贷2.9亿元,该项目已在市行政审批局备案、贷款已获批准。县国土综合整治项目(一期)。该项目向中国银行沙洋支行申贷2亿元,相关资料已上报至市分行。沙洋县太乙湖水库工程项目。该项目由沙洋县太乙湖综合开发有限公司向农发行沙洋县支行申请中长期借款2.1亿元,借款合同利率为5.39%,借款期限为2017年7月至2035年2月。截至2019年9月30日,已累计提款1.31亿元。经国家审计署审计,发现该项目融资担保方式不符合国家有关政策规定,须提前偿还该笔贷款。公司重新以太乙湖水库工程项目向农发行沙洋县支行申请贷款,拟申贷金额1.68亿元,已于2019年12月正式批准,确保太乙湖水库工程顺利完工。

【项目建设】 2019年,沙洋县宏图城市建设投资有限公司(沙洋县城市建设资金管理中心)项目建设加快推进。实施沙洋县经济开发区

“一企一管”项目。至年末,该项目已完成14家涉水企业“一企一管”建设,总长约26千米。实施沙洋工业污水处理厂除臭系统及应急池建设项目。该项目根据环保督察要求,由县城投公司负责建设,已完工。实施中国农谷绿色食品产业园项目(一期)。根据县政府重资产建设计划,由县城投公司全资子公司——锦华公司投资,根据实际招商及入驻情况,先行启动的5栋厂房及1.4千米配套道路工程全部完工。豆邦食品公司年内已入驻。实施沙洋县太乙湖水库片区(黄集片区)棚户区改造项目。在鹏举大道与御堤大道交汇处建设黄集安置点,以解决太乙湖水库淹没区居民搬迁安置问题。该工程已完成所有房屋建设和配套道路施工工程并于11月21日通过竣工验收。实施太乙湖水库汉宜复线卷桥河桥梁工程。该项目为太乙湖水库项目配套附属桥梁工程,已将原汉宜复线卷桥河桥拆除重建并完工。实施沙洋县应急救援指挥中心及消防站建设项目。该项目受县政府委托,由县城投公司承接。至年末已完成工程建筑主体、水域训练区、配套道路、绿化等,正在进行工程扫尾工作。实施沙洋县长湖湖区水质生态修复项目。该项目为长湖湿地管理局申报入库项目,受政府委托由城投公司中途承接。至年末,工程建设内容全部完工,竣工验收和工程结算审计工作已完成,正在进行工程决算审计。实施岳飞城水厂项目。该项目于9月28日举行开工仪式,至年末已完成项目可研、文物勘探审批等工作。实施沙洋县建设街农贸市场项目(一期)。根据全县“创卫”要求,受政府委托由县城投公司与沙洋镇按60%:40%股比对该项目进行达标改造,7月份开工,10月份完工并投入使用。实施沙洋县“三供一业”物业改造项目。该项目主要对监狱系统及驻沙国有企业住宅小区物业进行改造。至年末,5个企业住宅物业改造项目已全部通过竣工验收,4个监狱单位住宅物业改造项目正在进行庭院管网和道路修复施工,5个单位住宅物业改造项目正在进行施工招投标。同时,结合全县“创卫”活动,对实施“三供一业”改造小区的环境进行整治。实施沙洋县五里铺镇生活垃圾热解气化处理示范工程。该项目于2018年7月开工,至2019年末已完成土建工程施工、正在进行设备采购和安装。实施太一湖电力迁改项目。该项目现场勘测已完成、征收协议已签订,正在进行牌林线施工。

2019年6月13日,市长孙兵(中)视察长湖,检查长湖修复项目情况。县委书记、县长刘克雄(右一)陪同　　　(县城投公司　供稿)

【资产经营】 2019年,沙洋县宏图城市建设投资有限公司(沙洋县城市建设资金管理中心)资产经营管理工作成效突出。金融债权清收初见成效。根据省、市支持化解银行不良贷款相关精神及县政府相关会议精神,共为沙洋农商行、农发行沙洋县支行、农行沙洋支行等3家金融机构化解不良51157.66万元,打包资金16996.82万元。其中,沙洋农商行11846.9万元、农发行沙洋县支行4219.92万元、农行沙洋支行930万元;共发送催收通知书105份,签订贷款清偿协议书32份,已到账现金40.6万元,签订资产抵贷协议620万元,诉讼保全资产资金1200万元,正在协商催收1600万元。壮大公司资产总量。2016—2017年,按照县政府相关会议要求,将教育、粮食及房产等部门相关闲置资产进行划转,补缴出让金5.49亿元,资产增加13.6亿元;2018—2019年,通过摘牌方式装入土地资产1.8亿元。截至2019年末,城投公司资产总量达50亿元,为项目融资奠定基础。　(县城投公司)

生态建设与保护

自然资源保护与利用

【概况】 2019年5月10日，根据沙洋县机构改革方案，组建成立“沙洋县自然资源和规划局”，为县政府工作部门。该局整合原县国土资源局、县林业局、县规划局（县测绘地理信息局）职责，县发改局组织编制主体功能区规划职责，县水务局水资源调查和确权登记发证职责，以及相关部门的自然保护区、风景名胜区、自然遗产、地质公园等管理职责。

2019年，沙洋县自然资源和规划局坚持以习近平新时代中国特色社会主义思想为指导，贯彻习近平生态文明思想，统一行使全民所有自然资源资产所有者、空间用途管制者、生态保护修复者职责，完成年度自然资源和规划各项工作任务。年内，沙洋县自然资源和规划局先后被评为“全省河湖和水利工程划界确权工作成绩突出单位”“全市工作突出驻村片长工作队”“全县后发赶超综合考评先进单位”；沙洋县自然资源和规划局团组织被表彰为“全市五四红旗团支部”。

【保障发展用地】 2019年，沙洋县自然资源和规划部门多措并举，切实保障发展用地。保障项目用地需求。围绕项目建设开展规划调整。年内对11个批次、24个项目用地调整土地利用总体规划115.789公顷。上报获批项目建设用地362.2公顷，确保外国语学校、汉江二桥、天然气、工业园消防站等23个项目用地需求。实施城乡建设用地增减挂钩项目。全年申报实施增减挂钩项目13个、用地总规模1447.4667公顷，实施完成验收2367.6667公顷（含历年项目），在市级平台交易增减挂钩指标225.2453公顷。强化供地监管。加大土地利用批后监管力度，通过依法收回、限期动工建设、二次开发、置换等方式处置闲置土地8.2953公顷。加大土地市场运营力度，年内收储土地10.498公顷、出让土地201.2267公顷，实现交易额3.5181亿元。

2019年10月12日，市自然资源和规划局局长崔宏国到沙洋开展工作调研。图为崔宏国（右一）一行调研潘集湖湿地公园建设情况

（县自然资源和规划局　供稿）

【耕地保护】 2019年，沙洋县进一步加强以政府为责任主体、部门联动监管、社会广泛参与的耕保共同责任体系建设，有效促进耕地保护工作。开展“以建促保”行动。通过实施耕地占补平衡和提质改造，实现耕地数量质量提升。全年实施耕地占补平衡1860公顷、耕地提质改造项目1666.6667公顷。截至年末，全县耕地保有量116207公顷，永久基本农田保护面积87566.67公顷。

【造林绿化】 2019年，沙洋县造林绿化工作成效显著。全年全县完成造林绿化面积1694.2公顷，占省下达任务（800公顷）的211.8%。其中，基地造林面积1248.4公顷、通道绿化面积202.66667公顷、村庄绿化面积243.1333公顷；精准灭荒完成457.5467公顷，占市下达任务（233.3333公顷）的196.1%；完成五洋线改扩建道路两侧30米范围内绿化带建设、绿化面积93.9733公顷，栽植柿子、水杉、紫玉兰、红叶李等苗木8万余株，打造景观节点10余个；完成江汉运河绿化带南岸扩建工程、绿化面积17公顷，栽植以白蜡为主各类苗木近2万余株。开展城镇、村庄绿化美化指导，推进通道、公共绿化等绿化建设，提升城镇村庄绿化水平。年内，五里铺镇白虎村被评为“国家森林乡村”；五里铺镇严店村被评为“省级绿色示范乡村”。

2019年8月29日，县委常委、统战部部长周翠兰（左一）督办马良矿山修复治理工程建设　　（县自然资源和规划局　供稿）

【林业有害生物防治】　2019年，沙洋县林业有害生物防治工作取得新的成效。开展美国白蛾等林业有害生物监测、检疫、预测、预报、普查、防治等工作，全县设立林业有害生物监测点25个，悬挂美国白蛾诱捕器11个、杀虫灯4个。完成春、秋两季松材线虫病普查工作，除治疫木7534株。全年全县林业有害生物测报准确率在90%以上、产地检疫率达100%、无公害防治率达98.25%、成灾率控制在3.8‰以内。

【林业产业发展】　2019年，沙洋县林业产业持续发展。年内成功举办首届湖北油菜花节花卉苗木展览会暨沙洋县第八届花卉苗木交易会，吸引省内外商户220余家近300余人参观交流，达成交易订单近10亿元。按照规模化、标准化、特色化要求，积极培育和扶持新型林业经营主体，全县新增高效益花卉苗木基地8500亩、樟树苗木示范基地6个、花卉苗木合作社15个。积极开展林业产业扶贫，引导贫困户发展花卉苗木、草坪及用材林193.4167公顷，带动贫困户393户，受益人口1370人。

【森林资源管护】　2019年，沙洋县自然资源和规划部门严格执行森林采伐限额和林地征占用管理制度，全年共审批办理采伐证566宗，办理征占用林地11宗、面积33.1329公顷。加强古树名木保护，完成93株古树名木普查任务。开展森林“2019绿卫”行动，共发现查处破坏森林资源行为21起。加强森林防火宣传工作，修订完善《沙洋县森林火灾扑救应急预案》，发放森林防火宣传单4万余份，发送宣传短信2万余条，新建固定防火警示牌34个，悬挂宣传横幅150余条。开展森林防火应急演练，结合全县秸秆“禁烧”工作，加大野外火源管控力度，全年全县未发生一起森林火灾。

【矿山地质环境恢复治理】　2019年，沙洋县加快推进马良矿山地质环境恢复治理工作，共恢复治理面积34.6667公顷，矿区植树9100棵，种植油麻藤、爬山虎等爬藤植物1.28万株，平整场地8.2667公顷，修建挡土墙3750米，拉挂边坡防护钢丝网6.43万平方米，促进矿山生态环境明显改善。

【不动产登记改革】　2019年，沙洋县不动产登记改革工作取得明显成效。按照“一窗联办、集中服务”要求，整合不动产、房产、税务等窗口，推进信息共享，优化办理程序，有效提升工作效率，全年共受理办结不动产登记2.38万件。将不动产登记压缩至5个工作日办结，将抵押登记2个工作日办结。制定出台《关于处理不动产登记相关问题的补充意见（试行）》（沙政办发

〔2019〕10 号),全年解决不动产办证遗留问题 1216 宗。

【地质灾害防治】 2019 年,沙洋县地质灾害防治工作以马良采石厂和沈集石膏矿区为重点,加强地质灾害调查评价、监测预警、应急避险工作,制订《沙洋县 2019 年度地质灾害防治方案》和地灾隐患点防灾应急预案 2 个,明确监测责任人 4 名,全年开展地质灾害巡查排查 40 余次。全年全县未发生一起地质灾害。

【自然资源执法监察】 2019 年,沙洋县自然资源和规划部门加大自然资源执法监察力度,严肃查处自然资源违法行为。全年共开展执法动态巡查 1.24 万次,发现制止国土资源违法行为 26 起,立案查处 8 起,拆除建筑物 350 平方米,没收违法建筑物 5083 平方米;查处林业刑事案件 4 起、行政案件 20 起,收缴野生动物 842 只、放生 300 余只。扎实开展违建别墅清理整治行动,共清理拆除违建别墅 1 栋 1200 平方米。全面落实"双随机一公开"监管制度,共开展林木采伐、林地征占用、森林防火、矿产开采监管等"双随机"抽查 24 次。全年共应诉行政案件 2 起、民事案件 4 起,无一起行政复议。

(县自然资源和规划局)

生态环境保护

【概况】 2019 年 7 月 31 日,荆门市生态环境局沙洋分局正式挂牌成立。该分局整合原沙洋县环境保护局的职责,沙洋县发展和改革局的应对气候变化和减排职责,沙洋县水务局编制水功能区划、排污口设置管理、流域水环境保护、南水北调中线工程项目区环境保护职责和原沙洋县农业局监督指导农业面源污染治理职责。核定行政编制 15 名。其中,局长 1 名、副局长 2 名、总工程师 1 名。沙洋分局下设沙洋生态环境综合执法大队、沙洋生态环境监测站等 2 个副科级公益一类事业单位。沙洋生态环境综合执法大队由原沙洋县环境监察大队、后港分局、经济开发区分局、官垱分局合并组建而成,核定全额拨款事业编制 20 名。其中,大队长 1 名、副大队长 3 名;沙洋生态环境监测站由沙洋县原环境保护监测站组建而成,核定全额事业编制 11 名。其中,站长 1 名、副站长 2 名。

2019 年,沙洋县生态环境保护部门牢牢把握中央、省级环保督察"回头看"的契机,全力打好污染防治攻坚战,持续推进大气、水、土壤污染防治,推动解决一批突出环境问题,实现全县生态环境质量持续改善、平稳趋好。全年全县可吸入颗粒物(PM10)浓度均值为 84 微克/立方米,细颗粒物(PM2.5)浓度均值为 45 微克/立方米,优良天数比例为 75.8%;国控断面水质考核达标率为 100%,4 个跨界断面水质达标率为 85.42%,县级集中式饮用水源地水质达标率达 100%。年内,沙洋县环境监察大队被省生态环保厅表彰为"2018 年全省环保执法大练兵表现突出集体"。

【污染防治攻坚战】 2019 年,沙洋县生态环境保护部门制定印发《沙洋县污染防治攻坚战 2019 年行动计划》,着力打好污染防治攻坚战,取得新的成效。全力打好蓝天保卫战。强化道路工地扬尘管控、涉气企业监管、油烟污染治理、新能源推广、秸秆"禁烧"等工作,加强重污染天气联防联控。全力打好碧水保卫战。严格落实河湖长责任制,推进汉江、长湖、西荆河、竹皮河等重点流域污染治理。扎实推进净土保卫战。开展农用地详查成果汇总和集成工作,开展土壤污染重点行业企业核查。全年召开全县污染防治攻坚战工作会议 10 次,县领导开展污染防治集中督查和专项督查 37 次。推进环境项目建设管理。年内完成化工集中区认定和化工集中区规划环境影响评估编制报批工作,完成集中区水质自动监测站、空气自动预警监测站等项目建设,指导督促弘润建材、澳格森化工、荆华铝业等 10 余家企业投入 5000 余万元完善大气、水污染防治设施。

【中央、省环保督察整改工作】 2019 年,沙洋县以中央、省环保督察反馈问题为导向,加大督察整改力度,坚持整改工作专班运行、专人负责、按月调度,较好地完成整改任务。全年中央生态环境保护督察"回头看"反馈问题 14 个、中央长江保护与湖泊开发专项督察反馈问题 4 个,年内需整改的 6 项任务全部整改完成;省级环保督察反馈问题 33 个,年内需整改的 26 项任务基本整改完成。

【长江大保护行动】 2019 年,沙洋县生态环境保护部门加大长江大保护力度,全力打好长江大保护十大标志性战役。制定长江大保护十大标志性战役年度重点工作清单,细化实化 13 个专项战役 95 项重点工作任务,严格落实任务清单、措施清单、责任清单、时限清单，实行“清单制”管理、倒排工期、挂图作战。至年末，全年全县长江大保护十大标志性战役综合评估成绩居全市第一，完成中央长江经济带警示片涉及沙洋县1个问题整改工作。

【生态文明建设】 2019年，沙洋县生态文明创建工作持续推进并取得新的成效。制订《沙洋县创建省级生态文明建设示范县2019年工作方案》，启动编制《省级生态文明建设示范县创建评估报告》，收集48项指标资料，全县成功创建省级生态文明建设示范镇2个、示范村10个；完成2个村2处农村生活污水处理设施建设验收工作。

【建设项目环评审批】 2019年，沙洋县生态环境保护部门严格环境准入，规范建设项目环评审批程序，对不符合规划选址等要求的项目环境影响报告书予以退回，对不符合试生产条件的建设项目下达限期整改函等，较好地发挥“控制闸”作用。安排专人入驻县行政服务大厅环保窗口，专职受理环保相关业务，提供“一站式”服务；逐步推进在线审批，实现“网上审批、实时办理、同步公示”，提升审批实效；落实企业环保“三同时”自主验收政策，指导企业完成“三同时”验收相关工作。全年共审批环境影响报告表107份、登记表备案107份，指导企业完成自主验收项目35个。

【环境执法】 2019年，沙洋县生态环境保护部门加大生态环境执法力度，全力推进环境污染整治。开展全县“一法一条例”专项检查，对全县《中华人民共和国水污染防治法》《湖北省水污染防治条例》落实情况进行执法检查，并接受县人大评议。组织开展“散乱污”专项清理、化工企业专项整治、机制砂行业专项整治等专项执法行动，全年开展“零点行动”12轮次。严格实施《环境保护法》及其相关配套办法，全年立案查处环境违法案件14起、罚款128.4万元。其中，查封扣押1起、行政拘留1起，关停取缔“十五小”企业2家。

2019年6月3日，市生态环境局沙洋分局开展环保公众开发日活动，邀请人大代表、政协委员及群众观摩企业污染防治设施建设运行情况 （县生态环境局 供稿）

【固体废物管理】 2019年，沙洋县生态环境保护部门多措并举，强化固体废物污染防治，将固废对环境的影响降至最低。加强医疗废物处置管理，年内指导全县44家医疗机构规范处置医疗废物136.7吨；对生态环境部“清废行动”反馈的问题立行立改，共现场清理临时建筑垃圾堆放点砖渣550余吨、木制垃圾100余吨、其他垃圾320余吨。

【污染物总量减排】 2019年，沙洋县生态环境保护部门稳步推进污染物总量减排工作，出台《建设项目主要污染物排污权购买服务指南》，加强对县域所有企业新增四项主要污染物（化学需氧量、氨氮、二氧化硫、氮氧化物）初始排污权交易管理，严格执行排污权交易制度。全年指导服务荆门市钧恒饲料有限公司等18家单位成功竞价，为45个建设项目出具总量来源文件，全年全县新增化学需氧量削减量740.47吨、氨氮133.86吨、二氧化硫3135.64吨、氮氧化物820.13吨。

【环保宣传】 2019年，沙洋县生态环境保护部门始终坚持“绿水青山就是金山银山”的理念，加强环保宣传教育，提高公民环保意识。年内开展环保公众日开放活动1次，邀请人大代表、政协委员、市民百姓到经济开发区企业实地查看污染防治设施运行情况。开展生态环保知识宣传活动4次,在县人社局、东方百货、御水金都、新大地等地采取展板宣传方式,向过往市民发放宣传手册、讲解生态环保知识。开展环保专题讲座培训13次,向全县各单位、企业、社会公众宣传习近平生态文明思想、环境保护相关法律法规。加大环保宣传报道力度。年内在《湖北日报》《荆门日报》《荆门晚报》上刊载宣传报道全县生态文明建设和生态环境保护文章3篇。 (聂星星)

长湖湿地自然保护区管理

【概况】 2019年,沙洋县长湖湿地自然保护区管理部门牢固树立"绿水青山就是金山银山"的发展理念,以"防治水污染、改善水环境、修复水生态"为主要任务,坚持问题导向,提升政治站位,创新工作方式方法,狠抓落实落细,全面扎实推进长湖保护与修复工作,长湖生态明显改善、水质持续稳定达到地表水Ⅲ类标准。

【长湖污染防治】 2019年,沙洋县长湖湿地自然保护区管理部门持续促进长湖水环境改善,扎实开展长湖"清源""清管"工作,长湖水质进一步改善。开展长湖"清源"工作。8月上旬完成对长湖流域拾桥河、唐林河、广坪河、大路港河等4条主河流污染源的调查,调查范围涉及沙洋县8个镇、掇刀区2个镇和漳河新区;同时,对流域内227家畜禽养殖场建立台账,摸清长湖流域污染源实情,做到心中有数。开展长湖"清管"工作。就叶大港污染事件督办纪山镇食品工业园完成整改工作,实现达标排放。投资5万元与后港镇共同新建一段污水管网,确保所在街道生活污水入网后港集镇污水管网、不再直接排入长湖。

【长湖生态修复】 2019年,沙洋县长湖湿地自然保护区管理部门持续加大长湖执法监管力度,实施"以鱼治水"工程,有效维护长湖水域生态平衡。开展长湖"禁捕"执法工作。全力巩固长湖"禁捕"成果,加大巡湖力度,落实巡湖责任,采取白天+夜间的方式开展巡湖,全年共出动巡湖执法人员800余人次,收缴湖中偷捕网具300余条,没收渔船24艘,查获电力捕鱼案件1起并移交公安机关依法处理。开展长湖增殖放流活动。联合市水产局、市农业综合执法局、县渔政管理站等部门和单位在长湖后港、毛李码头开展"2019年长湖沙洋段增殖放流"活动,共投放鲢、鳙、鳊、草、鲌等鱼苗1700余万尾。其中1月上旬在长湖后港镇码头投放鲢、鳙、鳊、草、鲌等鱼苗500余万尾,6月4日在长湖毛李码头放流鲢、鳙等滤食性鱼苗1200余万尾。通过采取"以鱼净水,以鱼调水"的方式,进一步优化水产种质资源保护区及周边水域水生物种群结构并改善水域生态环境,有效改善长湖水域水质状况,促进长湖水域生态平衡。实施长湖沙洋段水质生态修复工程。该工程于2018年12月正式启动,2019年10月竣工,共清淤10.9万立方米,种植挺水植物36.2万平方米,建设生态浮岛4000平方米、生态石滨隔离带8.8千米(砌石总方量1.45万立方米,种植草皮7800平方米)、生态廊道9.2千米、生态植草沟7.8千米。

【长湖形态管护】 2019年,沙洋县长湖湿地自然保护区管理部门开展"清四乱"、随意垂钓等破坏长湖水域岸线的整治行动,长湖形态管护工作不断加强。开展"清四乱"整治行动。成立专项行动小组,扎实开展长湖水域岸线清理整治、固体废物排查整治等工作,对长湖沿湖100米范围内的固体废物组织专人定期进行排查整治。2019年3月、8月,分别对开挖鱼池涉嫌侵占湖面、堆放建筑垃圾及准备进行堤岸护坡的两起违法行为全部整改恢复原状。开展"禁钓"管理工作。划定长湖沙洋段4处"禁钓"区,自9月1日起实施"禁钓"。广泛开展"禁钓"宣传,在"禁钓"区域竖立固定宣传牌24块,发放"禁钓"宣传资料500余份,每天安排专人到"禁钓"区进行"禁钓"管理,遇到垂钓者一律劝离并向其发放"禁钓"宣传资料,长湖岸线环境卫生状况明显改善。

【长湖湿地保护宣传】 2019年,沙洋县长湖湿地自然保护区管理部门持续加大湿地保护宣传工作力度,通过采取用宣传车到沿湖各村组宣传、悬挂宣传标语、发放宣传手册等形式,广泛开展涉湖法律法规宣传,重点宣传加强保护水环境、湿地资源等政策法规。全年下乡宣传20余次,发放入户宣传手册3000余册,有效增强长湖周边群众法治意识。 (胡　杰)

交通 邮政

概　述

2019 年 8 月 23 日，全县农村公路建设现场会暨镇(区)重点工作汇报会议召开。县委书记、县长刘克雄出席会议并讲话。图为会前刘克雄(中)率与会人员现场观摩沈集镇丁坪村通组公路、静脉产业园、帅店新农村建设点、沈集镇中小企业创业园等地　　(县交通局　供稿)

【概况】 2019 年末，沙洋县交通运输局内设办公室、政策法规股、运输管理股、安全保障股(应急办公室)、计划股(交通战备办公室)、建设养护股、财务审计股、人事教育股等 9 个职能股室，下辖县公路建设养护中心、县港航建设维护中心、县航道管理局、县物流发展局、县道路运输管理局、县农村公路管理局等 6 个二级单位。主要负责全县公路水路建设、养护及道路水路交通运输行业监管和城市公交行业管理；组织拟订全县公路水路行业发展规划、固定资产投资规划，组织项目建设；监督指导全县交通运输行政执法、交通运输应急管理、交通运输信息化建设以及行业有关体制改革等工作。

2019 年，沙洋县交通运输系统完成项目建设投资 10.68 亿元，为交通基础设施建设提供有力支撑。全年完成道路货运量 1083.3 万吨，货运周转量 20967.9 万吨千米，同比上升 2%；完成道路旅客运输量 548.7 万人，下降 2%；城市公交周转量 539 万人，增长 33%；出租客运周转量 802 万人，增长 10%。全年完成水上货运量 155.3 万吨、增长 9.9%，货运周转量 21530.6 万吨千米、增长 21.2%。年内，沙洋县交通运输局先后获得省级荣誉称号 5 个、市级荣誉称号 9 个、县级荣誉称号 9 个，被县委、县政府表彰为领导班子综合考评优秀单位，被县人大常委会表彰为建议办理先进单位、获重点建议办理测评第一名。

【交通运输能力建设】 2019 年，沙洋县交通运输系统不断深化“大交通、大创建”机制，加快推进交通基础设施建设，加强水陆运输管理，强化交通安全应急监管，全县交通运输能力得到进一步提升。截至年末，全县公路总里程 3231.89 千米。其中，国道 97.51 千米、省道 215.15 千米、县道 379.58 千米、乡道 885.66 千米、村道 1569.53 千米。一级及高速公路 150.71 千米、二级公路 244.75 千米、三级公路 292.92 千米、四级公路 2168.92 千米、等外公路 374.59 千米。有客运站 6 个，其中二级客运站 1 个(沙洋县中心客运站)、三级客运站 1 个(沙洋县后港货运客运站)、四级客运站 2 个(荆门市顺通客运公司十里铺客运站、沙洋县平湖汽车站)、五级客运站 2 个(沙洋县毛李汽车客运站、沙洋县曾集客运站)；全县内河航道通航总里程 203.39 千米，拥有港口 1 个、生产性码头泊位 6 个、渡口 10 个。9 月 28 日，浩吉铁路(蒙华铁路)正式开通运营。该铁路在沙洋县设有沙洋站、后港站等2个站点,其中沙洋站(位于曾集镇民主村)为客货两用站,后港站为越行站。

【交通基础建设】 2019年,沙洋县交通基础设施建设加快推进。实施交通建设重点项目。全年完成项目建设投资10.68亿元,全面完成G348沙洋汉江二桥、G348绕城公路、枣潜高速城区连接线、S342沙洋至五里段改扩建工程、S223沈集至后港段二级公路等重点项目年度建设任务;圆满完成枣潜高速、207国道建设年度协调任务。其中,枣潜高速路面工程建成完工、具备通车条件;207国道改建段面按期移交建设单位建设。推进站场物流建设。建成农村客运站亭17个、城乡公交站亭13个、后港新能源公交充电站1个;沙洋港中心港一期综合码头3—6号泊位取得竣工验收批复,沙洋港中心港区锚地和沙洋、马良砂石集并中心(点)前期全面启动;汉江新港物流园仓储、堆场、园区道路、信息中心大楼及附属设施建设基本完成,累计实现投资2.32亿元。加快农村公路建设。超额完成省厅下达的农村公路"组组通"建设任务,建成组组通公路464.5千米,占年度计划的115%,建设体量居全市第一,为全县乡村振兴和脱贫攻坚奠定坚实基础。建成通村公路464.5千米、超计划63.5千米,完成农村公路窄路面加宽81千米、提档升级78.78千米、"455"生命安防工程166千米。积极开展"四好农村路"示范乡镇创建,曾集镇取"四好农村路"示范乡镇复核资格。

【公路航道养护】 2019年,沙洋县交通运输部门有序推进国省公路、农村公路及航管养护工作,取得明显成效。国省公路养护。"公路养护+路政巡查"机制有效落实。投入资金6000余万元,完成S311分当线十里至当阳6千米、S311分当公路拾桥至后港9.8千米、207国道五里集镇段4.2千米、348国道双庙至沙洋城区29千米等国省公路路面大中修工程;投入资金780万元,完成沙洋汉江大桥维修加固和国省干线公路桥梁见新工程和荆新线、汉宜线等公路钢护栏安全设施更新、补装工作,及时维修养护文沙公路、分当公路等次差路段;全面启动234国道李市段防护栏安装前期工作。加大路政巡查力度,全年查处路损案件21件并全部结案。农村公路养护。投入1000余万元,完成农村公路大修48.9千米、中修19.6千米;投入400余万元,整治农村公路出行环境,开展割长草、清杂物、洁路面、治病害、强安防、抓绿化等养护管理工作,农村公路养护日益规范。航道养护。顺利完成辖区汉江94千米航道电子图和高分子锥罐体升级改造;圆满完结兴隆枢纽专设航标维护和枣潜高速跨汉江大桥,以及汉江二桥施工水域航道安全维护工作;完成汉江保堤至新河口航道应急保通疏竣工作,全年航道设标密度2.2座/千米,标位准确率100%,航标灯光保证率达98%以上。

【交通行业管理】 2019年,沙洋县交通行业管理不断加强。强化路政管理。全面落实省厅"亮剑行动"部署,开展"打非治违"和"平安交通"行动,重拳整治道路客货运输、公交出租、水路运输市场等违规违法经营行为。全年开展专项行动60余次,查处非法营运车船150台艘,责令整改违规行为180起。实施质量信誉考核制度。加强维修驾培治理,7800余人取得道路运输从业资格,"两客一危"运输井然有序,公交出租经营日益规范,渡口渡船监管落到实处,落实覆盖率100%。超限超载治理。持续与交警开展联防联控,与部门配合一致,实行路面管控和源头治理"双管齐下",严厉打击超限超载运输行为,全市有史以来最严治超令在沙洋县得到有效落实。全年开展"零点"行动180余次,检测车辆1.1万辆,查处超限车辆2960辆,卸转货物5.5万余吨。

【交通安全应急管理】 2019年,沙洋县交通安全应急管理工作不断加强。深入推进"平安公路""平安水路"建设,强化重大节假日、月(季)度安全生产检查,整改车站、码头、危货企业、公路桥梁和在建项目等重点部位隐患问题230起,全年无一起安全事故发生。"放管服"改革工作终见成效,清理规范行政职权项目4大类311项。"双随机,一公开"监管全面推行,2019年随机抽取运输企业180户次,排查安全隐患32处,隐患整改率100%。"互联网+交通"建设工作成效明显。交通应急指挥中心建成并联网投入使用,全县293辆客运车辆、923辆货运车辆成功接入4G动态监管平台,全年通过平台纠正各类违法违规行为为1600余起。

(王寒月)

【重点企业选介】 沙洋县交通投资有限公司 该公司成立于2017年12月,注册资金10亿元,为国有独资企业,股东为沙洋县国有资产监督管理局。2019年末,公司内设经营发展部、项目管理部、计划财务部、成本法务部、综合办公室等5个职能部室,下设12家全资子公司、6家合资公司。有员工100余人。其中，硕士学历2人，本科学历13人，大专学历29人，高级工程师4人，中级工程师6人，一级注册建造师2人，二级注册建造师8人，一级注册造价师1人。主要负责全县交通基础设施的投资、建设、开发和经营，县政府授权范围内国有资产的经营管理，城市公共交通及客运站场的运营管理，河道采砂、销售及航道疏浚等。

2019年，沙洋县交通投资有限公司围绕县委、县政府总体工作部署，结合公司运营状况做好投资融资及金融债务风险防范化解工作，全年实现融资提款5.2亿元。交通项目建设稳步推进。S342沙河线一级公路改建项目年内完成路基27千米，路面底基层、下基层26千米，上基层26千米，下封层、沥青下面层26千米；计划建设的7座桥梁已完成4座，其他3座准备架梁；实现项目建安投资4.37亿元，约占工程总量的79.24%。麻郭线改造项目完成交工验收，实现项目总投资2967.54万元。潘集湖旅游公路项目完成交工验收，实现项目总投资762.5万元。曾集镇"四好农村公路"路面刷黑工程全长28.855千米，年内完成17千米，约占总工程量的60%。207国道乌海线沙洋段（五里铺及十里铺集镇）路面大修工程，年内完成五里铺集镇段4.7千米大修工程任务。汉江二桥桩基建设完成327根，主桥19#及22#墩承台混凝土浇筑、沙洋侧跨堤连续梁挂篮支架安装、天门侧跨堤连续梁下部结构施工等工程全部完成；G348绕城段雨污水管网及管涵建设，全线路基建设，西荆河中桥28榀箱梁预制工程等全部完成，实现建安投资约2.5亿元，占工程总量的41%。年内实施农谷干部学院食堂、文体中心、图书综合教学楼、学术报告厅的主体结构和砌体结构，1#学员宿舍、2#学员宿舍、职工综合楼、员工宿舍主体结构施工，全部完成实施建安投资约1.5亿元，占工程总量的34%。企业经营管理不断加强。中博桃园·沙洋国际猕猴桃产业园项目完成合资公司账务核算，灌装设备、包装设备采购安装及实验室建设同步推进。省交投产城融合项目成立合资公司，首期注册资本1000万元。泰富重工华中智能制造产业园项目稳步推进，泰富沙洋公司运营正常，基本实现各项收支平衡。西荆河、农胜社区棚改拆迁加快推进，启动西荆河片区、滨江水岸小区、农胜六队还建小区第工程的规划设计，拟吸引社会资本投资，采取独资、合资等多种形式推进还建小区建设和土地开发。投资140万元的垃圾清运船建造项目已完成1艘垃圾清运船建造任务并交付使用，极大提高沙洋汉江港区垃圾回收处置能力，对保护港区生态环境具有较大意义。

（李梦佳）

公　　路

【概况】 2019年，沙洋县公路管理部门贯彻省、市公路工作会议和全县交通运输工作会议精神，围绕全年工作目标，加快推进公路项目建设，扎实开展公路日常养护，持续强化路政执法，着力加强公路安全生产，圆满完成年度各项工作任务。

【公路项目建设】 2019年，沙洋县公路管理部门强化措施，合力攻坚，完成一批公路重点建设、维修、改建工程，部分项目加快实施。年末，348国道沙洋城区绕城段建设工程除石油管线待迁改外，其余路段建设任务完成；S311分当线十里至当阳2018年度大中修工程项目的6千米油面层铺筑工程完成；沙洋汉江大桥维修加固工程完成；荆新线2019—2020年双庙至沙洋城区北环路口（K14－K43）29千米路面大中修工程完成，钢护栏、防眩板等安全设施更新、补装到位，标

竣工后的后港镇通村公路　　（县农村公路管理局　供稿）

线勘划工程正在施工之中;G207 乌海线五里铺和十里铺两集镇段维修工程设计、预算和财评工作完成;S311 分当线 2019 年度拾桥至后港段 9.8 千米大中修项目建设完成;投资 150 余万元的沈集服务区建设和交通“厕所革命”建设工程顺利通过验收并投入运营。实施 223 省道沈六线二级公路改建工程。年末沈集至后港段完成 43.3 千米路基、40 千米级配碎石垫层、27.5 千米水稳底基层、25 千米水稳基层、25 千米沥青下封和 6 千米沥青面层等工程;新建桥梁 3 座。其中,完工 2 座、即将完工 1 座。实施 207 国道沙洋段改建工程。年末完成红线内土地、林地、水塘征收、迁坟和自来水迁改等前期工作;房屋征收货币化补偿安置合同签订 238 户、占红线内 250 户应拆户的 95.2%,拆房 219 户、占已签安置合同的 92%;沿线三镇联建点完成场地平整和自建放线工作;“三杆”迁移工作基本完工;移交施工段面 34 千米。启动荆新线城区段维修和李市段中央隔离护栏安装工程。

【公路养护】 2019 年,沙洋县农村公路管理局根据“公路养护服务提升年”活动方案,结合沙洋实际情况,制订相应“公路养护服务提升年”活动方案,加大预防性养护资金投入和国、省公路小修保养力度,积极推进次差路段整治工作,全面提升国、省干线公路路况水平。日常养护扎实开展。根据路况调查情况,分析病害原因,认真制订小修保养处治方案;按照“轻重缓急”原则,年内对文沙线、汉宜线等国省公路进行重点养护,对路面坑槽、松散、沉陷、裂缝等病害进行处治,共修补油面坑槽 14902 平方米,挖补沉陷 10354 平方米,清灌缝 18 千米,并对 S311 分当线次差路段进行整治。全面做好沿线设施的维修工作,坚持上路巡查,发现缺少或损坏的碑、桩、柱及时安排维修和补栽,对 348 国道道路标线进行重新喷划,确保沿线交通设施服务功能发挥。对辖区国、省公路沿线绿化空白带进行行道树补植,全年共补植意杨 3000 余株、樟树 1200 余株,全县国、省公路绿化率达到 95% 以上。同时,集中力量加大日常养护工作监督检查力度,严格按照考核方案进行逐月考核,提高养护工作效率,促进路面保洁、公路净化质量和路容路貌大幅度提升。桥梁监管切实加强。成立工作专班,加强公路桥梁监管,初步形成桥梁巡查日常化、检查常规化的桥梁检查制度;强化桥梁日常养护工作,实行动态监管,确保桥梁安全运营。年内投入资金 680 万元对沙洋汉江大桥进行加固维修;投入桥梁专项养护资金 100 余万元完成辖区内国、省干线桥梁护栏“见新”工作。加快推进鲍河大桥、董岗桥安全隐患整治项目前期工作,已完成二桥图纸审批。养护体系逐步完善。持续深化公路站规范化管理。围绕十里铺达标站建设,积极探索集路政、养护管理于一体的“一站双责”管理模式,不断强化公路站管理职能;同时,适时恢复文沙线张台站和借瞄线毛李站等沿线部分公路管理站,提升维护路产路权、处置公路突发事案工作效率,降低养护、管理成本,促进全县公路事业长足发展。推进公路养护机制改革。从强化日常养护管理、严格内部监控管理和计量支付程序等方面下功夫,实现公路日常保养作业质量明显提高、养护资金得到高效利用。

【路政执法】 2019 年,沙洋县公路管理部门不断强化路政执法,取得突出成效。加大公路巡查力度。重点加强蒙华铁路、枣潜高速等工程涉路施工许可和监管工作,做到巡查有记录、有图片、有处理意见反馈。大力开展过境路段集中整治行动。重点对马良镇集镇过境路段进行综合整治,共清除违章堆积 178 处共计 926 平方米;整治摆摊设点 35 处;整顿 207 国道、348 国道加水点 4 处;拆除大型非路用标牌 25 块、整治活动标牌 80 余块;制止打场晒粮 11 处;查处路损案件 23 例,收取路损赔(补)偿费 19.24 万元、公路占利用费用 2.14 万元。强化公路通行保障。加强公路标志基础检修工作,实现县域公路标志牌完好齐全无缺损、无新增违章建筑及未经许可竖立的大型标牌。圆满完成“首届湖北油菜花旅游节”、沙洋第三届半程“马拉松”比赛活动及“春运”期间冰雪天气道路保畅工作。

【超限治理】 2019 年,沙洋县人民政府高度重视公路“治超”工作,多次召开“治超”专题工作会议,及时学习传达全市“治超”会议精神,成立以县长为组长的“治超”工作领导小组,下发《沙洋县集中整治车辆超限超载工作实施方案》,制定《沙洋县集中整治车辆超限超载工作任务清单》,明确各相关职能部门职责,建立健全沙洋县治理超限超载联合工作机制和治理体系,推进全县“治超”工作取得突出成效。加大宣传力度。努力提高“治超”宣传的精准度和实效性,通过在全县各镇、单位门前、人口密集地、货物运输重点集散地及“治超”站点张贴“治超”工作通告,向过往群众及司机发放“治超”宣传资料,通过电视、微信、手机报等各种媒介及时通报“治超”工作动态,在全县范围营造浓厚的“治超”氛围,让广大原材料生产企业、车主及司机明白规范装载的重要性和必要性,努力构建不敢超、不能超、不想超的长效机制。开展联合“治超”。严格贯彻“执法人员拦车,公路路政部门检测、监督卸货,运管部门割除非法加高墙板,交警给予处罚”的联合执法工作流程,县交警、运政、路政等部门以范家台“治超”站为依托开展联合“治超”,对超限运输车辆实行“零容忍”,严格落实“一超四罚”制度。实行执法关口前移监管机制。联合交警、运政执法人员,在货车运输来往密集的348国道沈集收费站和234国道沙洋桥头开展“四班三运转”24小时不间断的联合“治超”专项整治行动;多措并举加强源头治超管控。在强化路面“治超”的同时,在县“治超”办组织下不定期对各镇“治超”工作开展情况进行督办检查,检查重点运输企业、石料场是否按规定安装称重设施规范装载,并对检查情况及时进行通报。开展突击“治超”行动。县“治超”办组织各成员单位在重点时段、重点路段开展阶段性突击“治超”行动,全年在辖区348国道、234国道、207国道、311省道、266省道等重点路段开展突击行动40余次。加快推进不停车检测系统和电子抓拍系统联网工作。通过推进县路政、运政、公安等部门信息平台之间的互联互通,建立失信联合惩戒制度,严厉打击超限超载行为,有效遏制超限运输势头。“百吨王”超限运输车辆基本绝迹,6轴平板货车取代“前四后八”4轴货车已基本成为运输市场主流,公路运输环境逐步改善。

【公路安全管理】 2019年,沙洋县公路安全管理工作持续加强。强化安全宣传教育。围绕“安全第一,预防为主”的安全生产工作方针,强化安全管理,加大宣传力度,全面提高全员安全生产意识,将安全生产措施落到实处。年内聘请市建养中心安全法规路政科负责人在全局开展安全知识培训,职工安全防护能力得到明显提升、安全意识进一步增强。强化目标任务管理。围绕2019年安全生产目标任务,层层签订《安全生产责任状》,确保各项安全生产目标责任分解落实到位。坚持“一岗双责”,严格安全生产责任追究制,落实安全“一票否决”制,做到一级抓一级、层层抓到位、人人重视把好安全关。强化施工现场管理。多次对施工现场开展安全生产大检查,对存在安全隐患的施工单位下达《限期整改通知书》,实行跟踪督办、直至销号,有效杜绝生产过程中发生各类事故。

【困难和问题】 2019年,沙洋县公路管理工作仍存在如下困难和问题:行业健康发展基础仍然薄弱。历史遗留问题、综治维稳、行业体制改革带来的负面影响等一系列问题制约着公路系统的长远发展,尤其是部分人员编制至今未落实和综合执法改革后人员的去向问题,影响干部职工工作积极性和主动性。公路交通体系建设任务艰巨。受资金、土地等刚性约束,全系统存在配套资金不足、项目协调难度大等问题,导致公路建设任务艰巨,与社会发展需求不相匹配。

(县公路局)

水　运

【概况】 2019年,沙洋县港航、航道管理部门以打好长江大保护三大攻坚战为重点,持续推进沙洋水

2019年7月8日,海联会会长郑帅率考察组一行到沙洋县蒙华铁路沙洋站、江汉运河、沙洋中心港码头等地考察。县委书记、县长刘克雄(左四)等陪同。图为郑帅(左三)一行考察汉江港码头

(县港行海事局　供稿)

运事业发展。沙洋港总体规划编制工作进展顺利。《沙洋港总体规划(2017—2035年)》已通过省生态环境厅厅长办公会专题研究审查,待报省政府批复。水运项目建设有序实施。沙洋港综合码头3—6号泊位已进入分阶段验收程序。沙洋港锚地建设前期工作已启动。沙洋马良港砂石集并中心(点)建设前期工作已启动。着力培育汉江航运市场。1—9月,实现港口货物吞吐量113.37万吨、进出口集装箱10671标箱。加强汉江沿线港口岸线资源清理整顿。按照市指挥办公室文件精神,完成全县5个公务码头和1个生产性码头核查上报工作。强化水上安全管理,实现1—9月辖区通航水域无安全责任事故发生,水路交通安全率100%。

【汉江非法码头专项整治】 2019年,沙洋县汉江非法码头专项整治持续推进。1—9月,共对县域通航水域巡查24次,出动执法人员75人次、船艇20艘次、车辆4台次,巡航里程2480千米。在马良、沙洋二港区拆除码头处设置确责领责追责公告牌。在沙洋港老码头滩涂补植复绿植树1078棵、花草12万平方米。截至年末,全县已无非法码头营运。

【船舶污染防治】 2019年,沙洋县船舶污染防治工作不断加强。强力推进船舶污染防治设施建设。沙洋县永顺船舶有限公司投资125万元,打造一艘长25米、功率150KW的船舶垃圾油污水回收船,并于11份投入使用。严格落实船舶垃圾接收转运处置五联单制度。截至年末,共收集联单706份,接收转运处置船舶生活垃圾0.862吨、油污水9.24立方米,实现船舶生活垃圾接收转运处置闭环管理。严查船舶是否按规范开启使用相关垃圾油污水处置设备行为,采取对到港船舶必查的方式,严查船舶是否存在偷排、直排等行为,全年共检查船舶230艘次,现场整改18艘次,限期整改2艘,处罚4艘。加大打击汉江饮水源水源范围船舶停泊行为力度,采取每天2次岸上和水域巡查方式进行。开展船舶用油质量专项检查。联合县市场监督局开展船舶油品专项检查,主要查油品来源、油品质量和用油台帐,并委托湖北众仁环境检测有限公司对靠港船舶生活污水和油污水等进行检测,1—9月共抽样检测16船批次,检测结果均为合格。年内完成国家2018年长江经济带环境警示片披露的沙洋港停靠船舶兴豫8688号存在问题整改销号工作。 (县港航管理局)

城市公共交通

【概况】 2019年,沙洋县城市公共交通事业持续发展。稳步推进公车公营改革。截至年末,全县运营的40台民营个体公交车已完成回购工作,回购款已全部支付给车主;公交卡发行、微信及支付宝乘车码申请、充电桩建设等工作有序开展;公交线路优化方案已形成,全县初步定为公交运营线路6条。其中,普通线路5条、汉上学校专线1条;公交车驾驶员招聘工作稳步推进,年内已招录合格驾驶员26名。制定公交车运营管理规章制度。组织第一批驾驶员开展理论培训及考试、实操考核。全年全公司实现主营收入280.8万元。强化安全生产。高度重视安全生产的重要性,不断深化安全管理,联合县交警、运管等主管部门召开全县出租车、公交车驾驶员大会,重点加大对一线驾驶员安全教育力度,加强日常巡查,有效遏制安全事故发生。全年全县公交车、出租未发生一起重特大交通事故。服务县委、县政府中心工作。利用公交车车身、出租车显示屏播放公益广告,张贴公益宣传标语;组织公

沙洋县运营的新能源公交车 (县交通局 供稿)

交车服务县"两会"、国际"半马"赛事、湖北省首届油菜花节等。

【城市公交运营改革】 2017年8月,沙洋县公交公司整体移交给县交投公司。2019年4月,根据县公车公营领导小组工作安排,完成所有40台公交车车主摸底调查工作,制订全县公车公营改革方案并报县交通运输局、县交投公司。5月,将修改后的公车公营改革实施方案上报县公车公营领导小组。9月,启动收购旧环城车谈判工作。12月,与所有车主签订回购协议,县交投公司出资1400万元将40台旧环城车回购后报废;同时投资2313万元购买40台南京金龙新能源纯电动公交车。其中,车身长10.5米的车10台、长8.5米的车30台。年末,沙洋城区公交车实现公车公营。 (县公交公司)

邮　　政

【概况】 2019年末,沙洋县邮政分公司设1室1部及5个专业生产部门,下辖15个支局(所)、2个生产班组,有邮政从业人员195人。有邮路45条、邮路总长度2473千米。其中,城区邮路7条、总长度315千米,农村邮路38条、总长度2158千米。担负着全县13个乡镇、1个经济开发区、2个高新区共68万人口的邮政普遍服务,服务面积2044平方千米。

2019年,沙洋县邮政分公司各项经营业务保持健康稳步发展态势。截至年末,分公司完成邮政业务量680万件,比上年同期增加80万件、增长13.33%;实现邮政业务收入8834万元,增长10.85%。报刊发行数量达1275万份。其中,党报党刊发行量612万份。全县邮政通信质量指标达到省、市分公司要求,邮政客户综合满意度为86.6分。年内,沙洋县邮政分公司毛李支局被省邮政分公司表彰为先进集体。

【邮政业务经营】 2019年,沙洋县邮政分公司各项经营业务进一步拓展。开展代收费等便民服务。全年新增发放金融IC卡1.44万张,结存卡户数15.47万户,金融IC卡普及率达43%。开办网上、电话、手机等电子银行业务17210户,代理邮政储蓄余额累计达到45.9亿元。推进"邮掌柜"村邮站项目建设。年末全县加盟店累计达到224个。其中,优质站点104个、新增提质"邮掌柜"66个,为农村居民提供高效、快捷、方便的电商服务。打造便民综合服务平台。以农村电商促进农产品流通、农业产业升级和产业融合,带动农民创业致富,助力全县精准扶贫。分公司累计依托电商支农平台寄递包裹12万件。集邮网厅吸纳集邮爱好者200余人,征订率达到49.2%。全年实现收订报刊费816.36万元,报刊发行量1275万份。其中,党报党刊流转额440.43万元、发行量612万份。截至年末,分公司完成邮政业务量680万件,比上年同期增加80万件、增长13.33%;实现邮政业务收入8834万元,增长10.85%。

【企业管理】 2019年,沙洋县邮政分公司企业管理进一步加强。加强技术人才管理。年内分公司有16人次通过职业技能鉴定,其中技师2人、高级技能4人、中级技能2人、初级技能8人,全公司通过职业技能鉴定人数累计达到147人,其中技师6人、高级技能13人、中级技能48人、初级技能76人。加强安全生产管理。层层签订安全责任状,年内与15个支局(所)签订安全责任状,与支局(所)员工签订安全责任状155份,与全系统员工签订安全责任承诺书195份;成立义务消防小组15个,签订消防安全责任状15份、安全联防协议30份。强化应急安全演练,全年开展安全预案演练活动28场次,有效提升邮政员工应急安全处置能力。

【邮政文化建设】 2019年,沙洋县邮政分公司继续加大邮政文化建设投入,有效改善邮政生产生活环境,提升邮政员工生活品质。截至年末,全系统已建成职工小家13个,官垱、五里、黄山等3个支局建成"读书角"。持续开展"春送爱心""夏送清凉""金秋助学""冬送温暖"员工关爱活动,深入网点进行"一对一"督导帮扶,走访慰问基层一线困难职工及劳模先进职工家庭10户,营造温馨和谐的企业发展氛围。 (县邮政分公司)

工业与信息化

概　述

【概况】 2019年3月，原沙洋县经济信息化局和原沙洋县科学技术局合并成立"沙洋县科学技术和经济信息化局"，为县政府工作部门。内设办公室、科技计划与政策法规股（国防科技动员办公室）、科技发展股、经济运行股、企业技改投资股、信息技术股等6个职能股室。局班子成员7名，其中书记1名、局长1名、副局长3名、党组成员2名、总工程师1名。其主要职能为：1. 拟定全县科技和经济信息化发展的中长期规划和年度计划并组织实施；提出科技和经济信息化发展战略和政策建议，推动科技资源开放共享，协调解决新型工业化进程中的重大问题，改善科技和经济信息产业投资环境；推进重点产业链的构建，推进科技和经济信息化融合。2. 统筹推进全县科技体制改革，会同有关部门健全技术创新激励机制。指导科研机构改革发展，推动企业科技创新能力建设。3. 拟订全县科技创新规划并监督实施。统筹全县科技创新体系建设，指导全县创新发展。4. 拟订全县高新技术发展及产业化政策措施并组织实施。5. 拟定科技促进农业农村和社会发展的规划、政策措施并组织实施。推动科技扶贫工作和农村科技社会化服务体系建设。指导全县农业科技园区建设。6. 拟订科技成果转化和促进产学研结合的相关政策措施并监督实施。组织全县技术转移体系建设，指导技术市场和科技中介组织发展。负责科技平台工作。推进产学研结合，促进相关科研成果产业化。7. 负责全县科技监督评价体系建设和相关科技评估管理，统筹科研诚信建设。组织实施全县科技创新调查工作。指导全县科技保密工作。8. 拟订全县科技对外交往与创新能力开放合作的规划、政策措施，组织开展全县对外科技合作；负责在沙外国专家管理服务工作。9. 会同有关部门拟订全县科技人才队伍建设规划和政策措施并监督实施，建立健全科技人才评价和激励机制，组织实施科技人才计划，推动高端科技创新人才队伍建设。拟定全县科学普及规划、政策措施并组织实施。10. 负责国家、省科学技术奖的申报组织工作。11. 负责县委军民融合发展委员会办公室日常工作。承担县国防动员委员会科技及信息化动员工作。12. 拟订并组织实施工业行业规划、计划和产业政策，提出优化产业布局、结构的政策建议，积极培育和发展特色产业和产业集群；组织实施行业技术规范和标准，指导行业质量管理工作；负责企业负担监督工作。13. 监测分析全县工业经济运行情况，进行预测预警和信息引导，调节工业经济日常运行；参与编制工业经济年度调控指导计划，提出相应政策措施并组织实施；协调平衡主要生产要素，解决日常经济运行中的突出和重大问题，并向县政府提出意见和建议。14. 统筹推进全县信息化工作，拟订信息化发展战略、政策；负责信息化建设的统一规划、组织协调和监督管理；负责建设和完善全县经济和信息化信息服务系统及联系渠道。15. 提出企业技术进步政策的建议，组织推动企业技术改造、技术创新；贯彻执行利用高新技术改造传统产业的政策、措施，促进高新技术产业发展。16. 指导化工、建材、食品、轻纺、医药、机械等工业行业管理，规范行业行为。17. 负责中小企业发展的宏观指导，会同有关部门拟订促进中小企业发展和非公有经济发展的相关政策和措施，推进中小企业服务体系建设，协调解决有关重大问题；指导中小企业建立现代企业制度，加强内部管理，研究发展大企业和企业集团的政策措施，推进中小企业改革和发展；组织指导全县中小企业开展对外经济技术合作与交流；组织指导开展国内外展览和展销活动；负责组织重要物资的紧急调度和工业、信息产业应急管理工作。18. 组织、指导全县科技、工业、信息化系统工作人员的教育培训工作和企业管理方面人员培训工作等。

2019年，沙洋县工业与信息化管理部门坚持以习近平新时代中国特色社会主义思想为指导，认真落实习近平总书记视察湖北重要讲话精神，按照县委“创新转型、后发赶超”的工作要求，以创新服务为着力点，积极应对经济下行压力，精准调度，创优服务，强化担当，着力推进工业经济高质量发展。截至年末，全县完成工业总产值447.6亿元，比上年同期增长14.01%；规模工业增加值累计增速10%以上；完成工业用电量6.54亿千瓦时，增长16.48%；完成工业固定资产投资120.46亿元，增长18%；完成技改投资47.62亿元，增长12.2%；完成企业兼并重组6家；全年投资亿元以上项目新开工26个，新投产23个，新储备51个；信息技术综合运用普及率67%；获批国家高新技术企业11家、省级工程技术研究中心1家，推荐申报省星创天地1家；收集企业技术需求37项，完成科技成果转化19项；39家中小企业被认定为国家科技型中小企业；完成技术合同交易额4.5亿元。

工业经济指标位列全市前列。市下达的9项工业经济主要指标中，工业增加值增速、成长工程、技改投资增幅、工业用电量等5项指标在全市均排名第一位。创新能力不断增强。积极实施科技三项工程，县域创新能力不断增强。高新技术企业、企业技术需求征集、科技成果转化和国家科技中小企业认定等4项考核指标均完成全年目标任务。招商引资任务完成。年内多次赴广州、佛山、深圳等地开展招商引资工作，顺利完成全年招商引资目标任务，落地项目1个（即投资5亿元由天门鑫冶科技有限公司投资的中硕再生资源回收综合利用项目），跟踪对接企业3家（即浙江台州黄岩沿江塑料模具开发有限公司、宁波盈隆金属制品有限公司、上海百富勤集团）。建议提案办理完成。年内负责承办的3件人大建议案和2件政协提案已办理完毕，见面率、回复率、满意率均达100%。年内，县科技和经济信息化局被县政协表彰为“2019年度提案办理满意单位”，提案办理满意率在4个被评议单位中位列第一。安全生产形势保持总体平稳。局班子成员带队分成5个督查组，坚持每月深入镇区和企业开展不留盲点、不留死角、全方位、全覆盖的隐患排查治理工作。1—10月，共检查企业180余家次，开展“零点行动”6次，下达整改意见书70余份，检查发现各类隐患和问题230余处，整改率在90%以上。

【化工企业“关改搬转”】 2019年，沙洋县工业与信息化管理部门稳步推进化工企业“关改搬转”工作，取得明显成效。年初，市化工园区认定小组对沙洋县化工集中区现状进行考察认定，提出11项整改意见，至年末已全部完成整改验收；12家需要改造的企业中，秦江化工、丽康源、澳格森等3家企业分别投资275万元、4200万元、200多万元进行环保、安全、消防等相关方面的改造，改造效果显著，秦江化工、绿桥、丽康源、澳格森等第一批化工企业验收销号已由市化工领导小组确认验收。

【工业项目服务】 2019年，沙洋县工业与信息化管理部门不断优化工业项目服务，助推项目加快建设投产。坚持班子成员包联重点项目工作机制。年内包联的5个项目中已投产项目3个，即轻量化玻璃包装材料项目、京城新能源装备制造项目、天门鑫冶钢铁回收综合利用项目，加速推进的项目2个，即盘活金艺立水晶工业园、盘活天一药业。全年全县实施重大技改项目17个，其中湖北棕桐树新材料、年产1万平方米的金禹防水建材、豆邦食品技改扩规等10个重点技改项目顺利投产；帮助弘润建材、丽阁铝业、正邦饲料、秦江化工等4家企业申报2019年传统产业改造升级专项资金570万元。

【工业经济运行调度】 2019年，沙洋县工业与信息化管理部门加强工业经济运行调度，切实抓好重要节点、平台数据和增长点等三大调度工作，确保全县工业经济平稳增长。抓重要节点调度。着力抓好一季度开门红、半年“双过半”、全年保目标等三个重要节点，每月、每季度由局班子成员带队深入镇（区）和重点企业开展工作调研，加大服务指导力度，加强生产、销售监测调度，重点监控骨干企业、重点行业和重点产品的发展态势，重点关注三大主导产业和泰富重工、弘润建材、楚玉莱信克等重点企业，千方百计确保企业稳定生产、满负荷运行。抓平台数据调度。继续实行产值预报制，协同县统计局共同指导企业做好基础资料统计工作，进一步增强数据的逻辑性、匹配性；同时对工业增值税、工业用电量等实施精准调度，确保平台数据质量。抓新增长点调度。针对2019年全县工业经济预计2000万元以上的93个新增长点，协调联系项目推进及“进规”进度，确保及早投产发力。

【工业项目建设】 2019年，沙洋县工业与信息化管理部门通过全力推动工业项目建设、加快固定资产投资步伐、加大技改投资力度，有效增强企业发展后劲，确保全县工业经济增速。做好项目谋划。积极推进拟建项目早开工、在建项目早投产、投产项目早达产，主要围绕湖北棕桐树新材料、弘德轻量化玻璃器皿、弘港科技LOW－E玻璃（二期）等重点项目做好投产"进规"工作，培育新的经济增长点。全年亿元以上新开工项目22个，新投产21个，新储备50个。做好跟踪服务。对2019年新开工和新投产项目，扎实做好跟踪服务，及时解决存在的困难，在攻策划、攻大项目、攻落地、攻开工、攻投产等方面做文章，推动项目建设大提速。做好资金争取。紧盯省"万企万亿技改工程"谋划项目、包装项目，加大项目资金向上争取力度，年内成功帮助弘润建材、丽阁铝业、正邦饲料、秦江化工等4家企业争取2019年传统产业改造升级专项资金570万元。

【科技三项工程实施】 2019年，沙洋县工业与信息化管理部门着力实施科技三项工程，有效提升企业创新能力。实施高企发展工程。通过广泛宣传科技惠企政策，深入开展"科技进企业"等活动，构建起"科技型中小企业——科技创新小巨人企业——高新技术企业"全链条培育体系。年内已新培育认定科技型中小企业39家，获批国家高新技术企业11家。实施成果转化工程。采取走出去、请进来等方式，走访企业近100家，共收集企业技术需求37项，完成科技成果转化19项；共登记技术合同17项，完成技术合同交易额4.5亿元；邀请上海大学陈红霞教授与湖北美宝生物科技股份有限公司进行有效对接，解决企业生产的技术难题。实施创新能力建设工程。年初，荆门市熊兴化工有限公司被认定为"湖北省硫铁矿制硫酸高效资源化利用工程技术研究中心"，成为全县首家省级工程技术研究中心；推荐申报省星创天地1家；推荐熊兴、万锦、秦江化工等9家企业参加县委组织的创新创业"好平台"评选活动。

【工业企业服务】 2019年，沙洋县工业与信息化管理部门不断优化企业服务，加强对"百名干部进百企，创优服务促赶超"活动的督办，全力协调企业抓好要素保障，增强企业发展强信心。抓好企业融资工作。协同县金融部门组织"行长进企业""行长进园区"等系列金融早春行活动，上门帮助企业解决资金紧张问题。县政府筹集财政资金3亿元支持企业发展。其中，7000万元与沙洋农商银行合作开发"福企贷"和"微企贷"，按1∶5放大用于解决企业流动资金不足的问题；设立"过桥续贷"资金3000万元解决企业流动资金续贷问题；设立重点企业发展专项资金2亿元用于支持弘润建材、佳悦新材料、硕星电器等10家企业发展。抓好企业用工。协同县人社部门在农民工春节返乡高峰期间举办"春风行动"专场招聘会11场次、开展就业服务大篷车送岗下乡村活动12天，累计组织进场企业270家次，发放各类宣传资料8.5余万份，达成就业意向4225人。惠企政策及时兑现。设立"惠企政策服务"窗口，开辟企业服务直通车绿色通道，实行"一站受理、一站办结"服务，惠企政策兑现做到"三全三一"，即"全面兑现、全额兑现、全域兑现"和"一套资料管到底、一个窗口办到位、最多只跑一次路"。着力抓好企业包联工作。继续深入开展"百名干部进百企，创优服务促赶超"包联服务活动，由县"四大家"领导率县直部门和16个镇（区），对全县172家规模以上工业企业开展"一对一"包联服务。各驻企工作组收集企业发展建议90余件，解决难题60余件。做好投诉受理工作。充分发挥惠企政策"绿色通道"及"工业110'帮企一把'"热线作用，为工业企业提供政策咨询，帮助解决企业在惠企政策方面的诉求。开展好暖企行动。继续开展以企业家生日慰问为主要形式的"三个一"（即一束鲜花、一个蛋糕、一张贺卡）暖企行动，构建清亲新型政商关系。

新材料产业

【概况】 沙洋县新材料产业以玻璃子产业为主，历经30多年的发展历程，从无到有，从弱到强，成为全县重要支柱产业之一。其工艺由传统的格法生产发展为浮法生产；产品由单一平板玻璃发展为浮法玻璃、镀膜玻璃、日用玻璃制品、玻璃包装容器、灯饰饰品、石英板材和LOW－E玻璃等数十个品种，年产浮法玻璃达1030万重量箱、LOW－E玻璃100万重量箱、日用玻璃制品6万吨、玻璃包装容器90万吨、灯饰饰品5万吨，产品辐射全国，远销欧美、中东等国家和地区。

2019年，沙洋县继续围绕打造"百亿"玻璃产业、建成中南地区玻璃产业"两基地一中心"（中南地区最大玻璃生产基地、玻璃产品集散基地、玻璃行业高新技术转化中心）目标，进一步推进玻璃产业链条向精深加工领域延伸。全县已形成以弘润建材、荆玻海龙、硕星电器等重点企业为龙头发展特种玻璃及玻璃深加工制品，以佳悦新材料、荆华铝业、丽阁铝业、优布非织造布等企业为龙头，发展多功能薄膜、铝材等新型材料深加工的多种细分领域新材料产业发展格局。截至年末，全县新材料产业累计完成工业总产值155.34亿元，占规模工业总产值的34.70%，比上年同期增加18.56亿元、增长13.57%；实现销售收入139.67亿元，增加9.4亿元、增长7.22%；利税3.55亿元。

装备制造产业

【概况】 沙洋县装备制造产业是全县主导产业，起步晚、基础薄弱，在产业发展上尚未形成一定规模，仍处于起步阶段。在产业发展方向上主要以“中国民营企业500强”——泰富重装集团为重点，依托汉江沙洋港和公铁水联运优势，打造高端智能港口机械、物料输送机械等一流港口装备于一体的临港装备制造产业链条，推动建设华中临港装备智能制造产业园；以首创环保、京冶重工、明阳新能源企业为龙头，重点推进绿色环保装备制造、风电设备制造、新能源装备制造、汽车及整车零部件制造、农业机械设备制造等多领域装备制造产业链发展，立足打造环保装备制造产业园、风电装备制造产业园等产业园区，填补沙洋装备制造产业领域空白。2019年，沙洋县装备制造产业完成工业总产值31.25亿元，比上年同期增长10.66%，占规模工业总产值的6.98%；实现销售收入29.5亿元，增加4.27亿元、增长16.92%；利税总额达到1.15亿元。

2019年3月18—20日，省人大常委会党组书记、常务副主任王玲带队到荆门市开展专题调研。图为王玲（前排中）在沙洋县参观泰富重工生产车间　　（县科经局　供稿）

绿色食品加工产业

【概况】 沙洋县是传统农业大县，地处中国农谷核心区域，农产品加工历史悠久，是全国优质粮油集中度最高、产业化程度最高的油菜生产加工大县之一，是“全国油菜全程机械化及高产技术攻关项目试点县”“国家优质油菜技术工程中心成果转化示范基地”“中国粮食生产先进县”“中国油菜加工强县”。全县围绕粮食加工、双低油、棉纺加工、畜禽制品深加工、食物调味品生产、植物蛋白动物蛋白饮品及谷物饮料等产业，已初步形成以楚峰粮油、洪森等企业为龙头的优质水稻加工产业链，以环星油脂等企业为龙头的双低油加工产业链，以楚玉莱信克食品等企业为龙头的水产品加工产业链，以正邦现代农业为龙头的畜牧产品加工产业链等“四大产业链”。链内拥有国家级农业产业化龙头企业1家，省、市级重点农业产业化龙头企业10家。

2019年，沙洋县绿色食品产业实现销售收入205.09亿元，比上年同期增长7.77%，占规模工业总产值的45.82%；实现销售收入188.21亿元；利税总额4.89亿元。

重点企业选介

【沙洋弘德包装科技有限公司】 沙洋弘德包装科技有限公司成立于2018年6月，位于沙洋经济开发区鹏举大道（工业七路），分两期建设30万吨/年轻量化玻璃包装材料生产线项目。项目第一期建设一座125平方米的玻璃熔窑,配4台行列机,年产能12万吨。6月12日,该项目第一期工程全部完成并点火投产;6月29日正式下线第一批瓶罐产品,可日产300吨。该项目第一期、二期工程全部建成投产后,可为市场提供啤酒瓶、白酒瓶、食品饮料瓶罐、化妆品瓶等高档轻量化玻璃包装材料30万吨,正常生产情况下每年可实现销售收入8亿元、利税1亿元,带动沙洋周边1000人就业。

【湖北明叶新能源技术有限公司】

2019年7月23日,明阳智慧能源集团股份公司在沙洋注册成立湖北明叶新能源技术有限公司,为该集团股份公司在全国投资的第六个集研发、制造、运营服务于一体的叶片制造基地,总投资5亿元,占地200亩,新建MySE3.2－70.7机型叶片生产线4条。8月24日第一片叶片下线。全年生产70.7M风力发电机叶片113片,实现销售额2557.7万元。2020年计划生产841片,预计可实现销售额约6.7亿元。

【湖北金禹防水技术有限公司】

2018年3月,湖北金禹防水技术有限公司成立,为后港镇政府通过招商引资引进的企业,主要致力于防水卷材的生产和销售。金禹防水卷材项目总投资5亿元,占地50亩,2018年10月正式动工建设,至2019年底已建成综合办公楼1幢、厂房2幢及其他配套设施,新建防水材料生产线2条。该项目引进2条国内最先进的全自动环保型防水材料生产线,主要生产沥青类SBS、APP、自粘卷材、高分子类HDPE、TPO卷材等各类产品,预计年产量可达5000万平方米,实现年产值6亿元、利税近6000万元。该项目集防水、防腐、保温材料研发、生产、销售、设计、施工于一体,是位于后港镇的湖北布实非织造布有限公司的下游产业项目,将与湖北布实非织造布公司生产的产品形成紧密的产业链关系,产品销往全国20多个省、市及东南亚、西亚、北非、印度等国家和地区,预计年创外汇2000万元美元以上。

【沙洋新港码头】 汉江沙洋港码头为湖北省"十二五"重点港口建设项目之一、荆门内陆港的中心港口,也是千里汉江已经建成的首座综合性现代化码头。该项目由卓尔集团旗下香港上市公司——中国通商集团与沙洋县人民政府共同出资兴建,项目总投资5亿元,建有千吨级泊位6个、码头平台全长613米,设计年货物吞吐量500万吨、集装箱运输50万标箱。2014年11月,该项目动工建设。2016年7月1日建成并正式开港开埠,首开汉江流域集装箱班轮航线,实现沙洋港到武汉阳逻港的"天天班",为沙洋及周边企业货物运转提供极大便利、节约运输成本。截至2019年末,沙洋新港码头共实现以玻璃、硫精砂、非金属矿产品、肥料、粮油等为主的货物吞吐量1000余航次,完成件杂货和散货吞吐量300万吨、集装箱近4万标箱。 (县科经局)

通　　信

【中国电信股份有限公司沙洋分公司】 2019年末,中国电信股份有限公司沙洋分公司内设综合办公室、销售服务部、网络部、销售渠道部、政企客户部等5个职能部室,下设16个农村分局。

2019年,中国电信股份有限公司沙洋分公司坚持"追求企业价值与客户价值共同成长"的经营理念,以提升服务能力、销售能力为核心,依托中国电信全程全网,创新发展理念,为客户提供丰富多彩、优惠高效的"移动电话业务、光速宽带业务、天翼高清"等三大主营业务和互联网接入及应用、数据通信、视讯服务、国际及港澳台通信等多种类综合信息服务。加快推进基础用户规模发展,聚焦"三化"推进,增建五个生态圈构建能力,开创企业转型发展新局面。加强通信业务能力建设。按照集团公司总体要求部署,全面实施"互联网+"模式,让互联网与传统行业深度融合,实现从传统基础电信网络运营商向现代综合信息服务提供商的转变。大力建设4G网络和800M基站,实现数据业务全覆盖。持续推进高质量100M高宽带进村入户和进入城市普通家庭工程,打造沙洋电信特有的业务优势。在承建全县农村网格化建设项目基础上,以优质的网络服务保障平安城市建设。在全县所有乡镇开展幸福新农村建设,实施"聚焦客户的信息化创新"战略,推进"移动4G、百兆光宽、天翼高清"等三大基础业务发展,实现五个重点领域新突破,较好地满足广大客户信息通信服务需求。加快推进网络建设。全公司形成以光速宽带接入为基础,以IT支撑系统为保障,逐步向"核心网络宽带化、信息处理IPIP化、交换技术分组化、网络结构扁平化"的综合信息网络演进,实现移动电话和天翼4G信号无缝隙覆盖。实施光纤入户改造工程。年内完成沙洋城区、镇区及人口相对集中的集镇区域光纤入户改造工程，接入速率 100M。至年末，全县 249 个行政村实现全部通光纤、通宽带。（王卫国）

【中国移动通信集团湖北有限公司沙洋分公司】 2019 年，沙洋分公司秉承“正德厚生，臻于至善”的企业核心价值观，围绕“力量大厦”总体部署和“发展优先，全国争先”目标，大力实施“12345”发展策略，着力加强通信基础建设，努力拓展通信用户规模，重点推进 4G 运营和家庭业务发展，不断强化服务渠道建设和服务质量管理，巩固保持行业领先地位。网络通信建设加快推进。加强通信基站建设，年内完成城区和部分热点乡镇区域弱覆盖补点，4G 网络覆盖率达 98% 以上。持续推进有线宽带建设，对城区新建楼盘、新农村和部分有需求的农村用户进行宽带建设，提升宽带覆盖水平；同时在城区部分区域推进 200M 宽带建设，提升宽带接入能力。为大型活动提供通信保障，年内完成首届湖北油菜花旅游节、2019 湖北沙洋江汉运河国际半程马拉松等活动的网络保障。不断优化市场服务。认真落实“以人民为中心”的发展思想，贯彻高质量发展要求，牢固树立“客户为根、服务为本”的服务理念。通过找准服务工作短板，每月定期开展培训，对投诉处理严控时间及质量，对不知情投诉达到 2 起以上网点进行约谈并停业整顿；同时每月与网络部门协同解决宽带上网质量问题，通过开展“书记项目”落地落实服务，全公司 4G 客户满意度和宽带满意度持续保持领先。（官雨杰）

【中国联合网络通信有限公司沙洋县分公司】 2019 年，中国联合网络通信有限公司沙洋县分公司认真落实集团公司及省、市公司统一部署，加快推进企业改革转型，着力构建“五新”联通，以丰富的互联网 + 产品形态和致诚至臻的服务理念助推智慧城市建设、服务地方经济社会发展。网络能力明显增强。认真落实政府十三五规划纲要，推动 4G 网络乡镇和行政村全覆盖；同时大力推进 5G 等新技术应用，打造“固网更宽、无线更快”的综合通信服务品牌。按照“先宏后微、由外向内”的原则，加大基础设施投资力度，全年建设 4G 站点 75 个、累计达到 278 个，整体基站数量达 668 个，基本实现县城、重点乡镇及高流量行政村的 4G 室外连续覆盖，为沙洋县“两会”、湖北省油菜花节、沙洋国际马拉松比赛等重要节会的网络通信质量提供全方位支撑和保障。固移产品提速降费。坚决执行国家有关提速降费政策，严格按照市场需求快速实施综合接入网的新建、改造升级工程，实现高速宽带城乡全覆盖。年内持续大规模推进有线宽带投资建设，城区住户覆盖率超过 95%、乡村住户覆盖率超过 70%。同时，坚定不移实行宽带提速不提价，取消语音、流量“漫游”等资费，推动家庭宽带、企业宽带和专线使用费用降低。创新业务不断发展。贯彻落实《中共湖北省委关于学习贯彻落实党的十九大精神 全面建设社会主义现代化强省的决定》精神和市、县政府关于推进信息化、工业化融合，实现“千企上云”的总体安排，积极响应市政府“坚定不移建设现代化精致城市”要求，不断提升城市光纤宽带网络和高速移动通信网络覆盖，规模推动智慧应用在各领域的渗透，充分利用中国联通在教育、医疗、政务、交通、农业等热点领域行业应用上的优势，依托信息化手段，助力沙洋“智慧城市”建设。年内开通 NB－IOT 基站 36 个，基本覆盖县城区，为沙洋“智慧城市”应用奠定网络承载基础。服务质量和水平全面提升。以服务理念升级、形象升级、行动升级为切入点，持续聚力打造联通“五优服务”品牌认知和优势。坚持以“客户感知”为中心，主动接受社会及舆论监督，积极开展服务质量提升工作，重点加强基础性服务问题溯源根治，着力解决用户反映的难点、热点问题。继续秉承“8 小时装机、8 小时修障，宽带装维慢必赔”的服务准则，为用户提供更加贴心高效的服务热线，实现“快速办理，微笑服务”；启动智能在线机器人客户服务，实现“精准响应、极速回复”。扎实开展“营业厅服务明星”“智慧家庭工程师”“客户经理服务明星”“投诉处理服务明星”等服务评优活动，全年客户满意率达 99.98%。（范金平）

电力供应

【概况】 2019 年末，国网沙洋县供电公司营业辖区 13 个镇，国土面积 2044 平方千米，供电人口 63.5 万人，有各类客户 26.41 万户。其中，规模以上企业客户 165 户。境内有 1000 千伏特高压变电站 1 座；220 千伏变电站 2 座，主变压器 3 台 51 万千伏安；110 千伏变电站 8 座，主变压器 13 台 41.75 万千伏安；110 千伏输电线路 13 条 246.09 千米；35 千伏变电站 13 座，主变压器 22 台 14.38 万千伏安，35 千伏输电线路 22 条 231.5 千米；10 千伏线路 119 条、2814.65 千米，6 千伏线路 1 条、6.57 千米，10 千伏变压器 3567 台 38.15 万千伏安。

2019 年，国网沙洋县供电公司

累计完成固定资产投资1.44亿元,其中电网投资1.21亿元。最大用电负荷达到21.66万千瓦。全年实现售电量9.98亿千瓦时,比上年同期增长20.31%;累计受理新装及增容10181户、容量35.88万千伏安,增长95.21%。

【电网建设】 2019年,国网沙洋县供电公司电网建设不断加强。扎实开展网格化规划与电力设施布局规划工作,积极服务太一湖生态公园建设,对接工业园区企业用电等重点工程,持续做好客户服务工作,协助完成马良金源、金伏农光互补、楚伏拾桥兴业、雨霖光伏、弘润建材等项目并网发电前期工作,积极配合接入电网系统。统筹发展大局,配合完成特高压项目可研设计与核准评估手续,积极协调蒙华铁路青桥牵引站220千伏外部供电工程路径通道与施工补偿事宜,推进农胜变电站扩建工程顺利投产,完成黄马线新建工程、蛟尾增容工程、毛李增容工程、拾桥增容工程、四方输变电工程、10千伏及以下配电网工程等核准工作,沟通取得政府相关部门关于爱飞客一五里线路新建工程的支持意见,加快推进高桥变电站项目,积极满足地方企业用电需求,为一系列项目合法落地创造条件。围绕配电网建设改造标准化创建和扶贫攻坚要求,深入开展配网运行指标分析,掌握核心指标发展趋势。完成农网投资1.38亿元,消除部分低电压和供电“卡口”问题,实现农村电网改造升级行动计划阶段性目标。

【供电安全生产】 2019年,国网沙洋县供电公司不断强化安全生产责任意识,夯实安全生产基础。围绕“安全履责、安全意识、安全文化”开展安全提升活动,全年举办《安规》《两票》培训班13期,组织安规普考,全系统496人参加,合格率93.14%。制定《安全生产违章记分考核办法》,进一步明确安全工作标准、职责要求和奖惩细则。创新推进“红领安全网格员”制度,基层违章行为得到有效管控。创新制定班子领导加网格员“1+1”包保制度,制定落实值周领导“四不两直”现场稽查制度,全年开展“四不两直”稽查47次,发布督查通报49期,全年共稽查作业现场225个,对违章单位记216分、违章个人记302分,现场安全作业水平持续提升。计划管控严格执行,风控系统深化应用,实现现场稽查线上线下每日全覆盖。同进同出全面落实,各级管理人员由到岗到位向履责到位转变明显。年内承办市公司配电网建设标准化作业现场会。深入开展隐患整治专项行动,集中清理树障、鸟窝隐患,故障跳闸同比减少21.1%。适时开展设备、线路测温,整治变电站、配电房等电气消防隐患86处。完成17个直供小区高层建筑电气火灾隐患治理。开展“1901”网络攻防演练,圆满完成武汉军运会、省油菜花节、“两会”“两考”等重大保电任务。

国网沙洋供电公司实施农网改造现场　　（县供电公司　供稿）

【供电服务】 2019年,国网沙洋县供电公司深入践行为民宗旨,扎实推进“两个专项”,常态化开展客户走访,持续优化营商环境,提升供电服务水平。成立柔性报装机构,提升业扩报装水平。全年完成低压零费用受限项目51个,落实“一般工商业电价降低10%”要求,为用户减少用电成本560余万元。开展低电压等问题集中整治,对138个台区配变进行调档和三相平衡负荷调整,对12条线路负荷进行切改,更换配变26台,优化变电站母线电压,抢先完成低电压网改项目12个,共解决低电压、重过载等问题238个。高质量办理人大建议97件,国网沙洋县供电公司年内获评人大评议满意单位。积极参与“创卫”行动,大力实施“亮灯工程”,在背街小巷新装路灯32盏。带头担当推进线缆整治工作,获县委、县政府领导肯定。

（黄　婧）

农业和农村经济

概　述

2019年8月21日，市委副书记、市委政法委书记李涛（中）带领市直相关部门负责人到沙洋县调研非洲猪瘟防控、脱贫攻坚、美丽乡村建设等工作。县委书记、县长刘克雄（右一）等陪同调研

（县农业农村局　供稿）

【概况】　2019年，沙洋县农业农村工作贯彻落实党的十九大精神和习近平总书记视察湖北重要讲话精神，以实施乡村振兴战略为总抓手，积极践行“五大发展理念”，聚焦农业高质量发展，着力调强农业生产体系、调优农业产业结构、调新农业经营模式，进一步释放农业农村改革活力，加快美丽乡村建设，统筹推进农村社会事业高质量发展，全县农业和农村经济发展继续保持稳中向好、稳中有进的良好态势。全年全县粮食播种总面积10.62万公顷、比上年减少3466.67公顷，实现粮食总产量74.45万吨、减少5.16万吨；油菜种植面积3.74万公顷、增加466.67公顷，实现油菜籽产量9.04万吨、增加0.7万吨；蔬菜种植面积1万公顷、增加240公顷，实现蔬菜产量35.68万吨、增加1.18万吨。年内，县农业农村局以总分第二的成绩获评“县人大代表满意单位”；行政执法工作受到省农业行政执法总队通报表彰。

【农业机构改革】　2019年，沙洋县农业系统机构改革工作顺利完成。年初，沙洋县农业局更名为“沙洋县农业农村局”，为服务农业和农村经济发展的县政府工作部门；3月4日，县委下文，县农村工作办公室并入县农业农村局机关，县畜牧兽医局、县水产局、县农机局行政职能划入县农业农村局。3月15日，中共沙洋县农村工作办公室党组、中共沙洋县农业局党组撤销，成立“中共沙洋县农业农村局党组”，曾月纯任局党组书记，周洪华任党组副书记、局长，彭开权任党组副书记。3月20日，“沙洋县农业农村局”正式挂牌，主要承担落实“三农”政策，拟定农业农村发展规划，推广农业科技，执行农业法规，服务特色产业，监管农产品质量安全，指导农业清洁生产，推进农业农村人才工作，负责农业防灾减灾及农作物重大病虫害防治、农业投资管理，开展农业对外合作，农业综合开发，农田整治及农田水利建设等管理职责和工作职能。8月9日，县畜牧兽医局更名为“沙洋县畜牧发展中心”、县水产局更名为“沙洋县水产发展中心”、县农机局更名为“沙洋县农机发展中心”。

【农业产业扶贫】　2019年，沙洋县农业产业扶贫工作紧扣“三落实”“三精准”“三保障”工作要求，坚持尽锐出战、精准施策、真抓实干，着力抓重点、补短板、强弱项，取得突出成效。将稻虾连作、优质稻（再生稻）种植和花卉苗木作为扶贫主导产业。选派38个产业发展指导员对全县38个贫困村进行指导，鼓励贫困户发展特色产业增收。落实产业奖补政策。核实2018年秋冬以来新开挖稻田发展稻虾综合种养的未脱贫贫困户、已脱贫贫困户数量并分别给予600元/亩、300元/亩补贴；核实449户发展产业的贫困户和11个带动贫困户增收的新型经营主体，落实补助资金183.73万元；核实1918户新发展稻虾种养的贫困户，落实补助资金237.67万元，不折不扣地完成年度脱贫攻坚任务。

【农村人居环境整治】 2019年，沙洋县农村人居环境整治力度不断加大。扎实开展“三清一改一植”春季战役和“五清一改”夏季战役，进一步围绕“五清一改一植”筹划部署村庄清洁行动秋冬战役。以农村垃圾清运、污水处理、农村“厕所革命”等专项行动为重点，全面提升农村环境治理水平。截至年末，全县无害化处理农村生活垃圾30余万吨，清理村沟村塘淤泥近29万吨，清除村内残垣断壁近1.6万处，清理村内水塘近2100口，发动农民群众投工投劳近2.9万人次，实施无害化农村户厕改建67578座、公厕改建190座。

【“大棚房”清理整治】 2019年，沙洋县着力开展“大棚房”清理整治工作，共排查大棚6497栋、设施面积263.21公顷，查出涉嫌“大棚房”违法违规用地4宗、违法总占地面积5.18亩；对省农业农村厅反馈沙洋县疑似“大棚房”问题的1578个图斑进行逐一核查，查处违法建设问题6个，整改完成率100%。

【人大工作评议】 2019年，沙洋县农业农村局扎实做好迎接人大工作评议准备工作并取得突出成效。召开全系统233人参加的接受人大工作评议动员会。张贴迎评宣传横幅和标语300余幅，编印发放《县农业农村局接受人大工作评议宣传手册》1000余本。召开意见征集座谈会14场次，走访镇（区）14个、村（社区）266个、农户及新型农业经营主体等服务对象1826人，发放征求意见表3000份，现场解答政策和业务问题29个，征集到意见建议和人大常委会反馈的意见建议10个方面共27个问题，完成整改销号6条，完成整改并长期坚持20条，正在推进整改1条。所有问题整改情况向各镇（区）、监狱管理局和城区代表回访完毕，并得到充分认可。经过近6个月的人大评议，县农业农村局以总分第二的成绩获评“县人大代表满意单位”。

种植业

【概况】 2019年，沙洋县粮食播种总面积10.62万公顷，完成总产量74.45万吨。其中，夏粮播种面积1.82万公顷，实现总产量5.97万吨；秋粮播种面积8.8万公顷，实现总产量71.48万吨。油菜种植面积3.74万公顷，完成油菜籽产量9.04万吨。蔬菜种植面积1万公顷，实现蔬菜产量35.68万吨。全年“一高三新”（采用新品种、新技术、新模式发展高效农业）推广面积7.27万公顷。其中，“中稻—再生稻”高产高效模式推广面积2.67万公顷、“优质稻—优质油”生产面积2万公顷、“早稻—荸荠”高效模式1333.33公顷、稻田综合种养面积2.33万公顷、粮经饲统筹发展面积666.67公顷、“蔬菜—鲜食玉米—蔬菜”高效模式666.67公顷。

【农技推广】 2019年，沙洋县农业技术推广工作不断加强。全年组织遴选17项绿色高效技术模式和农业主推技术，依托144名技术指导员、864个科技示范主体和4个试验示范基地，通过召开现场会、

2019年3月19日，首届湖北油菜花节在曾集镇张池村开幕。图为开幕式现场 （县农业农村局 供稿）

观摩会等形式增强辐射带动力，有效提高农业技术入户率。依托基层农技推广体系改革与建设、新型职业农民培育等2个项目，在全县建立“农科教结合、跨部门联动、条块结合、整体推进”的工作格局。以17项主推技术为主线，以144个推广团队为单元，以4个示范基地为平台，以应用成效为标准，全面提升农业技术推广工作效能。年内开设农药经销员班3个、无人机飞防班1个，开展水稻生产培训4期、水产养殖培训1期、稻虾连作培训4期，聘请专家、教授累计培训8200人次；积极利用手机短信平台、农技小报等指导农业生产经营，全年发送短信1.6万条、编印农技小报6期74万份。

【农产品品牌建设】 2019年，沙洋县农产品品牌建设取得新的成效。全年认证“三品一标”企业8家、产品18个。其中，新申报“三品一标”企业4家、产品9个；复查换证和续展企业2家、5个产品；保持认证2家、产品4个。截至年末，全县有效期内“三品一标”企业48家、品牌总数99个。其中，无公害农产品77个、绿色食品16个、有机食品4个、农产品地理标志2个。全县入选“荆品名门”农产品品牌3个。9月，湖北洪森实业（集团）有限公司“洪森”牌星谷乐香米在第二十二届中国农产品加工业投资贸易投洽会上被授予“优质产品”称号。

【农业面源污染防治】 2019年，沙洋县农业面源污染防治工作进一步加强。在每个镇办好1个农药减量示范点，建立农药包装废弃物回收示范点3个，回收农药包装废弃物约5.5吨。大力推广植保无人机飞防，扩大统防统治面积，提升农药利用率，全县累计带动4.13万公顷农田减少农药用量172吨。推广测土配方施肥面积14万公顷次，秸杆还田面积10.67万公顷次、还田秸杆72万吨，肥料利用率提高3%，减少化肥用量折纯930吨。全年全县农产品质量安全例行监测总体合格率持续保持100%。

【农业行政执法】 2019年，沙洋县农业行政执法工作不断加强。截至年末，全县开展大型专项整治活动6场次，会同县水利、公安、检察等部门开展联合执法专项行动62次；发放宣传单2.4万份，发送短信2.2万条；出动执法车辆685台次、执法人员1675人次，检查农资经营主体468个次，抽检样品3228份/个，立案查处违法案件5起；关停生猪屠宰场11个；拆除没收地笼网、拦网、刺网150余部，没收销毁挑担船22艘，行政拘留1人、罚款1000元，刑事拘留1人；受理涉农投诉122起，调解成功率100%，为农民挽回经济损失500余万元。年内，县农业农村局行政执法工作受到省农业行政执法总队通报表彰。（顿　谦）

水产业

【概况】 2019年，沙洋县水产发展中心以习近平新时代中国特色社会主义新思想统领渔业发展全局，以推进渔业供给侧结构性改革为主线，调整优化结构，稳定产业规模，着力扶持渔业新主体，加快渔业转型升级步伐，全面推进现代渔业发展，取得新的成效。截至年末，全县池塘养殖面积1.4万公顷，增殖渔业9000公顷，稻田综合种养2.4万公顷（年内新增4593.33公顷），“一高三新”（高效，新品种、新技术、新模式）面积8933.33公顷，完成水产品产量18.1万吨，实现渔业产值36亿元。水产加工业稳步发展。鼓励扶持“楚玉”“长湖”“万汇”等水产品牌加工企业延伸产业链，提高附加值，建设原料鱼虾基地，实行订单生产，扩大销售半径。全年加工小龙虾4万吨，创产值6.5亿元、比上年同期增长7%以上。其中，精深加工产值占加工总产值的30%以上；实现出口创汇3000万美元。加大渔业新型经营主体培植力度。以沙洋协力水产联合社为龙头，鼓励渔民抱团发展，全年全县新增渔业经营主体合作社11家、家庭渔场5家。开展新型渔业经营主体、涉渔企业从业及管理人员精准培训，全面提升全县水产养殖企业生产技术和管理水平。持续开展生态资源保护。4月19日，在汉江沙洋江段实施人工放流活动，共放流鳊、鲢、鳙等鱼苗1000余万尾。

【渔业基础设施建设】 2019年，沙洋县渔业基础设施建设持续推进，全年全县完成标准化池塘改造511.33公顷，带动新挖精养池124.67公顷，改造精养池256.67公顷、塘堰254.67公顷。后港镇九牛谷基地建成高标准“双水双绿”稻虾种养基地520公顷，完善建设水产品质量安全可追溯监管平台及保障平台，包括信息化平台、水生动物疫病检测、病害诊断、药敏实验设备及实验室等，并再次申报创建“国家级稻渔综合种养示范区”。纪山镇肖场渔场和后港刘家台基地实施的养殖尾水治理工程全面竣工投产。乐翔公司创新稻蛙种养模式,有效促进全县产业扶贫和“三产融合”。

【特色渔业发展】 2019年,沙洋县水产部门承担省、市科技示范和推广项目后,围绕渔业十大主推品种、十大优化养殖技术模式,加快特色渔业发展步伐,取得新的成效。全县主推稻渔种养、循环渔业、网箱养殖和池塘精养,鼓励发展休闲垂钓、生态观光渔业,创新发展流水养鱼、微孔增氧及内循环、工厂化养殖,突出发展小龙虾、黄颡鱼、鳜鱼、中科3号、翘嘴红鲌、黄鳝、泥鳅、龟鳖等特色品种,示范发展鲈鱼、鲟鱼、水蛭、黑斑蛙和大鲵养殖。大力推行常规鱼养殖轮捕轮放,做到均衡上市。截至年末,全县以荆沙“四化同步”示范带建设为龙头,共建成6个万亩和5个千亩连片稻田综合种养特色渔业示范区,全县稻渔综合种养发展到2.4万公顷(年内新增4593.33公顷)。其中,后港镇发展稻虾520公顷、澳洲龙虾4公顷,建成池塘工程化流水养鱼网箱6个、面积900平米;高阳镇发展水蛭26.67公顷、工厂化养虾1260平米;毛李镇发展稻渔耦合23.33公顷、中华鲟13.33公顷;曾集镇发展黄颡鱼18.67公顷、鲈鱼10公顷;官垱镇发展马沟稻鳖虾蟹33.33公顷;沈集镇发展稻蛙13.33公顷。全县发展微孔增氧养虾124公顷,生态增殖渔业9000公顷,带动发展“一高三新”连片面积8933.33公顷;名特套养和专养面积1.23万公顷。积极推进示范区小龙虾全产业链建设,推动全县渔业全产业链改造升级,全县渔业发展基础进一步夯实。

【渔业科技推广】 2019年,沙洋县水产部门结合村民(贫困户)对稻田综合种养技术的真实需求,组织水产技术专家深入8个镇、22个村开展水产养殖技术培训。通过采取理论讲授、现场咨询、实地指导、发放技术资料相结合的方式开展虾稻生态种养技术专题培训,全年共举办培训班24场次,培训村民1230人次,接受技术咨询82例,实地指导65次,发放技术资料3000余本(份)。通过培训,村民丰富了渔业养殖理论知识,学到了实用技术,开阔了眼界、增长了见识,进一步增强靠技术增收脱贫的信心和决心。

2019年12月25日,沙洋县开展非法捕捞渔具销毁活动。图为活动现场　　（县水产发展中心　供稿）

【水产品质量安全监管】 2019年,沙洋县水产品质量安全监管工作不断加强。明确工作职责。加强工作领导,成立水产品质量安全工作领导小组,实行“一岗双责”;明确监管执法队伍。抓宣传培训。通过开展科技下乡、食品安全宣传周等活动,充分利用制作宣传展板、发放宣传资料、发送手机短信等形式广泛宣传水产品质量安全法规政策等相关知识,科学引导正确消费观。全年举办各类培训活动20次,发放各类渔业科普资料1120份,培训渔民1019余人,培育渔业科技指导员16名、科技示范户96户,辐射带动渔业养殖户960多户。抓示范创建。通过加强水产标准化、规范化、规模化生产建设,以点带面,推动全县水产健康养殖业发展。全县共创建健康养殖示范场25家。其中,市级3家、省级3家、部级19家。通过开展省部级水产健康养殖示范场创建,大大改善渔业生产设施,完善相关技术,规范养殖制度,提升水产品质量。开展水产品投入品专项整治。全县印发水产品质量安全知识问答资料2000份、质量安全告知书350份,与养殖户签订质量安全责任书320份,协调县农业农村局农业行政执法大队和畜牧兽医执法大队开展联合执法,共检查规模以上水产品养殖合作社(大户)71家、饲料生产企业5家、投入品经营店

(户)42家,对涉嫌违规产品移交相关行政执法部门立案查处。开展水产品质量抽样检测。经部、省级无公害抽检和水产疫病、增殖放流样本送检,全县水产品质量检测合格率100%。抓好零距离保障渔业生态安全、零事故保障渔业生产安全、零容忍保障水产品质量安全、零风险保障廉政责任安全等“渔业四大安全”,全年全县未发生一起水产品质量安全事故。

【渔业项目建设】 2019年,沙洋县水产部门全面完成“双水双绿”示范基地建设项目,通过项目建设审计验收,累计完成投资874.94万元;完成渔业养殖尾水治理项目(占全县精养鱼池1%)选址在纪山镇肖场渔场(56.67公顷)和后港镇刘家台生态养殖专业合作社唐台生产基地(20公顷)2处。项目总投资215万元。其中,肖场片区165万元、唐台片区50万元。

【渔政执法】 2019年,沙洋县水产部门加大渔业行政执法力度,严厉打击非法捕捞行为,巩固汉江禁捕工作成果。全年共开展渔业执法行动69次,出动执法车(艇)106台(艘)、执法人员526人次,查处非法捕捞16起,拆除地笼网117部,没收刺网46副,没收并销毁挑担船14艘,行政拘留1人,罚款1000元,刑事处罚1人,拆除马良、拾回桥等地拦网4部,沙洋、李市、官当等地地笼网14部。加大渔事纠纷调处力度,全年成功调处渔事纠纷6起,挽回经济损失14万元。

【渔业扶贫】 2019年,沙洋县水产部门深入实施乡村振兴战略,持续开展渔业扶贫,有效推动贫困户脱贫。按照县科技特派员行动实施方案,组织水产系统干部职工与全县2个镇、21个水产贫困村、贫困户结成帮扶关系,围绕扶贫工作“六个一”(问题一村一村查找、档卡一户一户校准、帮扶一项一项抓实、资金一笔一笔审核、政策一条一条落地、责任一级一级到人)开展工作,谋划推进渔业产业发展,现场开展渔业养殖技术指导示范培训,参与苗种繁育、稻虾种养、病害防治、质量安全、产品流通等技术规范操作演练与互动,组织专班加强产业扶贫奖补核查,将绿色、高效、生态渔业适用技术送到池边田头,推动大众创业、万众创新。组织专班在全县范围内开展产业奖补核查,助推贫困村贫困户精准脱贫。（县水产发展中心）

畜牧业

【概况】 2019年3月18日,沙洋县机构编制委员会办公室发文(沙编办〔2019〕35号)将沙洋县畜牧兽医局由县政府直属事业单位调整为县农业农村局管理。8月9日,县委机构编制委员会发文(沙机编〔2019〕44号)将沙洋县畜牧兽医局更名为“沙洋县畜牧发展中心”,核定领导职数5名。其中,主任1名、副主任3名、总工程师1名,其他不变。12月27日,县委机构编制委员会发文(沙机编〔2019〕54号)不再保留沙洋县动物卫生监督所,将6名事业人员编制整体划转至县农业综合执法大队;不再保留沙洋县牲畜屠宰管理办公室,不划转人员编制。年末,沙洋县畜牧发展中心实有在编在岗人员48人。

2019年,沙洋县畜牧产业保持持续稳定发展态势。截至年末,全县共有养殖场1430家。其中,规模养殖场564家;规模养殖比重为72%,其中生猪、肉牛、家禽规模养殖比重分别达到75%、62%、86%;全县存栏生猪42.58万头、牛6.77万头、羊2.65万只、家禽1125万只;全年出栏生猪69.85万头、肉牛6.47万头、肉羊2.63万只,家禽出笼1398万只,实现禽蛋产量4.56万吨。全年全县实现畜牧业总产值27.35亿元,比上年同期增加3.76亿元、增长15.89%;畜牧业总产值占农业总产值的32.65%,增加10.35个百分点。加大畜牧业宣传力度,全年在《中国畜牧兽医报》《中国畜牧业》《荆门社会研究》等媒体推荐沙洋经验14条次。年内,沙洋县连续第十二年获评全国生猪调出大县;沙洋县畜牧发展中心机关被评为“全县最佳文明单位”。

【产业转型升级】 2019年,沙洋县畜牧发展中心积极推动畜牧产业转型升级,取得明显成效。大力推广异位发酵床+漏缝地板、层叠式笼养蛋鸡、肉牛产床一体化等绿色、高效、循环利用新技术、新品种、新模式79栋。支持汉江牛业参加全国第二届种公牛拍卖大会并获银牛奖。加快实施肉牛品种改良工程,全年冻配牛5000头,水牛冻配率为60%、黄牛冻配率为85%。年内创建生态示范场12家。争取项目资金5600万元。

【实施畜禽粪污资源化利用项目】 2019年,沙洋县畜牧发展中心积极推进畜禽粪污资源化利用项目实施,由班子成员带队,深入养殖场(户),指导改善生产工艺、改造治污设施。同时,联合县生态环境部门对已完成改造升级的857家养殖场开展验收,全年共验收6批次,发放奖补资金2673万元。截至年末,全县畜禽粪污资源化利用率为90%、规模养殖场环保设施配套率达100%。

【常规动物疫病防控】 2019年,沙洋县畜牧发展中心持续对全县牲畜口蹄疫等6种重大动物疫病实施强制免疫,实现"应免尽免、不留空当"。推进羊布病净化计划,年内监测羊3.5万只(次),监测率达100%。推进家畜血防工作,全年监测牛318头,预防投药119千克。

【非洲猪瘟防控】 2019年,沙洋县畜牧发展中心严格按照"一个封住、七个管住"(封住疫区,管住威胁区、生猪运输、泔水喂猪、车辆消毒、人员消毒、疫区饲料外运、猪肉调运)要求,持续加强非洲猪瘟防控,取得突出成效。强化非洲猪瘟常态化防控。修订和启动Ⅰ级响应预案,成立由县长任指挥长、16个部门为成员单位的非洲猪瘟防控指挥部。在襄荆高速五里铺镇、十里铺镇出入口和五里铺镇草场村、十里铺镇彭场村、纪山镇砖桥村、后港镇韩场村、毛李镇蝴蝶村、李市镇永久村及沙洋大桥等地设置临时检查站9个,由各镇牵头,组织公安、交通运输、市场监管、畜牧等4个部门实行全天候24小时值守,开展消毒灭源、查证验物、查疫堵疫,全年劝返外地运猪车辆126车次。动员村级动物防疫员开展泔水禁养排查,年内禁止泔水养殖户56家。联合县市场监管、城管等部门加强集贸市场监管,查处不按规定处理泔水的餐饮企业1家、违规收购泔水行为1起。积极应对突发非洲猪瘟疫情。6月份以来,沙洋普降暴雨,持续高温高湿,蜱、蝇等有害生物活跃,发生猪副嗜血杆菌、蓝耳等混合感染疫情,出现生猪异常死亡现象,其中五里、十里、纪山等镇部分养殖户损失较大、情绪激动,多次在互联网上投诉,引起省、市领导高度关注。6月28—30日,省畜牧兽医局副局长何年华带队到沙洋检查督办非洲猪瘟工作。7月30—31日,省农业农村厅副厅长张桂华率队到沙洋专项巡查非洲猪瘟防控工作。县委、县政府和县防控指挥部先后召开专题会议12次。其中,7月1日副指挥长陈威、王华芳在县畜牧发展中心主持防控工作研判会议,各成员单位主要负责人参加会议;7月2日、3日晚,指挥长刘克雄分别主持召开县"四大家"领导、各镇(区)党政主要负责人、各成员单位主要负责人参加的防控工作会议,安排部署全县非洲猪瘟防控工作。7月2日会后,县"四大家"领导带队连夜到包联乡镇指导督促查疫处疫工作。7月3日,指挥长刘克雄、副指挥长王华芳到城区生猪定点屠宰场及后港、拾桥、纪山、十里铺、五里铺、曾集、沈集、高阳等镇实地检查指导卡点值守、消毒灭源、检疫监管、病死猪无害化处理等工作。遵循"早、快、严、小"方针,全县上下紧急行动,部门密切配合,县镇村组四级联动,仅用1周时间基本控制疫情蔓延。

【畜牧业执法】 2019年,沙洋县畜牧也行政执法力度进一步加大。强化监管责任,年内签订监管责任状2604份。实施"瘦肉精"和违禁药物监测4226头份,抽检兽药饲料及畜产品271批次、合格率100%。开展生猪调运车辆登记备案55辆。按照"全覆盖、全收集、全处理"模式,全部年收集病死猪44905头。6月23日,关停除城区以外的所有乡镇屠宰场,全面落实非洲猪瘟企业自检和官方抽检制度。

【产业发展服务】 2019年,沙洋县畜牧发展中心积极服务畜牧产业发展。针对全县畜禽养殖"三区"划定过于严格、审批程序较为繁琐等问题,提请县政府调整养殖"三区",将建场审批单位由7个调减为3个;为28家规模养殖场协调不抽贷、不断贷资金2460万元;为19家养殖场协调续贷资金1670万元;提请县政府落实生猪生产救助资金1142.7万元;为46户贫困户核实产业扶贫奖励资金11.4万元。

【畜牧业技术职称评定】 2019年,沙洋县畜牧发展中心全面动员汉江牛业、高阳科牧等新型经营主体负责人和全县村级动物防疫员参加"荆门市首届农民专业职称评定",其中推荐汉江牛业刘波申报高级兽医师、科牧公司刘兵申报兽医师、李市镇防疫员罗晓龙等4人申报初级职称。年内,县畜牧发展中心高级兽医师刘志红、副主任李志强分别被聘为"沙洋县农民初级技术职称评定委员会"副主任、委员。 (刘志红)

农业机械化

【概况】 沙洋县农机发展中心属事业(参公)单位,内设办公室、监督管理科、产业发展科和科教科等4个科室,下设县农机服务站、县农机化技术培训中心、县农机化技术推广站等3个直属二级单位,承担着全县农机管理、农机安全监理、农机培训、农机推广和农机质量监管等职能。

2019年,沙洋县农业机械化事业进一步发展。截至年末,全县插秧机保有量12892台,新增1808台;联合收割机保有量4083台,新增147台;拖拉机保有量72627台,其中大中型拖拉机4360台、新增690台;有秸秆打捆机139台、谷物烘干机178台、无人飞机60台,年内新增北斗导航辅助驾驶系统450台套,全县共有配套农机具65614部,农机总动力达117万千瓦,比上年同期增加3万千瓦。全年全县完成机械耕整面积14.4万公顷。其中,机耕水稻7.6万公顷、小麦1.73万公顷、油菜3.53万公顷;机播面积10.01万公顷。其中,机插水稻6.13万公顷、机播小麦1.29万公顷、油菜2.4万公顷。机收面积12.87万公顷。其中,机收水稻7.4万公顷、小麦1.77万公顷、油菜3.17万公顷。主要农作物耕种收农机综合作业率为88.5%。

【农机购机补贴政策落实】 2019年,沙洋县认真落实国家农机购机补贴政策,扎实做好农机补贴发放工作,促进全县农机事业发展。截至年末,全县共争取国家购机补贴资金2978.8248万元,签订农机补贴协议3076份,补贴农机具3441台,受益农户2417户;共使用购机补贴资金2800余万元,占全年购机补贴资金的94%;共推广动力机械365台、耕整地机具368台、种植施肥机具1837台(其中,插秧机1783台)、田间管理机械31台、收获机械157台(其中,谷物收割机91台、花生收割机28台)、植保机械31台(其中,无人飞机8台套)、谷物烘干机15台、农产品初加工机械18台、畜牧水产养殖机械2台、北斗导航辅助驾驶系统450台套,进一步优化全县农机装备结构、夯实现代农业发展基础。

【农机监理】 2019年,沙洋县农机监理工作不断加强。全年完成农机年检1320台/套,核发农机驾驶证170本、行驶证509台/本,发放跨区作业证215份,与农机手签订安全生产责任状2384份,开展农机安全教育活动20场次,受益人员2000余人次。全年全县未发生一起重特大和较特大事故,农机事故率控制在1.5‰以内。

【新型农机推广】 2019年,沙洋县通过组织农业机械现场会、演示会、培训会等形式,大力推广新型农业机械,有效促进全县主要农作物生产的耕作、播种、植保、收获、烘干、秸秆机械化处理等全程机械化发展,主要农作物耕种收机械化综合水平达到88.5%。3月18—20日,县农机发展中心在五里铺镇陈池村村部广场组织参展企业、厂家代表、农机大户、农机专业合作社、农机生产和经销企业、家庭农场主、农机驾驶操作人员等举办"沙洋县农机大培训暨春耕备耕现场会",现场检修农机46台、安装北斗系统5台、推广农机23台套,培训农机合作社社员、农机收储企业法人、农机操作手等150余人;10月,组织部分农机经销企业在曾集镇蔡庙村开展油菜秋播现场演示,来自各农机合作社、经销企业代表近200人参会。

【秸秆综合利用】 2019年,沙洋县持续稳步推进秸秆综合利用工作,取得明显成效。截至年末,全县拥有秸秆综合利用企业29家。其中,原料化企业18家、肥料化企业2家、饲料化企业4家、基料化企业2家、燃料化企业3家。全年收购、利用秸秆24.5万吨左右。其中,原料化19万吨、饲料化3万吨、基料化1万吨、肥料化1万吨、燃料化0.5万吨。机械粉碎还田利用秸秆70万吨左右,秸秆综合利用率达

2019年9月11日,县农机发展中心在曾集镇张池村一组召开油菜精量直播现场会,着力补齐农机化短板,进军"高端",加快"机器换人"步伐

(县农机发展中心　供稿)

94.5%、位居全省、全市前列。

【农机业务培训】 2019年,沙洋县农机业务培训工作进一步加强。对农机监理、管理人员进行系列知识更新培训。3月16日,在纪山镇举办农机普法培训班,受训农机人员100余人;结合农机人员驾驶证考试和农业机械牌证、跨区作业办理过程,对农机技术人员及操作人员进行培训,培训内容包括安全生产法律、法规和拖拉机、插秧机、收割机等各类机械的驾驶、操作、维修、保养等。全年共组织农机驾驶操作人员培训800多人次。

(李　慧)

农村经济经营管理

【概况】 2019年末,沙洋县农村经营管理局内设办公室、农民负担监管科、农村财务和承包合同管理科、农民专业合作经济组织指导办公室等4个职能科室,下设沙洋县农村综合产权交易中心(股级,公益一类事业单位),与沙洋县农村承包合同纠纷仲裁委员会办公室(副科级)合署办公。

2019年,沙洋县农村经济经营管理部门围绕农业供给侧结构性改革,认真落实农村土地"三权分置",加强农村集体"三资管理",全面启动农村集体产权制度改革试点,切实加强农民负担监管,不断加大农业新型经营主体培育力度,积极助推乡村振兴,开创全县农村经济经营管理工作新局面。12月,沙洋县被农业农村部确定为全国农民合作社质量提升整县推进试点县。

【农村集体产权制度改革】 2019年末,沙洋县农村集体产权制度改革任务全面完成。经清查核实,全县核实资产总额71571.87万元。其中,经营性资产11981.54万元、非经营性资产59590.33万元,债权20040.32万元,债务27027.18万元。全县农村集体土地总面积14.4万公顷;已确认成员身份户数12.21万户、成员身份人数45.08万人。认真做好农村土地确权登记颁证"回头看"工作。至年底,全县农村土地确权"一户一档"资料整理归档87680份,完成总任务的86%,剩余资料正在纠正完善之中。对各地(含农场)耕地地力保护面积进行核定,全年全县申报耕地地力保护补贴面积9.89万公顷。

【农民负担监督管理】 2019年,全县上报农民负担筹资总额85.13万元、筹劳工日32.26万个、项目115个,共涉及行政村数112个。截至年末,实际实施项目59个,涉及行政村58个,筹资金额14.05万元,筹劳工日7.89万个,未发生超范围和超标准筹资筹劳现象。年中在全县开展"一卡通"专项治理和农民负担重点工作自查活动。经查,全县不存在乱收费、乱罚款、乱摊派问题,各项惠民惠农政策做到应享尽享,无克扣、挪用、抵扣等行为。

【农村集体"三资"管理】 2019年,沙洋县农村集体"三资"管理工作力度加大。年初对全县38个贫困村村集体经济发展情况进行摸底清查,建立《沙洋县贫困村集体经济发展台账》,并将村集体经济发展情况纳入农经统计范围。组织开展农村集体"三资"领域扫黑除恶专项行动。全县共清理问题合同数1923份,已清理规范630份,清理规范后增效资金133.99万元。共收集涉嫌侵占农村"三资"的涉黑涉恶线索22条、办结13条,公安机关依法办理并参与调解典型事件共6起,刑事拘留1人,行政拘留9人,促成曾集、毛李等镇收回被非法恶意侵占的集体水库、鱼塘、山林等5处。

【新型农业经营主体培育】 2019年,沙洋县新增农民合作社86家、家庭农场66家、专业大户148家;评选国家级示范社1家,市级示范社26家、示范家庭农场12家,市级十佳合作社2家、十佳家庭农场2家;全年组织开展新型农业经营主体规范化建设培训2次,培训人数300余人次;编印下发《沙洋县合作社"空壳社"专项清理工作宣传册》2200余份,清查合作社1792家,发现"问题社"440家,其中已自愿注销265家、引导规范办社175余家;指导开展农业社会化服务,共评选项目实施主体37家,为小农户提供耕、种、防、收服务总面积180万亩。支持新型农业经营主体发展。全年兑现各类奖补资金92.91万元,落实项目资金165万元。1月12日,《湖北日报》头版大篇幅刊发题为《沙洋创新农业金融 资金"输血"兴大户》一文,详细报道沙洋县创新农业金融的做法。至年底,全县审核发放贷款8750万元,惠及新型农业经营主体275家。

(县经管局)

水　利

【概况】 2019年3月,按照全县机构改革要求,沙洋县水务局与县移民局合并组建沙洋县水利和湖泊局,为县政府工作部门,正科级,加挂"沙洋县河湖长制办公室"牌子,不再保留“沙洋县防汛抗旱指挥部办公室”牌子。

2019年，沙洋县水利和湖泊局继续践行“节水优先、空间均衡、系统治理、两手发力”的治水方针，始终围绕水利工程补短板、水利行业强监管的工作思路，持续推进水利工程和水生态文明建设，加大水资源保护与利用力度，严格水政执法，加快推进农业水价综合改革，认真做好河湖长制工作，加强湖泊保护，努力开创全县水利改革发展工作新局面。年内，沙洋县水利和湖泊局被省水利厅、省机关事务管理局表彰为“湖北省公共机构节水型单位”；被县委、县政府表彰为全县精准扶贫、“三农”工作先进单位。

【防汛抗灾】 2019年，沙洋县累计降水量740.2毫米（沙洋站），比上年降雨量1041.8毫米减少301.6毫米、减幅为28.95%。全年降雨量较大的月份为5月份的154.2毫米、6月份的186.2毫米，梅雨期间降雨量187.3毫米。截至12月31日，全县蓄水总量为0.668亿立方米（不包含汉江、长湖等客水），有效蓄水0.588亿立方米。其中，中型水库、小型水库、堰当湖有效蓄水分别为0.3亿立方米、0.15亿立方米、0.138亿立方米。6月中旬后期全县入梅，受厄尔尼诺事件影响，梅雨期降雨强度偏强，降雨量比常年偏多2~5成。7月18日出梅后，全县持续晴热高温少雨天气，旱情逐步蔓延，主要集中于曾集、高阳、马良、李市等镇。全县有4个镇（区）受到不同程度的干旱，水稻及其他高效农作物受旱面积2.78万亩。其中，重旱面积0.5万亩、轻旱面积2.28万亩。全县共开启大、小泵站85台套、流量54.5m^3/s，累计投入抗旱人力4.39万人次、抗旱资金550余万元。

【河道采砂管理】 2019年，沙洋县水利和湖泊局按照《湖北省河道采砂管理条例》等规定，将汉江河道采砂船舶集中停靠点设置情况上报县政府并获批复后，对辖区各类采砂船舶及机具进行逐一登记造册，并在新闻媒体上进行公示公开；同时，拆除新港码头采砂船舶集中停靠点起砂平台全部吹砂管线，对起砂和采砂船舶集中停靠点进行分离，统一按照《湖北省河道采砂管理条例》规定将合法来源砂石由新港码头监管装卸。

【水利工程建设】 实施2019年农村饮水安全巩固提升工程。该工程涉及五里铺、十里铺、纪山、拾回桥、后港、高阳、沈集、曾集等8个镇61个村、10.34万名农村居民饮水安全问题，项目概算总投资8698.19万元。通过对8处原有自来水厂管网进行延伸，对部分水厂实施改造，对部分设备进行更换，有效提高用水保证率及自来水普及率。该工程于10月份开工，12月底基本完工。实施南水北调中线一期兴隆枢纽蓄水影响整治工程。该工程沙洋县投资5763.77万元。工程建设内容为：马良镇杨垴崩岸治理工程（1888米），投资759万元，已完成所有建设内容；马良镇姚集中闸建设工程，投资2000余万元（设计流量10m^3/s，装机280KW×4），计划2020年8月31日前完成所有主体工程建设并投入使用；李市镇永丰垸崩岸治理工程（7384米），投资1287万元，已完成所有施工工程；李市镇蔡咀泵站建设工程，投资230万元（设计流量1.2m^3/s，装机75kw×2），计划2020年主汛期投入使用。实施岳飞城水厂建设工程。积极推进项目前期工作和可研报告修编，在该项目投资模式由政府投资调整为企业融资后，积极配合完成水资源论证、水土保持、征地移民等专项报告编制工作。实施幸福泵站建设工程。该工程位于县城区，总投资6092.97万元，设计排涝流量30m^3/s，总装机4×400=1600kW。2018年9月1日开工建设，2019年9月30日完工，累计实现投资6092万元，占工程投资总额的100%。该工程竣工后排涝面积达12.38万平方米，城区居民20万人及近1000家企事业单位从中受益。实施新城泵站建设工程。该工程被列入《湖北省加快灾后水利薄弱环节建设实施方案（2016—2019年）》，为全省重点易涝区排涝能力建设项目之一，属中型泵站，建设内容包括新城一站和新城二站，分期建设，建设标准为20年一遇暴雨内涝防治标准。新城一站工程于2018年11月29日开工建设，截至2019年底已完成主泵房主体工程、出水流道、防洪闸工程及设备制造等。实施大港河流域综合治理工程。该项目于2018年8月5日工程正式开工，2019年6月10日完成全部建设内容，实现总投资4416.02万元。12月6日完成分部工程验收。12月20日完成单位工程验收。实施太乙湖水库工程建设。该项目总投资27542.99万元，于2017年11月开工建设。截至2019年末，该工程大坝施工、亲水平台建设、库区开挖及溢洪道、输水涵建设等工程建设加快推进，累计完成工程投资8700万元。强化安全生产管理。全面贯彻落实安全生产法律法规，强化水利工程建设安全风险防控，加强隐患排查治理。全年共开展专项安全检查10

余次,查出隐患21处,整改销号21处,实现全年水利工程建设安全生产零事故目标。

【农业水价综合改革】 2019年,省水利厅下达沙洋县农业水价综合改革任务5733.33公顷,全县按照“先建机制,后建工程”的原则,紧扣“节水、减污、减负、增收、可持续运行、良性发展”等关键词,立足灌区现状,因地制宜,充分利用省水利厅下达的农业水价综合改革省级补助资金700万元和沙洋县整合的移民资金420万元,在十里铺、五里铺、曾集、高阳等9个乡镇开展农业水价综合改革工作,取得明显成效。组建基层农民用水组织。召开有镇村干部、村民代表参加的座谈会,酝酿范围、人选,以渠系或行政村为单元,先后组建双岭、靳巷、闸口、樊桥等19个农民用水者协会。完善农田水利设施。全年全县农业水价改革项目共设计建设直灌口斗门改造288座,渠道硬化3220米,渠道修复1757米,渠道清淤6255米,新建节制闸28座,维修节制闸6座,更换泵站水泵及电机2台套,采用量水槽测水151处、超声波时差法测水17处。提升农业用水监督和管护工作成效。综合运用行政监督、业务指导和民主评议等形式,由镇政府、水管站、村和用水户对协会进行监管,保证协会运行规范、操作有序。截至年末,全县推进农业水价综合改革面积23.65万亩,已完成灌溉面积32.4万亩。

【河湖长制工作】 2019年,中共沙洋县委、县政府贯彻落实中央、省、市河湖长制工作部署,以碧水保卫战“示范建设行动”为引领,扎实开展“清四乱”、划界确权、退垸还湖、小微水体管护等重点工作,县域水环境明显改善,河湖库全断面水质监测中首次未出现劣Ⅴ类水体。对县镇村三级河湖长、联系单位、河湖警长、专管员等进行全面调整,登记全县小微水体2146处并初步建立相应责任体系,聘请184名民间(企业)河湖长参与河湖管理;县级河湖长(或委托联系部门)全年巡查河湖533次,解决具体问题379个;开展4次水质监测工作,下达水质《提醒函》38份,集中约谈16名重点河湖库有关负责人;开展河湖“清四乱”明察暗访,发现问题28处并已全部销号;全面推动示范创建行动,对示范河湖、示范单位创建工作进行有针对性的指导督办;推动长湖退垸还湖、借粮湖生态补水、水库信息化建设等河湖治理项目。年内,省河湖长制办公室对沙洋县迎接水利部组织的河湖长制中期考核评估及划界确权工作给予通报表扬。

【湖泊保护】 2019年,沙洋县水利和湖泊局加大湖泊治理保护力度,确保湖泊水质。加强责任领导。按照管理权限,层层落实湖泊保护责任人、技术负责人、巡查责任人。加强政策宣传。竖立公示牌,张贴警示标语,定期开展湖泊保护宣传、巡查工作,发放宣传资料。加强生态保护。定期开展水质检测工作,对水质不达标的湖泊下达整改通知书,约谈相关责任人。实施退垸还湖。按照《湖北省长湖湖泊保护规划》中退垸(田、渔)还湖方案要求,涉及沙洋县长湖50年一遇设计洪水位33.5m淹没范围内有郭家洼(0.3平方千米)、藻湖(1.49平方千米)、人湾(1.71平方千米)等3处民垸。按照三年时间全部完成退垸还湖任务要求,成立由县长任组长、分管副县长任副组长、相关职能部门为成员单位的退垸还湖工作领导小组,确定2019年退垸郭家洼、2020年退垸藻湖、

2019年8月14日,市政协副主席陈芝凤(左二)以马集河(陡山湾河)河长身份,带领市水利和湖泊、生态环境、应急管理、农业农村等单位相关负责人到沙洋县马良镇及周边开展巡河活动。县委副书记陈威(左五)陪同 (县水利和湖泊局 供稿)

2021年退垸人湾。截至年末,自筹资金3000万元完成郭家洼退垸目标任务。

【水生态文明建设】 2019年,沙洋县水生态文明建设进一步加强。配合县河长制办公室对全县56座中小型水库(沙洋县原有水库71座,2019年对已丧失主要功能的水库按照有关规定实施降等15座)、21个湖泊进行调查摸底并建立台帐;对湖库沿线居民污染源进行详细调查;对水库和湖泊每月进行1次水质检测;聘请水质监督员;落实行政责任人责任,定期开展巡查督办;加大集中式污水处理设施建设力度,毛李镇和长湖流域的集镇污水处理设施建成运行;县政府划定水产养殖"三区",湖库已全面执行。 (许小月)

【汉江河道堤防管理】 2019年,荆门市汉江河道堤防管理处认真贯彻"节水优先、空间均衡、系统治理、两手发力"的十六字治水方针,准确把握"水利工程补短板、水利行业强监管"的工作总基调,围绕"保安澜、谋发展,抓规范,创品牌"工作思路,切实加强堤防管理,全力抓好防汛抗洪,扎实推进工程建设,持续加大水政执法力度,圆满完成各项年度工作任务。年内,荆门市汉江河道堤防管理处被表彰为沙洋县最佳文明单位、2018年度全县综治维稳工作优胜单位。

加强堤防管理。狠抓河道堤防工程管理考核。将堤防管理作为主业来抓,按照《湖北省河道堤防工程管理考核标准》,坚持职工责任管理堤防工程,明确管护目标、管理任务、考核内容和扣减标准,形成"段长抓管理、科室常督查、职工管到堤"的格局。全年开展堤防检查21次。深入开展"清四乱"工作。对堤身乱堆、堤脚乱耕、护岸乱撬、管理范围乱建等行为及时进行依法处置,全年共处置3起禁脚地违规种植林木、农作物和施工行为,确保河道堤防工程完整安全。同时结合沙洋县"创卫"活动,重点对汉江干堤沙洋城区何家嘴堤段内外禁脚和堤顶的乱种乱占乱拉乱堆等行为开展治理,共清理垃圾9.5吨,清除废弃线路400米,拆除私拉乱搭的绳索、篱笆50余处。聚力强监管。坚持开展定期巡查,把违章控制在事前,达到减少执法成本效果,年内有2起违章在巡查中及时发现制止纠正;强化涉河项目监管,严把事前审批关、事中监管关、事后资料备案关,保证工程安全,支持地方经济发展。全年共审批涉河建设项目7个,签订《安全管理协议》11份,下达《责令停止违法行为通知书》1份。倾力推确权。按照全省开展水利工程划界确权统一部署,借助"河长制"的实施和推行,主动对接,积极汇报,迅速行动,认真开展汉江河道堤防工程划界确权工作,汉江干堤、小江湖堤、邓家湖堤划界工作年内基本完成,为汉江河道堤防工程安全运行提供保障。致力管"两林"。坚持"绿水青山就是金山银山"的理念,继续实行"责任共担,利益共享"承包管理方式,抓好"两林"栽植和管理,打造汉江"生态长廊"。全年共更新栽植防浪防护林2.16万株,完成采伐6417棵、采伐面积13.06公顷,堤防林业生态经济综合效益明显。

抓好水旱防御。9月上旬,受汉江上游连日降雨影响,丹江口水库水位上涨;9月14日启闸泄洪;9月19日,汉江河道出现年内最高水位(皇庄站20时水位45.71米、14时流量6950m^3/s,16时沙洋站水位39.18米)。此次洪水时间持续6天,水位陡涨陡落,但全市汉江堤防工程未发生重大险情,实现汉江安澜。

未雨绸缪抓备汛。汛前,开展多轮次徒步拉网式检查,逐处排查沿堤水井地质钻孔,对影响安全的5处崩岸险情及时上报争取整治资金;修订完善《2019年荆门市汉江防汛预案》,督促涉河在建工程单位编制度汛预案;落实防汛技术人员责任制,组建50人防汛应急抢险队,储备防汛管涌围井、防洪子堤、充气橡皮冲锋舟、水下无人机等专业抢险设备及物资,严格执行24小时防汛值班和领导带班制;抓住新建荆门市防汛演练基地契机,开展省、市、县和军地联合防汛抢险知识培训与险情处置现场演练,提高应急处置能力;完成袁家台175米长护岸工程水下抛方和混凝土护坡工程,完成抛方4320立方米、混凝土护坡135立方米,对马良水闸闸翼两侧渗水险情开展静压灌浆处理,对闸前护坡、工作桥护栏进行维修加固。共同迎战汉江洪水。切实发挥汉江防办参谋作用,及时与沿江县市(监狱)联系关闭沿江涵闸,落实闸站值守责任;组织技术人员迅速到岗到位,严阵以待;组织处、段两级并督促在建施工单位开展全方位防汛检查,对重点险工险段和在建工程落实人员开展24小时巡查;强化防汛值班纪律,及时掌握编报水雨汛情,为各级指挥员适时提供汛情,确保汉江洪水期间堤防工程安全。

推进工程建设。将汉江干堤剩余的7.7千米长的堤防纳入汉江下游堤防除险加固一期工程建设项目。截至年末,该项目已完成土方工程27万立方米、填塘4411立方米、草坡护坡11万平方米、锥探灌浆24万米、防渗墙5.25万平方米。荆门汉江二期邓家湖和小江湖堤防除险加固工程经过近3年施工，堤身加培、防渗墙、锥探灌浆、堤身砼护坡、护岸工程、填塘、草坡护坡和丰收闸、童元寺闸、黄堤坝闸、五爪湖闸拆除重建等主体工程全面完工，堤顶道路计划2020年4月完工。荆门汉江二期工程21个分部工程、3720个单元工程已通过验收合格。加强补短板项目的规划与储备工作，提前谋划荆门汉江"十四五"规划，将未纳入除险加固的其他堤防、绿色廊道和信息化建设等纳入到项目规划与储备中，力争将荆门汉江堤防建成平安工程、民生工程。

严格水政执法。加强水政管理。严把"事前审批关、事中监管关、事后资料备案关"等三关，做好事前服务，告知建设方项目审批具体流程，督促及时办理审批手续，对建设方上报资料依法审查，对审批权限外的建设项目依法上报审批；抓好巡查监管，对未批先建及不按批复要求建设的项目严格依照法定程序进行查处。全年共审批和报批荆门—武汉1000kV特高压交流输变电工程地质勘探、沙洋荷花南路10KV迁改工程地质勘探、东方百货停车场地质勘探等涉河建设项目6起(其中上报市局审批5起)，签订《安全管理协议》11份；对沙洋县城市园林绿化开发中心在汉江行洪区种植林木行为下达《责令停止违法行为通知书》1份。开展2019年"水周水日"法规宣传活动。以第二十七届"世界水日"、第三十二届"中国水周"活动为契机，按照荆门市水利和湖泊局《关于组织开展2019年"世界水日""中国水周"宣传活动的通知》精神，制订宣传方案，拟定宣传标语，联合水政监察大队、沙洋总段和邓小两湖总段张贴水法宣传画21副、标语横幅10副，在袁家台、赵家堤、曹家咀等险工险段和堤身护坡刷写水法宣传标语，并通过宣传车广播深入沿堤村组播放宣传水法规，提升群众法律意识。加强河道管理范围建设项目管理。对乱搭乱建、乱耕滥种等河湖"四乱"行为进行重点巡查，年内及时巡查发现县公安局在汉江干堤未批先建监控设备和县城市园林绿化开发中心在汉江行洪区种植林木水事违法行为2起，责令县公安局按程序履行报批手续并签订《安全管理协议》；对县城市园林绿化开发中心下达《责令停止违法行为通知书》，督促其限期整改到位；针对沿堤农户在禁脚地乱耕滥种和阻扰植树等现象，联合水政监察大队、总段执法人员进行现场调查和多次执法，有效维护堤防权益；督促各总段按照处党总支要求，将巡查职责分段到职工，抓好日常巡查，一旦发生新增的乱耕滥种现象及时制止并报告，控制事态发展。抓好白蚁普查。按照省水利厅《关于开展2019年度水利工程白蚁危害普查工作的通知》精神，制订白蚁普查实施方案，组织各总段对所辖堤段开展拉网式徒步普查，重点对历史有蚁部位和险工险段进行检查，及时记录、整理普查防治过程影像资料，按要求上报白蚁普查防治结果。

加强堤防建设与管理。堤防建设加快推进。截至年末，湖北省汉江堤防加固重点工程(荆门二期段)2018年度项目总投资计划1.1亿元，已到位资金8250万元。其中，2017年第二批项目小江湖堤12+000－18+000共计6千米堤防加固工程已基本完工；2018年第一批项目小江湖堤12+000－18+000段堤顶道路，邓家湖0+000－3+000、11+000－13+581共计5.58千米的堤身加培、防渗墙、锥探灌浆、草皮护坡、堤身砼护坡、填塘、护岸等工程已全部完成，堤顶道路工程计划2020年1月全部完成，总体累计完成工程任务的97%；2018年第二批项目小江湖堤丰收闸、童元寺闸、黄堤坝闸、邓家湖堤五爪湖闸已全部完工；荆门二期段沙洋县境内38.793千米的堤防加固已完成分部工程验收21个、单元工程验收3720个；省汉江下游堤防除险加固一期工程(沙洋段)2019年度项目已完成锥探灌浆进尺241639米、防渗墙建设52547.11平方米、土方开挖67081立方米、填塘4411立方米，土方填筑192418.73立方米、草皮护坡11万平方米、路面C30砼2804.4立方米、15厘米厚水泥稳定层5506.81立方米、15厘米厚级配碎石8063.18立方米，累计完成合同任务量的80.3%；省汉江下游堤防除险加固一期工程(沙洋段)已完成单位工程验收。规范堤防"两林"管理。制定护堤护岸林栽植、管理和采伐规程，修订完善《荆门市汉江堤防工程植树造林管理承包合同》。全年共更新栽植防浪防护林2.16万株。严格已栽幼苗跟踪管理，将林木成活率与责任人工资挂钩，要求做好防人畜破坏、风后扶正等工作，确保高成活率；抓好林木采伐，年内按要求完成2019年度第一批、第二批工程采伐和年度更新采伐的前期现场调查、计划上报、采伐证办理和后期采伐监管等工作，全年采伐面积13.06公顷、采伐株数6417棵，蓄积量2245立方米。　(匡晓红　邵　芳)

贸　　易

概　　述

【概况】 2019年3月，根据《县委编委关于调整县商务局机构编制事项的通知》精神，沙洋县商务局由县政府直属事业单位调整为县政府工作部门，经营者集中反垄断执法职责划入县市场监督管理局，典当行、融资租赁公司监督管理职责划入县政府办，行政审批职责划入县行政审批局。10月，县商务局党组将沙洋县平湖市场服务中心划入原商贸总公司统一管理。12月，根据《关于成立沙洋县市场监管综合执法大队的批复》文件精神，将“县商务综合行政执法大队”承担的行政处罚、行政检查、行政强制等执法职责划出至“沙洋县市场监管综合执法大队”，5名事业人员编制调整划转至“县市场监管综合执法大队”。

2019年，沙洋县商务系统围绕“稳中求进、稳中向好”的工作目标，着力“稳就业、稳金融、稳外贸、稳外资、稳投资、稳预期”，积极培育发展市场主体，鼓励和引导企业充分利用国内国际两个市场、两种资源，全力以赴稳增长、调结构、促消费，不断挖掘市场潜力，进一步优化服务意识，较好地完成全年各项目标任务。截至年末，全县累计实现社会消费品零售总额116亿元，比上年同期增长12.2%，增幅居全市第二位、高于全市平均水平0.2个百分点；新增限额以上商贸企业申报入库19家，减少8家；完成进出口总额9714万美元，增加2021万美元、增长26.12%。6月，沙洋县被表彰为“2018年全省服务业发展突出贡献单位”，为全市7个县市区唯一获此荣誉的县市区，并获服务业发展专项奖补资金300万元；12月3日，在武汉举办的湖北省2019年农村电商发展峰会暨淘宝直播村播活动中，沙洋县被纳入2019年湖北淘宝直播村播试点县（2019—2021），湖北洪森实业（集团）有限公司获“2019年湖北电商助农荣誉企业”称号，五里香米及尚香风干鸡成为直播村播网红产品。

【城区农贸市场提档升级】 2019年，沙洋县城区农贸市场提档升级步伐加快。年内启用农胜农贸新市场；关闭拆除环保、安全不达标的五一路市场、陈家山市场等2个老市场；按照“农达标”标准，历时2个月对建设街市场、长林市场、平湖市场等3个市场进行科学合理规划布局，复制超市的设计模式、管理方法，实施摊位精品化，打造出具有沙洋特色的“农加超”模式。9月1日，农胜中心农贸市场投入使用；10月8日，长林农贸市场投入使用；10月12日，建设街市场投入使用。同时，在全市各县市区率先实行“白条禽”上市。

【商贸服务业发展】 2019年，全力培育服务业市场主体，重点关注特色苗木、水产等特色产业。全年全县入库限额以上商贸企业19家。其中，十里程新苗木、双龙水产小龙虾批发等2家企业实现产值在亿元以上。旅游经济、会展经济等新兴产业对经济的拉动作用越来越强。年内举办的湖北省首届油菜花旅游节为沙洋县带来旅游综合收入12.4亿元，十里第七届苗木展销会实现苗木销售额10亿元。6月，沙洋县被表彰为“2018年度全省服务业发展突出贡献单位”，为全省20个县市区之一、全市唯一获此荣誉的县市区，并获服务业发展专项奖补资金300万元。

【电子商务发展】 2019年，沙洋县电子商务发展取得新突破。启动省级电子商务进农村示范项目，产业园服务平台于12月底投入使用，建成镇村级电子商务服务网点60家。着力培育洪森、水云山、尚香等3家线上年销售农副产品超过1000万元的企业。其中，洪森和水云山成功申报荆门市电子商务发展专项资金项目。组织开展全县电子商务精准扶贫专题培训，协助搭建销售贫困村、贫困户农特产品网络渠道。截至年末，全县电商交易额达10亿元。其中，农产品线上交易额2亿元、比上年同期增长20%。

【商贸行业管理】 2019年，沙洋县商贸行业管理不断加强，管理水平全面提升。全面规范再生资源回收站点。对城区43家再生资源回收点实行“清单制”管理,重点对经营行为、消防安全、场所达标等情况开展执法检查,全年关停5家、整改规范31家。全面提升家政服务业质量。鼓励支持沙洋县小蚂蚁家政改善办公条件,规范经营行为,推广家政信用体系建设,完善服务合同、服务流程。全面规范成品油市场。加强成品油市场管理。对全县加油站从“三证”(营业执照、税务登记证、组织机构代码证)、环保改造、国六汽柴油的换用、税务发票、安全生产等方面进行全面检查,确保加油站运行规范。加快实施加油站改造。年内,中石油11座加油站已完成10座双层罐改造任务,完成率90.91%;中石化23座加油站已完成双层罐改造任务14座,完成率60.87%;全县56座加油站厕所改造完成任务50座,完成率98.04%。(廖娇霞)

供销合作经济

【概况】 2019年,沙洋县供销合作社联合社以“服务三农”为重点,围绕年初制定的工作目标,全力抓好综合改革、经营服务、基层社振兴、村级服务社建设等方面工作,较好地完成各项年度工作任务。截至年末,全县新建农民专业合作社43家,组建专业合作社联合社1家,新建村级基层社2家,组建行业协会1家,新建“三农”服务中心2家、庄稼医院8家。全县土地托管面积4986.67公顷,统防统治面积1.87万公顷,电子商务覆盖面达到75%。全县供销社系统购进总额33.1亿元、购销总额34.2亿元,综合实力明显增强,社会形象不断提升。年内,县供销合作社联合社在2019年度全省供销合作社系统综合业绩考核中再创佳绩,在全省103个县、市、区县级社中排名第三,并获“全省2019年度县级社发展进位奖”“2019年全省供销合作社系统综合业绩考核县级优胜单位一等奖”;在全市综合业绩考核中获“一等奖”。

【“三农”服务中心建设】 2019年,沙洋县供销合作社联合社努力突破资金“瓶颈”,采取“三农”服务中心+专业合作社联合社+基层供销社的方式,整合基层供销社和社会资源,构建联合新型合作经济组织,打造更为完备的农业社会化综合服务平台。年内分别在拾回桥镇、毛李镇瞄集村新建2个“三农”服务中心,经营面积达500平方米。截至年末,全县已建“三农”服务中心7个,并在每个“中心”相应配套建立育秧工厂、粮食烘干、农资连锁店、农一网、农村电商等,实现农业生产全产业链的无缝对接,“三农”服务中心已成为为农服务的综合性平台。

【新型合作经济组织建设】 2019年,沙洋县供销合作社联合社采取开放办社、联合合作等多种方式,加快新型合作经济组织建设,推动基层社恢复振兴。截至年末,共升级改造基层社11家,其中全国总社标杆社4个,探索发展新型村级基层社2家,领办创办村级综合服务社241家、农民专业合作社193家、专业合作社联合社3家,发展农村合作经济组织联合会1家、行业协会11家,拥有农民社员2万余人,带动农户3万余户,年助农增收1200万元。同时,积极探索与村“两委”联办农民专业合作社新模式,大力推广老山路翔、七里三家店等专业合作社先进经验,以公益服务为主,兼顾微利经营,为社员提供生产环节技术培训、生产资料抱团采购、集中购买第三方服务、农副产品集中售卖、土地托管等服务,有效提高农民组织化程度、加强与农民的利益连接。今年将专业合作社“老山模式”、七里升级版复制到8家供销社控股的专业合作社,共发展社员600户,探索出一条村级基层社发展的新路子。

【新农村现代流通网络体系建设】 2019年,沙洋县供销合作社联合社围绕农村电子商务经营服务体系建设,积极推进新农村现代流通服务网络建设,切实发挥好供销社在农村流通中的主渠道作用。截至年末,全县供销社系统建有东方百货大型购物广场2个、东方百货乡镇直营连锁店12家、村级综合服务社241家,总营业面积6万平方米,全年生鲜采购量6000多万元,三级超市配送能力达5亿元。重整农资网络,实现新农村现代流通网络体系建设覆盖城乡。县供销社引进的和盛农资公司已成为沙洋地区信息化程度较高的农资连锁企业。截至年末,该公司共发展直营连锁店22家、服务网点60多个,实现所有商品可追溯。

(县供销社)

粮油购销

【概况】 2019年末,沙洋县纳入统计的粮油企业50家。其中,国有企业5家、非国有企业有45家。

大米加工企业42家、面粉加工企业1家、油脂加工企业1家、饲料加工企业2家。全县拥有龙头企业18家。其中,国家级龙头企业1家、省级龙头企业6家、市级龙头企业11家。全县有粮油品牌8个。其中,中国驰名商标2个(洪森、龙池桥)、湖北名牌产品6个。全年全县纳入统计的粮食企业收购小麦10570吨,全部为市场价。收购稻谷587641吨。其中,国有企业收购稻谷128166吨、非国有企业收购稻谷459475吨。认真执行国家在稻谷主产区实行最低收购价政策。早籼稻、中晚籼稻、粳稻最低收购价分别为每50千克120元、126元、130元,与上年持平。全县纳入统计的油脂企业以市场价收购油菜籽20635吨。全年全县轮换收购县级地方储备粮1.8万吨,收购省级成品动态储备粮2.25万吨。截至年末,全县粮食企业共存粮食479596吨。其中,国有粮食企业存粮347629吨、非国有粮食企业存粮131967吨。

【粮油加工】 2019年,沙洋县粮油加工企业加工原粮569045吨。其中,国有企业加工稻谷53357吨,生产大米29105吨;非国有企业加工稻谷515688吨,生产大米302015吨。面粉加工企业加工小麦3408吨,生产面粉2449吨。饲料企业生产饲料145408吨。油脂企业加工油料1577吨,收回油脂566吨。

【粮油产销】 2019年,沙洋县销售稻谷60533吨,其中销往省外22663吨;销售小麦6896吨,其中销往省外5616吨;销售大米434076吨,其中销往省外283329吨;销售面粉2421吨、油菜籽19058吨、菜籽油4817吨。全年全县供应军粮77吨,其中大米65吨、小麦粉12吨;供应一级菜籽油31吨。军粮供应质量合格率达100%。

【产销合作】 2019年,沙洋县发展改革部门督促县域相关企业参加省粮食局组织的第二届中国粮食交易大会和福建、上海、广州粮食产销协作会,积极宣传沙洋县"中国好粮油""荆楚好粮油"产品。加强产销协作,积极支持湖北洪森公司与广东省湛江市粮食局坡头分局签订代储5000吨市级动态储备粮协议,密切产销合作。

(县发改局)

烟草专卖

【概况】 2019年,沙洋县烟草专卖局(营销部)以习近平新时代中国特色社会主义思想和党的十九大精神为指导,以"不忘初心、牢记使命"主题教育为动力,围绕市烟草专卖局"1.2.3.4.5工程"及"四个示范区"(卷烟营销市场化取向改革、诚信守法自律、零售终端建设、基层基础管理)建设工作主线,抓重点,补短板,强弱项,大力推进烟草改革创新,全面夯实基层基础,推动各项工作取得新成效。全年销售卷烟15524.79箱,实现利税13376.14万元,上缴税费2683.26万元;查获涉烟案件145起(其中万元以上案件16起)、非法"三烟"170件(累计案值103.4万元),办理省标经营案件2起,刑拘4人。在2019年全市烟草系统吻合度考核中,沙洋县烟草专卖局月均吻合度达99.85%、居全市第一名。年内,沙洋县烟草专卖局获市质量协会颁发的"2019年度荆门市质量提升小组活动QC成果二等奖"。

【卷烟市场营销服务】 2019年,沙洋县烟草专卖局(营销部)积极推进市烟草专卖局"四个示范区"建设,促进卷烟营销水平不断提升。零售终端建设初具规模。全县已建设具备卷烟品吸、品牌培育、客户活动、信息采集等功能的现代示范终端1个。以推广使用终端云POS为重点,累计建设数据终端34个。以具备硬件基础优势的连锁商超和乡镇街道示范作用明显的经营户为重点,在终端陈列、价签对应、烟柜整理等方面因地制宜指导客户开展终端升级改造,较好地解决以农村市场为主的卷烟终端功能弱化的问题,全县累计建设达标基础功能终端97个。文明吸烟环境建设达标。积极争取县政府支持,印发《沙洋县文明吸烟环境建设三年工作实施方案》。全县先后在沙洋汽车站建设具有空气净化、电子点烟、视频播放设备和休息座椅的吸烟室1间,在县会议中心、政务中心建设具有休息座椅、遮阳顶,张贴有醒目标语的吸烟区2个,在公交站台、公园和医院休息区建设吸烟点15个。需求预测水平保持高位。按照精益营销模式要求,以订单成交率、订足率为抓手,坚持自下而上填报市场需求,确保因态施策、按态调控、稍紧平衡地满足市场真实需求。综合考虑单箱均价、货源保障、真烟外流等因素,从提高货源利用率、订单满足率角度出发,及时对需求预测进行评审修订,确保需求预测吻合度处于较高水平。

【烟草专卖市场管理】 2019年,沙洋县烟草专卖局(营销部)持续保持烟草专卖市场监管的高压态势,监管能力不断提升。持续深化专卖打假协作机制。围绕大户治理、物流寄递、道路运输等关键环节,采取挂牌作战方式,彻底清除非法卷烟流通渠道和市场,通过开展中、小学周边卷烟环境整治、电子烟治理和“楚天8号”行动,不断优化卷烟环境,市场净化率达97.5%以上。巩固和完善政府、公安、交通、邮政和市场监管等职能部门之间的执法协作机制,全年开展烟草市场联合执法检查7次,累计参加662人次,共查获各类违法案件145起、其中万元案件16起,成功办理省标经营案件2起,刑拘4人,查获各种违法卷烟170件、涉案案值103.4万元,完成全年“三烟”目标任务的188.9%,上缴罚没款8.67万元。打击违法违规经营大户。重新梳理并完善违法违规大户“灰名单”“黑名单”,根据各户不同情况因户施策,集中力量实施精准打击,全年依法取缔经营资格3户,起到打击一个震慑一方、查处一个警示一片的作用。行政许可管理更加规范便捷。加强许可证清理工作,杜绝出现“虚拟客户”“一户多头”和乱审批、越权办理等现象。加强对学校周边零售户卷烟零售许可证清理工作,规范停歇业告知程序,做到合法合规。采取信息化手段优化行政许可流程,办证更加方便快捷。全年新办证154户、停业11户、歇业18户、注销137户。自律小组建设稳步推进。进一步加强高质量自律小组建设,充分发挥诚信守法经营、价格自律监督等作用。全县累计建设守法诚信经营自律小组115个,入组成员1380户,入组率91.45%。其中,高质量自律小组25个,入组成员347户,占比25.14%。

【**烟草队伍建设**】　2019年,沙洋县烟草专卖局(营销部)坚持实干实绩用人导向,队伍建设水平不断提升。“两员”职能优化成效明显。将市场巡查融入市场经理日常客户拜访过程之中,为推动实现市场经理职能转型、助力稽查员聚焦主业主责、进一步深化专销互动提供有力保障。研究制订与市场经理职能调整相配套的吻合度考核方案,做到真考核、真兑现,实现由简单的结果考核导向向高质量的过程管控转变,考核机制更加完善。员工晋升通道有效畅通。围绕“打通管理、技术、技能3条通道”工作部署,结合干部队伍实际,采取民主推荐方式选拔中层干部3名,推动轮岗交流2名,评聘技能岗位人才5名,为全县烟草经济高质量发展提供人才队伍支撑。所部创优工作取得突破。按照一个所部一个文化、一个所部一个特色思路,结合所部辖区人文习俗、员工队伍现状,总结形成与荆门烟草“诚”文化内涵一脉相承的“诚·精”“诚·合”“诚·实”等3个子文化。以“看板管理”提升精益管理质效。按照所部创优标准化要求,集中对各所部烟草VI标识、制度流程展板、工作目视公开牌等内容进行标准化设计与全面更新,实现所部“看板管理”。　(陈　捷)

石油供应

【**概况**】　2019年,中石化沙洋石油分公司围绕“转观念、勇担当、创效益”的总体工作思路,按照“保市场、保效益、控成本”要求,坚持管理与经营相统一,不断强化市场营销,切实加强HSSE管理、数质量管理、安全生产管理,加大成品油市场整顿力度,大力发展非油业务,实现公司稳中求进的发展目标。全年分公司实现成品油零售总量27327吨,完成年计划31300吨的87.3%,比上年同期下降12.83%。其中,汽油零售完成13161吨,下降1.13%;柴油零售14166吨,下降21.47%。天然气销售814491.88立方米。非油品实现销售额966.99万元。

【**市场营销**】　2019年,中石化沙洋石油分公司加大市场营销力度,促进分公司经营业务发展。积极抢占市场份额。严格落实责任,组织员工开展全员营销竞赛,将扩销增量的营销措施落到实处,全力保市场份额。开展客户维护与开发,主动争取更大市场份额,重新夺回失去的市场和客户。深入分析营销活动投入效果,选取汉宜、王场、沈集、李市等柴油销售重点站,主动出击,通过实施客户维护,稳定大部分重点客户,促使汉宜、沈集等加油站销量明显增加,实现重点站保量、其他站保效的战略目标。针对汽油销量同比下降的不良趋势,组织汽油重点站站长召开汽油经营分析会,分析汽油销售数据,排查流失客户,多措并举维护现有客户。借力加油卡“五进”活动积极开展客户拓展,挖掘新客户,有效扭转汽油销售颓势。积极推广“加油湖北”APP和“五进”加油卡。大力宣传“加油湖北”APP的用途,在绑卡用户会员日开展充值送汽油券,加油送非油抵扣券、洗车券,以积分兑换商品等会员福利活动,有效吸引大部分消费者进行APP绑卡;对内层层传导压力,将APP推广纳入考核内容，同时利用营销奖励提升员工开口营销的积极性，有力促进“加油湖北”APP推广。发动全员宣传汽油“五进”卡，督促员工将加油卡客户开发纳入“两分钟营销”，全力向前来加油的顾客介绍积分优惠活动内容，抓住机会为其办理加油卡。截至11月底，分公司累计注册会员11608人，绑卡用户5117个，完成全年目标任务的89.9%。抢抓农业用油。各加油站提前开展农机客户走访活动，了解客户需求，对用油情况进行摸底调查，为抢占农忙销售旺季市场夯实基础。在需求集中的加油站开展“快闪行动”，并通过微信群、短信、电话等方式通知客户活动开展时间和优惠金额。同时为农机客户开辟农业用油“绿色通道”，减少农机排队等候时间。在“三夏”用油高峰期将分公司每周的班子例会搬到加油站现场，走访位于“三夏”作业集中区域的汉宜和207国道沿线加油站，为农机用户量身定制“四提供两确保”（提供休整场地、提供生活用水、提供作业信息、提供检修协助；确保油品质优量足、确保站内消费安全）服务措施，助力销量提升。

【加油站防渗改造工程】 2019年，中石化沙洋石油分公司坚持防渗改造与市场保供齐头并进的工作思路，稳步推进油罐防渗改造工程建设。进一步加强与县商务、应急、环保等相关部门的交流协调，年初上报改造计划，至年末已完成昌盛、北环、汉宜、后港、王场、中心、新区等7座加油站防渗改造工程任务，毛李站、张台站正在加紧施工之中。加强对承包商的安全监管，规范施工作业流程，优化施工方案，强化过程衔接，进一步督促现场负责人、站长、监理落实施工现场管理职责，确保各项施工项目安全高效推进。中心加油站防渗改造仅停业12天，刷新荆门公司防渗改造新纪录。

【成品油市场整顿】 2019年，中石化沙洋石油分公司积极推动并密切配合当地政府职能部门开展成品油市场整顿，进一步规范全县成品油经营行为、维护消费者合法权益和切身利益。全年收集举报非法经营油罐车16台次、非法加油点2个，配合县公安、商务、税务等9个部门开展成品油市场联合整治行动，严厉打击非法加油站点、流动经营加油车、非法储运油库、油品掺杂使假等扰乱成品油市场行为。

【HSSE管理】 2019年，中石化沙洋石油分公司不断强化责任落实，提升HSSE管理水平。严格落实企业安全生产主体责任，及时与各站签订《HSSE责任状》。大力开展安全隐患排查，结合各级督查、安全专项检查暴露出的问题，组织各加油站对照问题清单进行专项整改，及时消除隐患。高度重视员工安全培训及应急演练。5月4日，联合县消防大队在北环站开展消防演习，对天然气泄露、加气车辆起火等突发时间进行演练；6月，配合县政府开展综合预案演练、安全知识宣传咨询活动；9月，在北环站开展反恐演练；11月，按照“安全警示日”活动安排，在卷桥站组织开展消防演练，进一步提升员工队伍安全意识与应急能力。坚持全面抓与重点抓相结合，狠抓卷桥、烟垢等2座安全管理标杆加油站基础工作，选取中心站、北环站作为“绿色企业创建”标杆站，打造汉宜、后港等8座重点站。严格按照相关标准准备台账资料，整改设备隐患，以点带面扎实推进各项安全环保工作。年内，汉宜加油站被表彰为十里铺镇2019年安全生产“先进集体”。

【数质量管理】 2019年，中石化沙洋石油分公司狠抓数质量管理和液位仪深化应用，取得明显成效。结合随机抽盘和月末盘点，确保油品账实相符；定期抽查加油机铅封，扎实开展自校和强检，确保加油机发油精度在规定范围内；严把油品质量关，严格执行地罐交接“八步法”，如实开展甲醇检测，杜绝混油等质量事件发生；及时抽样、移库库存周期较长的油品；定期对委托经营加油站和委托管理站开展油品抽样，加大对在用加油机防作弊检查力度，确保油品、加油机合格率均为100%。积极推进液位仪深化应用，及时传达相关要求，并针对相关知识点和注意事项开展培训，进一步提升各加油站站长责任意识和技能水平；同时对改造站点新标定容积表反复进行数据对比，对准确度超差严重的冠建站进行复标，对卷桥、烟垢等加油站点容积表进行修正，对石陵十里、瞄集等老加油站容积表进行修正，以实际行动践行“每一滴油都是承诺”。

【非油经营】 2019年，中石化沙洋石油分公司持续开展非油品销售竞赛活动，提升非油业务销售量。结合非油品“六进”活动，积极组织各站长开展网格化销售，采取形式多样的网格化布局，大力宣传卓玛泉、赖茅、水杉盐、鸥鹭纸等核心商品的质量及品质并将其销售到超市、酒店、快餐店。下发《沙洋分公司全员销售竞赛活动方案》，开展加油站与加油站对标竞赛和营销培训,实行分组考核奖惩。充分调动员工开口营销积极性,提高客户知晓率。着力加强店销,对燃油宝销售、易积分兑换每周进行通报排名,多次召开站长会及时总结经验,寻求新形势下非油销售突破口。全年分公司实现非油销售966.99 万元,比上年同期的1198.86 万元减少 231.87 万元、减幅为 19.34%。

【困难和问题】 2019 年,中石化沙洋石油分公司在生产经营中仍存在不少困难和亟待改进的问题。部分加油站基础设施破旧,基础管理水平不高,整体形象落后,部分委托经营和委托管理的加油站点管理水平有待提高。经营站点多为小站,缺少优质站,分公司所属站点大都质量不高、规模不大,不能为分公司发展提供有力支撑。非油销售缺乏亮点,未能跳出传统经营模式,经营思路、方式比较单一,营销氛围不够浓厚,难以满足新形势下的考核需求。站位不高,经营管理总体思路存在着明显的局限性,处理问题立足老方法多、开拓新思路少,不能与时俱进,难以应对变化的市场,导致工作事倍功半。损耗管理急需加强。分公司损耗压力传导不够,对损耗管理要求不严,部分站长责任心不强、缺乏损耗管理经验,部分站点油罐容积表仍存在误差,油品运输、接卸环节监管仍存疏漏。

（沙洋石油分公司）

食盐专营

【概况】 2019 年,湖北盐业集团有限公司荆门分公司沙洋批发部实现各类盐产品购进 1168 吨。其中,小袋盐 872 吨、食品加工用盐 130 吨、工业盐 166 吨。销售各类盐产品 1169 吨。其中,小袋盐 821 吨、食品加工用盐 160 吨、工业用盐销售 188 吨。

【碘缺乏病防治宣传活动】 2019 年 5 月 15 日（全国第二十六个碘缺乏病防治日）,湖北盐业集团有限公司荆门分公司沙洋批发部联合县疾控中心在沙洋城区开展以“科学补碘益智,健康扶贫利民”为主题的碘缺乏病防治宣传活动。通过采取竖立宣传展板,散发控盐勺、宣传单、宣传海报,组织样品展示、现场咨询等多种形式,向市民讲解碘缺乏病的危害、怎样科学补碘、如何保管食用碘盐、如何识别加碘食盐标志等碘盐知识并现场示范,吸引市民驻足观看、前来咨询。此次活动共竖立宣传展板 6 块,发放碘缺乏病防治知识海报、宣传折页和宣传单 400 余份,接受现场咨询 80 余人,促进碘缺乏病防治知识传播,让更多的人认识碘缺乏病危害,掌握科学、适量的补碘方法,增强市民食用碘盐、科学补碘以及自觉抵制假盐的意识和自我防护能力,提高市民合格碘盐食用率,营造出全社会共同关注碘缺乏病防治工作的社会氛围。

（沙洋盐业批发部）

对外及港澳台经贸

【概况】 2019 年,沙洋县外向型经济逆势上扬、持续发展。截至年末,全县实现进出口总额 9714 万美元,比上年同期增加 2021 万美元、增长 26.12%。出口主体不断壮大。全年全县新增出口备案企业 12 家,超额完成年度任务的20%;新增出口实绩企业 7 家,比上年同期增长 133%,全县有出口实绩企业累计达到 16 家。国际市场不断拓展。年内组织洁尔卫浴、德雅木业、布实、优布、棕桐树等企业参加国内国际专业性展会,共获订单 700 万美元。组织 10 家企业参加第二届国际进口博览会,促成交易签约 800 万元。服务水平不断提升。建立重点企业包联制度,每月定期到企业走访调度,协助企业解决用工、融资、出口等难题。通过采取召开专题座谈会、上门走访等方式向企业面对面解读《关于进一步鼓励和扶持内外贸企业发展的实施意见》等各项惠企政策。全年全县已兑现 2018 年商贸企业成长工程奖、外贸出口奖、农产品流通体系项目建设奖补资金共 377 万元。 （廖娇霞）

经济综合管理

宏观经济管理

【概况】 2019 年 3 月，根据《沙洋县机构改革方案》，沙洋县发展和改革局由原县发展和改革局的职责、原县粮食局的职责、原县物价局的物价管理职责、原县经济和信息化局的能源管理职责进行整合后重新组建，为县政府工作部门，正科级，加挂县粮食局牌子。内设办公室、发展战略规划和经济体制改革股、固定资产投资和国民经济综合运行调节股、工业和高技术产业股（县国民经济动员办公室）、农村和地区经济股、财贸外经和服务业股、社会发展和就业股、能源和综合交通股（县交通战备办公室）、资源节约和环境保护股、信用建设股、价格管理股、粮食储备管理股、粮食行业管理股、人事教育股 14 个股室，辖县铁路和能源办、县节能监察局、县粮食局国有资产管理中心、县粮食局粮油质监站、县物价局成本调查监审分局、县物价局价格认证中心等 6 个事业单位。主要职责是：拟订并组织实施全县国民经济和社会发展战略、中长期规划和年度计划。牵头组织统一规划体系建设。负责县级专项规划、区域规划、空间规划与县级发展规划的统筹衔接。提出加快建设全县现代化经济体系、推动高质量发展的总体目标、重大任务以及相关政策。组织开展重大战略规划、重大政策、重大工程等评估督导，提出相关调整建议。统筹提出全县国民经济和社会发展主要目标，监测预测预警全县宏观经济和社会发展态势趋势，提出调控管理政策建议。综合协调县级经济政策，牵头研究经济应对措施。调节全县经济运行，协调解决经济运行中的重大问题。按权限拟订并组织实施有关价格政策，组织制定和调整由县级管理的重要商品、服务价格和收费标准。参与拟订县级财政政策、金融政策和土地政策。指导推进和综合协调经济体制改革有关工作，提出相关改革建议。牵头推进供给侧结构性改革。协调推进全县产权制度和要素市场化配置改革。推动现代市场体系建设。牵头推进优化营商环境工作。协调推进省级开发区发展工作。组织实施利用外资和境外投资的战略、规划、总量平衡和结构优化政策。牵头推进落实县参与“一带一路”建设工作。负责全县投资综合管理，拟订全县全社会固定资产投资总规模、结构调控目标和政策。会同相关部门安排县财政性建设资金。组织申报中央、省级和市级财政性建设资金，规划全县重大建设项目和生产力布局，拟订并推动落实鼓励民间投资政策措施。统筹推进落实国家、省、市重大区域发展战略、新型城镇化战略和重大政策，拟订相关县级区域规划、新型城镇化规划并组织实施。组织实施易地扶贫搬迁。统筹协调区域合作和对口支援工作。组织拟订全县综合性产业政策。协调一二三产业发展重大问题并统筹衔接相关发展规划和重大政策。拟订并组织实施全县能源发展规划和政策，推进能源体制改革，协调能源发展和改革中的重大问题。推进全县铁路、机场等重大交通基础设施建设发展。组织拟订并推动实施全县服务业和现代物流业发展规划和政策。综合研判消费变动趋势，拟订实施促进消费的综合性政策措施。推动实施创新驱动发展战略。会同有关部门拟订推进创新创业的规划和政策，提出创新发展和培育经济发展新动能的政策。会同相关部门推进落实国家重大科技基础设施规划。组织拟订并推动实施高技术产业和战略性新兴产业发展规划和政策，协调产业升级、重大技术装备推广应用等方面的重大问题。跟踪研判涉及经济安全、生态安全、科技安全、资源安全、社会安全等各类风险隐患，提出相关工作建议。承担经济、生态、资源等重点领域国家安全工作协调机制相关工作。协调落实国家重要商品总量平衡和宏观调控，以及重要工业品、原材料和重要农产品进出口总量计划调控措施。负责全县粮食宏观调控工作，监督检查和指导协调地方粮食储备。负责全县社会发展与国民经济发展的政策衔接，协调有关重大问题。组织拟订全县社会发展规划，统筹推进基本公共服务体系建设和收入分配制度改革,提出促进就业、完善社会保障与经济协调发展的政策建议。牵头开展社会信用体系建设。推进实施可持续发展战略,推动生态文明建设和改革,协调生态环境保护与修复、能源资源节约和综合利用、循环经济发展等工作。提出健全全县生态保护补偿机制的政策措施,综合协调环保产业和清洁生产促进有关工作。提出全县能源消费控制目标、任务并组织实施。会同有关部门拟订推进全县经济建设与国防建设协调发展的战略和规划,协调有关重大问题。配合实施军民融合发展战略,组织编制国民经济动员、国防交通保障规划,协调和组织实施国民经济动员、交通战备有关工作。承担县推动长江经济带发展及长江中游城市群建设工作领导小组办公室、县援建新疆工作领导小组办公室、县铁路建设领导小组办公室、县社会信用体系建设领导小组办公室等日常工作。完成上级交办的其他任务。年内,沙洋县投资和项目建设被省政府表彰为全省投资和项目建设贡献单位,服务业工作获全省服务业发展突出贡献单位,优化营商环境考评获全市第一名,粮食统计工作被评为全省粮食流通统计先进单位。

【项目策划和资金争取】 2019年,沙洋县发改局完成"十三五"规划纲要实施情况中期评估。启动"十四五"规划编制工作,完成35项前期课题研究,形成"十四五"规划纲要基本思路,建立"十四五"规划项目库,谋划项目747个,总投资5177.72亿元。全年争取中央、省预算内资金2.81亿元,资金争取量位居全市前列。荷花路改造、千亿斤粮食产能规划田间工程、妇幼保健院等32个项目获得国家、省资金支持。

【项目建设】 2019年,沙洋县完成固定资产投资221.1亿元,同比增长11.7%。其中,民间投资占比71.9%,工业投资占比51.2%。实施亿元以上项目136个,完成投资197.3亿元。其中,新开工亿元以上项目59个,新竣工亿元以上项目58个。全县纳入省"三库"平台项目258个,计划总投资1217亿元,储备项目累计开工转化率51.02%,建设项目累计达效转化率41.57%,均高于全市平均水平。沙洋港中心港区疏港铁路项目纳入《国家铁路专用线重点项目(2019—2020)》《湖北省铁路中长期发展规划》。湖北沙洋干部学院、五星级酒店等12个服务业重点项目加快推进,沙洋汉江港运行良好,新港物流园建成投入使用,浩吉铁路投入运行。

【营商环境】 2019年,沙洋县发改局认真履行县优化办职责,推进政策、政务、人文、法治、金融"五个环境"优化提升。组织开展营商环境"大走访、大调研、大排查"活动,收集企业反馈问题和建议97个,全部按期整改。深入推进"放管服"改革,实现企业开办从5个工作日压缩至2.5个工作日,不动产登记由20个工作日压缩至5个工作日的改革目标。在全市半年度和年度营商环境专项考核中,沙洋县分别取得第二位、第一位的好成绩,被市政府通报表彰。

【四个三重大生态工程建设】 2019年,沙洋县发改局积极协调、统筹推进"四个三重大生态工程",累计新建、改建农村户厕36900座、各类公厕185座,全面完成市下达的年度工作目标;实施精准灭荒477.78公顷,占市定目标的204.8%;城区垃圾无害化处理率达100%、乡镇达70%以上;11个

2019年12月18日,全县12月份重大项目集中开工仪式在中国(沙洋)国际农特商贸城项目现场举行。图为相关领导为项目开工奠基

(县招商服务中心 供稿)

新建的乡镇生活污水处理厂全部达标运营，污水治理经验在全省“四个三生态工程”现场会上作交流；承办全市“四个三重大生态工程”现场会。

【长江经济带建设】 2019年，沙洋县发改局践行“绿水青山就是金山银山”的发展理念，实施绿色发展项目17个，完成投资55.38万元。推进化工园区评估确认工作，协调相关部门按期完成园区总规修编、规划环评、应急指挥中心和消防站建设等11项整改事项，成功通过市评估专班的确认验收。

【信用体系】 2019年，沙洋县累计报送双公示信用信息237073条，报送总量全市第一；公布信用“红黑名单”及联合奖惩案例878起，累计向信用良好的小微企业授信融资831万元。组织开展“信用沙洋·315诚信”“6·14信用记录关爱日”等信用宣传活动，营造“失信者”处处受限、“守信者”处处受益的浓厚社会氛围。

【粮食安全】 2019年，沙洋县发改局严格落实粮食安全行政首长责任制，全面开展政策性粮食库存大清查。开展粮食收购贷款信用保证基金试点工作，建立领导小组和工作机构，制定基金管理办法和运行机制。强化粮食储存规范化建设，实现国家政策性粮食储存安全和生产安全。严格执行稻谷最低收购价政策，全年全县纳入统计的粮油企业累计收购粮食59.8万吨，比县年初下达目标任务47万吨多收12.8万吨，超计划27.2%；收购县级储备粮1.8万吨，省级动态储备粮2.25万吨，被评为全省粮食流通统计工作先进单位。建立健全粮油应急供应网络，确保军粮供应安全。实施“优质粮食工程”，建成优质稻种植基地16万亩、粮食产后服务中心12个，实施洪森二车间智能化改造、豆邦魔芋休闲食品生产等5个粮油产业项目，完成质检体系建设，打造“纪山龙米”“洪森香稻”等一批公共粮油品牌。

【物价管理】 2019年，沙洋县发改局依法依规制定毛李镇公交车票价，调整城区非居民天然气销售价格，完成居民天然气销售价格调整的测算工作。按政策规定及时调整《沙洋县实行政府定价的收费标准清单》《沙洋县实行政府定价的涉企收费标准清单》，为全县一般工商业企业降低电费支出177万余元。落实价格补贴惠民政策，发放优抚对象、城乡低保、特困人员、失业人员价格补贴146.92万元。认真做好价格监测工作，发布价格监测信息2713条。依法行使价格认定职能，受理案件47起，认定金额31.3万元。 （马　飞）

市场监督管理

【概况】 2019年3月，根据《沙洋县机构改革方案》，组建沙洋县市场监督管理局，整合原县工商局、县质监局、县食药监局的职责，原县物价局的价格监督检查与反垄断执法职责、县科技局的知识产权保护职责和县商务局的经营者集中反垄断执法等职责，为县政府工作部门，对外加挂沙洋县知识产权局牌子。根据《沙洋县市场监督管理局职能配置、内设机构和人员编制规定》，内设股室17个、局党组班子成员12人。县市场监管局负责全县13个镇和1个省级经济开发区的市场监督管理工作。下设14个基层所、4个事业单位，实有人数208人。其中，在职干部职工168人（公务员90人、参公11人、事业编制56人、机关工勤11人），退休人员40人。2019年，全县市场监管系统贯彻落实县委、县政府和市市场监管局的决策部署，机构

2019年3月20日，县市场监督管理局（沙洋县知识产权局）正式挂牌

（县市场监管局　供稿）

改革稳步推进，市场秩序规范向好，服务发展成效明显，安全形势总体平稳，精神风貌积极向上，各项工作取得新成绩。县市场监管局和驻李市镇工农村工作组分别获评2019年度全县优化营商环境和精准扶贫工作先进集体。

【食品药品安全监管】 2019年，沙洋县市场监管局组织开展校园周边食品安全、非洲猪瘟防控、夏季食品安全、执业药师挂证、中药饮片和抗(抑)菌制剂等专项整治行动，有效保障油菜花旅游节、纪山庙会、高中考等大型节会活动的食品安全。积极助力国家卫生县城创建工作，经宣传摸底、督促整改和集中整规等阶段，城区479家小餐饮店全部整改达标，小餐饮卫生管理水平显著提升。每月至少开展一次“免费快检服务日”活动，全县14个快检点服务群众3185人次，免费快检7258批次，未发现不合格食用农产品。完成县级食品监督计划抽样830批次，涉及25大类、110家被抽样单位，合格817批次，合格率98.43%，不合格批次均按要求进入核查处置。按照分类推进原则，加快“明厨亮灶”建设，全县学校食堂“明厨亮灶”覆盖率达75%以上，其他餐饮服务单位“明厨亮灶”覆盖率达40%以上。通过“增A创B减C”示范创建活动，全县A级餐饮服务单位增加到总数的6%以上，B级餐饮服务单位达到总数的30%以上。城区143家药械化生产经营使用单位检查覆盖率达100%，全年药品抽检60批次，化妆品抽检7批次，暂未收到不合格报告。推进药品化妆品医疗器械不良反应(不良事件)监测，上报药品不良反应病例524例，医疗器械不良反应病例144例，化妆品不良反应病例45例。

2019年6月18日，县市场监管局举办以“尚德守法 食品安全让生活更美好”为主题的食品安全宣传周活动。图为活动现场

（县市场监管局 供稿）

【质量技术监督】 2019年，沙洋县市场监管局实施质量提升工程，组织20余家重点品牌培育企业参加卓越绩效质量管理模式培训，10家企业参加质量信用等级评价培训，4家企业参加绿色家居产品认证培训，引导企业建立健全质量信用体系，确定长江质量奖培育企业和卓越绩效质量管理模式标杆企业1家、规上企业9家、中小企业90家，新增第三方质量管理体系认证企业15家。持续开展“打非治违”行动，始终咬紧重大危险源单位不放松，与全县120家特种设备使用单位签订主体责任书，联合举办2期特种设备作业人员培训班，受训人员260人。检查特种设备使用单位202家，排查治理隐患102处，下达《特种设备安全监察指令书》47份，定期开展“回头看”工作，重点监控特种设备定期检验率100%。加强事中事后产品质量安全监管，引导企业落实主体责任，检查企业16家，发现问题9个，已整改完毕。根据企业的产品质量保障能力和产品质量风险等级，对16家生产许可获证企业的分类级别进行调整，实施动态监管。

【信用监管】 2019年，沙洋县市场监管局新登记各类市场主体3353户，全县各类市场主体累计达37474户。高频次多方位开展年报工作，2018年度全县市场主体年报公示率分别为：企业89.62%、个体工商户66.35%、农民专业合作社71.95%。推动涉企信息统一归集公示，归集市场主体信用信息13675条，推送行政许可信息8863条、抽查检查信息3967条、行政处罚信息830条，协同监管信息15条，推送定向告知信息9960条。发挥县市场监管委员会统筹协调作用，组织开展餐饮、成品油、质量安全、企业公示信息等重点领域“双随机、一公开”抽查活动。全县开展随机抽查177项,抽查对象1164个,抽取执法人员282个,抽查结果公开数217个。开展企业经营异常名录及列严管理工作,2019年度列入经营异常名录企业385户;经信用修复,39家企业移出异常名录。开展“诚信经营示范店”创建活动,全县18家市场主体获评2019年度“荆门市诚信经营示范店”。

【监管执法】 2019年,沙洋县市场监管局整合原各单位投诉举报热线,实行统一受理分流办理。全县12315投诉举报信息系统登记消费者咨询投诉举报576件,调解成功率95.2%,为消费者挽回经济损失20.89万元。按要求开展“双打”、无照经营、“保健”市场乱象、合同格式条款、网络市场监管等各类专项执法行动30余个,办结案件50起,有效净化市场秩序。建立“类金融”企业管理台账,防控非法集资风险。在充分调研的基础上,将打击网络传销案件锁定为执法办案重点,继续推行“专案组”“局所联动”和“局局联动”等办案模式,做到快速出击、精准打击和打击有力。全年办结涉传案件6起,涉案资金约1.5亿元。围绕扫黑除恶专项斗争,累计出动执法人员1276人次,检查集贸市场138家次,走访市场主体2577户。

【价格监管】 2019年,沙洋县市场监管局开展涉企收费、转供电收费、砂石市场价格等专项检查,相关涉企收费部门向企业减免易地防空设施建设费、不动产登记费等费用300余万元,34家转供电主体向711户一般工商业用户清退电费约15万元。做好节庆假日期间市场价格巡查,发放价格提醒告诫函200余份,受理价格举报投诉咨询件32起,均已办结。

【知识产权】 2019年,沙洋县市场监管局深入摸底调查,对具有品牌培育潜力的企业提供指导帮扶。全年全县申请专利506件,其中发明专利123件;授权专利292件,其中发明专利11件;新增注册商标331件,商标“龙池桥”列入第一批“湖北省优势商标”,地理标志证明商标“沙洋花生”获得省知识产权局颁发的湖北地理标志名片。开展知识产权执法“铁拳”行动12次,检查专利产品800余件、商标40余件。开展知识产权“五进”活动,播放宣传标语200余条,培训人员1000人,发放宣传册5000余份,接受群众咨询500余人次。协助沙洋楚峰粮油有限公司“楚稻香”商标维权,企业获赔15万元。

【服务发展】 2019年,沙洋县市场监管局认真履行驻李市镇精准扶贫队长单位职责,包联李市镇9个村,帮扶贫困户507户,年度脱贫141户。全年拨付帮扶款20万元,慰问支出1.97万元,为李市镇工农村贫困户刘德军爱心捐款0.68万元。开展常态化不稳定因素排查,全年受理各类信访件30件,均已办结。发挥胜利一街路长单位和长林路段长单位职能,积极开展志愿服务活动。履行王桥河联系单位职责,坚持双月对王桥河进行全线巡查,积极宣传河库保护政策,确保水质改善。积极兑现惠企政策,湖北万锦科技有限公司获省知识产权高价值培育项目资金20万元、荆门市市长质量提名奖励5万元,湖北省丽康源纺织材料有限公司获省知识产权专项资金10万元,毛李中学获省知识产权教育试点专项资金3万元,沙洋华夏塑业等15家企业分别获2万元第三方质量管理体系认证奖励。

【法治建设】 2019年,沙洋县市场监管局根据“七五”普法规划,利用油菜花旅游节、“3·15”国际消费者权益保护日、“4·26”知识产权日、“12·4”国家宪法日向市场主体开展宣传工作。组织干部职工学习市场监管相关法律规章并参加全省无纸化学法用法统一考试,集中开展宪法宣誓仪式。聘请专业律师为法律顾问,应对行政诉讼和行政复议案件各1起。完善信息公示,录入“两法衔接”平台案件68起,公示行政处罚案件28起。制定《县市场监管局规范性文件制定审查备案制度》等三项制度,实施案件审理委员会工作制度,严把执法风险关,集体审议案件23起。组织开展执法评查工作,评查行政处罚案卷36起、行政许可案卷2起。 (杨 腾)

统　计

【概况】 沙洋县统计局为县政府工作部门,内设办公室、统计设计管理与法规股、国民经济综合核算股(农村统计股、工业能源统计股、固定资产投资统计股)、人口社会统计股、服务业统计股等5个股室;下设4个副科级事业单位,即县农村社会经济调查队、普查中心、数据管理中心、社情民意调查中心;1个参公管理单位,即县城市社会经济调查队(股级)。全系统在职干部职工32人。其中,行政编制4人，参公管理2人，事业编制26人。2019年，县统计局以打造一支忠诚干净担当的统计队伍为根本，加强干部教育与管理，引导干部认真学习强能力、立足岗位作贡献、服务中心促发展，班子凝聚力明显增强，干部队伍干事创业热情明显提高，统计科学化水平大幅提升。县统计局被国务院第四次全国经济普查领导小组表彰为“第四次全国经济普查先进集体”。

【重大国情国力调查】 2019年，沙洋县统计局开展重大国情国力调查，推进第四次全国经济普查入户登记工作。采取一套表单位网上直报、其他单位由普查员上门PAD登记相结合的方法，对全县366家一套表单位、5478家非一套表单位、89个规模以上个体户、32个交通运输抽样个体户和7个个体户抽样小区786个个体户开展登记，全面核实登记普查对象的基本信息和生产经营情况。全力做好经济普查数据的审核、评估、改错工作。县经普办全体业务人员人人包联普查小区，吃住在一线，指导普查员和普查指导员对平台审核发现的5000多条差错和数据质量进行审核，发现的2万多条“存疑”数据重新上门核实和修正。全面提升普查质量。县普查办14名业务人员组成4个驻镇工作指导组，全部下沉普查一线，实地指导各镇区普查登记、查遗补漏、改错纠错等工作，做到所有镇（区）和普查小区全覆盖，普查数据审核零差错，确保普查数据真实可靠。

【基层基础建设】 2019年，沙洋县统计局加强统计基层基础规范化建设，全县13个镇全部达到“八有八化”标准，60%的村、社区达到“六有六化”标准。先后举办服务业统计培训班和统计工作人员业务培训班，培训镇（区）、县直相关单位、“四上”企业负责人和统计人员600余人次。将统计知识纳入县委党校主体班学习课程，统计局班子成员为2019年春季主体班全体学员上统计法治课。

2019年8月14日，省统计局局长朱慧（左一）一行到沙洋调研基层统计工作。县委书记、县长刘克雄（右一）陪同调研

（县统计局　供稿）

【法治宣传】 2019年，沙洋县统计局印发《统计法制知识》宣传册1400本，做到全县各级领导干部、企业负责人和统计人员人手一册，形成统计法规普及强大阵势。结合法律“六进”活动，在纪山民俗文化节、“9·20”统计开放日、“12·4”国家宪法日等重大活动日开展多种形式的统计法治宣传活动，营造全社会知悉统计法律法规、依法治统、依法统计的良好法治氛围。

【统计服务】 2019年，沙洋县统计局不断提高《统计月报》《统计摘要》《统计年鉴》等统计产品质效，服务各地各部门领导；创建“沙洋统计”微信公众号，注重信息推送质量，向各级党政领导和各类对象解读统计数据。加强统计信息和统计分析服务，全年撰写上报各类统计信息和分析材料422篇。

（县统计局）

国家统计调查

【概况】 2019年，国家统计局沙洋调查队（以下简称沙洋队）内设办公室、综合法纪科、农业农村调查科、住户与劳动力调查科4个科室，在编在岗人数7人。调查网点分布于全县13个乡镇70多个村，有固定调查户2000多户。年内，完成城乡住户收支调查、县级粮食产量抽样调查、主要畜禽产品监测调查、月度劳动力调查、农民工监测调查、工业生产者价格调查、农产品及生产资料价格调查、中间消耗调查等常规统计调查任务，在湖北国调系统年度综合考核中获县级队优秀等次。

【直接调查】 2019年，沙洋队坚持独立调查、直接调查，保证数据质量。严格执行国家调查方案和《湖北国调系统业务规范化标准》，深入样本点开展直接调查，并做到“三到户”，即法律法规知识宣传到户、报表填报要求培训到户、源头数据质量审核到户。住户调查和农民工监测调查实现季度遍访，电子记账率保持在90%左右，所有问卷调查表由调查队员入户填报。劳动力调查坚持每月陪访，畜禽监测调查每月电话抽查或到大户现场核实并督促大型养殖户建立数据台账，主要粮食作物实割实测全员上阵，农作物面积调查手持PDA深入样本地块直接填报，PPI调查每月定期访厂，检查星级管理制度执行情况；农产品价格、中间消耗调查根据调查规格品的生产销售时间节点，组织专业人员深入相关调查点采集数据。

【依法调查】 2019年，沙洋队组织全体干部深入学习习近平总书记关于统计工作的重要指示批示精神和《意见》《办法》《规定》等重要统计改革文件精神，不断提高防范和惩治统计造假弄虚作假意识。在“9·20”中国统计开放日、“12·4”国家宪法日、“12·8”统计法颁布纪念日等重要节点，组织开展系列统计普法宣传教育活动，提高全社会统计法律意识。推动统计法律事务告知全覆盖，推行统计法律事务告知制度，扩大《统计法律事务告知书》覆盖面，实行动态化管理。加强执法检查，捍卫统计法治权威。积极配合参与荆门队组织开展的统计执法检查工作，全县有4家调查企业接受统计执法检查。加强统计信用管理，维护统计法治诚信。以统计调查对象和各级各类统计从业人员为受众，主动宣传《企业统计信用管理办法》和《统计从业人员统计信用档案管理办法》等统计信用政策法规知识，及时更新基本统计信用信息。

2019年5月23日，国家统计局荆门调查队纪检组长王海波（中）一行到沙洋开展小麦实割实测 （国家统计局沙洋调查队 供稿）

【统计服务】 2019年，沙洋队做好统计服务工作，及时向县委县政府提供和解读城乡居民收入、粮食产量、生猪生产等数据。将信息分析作为全年重点工作，量化目标任务，每季度通报完成情况，以总队每月经济社会信息报送要点为切入点，结合沙洋经济社会发展的热点难点问题深入一线开展调研，提出对策建议，为党政领导决策提供参考。全年完成专题调查20多次，撰写的信息分析被国家统计局内网采用2篇次，总队内网采用35篇次。 （李小明）

公共资源交易监督管理

【概况】 2019年3月，根据沙洋县机构改革方案，成立沙洋县公共资源交易中心，为县政府直属事业单位，加挂县政府采购中心牌子。年内，县公共资源交易中心开展招投标工作，实行全流程电子标，交易项目61个；开展政府采购工作，完成采购项目467个。

【招投标管理】 2019年，沙洋县公共资源交易中心全面推进公共资源电子化交易。自10月以来，全流程电子标交易率达100%，逐步实现“网下无交易。截至12月，全县进场交易项目61个，预算金额8.621亿元，成交金额7.6638亿元，节约资金0.9572亿元。建设开评标场地。8月底，在曦晨花园1号楼新建850平方米开评标场所，已落成。建立2个开标厅、3个评标室,可供多个项目同时开标。新增LED电子显示屏2块,电脑19台,监控设备54套,改善开标和评标条件,实现异地评标功能,为公正公平交易提供有力保障。

【政府采购】 2019年,沙洋县公共资源交易中心全力做好政府采购工作。全年完成采购项目467个。其中,公开招标5个、竞争性磋商7个、竞争性谈判12个、询价采购21个、单一来源项目2个、网上商城询(竞)价采购420个。总成交金额3294.06万元(其中,网上商城成交金额512.06万元),节约财政预算资金350万元,节支率11%。建立网上商城,服务本地供应商。5月初,沙洋县政府采购网上商城正式上线,政府采购协议供应商全部进驻网上商城。网上商城上架电脑、打印机、空调、硒鼓、打印纸等6000余种(件)商品。通过网上商城采购,较线下节省时间,提高资金使用效率,真正做到全过程"阳光采购"。优化营商环境,服务中小企业。贯彻党中央、国务院关于深化"放管服"改革、优化营商环境的决策部署,在采购活动中,加强与县财政局采购办、采购人沟通协调,积极培育壮大中小企业、本地企业。全年完成办公家具采购168万余元、节省财政预算30.8万元,均由本地企业供货。(王梦婷)

公共检验检测

【概况】 沙洋县公共检验检测中心于2015年5月经沙洋县机构编制委员会(沙机编〔2015〕10号)组建,为沙洋县政府直属正科级事业单位,是具有独立法律地位的公益一类事业单位。根据沙洋县人民政府办公室(沙政办发〔2015〕26号)文件精神,整合县质监、粮食、农业、卫计、畜牧、水务、食药监、水产等部门的检验检测机构,负责辖区公共检验检测工作。2019年3月,依据沙发〔2019〕2号文件,县公共检验检测中心正式挂牌,独立运行。年内,县公共检验检测中心在习近平新时代中国特色社会主义思想指引下,不忘初心,牢记使命,锐意进取,真抓实干,圆满完成各项工作目标,为全县经济社会发展作出积极贡献,获"全县党建工作先进单位""全县综治工作优胜单位""县级卫生先进单位"等荣誉。

2019年9月,县人大、县政协及社会各界代表到县公共检验检测中心实验室参观大米检测方法演示 (县公共检验检测中心 供稿)

【检验检测能力建设】 2019年,沙洋县公共检验检测中心以项目建设为载体,以能力建设为基础,以人才培养为关键,全力以赴加快县域公共检验检测平台建设。全年完成原粮、大米、食用植物油、糕点、白酒、酱腌制品、肉制品、豆制品、调味品、蛋制品等加工食品检验1188批次,占年度计划的139.8%,实现市场销售粮食、加工食品检验检测全覆盖。完成燃油加油机、大衡、小衡、压力表、天平、砝码、血压计、酸度计等18种计量器具检定4000余台(件、次),占年度计划的121.2%,实现计量惠民服务全方位,有力维护市场秩序公平公正。实行检验检测零收费,减免企业负担268万元。参加省市场监督管理局组织的酱油中氨基酸态氮和铅含量2项检测能力验证活动,结果均为满意。完成出租汽车计价器和膜式燃气表两项社会公用计量标准等基础能力提升项目建设工作。推进湖北省玻璃制品检测与研发公共服务平台建设,完成实验室和办公楼维修改造以及仪器设备订购,项目建设总投资4580万元。 (肖 艳)

财政 税务 审计

财　政

【概况】 2019年3月，根据《中共沙洋县委 沙洋县人民政府关于印发沙洋县县级机构改革实施方案的通知》，县财政局二级单位原县农业综合开发办公室拟撤消，原相关职能转到县农业农村局。县财政局不再保留县农村综合改革领导小组办公室牌子。机构改革后，县财政局辖二级单位由13个变为11个。其中，正科级单位4个，分别是：县国有资产监督管理局（挂靠）、县节能减排财政政策综合示范工作办公室、县政府和社会资本合作中心、县政府投资项目投融资监督局；副科级单位7个，分别是：县农村财政管理局、县财政监督局、县非税收入征收管理局、县会计管理局、县政府采购办公室、县国库收付中心、县道路交通事故社会救助基金管理办公室。另有14个股级单位和14个财政分局。全年全县一般公共预算收入完成100079万元，同比增长6.3%，税收占比66.1%。其中，税收收入完成66166万元、非税收入完成33913万元。全县一般公共预算收入首次突破10亿元大关。沙洋县被纳入全省5个财政专项扶贫资金绩效管理试点之一，在国家扶贫资金绩效评价检查中，成绩优良；预算信息公开经验做法得到省财政厅肯定；行资管理连续七年被省财政厅评为优秀等次；总部经济企业税收成效显著，在全市排名前列。在全市财政系统诵读比赛中，获得优胜奖、优秀创作奖和优秀组织奖3个奖项；在全县庆祝新中国成立70周年赛歌会上，财税经贸代表队获得一等奖；在全县"弘扬爱国奋斗精神、建功立业新时代"主题演讲比赛中，获得第一名。年内，局领导班子政绩目标考核在县直经济发展组排名第一；党建、组织、综合治理、优化营商环境、人才等工作被县委县政府评为先进；获评全省"七五"普法中期先进集体；精准扶贫工作被评为全市驻村先进工作单位；创卫工作获得全县擂台比赛第一名。邓锋、任刚被省财政厅表彰为2018年度全省财政监督检查工作先进个人。

【服务经济社会发展】 2019年，沙洋县财政局防范化解政府债务风险。筹措资金34617万元，确保到期政府债券本息按期偿还；落实隐性债务偿还计划，化解政府隐性债务6293万元。支持精准扶贫精准脱贫。争取资金3524万元，用于脱贫攻坚产业奖补等；投入财政增量资金5003万元，用于扶贫安置点建设等。推动污染防治和绿色发展。拨付资金4402万元，用于垃圾无害化处理等；投入节能减排综合奖励资金502万元，用于11个乡镇污水处理项目、2个生猪养殖场污染防治项目建设。落实减税降费政策。减免企业税费16500万元，减轻社保缴费3102万元；对落实企业减负政策而取消或暂停行政事业性收费导致的减收或增支，安排1736万元予以补助。培植乡镇财源。组织各财政分局到乡镇企业摸底，为企业送政策、争项目、跑资金，大力培植财源。招引总部经济。新签订总部经济协议企业6家，实现税收收入5466万元。做好招商引资。招引的克拉管管材项目投资1.2亿元，完成全年任务的120%。优化营商环境。开展服务企业早春行活动，举办"服务企业发展"业务培训；投入资金7354万元，支持企业转型升级；安排资金8892万元，支持绿色食品产业园等项目基础设施建设。全力争取上级资金。争取转移支付资金308570万元、新增债券资金58583万元，有效缓解政府重点项目建设压力。

【财政管理】 2019年，沙洋县财政局牢固树立过紧日子的思想，强化预算管理，压减一般性支出1210万元，同比下降6.3%。强化财政监督。组织开展乡镇财务、财经纪律等专项检查，发现线索76条，移交问题线索5条。开展惠民惠农补贴资金"一卡通"专项治理，检查资金5.9亿元。夯实国有资产管理。开展县直单位房改房清理、闲置资产清理、乡镇原"七站八所"资产清理、全县行政事业单位在建工程转固定资产清理等工作。完成2018年国有资产管理报告并提交县人大常委会审议，加快推进国有企业“三供一业”分离移交工作。完善政府采购。建立政府采购电子商城，执行采购预算 34788 万元，实际采购金额 31625 万元，节约资金 3163 万元，节约率 9.1%。规范财政投资评审。完成 471 个项目的预算评审，送审 362958 万元，审定 336512 万元，综合审减率 7.29%。

【民生保障】 2019 年，沙洋县财政局落实义务教育公用经费 2365 万元、中职奖补资金 241 万元、教育资助金 968 万元，促进教育事业优先发展。投入资金 2093 万元，维修改造义务教育校舍 10 所、新建幼儿园 1 所，为 12 所公办幼儿园购置设备设施，改善办学条件。推动文体事业蓬勃发展。拨付文化旅游发展经费 1223 万元，支持首届湖北油菜花节、第三届江汉运河国际半程马拉松赛等文体活动；投入资金 358 万元，落实国家重点文物保护以及安防经费等。落实社会保障政策。拨付 2019 年调整待遇资金 4287 万元、社会救助资金 9260 万元、各项抚恤资金 1774 万元、就业补助资金 940 万元；发放创业担保贷款 430 笔 4765 万元；拨付被征地农民养老保险补偿金 2788 万元，解决失地农民的后顾之忧。服务医疗卫生体系建设。安排公立医疗改革补助资金 573.86 万元，安排基本公共卫生服务补助资金 3442.92 万元，较好地实现基本医疗卫生全覆盖。

【乡村振兴】 2019 年，沙洋县财政局落实强农惠农政策，发放农机购置补贴 1478 万元、农业保险保费补贴 4438 万元、稻谷价格补贴 4641 万元、耕地地力保护补贴 12904 万元，惠及全县 12 万农户。扶持新型农村经济组织发展。确定纪山镇更新村等 9 村为新型村级集体经济扶持村，每个村获得一次性补助 50 万元。推进农村公益事业财政奖补项目和美丽乡村建设。投入奖补资金 9759 万元，实施 79 个财政奖补项目和 38 个党员群众服务中心建设项目；投入资金 5407 万元，推进 6 个美丽乡村试点村项目建设。加强镇村干部培训。采取分片集中培训的方式，对全县 279 个村（居）的支部书记、监事会主任、报账员以及 5 家农村财务委托代理机构会计进行全覆盖培训。

【财政改革】 2019 年，沙洋县财政局完善跨年度预算平衡机制，编制中期财政规划和政府综合财务报告，全面反映政府整体财务状况，促进财政可持续发展。推进预算绩效管理。实现一般公共预算资金绩效目标管理全覆盖，各预算单位完成 307 个项目绩效自评工作，涉及资金 121758 万元。聘请第三方机构对县直 2 个部门和 9 个民生重点项目开展财政重点评价，涉及资金 12319 万元，提高绩效评价的客观性和准确性。开展预决算信息公开。在政府网站设立公开专栏，及时公开政府预决算和 78 家单位部门预决算，不断增强财政预算管理透明度。积极盘活财政存量资金。执行存量资金定期清理收回制度，收回财政存量资金 3264 万元，用于经济发展和民生保障领域。推进财政扶贫资金绩效管理试点工作。沙洋县作为全省专项扶贫资金绩效管理 5 个试点县之一，严格按照财政部绩效管理操作指南，对各级扶贫资金 1.08 亿元按 6 个环节做好绩效管理。完成惠民惠农财政补贴资金“一卡通”监管服务平台建设。实施全县财政补贴资金统一发放管理，改变过去“一户多卡”“一项资金一卡”的现象。

【队伍建设】 2019 年，沙洋县财政局扎实开展主题教育活动。理论学习中心组开展专题学习 15 次、专题研讨 2 次，组织干部职工专题学习 4 期，邀请省委、县委党校老师作专题辅导 2 期，开展专题测试 3 次。做好意识形态工作。组织学习意识形态内容 50 余次，专题研判 12 次，专题研讨 5 次，局党组听取各单位（股室）、分局意识形态汇报 12 次。做好党建工作。结合“三会一课”“学习强国”“主题教育活动”，推进党建工作。做好发展新党员，发展新党员 1 人，培养入党积极分子 6 人。强化党风廉政建设。开展党规党纪和国家监察宣传教育进机关、第二十个党风廉政宣教月等活动，进行纪律督查 10 次。做好干部教育培训。开展预决算业务、会计新准则业务、公文信息写作等学习培训活动，举办“我讲我的业务”培训活动 4 期、“学习强国”集中学习 12 期，选派 30 名财政业务骨干到厦门国家会计学院学习，组织 30 名年轻学员参加会计专业能力培训班。深化法治财政建设。开展《预算法》《会计法》《采购法》等财经法规宣传，营造法治氛围。沙洋县作为全省唯一的全国财政系统法治财政建设示范县，迎接财政部条法司司长贾荣鄂，省财政厅党组成员、总会计师关红等一行的专题调研。（聂圣华）

税　务

【概况】 2019 年，沙洋县税务局突出税务部门主题主业主线,依法组织税费收入、科学细化征收管理、日臻规范治税水平、持续优化纳税服务、不断增强党建引领、高度重视队伍建设,圆满完成各项任务。全年累计完成各项税费收入10.28亿元,其中,县级一般公共预算收入6.85亿元;征收社保基金7.54亿元。

【征收管理】 2019年,沙洋县税务局完成金三系统并库人海压力测试、“金三”并库双轨运行及“金三”并库单轨上线工作。集中清理13类数据指标,累计处理各类问题数据12万余条。上线运行增值税发票管理系统2.0版、电子发票公共服务平台。推进个税改革,做好社保费及非税项目征管职责划转工作。创新社保费征缴方式,在全省率先实现安全快捷的银行批量扣缴,为缴费人和税务部门节约大量的时间。积极开展风险应对,按时接收省市税务局推送风险任务,及时按要求进行风险评估应对。组建风险应对团队,对房地产等行业发起风险任务,促进税款入库1000余万元。大力开展欠税清理工作,清理缴纳欠税1773.47万元。对成品油、砂石料、花卉苗木、医药咨询等行业开展专项整治工作,累计补税450余万元。

【税收法治】 2019年初,沙洋县税务局根据上级依法行政工作部署,完善依法行政工作机制,制定《全县税务系统依法行政工作计划》,成立领导小组,形成一把手主动抓、班子成员分工负责、法规部门组织协调、相关部门积极配合的工作格局,夯实依法行政的组织基础。推进依法行政,建设法治税务。结合国地税征管体制改革和沙洋县实际,开展形式多样的税收宣传月活动。全年开展12期纳税人学堂培训,累计培训千余人次,使税收法治精神、法治理念深入人心。制定《沙洋县税务系统优化税务执法方式全面推行“三项制度”实施方案》,在全局召开动员部署会议,以依法有序、科学规范、便捷高效为原则,紧密联系实际,突出问题导向,全面推行“三项制度”。推行行政执法公示制度。做到事前公开无遗漏,应公开尽公开6项事前公示项目。做到事中公示显主体,规范事中公示项目4项;事后公开受监督,加强事后公示11项。持续推进执法全过程记录制度。配备10台执法记录仪,建设约谈室主体工程,12月正式投入使用。严格推行重大税收执法决定法制审核制度。成立重大执法决定法制审核委员会,规范税收行政处罚行为,确定法制审核流程和法制审核所需材料范围,提高执法质量,促进依法行政。

【减税降费】 2019年,沙洋县税务局成立减税降费工作领导小组,配齐配强工作人员,实行专人专责专岗,构建起“一揽子统筹、一竿子到底”抓落实指挥体系。与财政部门共同成立贯彻落实减税降费政策财税联合领导小组,负责审定减税降费政策实施方案和预期目标调整建议方案,构建工作推进的联动机制,厘清上下左右内外等各方面关系和边界,确保减税降费政策落实工作方向一致、目标一致、步调一致、口径一致。多渠道做好政策宣传,依托内外网站、权威报刊、微信订阅号等媒体平台,不定期更新政策解读。深入企业一线开展“减税降费”大走访、大调研,确保纳税人涉税诉求有处说、疑惑有人解、事项有人办,走访企业2735户,发放减税降费应知应会手册4000余本,收集调查问卷2500余份。强化数据统计,记好减税账本,既算清改革效应“总分账”,又帮助纳税人算好“收益账”,确保减税降费政策与数据统计核算分析同步开展。全年累计减免税(费)16500万元。其中,企业所得税减免1000万元,增值税减免8000万元,个人所得税减免3500万元,增值税小规模纳税人“六税两费”减免3000万元,社会保险费减免1000万元。

【便民服务】 2019年,沙洋县税务局持续深化便民办税春风行动,全面推行82个“一次不用跑”、172个“最多跑一次”办税事项,明确报送资料、办理条件、办理时限、办理方式、办理流程,降低企业办税成本。优化税务注销程序,推行“承诺制”容缺办理,为注销资料未带齐且符合条件的纳税人提供贴心服务,有效避免纳税人“重复跑、多头跑”,让纳税人真真切切地享受改革红利。加快推进社会信用体系建设。对2031户纳税人进行纳税信用评价,评定A级纳税人80户,B级纳税人733户,M级纳税人876户,C级纳税人140户,D级纳税人202户。落实纳税信用等级在发票认证、发票领用、出口退税等方面的激励、惩戒措施,有效提升纳税人的税法遵从度。推进“银税互动”,促进纳税人用纳税信用换取“真金白银”,打造诚信守法经营良性循环。开展纳税人满意度调查工作。完善基础数据信息,清理金三系统中纳税人基础信息1800余条。广泛开展宣传,通过邮政EMS寄出减税降费政策和纳税人需求问卷1000份。快速响应纳税人需求,利用纳税人学堂发放调查问卷、扫描二维码等形式收集纳税人诉求。组织税收服务志愿者参与导税，邀请来自涉税专业服务机构的“税收服务志愿者”走进纳税服务厅。全年税收服务志愿者累计导税百余小时，协助办结各项涉税服务事项近500件。

【基层党建】 2019年，沙洋县税务局党委按照“守初心、担使命，找差距、抓落实”的总要求，努力把干事创业的担当扛在肩头。坚持目标导向、问题导向、效果导向，举办专题党课11场次，支部书记培训班2场次；集中学习研讨15次，形成调研报告9篇，党员干部撰写心得体会200余篇；召开3场纳税人缴费人座谈会和2场干部职工座谈会，对标对表整改问题26个；组织党员干部到“五七干校”和陈家山监狱开展革命传统教育和警示教育。理顺党建责任体系。确定全面从严治党主体责任清单93条，进一步明确党委书记、党委委员、部门负责人及支部书记主体责任，厘清党建、纪检、办公室、法制、人事等部门责任，全力打造定责、履责、问责“三位一体”的主体责任链。严格落实党委中心组学习、党建述职评议考核等制度，每月组织党委理论中心组集中学习2次，定期开展专题研讨。结合第20个党风廉政宣教月，坚持开展“十进十建”“四项”自查自纠整改等活动，认真履行监督责任，严防“四风”反弹回潮，力戒形式主义和官僚主义。加强工作统筹，切实为基层减负，文件、会议数量同比减少30%以上。始终坚持将纪律挺在前面，用好监督执纪“四种形态”，执纪问责力度明显加强，累计问责54人次。其中，县税务局行政处分2人次，通报批评14人次，批评教育7人次，书面检查1人次，提醒谈话20人次，限期整改3人次，经济处罚7人次。

【队伍建设】 2019年，沙洋县税务局以“税家文化”建设为抓手，以困难帮扶、规范福利、生日祝福、住院探望、座谈汇报、电话问询、走访慰问、定期体检和文体活动等多种形式强化组织关怀，全面提升干部职工的责任感、获得感、认同感；以演讲比赛、趣味运动会、兴趣小组、春游踏青、整修办公场所、完善食堂管理等形式实现文化兴税，筑牢职工的税家理念，提升干部职工对单位的认同感、忠诚度、满意度。加大内部培训力度，组织关键岗位人员进行素质提升培训。筑牢青年干部成长基础，巩固“青年党员淬火工程”及“AB”岗制度，进一步盘活用好现有人力资源，帮助青年干部在基层锤炼自我，在多岗位综合锻炼中快速成长。坚持“日学、周考、月训”，做好16名新进公务员执法资格培训工作。鼓励青年干部报考“三师”，对学习较突出的人员在绩效考核时予以加分。严格机关考勤管理办法，规范工作考勤和请销假管理，加强考勤监督管理，强化考勤结果应用，严肃考勤纪律，规范工作秩序。建立细化到人到岗的绩效考核体系，层层压实责任，做实做细基础工作。同时，加大绩效考评结果的应用，有效激发队伍活力和干事创业精神。

（毛晨璐）

审 计

【概况】 2019年3月，沙洋县启动机构改革工作，成立县委审计委员会，审计委员会办公室设在县审计局。县发展和改革局的重大项目稽查职责、县财政局的预算执行情况和其他财政收支情况的监督检查职责、国有企业领导干部经济责任审计和国有企业监事会的职责等划入县审计局，审计职能进一步优化。机构改革后，县审计局设职能股室7个、二级单位2个，具体为：财政金融审计股、经贸审计股、行政事业和社会保障审计股、农业农村审计股、法规审理股、电子数据审计股、办公室以及经济责任审计局和政府投资审计局（电子数据股和审计委员会办公室秘书股为机构改革后增设股室，其中秘书股与局办公室合署办公）。核定编制数41名（局机关17名、经济责任审计局8名、政府投资审计局16名）。实有在编在岗人员36人（局机关14人，经济责任审计局6人，政府投资审计局16人）。全年完成审计项目27个，查出违规金额61800万元，促进整改落实问题资金7279万元，审计核减和节约投资8900万元，移送违纪违法问题线索15件，给予党纪政务处分和组织处理24人。年内，县审计局关于毛李镇党委书记汤祖泉任中经济责任暨自然资源资产审计获全市优秀审计项目二等奖，龙艳荣的征文《以侠客之名》获审计署“我们的故事”征文比赛二等奖，姚杏花的调研文章《县级行政事业单位内部审计工作现状及对策探究》获全省审计机关优秀审计论文和研究报告评选三等奖。

【上级审计项目】 2019年，沙洋县审计局完成省审计厅下达审计项目任务9个。其中，协助省审计厅完成“上审下”审计项目4个，分别是：由掇刀区审计局实施的民生资金大数据审计、由天门市审计局实施的保障性安居工程资金投入和使用绩效审计、由省审计厅派出审计组实施的县领导履行经济责任情况及自然资源资产任中审计和由钟祥市审计局实施的扶贫审计。完成“交叉审”审计项目4个,分别是:1—3月赴东宝区开展的民生资金大数据审计,3—5月赴保康县开展的扶贫审计,7—9月赴屈家岭开展的扶贫审计和9—11月赴枣阳市开展的农村饮水安全巩固提升工程审计。完成审计署定审计项目1个,即1—12月以防范化解重大风险、脱贫攻坚、污染防治、乡村振兴战略实施、保障和改善民生、“推动1亿非户籍人口在城市落户”政策落实、降费政策落实、清理拖欠民营企业中小企业账款和财政预算和国有资产管理等9个方面贯彻情况为重点,组织开展国家重大政策措施贯彻落实情况跟踪审计(同级审)。

【预算执行审计】 2019年3—6月,沙洋县审计局完成县本级2018年度预算执行及其他财政收支情况审计和城投公司、交投公司2018年度经营管理情况专项审计调查,重点关注本级预算执行情况、扶贫专项资金、双创资金等重点专项资金管理使用情况以及资产负债损益情况,查出主要问题金额17653万元,审计发现财政预算编制方面的问题5个,专项资金管理使用方面的问题4个,融资平台公司资金使用管理方面的问题7个,其他财政收支方面的问题4个,提出意见建议6条,促进出台《沙洋县农业生产发展资金管理实施细则的通知》等制度办法3个。

【经济责任审计】 2019年,沙洋县审计局完成经济责任审计项目8个,采用“任中审计为主、离任审计为辅、审计交接为补充”的经济责任审计新模式,审计领导干部8人(党委2人、政府工作部门6人),审计查出问题资金7482万元,主要涉及超预算支出、滞拨财政资金、虚列支出挂暂存、挤占挪用专项资金、建设工程未进行决算审计、超范围列支费用、财务管理不规范、不合规票据入账等问题,向被审计单位提出审计意见建议24条,向县纪委监委移送案件线索动态管理9件。通过审计,全面、客观、公正地评价8名被审计领导干部在任职期间贯彻执行党和国家经济方针政策、决策部署,推动经济和社会事业发展,管理公共资金、国有资产、国有资源,防控重大经济风险等有关经济活动应当履行的职责情况。

【政府投资审计】 2019年,沙洋县审计局直接实施政府投资审计项目5个(汉上实验学校项目、平湖公园项目、人民医院内科大楼项目、雨林山水库项目、污水处理厂项目),送审金额32500万元,审定金额23600万元,核减固定资产投资额8900万元,提出并被采纳审计建议20条。指导社会中介审计机构完成项目审计1110个,审计金额107800万元,审定金额98000万元,核减固定资产投资额9800万元。在开展政府投资项目审计过程中,严格按照投资审计“数量向质量、单一向全面、传统向现代”三个转变的要求,在对工程造价的真实、合规性进行审计的同时,重点关注履行基本建设程序、建设资金管理使用等方面情况,审计指出招投标不规范、建设程序履行不到位、资金管理不合规等方面问题8个,提出审计意见建议7条。

【年度例行审计】 2019年,沙洋县审计局采取“大兵团”作战法,整合县财政局、县经管局力量,组成9个联合审计组,运用大数据分析技术对全县76个一级预算执行单位2018年度部门预算执行情况进行数据分析,选取42个单位开展现场审计调查,指出预算编制及执行、单位银行账户管理、专项资金管理使用、津补贴发放、其他财政收支和内部控制等6个方面25个问题,涉及金额3797万元,提出强化财政预算管理、专项资金管理、单位财务管理和人员编制管理等意见建议4条。

【自然资源资产审计】 2019年,沙洋县审计局开展毛李镇、十里铺镇和原国土资源局主要领导干部自然资源资产审计,重点审计水、土地、森林等自然资源和相关生态环境保护情况。重点抽查国土、林业、水务、畜禽服务中心等4个部门,国土、林业、水务、环保、住建等9个单位和芦堰村、荷堰村等6个村。审计查出管理不规范金额4991万元,查出贯彻执行生态文明建设方针政策和决策部署,履行自然资源资产管理和生态环境保护监督责任,自然资源开发利用和生态环境保护重大决策,自然资源资产管理和生态环境保护约束性指标、目标责任制落实等方面问题26个,提出审计意见建议25条。 (龙艳荣)

金　融

概　述

【概况】 2019年，沙洋县金融工作紧紧县委、县政府和市金融办总体工作部署，全面推进信贷投放、金融风险防范、资本市场建设等工作，推动全县金融业稳步发展。截至年末，全县金融机构各项存款280.98亿元，比年初新增17.58亿元、增长6.67%，同比少增11.73亿元，增幅同比减少5.85个百分点。其中，金融机构企业存款34.76亿元，比年初减少0.71亿元、减幅为1.99%；金融机构储蓄存款199.54亿元，比年初增加21.10亿元、增长11.82%，同比多增8.22亿元。各项贷款余额126.25亿元，比年初增加21.82亿元，同比多增4.02亿元，增幅为20.89%、高于全市平均增幅8.24个百分点，比钟祥、京山分别高出5.32、9.26个百分点。全县金融机构余额贷存比为44.93%，比年初提高5.28个百分点，比钟祥、京山分别多增加2.39、3.91个百分点。增量贷存比124.08%，位居全市第一，比上年提高63.36个百分点。不良贷款余额1.64亿元、比年初增加0.16亿元，不良贷款占比1.30%、比年初下降0.12个百分点。

【信贷投放】 2019年，沙洋县金融管理部门积极协调银行业金融机构持续扩大信贷投放规模，助推企业发展。积极向上对接汇报，年内先后与省农担公司、蚂蚁金服集团、湖北银行荆门分行签订战略合作协议。深入开展"行长进百企"、银企"手拉手"、金融"早春行"等活动，全年开展重点项目、工业企业、农村经营主体、商贸企业、"双创"企业等专项银企对接活动8次，有效满足企业合理资金需求。截至年末，全县银行业金融机构贷款余额126.24亿元，比年初增加21.84亿元、增长20.91%；金融"早春行"活动履约金额36.21亿元，履约率90.34%。

【资本市场建设】 2019年，沙洋县资本市场建设稳步推进。按照市定目标任务，积极组织辅导券商对县辖10余家四板股份板挂牌后备企业进行实地走访调研，签订挂牌协议9家；湖北劲驰汽车配件股份有限公司、湖北硕星电器科技有限公司等2家企业列入2019年度全省"银种子"后备企业库，实行动态管理。

【不良贷款压降】 2019年，沙洋县金融管理部门加速压降不良贷款，取得明显成效。加大"双包联"企业不良(风险)贷款处置力度，化解华堂家具、固威制衣等2家企业不良(风险)贷款1577.1万元。强化银法联动。不断加大涉诉金融案件执行力度，共受理涉诉金融案件117件，结案106件，执结率90%，结案标的额2.53亿元。强力推进公职人员清欠工作。全年调查清收公职人员和银行内部职工风险贷款49笔205万元。截至年末，全县累计化解银行业不良贷款2.84亿元，不良贷款余额1.64亿元，不良率1.3%。

【非法集资风险防范】 2019年，沙洋县金融管理部门防范非法集资风险力度加大。坚持每季度召开一次防范非法集资联席会议，深入开展防范和打击非法集资行为集中宣传活动，发放《致广大市民朋友的一封信》等防范非法集资宣传资料20万份，累计接待咨询500余人次。加快推进苏克来非法集资案资产处置工作，至年末已完成兑付205人96.0486万元，兑付率56.5%。加大对利巢贷沙洋籍投资人的教育引导和稳控工作。深入开展P2P网络借贷平台专项行政检查，对高风险点沙洋利巢投资管理有限公司进行现场检查、集中研判和风险防控。

【金融信用环境建设】 2019年，沙洋县金融管理部门不断优化金融服务，助推金融信用环境建设。深入开展优化金融环境"百日攻坚"行动，通过采取实地走访、跟踪督办等方式，完成市优化办交办的22个问题的整改销号工作。全力推进"金融信用县"创建工作，动员全县各镇(区)开展信用乡镇、信用村(社区)、信用企业创建活动，积极引导各银行业机构对信用企业在贷款额度、利率、还款期限及担保条件等方面给予优惠,营造良好的金融信用环境。

【困难和问题】 2019 年,沙洋县金融工作尚存在如下困难和问题:全县资本市场发展后劲不足,缺少“新三板”后备企业资源,真正能开展上市融资的企业太少;针对小微企业的信贷产品还太少,小微企业融资难、融资贵等问题依然突出。 (县金融办)

【货币政策执行情况】 2019 年,沙洋县银行业金融机构认真贯彻执行党中央、国务院支持实体经济发展的重要决策部署,落实县委、县政府金融工作要求,创新信贷产品,优化金融服务,推动货币信贷政策在全县落地、落实、见效。加强银企对接。采取分片区、分层次的方式开展金融服务“早春行”“银企手拉手”等一系列银企对接活动,引导各银行业金融机构积极对接民营、小微企业,畅通银企对接信息渠道。通过开展“早春行”银企签约活动,为全县 177 家民营、小微企业提供贷款 11.65 亿元。加快民营、小微企业信贷产品创新。全县银行业金融机构聚焦民营、小微企业等薄弱领域,加大信贷产品的引进和自主创新力度,年内推出民营、小微信贷产品 56 个,累计投放贷款 4000 多笔、12 余亿元。

【货币政策工具运用】 2019 年,中国人民银行沙洋县支行通过合理运用货币政策工具,释放银行机构长期资金,有效增加银行机构支持实体经济的稳定资金来源,降低银行机构支持实体经济的资金成本,直接支持实体经济发展,取得明显成效。及时传递存款准备金率降低政策,疏通货币政策传导机制。中国人民银行采用定向降准 + 全面降准的组合降准方式,全年共 3 次下调存款准备金率。其中,针对服务县域的农商行的定向降准 1 次。实施降准政策后,县农商行存款准备金率由 11% 下降至 7.5%,存款准备金由 9.24 亿元减少至 7.18 亿元,释放长期资金 2.06 亿元。其他银行机构存款准备金率下降 1.5 个百分点,保持全县流动性合理充裕。运用再贷款工具助力乡镇产业发展。向沙洋中银富登村镇银行发放支农再贷款 0.3 亿元,沙洋中银富登村镇银行利用支农再贷款为 184 个农村经营主体提供信贷支持。

【利率市场化改革】 2019 年,中国人民银行沙洋县支行有序推进利率市场化改革,实施贷款市场报价利率(LPR),全县金融机构贷款利率逐渐由基准利率向 LPR 过渡,利率下行趋势明显,利率改革红利凸显。引导各银行业金融机构按计划目标逐步扩大 LPR 贷款在所有贷款中的比例。按周、按月、按季对地方法人金融机构的 LPR 应用情况进行监测,对金融机构的利率制定行为进行引导。企业融资成本逐步降低。将 LPR 形成机制作为利率市场化改革的重要举措,进一步提升利率传导效率,以改革的办法降低企业融资成本,促进利率下降,增强金融供给对金融需求的刺激作用。全年全县银行业金融机构贷款利率全面下降。

【金融服务】 2019 年,中国人民银行沙洋县支行持续优化金融服务,支持实体经济发展。深入开展金融知识宣传。年内先后组织开展“3·15 金融消费者权益保护日”“征信就在我身边”“金融知识进校园”“争做金融好网民”等一系列主题宣传活动,受到社会普遍欢迎。取消企业银行账户许可工作。组织全县银行业金融机构通过电视、广播、微信、微视频等多种渠道,向政府部门、企业、社会公众开展取消企业银行账户许可宣传,并加强舆情监测,做好舆论引导工作,确保工作稳定、有序。督促金融机构认真落实“两不减、两加强”要求,切实提升服务质效,推动账户管理落实、落地、落细。深入推进扫黑除恶专项工作。制定《扫黑除恶专项斗争工作要点》,成立扫黑除恶专项斗争工作领导小组,确保扫黑除恶工作稳步推进。组织开展“扫黑除恶专项斗争宣传月”活动,全面开展支行及地方法人金融机构员工涉黑涉恶线索摸底排查,共涉及人员 415 人,实现排查对象全覆盖。认真做好社会信用体系“双牵头”工作。充分发挥“双牵头”成员单位职责,推动建立领导体制和工作机制,做好工作规划;认真落实守信联合激励、失信联合惩戒制度,全年通过法院、市场监管局等职能部门共发布红名单 248 个、黑名单 539 个,联合奖惩案例 74 个,进一步加大对诚信主体的激励和对失信主体的惩戒力度。大力推进诚信宣传教育进乡村、进校园、进社区。联合县金融办、发改局等部门开展“征信电影下乡”和集中宣传、巡回宣传活动,在全社会营造守信光荣、失信可耻的浓厚氛围。积极推动“银法联手”,加快推进金融诉讼案件的审结,有效维护银行债权。进一步巩固信用乡镇、信用企业等细胞工程建设,推动全县金融生态环境进一步好转。

【金融管理】 2019年,中国人民银行沙洋县支行切实加强金融管理,有效防范经营风险。加强风险排查,摸清风险底数。深入金融机构、相关部门和融资平台公司,对不良贷款、地方政府债务、互联网金融风险和非法集资风险等进行深入调研和排查,全面摸清风险底数。对农商行、村镇银行等银行业金融机构每季度开展一次央行金融机构评级,并配合人民银行荆门市中心支行对村镇银行开展存保现场核查,全面掌握地方法人金融机构风险状况。完善组织体系,强化风险监测。提请县政府制订《沙洋县清收处置不良贷款专项行动实施方案》,先后召开党员及公职人员不良贷款清收督办会、银法联席会、清收处置不良贷款专项行动动员会,专题研究不良贷款化解工作。认真落实《荆门市银行业金融机构金融风险监测管理暂行办法》,切实加强对银行业金融机构的风险监测,通过采取编发风险提示函、约见谈话等措施,有效提高对法人金融机构风险监测预警的质效。深入开展互联网金融风险排查整治,推动政府履行风险属地处置责任,防范互联网金融风险。

(李幸奇)

银行业

【概况】 2019年8月,中国银行业监督管理委员会荆门监管分局沙洋办事处更名为"中国银行保险监督管理委员会荆门监管分局沙洋监管组"。一年来,沙洋监管组围绕荆门监管分局和县委、县政府中心工作,进一步加强履职能力建设,着力强化金融风险防控,扎实推进市场乱象专项治理,积极引导全县银行保险业以服务县域经济发展为主线,大力提升服务实体经济质效,全县银行保险业保持平稳运行的良好态势,有力地支持全县经济持续稳定较快发展。

【金融风险防控】 2019年,沙洋县银行业金融风险防控工作进一步加强。年内印发《全县银行业监管工作要点》,将防范化解金融风险摆在更加重要位置,严格落实风险防控主体责任、监管责任,突出重点机构、重点领域风险防控处置。强化金融风险防范机制建设。逐步完善辖内法人机构公司治理机制和资本金补充机制,有效提升行业风险管理和内控管理能力,全县银行业重大风险得到有效控制和处理,违规经营活动得到有效整治和清理。截至年末,全县银行业不良贷款余额1.64亿元,不良率1.3%,未发生重大系统性、区域性金融风险。

【服务实体经济】 2019年,沙洋县银行业监管部门坚持不懈地推动银行业金融机构回归服务实体经济本源,专注"存放汇"传统主业,持续推进银行融资业务去拐弯、去通道、去链条,推进银行业机构表外融资回归表内贷款,不断增强资金供给能力,调整优化信贷结构,更好地服务实体经济发展。截至年末,全县银行业各项贷款余额126.25亿元,比上年同期增加21.8亿元、增长20.87%;贷存比45.37%,比上年提高4.5个百分点。

【打击非法金融活动】 2019年,沙洋县银行业监管部门印发《关于进一步加强辖内银行业防范和打击非法集资工作的通知》《关于开展沙洋县2019年"金融知识普及月、金融知识进万家、争做理性投资者、争做金融好网民"活动的通知》和《沙洋银行业开展打黑除恶专项斗争工作实施方案》。定期组织全县银行业金融机构利用电子显示屏滚动播放规定的打击和处置非法集资宣传内容;与县文旅局联合开展为期一个月的打击和处置非法集资电视等新闻媒体宣传,产生较大的影响。 (郑国雄)

【中国农业发展银行沙洋县支行】 2019年,中国农业发展银行沙洋县支行牢固树立发展是第一要务的理念,认真贯彻落实省、市分行工作会议精神,围绕2019年市分行下达的各项经营目标任务,重执行,明重点,抓机遇,强管理,盯目标,抢时间,赶进度,不等不靠,主动作为,尽职尽责,推动全行各项经营业务取得新成效。截至年末,全行贷款余额184828万元,比年初增加23547万元;存款余额70531万元,日均存款76855万元,比年初增加2561万元;全年完成财务收入8985万元、财务支出4878万元,实现账面利润4107万元,比上年同期增加939万元、增长29.64%。

项目营销稳步推进。突出重点,强化对接。年内多次到县政府和相关部门开展项目营销对接,邀请市分行领导先后5次到沙洋县政府和屈家岭管理区开展项目集中营销推进工作,并召开有代县长、人行沙洋县支行及县财政、发改、自然资源与规划、城投等单位和部门负责人参加的专项对接会,进行项目现场推进督办,取得较好效果。全程参与,破解难题。全程参与融资主体项目规划及收益平衡测算,解决项目推进过程中的难点和症结。资金管理持续加强。认真落实上级行资金支付管理要求,细化资金使用审核环节,逐笔核实资金用途及相关支付资料。对符合项目建设内容的及时按流程上报市分行审批,对不符合要求资金使用申请坚决予以退回,严防存款资金“跑、冒、滴、漏”。持续强化客户账户及资金管理,按照《中国农业发展银行荆门市分行贷款客户积分管理实施细则(试行)》,督促客户销售回笼资金归行,确保经营周转流动资金“应存尽存”。合规管理持续强化。强化重点环节及领域自查整改。年内省、市分行组织开展多条线、多领域的专项检查。支行对信贷管理重点环节进行全面梳理,及时发现管理过程中的不足。同时,对检查中发现的问题组织专人制订整改工作方案,明确整改措施、责任人、时间表,建立整改台账,实行“清单式”“销号式”管理。强化贷后管理,夯实信贷管理基础。认真落实市分行《贷后管理考核实施细则(试行)》,定期组织召开贷后管理工作例会,分析企业生产经营及项目建设情况,加强基础管理指导和督办。主管、分管行长和行长定期对包联企业进行全面检查并留存检查报告。对于粮油贷款客户,牢牢抓住客户生产经营情况、贷款物资保证情况、抵质押状况、非财务风险信息及定期巡查库等重点环节,强化现场及非现场监管力度,切实加强风险防控。信贷队伍建设不断加强。持续开展周学习活动,每周利用下班时间组织客户经理开展集中学习。利用信贷工作会、贷后管理例会、微信群等方式及时发布和推送上级行各项政策、文件,督促和指导信贷人员学习领悟。自6月份以来,全行开展周学习活动19次,累计学习各类文件办法41个。安全保卫基础不断夯实。建立和完善安全管理“一岗双责”责任制度。将安全管理作为一项重要考核指标纳入各部室和个人工作目标责任中,层层签订《安全保卫工作责任书》《安全行车承诺书》《员工廉政从业承诺书》等一系列责任书,对执行制度和安全保卫工作的重要环节实行全员参与式的责任管理。加强安全意识教育。认真执行各项管理制度,积极开展自查自纠防止各类责任事故发生。行领导做到逢会必讲安全、逢检必查安全,有效提高员工安全防范意识和技能。落实安防工作措施,确保安防工作不留死角。对安全防范所需要的人、财、物做到无条件满足工作需要。严格执行节假日门卫值班制度。节假日期间,支行员工轮流值班,确保节假日期间门卫值班无空档。企业文化建设扎实推进。组织开展丰富多彩的文体活动。年内先后组织员工开展春节团拜会、“传承雷锋精神 奉献志愿力量”关爱老人学雷锋青年志愿服务活动、庆“三八”妇女节趣味活动和以“读书吧,朋友”为主题的“五四”青年节活动等,丰富员工业余文化生活,激发员工工作积极性,展示农发行良好的社会形象。着力开展文明创建。积极响应沙洋创建国家卫生县城的要求,坚持每周五开展全员路段清扫,每周开展重点路口文明交通劝导志愿服务,每月制作健康宣传专栏,定期组织人员参加县委、县政府组织的“创卫”工作检查,不定期组织人员向支行院内住户和包联路段商户宣传“创卫”知识,督促商户达到“创卫”要求。

(农发行沙洋县支行)

【中国工商银行股份有限公司沙洋支行】 2019年,中国工商银行股份有限公司沙洋支行认真贯彻落实总行、省分行2019年工作会议精神,以发展为主线,以利润为目标,以高品质、专业化服务为手段,积极扩展市场、创新产品、培育客户,坚持依法合规经营筑牢经营基石,强化金融风险防范,推动全行各项业务全面健康发展。截至年末,全行各项存款余额156350万元,比年初增加19367万元。其中,储蓄存款余额108285万元、比年初增加12722万元,对公存款余额48065万元、比年初增加6645万元。各项贷款余额77130万元,比年初增加28042万元、增长57.13%。各项中间业务收入246万元,比上年同期减少258万元、减幅为51.19%。全年实现净利润1260万元。

完善机制,拓展市场,狠抓“两项存款”。围绕市分行经营思路,积极拓户拓市场,将“两项存款”做强做大。制订旺季营销方案,扎实开展旺季营销工作,全力推进“全员争拓户、储蓄迈大步”活动。紧盯市场、抢抓旺季资源,全力以赴打好旺季营销攻坚战,夺取旺季“大个金”业务营销“开门红”。成立由行长任组长、副行长任副组长的旺季营销竞赛领导小组,将任务层层分解到每名员工,实行行领导包点挂钩,开展全员揽存活动,严格奖惩兑现,形成全行大营销格局。抓实客户维护,增强业务发展基础。牢固树立“以客户为中心,以服务求生存,以服务创效益,以服务谋发展”的工作思路,强化服务工作的规范化、标准化、层次化建设。抓好柜员维护,即做好客户识别,搞好柜面分流,改进服务方法,提高服务效率。抓好客户经理维护,以PBMS系统为依托,不断丰富完善客户资料库,通过老客户带来新客户,扩大优质客户群,促进产品营销。对每一名存款和金融产品到期客户回访到当事人抓好大堂经理维护,逢新产品推出或有产品到期时,大堂经理第一时间通知客户,做好提醒和提示服务;逢节假日、客户生日时,送上短信祝福或电话慰问。抓好行长维护,为高端客户提供一揽子金融服务,以产品和服务留住客户。重点抓中高端客户的维护和拓展,以商友卡、商户联保、信用卡分期付款、期次理财等优质产品为纽带,挖转吸揽一批优质客户,并落实中高端客户分层认领工作。向各网点配置客户维护费用与营销费用,有效调动网点营销业务积极性、主动性。抓公私联动、私私联动、产品联动,通过实施捆绑式营销,实现客户发展一批,锁定一批。实行对公贷款户和规模以上企业捆绑营销代发工资业务,确定“代发工资+借记卡+贷记卡+电子银行”的基本营销组合。明确网点客户经理、大堂经理、柜员的营销职责,实行日监测、周督导、月通报,充分发挥网点营销主阵地作用。继续抓好“扫楼扫街”和“六进”活动,实行分区块包干定责,建立信息档案,组织营销专班深入商品交易市场,利用工行结算、理财优势,吸引个体经营者在工行开户结算,大力推广二维码商户和pos机商户。抓特殊储源,加大对土地补偿、棚户改造等特殊资金的代发。全年组织专班加强与县住建局、开发区以及居委会和周边乡镇的联络走访,多方收集信息,举全行之力进行营销。

大力实施拓户工程,全力营销信贷产品。面对市场激烈的竞争局面,以对公拓户为抓手,加快对公业务发展,加速经营转型步伐,带领全行全力拓展对公客户市场。加大拓户工作力度,夯实公司业务发展基础。围绕地方经济建设开展金融业务,加大对县域重点企业的融资支持力度。加快推进客户拓展工作,在客户面上做好分层营销,对重点客户做好深度营销。上半年重点对县人民医院、省交投等重点单位加大信贷投放。落实“重点项目”推进工程。坚持以“大营销带动大发展”的工作思路,实行重点项目推进工作专项机制,分项目组建专班、明确专人、配置专项费用、实施专项考核。坚持公私联动和公私一体化营销,以重点项目营销带动公司存款、中间业务收入、法人理财、财智卡、收款管家、贵金属等结算与现金产品的营销。围绕服务地方经济,加快信贷投放。以支持经济发展、服务地方中小企业为中心,围绕三大主线,加强产品创新,提高服务质量,努力扩大有效信贷投放。

大力发展中间业务,增强银行经营效益。明确目标责任,细化工作进度。按照上级行下达的任务目标,实行部门责任制并强力推进,要求各业务部门把任务落实到每笔业务、每个项目。归口管理部门要与网点联动,保证已锁定的目标项目、目标产品、目标客户,做到有责任人、有具体营销方案、有完成时间表,确保完成任务。狠抓基础业务创收。加大拓户和不动户激活力度,不断扩大客户基础,为各项产品营销创造雄厚的基本条件。结合市场热点,紧抓个人基金、理财、保险、积存金等产品“卖点”,加大渠道营销,扩大产品销量,带动收入增长。拓展电子商务、融e购商城等平台,打开与目标客户合作的突破口,扩大网银使用规模,捕捉新的增长点。以企业网银结算业务为主体,有效扩展和促进电子银行业务逐步成为以低成本创收中间业务的主渠道,有效提升各类业务对中间业务创效的贡献度。重点突破代发工资业务,不断扩大非理财类收入规模。进一步抓好对公理财、银行卡等基础性中间业务收入的发展。加强专业联动,提高创新性收入。重点抓信用卡分期等中间业务收入高的产品销售。做好优质客户分期付款,推动分期付款业务量质并举和持续快速发展。加强中间业务规范化管理。严格按照“合规收费、以质定价、公开透明、减费让利”等服务收费原则,做到收费“有名目、有服务、有协议、有标准”,以更好的服务、更规范的经营赢得客户和社会认可,进一步提高全行中间业务市场竞争力。

提高资产质量,强化风险合规意识。将资产质量提升作为全年工作的重中之重。成立活动领导小组,形成“一把手”负总责、一级抓一级、层层抓落实的工作格局。制定活动开展计划,明确活动内容、活动步骤和时间要求以及各部门工作职责。抓学习教育,深化员工合规理念。充分利用《操作指南》平台和网络培训加大新制度、新业务、新产品的专业技能培训,重点加强新产品的逐级培训、重点业务的上门培训、监管知识的巡回培训等培训工作,切实增强员工合规理念。

强化服务管理,建人民满意银行。积极应对客户需求多元化,坚持以客户为中心,注重细节管理,规范金融服务,进一步提升网点服务水平和综合竞争力,推动各项经营业务发展。加强服务理念学习,提升员工服务意识。利用晨会、周会时间组织员工认真学习上级行制度规定，及时传达服务工作新理念，开展服务工作讨论，不断强化服务意识。加强服务分区引导，提升窗口服务形象。充分发挥大堂助理作用，大堂经理热情文明地对进出网点客户迎来送往，主动询问客户需求，加强客户识别、业务引导。加强业务技能培训，提升网点服务能力。高度重视员工业务知识培训，除充分利用晨会、例会时间组织员工学习外，积极安排员工参加上级行组织的各种业务知识培训，提升员工业务综合素质，网点服务能力得到全面提高。规范服务标准，提升服务质效。充分发挥服务评价器监督作用，在客户办理业务过程中，要求柜员规范服务，积极引导客户对自己的服务进行评价，做到“一笔一评价”，主动接受客户监督，在提高评价率同时改进服务。 （工行沙洋支行）

2019 年 3 月，农行沙洋支行开展金融消费者权益日宣传活动。图为活动现场 （县农行 供稿）

【中国农业银行股份有限公司沙洋支行】 2019 年，中国农业银行股份有限公司沙洋支行围绕“同业增份额、系统进位次、全行保平安”和“强基控险、转型提能”工作目标，以党建为统领，紧盯目标不放松，一张蓝图干到底，实现各项经营业务稳步提升。截至年末，全行存贷规模达 81.2 亿元；各项存款余额 63.4 亿元；各项贷款余额 17.7 亿元；不良贷款余额 2025 万元，不良率 1.14%；实现拨备后利润 10920 万元，比上年同期增加 2829 万元、增长 34.96%；实现净利润 8237 万元，增加 2171 万元、增长 34.81%；完成中间业务收入 1444 万元，增加 19 万元、增长 1.33%。金融业务营销力度加大。在党政机构改革方面，成功营销新建或组建机构账户 13 户，维护存量 19 个帐户未流失。在银政合作方面，抢抓财政、社保等热点资金，成功营销土地指标交易资金 1.5 亿元、社保资金 2.8 亿元、土地招拍挂资金 1 亿元，新增国库定期存款 5000 万元、非税定期存款 1 亿元。在增收创收方面，成功发行专项债 2 笔，合计金额 2.9 亿元。其中，城投 1.9 亿元、汉江二桥 1 亿元。在产品创新方面，成功营销“农易贷”42 笔、金额 3162 万元；持续推进“一县一品”“龙虾贷”，全年为 59 户龙虾养殖户发放贷款 895 万元；营销线上产品“纳税 e 贷”8 笔、329 万元，“烟商 e 贷”24 笔、336 万元。社保业务不断加强。在全省率先取得社保扣缴委托代理权并新增城乡居民医保代缴等项目 5 个，全年实现社保批扣 99231 笔、3707 万元，现金代征 10867 笔、1097 万元，医保批扣 47 笔、1.3 万元，现金代征 8085 笔、11.8 万元。年内，农行沙洋支行被表彰为“2019 年度全县银行业金融机构安全保卫工作先进单位”；“社保 + 智慧”综合营销模式及政府专项债营销、不良资产清收处置、党政机关改革账户营销等项目获市分行年度突出贡献奖。全行服务地方社会经济发展取得的成绩得到县长陈威批示肯定。

（刘雪蕊）

【中国银行股份有限公司沙洋支行】 2019 年，中国银行股份有限公司沙洋支行按照党建工作“三个融入”要求，将基层党建与经营管理、案防内控、业务发展紧密结合起来，努力营造风清气正的经营环境，促进各项经营业务发展。截至年末，全行各项存款余额 75377 万元；各项贷款余额 72508 万元，比年初增加 34841 万元。

服务地方经济发展。认真贯彻落实国家产业政策和省、市分行信贷政策，始终坚持立足沙洋、服务沙洋理念，以支持沙洋经济发展为己任，努力服务地方经济建设。继续围绕县政府着力解决的农业发展中农户贷款难等问题量身订制推出“中银农贷1号”产品，支持涉农企业发展壮大，支持全县农林牧副渔业发展；为制造业、交通运输、零售与批发类中小企业提供商业发票贴现、信用证、托收等贸易融资，为融资困难、有资金需求的企业提供信贷服务。强化内部管理。始终坚持合规就是效益的原则，加强对省、市分行制定的《中国银行湖北省分行“五十禁”》《市行落实八项规定实施细则》《员工守则》《员工违规行为处理办法》《管理问责办法》和《基层网点风险管控五十条》的学习，并多次组织全员在线考试，检查学习效果，强化员工合规经营理念；加大责任追究力度，严格防控操作风险和道德风险，对出现问题的相关责任人实行在岗清收、待岗清收或岗位调整，并予以通报批评，以此警醒全员正确处理好业务发展与风险防范的关系，进一步增强全员合规意识。

（中行沙洋支行）

【中国邮政储蓄银行沙洋县支行】 2019年，中国邮政储蓄银行沙洋县支行积极履行大行责任，助力地方经济发展。截至年末，全行各项储蓄余额144478万元，比年初净增21585万元、增长17.56%；各项贷款余额37423万元，比年初净增9330万元、增长33.21%。支持地方经济建设。金融产品创新取得突破性进展。针对农村地区信贷需求提升和信贷多元化，推出“农信贷”“楚农贷”等产品，实现放款3380万元；推出“粮食贷”产品，实现放款1400万元，有效解决无担保、无抵押等融资难题。服务中小企业成效明显。积极落实2019年早春行银企签约工作，全年共签约29户、签约金额5875万元，成功履约29户、发放贷款5875万元，履约率100%。积极引进担保公司实施中小企业贷款产品创新，通过弱化担保措施，为全县缺少抵押物及无抵押物企业提供贷款3780万元，有效解决乡镇企业融资难题。支持创业小额担保贷款发展，年内为全县2300多名再就业人员提供信贷支持。努力服务民生。为全县所有低保户、高龄群体提供补贴资金代发工作，为特殊群体提供优质金融服务，全年发放社保卡2万余张，并承担制卡、耗材等费用50余万元；承担全县城镇居民合作医疗缴费代收工作，全年代收金额近亿元，服务城乡居民32万余人次；承担居民养老保险缴纳工作，全年服务城乡居民3万余人次；开展电费代收工作，开通手机银行缴纳社保等功能，实现居民足不出户即可缴纳电费及社保。积极履行社会责任。与县人社局合作，于春节前夕包专列迎接在外务工人员返乡；参与创建国家卫生县城工作，共投入人力300余次、资金16万元，解决两个路段“三无小区”、市容市貌、巷道等问题20余项。（郑田军）

【湖北沙洋农村商业银行股份有限公司】 湖北沙洋农村商业银行股份有限公司于2015年3月18日正式挂牌，是在原沙洋县农村信用合作联社基础上改制组建的股份制地方性法人银行机构，也是全县唯一一家营业网点遍布辖内13个乡镇的金融机构。2019年末，公司内设综合部、人力资源部、信贷管理部、授信审批部、稽核监察部、安全保卫部、财会统计部、合规与风险部、组织资金部、电子银行部、信息科技部、运营管理部、小微金融部、特殊资产经营管理部等14个职能管理部室及财务中心、清算中心、视频监控中心、金融消费者权益保护管理办公室、基础设施建设办公室等5个二级部门；共有营业网点19个（其中，一级支行14个、二级支行5个），另设离行式自助银行4个。

2019年，湖北沙洋农村商业银行股份有限公司坚持“立足社区，面向‘三农’、面向中小企业、面向县域经济”的市场定位，扎实回归本源，积极打造责任、合规、智慧等“三大银行”，以支持民营经济发展、服务乡村振兴战略为总抓手，加快战略转型，推进业务创新，实现各项经营业务加快发展。截至年末，全公司各项存款余额895987万元，比上年末增加102794万元，增长12.96%；各项贷款余额485990万元，比上年末增加51393万元，增长11.83%；存贷款市场份额均占全县银行业金融机构第一位。推进信贷产品创新。创新推出“房易融、白领易贷、市民易贷、纳税诚信贷、亲情农易贷、商易贷”等20余款农商微贷系列产品。其中：年内首次推出的“税e贷”“车主e贷”等线上“福e贷”智能微贷产品，具有线上申贷、线上审核、线上提款等多种优势；推出的多种按揭贷款、中小企业流动资金过桥贷、小额扶贫贷、账户流量贷等产品，依托县中小企业服务中心设立的助保基金进行放大，向有融资需求的小微民营企业推出“微企贷”，有效满足各类用户信贷需求。同时，对“农商微贷”、流量贷等支农支小产品申报资料实行模块化，实现“一表涵盖”，有利于客户申报及客户经理操作。服务乡村振兴。通过创新“党建互助互联”，开展“村银共建”，12个农区支行与36

个村委会对接沟通“村银共建”协议内容，与12个农村新型经济主体达成党建互联互助产业基地建设意向。年末，已建成“党建互联互助”示范村12个，完成整村授信，共授信2583户、17147万元，发放贷款1273户、13510万元，为农区客户提供更全面的金融服务。

助力小微民营企业发展。继续采取“停、减、降”等措施，帮助民营和小微企业降本减负。通过创新金融产品，大力推广“订单贷”“循环贷”“纳税信用贷”等产品，为客户提供全方位、多元化的金融服务。优化信贷流程，下放部分信贷产品基层自主审批贷款权限，推出《民营和小微企业10个优化》，着力解决小微企业融资难、融资贵等问题。实施减费让利，开展支持民营和小微企业各类服务活动，先后采取利率优惠、办贷零费用等方式，为民营和小微减费让利。全年全行支持民营和小微企业贷款累放19494万元，保质保量完成央行降准贷款投放目标任务。惠民惠农财政补贴资金发放业务取得新突破。9月，与县财政局成功签订沙洋县惠民惠农财政补贴资金“一卡通”发放业务委托代理协议，成为全省首家、也是唯一一家100%代理发放全辖惠民惠农财政补贴资金的金融机构。作为全省首家县级财政系统试点中标单位，沙洋农商银行研发的“惠民惠农财政补贴资金一卡通发放监管系统”初步上线，全辖涉及财政资金单位均安排专员与沙洋农商银行对接操作，且确定以农户持有的农商行福卡借记卡为唯一补贴卡进行登记。根据协议，沙洋农商银行代理的政府惠农资金项目共39项，预计每年代理发放补贴资金10亿元以上，全部在沙洋农商银行封闭运行，惠及全辖60余万人。打击逃废金融债务。通过向县委、县政府专题汇报关于协调化解全行风险贷款情况，引起高度重视。11月，县政府先后召开专题会议及全县动员会议，出台专题会议纪要；召开全县清收处置农商银行不良贷款专项行动动员会，由县政法委、法院、检察院、公安局、人行沙洋支行、市银保监分局沙洋监管组等多个部门单位组建打击逃废金融债务整治营商环境工作专班，抽调公、检、法机关及监管部门人员成立打击逃废金融债务整治营商环境办公室，进驻沙洋农商行现场办公。截至年末，共专项清收不良贷款800万元、判决执行2000万元。

（樊孝军）

2019年3月19日，省联社党委书记、理事长李亚华到沙洋农商银行调研指导工作，深入基层网点、地方重点企业走访，并与县党政主要领导会谈，共谋经济金融发展大计。图为李亚华（中）在沙洋农商行参观调研　（沙洋农商银行　供稿）

【沙洋中银富登村镇银行】　2019年末，沙洋中银富登村镇银行各项存款余额35509.84万元，比年初增长27.47%。其中，单位存款14315.59万元、个人存款21194.25万元。各项贷款余额34080.85万元，比年初增长20.93%。从客户类型角度看，农户贷款余额为18995.65万元，小微型企业贷款余额8696.24万元；按贷款投放行业划分：农、林、牧、渔业贷款余额为11218.60万元，制造业6168.45万元，建筑业1011.09万元，批发和零售业9021.43万元，交通运输、仓储和邮政业728.84万元，住宿和餐饮业659.03万元，信息传输、软件和信息技术服务业41.31万元，租赁和商务服务业334.65万元，居民服务、修理和其他服务业459.88万元，个人消费贷款4364.23万元。全年上缴税费490万元。

（陈　芸）

保险业

【中国人民财产保险股份有限公司沙洋支公司】　2019年末，中国人民财产保险股份有限公司沙洋支公司内设经理室、综合部、财务部、农险部、车险部、社保部、车商业务部、车险续保业务部、车险直销业务部、责任意外信用险业务部、财产船舶货运险业务部、个人营销业务部、理赔分部等13个职能部室，下设13个乡镇营业网点、1个监狱管理局营业网点，有查勘服务车辆13辆，有员工106人。其中，中共党员16人、大专以上学历66人。公司开通有365天24小时服务专线95518，中国人保、人保E通APP软件，湖北人保微信公众平台，e-PICC网站(e-picc.com.cn)网络销售平台，为客户提供报案、咨询、投诉、保险卡注册、车辆救援、预约投保和客户回访等多功能、个性化服务。公司开办有责任险、机动车保险、财产保险、保证保险、农业保险及各种附加险、补贴型农业保险、强制保险等险种100余个；公司承保县内全部国家支柱产业领域及重点企业的财产保险、船舶保险、机动车保险、雇主责任保险、安全生产责任险、人身意外保险等，独家承办补贴型农业保险、社会治安综合保险、精准扶贫民生保险、“平安摩托”保险等。

2019年，中国人民财产保险股份有限公司沙洋支公司公司继续践行“人民保险、服务人民”的使命，始终秉持“以人为本、诚信服务、价值至上、永续经营”的经营理念，进一步弘扬“求实、诚信、拼搏、创新”的企业精神，坚持以客户为中心，充分发挥品牌、人才、产品、技术、服务、网络等6大优势，以金牌服务回报客户，为促进全县经济发展、稳定社会、作出积极贡献。截至年末，公司累计实收保费8113.18万元(其中，车险4392.49万元、责任信用险464万元、意外健康险457.3万元、财产险490.45万元、船舶货运险36.17万元、农业保险501.83万元、社保险1770.93万元)，比上年同期减少1411.58万元、减幅为14.82%，占全县财险市场份额的60%左右；全年累计支付赔款5641.98万元；上缴各项税金(包含代收车船税)578万元。承保补贴型水稻基础保险1478户、9620公顷，赔付660户、920公顷、195.45万元；承保补贴型“能繁母猪”49户、12869头，赔付1348户、4315头、392.92万元；承保补贴型“两属两户农房”5659户，赔付7户、0.68万元；承保补贴型油菜保险2055户、2053.33公顷，赔案正在受理之中。(胡亚飞)

【中国人寿保险股份有限公司沙洋县支公司】 2019年末，中国人寿保险股份有限公司沙洋县支公司内设经理室、综合部、客户服务中心、个险销售部、团体业务部、银行保险部等6个职能部室，有机关干部及员工24人；下设13个营业部、营销服务部，有从业人员409人。其中，个险销售队伍305人、客户经理队伍16人、收展经理队伍54人、团险业务部队伍34人。主要经营人寿保险、健康保险、意外伤害保险等各类人身保险业务。

2019年，中国人寿保险股份有限公司沙洋县支公司坚持“发展、合规、创富、和谐”经营理念和“专业、真诚、感动、超越”服务理念，着力打基础管长远，加强队伍建设，推进业务发展，强化风险管控，较好地完成各项年度工作任务。全年承保各类保险82万人，承担1850亿元的意外伤害、医疗、疾病等保险责任。公司推出的“农村小额人身保险”“村村通工程”等保险业务成为服务全县“三农”工作的“知名品牌”和“优质名牌”。出台更大的普惠政策拓宽农村小额人身保险参保范围。一方面，将65岁以上老年人纳入承保范畴，实现与城乡居民医疗保险的无缝对接；另一方面，在保持原来补偿政策不变的情况下新增“意外伤害住院补贴”项目，每天补贴标准20元，做到与“三农”工作同研究、同部署、同落实。截至年末，全公司实现保费收入1.1亿元。其中期交保费1017.32万元，十年期及以上期交保费658.66万元；大短险保费1397.68万元，其中意外险保费267.22万元、健康险保费1130.4万元，完成年计划的115%，同比增长11.1%；续收保费7307.14万元，续收率100%；团险业务保费1129.44万元，全年收取农小保16.96万人、实现小额人身保险保费848万元；学平险保费212万元，承保面达90%以上，同比增长8.1%，增幅居全市第一；长险首年期交387.43万元，长险首年标保78.05万元，10年及以上首年期交58.35万元；保障型产品43万元。长险和意外险全年赔款支出6156笔、共931.36万元。其中，死亡赔款683.84万元、医疗赔款88.84万元、重大疾病赔款87.47万元、补贴71.21万元。全年计划生育子女安康保险承保人数1251人、保费收入25.02万元，赔付件数6笔、赔付金额19万元。年内，中国人寿保险股份有限公司沙洋县支公司被湖北省地方税务局评定为2019年度“全省纳税信用A级纳税人”；被荆门分公司评为2019年度“先进集体”。(李 静)

科 学 技 术

概 述

【概况】 2019年3月，根据沙洋县机构改革方案，将原沙洋县经济信息化局和沙洋县科学技术局合并，组建沙洋县科学技术和经济信息化局，为县政府工作部门。局班子成员7名。其中，书记1名，局长1名，副局长3名，党组成员2名，总工程师1名。县委军民融合发展委员会办公室设在县科学技术和经济信息化局，接受县委军民融合发展委员会的直接领导；内设6个股室，即办公室、科技计划与政策法规股（国防科技动员办公室）、科技发展股、经济运行股、企业技改投资股、信息技术股。主要职责是：拟订全县科技和经济信息化发展的中长期规划和年度计划并组织实施；提出科技和经济信息化发展战略和政策建议，推动科技资源开放共享，协调解决新型工业化进程中的重大问题，改善科技和经济信息产业投资环境；推进重点产业链的构建，推进科技和经济信息化融合。统筹推进全县科技体制改革，会同有关部门健全技术创新激励机制。指导科研机构改革发展，推动企业科技创新能力建设。拟订全县科技创新规划并监督实施。统筹全县科技创新体系建设，指导全县创新发展。拟订全县高新技术发展及产业化政策措施并组织实施。拟订科技促进农业农村和社会发展的规划、政策措施并组织实施。推动科技扶贫工作和农村科技社会化服务体系建设。指导全县农业科技园区建设。拟订科技成果转化和促进产学研结合的相关政策措施并监督实施。组织全县技术转移体系建设，指导技术市场和科技中介组织发展。负责科技平台工作。推进产学研结合，促进相关科研成果产业化。负责全县科技监督评价体系建设和相关科技评估管理，统筹科研诚信建设。组织实施全县科技创新调查工作。指导全县科技保密工作。拟订全县科技对外交往与创新能力开放合作的规划、政策措施，组织开展全县对外科技合作；负责在沙外国专家管理服务工作。会同有关部门拟订全县科技人才队伍建设规划和政策措施并监督实施，建立健全科技人才评价和激励机制，组织实施科技人才计划，推动高端科技创新人才队伍建设。拟订全县科学普及规划、政策措施并组织实施。负责国家、省科学技术奖的申报组织工作。

【经济发展】 2019年，沙洋县完成工业总产值447.6亿元，同比增长14.01%；规模工业增加值增长10%以上；完成工业固定资产投资120.46亿元，增长18%；完成技改投资47.62亿元，增长12.2%；完成兼并重组6家；获批国家高新技术企业11家；获批省级工程技术研究中心1家、推荐申报省星创天地1家；收集企业技术需求37项，完成科技成果转化19项；39家中小企业被认定为国家科技型中小企业；完成技术合同交易额4.5亿元。积极实施科技三项工程，县域创新能力不断增强。高新技术企业、企业技术需求征集、科技成果转化和国家科技中小企业认定等4项考核指标均完成全年目标任务。

【科技创新】 2019年，沙洋县科经局大力实施科技三项工程，着力提升企业创新能力。实施高企发展工程。通过广泛宣传科技惠企政策，深入开展“科技进企业”等活动，构建起“科技型中小企业—科技创新小巨人企业—高新技术企业”全链条培育体系，新培育认定科技型中小企业39家，获批国家高新技术企业11家。实施成果转化工程。采取走出去、请进来等方式，走访企业近百家，收集企业技术需求37项，完成科技成果转化19项，登记技术合同17项，完成技术合同交易额4.5亿元。邀请上海大学陈红霞教授与湖北美宝生物科技股份有限公司进行有效对接，解决企业生产的技术难题。实施创新能力建设工程。年初，荆门市熊兴化工有限公司被认定为“湖北省硫铁矿制硫酸高效资源化利用工程技术研究中心”，该中心是沙洋县首家省级工程技术研究中心；推荐申报省星创天地1家；推荐熊兴、万锦、秦江化工等9家企

业参加县委组织的创新创业"好平台"评选活动。（县科经局）

气象事业

【概况】 2019年，沙洋县气象局发布《专题气象服务材料》33期、《重要天气报告》17期、启动应急响应命令2次、各类《气候趋势预测》15期，多份服务材料得到县领导的批示。在公众服务方面，发布《春运专题气象服务》40期、《高考专题气象服务》3期、《中考专题气象服务》1期、《油菜花旅游节专题气象服务》26期、《天气周报》52期、《2天天气预报》730期。在为农服务方面，发布《三农气象服务周报》94期，《春耕春播专题气象服务》7期、《夏收夏种专题气象服务》8期、《秋收秋种专题气象服务》14期、《秸秆禁烧气象日报》84期、开展人工增雨作业8次。年内，县气象局获全市气象部门"年终目标考核特别优秀达标"单位；被表彰为2019年度湖北省重大气象服务先进集体；彭瑞获评全市气象部门目标考核"优秀"；王雨、段皓冉获评全市气象部门"先进工作者"。

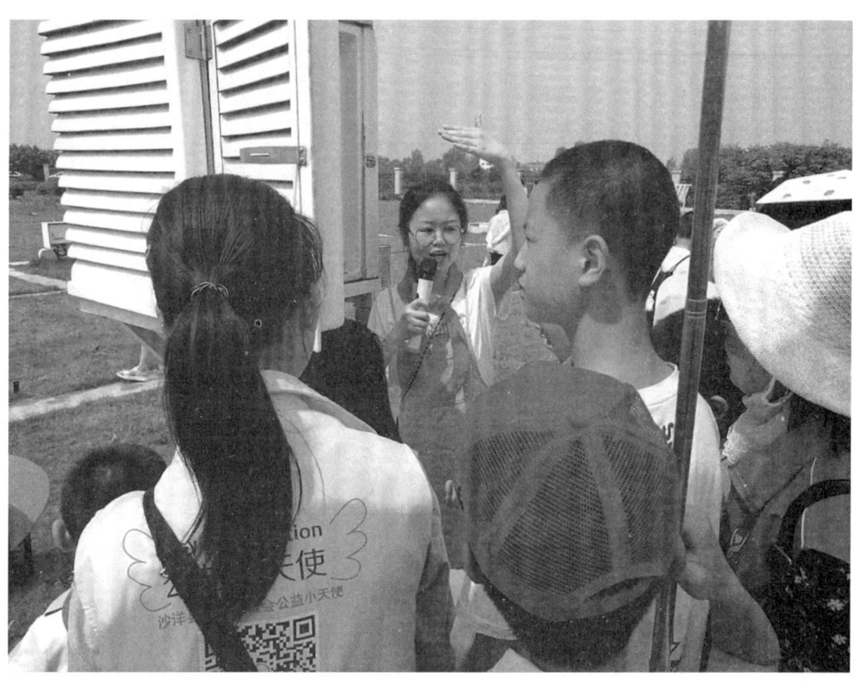

2019年6月1日，县气象局配合沙洋义工联为汉上小学学生、家长进行气象科普宣传。图为气象科普现场（县气象局　供稿）

2019年3月26日，县气象局在曾集镇开展国家气象日系列宣传活动，宣传《气象法》和气象科普知识。图为活动现场（县气象局　供稿）

【防灾减灾】 2019年，沙洋县气象局开展"3·23世界气象日"气象科普宣传活动、"5·12"防灾减灾日、"12·4宪法宣传日"等科普宣传活动，向社会公众发放《3·23气象报专刊》《雷电天气的安全防护》《沙洋县气象灾害防御指南》《如何应对气象灾害》《气象法》《气象灾害防御条例》《湖北省雷电灾害防御条例》《湖北省气候资源利用和保护条例》等相关的知识手册2000余份，提高公众的法制意识和防范气象灾害的意识和能力。开展防雷公益性检测，对县直单位、学校医院等人员密集场所定期进行防雷检测；积极履行部门监管职能，通过"双随机一公开"执法活动，对防雷装置、施放气球活动开展监督检查，确保行业安全。开展人影工作。制定重污染天气应急预案、人工消霾工作制度等，全年开展人工增雨消霾作业8次。

（彭　瑞　段皓冉）

教　育

概　述

【概况】 2019年，沙洋县教育局内设办公室、基础教育股、职业成人教育股、体育卫生与艺术教育股、教师管理股（县语言文字工作委员会办公室）、财务审计股（项目建设管理股）、县教育督导办公室、组织人事股、安全股（综治信访维稳办公室）、教育团工委等10个职能股（室），辖沙洋县招生委员会办公室、学生资助管理中心、教学研究室（教育科学研究所）、电教装备馆、学校后勤管理办公室、青少年活动中心6个直属单位。全县有学校74所。其中，小学54所（含5个教学点）、初中15所、普高3所、中职1所、特殊教育学校1所。在校学生38256人。其中，小学17650人、初中7752人、普高4450人、中职839人。学前教育机构39所，在园幼儿7565人。学前教育三年毛入园率95%，小学入学率和巩固率100%，初中三年巩固率99.8%，高中阶段毛入学率96%。公办学校在编教职工3573人。其中，学前教育教师271人、小学教师1546人、初中教师1178人、高中教师468人，中职教师110人。年内，沙洋教育以习近平新时代中国特色社会主义思想为指导，以办好人民满意教育为目标，求真务实，锐意进取，各项工作成绩显著。县教育局分别获中国教育报刊社“教育新闻宣传先进单位”、中国教师报“2019年度教育新闻宣传工作先进单位”、2019年湖北省教育教学信息化交流展示活动团体优胜奖、湖北省第十九届青少年爱国主义读书教育活动优秀组织奖、湖北省2018年度校外教育工作先进单位、全市中小学生“教科杯”宪法学习暨文明城市创建主题征文比赛优秀组织奖、2019年荆门市中小学体育艺术教育“一校两特”创建项目展演优秀组织奖、荆门市第三届中小学生经典诵读大赛优秀组织奖、“我和我的祖国”庆祝新中国成立70周年中小学生创新作文大赛优秀组织奖等30多项荣誉。

2019年12月12日，全市第六届校长论坛活动在沙洋举办，来自全市160余所中学、小学、职业学校的200余名教育界人士参加活动。图为沙洋县汉上实验学校课程建设成果展演现场　（县教育局　供稿）

基础教育

【学前教育】 2019年，沙洋县教育局全面落实《学前教育三年行动计划（2018—2020）》，进一步扩大农村公办学前教育资源，不断加快镇中心幼儿园提升建设，县域内所有镇中心幼儿园均达到示范园标准。完成毛李镇中心幼儿园、鲁店小学附属幼儿园、瞄集小学附属幼儿园、蝴蝶小学附属幼儿园、纪山中心幼儿园、岳山小学附属幼儿园公建民营园舍回收工作，并于9月1日顺利开学，保证每个乡镇必须至少办好一所独立建制、财政拨款、园舍独立的公办园。采取以县为主、县镇共管发展模式,在联村完小设立中心园分园,完善县、镇、村三级学前教育公共服务体系。管理体制机制进一步健全。出台《沙洋县城镇小区配套幼儿园治理工作实施方案》,严格落实联席会议制度,定期协调解决学前教育事业发展中的热点、难点问题,切实解决学前教育投入、教师编制和幼儿园建设等重点工作。县人大、政协定期组织代表委员视察学前教育工作,督促各级政府落实学前教育投入和师资队伍建设等工作。保育教育质量进一步提升。严格落实幼儿园标准化管理,各园坚持“一个中心”(保教课程的实施必须以游戏活动为中心),立足“两个基本”(以五大领域内容为基本,以幼儿健康成长为基本),把握“三项原则”(趣味性原则、针对性原则、参与性原则),规范开展保教工作。马良镇中心幼儿园、后港镇中心幼儿园参加省优秀案例比赛取得优异成绩;商业幼儿园、高阳镇金太阳幼儿园被评为市级示范幼儿园。推行乡镇幼儿园“一体化”管理;按照“优质带动、联动发展、整体评价”的基本原则,充分发挥镇中心园资源优势,带动镇内各幼儿分园,实现设施资源、人力资源、课程资源、信息资源共享;对镇域内幼儿园实行统一管理策略,统一培训交流、统一保教管理、统一教研活动、统一财务管理、统一评价激励,促进全县学前教育优质均衡和多元特色发展,打造沙洋学前教育品牌。

【义务教育】 2019 年,沙洋县教育局狠抓义务教育,努力改善办学条件,提高教育质量。争取资金 1838 万元,用于纪山小学、毛李小学、高桥小学、毛李中学等学校新建教学楼、门房及校舍维修,推进义务教育学校标准化建设。争取义务教育薄弱环节改善与能力提升(2019—2020)专项资金 2663 万元,完成两年项目建设规划编制,用于化解城镇大班额、加强两类学校建设及为学校配置安防设施设备。投资 200 万元,完成县政府民生实事——十里中学、拾回桥小学、五里初中等 6 所学校运动场塑胶面层项目建设。推行新课程设置,促进课堂教学改革,优化教学评价管理,培养学生学科核心素养。12 月,成功举办荆门市第六届校长论坛,汉上实验学校和实验初中提供高规格现场展示。整合教研协作体、网络研修、“一师一优课,一课一名师”、送教下乡活动,形成“四位一体”教研模式。全年全县获省级优课 6 节、市级优课 23 节,省级优质课竞赛 6 名教师分获一二等奖,市级优质课和说课竞赛 11 名教师获一等奖。推行教研员“蹲点包校”制度,1 名教研员蹲点包保 1 所教学质量薄弱学校。加强教科研管理,推进课题申报和结题工作,1 个国家级课题结题,106 个小课题结题。召开 9 学科中考复习备考会、“阅读·素养·质量”表彰大会,开展教学管理工作“校校行”、教学视导等活动。推行“德育+家”和中小学德育积分制管理,逐步形成中小学德育积分制管理办法、实施方案、考核细则及操作办法等管理制度和经验。将本年度德育工作分为常规工作(组织管理、德育活动、德育效果)和重点工作(指令性工作、特色成果),通过检查评价,以积分制形式呈现评价结果,年底将德育年度工作积分与年度考核挂钩。3 月,深入开展“九久入户”工程,推行课间诵读核心价值观活动。汉上实验学校为全市宣传工作会议提供现场,展示社会主义核心价值观“五进”活动成果。5 月,举办第十九届爱国主义读书教育活动。县教育局和 3 所学校获省优秀组织奖,5 名学生获省级奖,5 名教师获省级优秀辅导奖,54 名学生获市级奖,33 人获市级优秀辅导教师奖。6 月,举办沙洋县“十大最美少年”评选活动,评选出吕欣贝等 10 名最美少年。10 月,组织“七十年征程七十年歌”师生国庆庆祝活动。同月,组织实验小学、西湖小学、长林中学参加市第三届经典诵读大赛,分获特等奖、一等奖、二等奖。11 月,开展节水型社会达标建设活动。先后举办心理健康教育、少先队辅导员技能大赛、青骄第二课堂暨禁毒教育、党史·国情知识网络竞赛、少先队建队日活动、廉政文化进校园、绿书签 2019、延安精神进校园(基地建设)、垃圾分类及习惯养成教育、秸秆禁烧小手拉大手、寸草心荆门百所观鸟学校指导教师培训等系列德育、团队活动。开展体卫艺活动。1 月,参加县委宣传部组织的戏曲展演活动。3 月,统筹安排创建国家卫生县城工作。5 月,举办沙洋县中小学生乒乓球赛。7 月,举办沙洋县中小学生篮球赛。10 月,洪岭小学男子足球队代表全县参加荆门市第三届体育大会比赛,获得小学男子组第八名。11 月,沈集小学的武术操代表全县参加荆门市“一校两特”展演,获一等奖。同月,“市一中杯”美术现场作品大赛在县职教中心举办。12 月,李市中学女子篮球队、沙洋中学男子篮球队参加荆门市第三届体育大会比赛,分获第二名、第四名。

【普通高中教育】 2019 年,沙洋县教育局多方筹措资金,投入 576 万元,维修沙洋中学运动场,改扩建学生食堂,维修综合楼、阶梯教室等,营造温馨和谐的育人氛围;改造升级后港中学大型室内体育馆、全新塑胶篮球运动场,并投入使用;投入241万元,更换学生寝室床铺1400套。积极开展爱国主义教育、法制宣传教育、心理健康教育、优秀学生评选、社团文化活动等,学生综合素养有效增强。坚持开展星级学生、三好学生、优秀学生干部、优秀共青团员等评选活动,形成良好校风学风。加强学生心理健康教育。11月22日,沙洋县中小学心理辅导室建设暨心理健康教育观摩、培训活动在沙洋中学举行,沙洋中学心理辅导室建设和杜玲玲老师的留守学生团体辅导课给观摩人员留下深刻印象。开展教学教研。成立高中教研组,组织学科教研组长参加"新高考"专项培训和"新高考"新教材专题培训。推进课堂教学改革,2019年高考全县普通高考重本上线人数远高于全省平均水平。关注教师专业发展,组织教师开展业务培训、家庭教育培训、学科组长培训、青年教师拜师结对等活动,提升教师业务能力。举行校内"同课异构"活动,精心打磨课例课型,推选教师参加青年教师优质课竞赛及"荆楚联盟"同课异构大赛。在第七届"中国好教育"同课异构大赛中,沙洋中学杜万敏老帅夺得湖北赛区化学学科冠军。做好省市课题的申报和立项工作,规范、深化课题研究,让课题研究落到实处。沙洋中学朱风云老师负责的小课题获市一等奖。

【特殊教育】 2019年8月,沙洋县委编委批复,同意设立沙洋县特殊教育学校,为县教育局所属公益一类事业单位,人员编制在教育系统内部调剂。8月26日,沙洋县特殊教育学校举行揭牌仪式,副县长彭艳出席揭牌仪式并讲话。县特殊教育学校在编在岗教职工12人,其中专业教师8人、门卫及生活教师4人。争取特殊教育中央补助资金35万元,在原农建小学基础上,基本完成沙洋县特殊教育学校改建工作。争取省财政残疾人职业教育专项资金6万元,建设特校电脑技能培训室和家政保洁训练室;县教育局拨付4万元,用于特校筹建、办公用品添置和日常开支。10月8日,组织县特殊教育学校10名教师到荆门市特校进行为期4周的跟岗学习,提升教师专业素质。走访城区、高阳、李市、官垱、马良等地60户残疾学生家庭,开展招生宣传和摸底工作。

职业教育

【概况】 沙洋县有中职学校(沙洋县职业技术教育中心)1所,学校管理机构为"六处三室"(办公室、教务处、职成处、招生就业办公室、后勤处、总务处、政教处、安保处、教科室)。职业教育实现由过去的就业型教学目标向升学型教学目标转轨。成人教育以退伍军人培训和本、专科函授学历教育为主。沙洋县职教中心新校区位于沙洋县滨江新区、太乙湖畔。2019年底,学校成立以贺云平为总负责人的新校区建设专班,确保专人专责,科学稳妥推进各项工作。新校区占地面积72369平方米,建筑面积69307平方米,分为教学区域、生活区域、运动区域、实习培训区域等。实训楼、教学楼、学生宿舍已建成,食堂项目、看台设备房项目、道路管网项目、校园围墙项目等正在建设中。

【教育教学】 2019年,沙洋县职教中心严抓教学纪律,坚持手机管控和课堂不定期巡查,实行班主任密切跟班和集中放假制度,通过抓教学常规、抓优化教学过程、抓质量监控、抓考试考查纪律等,促进教学质量提高。开展教师培训、教研组活动和听、评课活动,加强交流切磋,提高教师素质,推动职业教育教学工作整体提升。全年招收中职学历新生325人,超额完成年初招生计划。92人获省市县各级各类奖励,在荆门市中职生职业技能大赛和"文明风采"活动中,获4个一等奖、7个二等奖、8个三等奖,多名教师被评为市级优秀辅导员。2019届技能高考,上线率100%。

教　师

【师德师风建设】 2019年,沙洋县教育局将2019年定为"师德建设提高年",开展师德师风专项整治"正风行动"和"三项整治"活动,在职教师有偿补课现象明显好转。突出先进教师示范引领,拾回桥镇老山小学李晶老师获"全国优秀教师"和全国"最美基层高校毕业生"荣誉称号,其先进事迹在央视1套、央视12套播出。毛李小学罗云芳老师被评为"湖北省农村先进教师"。沙洋中学李少君老师和洪岭小学肖涛校长获市政府表彰。韩晓春等21名优秀教师获荆门市人力资源和社会保障局记功奖励。潘相宏等13名教师的先进事迹在《荆门晚报》刊载。

2019 年 9 月 9 日，全县教育工作座谈会召开，县委书记、县长刘克雄（后排左三）出席并讲话。县委副书记陈威（后排左四）、副县长彭艳（后排右二）等出席会议。图为会议现场　　（县教育局　供稿）

【教师招培工作】 2019 年，沙洋县教育局招录 41 名教师，省级以上培训 347 人，市县级培训 437 人，县级送教下乡 870 人次。300 多名教师进行“青蓝工程”结对；从城区学校及镇中心校选派 19 名干部到偏远学校任职，选派 170 多名骨干教师到农村学校支教。

【教师资格认定】 2019 年，沙洋县教育局认定 208 名老师具备教师资格并发放教师资格证书。其中，孙雨洁等 24 名老师具备初级中学教师资格，刘思航等 138 名老师具备小学教师资格，陈思思等 46 名老师具备幼儿园教师资格。

【教师职称评定】 2019 年，沙洋县教育局落实省市县职改办文件精神，开展乡村中小学教师专业技术职务任职资格评审试点工作。经湖北省中小学教师（荆门）高级职务评审委员会评审通过，省职改办公示、审查，批准 1 人具备正高级教师职务任职资格，3 人具备高级教师职务任职资格，25 人具备乡村中小学教师高级职务任职资格，42 人具备一级教师任职资格，45 人具备二级教师任职资格，3 人具备三级教师任职资格。

【关爱困难教师】 2019 年，沙洋县教育局精准关爱困难教师 14 人，发放资助金 14 万元。申报中央专项彩票公益金“励耕计划”13 人，“润雨计划”1 人，资助标准为每人 1 万元。

学校管理

【信息化建设】 2019 年，沙洋县教育局投入 800 余万元，用于全县教育信息化建设。为 21 所学校添置计算机、教学仪器设备等实验实习设备器材 436 台（套）；新增和更新体、音、美教学器材 20 余万件；新建高标准图书室 1 间，实现信息化管理；为 20 所学校添置“班班通”触控机（智能交互一体机）、壁挂式视频实物展台、交换机等教育教学资源设备 478 台（套）；推进创客教育、智慧校园、数字校园试点，培训管理干部、专业技术人员、骨干教师 200 多人次；加强学校及教师个人空间的建设与应用；组织开展中小学电脑制作竞赛等活动，100 余件作品获省市级奖，电教馆获省级“优胜单位”。

【学校安全管理】 2019 年，沙洋县教育局加强安全管理，打造“平安校园”。沙洋中学成功申报创建“平安校园”百所省级示范校，17 所中小学、幼儿园被评为“荆门市平安校园”。坚持开展安全教育 511 工程（每天 5 分钟、每周一节课、节前 1 小时安全教育），落实校园安全三个 100%：中小学封闭化管理，一键报警器、视频监控系统与属地公安机关联网率，中小学专职保安员配备率分别达 100%。“家长志愿护学岗”被《经济日报》、中新网、湖北新闻网、《荆门晚报》等主流媒体相继报道，成为沙洋平安创建的亮丽名片。

【后勤管理】 2019 年，沙洋县教育局开展学校后勤“三个创建”活动，沙洋县学校后勤管理办公室获全市学校后勤“三个创建”先进单位。17 所学校被授予省、市级“放心食堂”“文明宿舍”“绿色文明校园”称号。推行学校食堂“明厨亮灶”工程，实行学校食堂餐厅、操作间、储藏室等电子监控全覆盖。截至年底，学校明厨亮灶覆盖率达 95%。

【学生资助】 2019 年，沙洋县教育局强化中央脱贫攻坚专项巡视反馈问题整改,省市扶贫资金审计及运用扶贫和民生领域政策落实监察系统开展监督检查、省市县精准扶贫专项督查结果运用,全面规范学生资助管理,圆满完成各项资助任务。全年发放各类资助资金869.79万元,资助家庭经济困难学生12109人次。其中,建档立卡学生9961人次,发放资金678.9万元,实现建档立卡贫困家庭学生资助全覆盖,确保家庭经济困难学生无一人因贫失学。开展"资助育人感恩励志"主题教育活动,不断扩大资助育人成效。

【党风廉政建设】 2019年,沙洋县教育局党委开展"不忘初心 牢记使命"主题教育、支部主题党日、"学习强国"平台学习等活动,组织学习省、市、县党风政风通报文件,重点学习违反中央八项规定精神和省委六条意见的反面典型案例,形成党风廉政建设工作新常态。强化源头管控、督查治理等工作,定期督查,敲响责任警钟。开展暑期校园长培训,强化落实"两个责任"教育。每季度对系统内各单位落实主体责任进行全面督查,强化主体责任落实。积极支持监察室查办案件,全年开除公职1人、行政记过1人、行政警告处分2人、党内警告1人、降低岗位等级1人,提醒谈话6人。

特色学校选介

【沙洋中学】 沙洋中学创建于1938年,时逢抗战爆发,湖北省府西迁,成立省立联合中学,省府主席陈诚兼任校长,联合中学所属均县工业职业分校,乃本校之前身。后因局势动荡,八迁校址,六易校名。1946年,定址于沙洋黄家山,更名为湖北省立第二初级中学。1947年更名为湖北省立沙洋中学,办成完全中学。1956年更名为湖北省荆门第一中学,确立为省重点中学。2004年,被湖北省人民政府教育督导室授予省示范高中。学校雄踞黄家山上,濒临踏平湖畔,校园占地面积20.3公顷,有教学班级51个,在校学生2830人,在编教职工245人。其中,中学高级教师有109人、具有硕士及以上学历19人;2人受国家级表彰,60多人被评为省、市级骨干教师或优秀学科教师,10人被授予"市科技拔尖人才"或"市高中学科带头人"称号,4人受聘为"县高中学科首席教师",1人被授予"汉上英才"称号。2019年高考,一本上线308人,一本合格率达32.4%,本科率达92.7%;理科蔡元瑞总分677分,居全市理科应届生第六名,文科郭晓琳总分631分,居全市文科第四名;全校600分以上共35人,近30人录取985院校,近50人录取211院校。学校教研成果丰硕,获评"荆门市教育科研目标考核先进学校"。在全县青年教师比武赛中,祝庆、李玲获一等奖;在第七届"中国好教育"同课异构大赛中,杜万敏夺得化学学科冠军,代表荆楚课改联盟参加"中国好教育"联盟全国总决赛;政治学科卢恩、生物学科刘燕获一等奖。

【沙洋县职业技术教育中心】 沙洋县职业技术教育中心为普职合一综合型高级中学,湖北省重点中等职业学校,华中师范大学职教生源基地,湖北第二师范学院优质生源基地。学校占地面积面积72369平方米,建筑面积69307平方米,教学大楼共有100多间教室和各类功能室,拥有沙洋县唯一的室内大型体育馆及全新的塑胶运动场和篮球场。新校区建设项目位于沙洋县滨江新区、太乙湖旁,总投资3亿元,总建筑面积超过7万平方米。2019年,实训大楼、教学楼、学生宿舍已完工,其他项目建设顺利推进。学校有教学班55个,在校学生2422人,在职教师338人。其中,高级教师占38%,"双师"型教师占20%,全国优秀教师4人,湖北省优秀教师8人,荆门市名师6人,市学科带头人6人,市骨干教师14人,沙洋名师22人。学校高举"悦雅"文化育人大旗,推进"531"(五导三查一反思)智慧课堂课改工程,教育教学成果显著。先后获"湖北省最佳文明单位""湖北省安全文明校园""荆门市示范高中""荆门市文明单位""荆门市教育教学先进单位"等荣誉。2019年10月,学校成功申报"湖北省校园文化百强校"。11月,学校被确立为第一批"湖北省中职学校文化建设实验基地"。年内,学校被评为"沙洋县综治维稳先进单位""沙洋县文明单位"。在各类优质课比赛中,获市县级奖14人;论文和教学课件设计获国家级奖13人,省市级奖10人;教师辅导学生获国家级奖励3人,省、市级奖励11人;国家级刊物论文发表3篇,省级刊物1篇,市级刊物23篇,获"荆门市课题研究先进学校";5月,参加"荆门市职业技能大赛",获4个一等奖、7个二等奖、8个三等奖;参加"荆楚课改联盟优质课大赛",分别获英语组、语文组、历史组、数学组二等奖;孔温冬获"荆门市心理健康教育优质课竞赛"高中组一等奖,学校心理咨询室通过市级验收并获得高度评价;李代学获荆门市人社局记功奖励。

【沙洋县实验初中】 沙洋县实验初中创办于1984年8月,时名沙洋大桥中学。1999年5月,学校更名为沙洋县实验初中。学校有教学班27个,学生1520人,教师170人(中学高级教师81人,中级教师85人,省特级教师1人,省名师1人,省市县骨干教师、学科带头人38人,市本土教育家1人,县首席学科教师3人,县拔尖人才1人)。2019年,学校改善办学条件,优化育人环境,投入资金500余万元,修建塑胶运动场、篮球场,维修教学楼,改造学生食堂及周边环境,刷黑校园地面,维修学校围墙、紫藤萝架,新建教师活动室、文化墙等,校园面貌焕然一新。着力打造特色品牌,弘扬传统文化。推行和实施"雅信"文化和"楹联文化"教育,编修"雅信"和"楹联文化"校本教材,创作《雅信之歌》校园歌曲。开展首届"雅信文化"标语和对联征集大赛,师生创作的门联、亭联、楼联、教室联、楼梯联、寝室联等活跃在校园的每个角落,展示出师生文学素养。圆满承办活动,凸显引领地位。县教育局承办的荆门市第六届校长论坛走进实验初中,与会领导200多人参观学校"雅信文化"和"楹联文化"教育成果的现场展示,充分肯定学校"雅信文化"校本课程的特色品牌。承办沙洋县青年教师优质课竞赛、沙洋县教职工趣味运动会等活动,有效提升学校品牌知名度。强化教学管理,成绩再续辉煌。在教学管理上,出台"五四五"教学常规管理办法(即五备:备课标、备教材、备学生、备教法、备学法;四定:定时间、定地点、定内容、定中心发言人;五统一:统一教学目标重难点、统一进度、统一文本、统一练习题、统一研究教法),强化同科、同课组备课的教学环节,提高课堂教学效率。2019年,学校获全县中考教学质量综合评估总分第一,龙泉中学上线43人。学校先后获得"荆门市教育科研名学校""荆门市绿色文明校园""沙洋县教育系统先进单位"、沙洋县2019年度"阅读·素养·质量"主题活动常规管理示范学校、沙洋县2019年度"阅读·素养·质量"主题活动先进学校、"2018—2019年度县级文明校园""2019年度档案目标管理省一级单位"等荣誉。教研教改成绩喜人,王志琼、贺红云、唐红艳、朱志万、吕卫军、黄晶等52名教师的优质课分别获得省市县级一二等奖。

【长林中学】 长林中学创建于1969年,位于沙洋县开源大道41号。学校占地面积5000多平方米,建筑面积1万多平方米,配有标准塑胶运动场、塑胶篮球场、羽毛球场、校园广场,有高规格的学术报告厅、学生微机室,教室均安装班班通,校园网全覆盖,图书室拥有藏书3万多册。教学班18个,学生964名,在职教职员工117人,学历达标率100%。其中,高级教师46人,中学一级教师68人;省、市、县学科带头人和教育科研新秀19人,省、市、县级骨干教师20人,市、县级名师8人,市、县级模范班主任18人。学校持续推进"博雅"文化创建,坚持"博雅",倡导"博雅",传承"博雅",在全省第十九届青少年爱国主义读书教育活动中获省级"学校优秀组织奖"(全县唯一),校报《长林》获"湖北省学校文化建设年度成果奖"。2019年中考,达沙洋中学英才线52人,九门学科进入全县表彰行列,学校综合评估居全县第二名,在沙洋县"阅读·素养·质量"主题活动中被评为"先进学校"和"常规管理示范学校"。年内,学校被评为"沙洋县2019健康食堂""2019年县级先进卫生单位""沙洋县2019健康促进单位"。校长刘曲被评为"学校管理先进个人",王凌云被评为"教学常规管理先进个人",张红艳、黄嵘嵘、李娟、许苹、官林波等9人被评为"教学质量先进个人"。肖传坤获"荆门科研名师"称号,田小芬"十九大进校园"精品课获省级二等奖,何贞、许苹、陈洲、许忠军、黄嵘嵘、许峰、官林霞、宋凤娇获市级优质课奖,杨作舟、秦伶俐、文翠兰获县级优质课奖,教师撰写发表及获奖作品51篇,教师指导学生获奖21人次。

【毛李中学】 毛李中学创办于1946年,其前身为荆门县毛鲁乡国民小学,校址位于庄皇。1950年更名为荆门县第十一区毛店中心小学,校址迁于毛李老街。1968年迁至扭脚坡,创办初中,始命名为毛李中学。1975年创办高中,1985年改为职高,1988年学校转为完全初中,被正式命名为荆门市毛李中学。学校占地面积58278平方米,建筑面积13429平方米。学校分为东、西区域,东为教学区,西为生活区。学校布局合理,环境优美,绿化率达60%。学校有教学班12个,在校生534人。专任教师69人(其中,高级教师16人,市县级名师、骨干教师、学科带头人28人)。学校构建内涵式管理体系,打造实效型德育模式、生本合作高效课堂教学模式、生态放心后勤服务模式,积淀起含蓄、厚重、淳朴的校园文化。2019年中考,龙泉及沙洋中学英才上线27人,学科成绩语文第一名,英语第二名,化学第三名,数学、物理第四名,教学质量综合评估总分全县第三名。年内,学校被评为“沙洋县教学质量与管理先进单位”“沙洋县文明单位”“荆门市平安校园”。全校教师参加各类竞赛获市级以上奖16人次,论文发表或获奖35篇。学校国家级课题《隔代家庭教育中学生心理问题》顺利结题获好评;教师程瑶化学微课、杨娟《名著导读》课获省级优课奖;曾昭俊老师参与编撰的专著《青梅初绽》获2019年“第二届全国名师工作室创新成果博览会”特等奖。

【拾回桥中学】 拾回桥中学创办于1960年秋,位于拾回桥镇西祖寺殿遗址上,南倚桥河水,北临汉宜公路。1991年被评为“湖北省农村实验初中”。1995年被评为“湖北省农村示范初中”。学校占地面积46798平方米,建筑面积16320平方米。校园绿树成荫,环境清幽典雅。有教学班13个,在校学生589人,在职教师81人。其中,专任教师77人、中学高级教师21人。学校树立“为学生终身发展奠基,为地方经济建设服务”办学理念,努力践行“勤奋、求实、文明、进取”校训,积极倡导“正已、敬业、爱生、奉献”教风,大力发扬“讲组织纪律、讲团结协作、讲服务意识”领导作风,教育教学质量明显提升。2019年中考,物理、数学、生物、体育四门学科均进入表彰行列,其中物理位列全县第一名。年内,学校被评为“沙洋县教学科研先进单位”“沙洋县2019年阅读、素养、质量主题活动先进单位”“沙洋县戏曲进校园节目展示(中学组)优秀奖”“沙洋县2019年人寿杯中小学乒乓球初中女子组第二名,男子组第四名”“篮球赛男子组第六名”“放心食堂”等。在“一师一优课”活动中,杨丽芳老师获省优,王凤琴老师在国培计划送教下乡培训活动中上语文展示课一节,许晓敏、王凤琴、马万新等参加研究的市级“十二五”规划重点课题结题,潘正群、王义龙被评为“沙洋县优秀教师”,全正涛、金克芳等被评为“沙洋县教学质量优秀个人”。

【曾集中学】 曾集中学始建于1951年,位于五洋公路和沈后公路交会处,由创始人陈光辉在原曾集街中心文昌庙基础上兴建,曾为集幼儿、小学、初中、高中教育为一体的完全学校。后余桥中学、许岗中学、蔡庙中学相继并入。学校占地面积51740平方米,建筑面积11959平方米,配有电子备课室、理化生实验室、图书室、阅览室、多媒体教室等13个功能室,9个教室均装有班班通。有教学班9个,学生317人。在岗教职工64人。其中,专任教师40人,中学高级教师24人。学历达标100%。学校坚持“学生为本,发展至上,服务第一”的办学理念,倡导“文明、求实、健美、向上”的校风,坚持以改革为动力,发展为目的,积极打造“快乐成长教育”特色品牌,形成“一切从学生出发,一切为了学生”的育人观念。积极推进教学改革,倡行导学案和小组合作学习模式,推行作业试卷化、综合文科“过关记忆法”、综合理科“日清周结法”。采取跟岗学习、外派培训、教学研讨等方式,促进教师的专业成长。年内,学校被评为2017—2018年度市“平安校园”、县“教学质量先进单位”、县“最佳文明单位”、县“综治先进单位”,档案室“省一级单位”。尹和群、王林青、王在琴、王瀚林、李红艳、康艳梅、周梅等人优质课、课件、论文受省市县级表彰。

【烟垢中学】 烟垢中学始建于1958年,原为高级中学。1984年9月改制为初级中学,为高阳镇重点中学。1993年9月,全镇撤并3所乡级初中,学校规模扩大。2011年9月,全镇集并2所初中,为高阳镇唯一中学。学校占地面积60316平方米,教学和教学辅助用房5021平方米,行政办公用房750平方米,生活服务用房11465平方米。有12个班级,学生495名,在职在岗教师79人。其中,专任教师60余人。在学生管理上,学校追求为学先为人,注重学生的思想品德教育;推行自我教育,培养学生的自立自强能力;狠抓活动育人,提高学生的综合素质;实行封闭式管理,保障学生的生命财产安全。在教师管理上,注重提高学科教师专职化、专业化水平,注重年轻教师的培养,不断优化师资队伍;强化安全意识、质量意识、服务意识,实行全员管理、全程管理、全面管理。学校以“主题式校本教研”为抓手,以湖北名师工作室建设为契机,狠抓队伍建设,深化课程改革。通过提出问题、分析问题、解决问题,对资源建设、教师执教、学生学习等课改领域的疑难和困惑进行教学解剖,实现教育教学过程规范化和效益最大化;通过“深度教学”理论探讨与实践,“双十四条”“复盘式评课”等序列化研习与训练,培养教师课程改革执行能力,实现队伍建设与育人效益双丰收。2019中考,获全县综合评估第五名,11个单科受表彰。年内,学校被评为“沙洋县文明单位”“2018年度先进单位”、沙洋县2019年“阅读·

素养·质量先进单位”,沙洋县教育局“2018 年度综治先进单位”“戏曲进校园一等奖”,荆门市“2018 年度教科研先进单位”、2019 年度“教学常规管理先进单位”。教师在各级各类教科研活动中获奖近60人次。其中,刘云锋获“湖北名师”、文黎明获“市级教科研先进工作者”、郭华获市级“创客教育骨干教师”称号。

【纪山中学】 纪山中学创建于1969年2月,前身为四方铺中学,隶属荆门县拾桥区。1975年撤区并社,隶属荆门县十里公社。1987年10月撤社改乡,隶属沙洋区四方铺乡。1998年8月,四方铺乡改为纪山镇,学校更名为纪山中学。学校占地面积30483平米,建筑面积14757平米,校园内初步形成教学区、运动区、学生生活区、教师生活区相对独立的格局。有6个教学班,在校学生198人,教职工40人(其中,专任教师36人,市县级“名师”、学科带头人、骨干教师6人)。教师学历合格率100%。学校秉承“以质量求生存,以管理促发展”办学理念,坚持“以德化人,科研兴校”为治校方略,通过德育主题活动熏陶,建设和弘扬“自信、自主、乐学、善学”的学风,“敬业、爱生、厚德、博学”的教风,“明理、崇实、合作、创新”的校风。通过创设环境(冠名“翘楚楼”“雄楚楼”“楚楚楼”“楚韵林”“楚风林”“楚味林”等)、举办活动(吟读背诵、诗词讲座、评选“最美”)、开发校本(编写乡土教材《楚韵纪山》),形成和积淀含蓄厚重纯朴的校园“楚文化”特色。学校贯彻落实《义务教育法》,加快学校建设步伐,推进素质教育,促进义务教育均衡发展。2019年中考,沙洋中学英才班上线人数10人。其中,语文、英语、数学、物理、生物均位列全县前六名。年内,学校被评为“沙洋县文明单位”“荆门市文明单位”“沙洋县综合治理先进单位”“沙洋县阅读·素养·质量主题活动常规管理示范学校”“沙洋县阅读·素养·质量主题活动先进学校”“市级卫生学校”“市级防震减灾科普示范校”。教师李静、王敏、田芳、刘元锋、叶云被评为沙洋县“阅读·素养·质量”主题活动先进个人,教师陈守龙、孙锋云被评沙洋县“阅读·素养·质量”主题活动管理先进工作者,教师、学生参赛获奖40人次。

【实验小学】 沙洋县实验小学创办于1929年,位于沙洋县文卫巷32号,曾名南门街小学、沙洋区第一小学。1996年更名为实验小学。2000年8月沙洋交通小学、沙洋县机关幼儿园并入沙洋县实验小学,设小学部、幼教部。校园占地面积45160平方米,建筑面积13136平方米。学校分为小教部和幼教部。小教部有教学班42个,学生2219人;幼教部有11个班,幼儿339人。教职工242人(其中,在编教职工172人,退休教师70人,省优秀教师3人,中学高级教师23人,小学高级教师139人,省市学科带头人15人,市级骨干教师12人,荆门市名师4人)。学校环境优美,教学设施设备完善,教师师德高尚、业务精湛。实施“责任德育”,打造“责任课堂”,创建素养课堂“五步教学法”,形成具有鲜明特色的“责任文化”。2019年,学校走内涵发展之路,各项工作再上新台阶。先后获得“荆门市教育科研名校”“荆门市教育科研目标考核先进学校”“荆门市教育科学研究先进学校”等,“五步教学法”获“荆门市第三届政府教育创新奖”。年内,任兴梅获“荆门市教科研名校长”称号,王海蓉、代春芳获“荆门市教育科研名教师”称号,黄金荣老师参加“十九大精神进校园”优质课竞赛获得省级一等奖,杨大荣、罗德群、张萍丽、陈平获2019年荆门好课堂市级一等奖。在荆门市第三届中小学经典诵读大赛决赛中,选送的节目《离骚魂·中国梦》获特等奖。

【汉上实验学校】 汉上实验学校创办于1950年,初名沙洋镇榨街小学,后六迁校址,九易校名。2017年1月更名为沙洋县汉上实验学校。学校位于沙洋县荷花北路,紧邻平湖公园。建设用地88209平方米,建筑面积22384平方米。建有教学行政综合楼、食堂、操场、设备房、400米跑道标准运动场等设施。教学行政综合楼面积17000多平方米,可设置教学班48个,容纳2200多名学生,是沙洋县一所高规格、高标准、高质量的现代化、信息化、国际化学校。汉上实验学校分小学部和幼儿园部,小学部有教学班级36个,学生1900余名,教师105名;幼儿园部有教学班7个,幼儿280余名,教师28名。学校有高级教师26名,一级教师107名,省级特级教师2名,省级骨干教师6名,市级学科带头人、骨干教师和名师14名。学校秉承宋朝理学家朱震(人称“汉上先生”)的“廉洁守道”精神,按照“悟爱国名言、知爱国名人、诵爱国诗词、读爱国经典、唱爱国歌曲、观爱国圣地、讲爱国故事、办爱国报纸、行爱国之事、做爱国少年”的准则,促进爱国主义教育“一校一品”特色发展。全校师生始终坚信“活

2019 年 5 月 22 日，沙洋县首届青年教师教学竞赛在汉上实验学校举行。图为竞赛现场　　（县教育局　供稿）

动就是契机”的理念，努力通过活动让学校有所作为、有所突破。国学节目《满江红·汉上》在荆门市国学展演中获特等奖；荆门市第六届校长论坛在汉上成功举办；“九久入户”工作代表沙洋县迎接市委检查。围绕“打造荆楚名校、创造国际品牌”的办学愿景，以廉正、守道、勤学、向上为核心内涵和华中师范大学校园文化研究中心共同打造汉上文化，与北京市育英学校成功结对，实现名校引领。2019 年，“汉上文化”继续建设提档升级，“一道、两路、二区、四园、五景”初见规模，校本文化读本师生人手一册，理论深入人心。在人防、物防、技防、育防、制防、心防、督防上狠下功夫，注重家校结合，开展“小黄帽家长义工协会”行动，打造平安校园。市委书记张爱国，市委常委、组织部部长高义勇，市委常委、宣传部长吕晓华，副市长李珩，市教育局局长舒君，县委书记刘克雄，县长陈威等领导分别到学校视察指导工作，对学校办学成就给予充分肯定。年内，学校分别获得北京开发大学家庭教育学院“家庭教育实验项目示范校”“湖北省健康示范学校”“湖北省‘四个 100’法治建设示范点”“荆门市示范心理辅导室”“荆门市优质微课展示与评选活动优秀组织奖”“荆门市优秀少先大队”“荆门市‘鼓乐奏响新时代’最佳风采奖”“荆门市校务公开先进单位”“沙洋县教学质量先进单位”“2019 年荆门市首批特色学校”“2019 年荆门市依法治校示范学校”“2019 年沙洋县最佳文明单位”“2019 年湖北省法制建设示范校”“2019 年荆门市文明校园”“2019 年荆门市平安校园”等荣誉。

【洪岭小学】　洪岭小学创建于 1952 年，人称“红土地学堂”。后因行政区划变更，三次迁址，三易校名。1980 年 10 月更名为洪岭小学。1994 年 10 月，迁至现址——沙洋洪岭大道南 26 号。1995—2008 年，相继有 7 所学校（教学点）撤销并入洪岭小学。校园占地面积 16323 平方米，建筑面积 4596 平方米。校内建有一道（尚雅大道）、两路（启智路、厚德路）、三区（教学区、实践区、生活区）、四化（园林文化、墙体文化、连廊文化、厅堂文化）、五楼（雅行楼、雅思楼、雅情楼、雅趣楼、雅韵楼）、六景（尚雅石、尚雅墙、尚雅泉、尚雅廊、尚雅带、尚雅吧）。有教学班 17 个，幼儿班 3 个，在校学生 720 人，幼儿 75 人。教职工 82 人（其中，专任教师 53 人，中学高级教师 6 人、小学高级教师 42 人），学历达标 100%；市、县级名师 4 人、市县级骨干教师 9 人、市级学术带头人 1 人、市级科研新秀 3 人。学校坚持“崇尚高雅 厚德博学”的办学理念，秉承“尚雅、厚德、健美、向上”的校训，确立“金色沙洋、尚雅洪小”的办学特色，围绕“育博雅学生、塑儒雅教师、建尚雅校园”的办学愿景，形成“学校品牌 + 特色、教师发展 + 特长、学生全面 + 个性”的办学风格。2019 年，学校被评为“湖北省学校文化建设百强校”“沙洋县教学质量先进学校”“沙洋县常规管理示范学校”“沙洋县戏曲进校园展演小学组一等奖”、荆门市 2019 年青少年校园足球小学生联赛男子组第八名。在义务教育段毕业生学业考试命题大赛中李蓉、田芹、罗汉梅等教师获一等奖。黄谦法、宋成、彭成云被评为沙洋县优秀教师。

【后港小学】　后港小学创建于 1930 年，1996 年政府投资 700 多万元修建新校址，1997 年 9 月新校址开学取名后港二小，1999 年 9 月后港小学并入后港二小，定名为沙洋县后港镇后港小学。学校占地面积23560平方米，绿化面积9800平方米，建筑面积7800平方米，校园内层楼叠翠，四季飘香，环境优美，5条主干道、6个园区和10处景点相得益彰，构成园中园、景中景式的园林格局，成为学生学习生活的理想场所。有23个教学班，学生1130名，教师57名（高级教师7人，一级教师50人），市学科带头人3人，县级名师6人，省、市、县级骨干教师18人。学校教学设施完备，配有微机室、图书室、书画室、实验室、音乐教室、电子备课室、录播教室等多功能室，班级电子白板、校园网络全覆盖。以"主体性健全人格教育"为办学理念，以"德育立校、民主理校、教科兴校、特色强校"为行动目标，深化教育改革，优化教育管理，坚持教育创新，形成具有自身特色的教育教学体系。注重构建人文环境，创建文明和谐校园，通过教室文化布置、墙报橱窗、广播校报等建设，时时处处让学生受到美的熏陶和潜移默化的教育。追求"四有"（建有文化的校园、塑有魅力的教师、育有个性的学生、办有特色的学校）境界，落实"翰墨书香""健身舞蹈"书法艺术两大特色。年内，学校获得荆门市第一批"数字教学试点学校""沙洋县文明单位"、2019年度沙洋县"综治维稳先进单位"、2019年度"全市优秀学校少先队组织"、积极心理健康教育子课题"优秀课题组"、2019年度沙洋县"阅读·素养·质量主题活动先进学校"、2019年度沙洋县"阅读·素养·质量主题活动常规管理示范学校"等荣誉，学校教师论文发表获奖60多人次，学生各项竞赛分获国家、市、县多达100人次。

【毛李小学】　毛李小学始建于1948年2月，位于毛李镇校苑路38号。1981年2月改制为镇直公办中心小学。学校有教学班16个，在校学生693人，专任教师42人。其中，高级教师7人，一级教师31人，市、县级名师、骨干教师、学科带头人12人。2019年8月，教学楼改扩建项目正式动工。学校全面贯彻党的教育方针，不忘初心、立德树人，践行社会主义核心价值观，坚持以人为本、以德为先，坚持以"携手打造和谐育人环境、齐心创建美好幸福校园"为办学宗旨，树立"夯实基础、强化德育、精致管理、促进和谐"的办学理念，塑造办学品牌、打造办学特色、提升办学水平。学校以"快乐篮球"为体育特色，以"愉悦口风琴，传统腰鼓"为艺术特色，发展学生个性，常态开展"爱我中华，从我做起""红领巾心向党，争做新时代好队员""圆梦蒲公英，追忆红色记忆"等爱国主义主旋律教育活动。年内，学校被评为沙洋县"文明单位""平安建设（综治）工作优胜单位""阅读·素养·质量主题活动先进学校""常规管理示范学校"；罗云芳被省政府授予"农村优秀教师"荣誉称号（沙洋县唯一）；刘继学、张浩、吴明金、何祖花等在沙洋县"阅读·素养·质量"主题活动中被评为"优秀个人"；金晨晖被评为荆门市"优秀少先队辅导员"；李丹被评为沙洋县戏曲进校园"优秀辅导教师"；刘梦玲在沙洋县首届青年教师教学竞赛中获优胜奖；肖明春、鲁华翔、宋福媛等20多名教师撰写的教学论文分别获省、市、县一二等奖。

【高阳小学】　高阳小学始建于1950年2月，2011年8月迁址至烽火路4号（原烽火台中学）。校园占地面积25688平方米，校舍建筑面积13491平方米。学校布局合理，设施齐全，环境优美，品位高雅。有18个教学班，在校学生805人，教职工78人。其中，专任教师63人，中学高级教师7人，小学高级教师42人，省特级教师1人，省市县级骨干教师和学科带头人14人。学校秉承"以美启智、以美益德、以美怡情"的办学理念，坚持遵循"尚美、明德、博学、求新"的校训，制定确立"尚美高阳，乐韵书香"的培养目标，形成"学校品牌+特色""学生全面+特长"的办学模式。实施"尚美教育"，以"尚美课堂"为阵地，创建"四三二"小组合作学习模式，深化课堂教学改革，提高教育教学质量；普及推广传统体育项目"花样跳绳"和民族舞蹈"扇子舞"，提升学生身体素质和艺术素养；以传统节日和学校活动为依托，为师生搭建展示自我的"尚美文化"平台，形成具有鲜明特色的"尚美"校园文化。年内，学校先后获荆门市"平安校园"，沙洋县"卫生工作先进单位""文明单位（校园）""平安建设（综治）优胜单位""阅读·素养·质量"主题活动先进学校等荣誉。学校留守儿童服务站辅导班被评为市级示范"爱心托管班"；校篮球队在县"人寿杯"中小学生篮球赛中获小学男子组第三名；自编自演现代京剧《红灯记》在县"戏曲进校园"节目展演中获小学组最佳编排奖；政教处获县第十九届青少年爱国主义读书教育活动"优秀组织奖"；4人在县中青年教师写作基本功大赛中分获一二三等奖；5人课件获省级奖励，4人教育信息化作品分别获省二三等奖，11人辅导学生获市级以上奖励；学生30多人次作品获奖或发表。

【邓洲小学】 邓洲小学始建于1951年,服务刘淌、唐垴、永久、邓洲、彭河5个村。学校占地面积19282平方米,校舍面积2028平方米,学校布局合理,校园环境优美,拥有一流的教学设施设备,音乐、舞蹈、美术、计算机、图书室等功能教室全部达到标准;教室多媒体"班班通"全覆盖。有教学班8个,学生308人,在岗教职工22人,专任教师20人。其中,中学高级教师2人。学校确立"把学校办成家长满意、师生幸福成长的乐园"的办学思想,秉承"让教师品味精彩人生,让孩子享有幸福童年"的办学理念,以"塑造阳光心灵,构造和谐校园,践行幸福教育"为办学宗旨,以"读书改变命运,习惯成就人生"为校训,努力把学校打造成一所积极向上、和谐健康、群众满意的新时代农村小学。实施"阳光教育工程",推进素质教育。在狠抓"课前预习、课中改进、限时作业"三环节的基础上,推广"个体自主预习、小组合作学习、全员合作探究、当堂训练达标"课堂教学模式,教学成绩明显提高。坚持学生管理与教学管理并重,推行"全方位、全覆盖"全封闭管理制度,让学生、老师、家长参与平安校园建设。年内,学校被评为"沙洋县文明单位""沙洋县教学常规管理先进单位""沙洋县阅读·素养·质量先进单位"。

【老山小学】 老山小学创建于1948年,1991年迁至原老山中学,定址于拾回桥镇老山村八组51号,更名为拾回桥镇老山小学,是一所乡村完全小学。校园占地面积20560平方米,建筑面积2563平方米。有8个教学班,在校学生95人,在岗教职工14人(其中,副高教师1人、一级教师9人,本科学历6人)。学校坚持"面向全体,狠抓基础,因材施教,培养特长,求真务实"的教学目标,以德育为主线,学科教学为主渠道,教研教改为先导,争先创优共建和谐校园为宗旨,始终恪守"团结奋进、求实创优"的校训,教育教学质量不断提升。学校先后获评县级"师德师风建设单位"和市级"勤工俭学暨学校后勤管理工作先进学校"。2019年,在湖北省第十九届青少年爱国主义读书教育活动中,1人获省级优秀奖;学校获沙洋县第十九届青少年爱国主义读书教育活动"优秀组织奖"。教师李晶受邀参加2019年湖北省义务教育教师招录巡回报告团,受聘湖北省特岗教师岗前培训辅导员,获评"全国优秀教师",入选全国"最美基层高校毕业生"。

【高桥小学】 高桥小学始建于20世纪40年代初,1995年合并周边5个村小,成为一所农村完小。学校占地面积1.6公顷,拥有一栋四层20间教室的教学楼,一栋标准的学生食堂,两栋教师宿舍楼,一栋水冲式厕所;学生运动场地宽阔,学生户外活动设施基本齐全,教学条件不断改善,科学仪器室、实验室、计算机室等功能室建设达标,2016年实现"班班通"全覆盖,2017年建起拥有22台电脑的计算机室。学校有6个教学班,附属幼儿园1所,学生106人,教职工19人。其中,专任教师19人,本科学历14人,县学科带头人2人,县级骨干教师2人。学校秉持"为了一切学生,为了学生的一切,一切为了学生"的办学宗旨,努力提升办学水平,形成"团结勤奋、求实创优"的校训,将"以铜为镜,可以正衣冠;以人为镜,可以明得失;以史为镜,可以知兴替"作为教师为人处世的基本准则,取得令人瞩目的成绩。年内,学校被评为全县"小学毕业合格率先进单位""教学质量先进单位""教学管理先进单位""平安校园""文明单位""教学质量先进单位""教研先进单位"。

【岳山小学】 岳山小学创建于1965年,先后经历小学、中学(含高中)、高小、联村完小的蜕变。近几年,学校修建食堂、水冲式厕所、运动场、教师周转房。校园环境优雅,楼、室、舍、厅错落有致,道、廊、带、坛相映成趣。学校占地面积10135平方米,校舍建筑面积2895平方米,有教学班10个,设小学部、幼儿园部。学生112人,教师18人。学历全部达标,本科学历占60.6%。其中,市级骨干教师1名。学校坚持"服务至上、加强基础、因材施教、全面发展"的办学理念,努力探索小班化教育的新途径,朝着努力构建"迷你型"学校的目标迈进。学校先后被授予"沙洋县文明单位""纪山镇优秀党支部"。学生彭宇浩的习作《童年如歌》被评为国家级作文竞赛二等奖,学生张健的习作《家乡的咸菜缸》被收入《荆门市首届电视散文集萃》。5名教帅获县级优质课竞赛二等奖。在各级报刊发表学生习作50余篇。

【草场小学】 草场小学创建于1945年,称荆门国立第四区第四段小学,原址在草场王家祠堂。新中国成立初期,政府接管学校,更名为荆门第四区草场小学。1967年增设初中班。1971年,草场小学和草场中学分离，迁至凤凰山，更名为大元小学。1987年秋迁回草场集镇，更名为草场中心小学。1995年改址重建，位于草场三街21号。校园占地面积2.5公顷，有教学班8个，幼儿班4个，在校学生205人，幼儿106人。教职工34人（其中，专任教师30人，副高级职称1人、中级职称20人、初级职称9人），学历达标100%；市、县级骨干教师5人、学科带头人3人。学校以“以生为本，以德立校”为办学理念，以“提升学校教育内涵，塑造高素质学生群体，打造研究型教师团队，构建现代化管理模式，创建农村教育特色学校”为办学目标，以“乒乓球运动”为特色教育，采取“循序渐进、分层训练、重点突破、以点带面”的训练模式，成绩斐然。年内，学校被评为沙洋县“阅读·素养·质量先进单位”、“阅读·素养·质量常规管理示范学校”，获沙洋县中小学生乒乓球赛男子团体冠军、女子团体亚军。刘耀军、彭金华、刘蓉获沙洋县教学质量先进个人，陈金平、赵卫华获沙洋县教学管理先进个人；刘蓉获荆门市推普扶贫演讲二等奖；常雪莉、刘蓉在县工会组织的青年教师学科优质课竞赛中获二等奖。

【实验幼儿园】 沙洋县实验幼儿园创办于1952年，原名沙洋县机关幼儿园，位于沙洋县文卫巷32号，2000年8月更名为沙洋县实验幼儿园。幼儿园占地面积3480平方米，建筑面积2608平方米。园内场地开阔、布局合理、设施齐全、环境怡人。开设小、中、大11个班级，幼儿339人，在编教职工28人，专业合格率100%。园内拥有现代化保教设施，每个活动室配有空调、触屏一体机、电子钢琴、亿童区域活动玩具及操作材料等，建有美劳室、音体室、阅览室、多媒体室等功能室。室外设有塑胶操场、大型组合玩具、多功能攀爬网、沙池水池、户外种植区、户外建构区、户外攀爬区、户外绘本墙等。注重幼儿素质培养和潜能开发，课程设置科学全面。围绕“玩美”二字打造办园特色，重视课程游戏化，用游戏点亮童年，以书香浸染岁月，将美育植根孩提，开设玩美美术、玩美阅读、玩美体智能三大特色课程，培养幼儿积极探索、乐于创造、尚美求真的优秀品质，促进幼儿体、智、德、美全面发展。2019年，幼儿园获省教育厅“户外自主游戏优秀指导团队”荣誉称号、“科学做好入学准备”微视频被选送至全省学前教育宣传月视频展播。在湖北省第四届教玩具竞赛中获一等奖；消防安全课被荆门市教育局、荆门市消防救援支队评为“消防安全优质课”。王路平获荆门市第五届教师普通话大赛二等奖；吴慧珉被评为“沙洋县先进个人”、杨晓华被评为“沙洋县优秀教师”。

【曾集镇中心幼儿园】 曾集镇中心幼儿园创办于1991年9月，原名曾集机关幼儿园，位于曾集镇光明路137号，2008年更名为曾集镇中心幼儿园。1995年被评为湖北省农村省级示范园。2014年，投入100多万元扩建保育楼，硬化场地，修缮排水沟，添置两组大型玩具。2016年，投入近10万元铺设人造草坪，创建多功能活动室、美工室和建构室，改善办园条件。2017年创省级学前教育示范县，投资约70万元新建食堂、改建周转房、生态园。2014年、2016年，分别通过省级示范园复评。幼儿园占地面积5470平方米，建筑面积3150平方米，有教学班5个，幼儿135名。在岗教职工20名，专业合格率100%。幼儿园依托农村丰富的自然资源，开发富有农村特色的园本教材，奉行“生活处处皆教育”的办园理念，结合本土实际让孩子在游戏中获得经验，提高技能，陶冶情操。幼儿园连续三年度被评为“沙洋县教育系统先进单位”“沙洋县文明单位”。李桂林、罗梅老师被评为“沙洋县优秀教育工作者”。阳丽萍老师代表沙洋县参加省级送教下乡展示课《因为爱你》。刘楚璇代表第二协作体参加沙洋县学前教育户外自主体育游戏课观摩《烤香肠》。陈昌达、李桂林在自制玩教具活动中《巧用瓶盖》获二等奖。许军芝获评湖北省信息技术培训优秀干部。

【马良镇中心幼儿园】 马良镇中心幼儿园创办于1980年，位于汉江路41号。幼儿园占地面积3662平方米，建筑面积3546平方米。2012年投资210万元新建保育楼，配有活动室、午睡室、漱洗室、舞蹈室、美工室、建构室、图书室。园内环境优美，设备设施齐全。有教学班4个，幼儿101人。教职工12人，专任教师9人，学历达标100%。其中，高级教师5人，市县级名师、学科带头人、优秀教师5人。幼儿园注重校园文化创建工作，以美工“童画里的风景”为抓手，以户外自主活动为推手，以规范游戏活动为核心，让孩子在游戏中获得经验，提高技能，陶冶情操。1999年被认定为荆门市示范幼儿园。2019年，邓秀丽老师获沙洋县中青年教师写作基本功大赛一等奖；曹丹、陈婧、邓秀丽、姚昌持老师撰写的学术年会教育论文分获湖北省二三等奖；陈婧、曹丹老师设计的课件制作《逃出幼儿园》《蟑螂和三只蚂蚁》分获湖北省教育教学信息化交流展示二三等奖；陈婧老师撰写的论文在《中国素质教育探索》上发表。

【沈集镇中心幼儿园】 沈集镇中心幼儿园始建于1983年，原名沈集镇机关幼儿园，创园之初租借原沈集镇供销社的两间平房，1984年迁至现址——文卫路42号，为沈集镇唯一一所公办幼儿园，荆门市市级示范园。幼儿园占地面积3144平方米，建筑面积1448平方米。1990年修建两层的教学楼，2004年投入近200万元新建一栋四层的保育楼和食堂。保育楼融活动室、午睡室、盥洗室为一体，活动室内配有一体机、电钢琴、立式空调、亿童区域活动包、玩具橱等。2017年投入20多万元修缮沙水池、铺设人造草坪、创建多功能活动室、美工室和读书室。2019年投入近20万元添置大型室外组合玩具、多功能攀爬架、童车、球类玩具，加装一键式报警装置，进一步改善办园环境。有教学班6个，在园幼儿134人，教职工19人。其中，专任教师15人，在编教师9人，大专及以上学历15人，学历达标率100%。幼儿园本着“专业至上服务为本”的理念，打造一支有内涵的幼师队伍，开展经典阅读的特色活动，办富有乡土气息和书香氛围的特色园，孵化充满书香气息的幼儿家庭，培育受中华传统文化熏陶的儒雅幼儿。年内，幼儿园被县政府授予“文明单位”“家长满意学校”称号，被沙洋县教育局评为教育系统“先进单位”，张静被县教育局授予“优秀园长”称号，刘雅婷、李甜甜、张倩芸、陈诗琦、杨晓玲、张祎茪等老师在幼儿活动课及课例设计比赛中多次获奖。2019年6月作为沙洋县幼教“国培计划”送教下乡培训活动中，陈诗琦老师的绘本阅读展示课《一根羽毛也不能动》获得专家和参训老师的一致好评。

【汉上实验学校附属幼儿园】 汉上实验学校附属幼儿园创建于1975年，隶属沙洋汉上实验学校，是一所全日制公办幼儿园。坐落于汉津大道中段，占地面积约900平方米，建筑面积约1340平方米，其中户外活动面积约500平方米，可容纳7个教学班。园内幽雅整洁，富有童趣，是幼儿健康成长，快乐求知的摇篮。多年来，幼儿园始终坚持“为孩子生命发展奠基，为教师终生成长铺路”的办园理念，以兴办“孩子喜欢、家长放心、社会认可的市级示范园”为办园目标，努力践行以“心拥快乐，手绘美丽”为办园特色，规范管理，爱心施教，赢得家长及社会各界的赞誉。先后获得“先进幼儿园”“先进单位”“市级示范性幼儿园”“全国美术教育示范单位”等荣誉；幼儿获国家级书画大赛奖200人次、幼儿园获国家级组织奖1次，在教师基本功竞赛中多次获优秀组织奖；付华丽在2019年沙洋县送教下乡培训项目活动中获得示范课一等奖；刘丹、曾立志被评为县优秀教师。

【十里铺镇中心幼儿园】 十里铺镇中心幼儿园始建于1982年，原名十里铺镇机关幼儿园，位于十里铺镇向东路18号。2000年划归十里铺镇中心小学附属幼儿园，2019年从十里铺镇中心小学剥离，更名为十里铺镇中心幼儿园，同年被评为“市级示范幼儿园”。学校占地面积42000平方米，建筑面积3860平方米，可开设教学班9个。2011年投入20万元装修保育楼；2015年投入50万元新建食堂、成人厕所，改建校门；2017年投入13万元改建图书室、美工室、建构室和角色体验室，并开辟沙水区和攀爬区；同年争取国拨资金438万元新建保育楼；2018年争取80万元配套资金用于移址；2019年完成新园区征地、招投标等前期工作并顺利开工。幼儿园秉承“服务当代 面向未来 办人民满意的幼儿园”办园理念，营造温暖、宽松的教育环境，注重幼儿良好行为习惯培养。以文明礼仪为特色，常态化开展踏青、植树、“六一”文艺汇演、福利院慰问、清扫街道等社区活动，开展餐桌文明天使、交通安全天使、尊老爱幼天使、礼仪天使等评选活动，让幼儿养成良好生活习惯，提升全园师幼、家长的文明礼仪素养；以早期阅读为切入点，让幼儿爱读书、会读书、读好书，培养良好学习习惯的同时提高办园水平和社会认可度。学校先后获“荆门市示范幼儿园”“荆门市平安校园”“沙洋县文明单位”“沙洋县优秀幼儿园”“沙洋县保教工作先进单位”“沙洋县争先创优先进单位”等荣誉。

（文黎明）

文化 体育 旅游

概　　述

【概况】 2019年3月，根据沙洋县机构改革方案，将县文化体育新闻出版广电局（县版权局）的新闻出版管理职责和有关电影管理职责，划入县委宣传部，县文化体育新闻出版广电局不再保留县版权局的牌子；整合县文化体育新闻出版广电局的职责和县旅游局的职责，组建为县文化和旅游局。2019年，沙洋县成功举办首届湖北油菜花旅游节和湖北江汉运河第三届国际半程马拉松活动。全年开展文化惠民活动310场，培训各类文艺骨干1200余人。全国重点文物保护单位城河遗址年度考古发掘工作通过专家组验收；文物安保工程完成阶段性任务。系列体育赛事成绩优良，体育协会发展壮大，体育馆建设完成主体工程。编制全域旅游规划，推进项目，打造品牌，全年接待游客440万人次，旅游综合收入21.2亿元。年内，县文旅局被市委宣传部、市文旅局授予“荆门市第二十届社区文化节文艺展演优秀组织奖”；被县委、县政府表彰为“2019年度沙洋县经济社会发展宣传思想文化工作先进集体”“沙洋县2019年度平安建设（综治）工作先进单位”“2019年度全县党建工作先进单位”“2018—2019年度县级最佳文明单位”；2019年度机关档案工作目标管理等级被县档案局确认为“省一级单位”。

2019年3月4日，沙洋县文化和旅游局正式挂牌。新组建的县文化和旅游局加挂“沙洋县广播电视局”“沙洋县体育局”“沙洋县文物局”牌子。图为副县长杨伟波（右）、县文化和旅游局党组书记李天明共同揭牌　　（县文旅局　供稿）

文　　化

【群众文化】 2月19日元宵节，沙洋县文旅局在城区组织开展声势浩大的民俗文化踩街文化活动。3—4月，在曾集镇张池村举办首届湖北省油菜花旅游节开幕式文艺演出和民俗文化展演活动。4月，在曾集镇张池村组织拍摄“金色沙洋”快闪活动。6月，在平湖公园组织举办“沙洋县第二十届社区文化节暨创建国家卫生县城”文艺演出。7月，分别在湖北省群艺馆和县图书馆举办吴涛个人画展。8月，举办沙洋县社会主义核心价值观广场舞大赛决赛。9月，举办沙洋县庆祝新中国成立70周年群众赛歌会，来自全县各条战线的干部群众1500多人参加比赛。6—9月，组织举办第二十届社区文化节文艺晚会。配合省文化和旅游厅完成荆楚“红色文艺轻骑兵”送戏下乡文艺演出。11月，组织开展社会文艺骨干培训。全年开展文化惠民活动310场。组织开展声乐、舞蹈、非遗、戏曲等多个方面的培训活动，培训各类文艺骨干1200余人。立足贫困村文化建设的主阵地，对贫困村实行“扶志”“扶智”相结合，全年完成文化扶贫主题活动20场。完成五里铺镇综合文化站提档升级。

【公共图书馆】 2019年，沙洋县图书馆新增图书3500多册。1月，开展“文化进万家”送书下乡活动，为后港镇赠送图书光碟1500份；举办第二届“阅读之星”颁奖评选颁奖活动。2月，举办闹元宵猜灯谜活动，近千名群众参加，发放奖品300多份。3月，在油菜花旅游节期间，为曾集镇张池村免费赠送科技图书3000多册。“4·23”世界读书日，在陈家山监狱开展“读经典、学新知、促改造”全民阅读主题帮教活动，共向陈家山监狱捐赠图书价值3万余元，并举行县图书馆陈家山监狱流动服务点挂牌仪式。8月，与县摄影家协会联合举办荆门市首届摄影艺术双年展(沙洋巡展)，并举办书画培训。9月，与县书协、美协和摄协联合举办庆祝新中国和人民政协成立70周年书法美术摄影展，与县文化馆联合举办吴涛画展。10月，在马良镇耀星村、沙洋镇三峡土家族村免费向农民朋友赠送农业科技图书、光碟4000多册。全年每月均与县纪委监委联合开展送监察法律法规进乡村活动。

【文物保护】 2019年，沙洋县文物部门聘请文物协管员129名，督促各镇(区)与文物协管员签订文物保护责任状，进一步压实文保主体责任，全县无重大文物安全事故发生。沙洋“五·七干校”旧址消防工程完成招投标；完成十里铺汉墓群安防项目室外基础安装工程，并进行系统调试。配合中国社科院文物考古研究所做好全国重点文物保护单位城河遗址考古发掘工作，年度考古发掘工作已通过专家组验收。筹集资金在五里铺镇内19处市县级文物保护单位安装文物保护标识牌，逐步完善文物保护“四有”工作。全国重点文物保护单位城河遗址考古项目，被中国社科院评为2018年度“中国六大考古新发现”，被国家文物局评为2018年度“全国十大考古新发现”。

2019年10月23日，县图书馆和县纪委监委到马良镇耀星村，开展送书下乡及监察法律法规进乡村活动。图为活动现场 (县文旅局 供稿)

【非遗传承】 2019年初，沙洋县文旅局配合市文体局拍摄省级重点项目《沙洋十番锣鼓》及《汉江硪歌》微视频。6月4日，邀请市艺术剧院专家到县实验小学、县汉上实验小学、县长林中学及沙洋镇洪岭小学开展“非遗进校园”戏曲知识讲座，在平湖公园举办《非遗保护中国实践》2019年沙洋县非遗文艺展演。6月6日，选送传统音乐《沙洋民歌》、传统舞蹈《打连厢》参加全市非遗文艺展演。8—11月，对省级非遗项目《沙洋皮影戏》《沙洋十番锣鼓》开展代表性传承人抢救性记录。12月，与市非物质文化遗产保护中心慰问市级非遗项目传承人，并组织召开市级非遗项目传承人座谈会。

【市场监管】 2019年，沙洋县文旅局开展“护苗2019”“净网2019”“秋风2019”“剑网2019”等扫黄打非专项行动，加强文化市场监管。沙洋元旦、春节及两会期间，县文化市场综合执法大队组织开展文化市场巡查，出动执法车辆10余次，执法人员40人次，检查场所80余家次。5—6月，对网吧、KTV业主进行安全培训。暑期，集中整治文化市场，检查经营单位80余次，出动车辆20余次,警告经营单位5家。联合县市场监管局、公安局、教育局检查校园周边经营单位16家。9月10日,在日常巡查中发现非法出版物及盗版字典,现场收缴360册。10月,开展新中国成立70周年文旅市场大检查,检查文旅企业80余家次。全年开展集中行动2次,开展专项整治行动4次,检查各类文化和旅游市场经营单位326家次,排查安全隐患18处,收缴盗版图书600册(其中,盗版字典100册)、盗版音像制品200张、非法电子游戏主板20块。

体　育

【体育赛事】 2019年3月23日,沙洋县成功举办太平洋保险——2019湖北沙洋江汉运河国际半程马拉松赛,6000余名选手参赛,斯洛伐克驻华大使出席颁奖。此项赛事被国家田协认定为“银牌赛事”和“最美赛道”。同日举行首届桨板10千米马拉松表演赛。3月,成功举办首届湖北油菜花节“湖南建工杯”三人制篮球邀请赛。5月23日,“沙洋县2019年‘人寿杯’中小学生乒乓球赛”在县职教中心体育馆开幕。5月25—26日,举办沙洋县首届“互通杯”职工羽毛球赛,来自监地、城乡、校企26支代表队、200多名选手参赛。8月,举办“明弘·华府”公益体育舞蹈晚会和“中央华府杯”荆门市第二届电视广场舞大赛半决赛暨沙洋县社会主义核心价值观广场舞大赛。9月,举办“大美看沙洋、创卫我先行”首届全民健身“五洲·佳禾”荧光夜跑活动。11月,指导马良镇举办农民趣味运动会,设置拔河、袋鼠跳、摸石头过河、二人三足、抗洪抢险5个比赛项目。11月16—17日,沙洋县第二届“明弘玻璃杯”气排球俱乐部赛暨气排球协会成立4周年活动在汉上实验学校举行,26支队伍近300人参赛。此外,还举办“光恒泰和杯”钓鱼比赛、“洋河·天之蓝”篮球联赛、“洪森杯”气排球、“人寿杯”乒乓球赛等赛事。沙洋县代表团参加荆门市“十健会”获“优秀组织奖”,且在4个项目上获第一名,在6个项目上获第二名,在2个项目上获第三名,共获优胜奖21项、优秀奖4项。沙洋县代表队参加湖北省首届交谊舞大赛获金牌2枚、银牌16枚、铜牌6枚。县老体协贺本清、杨援越、邓争平在荆门市第十届老年人体育健身大会上获持杖走400米第一名、中国象棋第三名、乒乓球比赛男子单打第二名。

2019年3月23日,县长刘克雄与斯洛伐克大使杜尚. 贝拉为马拉松获奖选手颁奖　　（县文旅局　供稿）

【群众体育】 2019年,沙洋县体育馆主体工程建设基本完成,纪山镇、五里镇、马良镇新全民工程建成并投入使用。全县组建15个体育协会,拥有会员6580人。指导各体育协会组织举办各类赛事20余项,参赛人数3.3万人。对县城体育场馆实行市场运作和专项考核管理机制,保障体育场馆低收费、高质量开放;加强与相关县直部门的沟通协作,推进公共体育场地免费开放,打造县城“15分钟健身圈”。5—6月,完成三级社会体育指导员培训任务(气排球、柔力球、网球、广场舞,各培训40人、30人、30人、30人)。选派5名健身气功爱好者参加荆门市一级社会体育指导员健身气功新功法培训。

【体育彩票】 2019年,沙洋县体彩销售1354.88万元。其中,大乐透销售275.7万元,排列玩法销售141.8万元,七星彩销售46.09万元,高频玩法销售145.39万元,竞彩销售673.7万元,传统足球销售50.89万元,即开型玩法销售21.24万元。

旅　游

【概况】 2019年3月21日和3月23日,沙洋县分别举办首届湖北油菜花旅游节和湖北江汉运河第三届国际半程马拉松开幕式活动,中央、省、市等30多家主流媒体对节会进行宣传报道。樱花部落新建的户外屋、晃晃桥、喊泉等趣味体验型项目,张池核心景区种植的“乡村振兴”“小猪佩奇”“鱼形迷宫”“大风车”等彩色油菜图案,花海小镇新建的儿童游乐园、侏罗纪恐龙公园、风筝园,吸引众多游客。一季度,全县乡村旅游接待游客295万人次、旅游综合收入13.4亿元,分别占全年旅游经济指标的67%、63.2%。8月,樱花部落、油菜花海小镇被评为2019年湖北休闲农业示范点;9月,沙洋油菜花、江汉运河生态文化旅游带,被列入湖北十大乡村旅游线路(烂漫春花之旅、绿野仙踪之旅)。全县新增新型农业主体(家庭农场、农家乐)9家,新建旅游厕所6座,新建标准化酒店1座(正在建设中),改造升级景区道路2条。全年接待游客440万人次,实现旅游综合收入21.2亿元,同比分别增长12.8%、9.3%。

2019年6月26—27日,省文化和旅游厅荆楚红色文艺轻骑兵应邀来沙开展送戏下乡文艺演出活动。图为荆楚红色文艺轻骑兵走进沙洋县首个新时代文明实践站——沈集镇彭堰村村部

(县文旅局　供稿)

【旅游规划发展】 2019年1月,沙洋县通过招投标方式委托北京中外建建筑有限公司编制《沙洋县全域旅游发展总体规划》。1月28日签订合同,启动规划编制工作。2月18日至3月2日,前期调研、座谈、实地踏勘、收集资料;4月20日形成规划初稿。4月26日,召开第一次规划汇报会;8月16日召开第二次规划汇报会;9月19日,书面征求意见;9月30日,修改完善;12月26日,规划评审稿形成。

【旅游宣传促销】 2019年6月17日,沙洋县在北京参加旅游交易博览会;9月6日,分别在四川峨眉山和宜昌参加第六届四川国际旅游交易博览会、2019年长江三峡生态文化旅游路演周活动;9月20日,在钟祥参加首届荆楚乡村文化旅游节;10月20日,在荆州参加湖北省第二届园博会“荆门主题日”活动;12月6日,在武汉参加2019年长江文化旅游博览会。

【旅游项目建设】 2019年,沙洋县以樱花部落为首的9个乡村旅游景区逐渐走向成熟,并完全具备接待游客能力、张池农耕文化体验园、油菜花海小镇、潘集湖国家湿地公园、岳飞城田园综合体、纪山楚医药特色小镇基本具备接待游客能力,江汉运河生态文化旅游带、升活家生态农业观光园、欧月产业观光园将作为2020年旅游重点项目加快推进。平湖花园大酒店项目基本完成主体工程建设。

(王金红)

卫生与健康

概　述

【概况】 2019年，沙洋县有各级各类医疗卫生机构346家。其中，县人民医院、县疾病预防控制中心、县妇幼保健院、县中医医院、县卫生计生综合监督执法局、县卫生会计核算中心各1所；民营医院3所（仁爱医院、汉江医院、沙洋康泽眼科医院）；镇卫生院13所、镇卫生院分院4所、社区服务站5个、村（居）卫生室254个；监狱管理局总医院1所、卫生所（医院）7所；私人诊所（含门诊部）39个；镇级卫计办14个。卫健系统实际在岗1934人，在编在岗1034人，执业（助理）医师945人，注册护士1153人，编制床位1895张。年内，沙洋县被评为"慢性病防控工作先进单位""血吸虫病达标单位"；3月6日，沙洋县在全省卫生健康会议上作基层卫生综合改革工作经验交流；10月下旬，创建国家卫生县城顺利通过国家、省、市爱卫技术专家组初评；12月18日，县中医院正式签约挂牌为武汉亚洲心脏病医院医联体医院。

【机构改革】 2019年3月，根据《中共荆门市委、荆门市人民政府关于印发〈沙洋县机构改革方案〉的通知》和《中共沙洋县委、沙洋县人民政府关于印发〈沙洋县县级机构改革实施方案〉的通知》，组建卫生健康局，为正科级，不再保留县卫生和计划生育局、县深化医药卫生体制改革领导小组办公室牌子，加挂县血吸虫病防治领导小组办公室牌子。职能转变：更加注重预防为主和健康促进，加强预防控制重大疾病工作，积极应对人口老龄化，健全健康服务体系；更加注重工作重心下移和资源下沉，推进卫生健康公共资源向基层延伸、向农村覆盖、向边远地区和生活困难群众倾斜；更加注重提高服务质量和水平，推进卫生健康基本公共服务均等化、普惠化、便捷化；协调推进深化医药卫生体制改革，加大公立医院改革力度，推进管办分离，推动卫生健康公共服务提供主体多元化、提供方式多样化；协调推进生育政策宣传教育、生殖健康咨询、优生优育指导、计划生育家庭帮扶和流动人口服务等公共服务职能的转移和承接。

【业务运行】 2019年，沙洋县3家县级公立医院实现医疗收入26910.40万元（其中，门诊收入6503.91万元，住院收入20406.49万元）；医疗业务成本25993.4万元；完成门急诊385155人次，出院41934人次；新增固定资产投资11620.27万元；病床使用率93.5%。基层医疗机构实现医疗收入10157.49万元（其中，门诊收入4243.82万元，住院收入5913.67万元）；医疗卫生支出11014.3万元；完成门急诊674091人次，出院38573人次；新增固定资产投资262.11万元。病床使用率66.5%。

疾病预防控制与卫生应急

【血吸虫病防治】 2019年，沙洋县卫健系统查螺70.72万平方米，完成101%；灭螺2万平方米，完成100%；查病5293人次，完成107.79%；治疗和扩大化疗222人次，完成111%；完成3个乡镇消除达标工作，完成100%；发放宣传单册1万份，宣传实用品550份，制作宣传标语11条，刷新警示标牌34个。耕牛查病311头，预防性投药311头；老旧鱼池改造266.67公顷；实施水改旱72公顷，水旱轮作66.67公顷；在疫区村建通村公路436千米。5月28日，市卫生健委在沙洋县召开全市血防工作现场会。6月，组织参加省中小学校学生手抄报血防宣教比赛活动，收集上报作品296份，2人获三等奖，3人获优秀奖。县疾控中心获优秀组织奖。

【结核病防治】 2019年，沙洋县卫健系统结核门诊筛查初诊疑似肺结核患者2060人，活动性肺结核患者286人。其中，病原学阳性患者136人，涂阳患者密切接触者筛查率100%，新涂阳患者治愈率

91%。2018年12月至2019年9月,非结核定点机构报告肺结核患者572人,重报57人,应到位病人515人,转诊到位285人,转诊到位率55.3%。应追踪未到位病人277人,追踪到位257人。累计处置学校结核病预警病例38例,判定学校肺结核病例预警疑似事件18例,发现学生肺结核病例10例,开展肺结核病个案调查4例,发出学校结核病协助筛查函6起。举办以“开展终结结核行动、共建共享健康中国”为主题的宣传咨询活动,发放结核病防治宣传折页1000份,接受咨询30人次。

【职业病防治】 2019年,沙洋县卫健系统在全市率先完成湖北省工作场所职业病危害因素监测项目辖区内35家企业检测和采样工作,网报重点职业病个案卡309张。其中,矽尘个案卡210张、水泥尘个案卡28张、有机粉尘个案卡45张、电焊烟尘个案卡2张、噪声个案卡27张。

【疫情监测】 2019年,沙洋县无甲类传染病报告,报告乙类传染病12种858例,死亡6例。报告发病率为151.4/10万。全县各医疗卫生单位手足口快检任务数2100例,完成数4789例,完成率228.05%;流感快检任务数4986例,完成数6572例,完成率138.07%。全县托幼机构处置手足口病聚集性病例11例,采集手足口病肛拭子标本61例送市CDC进行病毒学检测分型。

【卫生应急】 2019年,沙洋县发生2起传染病疫情所致突发公共卫生事件;处置暴发疫情6起、聚集性疫情12起;处理疫情预警信息涉及6个病种170条;开展突发事件医学救援行动10起,救治30人。举办重点传染病如手足口病、甲型H1N1流感、流行性感冒等培训59次,参加4809人;参加县内突发公共卫生疫情演练8次、突发事件演练16次;开展宣传讲座23次,发放宣传单(册)4865份;完成应急医疗保障任务22次。

2019年4月28日,县卫健局举办全国第十七个《职业病防治法》宣传周活动。图为活动现场 (县卫健局 供稿)

爱国卫生

【健康教育】 2019年,沙洋县各地、各单位充分利用健康知识讲座、宣传栏、LED屏、微信等新媒体等多种形式,大力开展健康知识宣教工作。各级医疗机构积极推动重点人群健康生活方式的优化和干预,持续开展健康巡讲“五进”活动,开展现场宣传、群众咨询等活动182场,发放宣传资料近万份。5月31日,开展主题“烟草和肺部健康”的第32个“世界无烟日”宣传活动。开展无烟单位创建,评选县教育局等46个无烟单位。

【卫生创建】 2019年,沙洋县积极开展城乡环境整治工作,持续发力卫生创建活动。年内,沙洋县创建国家卫生县城、拾回桥镇创建国家卫生乡镇均通过暗访评估。沈集镇通过省卫生镇复审。经县爱卫办组织评选,命名沙洋县汉上实验学校等15个健康促进单位、县卫生健康局食堂等10个健康食堂、马良镇沿江村等17个健康促进村。

【改厕工作】 2019年8月,沙洋县农村改厕工作职能移交县农业农村局,县卫健局主要是负责技术指导、质量监管和参与验收等工作。全年县级开展技术培训4次,暗访1次,督导3次,覆盖14个镇(区)167个村。

医政管理

【医共体建设】 2019年,沙洋县卫健局将“沙洋县紧密型医疗联合体”调整为“沙洋县紧密型医疗共同体”，对组织机构进行升级改造，配套出台“沙洋县紧密型医共体编制人事管理工作方案”“沙洋县紧密型医共体统一财务管理工作方案”，修订“沙洋县紧密型医疗共同体医保预算管理方案（试行）”等，实现医共体内“三通六统一”运行新模式。2019 年度县二级医疗机构联合向 12 家镇卫生院派驻执行院长、医疗专业技术人员各 12 名。加大管理和技术帮扶力度，全年下派专家接诊 4487 人次，查房 9218 人次，会诊 1046 人次，手术 145 台次，业务培训 34 场 1620 人次参加；充分发挥医共体内远程综合服务平台作用，以远程音视频会诊中心、远程影像诊断中心、远程心电诊断中心等中心为载体，提升基础服务能力和服务质量。全年开展远程平板静态心电会诊 2825 例，较上年同期上升 178%；远程影像预约诊断 1734 人次，上升 58%；远程音视频会诊 84 人次，大力提升基层医疗机构服务能力。

2019 年 12 月 18 日，武汉亚洲心脏病医院医联体医院签约揭牌仪式暨义诊、授课活动在沙洋县中医院举行。图为武汉亚洲心脏病医院总经理叶红女士与沙洋县中医院院长任兵签署合作协议

（县卫健局　供稿）

【中医药管理】 2019 年，沙洋县加强中医药管理，大力中医医疗服务能力建设。沙洋县中医医院选址在沙洋县启林大道 9 号，总投资 8000 万元。其中，中央项目资金 3000 万元。新院区占地面积 4 公顷，规划建筑面积 3 万平方米。一期工程，由门诊住院综合大楼和康复中心组成，综合大楼共 9 层，建筑面积 9998 平方米；康复中心共 4 层，建筑面积 5000 平方米，另有配套设备用房及相关设施 2692 平方米。2019 年 12 月已完成集体搬迁，所有业务科室正常开展工作。中医院康复中心除为全县残疾人提供康复治疗外，还为社会各界提供康复理疗服务。成立中医药工作联盟，选派优秀中医药工作组赴市中医医院、省中医医院、省中西医结合医院学习；县中医院和 12 家乡镇卫生院组建中医药专科联盟，村卫生室实行一体化管理，加强对中医药适宜技术推广，指导村医学习中医医院适宜技术，充分发挥中医药“简、便、验、廉”作用，使百姓得到实惠。全县 13 家乡镇卫生院均建有符合国家标准的“国医堂”，配备专业人员，开展中医诊疗和 16 项以上中医适宜技术服务，其中沈集镇中心卫生院、后港镇中心卫生院单独设立服务区，乡镇卫生院中医药服务量达 31.4%，业务收入占全院业务收入 10% 以上。加大村卫生室中医药服务培训、宣传力度，全县 206 个村卫生室（占全部村卫生室 80%）均能运用中药饮片或 10 种以上中医药适宜技术开展服务，村卫生室的中医药服务量达 34.7%　。高度重视中医药材标准化种养工作，鼓励个体和企业开展多品种中草药种植。其中，沙洋镇三峡土家族村开发 80 公顷建立沙洋县禾天下中药材种植专业合作社种植半夏；高阳镇辛巷村二组利用 53.33 公顷建立沙洋县熊兴生态农业农民专业合作社专业养殖水蛭；马良镇北港村二组利用 20 公顷建立沙洋县马良龙友药材种植专业合作社种植元胡。开展第四次中药资源普查，完成 34 个样地调查、170 个样方套、1020 个样方；调查药用植物 332 种。其中，重点品种 26 种，采集标本 275 种，腊叶标本上台纸 1303 个；收集药材样品 5 种，种子样品 11 种，均标识经纬度和海拔，建立保护区。

卫生监督执法

【概况】 2019 年，沙洋县有各级各类医疗机构 318 家，放射诊疗机构 23 家，公共场所 537 家，生活饮用水集中式供水和二次供水单位 13 家，各类学校和托幼机构 97 家，消毒产品生产企业2家，餐饮具集中消毒单位1家。开展“纪山庙会、油菜花节、国际半程马拉松赛”期间公共场所和生活饮用水卫生安全保障工作，开展创建国家卫生县城公共场所卫生专项整治工作，并按标准完成创建工作任务。同时，做好高、中考的卫生监督保障工作。

2019年5月31日，沙洋县长林中学举行学生拒吸第一只烟集体签名活动。图为活动现场　　（县卫健局　供稿）

【学校卫生监督】 2019年，沙洋县卫健局完成全县97所学校的监督检查，下达现场笔录和监督意见书、巡查笔录194份。8月，联合县疾控中心对全县5所校外培训机构开展采光照明“双随机”抽检工作。9月，对全县10所学校开展监督检查和抽检工作。12月，根据流感防控工作要求，多次参加针对学校和托幼机构的联合督导检查，确保全县学校传染病防控工作落到实处。

【生活饮用水卫生监督】 2019年，沙洋县卫健局对全县13家集中式供水单位和1家二次供水单位供水单位开展全面监督巡查，检查14次，监督覆盖率达100%，下达卫生行政执法文书10余份。针对辖区部分水厂存在的问题下达整改意见。开展水质监测信息日公示工作。

【“两非”案件查处】 2019年，沙洋县卫健局对非法行医立案12起，结案9起，移送案件1起，没收非法药品、器械9箱，罚款77100元。其中，何某运镶牙店涉嫌违反非法行医罪，依据规定移送县公安局同时抄送人民检察院。

妇幼保健

【概况】 2019年，沙洋县孕产妇建册3042人，出生3032人，县域机构内分娩活产1082人。产后访视2832人，产后访视率94.49%。全县新生儿访视2880人，访视率94.98%，中医服务人数12470人次。全县0～6岁儿童30326人，健康管理27927人，健康管理率92.09%。免费婚前医学检查项目完成1800对、免费孕前优生健康检查工作完成2280对，完成率100%。开展新生儿先天性心脏病筛查609人，筛查阳性体征患儿1名。新生儿疾病筛查839名，诊断甲减1人，轻度地贫7人，G6PD2人，所有阳性病例均规范管理。完成妇女“两癌”免费检查项目5410人。落实基本生育免费服务惠民政策。全县享受补助266人，补助金额2660元。全年未发生孕产妇死亡及机构内7天内新生儿死亡。各类信息报表均在规定的时间内统计上报，真实、准确。

【儿童保健】 2019年6月，沙洋县卫健局协助市儿童保健专科联盟举办全市“儿童保健专科联盟——沙洋站”活动。7月，开展关注留守儿童健康关爱知识公益课堂4次，150名儿童受益；6—9月，在全县12个乡镇开展乡村医生妇幼健康知识培训、规范开展孕妇学校，举办孕妈妈班三期29班472人次参加。11月7日，组织县人民医院、妇幼保健院、官垱镇卫生院开展全县急危重症孕产妇转诊救治演练培训，提升全县各级医疗保健机构产科医人员综合服务救治水平。

人口监测与老龄健康

【人口监测】 2019年末，沙洋县有常住总人口60.31万人，全年出生3943人，人口出生率6.54‰，人口死亡率5.23‰，人口自然增长率1.31‰，出生人口性别比为100:104.1，全员人口数据库主要指标完整准确率99.94%，村居信息平台有效应用率99.10%，二孩及以上生育对象孕情监测到位率达71.93%。

【老龄健康】 2019年，沙洋县卫健局按照中共中央、国务院关于《深化党和国家机构改革方案》要求，与县民政局办理全县老龄工作职能划转和交接工作；及时调整沙洋县老龄工作委员会组成人员；开展沙洋县第一届老龄协会换届工作；建立健全县、镇老龄工作机构，明确县、镇、村老龄工作职能职责。制定沙洋县2019年老龄工作要点；宣传贯彻《中华人民共和国老年人权益保障法》，开展“敬老月”系列活动；配合上级开展老年人维权、农村老年人社会状况调查等专项调研活动；开展沙洋县“十选十美·十大最美老人”评选活动，以及“贫困老人”“百岁老人”走访慰问活动。

计划生育服务管理

【概况】 2019年，沙洋县计划生育奖励扶助政策全面落实。严格资格审核。全年确认农村奖扶对象13615人（当年新增1206人），特扶对象522人（当年新增87人。其中，伤残44人，死亡43人），一次性抚慰金43人，企业奖扶252人，城镇非从业140人，独生子女保健费550人，补贴养老保险239人，补贴居民医疗保险116人，65周岁及以上计划生育特殊人员居家养老服务76人，半失能照护补贴3人。发放扶助资金1876.36万元。

【关怀关爱】 2019年，沙洋县各医疗保健机构公示计划生育特殊家庭就医流程，为60余人次特殊对象落实“五优两免”优惠政策。提供养老和医疗保障。认真落实计划生育特殊家庭养老、医疗、护理保障政策，分别为406名、618名计生特殊家庭购买补充医疗和住院护理保险，缴纳保费30.72万元，分别赔付补充医疗保险28例4.05万元、住院护理保险8例0.77万元。落实分类帮扶。各镇（区）明确1名镇（区）包村干部和1名村（社区）干部作为每户计生特扶家庭帮扶“双岗”联系人，每月上门走访2次、电话访问4次，了解帮扶对象身体状况、精神状态、利益诉求等，宣传特殊家庭扶助政策，开展分类帮扶。多种途径对确有生活困难的计生特殊家庭进行帮助；在端午、中秋、春节等传统节日期间，发放帮扶资金19.83万元；开展就业帮扶，联合县人社局共同为计生特殊困难家庭开展家政、农业等方面培训，引导计生特殊困难家庭创业就业，脱离困境；加强与县信访局配合，妥善处理沈集镇失独再生育家庭的医疗费用，落实全家4人的低保待遇；配合县房产局为2名计生特殊家庭提供优惠价格的廉租房；为全县522名计生特殊对象实行家庭医生签约服务，提供每年一次免费健康体检。（王晓妮）

社会民生

民政事业

【概况】 2019年，沙洋县民政部门认真贯彻落实党的十九大和十九届二中、三中、四中全会精神，聚焦脱贫攻坚，聚焦特殊群体，聚焦群众关切，履行基本民生保障、基层社会治理、基本社会服务等职责，坚持抓改革、促创新、补短板、惠民生，圆满完成各项年度工作任务。机构改革职能划转工作有序推进。根据《沙洋县县级机构改革实施方案》，县民政局优抚安置科相关职能划转到县退役军人事务局、大病救助职能划转到县医疗保障局、县老龄办职能（80周岁以上高龄津贴发放职能保留）划转到县卫生健康局、救灾救济职能划转到县应急管理局。年内，沙洋县民政局被表彰为全县“2019年度提案办理述职评议满意单位”；沙洋县民政局团组织被表彰为“全县五四红旗团支部”。

【社会救助】 2019年，沙洋县社会救助事业进一步发展。制定社会救助“五落实”（落实年度户户核查、落实近亲属备案制度、落实公开公示制度、落实举报渠道畅通、落实通报制度）制度，将社会救助与扶贫工作进行有效衔接，深入开展低保专项治理和大数据比对工作，织密农村低保监督网和困难群众保障网。提高城乡低保保障水平。自4月1日起，将城市低保标准提高至580元/月，农村低保标准提高至468元/月，“五保”标准提高至750元/月。全县享受城乡低保9080人，全年低保资金支出3814万元。全县共有“五保”供养对象1490人，全年“五保”资金支出1617万元；“五保”丧葬补助人数77人，全年支出资金66万元。持续实施临时救助，全年发放临时救助资金1000万元。全县共有孤儿42人，全年发放孤儿基本生活费72万元。全县共有各类社会救济对象54人，全年发放社会救济资金12万元。扩大健康扶贫补充医疗救助基金救助范围，全年审批发放救助金341.1157万元，惠及因病致贫、因病返贫困难群众244人。全面落实残疾人“两项补贴”制度，全年为69452名重度残疾人和38071名困难残疾人发放残疾人“两项补贴”资金885万元。将全县6000余名建档立卡贫困人口纳入农村低保或特困人员救助供养范围，实现社会救助制度和精准扶贫的有效衔接。加大流浪乞讨人员救助力度，全年救助流浪乞讨人员167人次。

2019年9月18日，县政协主席吴道新（右三）带领部分政协委员视察农村公益性公墓建设情况（县民政局 供稿）

【社会福利】 2019年，沙洋县社会福利事业持续发展。建立完善“三留守”关爱保护联席会议制度。推动出台《县人民政府办公室关于做好农村留守儿童关爱保护工作的通知》《县人民政府办公室关于做好困境儿童保障工作的通知》，全县配备儿童督导员14名、儿童福利主任267名，为8653名留守儿童建立信息台账并提供关爱服务，为486名贫困留守儿童每人送上一份“微心愿”礼包。印发《沙洋县农村留守老年人关爱服务工作实施方案》，建立经济困难的高龄、失能老年人补贴制度。实施80岁以上老人高龄津贴制度，全年发放高龄津贴资金324万元，惠及1.2万名老年人。制定出台《关于做好全县农村留守妇女关爱服务工作的通知》，为全县492名留守妇女建立台账，启动城乡妇女“两癌”免费筛查。福彩事业稳步发展，全年全县销售福利彩票4231万元。

【社会事务管理】 2019年，沙洋县社会事务管理工作不断加强。加强殡葬管理。深入开展殡葬改革宣传月活动，全年减免困难群众基本殡葬费用23万元，惠及330人；开展违法违规私建“住宅式”墓地等殡葬突出问题专项摸排整治，基本掌握滥占耕地林地、破坏生态环境、违法违规私建“住宅式”墓地等情况，为进一步巩固公墓管理及殡葬服务市场整治成果、推动源头治理、补齐民生短板、落实监管责任、健全长效管理机制奠定基础。全年火化遗体3741具，火化率100%。在全县25个村开展农村公益性公墓建设试点，已建成18座。严格婚姻登记管理。全年办理婚姻登记5784对，婚姻登记合格率100%。

【基层社会治理】 2019年，沙洋县民政部门持续加强基层社会治理工作并取得新的成效。深入推进扫黑除恶专项行动。积极开展城镇社区“三社联动”工作，推进社工队伍建设，全县共孵化“三社联动”社区6个、社会组织18个（其中黄山社区策划的“红色党建大联盟”社会组织项目获全省公益创投大赛二等奖），建成农村社区建设试点12个。全县266个村（社区）制定并规范运行村（居）民认可的公约，34个城镇社区、75个行政村参与积分制管理，城镇社区参与面达100%。加强志愿服务工作。截至年末，全县志愿者注册人数达到8万余人。

【社会组织管理】 2019年，沙洋县民政部门全县161家社会组织在章程中增加党的建设和社会主义核心价值观有关内容。全面推进党建工作与社会组织登记管理工作“三同步”（党建工作与社会组织成立登记同步、年检同步、换届和等级评估考核同步），以党建工作引领社会组织健康有序发展。年内完成61家社团和70家民非单位年检年检，年检率分别达到82.4%、80.5%。年内分两批次共抽取10家社会组织进行检查并将检查结果向社会公示。对社会团体4类收费行为进行规范，严格执行社团会费收据核销制度。积极开展帮扶活动，义工联、巾帼志愿者协会等社会组织积极开展爱心助困活动，为100余名弱势群体送去帮扶资金及米、油、水果等生活物资。开展“女童保护”儿童防性侵知识讲座、“留守儿童消防实战训练”及禁毒宣传等活动。

（李朝鹏）

退役军人事务管理

【概况】 2018年11月26日，沙洋县退役军人事务局成立，与县房产局合署办公。2019年4月13日，整体迁入县南水北调中线工程建设管理局新办公大楼并正式开始办公。该局内设办公室（含财务、人事）、思想政治和权益维护股（含信访）、就业创业股、移交安置股、拥军优抚股等5个职能股室，下辖沙洋县光荣院、沙洋县军队离退休干部休养所、沙洋县烈士陵园管理所、沙洋县退役军人服务中心等4个二级单位。县退役军人事务局核定行政编制8名。其中，班子成员5人（局长1名、副局长3名、总会计师1名）、其他岗位3人。其主要职能为负责全县退役军人及其他优抚对象的保障工作。县退役军人服务中心核定公益一类事业编制10名，各镇（区）退役军人服务站各核定公益一类事业编制2名、全县共核定28名。各镇（区）退役军人服务站站长由分管政法的党委副书记兼任，各村（社区）服务站站长由村支部书记兼任并指派1名干部专门负责日常工作。

2019年，沙洋县退役军人事务管理部门深入学习贯彻习近平总书记关于退役军人工作重要论述和指示批示精神，加强退役军人事务管理服务机构建设，扎实做好军队转业干部和士官移交安置、退役士兵就业创业、信访维稳及拥军优抚等工作，取得明显成效。截至年末，全县已建立退役军人事务县级服务中心1个、镇（区）服务站14个、村（社区）服务站265个，实现机构挂牌和人员上岗到位、经费保障到位、服务场所配套到位。加强思想政治建设。在全县范围组织开展向老英雄张富清学习活动，组织召开退役军人代表座谈会，召集全系统干部职工集体收看张富清先进事迹报告会和宣传片，撰写心得体会；开展沙洋县“最美退役军人”评选表彰活动，共评选出10名“最美退役军人”和10名“优秀退役军人”，并在“八一”前夕举行的颁奖晚会上为其授奖。关爱退役军人。组织开展2019年关爱退役军人“慈善一起捐”活动，全县党政机关、企事业单位、社会团体、爱心人士等共向沙洋县退役军人关爱基金捐赠资金66.07万元。

【退役军人权益维护】 2019年，沙洋县退役军人事务管理部门切实做好信访工作，完成敏感时间节点的安全维稳。年内正式受理信访件10件，出具信访事项处理意见书9份；阳光信访平台受理信访件21件，已办结20件，剩余1件正在办理之中；完成省退役军人事务厅、市退役军人事务局、市长县长热线交办的信访件11件；网络舆情回复件5件（在荆门社区、沙洋社区、百度贴吧网上回复）；转办至县直各单位、各镇（区）信访件33件。全年共接待来信来访611批次、671人次。

【军队转业人员移交安置】 2019年，沙洋县退役军人事务管理部门坚持以人为本，扎实做好军转干部、转业士官移交安置工作。全年共审核接收军转干部档案1份、转业士官档案9份。10月，1名军转干部被安置在县委办公室工作，9名转业士官中的7名被安置在镇（区）退役军人服务站工作、1名被安置在县人武部（属全额财政事业编制）工作、1名已在异地安置，安置率达100%。

【退役士兵就业创业】 2019年，沙洋县退役军人事务管理部门通过组织开展退役士兵免费就业培训、专场招聘活动，认真做好退役士兵就业创业工作，促进退役士兵就业创业。与荆门市技术学院、沙洋县职教中心签订定向培训协议，组织2019年秋季自主就业退役士兵参加免费教育培训。按照自愿原则，全年有意向的80人已分别参加电工技术、计算机技术、烹饪技术、汽车驾驶与维修等专业培训。2月，与县人社局共同组织退役军人专项招聘会，现场提供岗位3000余个，行业涵盖玻璃制造、服装制造、物流管理、化工产业等多个行业，全县共有200余名退役士兵参加招聘会。9月30日，组织2019秋季退役士兵43人参加“就业服务580行动”国庆专场招聘会，荆门市各高新企业共提供岗位600余个。

【拥军优抚工作】 2019年，沙洋县退役军人事务管理部门多措并举，扎实做好拥军优抚工作，营造良好的拥军优属、拥政爱民氛围。开展清明节祭扫活动。4月，将“传承·2019清明祭英烈”活动纳入全县支部主题党日活动内容，在全县进行革命传统教育。开展9·30国家公祭日相关活动。在沙洋烈士陵园承办全国第六个烈士纪念日活动，县委书记、县长刘克雄等县“四大家”领导出席纪念活动，县人武部政委、县法院院长、县检察院检察长、沙洋经济开发区管委会主任，驻沙部队官兵代表，县直各单位主要负责人，烈士亲属，老战士及师生代表等200余人参加活动。落实各项优抚政策。全县优抚对象共计3675人，全年发放抚恤补助资金1764.28万元。在医疗、住房和生活等方面全年对1424名困难退役军人进行帮扶，共资助资金78.23万元。落实义务兵家庭优待政策，支持国防和军队建设，共发放2017—2018年入伍的333名义

2019年7月30日晚，沙洋县举行庆“八一”建军节92周年暨“最美退役军人”颁奖典礼活动。县委书记、县长刘克雄出席颁奖活动并致辞。图为活动现场　（县退役军人事务局　供稿）

2019年7月29日，县委书记、县长刘克雄率队开展“八一”建军节集中走访慰问活动。图为刘克雄（左二）在农胜社区党员、退役军人王昌华家中认真查看王昌华的退伍证、军功章等资料　（县退役军人事务局　供稿）

务兵家庭优待金878.7万元。及时调整重点优抚对象待遇，共支出补发调资资金67万元。发放1—4级伤残军人护理补贴9.4万元。筹措资金224.38万元对全县优抚对象发放4—12月共9个月的价格临时补贴，解决因物价上涨造成的优抚对象生活困难问题。开展走访慰问活动。“八一”、9·30纪念日期间，全县共慰问驻沙部队6支、各类退役军人和军属1830人，发送慰问金68万元。

【拥军褒扬纪念工作】 2019年，沙洋县退役军人事务管理部门认真做好新时代拥军褒扬纪念工作，推动褒扬纪念工作落实落细。开展光荣牌悬挂活动。3月1日，召开为全县烈属、军属和退役军人等家庭悬挂“光荣之家”牌匾专题工作会。截至年末，全县已悬挂“光荣之家”牌匾1.39万块。奖励立功和优秀军人。全年全县现役士兵中获二等功1人、三等功46人，有优秀士官47人、优秀士兵47人，共为其发放奖励金2.38万元。

（县退役军人事务局）

劳动就业创业

【概况】 2019年，沙洋县劳动就业创业工作成效突出。全年全县城镇新增就业人员8307人，完成年度目标任务6600人的125.86%。其中，城镇失业人员再就业4445人，完成年度目标任务1600人的277.81%；就业困难人员再就业874人，完成年度目标任务500人的174.8%。城镇登记失业率控制在2.46%以内。全年1790名公益性岗位人员享受补贴911.75万元。其中，岗位补贴528.68万元、社会保险补贴383.07万元。开发村级扶贫公益性岗位1235个，落实补贴资金140.22万元。451名灵活就业困难人员享受社会保险补贴212.79万元。3家企业享受吸纳就业困难人员社会保险补贴6.59万元。全年开展就业创业培训5870人，完成目标任务3600人的163.06%，其中创业培训116人。创新创业发展势头良好。通过政策扶持创业1005人，带动就业4037人，分别完成年度目标任务的111.67%和112.14%；发放创业担保贷款4845万元，完成年度目标任务的161.50%。年内，沙洋县公共就业和人才服务局李倩获全省

2019年10月17日，县人社局在五里铺镇岳飞城举办庆新中国七十华诞暨“就业扶贫行动”招聘会。图为招聘会现场　（县人社局　供稿）

人社系统窗口单位业务技能练兵比武二等奖。

【就业服务】 2019年,沙洋县劳动就业部门认真做好就业服务工作,有效缓解企业“用工难”问题。组织开展劳务用工招聘活动。全年共组织大型招聘活动19场,开展“就业服务大篷车”下乡定向招聘活动12天,累计进场企业395家次,提供岗位29328个,进场求职37720人,达成就业意向6289人次。开展建档立卡贫困对象就业创业培训。全年完成建档立卡贫困对象就业创业培训757人,拨付培训补贴和培训期间生活补助共计95.384万元;联合县农业局在贫困村开展“精准扶贫小龙虾养殖”培训班1期,培训建档立卡贫困对象28人;扶持贫困劳动力创业16人。其中,为12名贫困劳动力提供创业担保贷款140万元。做好大学生就业工作。组织大学生实习实训,全县建立大学生实习实训基地101家,开展大学生实习实训1936人,发放补贴199.309万元;大力开展“招才引凤”招聘活动,收集企业紧缺的技能人才和高级人才岗位,与荆楚理工学院开展校企合作,共同建立产、学、研一体化的教学实训基地,全年新增高校毕业生就业815人。 (张 平)

社会保障

【概况】 2019年,沙洋县社会保障工作稳步推进。有序实施社保机构改革,原沙洋县城乡医疗保险管理局划转至沙洋县医疗保障局。截至年末,全县社会保障卡累计持卡人数509611人,完成社会保障卡全年发卡任务目标数498495人的102%;累计签发电子社保卡54756人,完成年度电子社保卡签发任务数46258的118.4%。落实降低社保费率政策。通过采取“线上+线下”、走街串巷、开展“进万家”活动等多种方式,为企业、参保群众释疑解惑。进一步贯彻完善“五险合一、一票征收”机制,严格控制参保单位选择性参保,提高养老保险参保率。认真落实社保降费率政策。自5月1日起,全县城镇职工基本养老保险单位缴费比例降至16%,失业保险总费率继续按1%标准执行;工伤保险继续执行阶段性降费率政策。全年全县为参保企业单位养老保险、失业保险共减负1000万元。其中,养老保险惠及300余家企业的4.2万人次、减负585万元,失业保险惠及400余家企业的8.7万人次、减负415万元。深化“放管服”改革。将原有的申报、登记、核定等3个窗口合并为“社会保险参保登记”综合受理窗口,群众仅需排一次队即可一站办结所有业务。搭建人社、税务部门数据交换平台。年内,沙洋县人社、税务、银行三方信息共享平台正式上线,实现社保参保缴费信息在人社、税务、银行等部门的即时传输共享,有效解决办事群众“两头跑”的难题,降低企业办事成本,确保基金及时入库。核算退役军人保险接续。根据认定军龄及市内市外保险信息,全年核算退役军人养老保险8个批次共430人、合计补缴金额1194万元。其中,个人补缴金额345万元。全县企业职工养老保险参保总人数51164人。其中,在职人员31015人、享受待遇人员20149人;全年发放养老金43330万元。全县有机关事业单位养老保险参保单位286家、参保人数12581人。其中,在职8046人、享受待遇人员4535人;全年累计实现基金收入16742万元,支出23288万元。全年养老保险基金转入人数775人、金额2418万元,转出人数234人、金额510万元。全县失业保险参保人数18352人,全年征收失业保险费931.99万元,为536名享受失业保险待遇的失业人员发放失业保险金292.11万元。

【社会养老保险】 2019年,沙洋县社会养老保险工作力度加大。加强政策宣传促进征缴扩面。组成社保政策宣讲团,全年深入企业和乡镇开展专场宣讲20余场;在各类就业创业培训班开班仪式上宣讲社保政策,让近6000名学员成为宣传员。组成社保政策宣传小分队,深入个体工商户、居民家中,为近万名居民面对面讲解国家社保参保政策,并根据未参保人年龄、职业、收入等情况,引导其选择最适合的方式参保。结合23℃人社服务标准,在人社半月谈上集中授课2次;结合“五进五促”活动,深入马良、纪山、十里、拾桥、后港、高阳等乡镇对规模以上企业开展养老保险政策专题讲座,2500余名企业职工参会;结合“优化营商环境 惠企政策进园区”宣讲活动宣传企业养老保险政策2次,发放宣传册300余份;在县委党校2019年秋季主体班上宣传政策并发放宣传资料500余份;发放电子社保卡宣传资料2000余份。稳定推行机关事业单位养老保险。1月,基金征缴职能移交税务。5月,降低单位承担的基本养老保险费,缴费比例从20%降至16%,全年降费共计2880余万元,大大减轻单位负担。9月,参与全省视同缴费指数测算工作。11月,确定沙洋县退休“中人”2014—2018 年各年度各职务层级对应视同缴费指数。12 月，首次启用新办法计发“中人”待遇，参与计算 1091 人。认真做好新老机保重叠期资金结算工作。重叠期资金结算数据清理工作基本完成，结算数据方面实现新、老制度平稳衔接过渡。在已完成机关事业单位养老保险资金结算工作的 193 家单位中，已支付 157 家单位共计 3894.38 万元、已收款 36 家单位共计 516.14 万元。在 85 家未结算但已完成机关事业单位养老保险结算数据审核的单位中，预计应付 13 家单位结算资金共计 2296.23 万元。其中，后港镇政府、十里铺镇政府的结算资金数额较大，分别为 307.14 万元、334.67 万元；预计应收 35 家单位结算资金共计 2394.89 万元。其中，县公安局的资金结算金额为 981.70 万元。妥善解决老机保人员养老保险衔接。已完成县环卫处、县房产中心共 116 名退休人员养老保险衔接，县卫计局、交通局、住建局正在协调之中。

【城乡居民社会养老保险】 2019 年，沙洋县城乡居民养老保险参保人数 280869 人。其中，年内新增 1.3 万人；领取待遇 106794 人，全年发放待遇 15209.43 万元。全年养老保险稽核死亡冒领、多领养老保险 98 人，追回 170447 元。居民养老基金运行平稳。全年基金收入 23948.51 万元。其中，个人缴费收入 7160.99 万元、中央财政补助收入 10294 万元、省级财政补助收入 1762 万元、县级财政补助收入 1558.38 万元（其中，冲减了 2018 调待垫付省级基础养老金 317.8 万元）、被征地补偿款 2978.17 万元；全年基金支出 15060.18 万元。其中，基础养老金支出 13321.61 万元、个人账户养老金支出 1435.77 万元、丧葬费支出 288.74 万元。扎实做好居民养老保险关系转移工作。全县城乡居民养老保险关系转移实现制度内省内省外转移、跨制度职保转移。全年全县接收省内转入 63 人、转入资金 81421.97 元，跨省转入 19 人、转入资金 14195.2 元，合计转入申请 82 人、95617.17 元；从沙洋县省内转出养老保险关系 61 人、转出资金 125140.01 元，跨省转出 6 人、转出资金 18596.96 元，合计转出申请 67 人、143796.97 元。认真做好被征地农民养老保险补偿工作。继续严格执行相关文件，做好被征地农民养老保险补偿资金测算工作，及时合并被征地农民养老保险个人账户，按要求做好待遇发放。全年共上报征地项目 7 个批次，符合条件的有 5 个批次，涉及 660 人，测算补偿资金 2963 万元，已全额存入财政指定专户，年内已有 185 人享受待遇。

【失业保险】 2019 年，沙洋县失业保险工作有序推进。全县失业保险参保人数 18352 人；全年征收失业保险费 931.99 万元；为 536 名享受失业保险待遇的失业人员发放失业保险金 292.11 万元；缴纳医疗保险费 73.55 万元；发放技能提升补贴 13 万元，受益企业达 29 家，发放失业保险费稳岗返还补贴 93.94 万元，受益企业 55 家。全年失业保险费率费率继续按 1% 执行，失业保险待遇提升至 1063 元/月。降低技能提升补贴申领标准。根据省人社厅、财政厅《关于印发〈湖北省失业保险支持企业参保职工技能提升补贴办法〉的通知》精神，凡依法参加失业保险并足额缴费，累计缴纳失业保险费 12 个月以上的，同时自 2017 年 1 月 1 日起取得初级（五级）、中级（四级）、高级（三级）职业资格证书或职业技能等级证书的职工，均可申报技能提升补贴。（张　平）

【沙洋县医疗保障局成立】 2019 年 3 月 4 日，中共沙洋县委、县政府联合印发《沙洋县县级机构改革实施方案》，新组建沙洋县医疗保障

2019 年 10 月 9 日，市医保局局长何庆华（左二）一行到沙洋调研。图为座谈会现场（县医保局　供稿）

局。3月18日，县编办印发《关于调整县社会医疗保险局隶属关系的通知》（沙编办〔2019〕40号），将县社会医疗保险局由县人力资源和社会保障局管理调整为县医疗保障局管理。3月20日，“沙洋县医疗保障局”正式挂牌，为县政府工作部门，机构规格为正科级。3月31日，县委办、县政府办联合发文《沙洋县医疗保障局职能配置、内设机构和人员编制规定》（沙办文〔2019〕17号），县医疗保障局内设办公室、规划财务和基金监管股、待遇保障股、医药服务管理股等4个职能股室，核定行政编制7名。其中，局长1名、副局长2名、总会计师1名、股级干部职数3名（兼职3名，含机关党组织专职副书记1名、工会主任1名）。因机构改革原因，实有行政编制人员9名。其中，党组成员5名、副科级干部2名、科员2名。县医疗保障局主要职能为：执行医疗保险、生育保险、医疗救助、大病保险、公务员医疗补助、补充医疗保险等医疗保障制度规章和管理办法；组织实施医疗保障基金监督管理办法，建立健全医疗保障基金安全防控机制，推进医疗保障基金支付方式改革；贯彻落实医疗保障筹资和待遇政策，组织实施长期护理保险制度改革方案；贯彻落实国家、省、市药品、医用耗材、医疗服务项目、医疗服务设施等医保目录和支付标准，依据职责权限承担医保目录准入相关工作；贯彻落实国家、省、市药品、医用耗材价格政策，推动建立市场主导的社会医药服务价格形成机制，落实价格信息监测和信息发布制度；贯彻落实国家、省、市药品、医用耗材的招标采购政策；组织实施定点医药机构协议和支付管理办法，建立健全医疗保障信用评价体系和信息披露制度，监督管理纳入医保范围内的医疗服务行为和医疗费用，依法查处医疗保障领域违法违规行为；负责全县医疗保障经办管理、公共服务体系和信息化建设，落实异地就医管理和费用结算等政策措施，落实全县参保人员医疗保障关系转移接续工作相关政策，开展医疗保障领域对外合作交流；贯彻落实基本医疗保险制度和大病保险制度，建立健全覆盖全民、城乡统筹的多层次医疗保障体系，不断提高医疗保障水平，确保医保资金合理使用、安全可控，推进医疗、医保、医药“三医联动”改革，更好保障人民群众就医需求、减轻医药费用负担。

【医保基金管理】 2019年，沙洋县医保基金管理进一步加强。截至年末，全县基本医疗保险参保435727人、工伤保险参保21258人、生育保险参保14025人、长护保险参保435727人，均完成年度目标任务的100%；实现职工医疗保险收入13211万元、工伤保险收入1168万元、生育保险收入603万元、长护保险收入4171.57万元，均完成上级下达的任务指标；全年职工医疗保险支出10739.97万元，当期结余2471.38万元，累计基金结余14213.9万元；城乡居民医疗支出31886.83万元，当期结余3016.19万元。

【医保政策宣传】 2019年，沙洋县医疗保障部门采取多种形式加强医保政策宣传，做到家喻户晓全覆盖。编印发放政策宣传手册。年内编制基本医疗保险政策宣传手册30万份、长护保险政策和问题解答5万份、跨省异地就医宣传册2万份，通过开展集中宣传和走村入户，将医保政策送到老百姓手中。利用媒体宣传。通过利用“沙洋医保”微信公众号对医疗、工伤、生育、长护政策等进行宣传并时实更新，进一步提升医保政策宣传效率及公众知晓率；年内先后在《中国劳动保障报》《荆门日报》等报刊

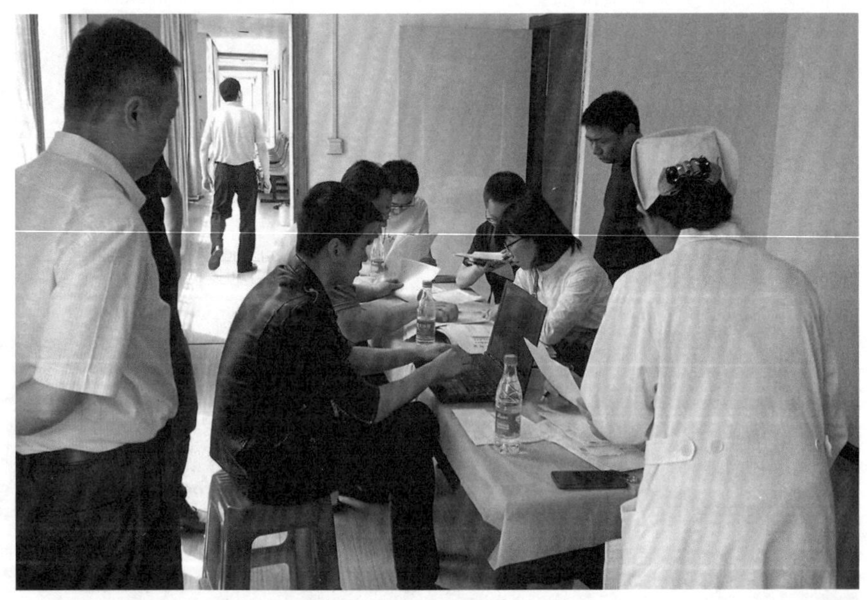

2019年5月17日，全省打击欺诈骗保交叉检查组到沙洋汉江医院检查财务帐目 （县医保局 供稿））

及网站上报导相关医保政策信息10余篇。开展医保政策宣传“七进”活动。抓住4月份集中开展“打击欺诈骗保行为、维护医保基金安全”宣传月活动契机，组织开展医保政策宣传进医院、进药店、进社区、进农村、进企业、进学校、进家庭的“七进”活动，大力宣传打击欺诈骗保行为。活动期间共现场解答群众提问300多个，引导参保人员正确就医，切实管好老百姓的“救命钱”。

【长护保险监管】 2019年，沙洋县医疗保障部门加大长护保险监管力度，确保长期护理保险基金安全，有效发挥长护保险惠民作用。与泰康人寿保险公司联合组成巡查小组，对享受待遇的参保人进行日常巡查，主要巡查协议护理员是否在岗、是否落实全日居家护理服务、保障对象是否康复等情况，做到巡查过程全程拍摄。针对查出来的问题分两种方式进行处理：对协议护理员2次不在岗、未履行全日居家护理义务的现象，暂停其长护保险待遇，待变更合理护理员或变更护理方式后可继续享受待遇；对保障对象逐渐康复、日常生活活动能力评定≥40分的，暂停长护保险待遇，如保障对象对巡查结论不服的，可向县医保局申请重新评定，评定结论符合享受待遇条件的恢复长护保险待遇，不符合享受待遇标准的退出享受长护待遇。截至年末，共巡查保障对象580人次，已有91人因康复退出长护保险待遇，追回违规发放长护基金8.464万元；受理申请2720人，开展失能评定2728人次，评定合格2043人，享受待遇1627人。

【医保稽核】 2019年，沙洋县医疗保障部门认真贯彻执行国家有关医疗保险的法律法规和政策，切实加强医保稽核，管住管好医疗保险“救命钱”。突出领域重点“打”。在县域内20家定点医疗机构和112家定点零售药店、医保经办机构及43万余参保人员中开展打击欺诈骗保行为，做到“四个紧盯”，即紧盯定点医疗机构“不合理”行为、紧盯定点零售药店“暗操作”行为、紧盯个人或团伙“造假票”行为、紧盯基层医疗机构“假服务”行为。严厉手段从重“打”。与县卫健、公安、市场监管等部门开展联合治理，将打击欺诈骗保上升一个等次，改变以往见怪不怪的习惯，让“两定机构”（定点医疗机构和定点药店）转变观念；联合会计事务所、律师事务所、商业保险机构等第三方力量开展复核，在复核中做到“三个坚决”：即坚决把屡教不改、违反协议的医药机构退出定点；坚决曝光一批医保失信单位和个人；坚决把涉嫌犯罪的移送司法机关。发动群众参与“打”。利用4月份集中开展的“打击欺诈骗保行为、维护医保基金安全”宣传月活动契机，积极开展进医院、进药店、进社区、进农村、进企业、进学校、进家庭等“七进”活动，大力宣传医保政策，打击欺诈骗保行为，实现全民监督机制，同时公开举报投诉电话，执行奖励兑现机制，让全社会充分了解基金监管政策法规和举报投诉渠道，对举报线索核定属实的坚决重奖举报投诉人。全年全县共追缴医保违规费用333948.14元。

【医保扶贫】 2019年，沙洋县医疗保障部门根据省委、省政府6月26日出台的进一步完善全省保障农村贫困人口基本医疗的相关政策和市委、市政府对农村贫困人口基本医疗政策的统一调整安排，于8月1日起执行新的医保扶贫政策。开展医保新政宣传。组织全县各定点医疗机构医管办主任、经办人员、乡镇医管员、医保局全体工作人员在县人民医院五楼会议室召开医疗扶贫政策解读培训大会，并对各定点医疗机构经办人员进行医保新政策现场测试。县政府办组织专人在全县各镇开展扶贫驻村人员及村干部医保扶贫新政培训，印发宣传资料3万余份，确保每个贫困户能有1份医疗扶贫新政策宣传单。在“四位一体”医保扶贫信息结算系统里查询到：8月1日至12月31日，全县享受待遇的贫困户为21352人次，支付待遇5722.3048万元。

【异地就医】 2019年，沙洋县医保信息系统与省级异地就医平台完成数据对接，通过省级交换平台，实现与省级医院及市（州）医院异地就医联网结算，有效减轻医疗费用个人垫付负担，方便参保人员就医。简化备案手续，取消所有需要由就医地提供的证明和盖章，参保人异地就医备案仅需一个电话即可办好，为老百姓省时省钱省力。全年全县已有979人通过省外就医异地平台直接结算。

【医保服务协议管理】 2019年，沙洋县医疗保障部门根据《中华人民共和国社会保障法》《荆门市医疗保险实施办法》《关于进一步加强定点医疗机构基本医疗保险服务稽核检查的通知》等相关政策、法规，与“两定机构”在自愿、平等、协商基础上拟定服务协议，召开专题服务协议签订会，亮明底牌，公布医保收支情况。全年与42家定点医疗机构和353家定点零售药店签订服务协议,医疗经办机构可根据协议拟定的条款,针对“两定机构”违约情节的轻重分别采取限期整改、拒付费用、暂停结算、终止协议、立案处理等方式进行处罚,进一步规范医疗服务行为,有效保障参保人员合法权益,为构建和谐医、保、患关系奠定坚实基础。

【医疗救助】 2019年,沙洋县医疗保障部门将医疗救助纳入“一站式”结算范围,实现县域内“一站式服务、一窗口办理、一单制结算”,最大化方便参保患者就医结算。因政策调整,医中救助分两个阶段进行医疗救助费用结算。年内已向10家药店、28家定点医院、123名群众发放救助金额941万余元,救助患者7663人次。 (胡菊香)

劳动保障监察

【概况】 2019年,沙洋县劳动保障监察部门主动巡查用人单位共272户,涉及人数9357人;开展农民工工资支付、清理整顿人力资源市场秩序等8次专项检查;通过“双随机一公开”执法方式开展专项检查四次;接待群众来电来访、投诉、咨询176起,涉及人数1352人;立案查处劳动保障违法案件14件(其中,工资类案件8件),案件结案率100%,为劳动者追回被克扣拖欠的工资861.48万元,涉及人数758人(含案外协调追回工资454.48万元,涉及人数475人),移送公安机关3起,列入黑名单1起,向社会公布重大劳动保障违法行为2起;对491户用人单位进行了年审,涉及人数1.85万人,评选出10家诚信单位,122家基本诚信单位;督促2家用人单位补办社会保险缴费登记手续,督促用人单位补缴社保费104.94万元;督促工程项目落实实名制管理累计达143个,涉及人数4432人;督促99家施工企业缴纳工资保证金3225万元;督促施工企业开设农民工工资专户62个,通过专户银行代发农民工工资5326万元,涉及人数8914人。今年以来,共接待来电来访投诉及咨询176起,涉及人数1352人。查处劳动保障违法案件14起,结案14起,结案率100%。其中,拖欠工资类案件8件、社会保险类案件6件,并按照要求全部上线省监察信息系统,网上运行办理。追回克扣拖欠劳动者工资861.48万元,涉及人数758人。年内,沙洋县劳动保障监察局俞静获全省人社系统窗口单位业务技能练兵比武二等奖。

【落实劳动监察“四项制度”】 2019年,沙洋县认真落实劳动保障监察“四项制度”,有效维护劳动者合法权益。落实实名制劳动用工管理制度。全面推行“荆门市建设领域实名制管理信息系统”信息化管理,督促施工单位建立实名制通道、安装考勤设备、建立管理台账。全年共累计录入实名制信息系统在建工程项目143个。其中,年内录入实名制管理项目38个,实名制率100%;实名录入农民工4432人。该制度已覆盖住建、交通、水利、国土等工程领域。落实农民工工资保证金制度。加强与县住建、行政审批等部门的协调配合,认真执行保证金缴纳标准和动用退还程序,全年共督促99家施工企业缴纳工资保证金3225万元。该制度已覆盖住建、交通、水利、国土等工程领域。落实农民工工资专用账户制度。承包企业在开具工资保证金办结函时,要求企业办理工资专户,并按照工程造价的1%预存一个月的农民工工资。全年共督促59家施工企业建立工资专户。落实银行代发工资制度。督促建设单位、承包企业和银行签署三方协议,由银行对专户进行托管,将工资通过专用账户直达农民工银行卡,有利于对项目工地工资发放情况进行有效监管。全年通过专户实现银行代发农民工工资共计4976万元,涉及农民工7263人。

【农民工工资支付情况专项检查】 2019年,沙洋县劳动保障监察部门加大农民工工资支付情况检查力度,维护农民工合法权益及社会和谐稳定。高度重视根治拖欠农民工工资工作。11月,召开全县根治欠薪工作会议,成立全县根治拖欠农民工工资工作领导小组,安排部署岁末年关根治欠薪工作;12月,结合工资支付情况专项检查行动,领导小组办公室制订根治欠薪冬季攻坚行动实施方案,进一步强化欠薪隐患排查和欠薪化解责任包联。开展2019年春节前农民工工资支付情况专项检查,共检查用人单位149家,涉及人数4293人,检查期间立案查处拖欠工资案件4起。开展根治欠薪夏季专项行动。8月份召开部门联席会议,对根治欠薪夏季专项行动进行部署,制订根治欠薪夏季专项行动方案,认真开展欠薪情况检查,共检查在建工程项目46个、涉及人数1479人,排查出欠薪隐患8起,涉及金额3179.3万元、人员918人。开展“全市建设领域拖欠工资隐患专项排查”“塔吊司机劳动保障权益落实情况排查”“清理整顿人力资源市场秩序专项行动”。坚持随机抽查和重点检查相结合的原则，通过“双随机一公开”监管平台随机抽取检查对象，共对272户用人单位进行入户检查，涉及人数9357人，并将检查结果及时予以上网公示。

【劳动保障监管服务】 2019年，沙洋县不断强化劳动执法监管服务，监管服务水平明显提升。严格按照“双随机、一公开”要求，在全县开展劳动用工监督检查、社会保险监督检查、劳务派遣监督检查、人力资源中介服务监督检查等4项执法检查，项目完成率100%。通过推进网格化信息平台建设，实现信息化和资源共享，进一步提高劳动保障监察成效。加大欠薪行为整治力度。将企业拖欠工资行为实时对外公示并同步到“信用中国”等国内大型平台，对用工单位拖欠工人工资等违法行为起到有效震慑作用，进一步维护劳动者合法权益。

【劳动保障年审】 2019年，沙洋县劳动保障监察部门根据全省劳动保障年审工作要求，继续推行网上书面审查，安排专人负责网上年审工作，并通过工作群指导用人单位填报，严格审核网报数据资料。对发现问题的用人单位要求报送纸质资料并督促限时整改。实行劳动保障年审工作分工责任制，集中整治部分行业存在的突出问题，督促用人单位规范用工行为，落实职工权益。全年共年审各类用人单位491户并全部通过网上书面审查，涉及人数1.85万人。

【劳动保障法普及宣传】 2019年，沙洋县劳动保障监察部门认真贯彻落实“谁执法谁普法”的普法责任制，深入工地和企业开展劳动保障法律法规“两进三送”宣传活动，现场发放《建设工程领域劳动和社会保障法律法规政策》宣传手册，为员工解答疑难问题。积极开展新闻宣传，全年内在县级以上媒体报道新闻稿件14篇。其中，省部级媒体2篇、市州级5篇、县级7篇。参加12333全国宣传日、12·4宪法宣传日等活动，现场宣传劳动保障法律法规，共发放宣传资料3000份。 （张　平）

扶贫开发

【概况】 沙洋县扶贫开发办公室成立于2000年10月，为沙洋县民政局二级单位。2009年2月调整为参公管理事业单位。2018年2月调整为县政府办公室所属的公益一类正科级事业单位（参照公务员管理）。2019年3月调整为县政府工作部门，并更名为“沙洋县人民政府扶贫开发办公室”，内设综合、社会扶贫、开发指导等3个职能股室，核定行政编制6名。

2019年，沙洋县扶贫开发工作加大脱贫攻坚力度，持续推进产业扶贫、金融扶贫、教育扶贫、健康扶贫，实行社会保障兜底，大力实施住房安全保障工程，加强农村基础设施建设，促进贫困人口脱贫。截至年末，全县实现减贫11170人、出列贫困村9个，完成年度减贫计划。2015—2019年全县累计脱贫贫困人口19039户、64452人，38个贫困村全部出列，未脱贫贫困人口1014户1777人，综合贫困发生率由14%降至0.4%。4月，县政府扶贫开发办被市委、市政府表彰为荆门市区域性增长极建设“先进单位”；5月，县老区建设促进会获2019年度全国老区宣传工作三等奖。

【产业扶贫】 2019年，沙洋县将稻虾连作、优质稻（再生稻）种植和花卉苗木作为扶贫主导产业，结合各地实际情况，积极推进十里花卉苗木产业带、汉宜线再生稻产业带、五洋线油菜花观光旅游带、荆潜线蔬

2020年3月，县税务局联合县人大常委会、官垱镇马坪村委会在扶贫包联村——马坪村开展产业扶贫讲座，针对发展稻虾联作生态种养产业进行技术讲解。图为活动现场 （县扶贫办　供稿）

菜产业、全域优质稻和稻虾连作等产业建设。截至年末,全县发展稻虾连作2.67万公顷、花卉苗木近1.33万公顷、优质稻(再生稻)和优质油7.33万公顷、蔬菜6666.67公顷。出台产业奖补政策,鼓励贫困户发展特色产业增收。对贫困户发展生产投入超过5000元和1万元的分别一次性给与1000元和3000元补贴;出台《沙洋县支持发展稻虾种养产业扶贫实施办法》,对2019年发展产业的449户贫困户和11个带动贫困户增收的新型经营主体进行奖补,共发放补助资金183.73万元,对1918户新发展稻虾种养的贫困户发放补助资金237.67万元。继续推进光伏扶贫。全县34个贫困村委托县扶贫投资公司在李市镇集中建设5兆瓦光伏发电站,确保每年每村集体收益5万元。在五里铺镇陈池村集中联建5.2兆瓦光伏扶贫电站,两个联建光伏电站发电能力均达到0.95以上。通过设置公益性岗位,吸纳贫困人口务工259人次。实施小型基础设施建设项目124个,发放贫困户补助6200余户369万元。

【金融扶贫】 2019年,沙洋县通过实施金融扶贫,有效解决贫困户产业发展和自主创业缺资金的问题。认真落实"5万元以内、三年期限、无担保、免抵押、全贴息"扶贫小额信贷政策,全年共发放1252笔、5148万元,全县累计发放贫困户小额信贷4195笔、27952万元。

【教育扶贫】 2019年,沙洋县教育扶贫工作严格执行国家教育资助政策,通过采取部门之间信息数据比对、入户摸排、向异地学校发函等方式落实教育资助政策。全年落实县内就读的建档立卡贫困学生教育资助8729人次,发放补助资金556.395万元,覆盖率100%;落实异地就读未享受学籍地教育资助贫困学生507人次,发放补助资金28.6万元;实施"雨露计划"资助1468人次、367万元,补发729人次182.25万元。加强农村学校硬件和软件建设。投入1838万元用于学校"全面改薄"建设,招录义务教育教师11名、幼师20名,全部充实到偏远学校。全县有"两后生"(初、高中毕业未能继续升学的贫困家庭中的富余劳动力)119名,其中接受职业教育和技能培训107人、外出务工11人、参军1人。

【健康扶贫】 2019年,沙洋县健康扶贫工作持续推进并取得新的成效。在县域内公立医疗机构设置"贫困人口服务窗口",推行"先看病、后付费"政策,实行"一站式"和"一票制"结算报销,所有贫困人口均参加城乡居民基本医疗保险,建立"四位一体"医疗保障体系(基本医疗保险+大病医疗保险+医疗救助+补充医疗保险),实施"985"政策。全县村级卫生室按要求建设达标,并配备至少1名村医。全年全县贫困人口县域内住院费用个人实际报销比例达93%,县域内政策范围内个人自费部分严格控制在5000元以内;对1136名25种大病患者实施救治,救治率100%;贫困人口签约54650人,应签尽签率100%;体检38143人、服务38631人,应体检率、应服务率均达100%。

【社会保障兜底】 2019年,沙洋县社会保障兜底工作持续推进。提升保障标准。将农村低保保障标准线由上年的4860元/人/年调整为5616元/人/年,将"五保"供养保障标准由上年的8100元/人/年调整为9000元/人/年。扩大兜底保障范围。将无劳动能力、无收入来源的贫困人口纳入低保或"五保"供养范围,确保这部分贫困人口享受保障兜底;按每人每月50元标准为困难残疾人发放生活补贴,按每人每月100元标准为重度残疾人发放护理补贴,全年全县共发放贫困残疾人生活补贴37636人次138.18万元、护理补贴34494人次34494余万元。增加兜底保障项目。由财政出资为未脱贫贫困人口(16~59周岁)按照100元/年/人标准购买养老保险,全年共为6924名贫困人口购买养老保险,落实19379名60周岁以上建档立卡人员养老保险待遇。

【农村危房改造】 2019年,沙洋县农村危房改造工程按照"应改尽改、应补尽补"原则,完成"四类对象"(建档立卡贫困户、低保户、农村分散供养特困人员、贫困残疾人家庭)危房改造1322户,补助资金2169.51万元,其中建档立卡贫困户1205户、补助资金1956.71万元。全县共实施易地搬迁926户、1546人,年末已全部入住,所有拆旧复垦工作全面完成。

【农村基础设施建设】 2019年,沙洋县加快推进农村基础设施建设,助力贫困人口脱贫。年内完成全县镇村综合文化服务站(中心)挂牌工作,争取省文化厅奖补资金200余万元用于公共文化配套设施建设和县镇综合文化服务站免费开放工作。截至年末,全县已建成镇区文化站14个、镇级文化广场14个、村(社区)文体活动中心和文化活动室266个,实现所有行政村农家书屋全覆盖;完成农村公路安全生命防护工程161.25千米、20

户以上通组公路建设420千米;所辖自然村通生产动力用电覆盖率100%。

【贫困人口就业务工】 2019年,沙洋县通过采取鼓励县内企业吸纳贫困人口就业务工、组织招聘会等方式,帮助贫困人口实现就业务工。全年组织精准扶贫专场招聘会10场和为期14天的“大篷车”送岗位下乡活动,吸引3700余名贫困人员前来求职,500余名贫困人口实现县内企业就业。积极引导贫困人口就业务工,全县共有2.03万人在沙洋和外地就业务工。设立贫困户公益性岗位,引导和支持贫困人口1483人次就业务工。

(县扶贫办)

移民安置帮扶

【概况】 2019年,沙洋县移民安置帮扶工作坚持稳中求进的工作总基调,以实施乡村振兴战略为契机,以移民安稳发展为中心,以移民精准脱贫为重点,加快推进移民后扶项目建设,加强移民新村建设,加大移民培训力度,切实做好移民信访维稳工作,圆满完成各项年度目标任务,全县移民群体大局保持稳定。全年全县发放原迁移民直补资金13003人、资金782.43万元,推进实施移民后扶项目208个,累计培训水库移民778人次,实现移民转移就业380人次。

【移民后期扶持】 2019年,沙洋县移民后期扶持力度加大。发放原迁移民直补资金。年初,按照移民人口动态管理工作要求,对全县2018年度移民人口进行全面核查,并于5月份为13003名原迁移民发放直补资金782.43万元。根据后扶项目绩效管理要求,经上报县政府批复,编制《沙洋县2019年大中型水库移民新增人口后扶项目计划》《2019年大中型水库移民库区基金项目计划》。推进移民后扶项目建设。围绕建设移民美丽家园和扶持移民产业发展等两条主线,全年共实施移民后扶项目208个,年度项目完工率90%、项目资金拨付率81.54%(比上年提升12个百分点),有力改善移民村基础设施条件,优化移民生产生活环境,提升移民群众幸福感和获得感。

【移民美丽家园示范点建设】 2019年,沙洋县移民美丽家园示范点建设加快推进。全县有移民人口超过200人的行政村53个,年内经过比选,从中确定后港镇独枣村,毛李镇钟桥村,拾回桥镇马新村,高阳镇四冢村、垢冢村,五里铺镇陈池村等6个移民美丽家园建设示范点。按照“一张蓝图绘到底”的原则,要求各村因地制宜做好移民美丽家园规划设计工作。截至年末,全县累计投入建设资金1300多万元,完成移民美丽家园建设示范点内道路建设和居住环境绿化、亮化、美化及文化改造升级工程,移民生活环境面貌焕然一新,真正成为周边村民向往的“美丽家园”。

【移民培训】 2019年,沙洋县移民安置帮扶部门结合年度工作目标和移民群体需求,组织开展移民技能培训,有效增强水库移民就业技能和创业增收能力、提升生活水平。全年累计培训移民778人次。组织开展稻田养虾实用技术培训。全年共培训2期,受训移民310人次。组织开展实用技术培训。纪山、沈集、沙洋等镇利用移民村产业发展优势,累计培训移民401人次。推进移民自主培训。鼓励移民结合市场需求与自身要求开展就业技能培训,全年累计移民培训67人次。通过组织全方位、多层次的学习培训,全县移民创业致富技能逐步增强,全年实现移民转移就业380人次,进一步夯实移民安稳发展基础。

【移民信访维稳】 2019年,沙洋县移民安置帮扶部门加大移民信访维稳工作力度,确保移民群体整体稳定。严格按照《湖北省大中型水库移民后期扶持政策实施方案》,结合移民需求和移民村发展实际,对移民后扶政策执行情况进行彻底纠偏。高效处理移民信访事项。按照信访问题“三到位一处理”(群众诉求合理的解决问题到位、诉求无理的思想教育到位、生活困难的帮扶救助到位,行为违法的依法处理)原则,及时高效处理移民合理诉求,耐心细致解释移民不合理诉求,做到小事不出村、大事不出镇、矛盾不上交。全年全县未发生一起移民群体越级访与群体访事件,实现水库移民整体安稳发展。

(许小月)

民族宗教

【民族工作】 2019年,沙洋县进一步加强民族工作,加快少数民族和民族地区经济社会发展。深入开展民族团结进步创建活动。以全县民族团结进步“宣传月”活动为载体,围绕“中华民族一家亲,同心共筑中国梦”主线,着力深化民族团结进步宣传教育工作。继续深入开展民族工作"六进"活动,组织民族团结进步宣传"进机关、进企业、进学校、进街道、进社区、进宗教场所"活动,加大民族政策宣讲力度,促进民族团结进步。协助县人大开展"民族团结进步荆楚行"活动,巩固和发展平等、团结、互助、和谐的民族关系,少数民族群众"三个离不开"(汉族离不开少数民族、少数民族离不开汉族、少数民族之间也相互离不开)思想更加坚定牢固。关爱有清真饮食习惯的少数民族群众。对有清真饮食习惯的少数民族群众发放生活补贴并将补贴费用纳入每年的财政预算,赢得少数民族群众好评。加大对民族村的帮扶力度。全年全县共争取资金22万元,充分利用特殊使命、特色产业、特色文化、特色人物、特色民居等移民和少数民族元素,助推民族村团结和谐发展。全市唯一的少数民族移民村——沙洋镇三峡土家族村2019年已实现全部脱贫摘帽并被表彰为全国、全省民族团结进步先进集体。沙洋镇农胜社区被命名为"全省民族团结进步示范基地"、正加快建设"江汉平原土家移民第一村"。稳步推进城市民族工作。结合全县社区网格化管理,将城市民族工作纳入社区工作范围,特别是对涉疆涉藏少数民族流动人员按照"双层全覆盖"要求认真落实包联责任,实现全县民族领域维稳工作"零事故"。

【宗教工作】 2019年,沙洋县民族宗教工作部门努力提升政治站位,着力加强宗教工作,不断夯实基层宗教工作基础,维护宗教领域和谐稳定。搞好宗教督查整改。严格按照中央、省、市宗教督查整改意见,从思想觉悟、主体责任等方面提升站位,严格开展自查自纠,主动查找存在的问题,对反馈的12条意见,无论是否涉及沙洋,均照单全收、举一反三。出台《沙洋县关于省委宗教工作督查反馈意见整改方案》,建立台账,实行问题销号管理。5月21日,省委第六轮暗访组在沙洋开展督查时,对全县宗教督查整改工作给与充分肯定。省民宗委第十四期工作简报以《荆门市依法拆除2处大型露天宗教造像》为题,向全省推介沙洋做法。规范宗教工作行为。全县调整宗教工作领导小组,成立沙洋县联合执法综合执法领导小组。县委连续两次召开常委会专门组织学习宗教工作一系列文件及中央、省、市领导批示精神;讨论出台《沙洋县关于加强宗教工作的实施意见》;建立联合执法、综合执法机制。抓好乡镇宗教工作"补火、补课"。针对反馈的乡镇宗教工作属地管理责任履行不到位的问题,县委连续两次召开常委会议,进一步强化乡镇党委宗教工作主体责任。同时,狠抓宗教政策法规的学习宣讲,搞好理论武装。组织开展对宗教工作政策、法规学习,各镇(区)均召开新修订《宗教事务条例》培训会。开展宗教工作专项整治。将"党员不能信仰宗教"纳入党员主题日学习内容,同时开展党员信教问题清理整治。县委统战部、县委组织部联合下发文件,对全县党员干部信教问题分四个阶段进行清理整顿。夯实宗教工作基层基础。拟于2020年将宗教团体工作经费纳入县财政预算。着力解决宗教教职人员社保问题。加强宗教工作日常监管。召开全县"双学双促"培训会,在毛李镇、后港镇单独召开培训会。重新核查上报全县宗教场所,结合"两堂"清理,将所有宗教场所进行重新登记备案,对场所名称、所在地址、场所负责人、联系方式等进行登记造册存档,对场所所在地进行地理方位标注。将"一场二员(统战委员、包联班子成员)二人(所在地支部书记、治调主任)"责任名单上墙,明确责任。督促各镇(区)排查私设聚会点及宗教渗透情况,并对各镇(区)信教群众具体人数按照宗教教别、性别等进行统计,对外地人员一律备注清楚。特别是对于天主教、基督教信教群众要求上报活动人员名册,重点关注身份证信息。组织开展专项行动。年初开展基督教专项治理工作,联合马良镇镇委、公安机关加大摸排整治基督教私设聚会点力度,至年末所谓"牧区"已全部消散。7月中旬参加县委政法委、县委宣传部等10个部门联合开展的暑期"扫黄打非"集中行动,大力查缴宗教类非法出版物,检查书报刊经营单位19家,收缴非法出版物26册,有效净化文化市场环境。年内,沙洋县民宗局被评为全省统战系统先进集体。

(张玲芳)

人民生活

【概况】 2019年,沙洋县城乡居民人均可支配收入25134元,比上年同期增长9.24%;城镇常住居民人均可支配收入35324元,增长8.96%;农村常住居民人均可支配收入20224元,增长9.48%。

【城镇居民生活】 2019年,沙洋县城镇常住居民人均可支配收入35324元,比上年同期增加2904

元、增长8.96%。其中,人均工资性收入24961元,增长8.63%;人均经营净收入3827元,增长9.47%;人均财产净收入447元,增长9.83%;人均转移净收入6089元,增长9.91%。在城镇居民收入保持稳定增长的同时,居民八大类消费支出呈现稳步增长态势。全年全县城镇居民人均消费性支出23181元、增长10.10%,城镇常住居民恩格尔系数为33.05%。在居民八大类消费支出中,食品类消费7661元,增长9.90%;衣着类消费2799元,增长9.81%;生活用品及服务支出1616元,增长10.23%;医疗保健支出1524元,增长10.60%;交通和通讯支出2827元,增长10.73%;娱乐教育文化服务支出3009元,增长10.83%;居住支出2983元,增长9.27%;其他商品和服务支出762元,增长10.12%。

【农村居民生活】 2019年,沙洋县农村常住居民人均可支配收入20224元,比上年同期增加1752元、增长9.48%。四大项收入呈现全面增长态势。其中,工资性收入5726元,增长12.43%;家庭经营净收入11937元,增长7.45%;财产净收入608元,增长9.35%;转移净收入1953元,增长13.94%。收入的增长促进农民生活质量提高。全年全县农村常住居民人均消费性支出11617元、增长10.55%。其中,食品类消费4134元、增长10.06%。农村常住居民恩格尔系在数为35.59%。随着农民消费向多元化发展,居住、娱乐教育、交通和通讯、医疗保健等支出持续增大。其中,衣着类消费981元,增长10.10%;生活用品及服务支出1172元,增长10.98%;医疗保健支出1299元,增长11.31%;交通和通讯支出1353元,增长10.45%;娱乐教育文化服务支出1014元,增长10.94%;居住支出1262元,增长10.51%;其他商品和服务支出402元,增长12.61%。 (何文军)

风味特产

【沙洋香米】 “香稻三秋末,平田百顷间”“东渚雨今足,伫闻粳稻香”,“诗圣”杜甫多次在诗句中提到香稻;“上风吹之,五里闻香”,魏文帝曹丕对香稻之香给予肯定,香稻种植历史悠久,种植区域遍及长江流域。沙洋县位于汉江中下游、江汉平原北端,地质、气候条件非常有利于香稻种植。产出的“沙洋香米”米粒外观细长,长宽比在3.0以上,米色晶莹剔透,闻之相比普通白米有一清新香味,直链淀粉含量在12%~19%之间,农业生产上以一年一季为主。沙洋县种植香稻已有多年。2002年以来,沙洋县引进并开始种植生产香稻品种“鄂香1号”;2007年,香稻品种“丰两优香1号”开始在沙洋大面积推广种植,全县种植面积10万余亩。随着香稻产业的发展,香稻品种逐步丰富并得到更优品种更替。2019年,全县优质香稻品种“鄂香2号”“立香85”及“野香优”“果两优”系列等优质品种得以引进,并实行订单生产,订单面积1.33万公顷。全县先后打造“洪森香米”“龙池桥香米”“楚稻香”等优质香稻稻米品牌,促进“沙洋香米”产业尽快发展。 (县农业农村局)

【太师饼】 沙洋“太师饼”,又名“一品点心”“活油酥饼”,因其白中透黄,泡而酥松,香甜可口,酥层清晰,正中朱红一点,红白相间,典雅美观,故亦名“茶花点心”。相传南宋理学家陆九渊任荆门知军时,朝中有一太师特别器重于他,因此陆夫子每每进京,太师总要邀他府中品茶,并佐以糕点,两人边品尝边讨论理学,兴趣盎然。每当陆九渊出京时,太师还总是要馈赠些内廷糕点,其中的“茶花点心”最为名贵,陆夫子尤为喜欢,为不忘太师深情,故将其改名为“太师饼”。陆夫子在荆门德高望重,深受百姓爱戴,荆门许多名师为讨陆夫子喜欢,便争相仿制,以敬夫子。物以人传。后来“太师饼”在沙洋也就广为流传,至今不衰。“太师饼”的制作原料为上白面粉、熟猪油或麻油、砂糖、桂花、桔饼、桃仁冬瓜糖等,味道酥松,清香绵软不腻,别具一格,为馈赠亲友之佳品,曾被授予湖北优良食品第一名。

(县商务局)

乡镇（区）概况

五里铺镇

【概况】 五里铺镇辖19个行政村和2个社区,268个村(居)民小组,总人口46973人。国土面积202平方千米,耕地面积12534.5公顷。2019年出生人口343人,死亡328人,人口出生率7.30‰,死亡率6.98‰,自然增长率0.32‰。全年全镇实现规模以上工业总产值18.5亿元,同比增长11.4%;固定资产投资总额5.6亿元,增长12%;社会消费品零售总额7.07亿元,增长12.2%;完成财政总收入969万元,增长21.4%。年内,五里铺镇广场舞《公正阳光照人民》获荆门市第二届电视广场舞蹈大赛三等奖,杨集村万亚琴入选中央文明办“中国好人榜”候选名单。

【农业农村】 2019年,五里铺镇粮食总产7.5万吨。其中,小麦2000吨,水稻7万吨。油料总产2.2万吨,蔬菜总产2500吨,实现粮油主要农产品稳中有增。严格按照农村集体股份权能改革工作要求,完成清产核资、成员身份界定、成员配股和各村农村经济股份合作社成立等工作。全镇畜禽粪污资源化利用项目实施141户。其中,规模户54户,中小型养殖户87户,申请奖补资金390万元,创利税52万元。

2019年5月24日,中国灌区协会和中国灌溉排水发展中心联合主办的农业水价综合改革培训班学员到沙洋县五里铺镇洪庙农民用水者协会参观学习　　（五里铺镇党政办　供稿）

【工业经济】 2019年,五里铺镇新引进项目3个,分别为晨祥农业科技产业园项目,主要从事鸡蛋深加工、蛋品销售和外贸出口,部分生产线已投产;岳飞城低碳文化拓展教育基地,正在安装游乐设施;荆门峻昌建材有限公司鹅卵石建材加工项目,部分生产线已投产。新入库项目2个,分别为湖北青香集团岳飞城田园综合体项目和创升机械工业产业园项目。

【项目建设】 2019年,五里铺镇一批项目落地开花,建成投产。3月,中国·油菜花海小镇正式开园,全年累计接待游客约20万人。6月,岳飞城·田园综合体正式开园,壮大乡村振兴的文化根脉。7月,创升机械工业有限公司正式投产,实现企业转型升级。9月,岳飞城水厂正式开工,解决五里铺镇、十里铺镇、纪山镇等8个镇(区)26.45万人的安全饮水问题;原五里高中办公楼改造工程完工,镇政府搬入新政务中心,人社中心、住建分局、水务站、医保等镇直单位同时入驻政务中心,财政分局、国土所、林业站、文化站、市场监管等镇直单位已完成规划设计。11月,集镇道路改造工程正式开工并于12月完工。投入200万元重建两港口大桥。

【城镇建设】 2019年2月,五里铺

镇结合五洋一级公路改造工程,在五里初中北面新建1个集镇社区,投资500万元,8月22户全部入住;在刘集村新建1个新农村点;新建中国油菜花海小镇居住点,投资450万元,设计打造旅游服务小镇,大部分已装修完毕并入住。5月,投入300万元对207国道南段进行硬化、亮化、绿化、人行道铺设路面砖等,改善南段居民居住环境;11月,投入700余万元对207国道集镇段进行整体大修,引导大货车绕集镇通行;道路刷黑、标划马路黄白线、人行道线、停车位152个,解决集镇段道路破损、扬灰严重、车辆乱停乱靠的现象。同时,组织开展乡村环境综合整治行动和村庄清洁行动春季战役、夏季战役,环境卫生、经营秩序、交通秩序、公共服务、乡容镇貌得到较大改善。自来水厂于2018年由镇政府收回承包权后,经过一年整改已逐步走上正轨,供水时间和供水量得到保障,水质明显改善。

【脱贫攻坚】 2019年,五里铺镇按照"两不愁三保障"标准,实现420户1270人脱贫,贫困村左冢村出列,综合贫困发生率由18.59%下降到0.34%,圆满完成全年脱贫攻坚目标。全年全镇发放产业奖补253笔70.64万元;发放扶贫贷款109笔482.3万元。镇人社部门先后4次组织长护技能培训,培训400余人次;县人社局为每个村设立5个贫困户公益性岗位,引导贫困户就业务工。全年资助贫困学生904人次,发放补助95.3万元。全镇落实精准扶贫医疗报销12982人次,报销金额233.93万元。全年危房改造实际完成149户,已拨付资金294.75万元。将76户79人搬迁至沙洋县易地搬迁安置中心居住。全镇低保贫困人员448人,发放低保金184.67万元、特困供养贫困人员56人,发放五保金36.2万元;发放贫困户残疾人生活补贴10.58万元,重度残疾人护理补贴42.94万元。

【社会事业】 2019年,五里铺镇有初中1所,小学4所,幼儿园5所(其中,公办幼儿园4所,私办幼儿园1所),在职教师223人,在园幼儿525人,小学生996人,初中生314人。适龄儿童入学率100%,小升初比例100%,初中适龄人口入学率100%,初中升学率100%,九年义务教育覆盖率100%。中心卫生院1所,分院1所,医务人员92人,下设21个卫生室,从业乡村医生27人。全年评定农村低保385户793人,城镇低保77户91人。审核集中供养五保户46人,分散供养五保户53人;新增80岁高龄补贴107人,90岁高龄补贴28人;审核残疾人生活补贴249人,护理补贴520人;发放残疾人辅具139件,组织103名残疾人参与实用技术培训;发放临时救助资金648人次32.22万元;发放棉衣棉被等冬春救灾生活物资共140件。向县应急管理局摸底上报受灾人员冬春生活救助981人。

2019年五里铺镇各村(社区)基本情况统计表

名称	村民小组(个)	总人数(人)	总户数(户)	国土面积(平方千米)	耕地面积(亩)	粮食总产(吨)	油料总产(吨)	水产品总产(吨)	生猪出栏(头)	家禽出笼(万只)	村集体经济收入(万元)
五里社区	9	7059	3159	1017	3036	1428	295	61	656	7	12
草场社区	9	1979	539	791	7232	2418	766	284	1091	8	5
赵集村	17	1786	468	786	7165	3256	537	123	922	9	5
许场村	14	2630	725	1243	12922	4275	970	279	812	5	5.5
十岭村	10	1549	516	693	7148	2896	666	137	1221	11	5
白岭村	14	1676	420	692	7108	2835	613	114	716	11	5.5
严店村	10	2015	568	896	8115	3781	692	114	1129	10	11
杨集村	14	3947	1044	1802	17271	5495	1246	252	909	9	7
合心村	10	1450	353	621	6252	2709	635	196	575	5	5
枣店村	19	2485	631	961	10781	4321	960	274	544	4	6
金台村	19	2392	650	947	9906	4434	897	196	757	7	6
刘集村	17	2381	670	1065	11108	5152	906	171	560	5	8
左冢村	8	896	262	564	4689	1900	521	166	363	7	5

续　表

名　称	村民小组（个）	总人数（人）	总户数（户）	国土面积（平方千米）	耕地面积（亩）	粮食总产（吨）	油料总产（吨）	水产品总产（吨）	生猪出栏（头）	家禽出笼（万只）	村集体经济收入（万元）
显灵村	6	2130	470	894	9230	4267	841	189	593	8	5
陈池村	15	2339	585	826	9679	4386	821	251	570	25	5
两河村	14	1386	382	517	5310	1890	744	237	361	4	5
联合村	10	2109	485	1054	9710	4124	1416	193	545	8	5
白虎村	9	1988	465	1669	12198	4464	1698	163	546	5	5
火龙村	10	1572	375	1148	9968	3158	1311	146	622	7	5
安全村	14	1338	357	739	7402	2945	1024	211	584	6	6
陶场村	13	1866	448	1275	11788	4043	1106	326	853	7	5
合　计	261	46973	13572	20200	188018	73751	18666	4080	14929	168	127

（严倩雯）

十里铺镇

【概况】 古时，十里铺扼荆襄要冲，设有驿站，为军事要地，因北邻建阳驿10里，南距左溪铺驿10里，故名。十里铺镇地处沙洋县西部边陲，位于荆门市、荆州市、当阳市三市结合部，素有“金三角”之称，东距沙洋城区53千米，西距宜昌城区137千米，南至荆州城区37千米，北至荆门城区49千米，207国道、襄荆高速公路、荆沙铁路纵贯南北，汉宜公路（107省道）横穿东西，交通十分便利。全镇辖17个行政村，1个社区，183个村（居）民小组，总户数11807户，总人口37512人。国土面积164.44平方千米，耕地面积9645公顷，山林面积640公顷，水面867公顷。2019年，全镇实现工业总产值212578万元；完成社会消费品零售总额49332万元，同比增长12.8%；完成社会固定资产投资49785万元，增长247.5%；完成招商引资60300万元，增长25.6%；完成地方财政总收入625万元，增长2.6%；农民常住居民人均可支配收入达18150元，增长8.6%；城镇常住居民人均可支配收入达32463元，增长8%。

【农业农村】 2019年，十里铺镇实现农业总产值92357万元，同比增长4.6%（包括农业产值23616万元，林业产值1476万元，畜牧业产值38604万元，渔业产值21917万元，农林牧渔专业及辅助活动业产值6744万元）；粮食作物总产量64736吨（其中，稻谷产量58018吨，小麦产量5189吨）；经济作物总产量1284吨（其中，油菜籽产量5338吨，蔬菜产量20138吨）；水果总产量1284吨；造林面积207公顷；木材采伐1700立方米；生猪出栏66713头；家禽出笼330.37万

2019年5月16日，县残联邀请县人民医院医生到十里铺镇开展“上门办证”活动。图为办证现场　　（十里铺镇党政办　供稿）

只;禽蛋产量9388吨;水产品总产量6530吨。加快农业产业结构调整,花卉苗木产业蓬勃发展。大力推动花卉苗木产业发展,精心布局落子汉宜路—207国道10千米花卉苗木产业通道示范带,产业通道沿线已形成533.33公顷色块苗基地、133.33公顷草坪基地、133.33公顷乔木基地、66.67公顷地被植物基地、66.67公顷灌木基地、53.33公顷水生植物基地以及33.33公顷草本植物基地。全镇建成专业花木交易市场(十里花木城)1个,注册成立花木企业(专业合作社)82家,社员1700余户,形成沿207国道、汉宜线、襄荆高速三大花卉苗木走廊,种植品种含七大类(乔木、花灌木、扦插苗、草坪、水生植物、地被植物、草本植物)200余种,种植面积达4000公顷,从业人员达5000余人,本地苗木经济人达1000多人,年产各类花卉苗木10亿株以上,年销售各类花卉苗木6亿株,产品销往国内40多个大中城市和地区,年均销售额达15亿元,呈现出“产业规模化、品种多样化、种植专业化、组织网络化”的发展格局。

【工业经济】 2019年,十里铺镇招商引资签约项目6个,投资额6.03亿元。分别为李河月季花观光旅游项目1.1亿元,仙羽有机肥厂改建项目1.5亿元,十里民生建筑材料加工项目0.928亿元,洋坪生态旅游观光项目0.86亿元,湖北尚香风干鸡生产加工项目0.752亿元,芦堰生态旅游项目0.89亿元。同时,完成“五个一”目标任务。分别为新增1家规模企业湖北创创服饰有限公司,新增1家限上商贸企业沙洋中诚牧业有限公司,新引进1家投资1000万元以上企业深圳市伟鑫达科技有限公司,新建1条集镇街道顺安西路,新建1个农村新社区金玉村新农村居住点。

【脱贫攻坚】 2019年,十里铺镇精准扶贫完成1个贫困村销号,626人脱贫。贫困村白庙村安全饮水、电网改造、道路建设、土地平整、危房改造、文化阵地、网络覆盖等项目建设基本完工,脱贫验收工作已完成,按照贫困村脱贫“九有”达标,完成脱贫出列。

2019年十里铺镇各村(社区)基本情况统计表

名称	村民小组(个)	总人数(人)	总户数(户)	国土面积(平方千米)	耕地面积(亩)	粮食总产(吨)	油料总产(吨)	蔬菜总产(吨)	特色种植
龙坪村	13	1907	509	11.03	10315	4433	512	60	亚洲银花王
金玉村	12	1827	544	8.48	8711	4180	393	59	优质稻
建阳村	10	1430	459	6.16	5990	3039	261	44	优质稻
白玉村	14	1119	312	6.94	6512	3489	371	46	稻虾连作
洋坪村	10	2038	551	9.35	9734	5046	410	64	稻虾连作
芦堰村	7	1276	353	6.22	6561	3258	295	51	再生稻
光华村	14	2143	683	13.43	12561	5249	528	91	油菜
李河村	11	1536	415	9.73	9084	3638	466	88	水蛭养殖
彭场村	10	2100	638	18.44	11209	4697	406	109	花卉苗木
石牛村	10	1421	382	13.33	8499	2920	260	87	花卉苗木
黎明村	8	1785	522	12.82	11832	5543	435	108	花卉苗木
九堰村	10	2133	650	12.44	10693	5421	330	135	花卉苗木
荷堰村	7	1038	306	3.59	3158	1389	142	33	优质稻
车坪村	10	1475	365	5.44	5766	2658	321	53	优质稻
白庙村	13	2025	587	8.54	9018	3773	523	95	稻虾连作
新桥村	4	1421	421	5.33	5285	2296	239	92	优质稻
王场村	8	1170	360	6.90	5516	2165	318	53	草坪
十里居委会	8	9668	3750	6.21	4226	1542	204	37	花卉苗木

(陈珮琪)

纪山镇

【概况】 纪山镇位于沙洋县西南部,荆门市最南端,素有"荆楚门户"之称。全镇辖12个行政村、1个社区,总人口2.7万人。国土面积100.53平方千米,耕地面积2866.67公顷。2019年,全镇实现规模工业总产值49.1亿元,同比增长20.6%;固定资产投资11亿元,增长7%;社会消费品零售总额5.52亿元,增长3.2%;税收入库2526.64万元,增长16.6%,完成一般公共预算收入1429.31万元。

【农业农村】 2019年,纪山镇推进农业水价综合改革、农村集体产权制度改革,合理划定粮食生产功能区和重要农产品生产保护区。推进三产融合发展,"东虾、西树、北花、南药"四大农业板块格局已经形成,新增稻虾连作面积206.67公顷、苗木种植面积166.67公顷,新培植新型经营主体、种养殖大户13个。郭店楚医药特色养生小镇先期7公顷的康养社区项目已完成土地摘牌;严庙虎发合作社借助美丽乡村建设,规划新建集休闲、旅游、采摘、农耕体验为一体的综合农业园;程新村欧月观光园建设规划全面完成,基础设施建设已经启动。

【工业经济】 2019年,纪山镇成功引进荆福星门业、荆新木业、世派门业、众志和物流、德业沥青砼等5家工业企业,项目总投资6.91亿元,全面完成县政府下达的招商引资任务。优布、欧迈德地板、钟氏食品等企业相继完成技改和扩规,总投资1.2亿元,荆门市五龙饲料有限公司被全国高新技术企业认定管理工作领导小组办公室认定为高新技术企业,"舞龙"饲料成功登录央视CCTV7广告投放产品;顶辣食品有限公司火锅底料、夹馍酱被省商务厅评为"十大楚菜调味品"。

【城镇建设】 2019年,纪山镇推进碧桂园山湖城二期项目建设,新建低密度低层建筑30余套,建筑面积近2万平方米。金牛路集镇段、文化路、朝阳路全面维修铺设沥青路面。新建通村通组公路8条10.9千米,总投资600余万元。实施移民项目20个,投入332万元。完成户厕改造3767座,公厕改造10座。每个村(居)绘制美丽乡村建设、"厕所革命"、垃圾分类、扫黑除恶等宣传墙6000平方米以上,绘制宣传画182幅。严庙村、更新村党群服务中心全面完工。新建付场、金牛、程新3个新农村点。郭店、付场、岳山、严庙村投入80多万元,拆除乱搭乱建126处、新设绿化围栏2100米,清除违章广告牌、破损宣传牌72处,大力开展美丽乡村示范建设。

【生态文明】 2019年,纪山镇持续加大农村环境综合整治投入,秸秆全面禁烧,户分类、村收集、镇转运的农村生活垃圾处理模式正常运行,麻郭线、纪山路、镇集镇新增垃圾桶1000余个。其中,分类式垃圾桶170个,全年转运垃圾2900多吨,生活垃圾收集转运率达95%以上,垃圾中转站主体工程建设已完成。加大"河湖长制"落实力度,清理河流、湖泊沿线垃圾90吨;郭场水库、郭滩水库、白龙滩水库围网养殖全面拆除,生态补水105万立方米,4座小(一)型水库水质均在四类以上,其中钱家湾水库水质为二类。开展散乱污企业专项整治,4家食品加工企业全部完成整改,硬化郭店至砖桥排水渠200米。集镇生活污水管网实现全覆盖,雨污全部分流,污水处理厂正常运行,污水收集率、处理率均在90%以上。

【社会事业】 2019年,纪山镇便民服务中心建成投入使用,福利院整体搬迁项目顺利动工。纪山中心小学新食堂、运动场建成投入使用,教学楼改建主体工程已经完

位于纪山镇的郭店广场竹简雕塑 (纪山镇党政办 供稿)

工;岳山小学运动场焕然一新,总投资380多万元。纪山中学8名学生中考达龙泉线。深入推进“放管服”改革,推广使用鄂汇办APP、湖北政务服务网,“一网通办”服务事项862起,办结率100%。

2019年纪山镇各村(社区)基本情况统计表

名称	村民小组(个)	总人数(人)	总户数(户)	国土面积(平方千米)	耕地面积(公顷)	粮食总产(吨)	油料总产(吨)	水产品总产(吨)	生猪出栏(头)	家禽出笼(只)	村集体经济收入(万元)	特色种植
严庙村	10	1830	556	8.7	205.87	6530	708	786	1023	28451	16.5	优质稻
纪山村	9	1340	389	6.94	239.53	3016	356	356	890	32145	22	花卉苗木
砖桥村	11	2496	675	7.37	137	6548	711	750	2300	19753	22	优质稻
金桥村	9	1860	505	10.31	157.07	3695	486	563	3542	32786	22.3	花卉苗木
郭店村	6	1560	453	5.4	307.73	3785	395	432	8563	47345	16	花卉苗木
郭场村	10	1512	445	7.2	232.67	4991	642	520	1547	28156	16.2	优质稻
程新村	6	1360	393	7.55	169.07	2589	286	569	1054	119875	9	花卉苗木
更新村	7	1631	463	6.65	215	5009	652	823	1689	27859	15	优质稻
岳山村	9	2389	674	7.72	321.07	7261	660	623	7520	24345	13.5	葡萄种植
付场村	12	2340	663	8.81	150.07	5230	3450	1320	4529	20653	15.2	优质稻
肖场村	5	1953	470	6.14	299.93	3396	352	1026	625	19237	8	优质稻
金牛村	9	2230	623	8.11	262.27	4698	596	714	4189	47705	15.1	花卉苗木
四方社区	7	4820	1684	9.1	171.07	2516	255	1120	2179	36578	19.4	花卉苗木

(纪山镇党政办)

拾回桥镇

【概况】 拾回桥镇辖17个行政村,4个社区,总人口43007人。国土面积143平方千米,耕地面积5777公顷。2019年出生人口270人,死亡74人,人口出生率5.87‰。全年全镇规上工业总产值39亿元,固定资产投资6.3亿元,入库固投项目8个,其中年度新增固投项目5个,社会消费品零售额7.4亿元,实现税收收入1006万元,农村常住居民人均可支配收入达1.9万元。全镇有规模以上工业企业12家,限上商贸企业15家,规上服务业2家。新增规上工业企业1家:沙洋县接龙生态有限公司;新增限上商贸企业1家:荆门市禹谦生物科技有限公司;新增规上服务业1家:沙洋县鑫合农业科技有限公司。沙洋楚峰粮油有限公司、湖北共发米业有限公司成功申报为湖北省产业化龙头企业。年内,拾回桥镇在全县工作目标综合考评中居镇区第五名,连续四年被评为优秀等次。

【农业农村】 2019年,拾回桥镇“有机蔬菜小镇”农村特色产业逐步推开,香葱、白梗芹菜、空心菜、菜苔、豇豆等特色蔬菜产业继续保持良好发展势头;桥河蔬菜、东风蔬菜基地不断做优做大做强,王桥蔬菜种植面积持续扩大。19个村(社区)均完成农村集体产权制度改革清产核资、集体成员确定、股权量化和配置工作,各村(社区)已成立股份经济合作社。全镇申报耕地地力保护补贴面积近7333.33公顷,稻谷补贴面积6666.67公顷。全镇大型拖拉机安装农机北斗卫星导航系统33台,秋播油菜轮作试点面积达1200公顷;新增稻虾养殖面积280公顷,组织稻虾技术培训及讲座11场次。

【城镇建设】 2019年,拾回桥镇全面推动美丽乡村建设。率先在马新、大新、东风、刘店4村开展农村人居环境整治工作。集中开展“五清一改一植”工作。投资600万元的大新村新农村居民楼主体工程建设完工;投资90万元的马新村移民美丽家园建设完工。开展生活垃圾无害化处理。配置垃圾清运车1辆,钩臂式垃圾箱100个,垃圾分类箱968组,中转站月清理转运垃圾400吨。国家卫生乡镇创建顺利通过技术评估。采取宣传栏、文化墙、宣传单等多种形式提高居民知晓率和参与度,对占道经营、乱搭乱建进行综合整治。继续加强秸秆禁烧和综合利用工作。设置3个回收点,回收秸秆4万吨,收购额达1000万元,解决50余人就业,临时用工200人次,带动农户亩平增收80元,60余户贫困户增收。加强城镇建设和管理。工商街整体改造即将完工;丁岗路口停车场、爱家超市门前停车场投入使用;完成集镇小广场绿化1处,背街小巷全面绿化、亮化。持续推进道路水利建设,完成农村公路提档升级12千米,新建通村、通组公路20千米;完成农村公路生命安全防护工程49千米;完成全镇水利工程管护项目72处。其中,渠道7条共21.2千米,小型泵站59处。

【社会事业】 2019年,拾回桥镇排查清理"空壳合作社"93家,对67家空壳社实施注销程序,对23家正常运行的合作社财务进行规范;清理经营性资产452万元、非经营性资产671万元,清理经营性土地资源333.33公顷。全年扶贫放贷211.5万元,新增就业人员200人,下岗人员再就业42人,完成职业培训420人次;纳入农村低保对象328户605人,纳入城市低保对象72户97人;五保对象119人,集中供养54人,集中供养率45%;发放残疾人辅助器具45人次62件;发放高龄补贴972人次14.3万元。镇文化站建筑总面积7743平方米,可同时容纳3000人开展文化活动。全镇17个村各建图书室1间。民间文化活动团体3支。其中,健身舞队2支,民间乐队1支。普通中学1所,学生589人,教师76人;小学4所,学生1217人,教师93人;幼儿园6所(含附属幼儿园),幼儿552人。卫生院设住院部、中心门诊和18个村卫生室,开放病床60张,职工94人。

2019年拾回桥镇各村(社区)基本情况统计表

名称	村民小组(个)	总人数(人)	总户数(户)	国土面积(平方千米)	耕地面积(公顷)	粮食总产(吨)	油料总产(吨)	水产品总产(吨)	生猪出栏(头)	家禽出笼(万只)	村集体经济收入(万元)	人均纯收入(元)	特色产业
杨场村	10	1922	558	6.6793	274	3287	566	735.08	1489	8.22	5	20628	水稻种植稻虾连作
香店村	10	1488	429	6.6531	301	3505	571	550.65	640	2.79	5	20709	水稻种植稻虾连作
周店村	10	2126	610	7.48	353	4020	751	740.62	973	3.08	5	21014	水稻种植稻虾连作
王桥村	14	2817	816	9.9442	437	4720	928	1015.58	2875	32.21	5	21010	水稻种植稻虾连作
五八村	13	2934	863	10.2122	453	5044	823	949.22	23083	15.89	5	20397	水稻种植稻虾连作
丁新村	10	1196	339	3.7656	202	2546	348	514.02	922	1.03	5	20276	水稻种植稻虾连作
丁岗村	7	2043	581	12.269	310	3635	639	707.34	2232	2.2	5	20301	水稻种植稻虾连作
刘店村	9	2370	683	9.3954	421	4484	905	595.24	1094	2.1	5	20230	水稻种植稻虾连作
七里村	6	1390	406	6.9978	357	4091	675	550.86	3961	1.25	5	20542	水稻种植稻虾连作
老山村	13	2544	719	10.656	386	4276	919	613.56	257	5.53	5	19091	水稻种植稻虾连作
古林村	12	1588	454	8.5105	280	3626	584	600.37	15052	2.05	5	21085	水稻种植稻虾连作
瓦庙村	15	2103	601	8.5521	327	3904	606	605.08	1201	1.36	5	20642	水稻种植稻虾连作
大新村	8	2295	643	6.2165	273	3272	397	646.11	267	11.09	5	20830	水稻种植稻虾连作
塘坡村	6	1685	455	6.8301	321	3722	426	763.44	1407	3.24	5	19121	水稻种植稻虾连作
马新村	15	3396	923	10.5888	469	5031	1082	1402.01	1711	0.17	5	20781	水稻种植稻虾连作

续　表

名　称	村民小组（个）	总人数（人）	总户数（户）	国土面积（平方千米）	耕地面积（公顷）	粮食总产（吨）	油料总产（吨）	水产品总产（吨）	生猪出栏（头）	家禽出笼（万只）	村集体经济收入（万元）	人均纯收入（元）	特色产业
东风村	7	1952	578	5.3514	251	3017	401	890.3	2481	2.89	5	20720	水稻种植 稻虾连作 蔬菜种植
桥河村	9	2424	676	7.5679	278	3208	471	1691.52	639	2.9	5	25116	水稻种植 稻虾连作 蔬菜种植
工商街社区	1	1674	904	0.2	0	0	0	31.71	188	0.01	5	21372	
新河街社区	4	1605	717	1.3	20	358	17	429.55	159	0.93	5	21379	水稻种植 稻虾连作 蔬菜种植
接龙桥社区	4	1226	388	2.4727	53	637	162	414.48	1584	4.06	5	21347	水稻种植 稻虾连作 蔬菜种植
北街社区	1	2195	989	0.3	11	109	5	400.26	9	0.8	5	21308	
合计	184	42973	13332	141.9426	5777	66492	11276	14847	62224	103.8	105	20905	

（拾回桥镇党政办）

后港镇

【概况】　后港镇辖30个行政村，4个社区，户籍人口77318人。国土面积274平方千米，耕地13773公顷。后港镇是全国文明镇，全国发展改革试点镇，全国重点镇，全国“创先争优”先进基层党组织，国家卫生镇；省级文明镇，全省乡镇党委“十面红旗”，第二、三、四、五、六届湖北省城镇规划建设管理“楚天杯”，湖北省百强乡镇；荆门市镇域城市建设试点镇；沙洋县域副中心城市。2019年出生人口543人，死亡455人，人口出生率6.7‰，人口自然增长率1.08‰。全年全镇完成规模以上工业总产值109.20亿元，固定资产投资15.56亿元；社会零售总额11.30亿元，增长12.5%；财政收入1.54亿元，增长10.2%，城镇居民人均可支配收入28453元，增长12%；农村居民人均纯收入20571元，增长8.5%。

【农业农村】　2019年，后港镇完成农林牧渔业总产值19亿元。其中，农业产值6.28亿元、林业产值0.04亿元、牧业产值2.87亿元、渔业产值9.16亿元、农林牧渔服务业产值1.53亿元。粮食总产105966吨、油料总产15901吨、棉花总产68吨、水果总产2836吨、蔬菜总产3489吨、生猪出栏64037头、家禽出笼141.32万只、水产品产量53165吨、禽蛋2078吨。大力发展“一高三新”现代农业，全面推广藕带＋泥鳅、稻虾连作等农业新模式；发展水蛭、南美白对虾、鳜鱼等特色水产养殖；深入推进土地确权颁证工作，全镇土地连片率94%。

【工业经济】　2019年，后港镇有各类企业680多家。其中，规模以上企业20家。全年实现工业总产值116.8亿元；工业增加值8.93亿元，同比增长8.4%；实现出口创汇1587万元，增长11.4%。社会固定资产投入10.9亿元。

【城镇建设】　2019年，后港镇实施土地平整项目3个、农发项目1个，完成沟渠建设18700米。新建通村公路47.19千米，改扩建公路35.8千米，安装护栏4060米。集镇有街道17条，全长22千米，路灯566盏，绿化覆盖面积299公顷。电信电话5100部，移动电话39750部，联通电话15720部，电话普及率82%。

【社会事业】　2019年，后港镇集镇有文化广场2处、休闲广场3处，能容纳800多人的文化中心1所，30个村、4个社区全部实现通自来水、有线电视和宽带网络。幼儿园及托儿所5所，小学6所，初中1所。中心卫生院1所，中心村卫生室5所，村级卫生站25个。全镇新型农村合作医疗参合人数56653人，参合率92.8%，新型农村社会养老保险参保人数15903人，参保率91.3%。

2019 年后港镇各村(社区)基本情况统计表

名称	村民小组(个)	总人数(人)	总户数(户)	国土面积(平方千米)	耕地面积(公顷)	粮食总产(吨)	油料总产(吨)	水产品总产(吨)	生猪出栏(头)	家禽出笼(万只)	村集体经济收入(万元)	人均纯收入(元)	特色产业
荆南村	8	2 226	561	5.56	300.98	2343	576	1305	5978	4.91	20.35	13925	生态种养殖
唐台村	12	1928	485	7.19	403.74	3089	600	936	3484	17.21	592.56	16812	优质粮油种植
新宏村	12	2553	620	7.34	503.24	3980	579	688	868	4.95	54.82	16862	
胜利村	8	2301	558	7.8	485.23	4304	488	533	1497	2.24	108.91	16990	
金山村	10	3071	807	9.93	563.07	4551	739	1364	901	2.42	51.23	14980	
安坪村	11	1800	446	6.76	449.02	3294	560	571	784	2.95	46.24	13678	生态种养殖
龙垱村	8	2307	592	11.24	588.91	4497	525	705	895	9.35	52.17	18152	
双村村	14	2422	589	7.47	503.02	3948	582	646	447	2.13	57.12	16861	
黎坪村	21	3676	897	9.53	682.90	5264	821	560	1237	2.99	56.92	17512	
凤井村	18	2478	647	7.53	475.86	3703	621	1079	321	2.15	36.77	11990	
黄歇村	15	2301	591	6.1	307.45	2370	420	2316	334	4.95	72.11	14612	名特优水产品养殖
孙桥村	8	1998	494	5.85	392.45	3035	527	555	1162	2.13	101.21	16271	
云山村	9	1876	457	5.48	383.75	2955	454	468	790	2.31	38.92	16521	
黎桥村	12	2300	546	6.95	482.74	3585	715	451	7843	2.8	61.17	17506	
高店村	15	2723	665	9.38	607.13	4536	736	656	4678	7.4	66.29	17123	
庙湾村	7	1257	339	4.97	350.04	2738	225	646	1063	2.95	67.78	15760	
殷集村	18	3168	756	10.65	634.80	5064	603	555	5654	8.54	542.57	19175	
独枣村	16	3106	784	9.35	651.42	4881	983	818	5063	2.13	117.26	14123	南美白对虾养殖
贯头村	18	2735	715	8.37	588.91	4394	548	916	3708	2.13	57.23	16912	优质粮油种植
东岳村	12	1854	467	7.53	417.82	3293	439	1465	368	2.13	63.21	16812	蔬菜种植
乔湖村	20	3154	745	9.87	592.85	4353	741	1532	367	2.13	49.26	16625	
李台村	17	2315	591	6.57	372.48	3122	391	1179	891	2.13	201.18	13312	水蛭养殖 养猪
港口村	12	2670	627	5.24	187.63	992	102	2693	231	2.16	51.56	18885	名特优水产品养殖
松林村	14	1749	426	7.57	344.97	2253	253	2013	259	3	105.20	12576	

续 表

名　称	村民小组(个)	总人数(人)	总户数(户)	国土面积(平方千米)	耕地面积(公顷)	粮食总产(吨)	油料总产(吨)	水产品总产(吨)	生猪出栏(头)	家禽出笼(万只)	村集体经济收入(万元)	人均纯收入(元)	特色产业
韩场村	16	2397	601	7.7	476.69	3431	464	2104	654	4.16	69.98	13332	名特优水产品养殖
荷花村	12	1353	363	3.61	235.23	2013	257	440	219	2.17	28.18	16442	
铁鞭村	12	1457	355	3.4	160.22	1221	177	655	137	2.08	51.96	18123	
三咀村	25	3437	892	13.09	764.38	5317	743	3081	1879	2.26	110.81	18432	再生稻种植
黄场村	14	1928	499	7.09	447.77	3352	471	1287	222	2.35	346.58	13115	
乔姆村	12	2269	536	6.13	438.76	3265	468	553	3916	2.26	54.85	15123	
仙桥社区	7	7447	2974	1.73	21.81	155	7	918	7861	2.93	65.16	24881	反季节蔬菜种植
宋湖社区	4	1789	433	1.54	54.90	346	12	0	98	4.16	42.25	20156	反季节蔬菜种植
荆狮社区	3	2893	1376	5.4	18.22	146	16	0	104	14.52	38.03	20412	
蛟尾社区	3	2516	1016	0.54	0	0	0	0	68	4.16	46.12	17462	
荆乔集团	1	1036	250	39.54	221	176	58	19477	56	2.08	19.89	24123	名特优水产品养殖
合计	424	86490	23700	274	14127.37	105966	15901	53165	64037	141.32	3539.65		

(朱嫣雪)

毛李镇

【概况】 毛李镇位于沙洋县东南端，地处长湖之滨，东南与潜江市积玉口镇接壤，西南与荆州市沙市区观音垱镇交界，是一步跨三市(荆门、荆州、潜江)的“金三角”。全镇辖23个行政村、1个社区，179个村民小组、4个居民小组，总人口41879人。国土面积160平方千米，耕地面积7683.27公顷。其中，水田7279.6公顷，旱田403.67公顷。2019年出生人口312人，死亡56人。全年全镇完成固定资产投资5亿元，同比增长12%；完成规模以上工业总产值11.95亿元，增长18%；完成社会消费品零售总额7.3亿元，增长11.9%；完成地方财政总收入520万元，增长46.1%；农村常住居民人均可支配收入20198元，增长8.6%。

【农业农村】 2019年，毛李镇农业特色产业进一步发展。三大主导产业发展持续向好，再生稻面积4000公顷、小龙虾养殖面积2000公顷、荸荠面积666.67公顷，已成为名符其实的增收致富主导产业；瞄集食用菌种植项目、和议藕带加工项目集聚效应初步显现，带动推广秸秆回收利用和农村电商发展。

【城镇建设】 2019年，毛李镇基础设施进一步完善。投入120余万元，对南岳村和幸福垸堤防进行加固，完成借粮湖水利连通和高兴村安饮工程项目；新增“四好农村路”19千米，开通集镇至南岳公交线路，完成东升路西端和金市路升级改造，集镇“五乱”现象得到遏制；投入300万元，完成借粮湖美丽乡村示范点建设。

【社会事业】 2019年，毛李镇社会民生事业持续发展。深入实施全民参保计划，社会保险参保率达

95%以上。城乡农村低保对象531人全部实行社会化发放，享受保障金额263万余元。加大对违法用地整治力度，完成1298平方米大棚房的清理、复耕工作，调整、补划基本农田后备资源553.33公顷。积极推广农业机械化生产，落实农机补贴225.48万元。开展农民就业培训5期，带动539人就业。持续开展“九久入户”工程，成功举办社会主义核心价值观广场舞大赛，并取得全县第一、全市第三的佳绩；“沙洋县见义勇为先进个人”李加月、沙洋县2019年“十大最美文化人”朱永森，被广泛推介。义务教育均衡发展，全镇4所幼儿园恢复公办性质（毛李镇中心幼儿园、瞄集小学幼儿园、鲁店小学幼儿园、蝴蝶小学幼儿园）。完成毛李中学、毛李小学升级改造，学校标准化建设实力加强，师资力量不断提升，毛李小学初考综合成绩名列全县第四名，毛李中学中考综合成绩居全县第三名，创历史新高。基本公共卫生工作进一步发展，建立居民健康档案40944份，预防接种4493针次，为65岁老年人免费体检3083人次，落实农村计划生育奖励扶助922人，发放奖励扶助资金88.512万元。法治建设进步明显。坚持镇、村、组三级矛盾纠纷调解机制，利用“123例会”平台，定期全面排查社会矛盾纠纷，管控高危人群，化解矛盾纠纷92起。依法完成殷河村沈家套集体资源的强制收回工作。

2019年毛李镇各村（社区）基本情况统计表

名　称	村民小组(个)	总户数(户)	总人数(人)	国土面积(平方千米)	耕地面积(亩)	生猪出栏(头)	家禽出笼(万只)	村集体经济收入(万元)	人均纯收入(元)	特色产业
三坪村	6	246	1018	3.5	2870	3797	1.53	8.0	12031	优质稻
和议村	8	396	1624	6.3	4651.81	1037	3.17	7.2	12902	优质稻
瞄集村	8	462	2460	6.7	4948.62	182	2.5	8.0	11597	优质稻
付黄村	7	290	1338	4.56	3404.94	85	3.97	6.0	11742	优质稻
桥院村	7	330	1437	5.5	4024.69	2402	1.69	7.2	12029	优质稻
钟桥村	11	545	2554	9.8	6107.72	318	12.32	8.0	12030	优质稻
殷河村	9	478	2068	7.49	4052.16	87	2.87	10.0	11419	优质稻
借粮湖村	10	543	2369	7.79	5132.87	58	1.67	10.0	11742	优质稻
鲁店村	10	462	1941	4.56	3260.89	221	2.53	5.0	12031	优质稻
洪山村	6	275	1072	4.41	2133.95	112	2.07	6.9	11888	优质稻
双店村	5	278	1187	2.96	2037.47	157	2.77	8.0	11741	优质稻
长湖村	8	256	1195	3.38	2122.56	85	1.49	5.0	11742	优质稻
李场村	7	260	1200	3.48	2134.62	44	2.08	7.0	11959	优质稻
叶湾村	6	281	1226	3.37	2180.85	4260	2.05	8.0	11888	优质稻
毛李村	7	389	1440	4.66	2786.53	51	1.71	7.0	11308	优质稻
黄湾村	6	285	1236	4.1	2814.67	30	1.57	8.0	11597	优质稻
高兴村	8	365	1500	9.12	3831.73	1431	1.5	11.3	11887	优质稻
江新村	7	312	1385	4.13	3223.37	3682	15.87	5.0	1295	优质稻
南岳村	8	429	1965	4.69	3088.03	697	3.97	8.5	11887	优质稻
蝴蝶村	7	326	1454	6.15	2459.57	19	2.69	8.0	12104	优质稻

续 表

名 称	村民小组(个)	总户数(户)	总人数(人)	国土面积(平方千米)	耕地面积(亩)	生猪出栏(头)	家禽出笼(万只)	村集体经济收入(万元)	人均纯收入(元)	特色产业
窑场村	8	296	1319	3	1925.58	2260	1.87	5.0	11742	优质稻
英雄村	10	525	2125	5.48	3379.48	112	5.37	5.0	11815	优质稻
高堰村	10	480	2041	6.24	4030.05	71	3.37	6.7	12394	优质稻
凤灵社区	4	1034	4055	1.5	615.06	302	12.67	13.0	17732	优质稻

(毛李镇党政办)

官垱镇

【概况】 官垱镇辖10个行政村,3个社区,总人口37976人。国土面积149平方千米。其中,耕地面积9266.47公顷,林地面积682.46公顷,水域面积2225.09公顷。2019年出生人口265人,死亡191人,人口自然增长率1.9‰。全年全镇实现规模以上工业总产值28.2亿元,完成固定资产投资13.35亿元。完成社会零售品消费总额5.8亿元,增长11.5%;农民人均可支配收入达19053元,增长4%。实现财政收入7143.42万元,财政总支出7132.35万元。

【农业农村】 2019年,官垱镇狠抓传统农业结构调整,试点推广蚕豌豆种植面积133.33公顷,蔬菜种植200公顷。全镇油菜种满种足任务完成3053.33公顷,再生稻种植面积达2533.33公顷。抓稻虾连作优势产业,全镇稻虾产业发展至1666.67公顷。大力推广按户连片耕种,全镇土地连片耕种率达95%以上。加快农村集体产权制度改革工作,全镇25个村(社区)全面完成精确配股、资产量化。完成宜林地造林26.67公顷、通道绿化7.53公顷、村庄绿化10公顷。开展畜禽养殖污染治理,全面落实河湖库长制,基本消除劣V类水体。开展"五清一改一植"工作,完善农村生活垃圾分类投放收运和处置的生活垃圾综合管理体系。

2019年6月18日,县司法局官垱司法所开展安全生产普法宣传活动。图为活动现场 (官垱镇党政办 供稿)

【工业经济】 2019年,官垱镇抢抓枣潜高速和新汉宜路的交通优势,实现签约项目9个,投资18.2亿元。其中,伟华汽车配件生产项目、源云汽车配件生产项目、蓝苗厨卫阀体生产项目、卓傲净水剂生产项目、新保得生物有机肥生产项目、湖北绿青现代农业生态产业园等6个项目均已投入生产,吸纳就业400人。

【城镇建设】 2019年,官垱镇将三大社区建设作为新型城镇化建设的突破口,全力推进人口就近和就地城镇化。高桥新社区已入住超过700户;卷桥新社区入住超过400户;五星社区一期已入住82户,二期主体工程已建成,市政设施正在完善。同步建设基层社区，打造运河新村美丽乡村示范村，重点推进大文、苏家套村美丽乡村整治村建设，群众幸福感显著提升。

【精准扶贫】 2019年，官垱镇继续实施产业奖补政策，发放两批产业奖补资金78.2万元，惠及贫困户617户。坚持教育资助全覆盖，确保政策不落一人，全年资助贫困学生1985人次，发放补助182.95万元。实现贫困人口就医“一站式”结算，严格落实“四位一体”医疗救助政策，对所有在家贫困对象落实家庭医生签约服务，进行免费体检。全年全镇贫困户住院报销3496人1320.52万元，门诊报销9537人94.42万元，慢性病报销1624人46.13万元。全年完成危房改造任务189户，拨付补助资金293.85万元。引导易迁对象就地就近就业、加快贫困户土地流转、创新贫困户土地入股分红等措施。全面落实低保、五保救助政策，将无劳动能力、无收入来源的贫困人口全部纳入低保和五保供养范围。全面落实残疾人“两补”政策，为残疾贫困户232人落实贫困残疾人生活补贴和重度残疾人护理补贴。

【基层党建】 2019年，官垱镇党委加大村（社区）干部培训力度，组织贫困村党组织书记和“两委”后备干部参加全县培训班，组织部分村（社区）党支部书记赴浙江安吉考察美丽乡村建设经验。健全村（社区）后备干部培养体系，从村（社区）组长、致富能人中重点培养21名优秀青年，建立“一人一档”成长档案，跟踪教育，为村（社区）“两委”建立补选库。严把发展党员关口，优化党员结构。全年发展党员7名。其中，后备干部5人，30岁以下2人，大专以上学历4人。全面推行党员积分制管理，通过召开一次积分制管理专题培训会、发放一套积分制模板表格、开辟一个积分制公示栏、集中兑现一次奖励物资“四个一”方式，落实党员积分制管理。推进新型综合社区试点。高标准建设五星、高桥两个新型综合社区，配套“青少年之家”“妇女之家”“老人之家”3个功能活动室。坚决落实不达标阵地清零目标，新建大文、马坪两个农村党员群众服务中心。全面落实从严治党，精准运用“四种形态”，全年受理信访举报8件，案件查处15件，给予党员干部党纪处分15人（其中，警告10人、严重警告4人、留党察看1人），组织处理党员干部23人次，其中谈话提醒13人、约谈5人、批评教育3人、诫勉谈话2人。出台《官垱村（社区）工程项目实施办法》《关于开展农村集体“三资”专项清理整治实施方案》，规范村（社区）项目建设和“三资”管理。对高桥社区（原亚南、双桥、鄂冢、高桥4个村）的集体“三资”进行全面清理，收回已到期鱼池、耕地等历欠金额32万元，规范和重新签订承包合同30份。开展扶贫领域专项整治，给予党纪处分2人、谈话提醒11人、约谈3人、批评教育2人、诫勉谈话2人。

2019年官垱镇各村（社区）基本情况统计表

名　称	村民小组（个）	总人数（人）	总户数（户）	国土面积（平方千米）	耕地面积（公顷）	粮食总产（吨）	油料总产（吨）	水产品总产（吨）	生猪出栏（头）	家禽出笼（只）	特色产业
合计	208	35280	9438	148.46	9266.47	75679	8152	14777	49140	648000	
黄金	13	1324	365	6.74	477.18	3327	468	364	2533	23076	优质稻
石岭	11	1222	348	5.48	382.72	3481	485	428	11034	9075	养牛
高桥社区	28	5438	1473	20.88	1155.69	10018	1052	2951	1334	78077	优质稻
石鼓村	17	2459	652	12.42	834.77	6989	718	830	1583	138077	养牛
五星社区	29	5034	1364	23.75	1463.17	10352	984	2675	14844	88077	鱼鸭养殖
苏家套	15	1846	441	9.47	553.67	6737	534	469	1034	48077	鳝鱼养殖
运河新村	12	5876	1558	21.38	1114.34	9193	832	1623	734	18077	水产养殖
大文村	27	1912	515	9.78	656.02	4505	486	2629	5334	85077	养牛

续 表

名 称	村民小组(个)	总人数(人)	总户数(户)	国土面积(平方千米)	耕地面积(公顷)	粮食总产(吨)	油料总产(吨)	水产品总产(吨)	生猪出栏(头)	家禽出笼(只)	特色产业
大港河村	9	3110	830	11.72	822.83	4351	707	894	2534	23077	花卉苗木
双冢村	19	2606	659	11.23	711.75	6310	575	561	6324	38078	养羊
王坪村	9	1261	317	5.04	397.41	3446	445	415	184	13077	优质稻
马坪村	18	2092	554	8.33	596.78	5661	561	700	1324	48078	养鸭
花园社区	1	1100	362	2.24	100.14	1309	305	238	344	38077	养鸡

(官垱镇党政办)

李市镇

【概况】 李市镇地处江汉平原腹地,东临汉江,西倚西荆河,南与潜江市接壤,北与沙洋镇接壤。全镇辖22个村,1个社区,172个村民小组,4个居民小组,总人口43748人。国土面积93平方千米,耕地面积5742公顷。2019年出生人口226人,死亡217人,人口出生率5.16‰,死亡率4.96‰。全年全镇完成财政预算收入1809万元,完成社会固定资产投资5.6亿元,完成社会消费品零售额7.79亿元,完成招商引资6亿元,农民人均可支配收入达18468元。

【农业农村】 2019年,李市镇农业以水稻、小麦、油菜为主,兼水果花卉苗木种植、畜牧养殖、水产养殖业等。全年完成粮食41255吨,油料6327吨,水产品4309吨,家禽出笼119.09万只。所有村均完成折股量化工作并成立股份经济合作社。强化"果蔬乐园"建设,重点培育群泰农业、金泰丰、光馨蔬菜、乐怡果蔬等种养企业。在联盟村实施水肥一体化项目,已惠及多个蔬菜园。新建江汉运河采摘园13公顷,梨园33公顷,高油酸种植1332.46公顷;大力发展以彭河、邓洲村为主的万亩稻虾连作基地;依托"沙洋花生"品牌,以蔡咀、沿河、新城等村为主发展万亩小籽花生生产基地,有效推动农业高质量发展。引导玉湖、嘉何、群泰3家生态农庄打造开心农场,发展乡村旅游。圆满完成首届湖北油菜花节暨2019年湖北沙洋江汉运河国际半程马拉松赛事,进一步激发旅游经济活力。

【工业经济】 2019年,李市镇完成规模以上工业总产值14.7亿元,比上年增长7.3%。招引落户投产投资额1亿元以上企业4家。其中,引进新型建材产业园项目,宇华建筑废弃物综合利用项目,名升新型环保装饰材料项目,勇龙建材项目。新增1家规模企业——沙洋县文杰建材有限公司,新增1家商贸企业——荆门市堡罗丹迪家具有限公司。同时,积极招商晶晟农业综合体项目、信义农业综合体项目,工业支撑能力进一步显现。

2019年9月26日,省妇联权益部调研组一行到李市镇工农村妇联执委家中调研 (李市镇党政办 供稿)

【城镇建设】 2019年,李市镇完善基础设施,完成通村公路养护责任目标,新修通村公路16千米、提档升级14.2千米、道路养护里程208千米,新建桥梁4座;完成6千米道路安防工程;投资15万元,维修涵闸、泵站3处;全力推进"1+5"城镇圈项目落地,开通"沙洋—李市"的公交循环专线;对集镇10余处破损路面进行维修,改善群众出行条件。以细化落实"五清一改一植"工作为目标,推进唐垴村美丽乡村示范村和董场、永久、张巷3个整治村建设,提升村庄建设品质。强化水污染防治,推进集镇生活污水处理厂支管网建设。投资83万元,新铺设支管网4000米,集镇生活污水收集率达97%。同时,落实西荆河七支渠和邓洲村2个"客店模式"污水处理项目的长效化管理,确保稳定运行,达到工程预期。

【生态文明】 2019年,李市镇美化镇村环境,全力推进"河湖长制"工作。狠抓劣V类水体治理,投入50余万元,对八支渠、蔡家沟进行清理。镇村两级联动配合,积极争取资金80余万元,清淤疏浚沟渠河道40千米。建立镇村两级专职保洁员队伍,落实保洁员115名,筹措资金100万元,新购置钩臂式垃圾转运车、垃圾箱等设备,全镇生活垃圾的"户收集、村集中、镇转运、县处理"模式已成熟化运营。同时,强化宣传,发放美丽乡村建设环保宣传单8000余份,办宣传专栏26处,刷写宣传标语100余条,12月上旬还开展冬季村庄环境整治大评比活动,充分调动干部群众参与环境治理的积极性和主动性,群众环保意意识逐年增强,镇村环境逐步改善。

【社会事业】 2019年,李市镇实现336户1123名贫困人口脱贫,工农村整村出列。全镇22户贫困户申报产业奖补资金5.58万元;发放各类教育补助52.29万元;医疗报销6633人次699.7万元;发放小额信贷53笔164.95万元;发放62户农村危房改造补助112.3万元;同时,争取财政扶贫专项资金140万元,用于村领办合作社发展及完善村级基础设施,进一步增强脱贫带动能力。全年累计发放农村低保救助金346.39万元,城镇低保救助金49.89万元,优抚金103.82万元,临时救助金27.55万元,救灾款项17万元。筹资60万元,启动福利院平安工程三期建设,14个村建设农村老年人互助照料中心;大力改善学校办学条件,李市中学投资450万元,预备新建总建筑面积2100平方米的教学楼一栋,已动工;23个村(社区)实现积分制管理,落实专人负责便民服务大厅工作,便民服务大厅网上办件实现全覆盖。深化文明创建工作,申报成功2个县级示范"妇女之家",推出"十星级文明户"1452户,"社会主义核心价值观示范户"32户,最美家庭2户,最美农民1人,唐垴村入选全县最美乡村。全面推进"九久入户"工程、农家书屋建设,和谐文明的社会氛围逐渐形成。深入开展平安创建活动,办理社会服务事项3262件,按期办结率98%。全年受理信访案件74起,结案74起,信访案件受理率、结案率均达100%;排查矛盾纠纷67件,化解65件;完成肇事肇祸精神病人送医9人次。

2019年李市镇各村(社区)基本情况统计表

名称	村民小组(个)	总人数(人)	总户数(户)	国土面积(平方千米)	耕地面积(公顷)	粮食总产(吨)	油料总产(吨)	水产品总产(吨)	生猪出栏(头)	家禽出笼(万只)	村集体经济收入(万元)	特色种植
金牛社区	4	3270	1607	5.84	/	/	/	/	/	/	/	/
新城村	8	2123	501	5.18	292	1484	570	360	0.65	6.39	17191	水稻种植
蒋台村	7	1390	320	3.21	264	1732	547	95	0.96	6.18	15958	半夏花生种植
新灯村	6	1222	314	2.54	214	1634	158	97	0.99	6.95	15761	水稻小麦种植
联盟村	7	1437	372	3.01	231	2052	127	94	0.55	6.73	16745	稻虾连作
董场村	8	1708	411	3.95	221	1651	141	68	1.1	6.5	16852	水稻种植
刘巷村	11	2889	677	6.76	449	2653	243	104	1.1	6.8	16681	水稻种植

续 表

名 称	村民小组(个)	总人数(人)	总户数(户)	国土面积(平方千米)	耕地面积(公顷)	粮食总产(吨)	油料总产(吨)	水产品总产(吨)	生猪出栏(头)	家禽出笼(万只)	村集体经济收入(万元)	特色种植
工农村	6	1367	306	3.51	203	1644	86	148	0.55	7.4	17742	水稻种植
蔡咀村	8	3039	477	8.04	359	1551	738	62	0.54	16.75	17421	山药 沙洋花生
沿河村	11	1980	671	5.83	373	2934	1450	108	2.13	6.4	17191	蔬菜 沙洋花生
青年村	10	2151	652	2.12	154	923	123	125	1.55	15.5	18672	莲藕 大棚蔬菜
西荆河村	13	2236	606	5.46	340	2584	210	662	1.76	15.3	15969	薯类种植
光芒村	5	1351	310	2.55	201	1220	103	78	2.12	5.8	17265	大棚蔬菜
沈桥村	6	1336	325	2.36	187	1523	121	72	0.66	5.98	16902	蔬菜 水稻种植
彭岭村	9	1800	462	3.2	241	1628	151	97	0.65	5.67	17791	蔬菜种植
张巷村	6	1502	305	2.28	168	1443	198	67	0.54	5.86	18195	水蛭养殖
荆马村	10	2268	507	4.41	331	2189	184	140	30.38	7.11	16633	花卉苗木 甜枣
高丰村	6	1471	398	2.92	230	1787	146	294	0.45	6.4	17842	梨园
唐垴村	5	1432	354	3	194	1531	171	113	42	7.41	17858	南丰蜜桔
刘淌村	6	1731	420	3.3	138	1911	178	88	0.23	7.85	18426	葡萄 猕猴桃
永久村	5	1183	302	2.31	171	1676	101	57	1.58	7.19	17873	豚鼠 鳄鱼养殖
邓洲村	12	2807	648	6.02	377	3220	324	373	26	20	16792	猕猴桃 稻虾共生
彭河村	7	2055	513	5.2	404	2285	257	1007	2.6	10.06	16382	稻虾共生

(杨紫薇)

马良镇

【概况】 马良镇辖12个行政村,1个社区,134个村(居)民小组,总户数11857户,总人口39114人。国土面积110.37平方千米,耕地面积6213.11公顷。2019年出生人口258人,死亡157人,人口自然增长率2.58‰。全年全镇实现地区生产总值9.7亿元;完成财政总收入1748.23万元,其中一般公共财政预算收入858万元;完成固定资产投资5亿元;完成工业企业总产值7.8亿元;限额以上企业社零额达6.06亿元;完成招商引资4.7亿元。

【农业农村】 2019年,马良镇加快农业产业结构调整步伐,打造现代特色农业产业。推进农业产业结构调整,拓展以汉江牛业发展有限公司为龙头的三大农业经济板块——即肉牛繁育基地、花卉苗木种植基地和蔬菜种植基地。在肉牛养殖上,汉江牛业示范基地筛选肉牛核心群,进行性能测定,完善相关系谱,汇总数据上传到国家肉牛核心遗传评估中心,指导建设西门塔尔国家级核心育种场,最终顺利通过验收,多次被《湖北日报》《荆门日报》及省农业农村厅网站宣传报道;在花卉苗木种植上,以张台花卉苗木基地为龙头,重点带动姚集、沿江、王港、童沙、马台、花立、张集、襄河等村发展花卉苗木,种植面积达333.33公顷;在蔬菜种植上,以张集、耀星、马台、童沙等村为重点,发展萝卜、包菜、甜玉米、冬瓜等蔬菜种植,实现农业产品多样化、精品化发展。采用“支部＋合作社＋农户”发展模式，引领各村按户连片耕种。新增专业合作社6个，新增家庭农场4个；推进按户连片耕种，同时有序开展土地流转工作，新增流转土地266.67公顷，有力推动农业产业化、规模化经营。完成全镇土地确权按户连片工作，有效化解务农劳动“累”，分散流转“差”，公共设施“乱”，种田成本“高”的四大困境，土地连片确权率达100%。

【工业经济】 2019年，马良镇全力抓经济建设，更加注重知识产权和创新。汉江牛业示范基地开展相关配套技术研究合作，新颁发明专利2项，实用新型专利5项，并制定相关技术规程。主动出击，由镇长带队成立专班外出招商，将招商引资任务分解到具体责任单位和责任人，实行“一对一”跟踪推进制，促其早签约、早动工、早建成、早投产、早见效。引进金伏太阳能有限公司落地马良，投资4.8亿元建设马良农光互补产业园，打造棚内种植蔬菜、棚顶光伏发电的立体新型农业。20公顷光伏发电板铺设和升压站建设已完成，开始并网发电，农业种植项目已完成规划。引进投资8000万元的沙洋县粮精饲农业有限公司、投资3500万元的秸菇园农业科技有限公司，两家公司已正常运行。马良污水处理厂建成运行，日均可处理污水500吨；投资10179万元的马良泵站工程建设已完工；投资4.35亿元的汉江堤防加固工程已开工建设。

【城镇建设】 2019年，马良镇着力打造旅游品牌，不断改善集镇基础设施。新增矿山旅游开发项目，通过改善矿山周边生态环境、交通状况，建设马良文化体验基地，打造特色康养旅游目的地。健全公共服务设施，投资100万元新建马良镇全民健身工程，配备篮球场、门球场、足球场等场地，为群众休闲娱乐提供活动场所；集镇农贸市场改建工程已投入使用；马良便民服务中心投入使用，艾店村、襄河村新建党员群众服务中心完工并投入使用，服务群众能力进一步提升；积极争取资金226万元建设的马良农村福利院养护楼工程已完成主体工程建设，并投入使用。完善环境整治措施，根据分工划片开展常规保洁，重点对镇区道路、各村主干道进行定时清理；组建保洁公司，实行市场化运作，新增购60个垃圾箱放置于各村居民集中区，实行村收集、公司清运，镇村环境卫生进一步改善。

【生态文明】 2019年，马良镇加强生态环境建设，突出环境问题逐步整改销号。按照“五个一”（一个问题、一个专班、一套方案、一个时间表、一抓到底）的要求，对全镇挂号的良山现代菌业燃煤锅炉，耀星村小型造纸厂进行改造、关停等一系列整改，所有问题均已整改完成。河湖长制工作扎实推进。对辖区河、湖进行全面摸排，制定一湖一策治理方案；对汉江、竹皮河、马集河、幸福河、陡山湾河明确责任人，查清污染源，制定具体整治方案，并已开始逐步实施；对覃家渊、王子港、杨叉湖解除原承包合同，重新签订管护合同，明确禁止投肥养殖，实行人放天养，确保水质逐年提升。

【社会事业】 2019年，马良镇有学校7所。其中，初级中学1所，教师45人，在校学生210人；小学3所，教师81人，在校学生636人；幼儿园3所，教师30人，在校学生390人。文化服务中心1个。卫生院1个，姚集分院1个，村卫生室12个，医务人员91人（其中，乡村医生24人），开放病床80张（包括姚集分院）。抓实扶贫项目建设，全面发挥扶贫资金效用。严格扶贫资金拨付、使用、管理，全年落实财政扶贫专项资金项目5个，资金70万元。

2019年马良镇各村（社区）基本情况统计表

名称	村民小组（个）	总人数（人）	总户数（户）	国土面积（平方千米）	耕地面积（公顷）	粮食总产（吨）	油料总产（吨）	水产品总产（吨）	生猪出栏（头）	家禽出笼（万只）	人均纯收入（元）	特色产业
张集村	13	3728	1027	10.42	521.5	1671	240	125	2614	9.25	18306	花卉苗木
耀星村	14	4092	1210	9.57	643.29	2106	176	87	2485	8.99	14918	肉牛养殖
姚集村	12	3166	864	8.30	545.13	2414	137	141	2242	8.19	18502	花卉苗木
沿江村	15	3588	1040	13.97	627.24	1109	374	73	2656	9.55	16713	肉牛养殖

续 表

名 称	村民小组(个)	总人数(人)	总户数(户)	国土面积(平方千米)	耕地面积(公顷)	粮食总产(吨)	油料总产(吨)	水产品总产(吨)	生猪出栏(头)	家禽出笼(万只)	人均纯收入(元)	特色产业
花立村	8	2036	554	4.89	380.34	1022	106	36	2391	5.85	14499	果蔬种植
马台村	10	2212	607	4.73	319.22	790	59	36	3295	6.20	14145	蔬菜种植
童沙村	12	3307	817	10.33	533.9	1371	122	132	2019	6.10	16356	花卉苗木 肉牛养殖
王港村	11	2108	685	12.99	646.94	4109	187	217	1827	6.01	17252	肉牛养殖 花卉苗木
襄河村	11	2855	996	13.24	486.93	2271	407	134	1931	13.20	18807	水稻
邓集村	5	2248	566	4.98	349.78	1620	82	62	1978	5.33	15906	蔬菜种植
艾店村	9	3680	890	8.79	621.39	1693	144	140	1793	6.34	15550	蔬菜种植
北港村	8	3588	1040	7.98	524.43	1552	88	52	1754	5.43	16727	制作豆腐
权城社区	6	2506	1561	0.63	0	0	0	81	1625	5.07	17889	

(马良镇党政办)

高阳镇

【概况】 高阳镇位于荆门市东南部、沙洋县东部,属沙洋近郊,东邻小江湖监狱和沙洋镇(沙洋城区),南至官垱镇,西连曾集镇,北接沈集镇和马良镇,西北距荆门城区约40千米,东南距沙洋城区约6千米。全镇辖22个行政村、1个居委会,222个村(居)民小组,总人口39870人。国土面积182平方千米,耕地面积10473公顷。2019年出生人口299人,死亡252人,人口出生率6.82‰,人口自然增长率1.07‰。2019年,高阳镇始终以经济发展为第一要素,坚持项目为先,奋力拼搏,务实苦干,各项经济指标持续增长。全年完成工业总产值14.86亿元;固定资产投资5.64亿元;社会消费品零售总额5.48亿元。年内,高阳镇被省环委会评为2019年度省级生态文明示范乡镇,垢冢村被评为省级生态文明示范村。

【项目建设】 2019年,高阳镇谋划建设5个重点项目:光大生物质发电项目、明弘物流园、熊兴粮油深加工项目、垢冢和四冢美丽乡村建设项目,其中投资3.2亿元的光大生物质发电项目于12月顺利投产运营,投资约300万元的垢冢和四冢美丽乡村建设项目已通过验收。全年服务春申大道、外国语学校、枣潜高速、工业七路等县级以上项目7个,外国语学校、体育场等项目已完成征地拆迁。

【农业农村】 2019年,高阳镇以美丽乡村建设为契机,清理各村"三资",建好合作社、管好账本子,重

2019年3月18日,市委书记张爱国(前左一)走访高阳镇垢冢村十五组社会主义核心价值观示范户杨丽芹家 (高阳镇党政办 供稿)

点打造稻虾、优质稻、苗木等产业发展示范带，为乡村振兴奠定坚实基础。大力发展小龙虾产业，探索建立合作社统一购买种苗、统一技术指导、统一联系销路的发展模式，带动养殖户增收致富。大力发展优质稻种植产业，探索建立“合作社＋农户”的种植模式，进一步调动种植户的积极性，降低农户的种植风险。大力发展壮大花卉苗木产业，鼓励和引导农户发挥园圃大、空闲地多的优势，种好经济林、算好效益账。大力发展红薯种植产业，易集村通过两年的试验试种，逐步探索出供种、收购、技术指导、销售一条龙服务模式，亩平增收1000元以上。

【城镇建设】 2019年，高阳镇以完善功能、美化环境为切入点，加强城镇建设，城乡面貌大为改观。加强基础设施建设。全镇投入约300万元添置三格式分类垃圾桶118组、钩臂箱180个；完成党校路及荆潜路两处文化墙建设；新建树池328个，拆除道路斜坡水泥墩100余个；拆除集镇违章建筑12处；修复集镇人行道路面步板砖及下水道盖板，修补破损路面和低洼积水路段；修复和更换路灯29盏；安装交通违章警示标识7个；新建1个生态停车场、规划设置停车位260余个；新建或提档升级通村组公路约6千米。落实路段责任人责任。整合公益性岗位及光伏发电项目资金，全镇建立一支约200人的保洁员队伍，分村分段落实保洁责任。建立垃圾收运体系。根据垃圾无害化处理要求，全镇所有垃圾清运至杨集垃圾填埋场，确保路面有人清、垃圾有人收。

【文化生活】 2019年8月7日和8月18日，高阳镇烟垢社会广场舞队在沙洋县和荆门市组织的社会主义核心价值观广场舞比赛中，分别获县一等奖、市二等奖。12月24日下午，“我和我的祖国”庆祝新中国成立70周年湖北省广场舞展演活动在高阳镇文化中心举行，1000多名观众现场观看展演。广场舞展演分自选节目和规定节目两部分进行，由各村组成的5支代表队在舞台上进行展演，《爱我中华》《中国歌最美》《母亲是中华》《记得咱的家》《中国人民有信心》《红火火中国年》《美丽大中国》等优秀节目充满正能量，赢得观众阵阵掌声。自选节目展演后，在文化中心露天广场进行规定动作展演，来自各村、镇直单位的260多人统一着装展演《我和我的祖国》。展演结束后，市广场舞健身操舞协会会长刘天秀为各代表队颁发优秀奖，同时为高阳镇颁发“舞林镇”的荣誉奖牌。

【“九久入户”工程现场会】 2019年3月8日，荆门市宣传部长会议暨社会主义核心价值观“九久入户”工程现场推进会议在沙洋召开，垢冢村作为3个观摩点中唯一一个农村观摩点。通过观摩，与会者对垢冢村社会主义核心价值观“九久入户”工程给予充分肯定。

【光大国际沙洋生物质发电项目】 2019年11月27日，沙洋生物质发电项目1×40MW高温超高压中间再热机组顺利通过“72＋24”试运行，实现“锅炉水压试验、电气倒送电、汽机扣盖、锅炉点火、汽机冲转、发电机并网、72＋24小时试运行”七个一次成功。

2019年高阳镇各村（社区）基本情况统计表

名称	村民小组（个）	总人数（人）	总户数（户）	国土面积（平方千米）	耕地面积（公顷）	粮食总产（吨）	油料总产（吨）	水产品总产（吨）	生猪出栏（头）	家禽出笼（万只）	村集体经济收入（万元）	特色种植
辛巷村	11	1345	400	7.5619	459.42	3620	1506	282	14217	11.64	0.62	优质稻
黄集村	8	1355	367	4.7422	302.08	2294	1378	240	997	1.14	0.82	优质稻
垢冢村	17	2294	676	10.1041	640.81	4591	2170	480	1938	3.44	12.94	优质稻、藕带葡萄
寿庙村	10	2343	658	12.8934	789.8	5624	2572	560	14176	1.63	0.30	优质稻
高阳村	9	1860	555	12.6383	510.07	3692	1685	1028	1861	1.9	0.00	优质稻
刘庙村	11	2077	579	10.6701	637.72	4658	1883	858	1938	9.13	0.70	优质稻
王集村	9	2388	629	11.968	687.23	4930	2087	980	9210	2.16	10.54	优质稻、莲藕香菇、红薯

续　表

名　称	村民小组(个)	总人数(人)	总户数(户)	国土面积(平方千米)	耕地面积(公顷)	粮食总产(吨)	油料总产(吨)	水产品总产(吨)	生猪出栏(头)	家禽出笼(万只)	村集体经济收入(万元)	特色种植
吕集村	11	1919	530	7.7995	502.86	3679	2399	1457	1502	1.9	0.00	优质稻
贺集村	11	1676	472	6.5316	389.87	2837	1544	1127	1620	1.99	1.37	优质稻
新贺村	8	1053	320	5.1434	296.02	2245	1238	450	745	1.4	13.91	优质稻
季桥村	9	1231	353	5.6135	354.9	2719	1391	342	6532	1.63	2.34	优质稻
官桥村	13	2693	789	12.681	683.33	5380	3152	731	1795	2.34	0.81	优质稻
刘跛村	8	1095	329	6.7765	320.38	2435	1487	281	1197	2.16	0.00	优质稻
易集村	7	1001	294	6.0342	275.94	2274	1302	257	985	1.51	0.00	优质稻、红薯
沙山村	8	1249	364	6.6939	387.22	3094	1232	322	12639	2.97	0.00	优质稻
兴龙村	12	1204	365	10.4355	648.64	4598	2431	484	1280	2.16	1.16	优质稻
三店村	6	1059	314	6.4301	318.05	3023	1289	248	14277	2.23	2.59	优质稻
吴集村	10	1292	377	6.5434	379.2	3023	1461	353	1140	1.63	3.00	优质稻
歇张村	8	926	281	5.0344	312.64	2440	1353	276	745	1.16	0.00	优质稻
苏集村	7	965	268	5.2625	328.96	2676	1295	236	741	1.28	0.00	优质稻
四冢村	6	1213	357	6.5519	394.49	2793	1455	292	997	1.16	0.20	优质稻、红薯
杨集村	12	1518	426	9.6155	602.16	4358	2144	505	1433	1.78	4.70	优质稻
烟垢居委会	11	6114	2655	4.4644	251.61	1659	817	207	1380	6.91	0.80	优质稻
合计	222	39870	12358	182.1893	10473.4	78642	39271	11996	93345	65.25	56.80	

(杨靓姝)

沈集镇

【概况】 沈集镇辖23个行政村,1个社区居委会,238个村(居)民小组,总人口37112人。国土面积196平方千米,耕地面积12140.05公顷。2019年出生人口198人,死亡78人,自然增长率3.23‰。全年全镇完成规模以上工业总产值14.9亿元,同比增长11.8%;规模企业工业增加值1.6亿元;固定资产投资3.15亿元;招商引资18.1亿元;财税总收入1056.86万元;社会消费品零售总额4.5亿元。

【农业农村】 2019年,沈集镇以粮食、油菜为主,兼畜牧、水产,农业产业化进程加快。粮食产量78305.8吨;油料产量7420吨;生猪出栏24635头;水产品产量5253吨;家禽养殖68.8万只。围绕供给侧结构性改革,积极培育新型农业经营主体。农服优质蔬果种植专业合作社采取订单形式与浙江省龙游县阳成有限公司签订合作协议种植日本菜用蚕豆,全镇落实种植面积333.33公顷,种植户超2000户。姚坪村支部领办的欣莘蔬菜种植专业合作社采取农户+基地+销售的模式,向县内各中小学校销售蔬菜3万多千克。凤桥村陈湾子水果种植合作社流转贫困户土地9066.67公顷。公坪村甜爽甘蔗种植合作社种植甘蔗13.33公顷。大力推广稻虾互利共生的科学种养殖模式,发展稻虾连作面积800公顷。发展优质稻400公顷、花卉苗木1000公顷、优质果蔬333.33公顷。完成"四好农村路"建设18条28.96千米,实现通村主干道加宽44千米,配套完善安防工程22条13千米。水库除险加固1座,维修小水库9座,堰塘清理180座,沟渠清淤62千米。更换损坏电力设备70余台。统筹推进高标准农田建设626.67公顷。植树造林总任务面积101.53公顷,完成造林面积106.87公顷,占比105%,其中宜林地造林面积72公顷,精准灭荒、通道绿化及村庄绿化均已按计划完成。

【项目建设】 2019年,沈集镇重点项目全面启动。新引进亿元以上项目3个,分别是沙洋县静脉产业园暨固危废环保处置项目、华润沙洋风电场工程项目(外资企业)和新型建筑材料生产加工项目。重点跟踪年出栏20万头生猪养殖及深加工项目和现代农业仓储物流园建设项目。全年招商引资18.1亿元,完成投资3.2亿元。有效积蓄工业发展动能,完成科创园、帅店新社区规划。完成沙洋县静脉产业园项目环评及选址意见书等前期手续办理,征迁工作正在进行。华润沙洋150MW风力发电项目一期工程选址及地勘工作已完成,风场机位建设正在实施。乡村文化综合体项目全面启动,主体工程和配套设施建设工作正在协调中。沈集科技创业园项目规划编制已完成,园区道路及前期征迁工作正在筹备。帅店新社区建设初步规划设计已完成,新社区点征地工作正在协调。乐山田园综合体项目前期勘察已完成,具体产业发展正在规划。

【城镇建设】 2019年,沈集镇投入300余万元对集镇主干道进行全面改造升级,平整硬化路面2500平方米,修缮更新人行道步板砖3000平方米,铺设路缘石1200米,绿化面积4800平方米,新栽各种树苗6万余株,修剪绿植1200余株,安装树篦和格栅千余套,整治排水口120个,排水管网改道200米。旱改水工程全面完成,拆除旱厕24座,新建集镇公厕4座。主要街区天然气管网铺设基本完成。集镇全域实现硬化、净化、绿化、美化、亮化。集镇管理更加规范。成立洁洁保洁服务有限公司,集镇配备保洁员18人,重点路段保洁实现常态化。新增对接垃圾转运车1辆、勾臂式垃圾车2辆、不锈钢垃圾箱15个,投放分类垃圾箱40套,率先开展乡镇垃圾分类试点工作。实行"门前三包"和路段长责任制,画定停车位150个、摩托车及非机动车辆停车区域80个,拆除违建房屋3间,遮阳棚50多个,有效遏制乱搭乱建乱圈现象。

【社会管理】 2019年,沈集镇深入开展平安创建活动,排查各类矛盾纠纷148起,调结率98.5%;摸排出精神障碍患者166人,严重肇事肇祸精神障碍患者44人,实行"六包一"责任制。保持扫黑除恶高压态势,成功破获涉黑案件4起。学习"枫桥经验",成功劝返赴省进京上访人员6人次,接待群众来信来访103批次265人次,处埋上级转办件106件,阳光信访平台37件(246件),已办结244件,办结率达99%。加强安全生产监管,全年开展安全生产检查94次,排查整改隐患278条,有效避免安全事故发生。集中开展食品药品安全检查1162家次,规范全镇食品药品生产流通环节和经营秩序,消除安全隐患。

【社会事业】 2019年,沈集镇教育事业再创佳绩。沈集中学获评荆门市"平安校园"称号,中考综合成绩位居全县前列,沈集中心小学获评湖北省"放心食堂"称号。乡村文化综合体全面启动,文化广场初具雏形,举行社区广场舞比赛、纳凉文艺汇演、象棋比赛等大型文体活动6场。组建紧密型医疗联合体,实现医疗技术同质化;分级诊疗全面推广,接诊病人显著增加;累计建立居民健康档案38219人,0~3岁儿童健康管理率达99%,孕产妇健康管理率达100%,扶贫对象免费体检率达95%;计生信息录入率、准确率均达100%。社会保障制度进一步健全,保险覆盖范围不断扩大。农村低保、五保救助标准如期提标,动态调整后实现应保尽保。发放残疾人生活补贴9.09万元,重度残疾人护理补贴43.84万元。社会救助水平持续提高,落实临时救助637人次33.88万元;完成退役军人信息采集录入834人,保险接续工作有序推进。

2019年沈集镇各村(社区)基本情况统计表

名称	村民小组(个)	总人数(人)	总户数(户)	国土面积(平方千米)	耕地面积(公顷)	粮食总产(吨)	油料总产(吨)	水产品总产(吨)	生猪出栏(头)	家禽出笼(万只)	村集体经济收入(万元)	特色产业
公坪	8	1243	396	6.16	384.28	3393.2	209.25	205	1400	3.1	13.00	甘蔗
乐山	17	1904	594	13.1	871.7	3980.5	473.25	235	1210	3.4	139.30	红薯 青蛙养殖
彭堰	9	1303	380	9.64	435	3038.1	261.25	207	1100	2.8	76.00	蚕豆

续 表

名 称	村民小组(个)	总人数(人)	总户数(户)	国土面积(平方千米)	耕地面积(公顷)	粮食总产(吨)	油料总产(吨)	水产品总产(吨)	生猪出栏(头)	家禽出笼(万只)	村集体经济收入(万元)	特色产业
双庙	7	1006	293	5.59	394.18	2900.4	181.25	209	750	2.7	15.00	大棚蔬菜
帅店	7	1089	308	10.89	632.52	3678	230.25	210	1050	2.9	15.00	优质稻
郑岗	11	1221	395	7.3	474.67	3275.2	234.25	211	1250	2.9	45.00	优质稻
柴岗	6	987	303	5.13	337	2921.1	247.25	226	965	2.5	8.00	优质稻
林院	9	1107	330	5.76	359.87	3265.4	222.25	208	975	3.1	15.00	优质稻
黄堰	7	1324	383	6.93	440.16	3302.9	315.25	215	1060	2.9	12.00	优质稻
公场	10	1764	504	9.32	600.53	3043.5	234.25	245	1010	2.9	40.00	优质稻
罗集	8	1151	391	9.2	518.1	3288.3	360.25	235	985	2.8	5.00	优质稻
万店	7	1141	326	5.27	428.99	3090.8	263.25	215	874	2.7	45.00	优质稻
向岗	7	1115	317	6.77	326.74	3084.2	280.25	213	850	2.8	48.00	优质稻
黄坪	10	1393	418	11.04	673.27	3100.1	292.25	213	1200	3.1	15.00	优质稻
刘集	10	1416	397	7.54	497.81	3564.7	334.25	208	991	2.9	12.50	优质稻
王田	10	1451	427	8.32	520.22	3092.9	300.25	225	915	3.1	43.00	甘蔗
丁坪	10	1263	357	7.83	485.15	3297.4	363.25	224	976	2.9	7.00	稻虾
鄢岗	9	1056	330	6.11	411.05	3289	229.25	226	829	2.8	40.00	优质稻
唐店	8	1049	343	5.46	376.56	3272.4	212.25	234	1215	2.8	8.00	蚕豆
港湾	14	1475	517	8.87	719.99	3051.6	582.25	225	766	2.6	5.00	蔬菜
姚坪	17	1221	420	11.34	553.92	3505.3	393.25	216	717	2.6	6.70	稻虾
凤桥	10	1433	472	9.19	601.19	3383.1	471.25	228	981	2.7	55.00	优质稻
雨林	14	1764	557	13.26	713.92	3175.5	502.25	212	1256	2.9	25.00	优质稻
社区	13	7236	2495	6.4	383.23	3312.2	227.25	208	1310	2.9	85.00	优质稻
合计	238	37112	11653	196.42	12140.05	78305.8	7420	5253	24635	68.8	778.5	

(李 路)

曾集镇

【概况】 曾集镇辖22个行政村,2个社区,303个村民小组,总人口46458人。国土面积215.26平方千米,耕地面积12393.6公顷。2019年出生人口336人,死亡307人,人口自然增长率0.6‰。全年全镇实现生产总值541462万元,同比增长4.74%(其中,农业总产值120342万元,增长2.6%;工业总产值233071万元,增长6%)。实现财政收入618万元,增长15.7%。居民年人均可支配收入19524元,增长9.2%。

【农业农村】 2019年,曾集镇粮食播种面积13219.87公顷,总产量103616吨;油料作物总面积5184.27公顷,总产量13588吨;生猪出栏51986头、家禽出笼953560只、禽蛋产量2760吨、水产品产量15571吨。创建6666.67公顷集中连片“双低”油菜示范区和抗根肿病示范区,发展1333.33公顷再生稻、3333.33公顷双水双绿示范区,再生稻核心示范片66.67公顷;实施水稻高产试验示范,在金鸡村新建46.67公顷竹稻试验示范基地，实行订单生产；以张池为核心，扩建1万亩“双低”油菜示范基地，建立油菜抗根肿病品种——“华油杂62R”示范区1200公顷；万里水稻种植合作社申请油菜轮作项目400公顷，打造“荆楚丰”大米品牌。全镇高标准育秧工厂达4个。落实水产养殖面积1610.33公顷，实现水产品总产量15571吨；新增稻虾轮作面积658.67公顷，集中连片面积、规模和基地建设标准、增长幅度居全县之首。全镇农机总动力13.18万千瓦，拥有各类农业机械14309台，引导农民购置补贴农机具397台，机械综合作业水平达86%，各项指标均居全县前列。成功争取农业产业强镇示范项目落户曾集。完成造林140公顷，其中精准灭荒13.67公顷；完成长防林工程13.33公顷。摸排建立60处小微水体台账；完成漂堰水库清淤、洪堰水库除险加固，全面消除水库劣V类水体。排查集中饮用水源地，锁定水库水质等级，安洼水库全年水质达标。全镇179家养殖场畜禽污染治理已全部整改完成。新建有机肥厂2个，解决区域性粪污收储。全镇清查核实农村集体经济组织货币资金2106.82万元，固定资产2358.7万元，债权1223.18万元，债务2375.66万元；清人12569户42184人，配股165.62万股，资产量化1260公顷，清产核资、清人分类、股权配置、资产量化、成立合作组织等工作相继完成。继续推进“三资”清理，全镇新增集体收入256万元。准确核实全年稻谷种植面积并将稻谷补贴“一本通”直达到户。

【工业经济】 2019年，曾集镇实现工业总产值23.31亿元，同比增长6%；固定资产投资5.9亿元；完成社零额63680万元，增长11.7%；完成税收617万元，增长20.98%；完成招商引资4.3亿元。引进亿元以上企业4个，新签约项目5个：花中花米业投资1.5亿元竹稻、贵妃蘑菇种植及深加工项目落户雷巷村，已完成厂房建设，可年加工蘑菇500吨；顺安建筑材料投资1.8亿元石料加工项目落户蔡庙村，正在试生产阶段，可年加工石料100万吨，产值1亿元；虎臣湾农业科技投资2.2亿元虎臣湾生态农业观光园项目落户曾集村，已完成花卉苗木、精品桃园基地、猕猴桃基地、虹膜制气项目建设；荆门环星油脂投资1.8亿元年加工10万吨农业废弃物深加工综合利用项目落户金桥社区，正在试生产；沙洋黎鹏旅游开发投资1.5亿元金鸡冢旅游开发项目落户金鸡村，已建成配套设施。此外，跟踪项目3个：投资1.2亿元的危氏养殖有限公司及深加工项目；投资2.5亿元的畜禽粪污处理中心项目；投资2.5亿元的物流园项目。

2019年3月19日，首届湖北油菜花旅游节在沙洋县曾集镇张池农耕文化体验园开幕。图为省人大常委会党组书记、常务副主任王玲（前左二），市委书记张爱国（前左一）参观特色农产品展示展销会

（曾集镇党政办　供稿）

【城镇建设】 2019年，曾集镇以创建国家卫生乡镇为契机，筹措资金100万元完善集镇基础设施，新建集镇公厕1座，更换步板砖3000平方米，更换路灯286盏，安装监控16个。新购置勾臂式垃圾清运车和洒水车各1台，购买勾臂式垃圾箱160个，各村配置小型垃圾转运车24辆，新建垃圾池312个，对辖区各村（社区）和集镇垃圾填埋场进行封存。新建户厕4930座、公厕15座，户厕改造量位居全县第二。整合项目资金20万元，打造人居环境整治示范点——李湾子。金鸡村申报为省级生态村，全镇省级生态村达6个。筹资100多万元对机关办公楼进行整体装修；筹资30万元打造小游园，改善机关院内环境。投资150万元新建的集镇垃

圾中转站进入主体工程建设。新建污水处理厂支管网 4.894 千米，累计接入户数 1398 户，镇区管网接入率达 90% 以上。增减挂钩项目新增 133.33 公顷。推动集体建设用地和农村宅基地确权登记工作，完成全镇 22 个村的权源资料收集，外业测绘完成 11704 宗、内业资料整理完成 11704 宗，入资料库完成 11704 宗；已发登记公告 22 个村 7676 宗，登记缮证 7676 宗；办理农村宅基地新、改、扩建 17 宗。完成张池村部 11 户农户整体拆迁，采取农户抱团自建模式，完成还建房主体工程建设；鲁冰花公园正式开园接客。新建通村通组路（组组通、景区道路、断头路）48.8 千米，提档升级扩宽 8000 米，刷黑（沥青混凝土道路）34.6 千米，新建公交候车亭 11 个，总投资 3905 万元，提升镇域交通环境；路面清障除杂 110 余千米，路旁植树 2600 余株，推进“四好农村路”示范乡镇创建。筹资 700 万元启动沈六线绕行集镇段项目征地拆迁。电网改造 81.5 千米，新增和改造配电变压器 28 台。

【社会事业】 2019 年，曾集镇决战脱贫攻坚，实现 339 户 804 人稳定脱贫，官集村整村出列；落实产业奖补资金 299 户 40.7 万元，扶贫贷款投放 161 户 604.75 万元，教育资助 708 人次 52.9 万元，医疗救助 2223 人次 792.3 万元，实施扶贫项目 10 个 152 万元，光伏分红 122 万元，危房改造 81 户 118.3 万元；争取项目资金 1034 万元，对万里等 9 个村实施农村安全饮水巩固提升项目。投资 25 万元建成占地面积 3 亩的肖堰村农村公益性公墓，包括单墓穴 60 座，双墓穴 72 座。全年纳入城乡低保 279 户 490 人、特困供养人员 111 人，资助困难群众 544 户 29.9 万元，发放困难残疾人补贴 74.6 万元。医疗事业稳步提升，落实健康扶贫“985”政策和“四位一体”报销政策，家庭医生签约 23410 人，居民健康档案建档 44729 人。教育事业成绩显著，迁“场”腾地投资 564 万元新建曾集中学学生公寓，曾集中学、曾集小学获沙洋县“戏曲进校园”展演一等奖，教育总支被评为全县教学工作先进单位。文体事业蓬勃发展，成功举办庆祝中华人民共和国成立 70 周年暨沙洋县第二十届社区文化节曾集纳凉晚会、丰收节庆典晚会、社会主义核心价值观广场舞大赛，打造孙店村新时代文明实践站。法律援助 8 人次，调解矛盾纠纷 52 起，调解成功率 100%。依法规范信访秩序，信访案件办结率 97%。安全生产形势稳定，全年未发生较大及以上安全生产事故。圆满筹办首届湖北油菜花节，累计接待游客百万人次，实现旅游综合收入过亿元。

2019 年曾集镇各村（社区）基本情况统计表

名　称	村民小组（个）	总人数（人）	总户数（户）	国土面积（平方千米）	耕地面积（公顷）	粮食总产（吨）	油料总产（吨）	水产品总产（吨）	生猪出栏（头）	家禽出笼（万只）	村集体经济收入（万元）	人均纯收入（元）	特色产业
古椿社区	9	5199	1973	2.13	107.8	904.66	109	1198.16	1744	15382	5.00	12000	优质稻
金桥社区	3	3012	518	1.69	76.47	215.57	37	51.44	762	40552	5.00	10000	优质稻
烟庙村	12	1549	489	7.14	448.8	3566.48	471	617.33	2125	25287	6.20	13215	优质稻 再生稻
民主村	10	1826	564	9.05	599.7	4800.01	507	833.39	1542	64790	12.00	11000	稻虾连作
曾集村	20	1730	662	9.01	568.63	4687.66	618	545.30	2862	71316	7.00	14000	优质稻 水蜜桃 甘蔗
范店村	8	1754	602	12.62	796.84	5352.06	556	535.02	2285	55351	5.00	16000	优质稻
孙店村	25	2685	977	20.12	964.18	6950.43	915	1100.90	5330	66189	15.00	13000	翠冠梨 草坪
龚庙村	15	1981	698	8.68	587.16	4358.70	582	565.88	1904	54303	5.20	8900	哈密瓜 甜瓜 有机花菜 优质稻 双低油菜
太山村	15	1751	567	8.64	496.02	4226.57	573	586.46	1401	30181	5.60	10800	稻虾连作

续　表

名　称	村民小组(个)	总人数(人)	总户数(户)	国土面积(平方千米)	耕地面积(公顷)	粮食总产(吨)	油料总产(吨)	水产品总产(吨)	生猪出栏(头)	家禽出笼(万只)	村集体经济收入(万元)	人均纯收入(元)	特色产业
万里村	17	1807	682	10.21	638.83	5987.51	817	924.96	2067	20742	9.60	12000	稻虾连作
曾巷村	9	1415	459	6.69	425.09	3591.65	476	545.30	1403	12702	7.30	15000	优质稻 双低油菜 稻虾连作
张港村	15	1950	596	10.51	617.43	5379.67	716	565.88	1658	18994	7.30	13700	稻虾连作
柴集村	14	1958	733	13.61	705.97	6378.55	878	668.77	2292	34959	6.50	13200	花卉苗木 优质稻
官集村	11	1536	467	7.80	479.49	4182.14	569	689.35	1320	27734	11.00	11400	优质稻 双低油菜 花卉苗木 大棚蔬菜
张池村	12	1963	597	10.07	659.83	5340.80	745	617.33	2107	76676	29.00	13000	优质稻 双低油菜 火龙果 鲁冰花
雷都村	10	2025	832	16.02	873.38	6799.38	878	1162.63	3638	59430	14.00	12000	优质稻 优质油 花卉苗木 草莓 玉米 莲子
蔡庙村	15	1787	552	9.40	485.09	4989.71	588	637.90	2071	33677	29.00	10800	优质稻 优质油
金鸡村	8	1075	346	7.62	270.15	1421.06	245	565.88	721	18295	9.10	12000	樱桃
陈闸村	12	1470	450	7.17	444.36	3868.52	525	483.57	4318	43232	5.00	17500	优质稻 双低油菜 稻虾连作
团结村	11	1469	451	6.05	360.15	3254.69	427	565.88	1150	39270	7.00	9300	稻虾连作
雷巷村	13	2059	726	10.40	644.97	6847.17	912	545.30	2723	49758	15.00	15000	竹稻
肖堰村	9	1015	289	3.51	252.21	2511.25	377	504.15	762	40552	5.10	10900	优质稻
青桥村	18	1816	621	9.94	519.36	4938.75	667	514.44	3301	34842	12.20	17000	优质稻 优质油
六冢村	12	1626	483	7.18	371.69	3062.99	400	545.30	2502	19344	5.80	13500	稻虾连作

（雷倩倩）

沙洋镇

【概况】 2019年,沙洋镇辖3个行政村,9个社区,19个镇直单位,129个辖区单位,总户数16805户,总人口44300人。国土面积47.1平方千米,耕地面积4176公顷。2019年出生人口269人,出生率6.07‰;死亡221人,死亡率4.99‰,人口自然增长率1.08‰。全年全镇实现规模以上工业总产值9.8亿元;财政总收入3170万元;社会消费品零售总额36.3亿元;固定资产投资9.33亿元;城镇常住居民人均可支配收入达34948元,增长7.8%;农村常住居民人均可支配收入达19598元,增长9.4%。年内,沙洋镇被市委、市政府表彰为荆门市区域性增长极建设先进单位,被市文明办、市志愿者联合会表彰为2018年度志愿服务先进单位,被共青团荆门市委表彰为2018年度全市优秀乡镇(街道)团组织,被市文体新广局、市民政局表彰为2017—2018年度全市老年体育工作先进集体。

【农业农村】 2019年,沙洋镇农作物总播种面积1175.27公顷,粮食总产量4881吨,油料284吨,生猪出栏4610头,家禽出栏8.9万只,水产品1330吨。辖区内有合作社14个、家庭农场14个。加快农业产业结构调整。“有机果蔬”“中药材”“稻虾连作”三大特色产业特色更特、亮点更亮,全镇有机果蔬种植面积到333.33公顷;半夏、元胡、贝母、太子参等中药材种植面积达80公顷;新增稻虾连作面积66.67公顷,总面积达266.67公顷。不断改善农业生产条件。新建U型渠2400米,西荆河堤防加固300米、涵闸重建2处,农村公路扩宽1.2千米,在沙童线沙洋段安装钢护栏400米,修建防撞墩2处。农村集体产权制度改革工作顺利完成。全镇核定资产总额2885.15万元,资源面积73.33公顷。落实惠农政策。全年发放耕地地力补贴2211户136.21万元,发放稻谷补贴472户11.25万元;完成惠农财政补贴资金“一卡通”专项清理整治工作,清退违规金额1.4万元。

【工业和商贸经济】 2019年,沙洋镇有各类企业67家。其中,工业企业10家,规模以上工业企业6家,工商业发展势头良好。湖北金钉子摩擦材料有限公司生产的刹车片系列产品质量获得国家认证,投产5个月实现产值近千万元;湖北棕榈树有限公司产销两旺,在全国一线城市设立销售网点,产品畅销欧美和东南亚市场,海外市场份额达60%以上;沙洋多福食品有限公司积极扩大再生产,新上集分拣、包装于一体的新设备,同时探索互联网+电商平台销售模式,年产值达2000万元;德美科技公司建成3390平方米的沙洋·德创汇众创空间,引进多家企业及创新创业团队入驻;豆邦食品不断丰富产品种类,积极拓宽销售市场,与周黑鸭、绝味、唐人神等上市公司开展合作,新上1条自动包装生产线和1条魔芋食品生产线,进一步扩规提质。沙洋中心农贸市场一期顺利投产,成为沙洋城区最大的农副产品批发市场;以创建国家卫生县城为契机,对辖区200余家小餐饮店进行升级改造,拆除陈家山、建设街、五一路、平湖等4个脏乱老旧市场,重建建设街市场。全年新增“小进限”企业7家、服务业企业2家。

【项目建设】 2019年,沙洋镇纳入镇重点调度的项目有14个。其中,3个项目纳入市县重点调度项目。镇招商专班收集有价值招商信息8条,联系客商30余次,外出招商10次,完成招商引资投资额6亿元。成功引进投资1亿元的汽车摩擦材料项目、投资1亿元的家具生产制造项目已竣工投产。投资2亿元的石塑地板二期项目已完成1栋办公楼、2栋厂房建设,并采购设备、签订入驻协议。投资1亿元的多福食品蛋品深加工二期项目已完成2栋厂房建设。完成沙洋中心农贸市场一期、建设街农贸市场、农胜社区党群服务中心、闸口村文体活动中心、开源社区党群服务中心主体工程、云龙社区党群服务中心提档升级及精神障碍康复服务中心、三峡土家族村美丽乡村建设、友谊村五组至六组公路扩宽工程等一批补短板的基础设施项目。成功储备一批大项目,沙洋乡村文化综合体总部、沙洋中心农贸市场二期已完成项目前期工作,水溶肥料项目已完成工商注册。全年全镇村(社区)集体经济收入达381万元,较上年增长16.4%。其中,过30万元的村(社区)超过半数。新签约湖北乾为天体育文化有限公司、沙洋汇富商贸有限公司、沙洋县贵旭商贸有限公司等3家总部经济,总部经济项目达12个,全年缴纳“两税”3742万元,为全镇保运转、惠民生、抓发展提供重要财力支撑。

【生态文明】 2019年,沙洋镇严格落实河湖长制,清理“一江一河一湖”白色垃圾90余车,对汉江行洪区搬迁后的4万平方米江滩进行绿化,拉开汉江滨水休闲公园骨架;对农胜社区古扬水运河、云龙社区丈八沟、洪岭四组泵站排水沟等19处小微水体进行全面整治,铺设从李家湾到汉江长600余米的雨水管网,将李家湾片区的雨水引至汉江饮用水源地下游200米处。加大畜禽养殖污染治理力度,禁养区10家散养户关停7家,另外3家只出栏不补栏。严格管控农作物秸秆露天焚烧,3个村秸秆粉碎还田率达90%以上。大力开展人居环境整治,完成闸口村整治规划设计,3个村集中整治排水沟7000米,新建绿化带2.4千米、安全步道7.9千米,硬化入户通道2100平方米,治理黑臭水体2处、村内断壁残垣20余处,新建和改建农村户厕350座、公厕3座。三峡土家族村纳入全省2019年美丽乡村建设试点村,新建平原三峡文化广场,完成村民门前花坛改造升级和屋后排水沟盖板铺设。

【脱贫攻坚】 2019年,沙洋镇建立健全班子成员、支部书记、帮扶责任人“双包联、双覆盖”机制及督办问责机制，进一步细化责任清单，层层传导压力，不断压实扶贫责任。扶贫政策全面落地。落实产业奖补资金7户1.9万元，发放扶贫贷款3笔15万元，资助贫困学生101人次7.88万元，“雨露计划”资助16人次4万元，670名贫困人口享受2019年城乡居民医疗保险缴纳政策，贫困户住院报销314人次118.67万元，普通门诊报销508人次6.01万元，门诊慢性病报销112人次14.1万元，完成危房改造17户发放改造补助资金30.9万元，发放低保金52户23.04万元，发放特困供养金6户6.52万元，发放各类招聘信息和人社宣传资料500余份，设置就业扶贫公益性岗位15个，发放薪金1.56万元。扶贫举措进一步夯实。建立专业合作社与贫困户“股金”“薪金”“流转金”利益联接机制，流转124户贫困户土地46公顷，15名贫困户在合作社务工，58名贫困户享受入股分红。选树2名贫困户为“最美身边人”，在全镇上下营造脱贫光荣、自力更生、勤劳致富的鲜明导向。全年全镇脱贫41户113人。

【社会事业】 2019年，沙洋镇有图书馆、文化站各1个；幼儿园、托儿所6所；小学1所，教师65人，学生780人；中学1所，教师116人，学生990人。医院、卫生院2所，医护人员166人，病床240张，村（社区）卫生室12所。全镇城乡居民养老保险参保人数6136人，参保率100%。居民医疗保险参保人数21145人，参保率84.58%。新增城镇就业930人，城镇失业人员再就业451人，扶持创业55人，带动就业220人，申报创业担保贷款690万元。社会救助提标提效，全年发放城镇低保、农村低保、五保及临时救助金208.49万元。稳妥实施全面两孩政策，出生人口性别比控制在正常范围，落实计生奖扶慰问经费3.96万元。医疗体制改革深入推进，“先诊疗后付费”和“一站式、一票制”结算服务全面实施。新增房屋租赁补贴2户，年审26户，新增实物配租12户，年审642户。加强退役军人服务保障体系建设，镇村成立退役军人服务站，落实部分退役军人养老保险接续工作。洪岭小学、长林中学获评县级教学质量年度先进学校，洪岭小学被教育部评为“全国青少年足球特色学校”。圆满完成第四次全国经济普查登记工作，登记法人和产业活动单位1526家，个体经营户4179户。

2019年沙洋镇各村（社区）基本情况统计表

名称	村民小组（个）	总人数（人）	总户数（户）	国土面积（平方千米）	耕地面积（公顷）	粮食总产（吨）	油料总产（吨）	水产品总产（吨）	生猪出栏（头）	家禽出笼（万只）	村集体经济收入（万元）	人均纯收入（元）	特色产业
三峡土家族村	5	1610	401	3.5	254	1400	/	300	/	/	38.18	18320	蔬菜
闸口村	4	1348	438	3.5	137	650	/	/	1550	/	9.07	15570	大棚蔬菜 露天蔬菜
友谊村	9	2140	793	6.5	447	1562	/	330	1362	/	32.61	18350	蔬菜种植 小龙虾
卷桥社区	8	1458	471	4.8	88	518	180	220	368	5.6	80.34	19600	/
洪岭社区	9	3391	783	4.2	17	/	/	/	/	/	80	18689	/
农胜社区	7	8093	4013	4.2	26	211	/	/	/	/	25	26000	/
农建社区	5	6058	2034	5	116	300	104	260	220	3.3	23	16000	草莓
黄山社区	8	4450	1504	3.5	/	/	/	/	/	/	31.8	17000	/
平湖社区	7	4260	1568	3.5	/	/	/	/	/	/	15.8	9000	/
云龙社区	11	3665	1359	4	67	240	/	220	/	/	31	17000	/
新河社区	10	4122	2017	2.4	/	/	/	/	/	/	9.6	12000	/
开源社区	4	3705	1424	2	/	/	/	/	/	/	4.6	9000	/

（姚思文）

沙洋滨江新区

【概况】 沙洋滨江新区(以下简称“滨江新区”)位于沙洋县西北部,2012年11月筹建,2013年2月沙洋县人民政府批复成立,2015年7月荆门市人民政府批复认定。作为沙洋中心城区的重要功能拓展区,滨江新区着力打造集行政中心、商贸服务中心、文体中心、现代物流中心、康养中心等服务业为一体的综合型现代城市新区。滨江新区辖3个社区,31个居民小组,总人口11291人,国土面积20.38平方千米,耕地面积614.72公顷。2019年出生人口72人,死亡17人,人口自然增长率4.52‰。全年全区完成固定资产投资47740万元,占全年目标任务(33600万元)的132.1%;实现社会消费品零售总额16457万元,增长12.4%;完成总部经济收入800万元;签约中国沙洋国际农特商贸城等招商引资项目11个,投资总额44亿元,到位资金34.1亿元。

【农业农村】 2019年,滨江新区粮食总产5610吨,油料总产65吨,水产品总产190吨,社区集体经济收入达89.13万元。发放耕地地力保护补贴80.05万元,发放农民负担监督卡946份。建立“三资”动态管理,将集体固定资产、资源造册登记,承包合同归档管理。清理资产资源发包租赁合同20多份,针对到期未发包的资源,下达整改通知书。完成产权制度改革工作,登记量化资产1011万元。完成“一事一议”新湖社区通组公路项目,新建通组公路3.2千米、提档升级2.6千米,总投资175万元。

【项目建设】 2019年,滨江新区全力做好协调服务,加快推进项目建设。枣林新社区棚户区改造项目第四期完成竣工验收;新湖社区党员群众服务中心主体工程完成竣工验收;长林社区党员群众服务中心完成土方施工;长林新农贸市场完成整体搬迁顺利运营;农特商贸城项目平面规划方案已报规划部门审批;腾翔PVA吸水棉项目已开工建设,进入厂房维修期。启动长林一组棚户区改造、百秀路等10个征地拆迁项目,总征地面积达360.07亩。

【精准扶贫】 2019年,滨江新区通过“再加责、再考试、再培训、再学习、再宣传、再自查”等方式,做实脱贫工作。开展务工产业帮扶、技能培训,帮助贫困户65户109人实现就业。为贫困户个人争取小额信贷5笔,金额23万元。坚持教育资助全覆盖,27人申报教育资助,惠及金额3.31万元;5人申报“雨露计划”,惠及金额2万元。全面落实低保、五保救助政策和残疾人两补政策。全年贫困户脱贫22户43人,实现建档立卡贫困户全面脱贫。

【生态文明】 2019年,滨江新区建立督查整改常态化工作机制,深入开展污染防治行动,人居环境不断提升。完成沙农加油站地下油罐升级改造,龙凤大酒店燃煤锅炉拆除等工作。全面推进辖区垃圾分类工作。落实河湖长制,建立水体保洁长效机制,整治小型堰塘74口;解除龙堰水库承包合同,拆除养殖设施。将小微水体全面纳入河湖长制,并建立相关台账。大力推进秸秆禁烧工作,成立巡查专班,对发现的4起违规焚烧秸秆当事人进行批评教育并处以罚款。以创建国家卫生县城为契机,大力优化人居环境,实行包联班子成员包社区,干部包联三无小区、主次干道、背街小巷的工作目标责任制,全方位开展环境卫生综合整治。全年投入创卫资金765.7万元,整治水体11处,绿化面积11050平方米,“三无”小区硬化面积3280平方米,完成旱厕整治543座。

【社会事业】 2019年,滨江新区民

位于沙洋县滨江新区的平湖公园鸟瞰 (滨江新区党政办 供稿)

生事业发展良好。城镇新增就业人数120人,城镇失业人员再就业30人,创业担保小额贷款7人,审批发放创业担保贷款70万元,创业带动就业人数28人;成功举办两期失能人员护理员培训班,培训学员136名;接纳实训生16人;城乡居民养老保险和医疗保险承保人数不断增长。"以贴近实际、贴近生活、贴近群众"的原则,开展演讲比赛、趣味运动会、元宵踩街活动、"庆三八""纪念五四"、道德讲堂、"庆八一"等活动。常态化推进寻找、推荐、评选新区"最美家庭"。挂牌成立退役军人事务站,完成辖区94名退役军人保险续接工作。全年排查调处矛盾纠纷20起、积案5件。

2019年滨江新区各行政村(社区)基本情况统计表

名称	村民小组(个)	总人数(人)	总户数(户)	国土面积(平方千米)	耕地面积(公顷)	粮食总产(吨)	油料总产(吨)	水产品总产(吨)	村集体经济收入(万元)	人均纯收入(元)
枣林社区	11	2915	743	10.35	304.53	2520	25	90	55.37	14650
新湖社区	10	1526	421	6.61	243.43	2190	40	100	11.86	14150
长林社区	10	6850	2274	6	66.75	900			21.9	16000

(滨江新区党政办)

沙洋新港区

【概况】 2019年,沙洋新港区管委会以招商引资、项目建设、发展经济为使命,完成固定资产投资10.5亿元,泰富重工完成工业产值8.61亿元,凯达实业缴税265万元,汉江沙洋港完成货物吞吐量集装箱1.3万标箱、散件杂货142万吨。新签约项目3个,新开工项目1个,新增上云企业1家。年内,新港区被授予"县级最佳文明单位""基层党建先进单位""平安建设(综治)工作优胜单位""县级卫生先进单位"等荣誉。

【园区规划】 2019年,沙洋新港区完成新港区总体规划环评工作,编制《沙洋新港区规划(2017—2030年)环境影响报告书》。完成沙洋港码头竣工验收工作,获得《关于荆门市沙洋港中心港区一期综合码头工程3—6号泊位竣工验收合格的批复》。

【项目建设】 2019年,沙洋新港区续建项目3个,分别是沙洋新港物流园区、能富节能发电机组及交通安防材料生产项目、汉江沙洋港配套基础设施建设项目。其中,沙洋新港物流园项目6栋仓库有2栋投入使用、2栋基本建成、2栋在建中,完成厂区道路工程、办公楼主体及外墙粉刷装修工程、消控室及门楼基础施工。能富节能发电机组及交通安防材料生产项目2号厂房已建成运行;3号厂房已建成,厂房内部分设备已安装完毕;厂区所有的道路建设已完工。汉江沙洋港码头配套基础设施建设项目空箱和重箱堆场区基础、钢引桥、道路、土地浇灌、

2019年8月22日,襄阳日报社"绿色发展看汉江"采访组到沙洋新港区现场采访汉江港码头相关情况。图为采访活动现场

(沙洋新港区党政办　供稿)

轨道梁混凝土浇筑等均已完工,总体建设形象进度达80%。新建项目1个,即沙洋凯达停车场项目,已完成停车场的基础部分。

【招商引资】 2019年,沙洋新港区新签约项目3个,分别为湖北郎喜科技有限公司总投资2.8亿元的高档实木门窗及铝合金生产项目、浙江爱盟科技有限公司投资2亿元的液压机械制造项目、沙洋县俊鹏裕通能源有限公司总部经济项目。纳入跟踪项目3个,分别为中海油5万吨成品油仓储物流基地项目、广州万居隆电器有限公司总部经济项目、内蒙古幸汇国创重工有限公司的绿色智能矿山移动设备项目。先行启动保华子项目3个,即汉江沙洋港疏港铁路、沙洋多式联运综合码头、煤炭仓储物流配送中心项目,总投资45亿元。

【征地拆迁】 2019年,沙洋新港区完成湖北能富项目土地4.67公顷招拍挂工作;中海油项目土地3.33公顷征收报件;泰富配套产业园、工业十二路西段共4.2公顷林地征收;协调煤炭仓储物流配送中心项目及煤炭码头一期120公顷土地征收工作,拓展园区发展空间。 (余云翔)

沙洋经济开发区

【概况】 2002年12月,经荆门市人民政府批准成立沙洋经济开发区。2006年3月,经省人民政府批准为省级开发区。2017年11月,省人民政府批复同意在沙洋经济开发区基础上设立省级高新区,定名为湖北沙洋高新技术产业园区。2019年,沙洋经济开发区修订的总体规划面积27.6平方千米,建成面积22平方千米,落户企业109家,其中规模以上企业56家,高新技术企业26家。

2004年5月,县委、县政府成立开发区建设领导小组,并组建开发区党委和开发区管委会,明确开发区管委会为县政府派出机构,级别为副县级。开发区管委会的工作职责是负责开发区的行政管理工作、整体规划与建设、企业的服务与管理、招商引资工作及有关社会事务。内设"一室三部",即党政办公室、建设部、经济发展部、社会事务管理部。2014年12月,经县编委会批复成立沙洋经济开发区投资发展中心,属沙洋经济开发区管委会二级单位。2019年,开发区配备第一书记1名,党委书记、主任1名,党委副书记、副主任1名,党委委员、副主任2名,副主任1名,党委委员2名,人大工委专职主任1名,工会主席1名,投资发展中心主任1名。2019年,开发区经济运行保持稳健增长,完成规模以上工业总产值108.69亿元,同比增长13%;完成固定资产投资112亿元,增长18.8%;新增高新技术企业5家,总数达26家。

【项目建设】 2019年,开发区实施工业项目26个,其中,佳悦新材料、劲驰汽车配件、正邦二期、弘益制镜玻璃、明阳风机叶片、京城新能源等6个总投资33亿元的项目建成投产。富泰搬迁改造、轻量化玻璃包装材料、LOW-E玻璃二期等16个项目有序推进。同时,狠抓谋划储备,低压电器成套设备生产项目、万锦科技扩规项目、丽康源纺织新材料项目、洪森智能化生产项目等项目已落户,为园区高质量发展奠定基础。

【招商引资】 2019年,开发区成功引进2家大型企业入驻风电装备制造产业园,即北京京城新能源有限公司投资的风电主机制造项目以及明阳智慧能源集团股份公司投资的叶片生产项目,补强全县装备制造业产业链条,带动本地清洁能源的发展。引进湖北中硕再生资源有限公司整体购买已闲置5年之久的湖北丰硕农业科技有限公司厂房及土地;引进荆能输变电工程有限公司购买延龄保健酒,成功实现"腾笼换鸟"。

【基础设施建设】 2019年,开发区完成开发区的总规、控详规、规划环评的调整工作,重新编制园区产业发展规划,形成较为完善合理的规划体系。设立化工集中区,完成化工集中区的确认工作,工业污水处理厂已建设完成并投入运行;大气监测平台、水质监测站、应急指挥平台已安装完毕并投入运行;固废填埋厂、危废处置中心已启动。通过开展创卫工作,改造升级园区环卫配套设施,园区道路、交通网基本形成,燃气、电力等保障能力不断提升,场地平整面积80公顷、填挖土方量120万立方米,收储土地近1万亩。

【生态文明】 2019年,开发区牢固树立"生态立区、环保优先"的绿色发展理念,建设绿色生态园区,争当生态文明建设排头兵。涉及中央、省、市、县交办的环境突出问题,已按照整改时序要求,全部整改销号。按照"一企一管"的要求,完成13家企业工业污水配套管网建设,同时开展企业"三水分流"集中整治。开展清废行动、洁园行动、零点行动,强化巡查监管,园区环境质量大幅度提升。 (陈 甲)

人 物

二等功臣

郑锦华 男,汉族,现役军人,1982年4月出生,沙洋人,2001年9月入伍,2005年4月入党,大学本科,空军一级飞行员。郑锦华深入学习贯彻习近平新时代中国特色社会主义思想和习近平强军思想,紧贴使命任务和改革强军建设需要,坚持抓学习强素质、抓中心谋打赢、抓作风树形象,先后完成奥运安保、世博安保、进博会安保、金砖会晤安保、空军“金头盔”竞赛考核和各类演习演练等20余项重大任务,立三等功3次,并获得空军飞行人员铜质、银质荣誉奖章。在近20年的飞行生涯中,郑锦华始终热爱本职、钻研业务,完成训练任务好、遂行任务能力强,达到歼击机飞行员飞行2000小时奖励条件。2018年11月30日,东部战区空军下发东空政组〔2018〕115号奖励通令,授予郑锦华个人二等功奖励。

(县退役军人事务局)

中国好人
(沙洋县1名)

刘广俊 男,汉族,1975年出生,中石化荆门沙洋石油分公司职工。他是大家公认的“热心肠”,在暴雨中,提示车辆绕行,无偿为车主找回冲掉的车牌。2019年2月9日,回家途中看见一辆正在前方行驶的车辆,突然失控冲出道路扎进冰冷的水塘中,在生与死的瞬间,他4次冲进冰冷水塘中,勇救倒扣水塘内的4名落水群众。年内,刘广俊被省委宣传部评为3月“荆楚楷模”,被中央文明办评为6月“中国好人”。

2019年“最美基层高校毕业生”
(沙洋县1名)

李　晶 女,汉族,1985年出生,吉林省农安县人,拾回桥镇老山小学教师。2009年,她毕业后响应湖北省“农村教师资助行动计划”,到十堰山区支教。3年期满后,她放弃亲朋学友的热情相邀和城市的繁华喧嚣,参与农村教师招聘计划,任教于拾回桥镇老山小学。她鼓舞带动丈夫、妹妹参加湖北省农村教师考试,一家人离家千里,投身荆门农村教育。她工作认真、爱生如子,用自己的青春和汗水呵护着孩子的成长。年内,李晶被中央宣传部、人力资源社会保障部评为2019年“最美基层高校毕业生”。

荆门市首届“最美退役军人”
(沙洋县1名)

杨祖安 沙洋镇三峡土家族村党支部书记、村委会主任

沙洋县首届“最美退役军人”
(共10名)

卢修龙 荆玻集团
杜秋江 武汉好友居房地产咨询有限公司
官　东 沙洋县个体加油站
朱全兵 沙洋县石岭农民专业合作社
李常红 工商银行沙洋支行
赖向荣 县公安局交警大队
周启洪 县长湖湿地自然保护区综合执法大队
李德金 纪山镇四方社区三组
张天胜 沈集镇姚坪村二组
杨化武 县企业管委会

沙洋县首届优秀退役军人
(共10名)

杨祖安 沙洋镇三峡土家村
王良国 五里铺镇综合文化站
周大铭 县人民检察院
杜传兵 官垱镇住建分局
王承军 马良镇福利院
王　军 后港镇韩场村
许金华 拾回桥镇大新村
赵倩宜 县供销合作社联合社
周开松 沙洋镇云龙社区花园街
郑连平 县食品药品监督管理局官垱监管所

第五届 荆门市道德模范
（沙洋县5名）

刘广俊 （略）

李　晶 （略）

李加月　男，汉族，1969年出生，毛李镇毛李村村民。2019年1月20日，在为本村留守老人送液化气的途中，他发现一位老人因车祸滑落运河里，立即跳入接近零摄氏度的水中，由于河道坡面已部分结冰，经过1个小时的努力，最终成功将老人救上岸。

余代翔　男，汉族，1990年出生，李市镇卫生院医师。在父亲"舍己为人"的教诲和医师职业的感召下，他捐献了自己的造血干细胞，让一个幼小的生命得以延续。在工作中，他热心帮助病人，对患者不厌其烦，经常上门服务。他热心公益，汶川地震、玉树地震时，他捐献出自己的全部工资，长期为李市镇福利院老人做康复理疗、身体清洁等志愿服务。曾获沙洋县"荆楚楷模""最美沙洋人""湖北省向上向善好青年"、荆门市"五星级志愿者"等荣誉。

彭雪燕　女，汉族，1973年出生，沙洋县医保局职工。2013年，她借来注册资金牵头成立沙洋县义工联，成为沙洋县第一个正式注册的非营利性公益组织。策划实施"有爱就有家"公益项目，为50余名孤儿一对一找到"爱心妈妈"，并组织"爱心妈妈"长期为孤儿提供亲情陪伴、生活帮扶等服务。她主动关心帮扶10余名残疾人，利用休息时间帮他们理发、洗头、擦洗身体，用实际行动践行公益理念。曾获"沙洋县第二届道德模范"、沙洋县"三八红旗手"、荆门市"优秀巾帼志愿者"等荣誉。

2019年荆门市 "新时代好少年"
（沙洋县2名）

宋殷茵　毛李中学学生
唐桉琪　县实验初中学生

第二季度"荆门好人"
（沙洋县3名）

刘广俊　中石化沙洋石油分公司客户经理
李加月　毛李镇毛李村三组村民
吴廷玉　小江湖监狱天鹅村四组村民

第三季度"荆门好人"
（沙洋县4名）

郭艳荣　沙洋弘润建材有限公司职工
井江文　县中医医院职工
徐红玲　沙洋县大地购物广场职工
周慧敏　县实验小学教师

第四季度"荆门好人"
（沙洋县11名）

乐月忠　市消防支队沙洋中队队员
彭军涛　县公安局法医鉴定中心副主任
肖孝勇　县卫健局党组成员
杨化武　高阳镇官桥二组村民
张　琴　县环卫局环卫工人
张天胜　沈集镇姚坪村二组村民
彭德秀　沈集镇罗集村村民
李　德　官垱镇石岭村扶贫干部
彭雪燕　县医保局职工
余代翔　李市镇卫生院医务工作者
李　晶　拾回桥镇老山小学教师

附 录

领导成员名单

（以2019年12月底在任为准）

县委及其工作部门

中共沙洋县委

书　记　刘克雄
副书记　陈　威
常　委　杨成英（女）
（注：县纪委书记，2019年12月3日离职）
杨孟富　周　明　杨宏银　周翠兰（女）
伍　勇　全昌国　张继先

县委办公室

主　任　伍　勇
副主任　张菊芳（女）　周家军　王华锋
李　芳（女）　吴庆华　马　锐

政策研究室

主　任　张　君
副主任　刘　瑾　田　峰　黄小露

县委巡察办

主　任　袁旭锋
副主任　张　慧（女）　周　珊（女）

组织部

部　长　周　明
副部长　段红蕾（女）　杨维旭　王纪洲　刘　兵

宣传部

部　长　杨宏银
常务副部长、文明办主任　秦前华
副部长　郭小丰　蔡代明　邓　刚

政法委

书　记　陈　威
副书记　关洪涛　万　飞　李定华
政治处主任　孙　阳

统战部（台办、侨联、民宗局）

部　长　周翠兰（女）
常务副部长　付东升
副部长、台办主任　王　谦
副部长　赵满国
副部长、县民宗局局长　张嘉仪
副部长　张冠兰（兼）
侨联主席　刘亚琼（女）
民宗局副局长　黄宏艳（女）
侨联副主席　刘晓晖
台办副主任　雷　珊（女）

机构编制委员会办公室

主　任　戴金权
副主任　周梅卿（女）　车刘平

老干部局

局　长　杨维旭
副局长　王洪明
离退休干部工委书记　张　勇
离退休干部工委副书记　张义美（女）
老干部活动中心主任　李　英（女）
老年大学校长　高中峰

信访局

党组书记、局长　沈　烨
党组副书记、副局长　董丽娟（女）
党组成员、副局长　张良梅（女）　文　军

党组成员、县长专线办(调解中心)主任　许宏生

党　校

第一校长　刘克雄(县委书记兼)
常务副校长　孙元位
副校长　江　武　彭迎春　王贤志

档案馆

馆　长　范　军
副馆长　解　萍(女)
档案查询中心主任　刘跃峰

融媒体中心

党组书记、主任　肖华锋

机关事务服务中心

党组书记、主任　吴　琪
党组成员、副主任　张　盛　李德智
机关后勤服务中心主任　杨城城

接待服务中心

党组书记、主任　任兴郡(女)
党组成员、副主任　谢　静(女)

县人大及其工作部门

县人大常委会

主　任　刘良平
副主任　康德兵　田继明　全纯金　黄凤兰(女)
　　　　李家泉　姚必泉

人大专门委员会

法制委员会

主任委员　吴剑程
副主任委员　张　峰　李　丹(女)
委　员　吴　刚　张万明　鄢银涛

财经委员会

主任委员　田国权
副主任委员　张晓东
委　员　李章锋　胡良军　蔡华荣

社会建设委员会

主任委员　李美坊
副主任委员　汪庆芳(女)
委　员　王成军　孙　文　杨亚丽(女)

常委会工作机构

办公室

主　任　宋　波
副主任　王晓尚(女)

信访室

主　任　董正群(女)

代表人事任免工作委员会

主　任　刘光文

财政经济工作委员会

主　任　张晓东
副主任　刘　丽(女)

教科文卫民宗侨外工作委员会

主　任　宋永红(女)

内务司法工作委员会

主　任　李　丹(女)

农村工作委员会

主　任　李　华(女)

城乡建设环境保护工作委员会

主　任　罗水平

研究室

副主任　陈小龙

县政府及其工作部门

县人民政府

县　长　陈　威
副县长　杨孟富　彭　艳(女)　李旭祥　刘士金
　　　　王华芳(女)　吴传斌　杨伟波(挂职)
　　　　罗　雁(挂职)

办公室

党组书记、主任　刘顺华
党组成员、副主任　陈先华　曾　三　周昌呈
刘锋羽　刘三丰　李　杰

金融办

主　任　王俊敏

人民防空办公室

主　任　顿鹏飞
副主任　丁兆萍(女)

发展和改革局

党组书记、局长　张方俊
党组副书记、粮食局局长　丁利华
党组成员、副局长　陈　涛　李毅东
徐　军　官红权
党组成员、县铁路和能源办主任　郑传禄
党组成员、总经济师　王泽华
党组成员　杨全华

行政审批局

党组书记、局长　向华云
党组成员、副局长　纪红丽(女)　柴志刚　牟忠强
党组成员、总工程师　常　伟

扶贫开发办公室

党组书记、主任　张　勇
党组成员、副主任　杨维新　熊孝林　游吉峰

司法局

党组书记、局长　冯清华
党组成员、副局长　余传友　冯建涛
杨东星　蔡　恒
党组成员、政治处主任　邬宗兵
党组成员　罗　林

财政局

党组书记、局长　吴学雄
党组副书记　王家平
党组成员、副局长　杜中山　李勤才　李　军
党组成员、总会计师　张卫平
党组成员、县农发办主任　丁　维
党组成员　曾庆凤(女)
党组成员、县政府和社会资本合作中心主任　郭　锋
党组成员、县国资局局长　李仁军

民政局

党组书记、局长　段　军
党组副书记　龚　娟(女)
党组成员、副局长　张艳成
党组成员、总会计师　沈明华
党组成员　肖　强

公安局

党委书记、局长　刘士金
党委副书记、政委　张志林
党委副书记　王海林
党委委员、副局长　曾鸿山　张以斌
董赛华　李　波
党委委员、副政委　李　军
党委委员、政工室主任　张泽平

人力资源和社会保障局

党组书记　吴海青
局　长　朱永科
党组成员、纪检组长　程红玲(女)
党组成员、副局长　胡　勇　邵仕蓉(女)
李　俊　荣　华　许　苗
党组成员、总会计师　王　勇

交通运输局

党组书记、局长　乔宝林
党组副书记、副局长　杨　波
党组成员、航道局局长　罗金华
党组成员、公路局局长　王华清
党组成员、副局长　王幸辉　陈吕新
党组成员　王　东

自然资源和规划局

党组书记、局长　陈小云
党组副书记　周　祥　林本新
党组成员、副局长　董伦洲　王才明　王小艳(女)
宁良军　苏再兵　官中华
陈　鹏　马丽娟(女)
党组成员　文爱民　曾小芬(女)　李艳丽(女)

审计局

党组书记、局长 姚杏花(女)

党组成员、副局长 齐建坡 赵启明 肖 萍(女)

党组成员、县经济责任审计工作领导小组办公室专职副主任 许金龙

党组成员、总审计师 詹桂芳(女)

党组成员 吴袁宇

统计局

党组书记、局长 吴振雄

党组成员、副局长 聂 勇

党组成员、统计执法监督局局长 苏文珍(女)

党组成员、总统计师 徐选玲(女)

卫生健康局

党组书记、局长 康凤英(女)(2019 年 12 月止)

党组成员、县人民医院院长 周启楼

党组成员、副局长 文 波

党组成员、总会计师 李友群(女)

党组成员、县疾病预防控制中心 肖孝勇

党组成员、县卫生会计核算中心主任 刘立云

红十字会专职副会长 丁爱斌

县计生协会专职副会长 张仁超

医疗保障局

党组书记、局长 李克华

党组成员、副局长 汪庆芳(女) 邹 俊 郑红艳(女)

党组成员、总会计师 王金强

水利和湖泊局

党组书记、局长 吕 斌

党组副书记、南调局局长 曾维国

党组成员、副局长 宁太山 周 青 朱 凯 陈云新

党组成员 刘 锋

总工程师 黄奇轩

文化和旅游局

党组书记、局长 李天明

党组成员、副局长 曾庆河 刘亚民 丁爱玲(女) 林艳兰(女) 车北瑛(女)

党组成员、文化体育中心主任 易伦坤

党组成员、工会主席 李小玲(女)

党组成员、文物保护中心主任 唐国俊

住房和城乡建设局

党组书记、局长 陈 云

党组成员、纪检组长 严 辉

党组成员、副局长 卢 兵 黄江红 李 涛

总工程师 吴 成

教育局

党组书记 李 旭

局 长 黄 茜(女)

党组成员、副局长 杨 勇 徐 梅(女) 李 勇

县政府教育督导室副主任 赵国圣 吴文超

党组成员 熊 翔 何珍勇 杨 华

科学技术和经济信息化局

党组书记 孙加文

局 长 赵 娟(女)

党组成员、副局长 代加华 解宗群(女) 张 斌

党组成员(县域经济办专职副主任) 谭绪金

党组成员、总工程师 徐 军

农业农村局

党组书记 曾月纯

局 长 周洪华

党组副书记 彭开权

党组成员、副局长 胡 涛(挂职) 徐伯锋 夏烈忠 郭安清 李汉明

党组成员、总农艺师 李士磊

市场监督管理局

党组书记、局长 郭 强

党组成员、副局长 董家福 金 虢 徐士秀(女) 廖小兵 苏笑天 刘泽芬(女) 郑 波 何应华 叶 林 王爱民

党组成员、知识产权局局长 王家鸿

应急管理局

党组书记、局长 杨 勇

党组成员、副局长 范 军 蒋万强

党组成员、政治处主任 周远玲(女)

党组成员、执法大队长　郭旭峰
党组成员　张　清

消防救援大队
大队长　陈　锐
政治教导员　孙雄虎
参　谋　余学良　吴学伟

城市管理执法局
党组书记、局长　尹清安
党组成员、副局长　吴晓峰　李利华　周德云
党组成员、县城管执法大队大队长　陈大军
党组成员、总工程师　李　辉

招商服务中心
党组书记、主任　杨　帆(女)
党组成员、副主任　王　海　余　蕾　许　伟

商务局
党组书记　郭青松
局　长　何金梅(女)
党组成员、副局长　胡玉梅(女)　黄　芳
党组成员、县商务综合行政执法大队队长　李晓明
党组成员、总会计师　费立枫(女)

退役军人事务局
党组书记、局长　张　义
党组成员、副局长　李顺国　刘甫平　张继平
党组成员、总会计师　彭琼兰(女)

房屋征收与补偿管理办公室
党组书记、主任　杨道煜
党组成员、副主任　余卫华
党组成员、副主任　雷加友
党组成员、控违办专职副主任　李　蓉(女)

投融资中心
党组书记、主任　肖慧平
党组成员、副主任　杨凤娟(女)　刘鹏华

公共检验检测中心
党组书记、主任　毛秀洪
党组成员、副主任　孙　梅(女)

党组成员、总工程师　秦生雨

公共资源交易中心
党组书记、主任　秦前俊
党组成员、副主任　李　钢　冯新农
副主任　周海金

长湖湿地自然保护区管理局
党委书记、局长　张良洪
党委委员、副局长　郭　军　丁克军

农村经营管理局
党组书记、局长　王家平
党组成员、副局长　李章锋　王志涛

供销社
党组书记、主任　刘占清
党组成员、副主任　戴　清　赵倩宜(女)
党组成员、总会计师　李金萍(女)

宏图城市建设投资有限公司
董事长　张成文
总经理　苏海阔
副总经理　严　峰　陈　航

交通投资有限公司
党委书记、董事长　罗　锋
党委副书记、总经理　许明权
党委委员、副总经理　吕虎军　杨　宏

农机发展中心
党组书记、局长　彭开权
党组成员、副局长　马文俊
党组成员、副局长　杨　华
党组成员、工会主席　官晓梅(女)
党组成员、县农机安全监理站站长　杨　华(女)

水产发展中心
党组书记、主任　杨红武
党组成员、副主任　张君龙
党组成员　田黎明(女)

畜牧发展中心

党组书记、中心主任　喻昌雄

党组成员、副主任　任德彦　李志强　杨宜斌

党组成员　刘志红

房产服务中心

党组书记、主任　马立志

党组成员、副主任　汪　华

党组成员、副主任　范晶晶（女）　张克勇

党组成员、总工程师　郭华云

房改办副主任　孙家清

湖北沙洋经济开发区管委会

第一书记　杨孟富

党委书记、主任　姚必泉

党委副书记、副主任　柴兴华

党委委员、副主任　韩志刚、周为华　安　昊

党委委员　顿文锋　吕金荣

人大工委专职主任　李　明

工会主席　陈　阳

投资发展中心主任　顿文锋

新港区管委会

党工委书记　王　文

党工委副书记、副主任　张代青

党工委委员、副主任　董正云　余　艳（女）　季红玲（女）

县政协及其工作部门

政协沙洋县第五届委员会

党组书记、主席　吴道新

党组副书记、副主席　姚在斌（2019 年 12 月止）

党组成员、副主席　姚在潮　陈卫国　康凤英（女）（2019 年 12 月起）

副主席　黄克翠（女）

党组成员、秘书长　李　国

副秘书长　杨　涛

办公室

主　任　李　国

研究室

主　任　杨　涛

提案工作委员会

主　任　文　勇

经济工作委员会

主　任　宋长军

教科卫体工作委员会

主　任　赵群芝（女）

社会法制工作委员会

主　任　王　珺（女）

民族宗教及港澳台侨联谊工作委员会

主　任　郑红艳（女）

文化文史和学习工作委员会

主　任　江　芳（女）

委员工作委员会

主　任　刘兰芯（女）

农业农村委员会

主　任　黄其林

县纪委监委及其派出机构

县纪律检查委员会

书　记　杨成英（女）（2019 年 12 月 3 日离职）

副书记　吴卫国

常　委　李卫华　雷华凤（女）　宋　君　胡顺华

县监察委员会

主　任　杨成英（女）（2019 年 12 月 3 日离职）

副主任　吴卫国

委　员　雷华凤（女）　宋　君　刘　玮　肖　融

派出纪检监察组

派出第一纪检监察组组长　戴先云

派出第二纪检监察组组长　王保明

派出第三纪检监察组组长　刘　伟

派出第四纪检监察组组长　周红艳（女）

派出第五纪检监察组组长　蔡华荣
派出第六纪检监察组组长　何君芳(女)
派出第七纪检监察组组长　许忠平
派出第八纪检监察组组长　肖金莲(女)

县人民法院

党组书记、院长　胡多盛
党组成员、副院长、纪检组长　姜　草
党组成员、副院长　袁超敏　杨卫权　付彦军
党组成员、执行局局长　杨晓文
党组成员、沈集法庭庭长　闵　锐
审委会专职委员、办公室主任　张　兵
审委会专职委员、民二庭庭长　张　俊
审委会专职委员、刑一庭庭长　王云峰

县人民检察院

党组书记、检察长　赵　龙
党组副书记、副检察长　王厚福
党组成员、副检察长　张晓峰　吴贤双
党组成员、政治处主任　王　华

民主党派·工商联

中国民主建国会荆门市沙洋基层委员会

主任委员　朱永科

中国民主同盟荆门市沙洋总支委员会

主　委　杨继宁
副主委　吴建平　施爱民　何忠金

中国民主促进会荆门市沙洋支部委员会

主　任　朱　博
副主任　张玲芳(女)
组织委员　刘　祥
宣传委员　侯树民
联谊委员　范青松

工商业联合会

党组书记　张冠兰
主　席　王明洪
副主席　车国新

县人民团体

总工会

主　席　周　明
党组书记、常务副主席　汪泽华
党组成员、副主席　刘昌雄　李连志
党组成员、经费审查委员会主任　郑　瑞

共青团沙洋县委员会

书　记　张　锴
副书记　胡婷婷(女)　余小飞

妇女联合会

党组书记、主席　张　敏(女)
党组成员、副主席　杜传理(女)　张　彩(女)
党组成员、县妇儿工委办主任　丁红艳(女)

残疾人联合会

党组书记、理事长　徐柳初
党组成员、副理事长　黄　波

文学艺术界联合会

党组书记、主席　周承焕

科学技术协会

主　席　张　延
副主席　季凯旋(女)

县人武部

部　长　张继先
政　委　彭智康
副部长　欧阳魁华

垂直管理部门

荆门市生态环境局沙洋分局

党组书记、局长　杨京北
党组副书记、副局长　程　平
党组成员、总工程师　郑　良
党组成员　王文军
党组成员、党总支书记　江华荣

党组成员、副局长　韩爱民

气象局

党组书记、局长　沈　蕾
党组成员、副局长　彭　瑞
党组成员、副局长　蒋荆团
党组成员、沙洋县气象台台长　王佳丽(女)
党组成员、人工影响天气办公室主任　杜传兵

国家统计局沙洋调查队

队　长　张友华
副队长　何文军
纪检员　李小明

荆门住房积金管理中心沙洋办事处

主　任　吕启辉
党组书记　顿文新
副主任　王　勇　丁林丽(女)　韩国良

税务局

党委书记、局长　王　俊
党委副书记、副局长　张青松
党委委员、副局长　陈信涛　姚　卫　肖大勇
吕　华　李　伟　伍义东
党委委员、纪检组长　张会卓

烟草专卖局

党组书记、局长、经理　兰　锐
党组成员、副局长、副经理　刘　敏　王　锦　雍德宝

荆门市汉江河道堤防管理处

党总支书记、处长　程　荣
党总支委员、副处长　何　锋　吕永红　匡晓红
纪检委员　陈　铃
党总支委员、总工程师　李中华
党总支委员　张万鹏

中国邮政集团公司湖北省沙洋县分公司

党委书记、总经理　毛军彪
纪委书记、副总经理、工会主席　张海军
党委委员、副总经理　张平方

中国电信股份有限公司沙洋分公司

党委书记、总经理　周　磊
纪委书记、副总经理　余兆云
副总经理　王　俊

国网沙洋县供电公司

党委副书记、总经理　官　军
党委书记、副总经理　从治国
党委委员、副总经理　邓军红　万平畅
党委委员、纪委书记、工会主席　章　波
五级职员　吴大勇

中国人民银行沙洋支行

行　长　杨克海
副行长　樊晓辉　黄立新(女)
纪检组长　万光伟

中国银行保险监督管理委员会荆门监管分局沙洋监管组

组　长　郑国雄

中国农业银行沙洋县支行

党委书记、行长　李元平
党委副书记、副行长　吴海燕(女)
党委委员、副行长　陈祖元、刘雪松
党委委员、纪委书记　李习军
行长助理　魏　巍　宋　珲(女)

中国银行股份有限公司沙洋支行

行　长　文　明
副行长　方　咏　杨　洋　杨尚清

湖北沙洋农村商业银行股份有限公司

党委书记、董事长　周　勇
党委委员、行长　陈　永
党委委员、纪委书记、监事长　余同康
党委委员、副行长　刘小峰

中国邮政储蓄银行股份有限公司沙洋县支行

行　长　严岱松
副行长　苏丽红(女)

沙洋中银富登村镇银行

行　长　吴　波
副行长　金屹峰
副行长　常飞城
五里铺支行副行长　李　智

五里铺支行副行长　李文君

中国人寿保险股份有限公司沙洋县支公司

经　理　李　琴(女)
副经理　张友能　罗承兵　张立华

中国人民财产保险股份有限公司沙洋支公司

经　理　程义庆
副经理　吴拥华　毛良举　罗红莉(女)　文　勤
业务主管　姚俊华

中国移动通信集团湖北有限公司沙洋分公司

总经理　张　毅
副总经理　刘　宏　朱青峰

中国联合网络通信有限公司沙洋县分公司

总经理　李春清

石油公司

经　理　周　华
副经理　周　林
经理助理　汪　权

湖北盐业集团有限公司荆门分公司沙洋批发部

主　任　刘　武

乡　镇

五里铺镇

党委书记　王兆基
党委副书记、镇长　侯德华
党委副书记　刘晓伟　钱　龙
党委委员、纪委书记　蔡国强
党委委员、组织委员、统战委员　康　凯
党委委员、宣传委员、武装部长　李金磊
党委委员、副镇长　陈小平　孔令莉(女)

十里铺镇

党委书记　杨先斌
党委副书记、镇长　何　勇
党委副书记　张清山　宋　锐
党委委员、纪委书记　李胜超
党委委员、组织委员、统战委员　朱万山
党委委员、宣传委员、武装部长　黄　鹏
党委委员、副镇长　邓小倩(女)
人大副主席　胡震宇

纪山镇

党委书记　周　华
党委副书记、镇长　丁　胜
党委副书记　杨清华　杨峰云
党委委员、纪委书记　李小玲(女)
党委委员、组织委员、统战委员　卢振中
党委委员、宣传委员、武装部长　段　勇
党委委员、副镇长　徐平玉　刘　栋
人大主席　李志宏

拾回桥镇

党委书记　张　军
党委副书记、镇长　杨　明
党委副书记　刘　念　张德强
党委委员、纪委书记　李　欣(女)
党委委员、组织委员、统战委员　罗　祎
党委委员、宣传委员、武装部长　刘　强
党委委员、副镇长　刘居银　张　星(女)
人大主席　陈卫兵

后港镇

党委书记　李俊怡(女)
党委副书记、镇长　郑　军
党委副书记　宋景华　李　威
党委委员、纪委书记　刘先能
人大主席　李明焰
党委委员、宣传委员、武装部长　李　伟
党委委员、副镇长　周松迪　苏耀帮　黎　国
党委委员、组织委员、统战委员　张　灿
副镇长　吴建平　郑闯创(挂职)

毛李镇

党委书记　汤祖泉
党委副书记、镇长　宋　军
党委副书记　王　华
党委委员、纪委书记　邵蓬蓬
党委委员、组织委员、统战委员　罗　雄
党委委员、宣传委员、副镇长　汪国强
党委委员、副镇长、武装部长　宋宏成
人大主席　车友军
人大副主席　简兴财

科技副镇长　刘　尧

官垱镇

党委书记　杨立华
党委副书记、镇长　陈郭鑫
党委副书记　方红星
党委委员、纪委书记、县纪委监委派出官垱镇监察室主任　李志勇
党委委员、宣传委员、武装部长　刘义高
党委委员、副镇长　皮成元　秦爱华　肖玲莉(女)
人大主席　马浩玉
副镇长　陈才锐
科技副镇长　彭宇芳(女)

李市镇

党委书记　寇正平
党委副书记　张　澍
人大主席　贺太勇
党委委员、纪委书记　周忠军
党委委员、组织委员、统战委员　明刘伟
党委委员、副镇长　吕水平　肖晶晶(女)
党委委员、宣传委员、武装部长　程　雄

马良镇

党委书记　刘志刚
党委副书记、镇长　郭天力
党委副书记、综治办主任　罗　强
党委副书记　李　兵
党委委员、纪委书记　陈　亮
党委委员、组织委员、统战委员　郭显峰
党委委员、副镇长、武装部长　张家武
党委委员、副镇长、宣传委员　李莹莹(女)
人大主席　靳良政

高阳镇

党委书记　肖爱平
党委副书记、镇长　丁呈呈(女)
党委副书记　杨俊华　张新洲
人大主席　杨　辉
党委委员、纪委书记　陈　航
党委委员、组织委员、统战委员　吴小强
党委委员、副镇长　宋　瑞　金　华
党委委员、宣传委员、武装部长　邓青周

人大副主席　陈炜玮
科技副镇长　杨　兵

沈集镇

党委书记　鲁　俊
党委副书记、镇长　戴　泽
党委副书记　潘　苗　金　晶
党委委员、纪委书记　刘显俊
党委委员、副镇长、妇联主席　姚　君(女)
党委委员、副镇长　毛　柯
党委委员、组织委员、统战委员　刘　兵
党委委员、宣传委员、团委书记　杨　熠
人大主席　邓继文

曾集镇

党委书记　杨兴国
党委副书记、镇长　罗　成
党委副书记　陈志强　贺　荣
人大主席　喻　才
党委委员、纪委书记　许　欢
党委委员、组织委员、统战委员、团委书记　张　弛
党委委员、宣传委员、武装部长　詹剑雄
党委委员、副镇长　田　密
党委委员、副镇长、妇联主席　罗　婷(女)
科技副镇长　陈　瑞(挂职)

沙洋镇

党委书记　王翔宇
党委副书记、镇长　熊　敏
党委副书记　冯松林　谢　菠
人大主席　严启柱
党委委员、纪委书记　杨　云
党委委员、组织委员、统战委员　刘江国
党委委员、副镇长　周军琴(女)　雷卫平
党委委员、宣传委员、武装部长　叶念念
副镇长　王小庆
科技副镇长　田　军(女)

滨江新区

党委书记　杨　波
党委副书记、管委会副主任　孙英若(女)
党委副书记　陈丽华(女)　唐　松
党委委员、管委会副主任　严　萍(女)　陈祖国　高　培

2019年度沙洋县改革特色亮点情况一览表

填报单位:沙洋县委改革办　　　　填报时间:2019年12月17日

序号	项目名称	项目类型	所获荣誉级别	荣誉类型	具体说明
1	新农贷	自主项目	省部级	媒体宣传	2019年1月13日湖北日报:"沙洋创新农业金融资金'输血'兴大户"
2	九久入户	市级要点	省部级	媒体宣传	2019年1月16日湖北省委办公厅《工作简报》第2期:沙洋县以"九久入户"工程为载体厚植社会主义核心价值观 助推乡村全面振兴
3	厕所革命	市级要点	市州级	媒体宣传	2019年2月12日荆门日报头版:《小厕所大惊喜》
4	一状三例两考	自主项目	省部级	媒体宣传	2019年5月10日荆门市委办公室《工作简报》第5期:沙洋县探索推行"一状三例两考"制度,着力转作风营造务实担当的干事创业环境
5	农村公益服务	自主项目	中央级	媒体宣传	2019年6月17日农民日报:"村社合一"如何壮大乡村产业
6	平安十创	自主项目	中央级	媒体宣传	2019年7月16日法治周末:"校门前的家长'护学岗'"
7	农业水价改革	市级要点	省部级	媒体宣传	2019年12月6日长江水利网:农业水价改革,还看"沙洋模式"——湖北省沙洋县推动农业水价综合改革侧记
8	乡村文化综合体	市级要点	市州级	媒体宣传	2019年5月15日荆门日报:拾回桥镇有了"乡村版万达广场"
9	河湖长制	市级要点	省部级	媒体宣传	2019年5月9日湖北省人民政府网:昔日臭水塘变身国家级湿地公园 沙洋3亿元治理潘集湖
10	社会治理	市级要点	市州级	媒体宣传	2019年5月15日荆门研究第2期:立足"四化" 着力"四最" 巩固提升"长安杯"创建成果
11	农村改革	市级要点	市州级	媒体宣传	2019年5月15日荆门研究第2期:实事做实好事办好 争当农村改革先锋
12	乡村振兴	自主项目	市州级	媒体宣传	2019年5月15日荆门研究第2期:发展农村产业 助力乡村振兴
13	乡村振兴	自主项目	省部级	媒体宣传	2019年2月22日农村新报:沙洋集体经济"六花"争艳
14	乡村振兴	自主项目	省部级	媒体宣传	2019年1月25日省政府研究室《政府调研》:"五连共建"开创乡村振兴之路
15	积分制	市级要点	省部级	媒体宣传	2019年9月27日湖北长安网:积分制让荆门唯一少数民族村焕新颜
16	乡村文化综合体	市级要点	省部级	媒体宣传	2019年12月12日湖北日报:沙洋搭建群众文化新平台
17	全面推行河湖长制提档升级	市级要点	市州级	媒体宣传	2019年1月8日荆门日报:全民参与碧水重现
18	全面推行河湖长制提档升级	市级要点	市州级	媒体宣传	2019年4月23日荆门日报:沙洋召开河湖和水利工程划界确权实施方案审查会
19	全面推行河湖长制提档升级	市级要点	市州级	媒体宣传	2019年8月27日荆门日报:沙洋县全面推进小微水体治理进程
20	全面推行河湖长制提档升级	市级要点	省部级	媒体宣传	2019年1月30日湖北省水利厅网:沙洋县对河湖长制工作开展年度考核
21	全面推行河湖长制提档升级	市级要点	市州级	媒体宣传	2019年6月26日荆门市水务局网:水利部委托第三方对沙洋县开展河湖长制工作评估
22	全面推行河湖长制提档升级	市级要点	省部级	媒体宣传	2019年7月9日湖北省水利厅网:沙洋开展河湖库"清四乱"综合检查行动
23	全面推行河湖长制提档升级	市级要点	省部级	媒体宣传	2019年1月24日湖北河湖长公众号:乡镇河湖长制工作操作实务分享
24	全面推行河湖长制提档升级	市级要点	省部级	媒体宣传	2019年1月25日湖北省政府全面推行河湖长制网:沙洋率先将河湖长制工作纳入年度政绩考核目标

续 表

序号	项目名称	项目类型	所获荣誉级别	荣誉类型	具体说明
25	全面推行河湖长制提档升级	市级要点	省部级	媒体宣传	2019年3月27日湖北河湖长公众号:陈前华巡查借粮湖河湖长制落实情况
26	全面推行河湖长制提档升级	市级要点	省部级	媒体宣传	2019年8月6日湖北省人民政府网站:沙洋借力河湖长制改善人居环境
27	全面推行河湖长制提档升级	市级要点	省部级	媒体宣传	2019年8月7日湖北河湖长公众号:沙洋县召开河湖长制工作推进会
28	全面推行河湖长制提档升级	市级要点	省部级	媒体宣传	2019年8月22日湖北河湖长公众号:沙洋县再次召开河湖长制工作会
29	全面推行河湖长制提档升级	市级要点	省部级	媒体宣传	2019年8月26日湖北省水利厅:沙洋重拳打击汉江非法捕捞行为
30	全面推行河湖长制提档升级	市级要点	省部级	媒体宣传	2019年8月29日湖北省水利厅:沙洋县沙洋镇助推河湖长制落实见效
31	全面推行河湖长制提档升级	市级要点	市州级	媒体宣传	2019年9月9日荆门市水务局:示范建设:沙洋民间河长在行动
32	全面推行河湖长制提档升级	市级要点	省部级	媒体宣传	2019年9月9日湖北省水利厅:焦泰文检查沙洋河湖长制工作
33	全面推行河湖长制提档升级	市级要点	省部级	媒体宣传	2019年9月23日湖北省水利厅:沙洋县委书记巡查汉江沙洋段
34	全面推行河湖长制提档升级	市级要点	省部级	媒体宣传	2019年10月18日湖北省河湖长公众号:省生态环境厅到沙洋调研省级河湖水质不达标断面情况
35	全面推行河湖长制提档升级	市级要点	省部级	媒体宣传	2019年10月21日湖北河湖长公众号:沙洋多管齐下确保汉江水质稳定达标
36	全面推行河湖长制提档升级	市级要点	市州级	媒体宣传	2019年11月4日荆门市水务局:沙洋县开展湖库暗访检查
37	全面推行河湖长制提档升级	市级要点	省部级	媒体宣传	2019年11月19日腾讯大楚网:沙洋县集中约谈16名重点河湖责任人
38	金融改革	市级要点	省部级	媒体宣传	2019年12月26日湖北日报:沙洋20亿元输血小微企业
39	继续推进"厕所革命"	市级要点	中央级	媒体宣传	2019年2月15日中国农业新闻网:《过年回到沙洋县,不再为厕所发愁》
40	继续推进"厕所革命"	市级要点	省部级	领导肯定	2019年6月12日省人民政府办公厅《决策调研》:《小厕所关乎大民生》—荆门市推进"厕所革命"的实践与思考
41	继续推进"厕所革命"	市级要点	省部级	媒体宣传	2019年8月30日农村新报:全省2018年三农发展综合考评结果出炉
42	继续推进"厕所革命"	市级要点	市州级	会议推广	2019年4月24日全市"四个三重大生态工程建设"现场推进会
43	继续推进"厕所革命"	市级要点	市州级	媒体宣传	2019年4月17日荆门日报:沙洋县加快推进"厕所革命"工程建设
44	社会治理	市级要点	省部级	媒体宣传	2019年12月19日《政策》:"十建十破"化解治理难题

重要文件选登

沙洋县招商引资政策(2019版)

沙政发〔2019〕1号

一、强化用地保障

(一)对各类产业项目(房地产项目除外)积极推进长期租赁、先租后让、租让结合等方式供应土地,土地使用期限根据产业周期弹性确定。允许企业在一年内分期缴纳土地出让价款,首期缴纳比例不得低于50%。对未建成、建成未投产、破产的企业,按实际缴纳的土地出让金收回土地,并收回基础设施建设补助资金。

开发区管委会出具明确供地方式、土地使用期限的函,向县行政审批局惠企政策兑现服务窗口申报,由县自然资源和规划部门审核,报政府审批后兑现。

企业提供分期缴纳价款申请书、土地出让成交确认书,向县行政审批局惠企政策兑现服务窗口申报,由县自然资源和规划部门审核后与企业签订《国有建设用地使用权出让合同》,明确分期缴款事宜。

(二)对符合我县主导产业发展规划的工业项目优先保障用地需求。工业用地可先以招标拍卖挂牌方式租赁取得,并约定正式投产后转为出让建设用地的条件,达到约定的受让条件后,依法完善土地出让手续。

开发区管委会提供发改、经信等行业主管部门出具拟供应土地上工业项目所属产业类型以及注明符合我县主导产业发展规划的函,向县行政审批局惠企政策兑现服务窗口申报,由县自然资源和规划部门审核,报政府审批后兑现。

(三)对符合我县物流业布局规划的农产品批发市场或直接用于物资储备、中转、配送、分销作业、运输装卸以及相应附属设施的物流用地(具有物资批发、零售等市场交易功能的用地除外),可按项目所在地工业用地最低标准出让。

相关行业主管部门出具项目类型和符合我县物流业布局规划的函,向县行政审批局惠企政策兑现服务窗口申报,由县自然资源和规划部门审核,报政府审批后兑现。

(四)旅游项目中属于自然景观用地及农牧渔业种植、养殖用地的,不征收(收回)、不转用,按现用途管理。对使用荒山、荒地、荒滩进行建设的旅游项目,出让底价可按不低于土地取得成本、土地前期开发成本和按规定应收取相关费用之和的原则确定。

所在地政府(管委会)提供项目使用荒山、荒地、荒滩进行建设的情况材料,向县行政审批局惠企政策兑现服务窗口申报,由县自然资源和规划部门审核,报政府审批后兑现。

二、基础设施建设补助

(一)对于固定资产投资5000万元至1亿元(含1亿元)的项目,给予4.5万元/亩的基础设施建设支持;

(二)对于固定资产投资1亿元至3亿元(含3亿元)的项目,给予5万元/亩的基础设施建设支持;

(三)对于固定资产投资3亿元至5亿元(含5亿元)的项目,给予5.5万元/亩的基础设施建设支持;

(四)对于固定资产投资超过5亿元以上的项目、国家公布的高新技术产业目录内的项目,扶持政策可实行"一事一议"。

企业缴纳土地出让金后,提供书面申请、招商引资合同、企业法人营业执照、国有土地使用权出让收入票据,向县行政审批局惠企政策兑现服务窗口申报,由县财政部门牵头,组织县经信、招商等部门审核,报政府审批后兑现。

三、固定资产投资补助

符合我县主导产业发展规划,且固定资产(厂房、设备等)一次性投资在5000万元(含本数)以上5亿元以下的工业项目,对企业固定资产投资部分按照4%给予补助;固定资产一次性投资在5亿元(含本数)以上的工业项目,对企业固定资产投资部分按照5%给予补助;特别重大项目,实行"一事一议"。(享受重资产政策的除外)

企业提供书面申请、招商引资合同、企业法人营业执照、项目审批(核准、备案)文件、固定资产会计凭证(企业自建自购部分),向县行政审批局惠企政策兑现服务窗口申报,由县发改部门牵头,会同县招商部门审核,报政府审批后兑现。

四、重资产建设支持

对固定资产一次性投资5亿元(含本数)以上的产业龙头项目,实行"一事一议",在约定相关条件的情况下,可给予重资产建设支持。(县平台公司投资招商引资项目最高可参股20%,并约定清算退出期。退出时,除收回原始投资额外,按照协议约定,还要收取相关财务成本。)

县政府按"一事一议"的原则组织实施。

五、外商投资奖励

对在本县新注册设立的外资企业,实际到资300万美元(含本数)以上1500万美元以下,且形成实际投入的,一次性奖励100万元人民币;实际到资1500万美元(含本数)以上3000万美元以下,且形成实际投入的,一次性奖励200万元人民币;实际到资3000万美元(含本数)以上,且形成实际投入的,一次性奖励300万元人民币。

企业提供书面申请、招商引资合同、企业法人营业执照、注册资本实际到资凭证、投资者出资证明书和财务报表等,向县行政审批局惠企政策兑现服务窗口申报,由县招商部门牵头,组织财政等部门审核,报政府审批后兑现。其中,"实际到资"指在本县新设外资企业注册资本实际到资(包括增资)。

六、税收贡献奖励

符合我县主导产业发展规划的企业投产后,前3年按缴纳企业所得税和增值税地方留成部分的100%给予奖励,后3年按缴纳企业所得税和增值税地方留成部分的50%给予奖励。年缴纳税收3000万元(含本数)以上的,实行“一事一议”。

企业投产并产生税收后,由企业提供书面申请、招商引资合同、统一社会信用代码营业执照副本、税收缴纳完税证明(税务部门审核盖章),向县行政审批局惠企政策兑现服务窗口申报,由县财政部门牵头审核,报政府审批后,于次年3月底前兑现。

七、产业基金支持

县政府设立不少于1亿元的产业发展基金,对县域范围内符合县主导产业发展规划的龙头企业和产业带动力强的大项目,给予产业基金支持。

根据项目洽谈需要实行“一事一议”,需申请市级产业基金支持的,由县金融办向荆门江汉产业基金管理委员会办公室(地方金融工作局)提出申请,地方金融工作局会同中荆投资控股集团有限公司组织审核实施,并按程序报荆门江汉产业基金管理委员会批准。

八、物流成本补贴

新引进工业企业年上缴税收在500万元(含本数)以上的,可按照年物流运输费用总额10%的比例,对企业货物物流运输费用给予财政补贴,累计补贴不超过5年,每年补贴额度不超过300万元。

企业提供书面申请、招商引资合同、企业营业执照、物流费用会计凭证,向县行政审批局惠企政策兑现服务窗口申报,由县交通部门牵头,组织财政、招商等部门审核,报政府审批后兑现。

九、人才政策支持

(一)对新引进企业年缴纳企业所得税达500万元(含本数)以上的,其所属在我县工作生活的高级管理人员和高级技术人员(总名额不超过10名),本地缴纳的个人所得税地方留成部分,每年按90%给予补贴,累计补贴不超过八年。

企业提供书面申请、高级管理人员及高级技术人员名单、个人所得税纳税证明,向县行政审批局惠企政策兑现服务窗口申报,由县人才办组织相关部门审核,报政府审批后兑现。

(二)支持大学生到新引进企业实习实训,对实习实训大学生按照每人每月1000元的标准给予实习实训补贴,最多发放3个月。

实习生本人到县人社部门登记备案后参加实习,实习期结束后由企业提供书面申请资料及实习生名单,向县行政审批局惠企政策兑现服务窗口申报,由县人社部门牵头审核,报县财政部门兑现。

(三)为新引进企业组织人才招聘、用工招聘等专场招聘会,并开展订单式培训。

企业提供书面申请、用工计划、培训计划等材料,向县行政审批局惠企政策兑现服务窗口申报,由县人社部门牵头,会同县人才办组织实施。

十、政府购买中介服务

对在县域内固定资产投资5000万元以上的新材料、绿色食品、装备制造、现代物流及其他新兴业态类项目,行政审批前置中介30个服务事项及涉中小微工业企业15项行政事业性收费,实行“一事一议”。

根据项目洽谈的需要实行“一事一议”。

沙洋县在市场监管领域全面推行部门联合“双随机、一公开”监管实施办法

沙政发〔2019〕5号

根据《国务院关于在市场监管领域全面推行部门联合“双随机、一公开”监管的意见》(国发〔2019〕5号)、《省人民政府关于在市场监管领域全面推行部门联合“双随机、一公开”监管的实施意见》(鄂政发〔2019〕19号)和《市人民政府关于印发荆门市在市场监管领域全面推行部门联合“双随机、一公开”监管实施方案的通知》(荆政发〔2019〕14号)文件精神,进一步加强事中事后监管,规范监管执法行为,强化市场主体自律和社会监督,提高监管效能,激发市场活力,结合我县实际情况,制定本办法。

一、工作目标

贯彻落实党中央、国务院决策部署,认真推进省、市人民政府工作安排,建立健全以“双随机、一公开”监管为基本手段、以重点监管为补充、以信用监管为基础的新型监管机制,实现监管资源优化配置,提升监管执法效能,持续优化县域营商环境,推动县域经济高质量发展。

2019年底前,各部门建立完善“一单两库一细则(抽查事项清单、检查对象名录库和执法检查人员名录库、抽查工作细则)”。充分运用省级“双随机、一公开”监管工作平台开展抽查工作,形成“双随机、一公开”监管常态化机制。

2020年底前,实现全县相关部门在市场监管领域联合“双随机、一公开”监管全覆盖、常态化;建立健全“双随机、一公开”抽查结果部门间共享交换和互认互用机制。

用3至5年时间,建成更加完善的全县市场监管

领域新型监管机制,实现综合监管、智慧监管。

二、工作任务

(一)充分应用“双随机、一公开”监管平台。以国家企业信用信息公示系统(湖北)和省信用信息共享交换平台等为依托建设的省级平台(以下简称省级平台),是全县统一实施“双随机、一公开”监管的工作平台。在省级平台未建成之前,各部门继续使用现有的“湖北省双随机一公开监管平台”。各部门已使用的由省级部门统一建设的抽查工作平台,可以继续使用,抽查结果由省级主管部门负责与省级平台整合融合,避免基层人员数据重复录入、多头报送,实现抽查检查结果的互联共享。各监管执法部门要明确专人负责监管平台的帐号管理、平台使用、数据录入和信息公示。(责任单位:县市场监管局牵头,县政府有关部门按职责分工负责,完成时限:2019 年 12 月)

(二)完善随机抽查事项清单。除疫苗、药品、特种设备、危险化学品等特殊重点领域外,原则上各部门涉及市场监管领域的行政检查都应通过双随机抽查的方式进行。各部门应当依照市级统一抽查事项清单,完善本部门适用于“双随机、一公开”抽查的随机抽查事项清单,明确检查内容、依据、比例、方式等。随机抽查事项清单,依据法律法规规章的立改废释、层级监督权限的调整等实际情况进行动态调整。(责任单位:县市场监管局牵头,县政府有关部门按职责分工负责,完成时限:2019 年 11 月)

(三)建立健全随机抽查“两库”。各部门要按照“谁审批、谁监管,谁主管、谁监管”的原则,在省级平台建立与本部门职责相对应的检查对象名录库,并实行动态管理。检查对象名录库可以包括企业、个体等市场主体,也可以包括产品、项目、行为等。原则上一个检查事项要对应一个检查对象名录库,检查对象名录库应涵盖全部被监管对象,一经录入,不得随意增减,避免出现监管真空。

各部门根据依法核发的“行政执法证”等有效执法证件,建立并完善执法检查人员名录库,并按专业背景、岗位职责与监管事项相统一的原则,确保每个监管事项都有对应的执法检查人员。执法检查人员名录库随人员变动、岗位调整等因素实行动态管理。执法检查人员名录库,要明确执法人员的身份信息,包括单位、姓名、职务、执法证(警官证)号、执法岗位、联系电话等。(责任单位:县政府各有关部门,完成时限:2019 年 11 月)

(四)制定随机抽查细则和工作指引。各部门要对照抽查事项制定切实可行的抽查细则,明确抽查方法、检查流程、审批权限、公示程序、归档方式等,依据随机抽查事项清单及上级部门的指引部署,制定抽查工作指引,明确检查内容、方法、依据和工作要求。(责任单位:县政府各有关部门,完成时限:2019 年 11 月)

(五)科学合理制定年度抽查计划。各部门应按照抽查事项清单和上级部门统一部署,确定本部门年度抽查计划,于每年 1 月底前报县市场监督管理委员会汇总。抽查计划内容应当包括被检查对象的范围、对执法检查人员的要求、抽查的比例和频次、实施检查的时间、检查结果如何处理及如何公示等。年度抽查计划要及时录入省级平台,通过国家企业信用信息公示系统向社会公示。(责任单位:县市场监管局牵头,县政府有关部门按职责分工负责,完成时限:2019 年 11 月)

(六)全力推进部门联合抽查。以“政府主导、部门牵头、协同联动、统筹推进”为原则全力推进部门联合随机抽查。各部门应结合自身行业监管工作实际和上级主管部门发布的抽查计划,合理制定联合抽查计划,明确随机抽查事项、检查对象、抽查比例、抽查时限、参与部门等内容,于每年 1 月底前报县市场监督管理委员会备案。县市场监管委员会结合监管实际及行业主管部门、相关监管部门的抽查需求,坚持问题导向,充分考虑监管职责的关联性、检查对象的一致性等因素,科学确定部门联合抽查年度计划,明确抽查事项、比例和牵头、参与部门。部门联合抽查要达到部门年度抽查计划 10% 以上(不能少于 1 项)。(责任单位:县市场监管局牵头,县政府有关部门按职责分工负责,完成时限:长期)

(七)强化检查结果公示运用。除法律法规明确规定不予公开的情形外,各监管部门应在抽查检查完成之日起 20 个工作日内,按照“谁检查、谁录入、谁公开”的原则,将抽查检查结果录入到“双随机、一公开”抽查工作平台,并通过国家企业信用信息公示系统(湖北)向社会公示。已实施抽查检查但未进行公示的,视为未完成。(责任单位:县政府各有关部门,完成时限:长期)

三、工作要求

(一)强化组织领导。县市场监督管理委员会要加强统筹协调,建立健全双随机抽查各项工作机制。各部门要各司其职,制定完善本部门“双随机、一公开”监管制度,加强与上级部门和县市场监管局的沟通交流,在全县形成上下联动、协调配合的“双随机、

一公开”监管工作格局。(责任单位:县市场监管局牵头,县政府有关部门按职责分工负责,完成时限:2019年11月)

(二)强化责任落实。各部门及其执法检查人员对被抽取的市场主体实施检查时,应当切实履行法定监管职责,有下列情形之一的,应当依法追究行政责任,涉嫌犯罪的,移送司法机关处理:未按要求进行抽查检查,造成不良后果的;未依法及时公示抽查检查结果,造成不良后果的;对抽查检查中发现的涉嫌犯罪案件,未依法移送司法机关处理的;不执行或者拖延执行抽查检查任务的;其他依法依规应当追究责任的。存在下列情形之一,可以免除行政责任:按照法律、法规、规章规定和抽查工作计划安排,已履行抽查检查职责的;因现有专业技术手段限制,不能发现所存在问题的;检查对象发生事故,但与执法检查人员的抽查检查不存在因果关系的;因被委托进行检查的专业机构出具虚假报告等,导致错误判定或者处理的;其他依法依规不应当追究责任的。(责任单位:县政府各有关部门,完成时限:长期)

(三)强化宣传培训。各部门要加强执法人员培训,提升执法检查专业化水平,强化联合检查协同配合意识。加大宣传力度,扩大双随机抽查工作的社会影响力,加快形成政府公正监管、企业诚信自律、社会公众监督的良好氛围。(责任单位:县政府各有关部门,完成时限:长期)

沙洋县2019年度
住房保障工作实施方案

沙政发〔2019〕6号

根据省政府、省住建厅、省财政厅关于住房保障相关文件精神,为解决我县城镇中低收入家庭、新就业职工和城镇稳定就业的外来务工人员住房困难问题,根据县委、县政府《关于推进大众创业、万众创新的意见》(沙发〔2015〕10号)和《沙洋县公共租赁住房配租管理暂行办法(试行)》(沙政办发〔2013〕34号)等文件规定,结合我县实际,特制定本方案。

一、保障范围

(一)廉租住房租赁补贴保障范围。

各镇、滨江新区所辖社区及沙洋监狱管理局所属各监狱中符合住房保障条件的城镇居民低收入住房困难家庭。

(二)公租房保障范围。

居住在县城区范围内(沙洋镇、滨江新区)的中低收入住房困难家庭、新就业职工和城镇稳定就业的外来务工人员及创新创业大学毕业生(以下简称双创人才)。

二、申请条件

(一)低收入住房困难家庭申请廉租住房租赁补贴,应当同时具备下列条件。

1. 申请保障家庭成员具有当地城镇居民常住户口;

2. 申请家庭成员2018年度人均可支配年收入在10440元(870元/月)以下;

3. 申请家庭在本县辖区无房或自有住房家庭人均建筑面积在15平方米以下。

(二)县城区城镇居民中低收入住房困难家庭申请公租房,应当同时具备下列条件。

1. 申请人具有县城区城镇居民户籍1年(含)以上,并具备完全民事行为能力。共同申请人与申请人之间具有法定的赡养、抚养或者扶养关系,且共同居住生活;

2. 申请家庭为低收入家庭的,其成员2018年度人均可支配年收入应在10440元(870元/月)以下;申请家庭为中等偏下收入家庭的,其成员2018年度人均可支配年收入应在32420元(2702元/月)以下。家庭收入的计算及核定,按照《荆门市居民家庭经济状况核对实施办法(试行)》(市政府令第25号)的规定执行。无从核定收入的灵活就业人员,其收入标准统一按沙洋县2018年度最低月工资标准计算,即月工资1250元;

3. 申请家庭在本县辖区无房或自有住房家庭人均建筑面积在15平方米以下。

4. 申请家庭为计划生育特殊困难家庭(指独生子女被依法鉴定为三级以上伤残或死亡,且未再生育或收养子女的家庭,由卫健局出具证明)、复员转业退伍军人特殊困难家庭以及到沙洋经济开发区扶贫产业园务工的贫困人口脱贫前(由县扶贫办出具证明)申请公共租赁住房的,同等条件下优先予以安排。对生活困难无力承担公租房租金的上述三类特殊困难家庭及人员,可实施租金减免或发放租赁补贴。

(三)新就业职工和城镇稳定就业的外来务工人员申请公租房,应当同时具备下列条件。

1. 申请人具有县城区居住证,并具备完全民事行为能力。单人家庭的,需年满22周岁;

2. 申请人为新就业的青年医生、青年教师、环卫工人、园林工人、公交司机等单人家庭的,需据实提供本人收入证明(不动产、收入和财产状况)以及用工单位证明;

3. 申请人在县城区有固定工作,并连续缴纳社会保险费或住房公积金达到1年以上;

4. 申请家庭2018年度人均可支配年收入应在32420元(2702元/月)以下;

5. 申请人及家庭成员在县城区无自有住房;

6. 县政府规定的其他条件。

(四)双创人才申请公租房,应当同时具备下列条件。

1. 申请人持有沙洋众创卡及工商营业执照、入驻合同或劳动合同;

2. 申请人及家庭成员在县城区无自有住房;

3. 县政府规定的其他条件。

(五)有下列情形之一的家庭不得享受廉租住房租赁补贴或配租公租房(双创人才除外)。

1. 申请家庭成员拥有乘用或商用车辆的;

2. 申请家庭成员有工商注册登记信息的;

3. 已购买房改房、经济适用住房等政策性住房的,在本县辖区外购买商品房或有不动产登记信息的;

4. 已纳入民政部门集中供养的六十岁以上三无老人;

5. 已享受拆迁安置补偿的;

6. 夫妻双方有一方户口不在本县的,不能提供户口所在地住房保障部门出具的住房状况证明的;

7. 正在被羁押、服刑的;

8. 七十周岁以上老人、智力残疾、精神残疾以及重大疾病,造成生活不能自理的"三无"(无法定赡养人、无劳动能力、无经济来源)单人家庭;

9. 县政府规定的其他情形。

三、保障方式

住房保障分为租赁补贴和实物配租两种方式。

除县城区居民(沙洋镇、滨江新区)符合住房保障条件的家庭可以自行选择保障方式外,其它地方只实行住房租赁补贴。低收入家庭选择实物配租方式且处于轮候之中的,按规定享受住房租赁补贴。

住房保障对象实行年度审核和动态管理制度。

四、保障标准

(一)租赁补贴标准。

1. 租赁补贴面积标准为:人均住房建筑面积15平方米以下。租赁补贴按照保障面积标准与自有住房家庭人均建筑面积的差额计发;

2. 租赁补贴租金标准为:低保家庭每平方米建筑面积每人每月补贴5元,其他低收入家庭每平方米建筑面积每人每月补贴4元。

(二)实物配租租金标准。

低保住房困难家庭实物配租的公租房租金标准为:每平方米建筑面积每月0.8元;

低收入住房困难家庭实物配租的公租房租金标准为:每平方米建筑面积每月1.2元;

中等偏下收入住房困难家庭实物配租的公租房租金标准为:中心城区的每平方米建筑面积每月4元,开发区的每平方米建筑面积每月3元;

经年度审核确定为不合格家庭被取消住房保障资格的配租家庭,其公租房租金按市场租金收缴,租金标准为:中心城区的每平方米建筑面积每月5元,开发区的每平方米建筑面积每月4元。

新就业的青年医生、青年教师、环卫工人、园林工人、公交司机等单人家庭纳入住房保障范围,其公租房租金参照2019年住房保障家庭的租金标准执行。申请人收入线超过上年度城镇居民人均可支配收入(32420元),即每月收入在2702元以上的,其配租公租房按市场租金收缴。

五、实施保障的房源

本年度实施保障的房源共276套,其中:

(一)曦晨花园12#楼公租房拟配租24套。位于沙洋县五洋路,户型为二室一厅,户均面积为50平方米。

(二)曦晨花园6#、7#楼公租房拟配租212套。位于沙洋县五洋路,户型为公寓式,户均面积为40平方米。

(三)警苑公租房拟配租40套(拟计划整体配租县公安局特警大队)。位于沙洋县工业一路(县档案局院内),户型为公寓式,户均面积为45平方米。

六、实施保障的部门职责分工

(一)各镇人民政府及滨江新区负责本辖区内住房保障申请家庭的受理、信息录入和初审工作,对申请人提供的书面申请及有关证明材料的真实性进行入户调查核实;

(二)县公安局负责提供申请家庭成员居民户籍和车辆信息;

(三)县人社局负责提供申请家庭成员缴交和领取的社保信息;

(四)县市场监督管理局负责提供申请家庭成员

的各类工商注册登记信息；

（五）住房公积金沙洋办事处负责提供申请家庭成员的住房公积金缴存信息；

（六）县税务局负责提供申请家庭成员的个人所得税信息；

（七）县自然资源和规划局（不动产登记中心）负责对申请家庭成员本县辖区内房屋状况的核定工作；

（八）县民政局根据不动产、车辆、社保、工商注册登记、住房公积金缴存、纳税等信息负责对低保家庭、低收入家庭和中等偏下收入家庭的资格核定工作；

（九）县财政局负责提供申请家庭成员是否财政供养人员信息以及资金筹集和发放工作；

（十）县住建局负责保障家庭的资格核定工作；

（十一）县审计局负责对各类信息复核和资金发放的监督工作。

七、实施保障的步骤

本次保障工作分宣传发动、申报、审核及公示、实施保障等四个阶段。

（一）宣传发动阶段（8 月 1 日—8 月 7 日）。

由县政府办公室组织各镇、滨江新区、相关单位分管负责人以及各镇具体负责住房保障申报工作的责任人参加动员会，同时邀请沙洋监狱管理局相关单位负责人参加会议。通过会议动员和部署全县 2019 年度住房保障工作。县住建局、各镇负责通过电视广播和发放宣传资料等形式宣传我县住房保障政策，确保此项工作家喻户晓。

（二）申报阶段（8 月 8 日—9 月 17 日）。

1. 廉租住房租赁补贴和城区中低收入家庭申请公租房配租，由各镇人民政府负责受理、信息录入和初审。具体程序如下：

（1）申请。申请人在申报期限内向户口所在地的社区居委会领取、填写《沙洋县廉租住房租赁补贴申请登记表》或《沙洋县公共租赁住房保障申请审批表》，同时提交以下材料：申请人书面申请一份；申请人及家庭成员身份证复印件（验原件），户口簿复印件（验原件），夫妻双方结婚证复印件（验原件），离婚家庭提交离婚判决书或离婚协议复印件（验原件），在读高校的子女提供学校证明或学生证复印件；家庭收入证明：《低保证》或《低收入家庭收入核定证明》复印件（验原件）；在职人员需提供加盖单位公章的收入证明或银行发放工资存折（流水明细）；退休人员需提供银行发放养老金存折；灵活就业人员需提供证明人的身份证复印件、无不动产登记证明和电话号码；申请人及家庭成员有重大疾病的，需提供医院的诊断证明和医药费票据；家庭信息及经济状况查询授权书。申请实物配租家庭需提供同住家庭成员近期免冠登记照片两张；属孤、老、病、残等对象，需提供相关证件复印件。

对于在沙洋城区（沙洋镇、滨江新区）的申请人，其居民户籍与居住地不一致，且在现居住地连续居住一年以上的，可由户主向居住地社区居委会提出书面申请，再按程序办理。

（2）受理。申请人提交资料齐全的，经社区审查认为符合条件的，社区受理后将申请人基本情况和审查意见连同申请人的申请材料一并报镇人民政府，同时在《公共租赁住房管理信息系统》录入申请人信息。

（3）初审。镇人民政府对申请材料及申请家庭收入（资产）、家庭住房状况是否符合规定条件进行初审。初审时应当对申请人提交的书面申请及有关证明材料的真实性进行入户调查核实。对初审结果在辖区内进行公示，公示期限为 15 日；经公示无异议或者经查证异议不成立的，将初审意见连同申请人的申请材料一并报县住房保障中心，同时在《公共租赁住房管理信息系统》完成网上初审工作。

2. 新就业职工和城镇稳定就业的外来务工人员申请公租房配租，由申请人到县住房保障中心（原县房管局办公楼院内二楼）领取或自行到沙洋县人民政府网（住房保障专栏）下载打印《沙洋县公共租赁住房保障申请审批表》，并如实填写，同时提交下列资料向所在用工单位申请：

（1）申请人及家庭成员所在用工单位提供的收入证明、劳动合同、工资单及复印件；

（2）家庭成员身份证和居住证及复印件；

（3）相关部门出具的社会保险费（住房公积金）缴交证明；

（4）家庭信息及经济状况查询授权书；

（5）县政府规定的其他材料。

审查合格的，由申请人所在用工单位集中向县住房保障中心申请。经审查资料符合保障条件的，县住房保障中心予以受理。

3. 双创人才，申请人到县住房保障中心（原县房管局办公楼院内二楼）领取或自行到沙洋县人民政府网（住房保障专栏）下载打印《沙洋县公共租赁住房保障申请审批表》，并如实填写，同时提交下列资料直接向县住房保障中心申请：

（1）沙洋众创卡及工商营业执照、入驻合同或劳动合同及复印件；

(2)家庭成员身份证及复印件;

(3)创新创业载体或项目主体证明;

(4)家庭人口、房产信息查询授权书。

经审查资料符合保障条件的,由县住房保障中心直接受理。

(三)审核及公示阶段(9月18日—10月17日)。

县住建局自收到申请材料的次日起15日内,会同县民政局组织专班通过户籍、不动产、车辆、社保、住房公积金、工商注册登记、纳税等信息比对申请人的家庭住房、人口、收入、资产等情况。经审查符合条件的,县住建局将审查结果在申请人的申报地予以公示,公示期限为15日。公示期间,单位或个人对公示对象提出异议的,县住建局会同民政等部门在10日内进行核查。

(四)实施保障阶段(10月18日—11月18日)。

1. 取得租赁补贴资格的保障对象,由保障对象申请人负责提供农业银行有效个人账户,县住建局负责将本年度的租赁住房补贴发放明细汇总报县财政部门,由县财政部门在11月18日前将补贴直接拨付到保障对象的个人账户。

2. 取得实物配租资格的保障对象,由县住建局在11月30日前组织公开摇号实施配租,配租方案另行制定。

3. 县住建局在实施保障后30日内,将保障对象、保障标准、补贴金额、配租等情况在沙洋县人民政府网(住房保障专栏)上予以公布。

八、监督检查

(一)县住房保障中心按规定向社会公布住房保障情况,确保公平分配、阳光分配。

(二)对以欺骗等不正当手段获得住房保障的,由县住房保障部门责令其退出住房保障,五年内不再受理其住房保障申请。同时将当事人的行为记入县住房保障管理信息系统,并将有关行为抄告当事人所在社区或用工单位。对提供虚假证明材料、审查把关不严的用工单位,由县住房保障部门提请有关部门追究相关人员的责任。

(三)住房保障资格实行年度审核和动态管理制度。保障家庭的人口、房产及收入情况发生变化后,应当及时申报。不符合保障条件的,由县住房保障部门按照市场价格追缴租金或者责令其退出住房保障。

(四)在住房保障工作中滥用职权、玩忽职守、徇私舞弊、索贿受贿的,依照规定追究相关人员责任。

(五)县审计、监察等部门应加强对住房保障工作的监督检查,及时公布监督检查结果。

县人民政府办公室关于处理不动产登记相关问题的补充意见(试行)

沙政发〔2019〕10号

为进一步妥善处理沙洋县不动产登记遗留问题,规范不动产登记行为,保护不动产权利人合法权益,维护社会和谐稳定,根据《中华人民共和国物权法》、《中华人民共和国土地管理法》、《中华人民共和国城市房地产管理法》、《中华人民共和国城乡规划法》、《不动产登记暂行条例》等规定,结合我县实际,针对不动产登记中出现的新问题作出如下处理补充意见。

一、处理范围

(一)城区不动产交易,国有土地使用权转移处置问题。

(二)2016年9月14日之前,建设单位建设手续不完善,申请办理不动产(房产)登记的问题。

(三)其他相关问题。

二、处理办法

(一)城区不动产交易,国有土地使用权转移处置的问题。

1. 城市规划范围及中心城区内以划拨方式取得土地权属的私宅交易,且持不动产权证书或房地产两证齐全的,转让方先核实房屋所在地块在城市总体规划中的用地性质,自然资源和规划管理部门出具该地块用地性质情况说明。

符合城市规划用途的,经规划核定,不影响规划实施,满足安全、邻里关系的条件下,自然资源和规划管理部门出具规划条件。依据《中华人民共和国城市房地产管理法》第四十条第一款:"以划拨方式取得土地使用权的,转让房地产时,应当按照国务院规定,报有批准权的人民政府审批。有批准权的人民政府准予转让的,应当由受让方办理土地使用权出让手续,并依照国家有关规定缴纳土地使用权出让金"的规定,向自然资源和规划管理部门申请办理土地使用权出让手续,经批准后可办理不动产登记。

不符合城市规划用途,转让后不改变土地和房屋用途的,虽然符合城市规划用途,但已纳入规划征收范围的,影响规划实施的依据《湖北省实施〈中华人民共和国城市房地产管理法〉办法》第二十条:"以划拨方式取得土地使用权的,转让房地产时,属于下列情形之一的,经有批准权的人民政府批准,可以不办理土地使用权出让手续,转让方应按本办法第十九条的规定办理手续,并将转让房地产所获收益中的土地收益按国家和省的规定处理",第二款"私有住宅转让后仍用于居住的"或第六款"根据城市规划,土地使用权不宜出让的"的规定,经县人民政府批准,转让方向自然资源和规划管理部门申请,缴纳土地年租金,报县人民政府办理划拨土地使用权审批手续,再申请不动产转移登记,已启动征收范围的所有房屋不得办理过户交易手续(不动产继承的除外)。

由于老城区为汉江行洪区,根据《中华人民共和国防洪法》等法律、法规的要求,《沙洋县城市总体规划(2012—2030)》,未将汉江大堤至汉江沿岸纳入城市规划范围内,规划为防护绿地(G2)。该范围内私宅转移按不符合城市规划用途处理办法执行。

国家或集体使用的划拨土地,房改房、商品房及出让土地转移按照有关规定执行。

2. 土地年租金执行标准。依据《中华人民共和国房地产管理法》第四十条,第二款:"以划拨方式取得土地使用权的,转让房地产报批时,有批准权的人民政府按照国务院规定决定可以不办理土地使用权出让手续的,转让方应当按照国务院规定将转让房地产所获收益中的土地收益上缴国家或者作其他处理",参照《荆门市城区土地收益征收管理试行办法》(荆政发〔2003〕21 号)文件,沙洋县城区年租金按以下标准缴纳:个人住宅用地每年每平方米 1 元;商业服务用地每年每平方米 3 元;行政事业单位用地每年每平方米 2 元;工业仓储用地每年每平方米 1 元。转让方补签 2003 年 9 月 28 日至转让之时的《土地使用权租赁合同》,支付已使用年期的土地年租金。各镇集镇范围内,按以上标准 80%,其它地方按 60% 执行,但最低不得低于每年每平方米 0.5 元的标准。

土地年租金由自然资源部门代收,使用财政部门统一印制的专用收款收据。

(二)2016 年 9 月 14 日之前,建设单位建设手续不完善,申请办理不动产(房产)登记的问题。

3. 已取得土地使用权并开工建设,但建设手续不完善的。

(1)未取得规划手续的工业项目,由建设单位属地管理部门向自然资源和规划管理部门申请补办建设工程规划许可手续,不影响规划实施并符合消防、安全要求的,上报县规委会工业项目审查会审议通过后予以办理。影响规划实施或存在消防、安全隐患的,由属地管理部门及相关部门督促建设单位限期整改后,上报县规委会工业项目审查会审议通过后予以办理。

(2)未取得规划手续的非工业项目,由自然资源和规划管理部门对违法建设项目进行认定,情况复杂的项目应由规委会集体审议认定。认定的结果,由自然资源和规划管理部门,依据《中华人民共和国城乡规划法》、《荆门市城市管理条例》等法律、法规的相关规定,按照违法项目管辖权限分别函告城市管理执法部门或镇人民政府。不影响规划实施并符合消防、安全要求的,由有管辖权的执法部门或镇人民政府依法进行处理后,函告自然资源和规划管理部门,依据有关规定予以完善规划手续。影响规划实施或存在消防、安全隐患的,由有管辖权的执法部门或镇人民政府督促建设单位限期整改并依法处理后,依据有关规定予以完善规划手续。违建项目的处理和完善规划手续,应符合相关规定的程序。

(3)未取得施工许可和建筑工程验收手续的,建设单位可通过建筑工程质量检测机构出具《建筑工程质量鉴定报告》,住建部门对其依法处理后,出具登记备案文书;涉及消防验收的项目,建设单位按照建筑规划要求,实施消防设计方案,并准备相关资料向住建部门申报消防验收,经验收达到消防设计要求的项目,住建部门出具验收意见后,可办理不动产(房产)首次登记。

原建设主体或土地权利人因撤销、解散、破产、失联或其他原因无法完善相关手续的,现房屋居住人共同委托代理人,参照上述办法处理。

(三)其他相关问题。

4. 已批准建设工程施工许可的工业项目,根据企业发展需要,可以分期实施规划核实和项目工程竣工验收,不动产登记部门依据核实和验收意见分幢登记房屋所有权;确需消防验收的,可以根据整体项目消防设计方案,由工业企业向住建部门申请逐步实施,分期验收。但整个项目竣工前,应进行整体综合验收。

5. 已办理的房屋所有权证与土地使用权证登记用途不一致。属出让土地使用权的,若权利人申请将用途调整一致的,缴纳土地出让价款及相关税费并经自然资源和规划管理部门批准后,办理不动产统一登记;属划拨土地使用权,且符合城市规划的,根据规划设计条件,可申请变更土地用途,缴纳土地出让价款及相关税费并经自然资源和规划管理部门批准后,办理不动产统一登记。若上市交易,不符合城市规划的,按以上处理办法第 1 条第三款办理,可在不动产权证书上分别按原证登记的用途登记,并在登记簿上载明。

6. 已办理的房屋所有权证与土地使用权证的私

人住宅。因危房或年久失修,为改善居住环境,在土地使用权范围内改建房屋,变更了原房屋结构,仍用于居住,未变更房屋用途。城区按原址原规模申请房屋变更登记,乡镇持有有关管理部门处理凭证(罚款、收费等单据),可申请房屋变更登记。

7. 已取得国有土地使用权,合伙建房,并出售多余的房屋,购房人已取房屋产权申请办理不动产统一登记的,按共用宗地组织权籍调查,原土地使用者(合伙人)可先更换不动产权(土地)证书,再办理分户的不动产证书;原土地使用者(合伙人)或建设主体因失联或不配合的,现房屋权利人可单方申请,公告无异议的,缴纳土地出让价款及相关税费,经自然资源和规划管理部门批准后,办理不动产统一登记。

8. 沙洋县人民政府办公室《关于处理不动产登记工作中相关问题的意见(试行)》(沙政办发〔2017〕19号)中规定"关于土地权属来源合法,但地上建筑物未确权登记的不动产登记"的处理意见,涉及到不能提交《建筑工程规划许可证》的房屋登记问题,明确登记范围为主要居住房屋,其他附属房屋不予登记。

9. 各镇不动产统一登记遗留问题处理参照执行,未制定村镇规划的,按当地政府意见执行。

对实施过程中遇到的重大问题及本《意见》未尽事宜,按照"一事一议"的原则研究解决。县政府组建不动产登记历史遗留问题处理联席会议工作小组,县政府办公室、县人民法院、县公安局、县信访办、县司法局、县住建局、县财政局、县自然资源和规划局、县税务局、县房屋征收与补偿管理办公室、县房产服务中心等单位分管负责人为成员,统筹协调处理相关工作。自然资源和规划部门作为牵头单位,要履职尽责、主动作为;相关职能部门要各司其责,密切配合,形成工作合力。

本《意见》由县自然资源和规划局负责解释,自印发之日起执行。

文件目录

2019年中共沙洋县委文件目录

沙发〔2019〕

1号　关于坚持农业农村优先发展 深入实施乡村振兴战略的意见

2号　关于印发《沙洋县县级机构改革实施方案》的通知

3号　关于印发《中共沙洋县委常委会2019年工作要点》的通知

4号　关于印发《沙洋县大力支持民营经济持续健康发展重点任务清单》的通知

6号　印发《关于在全县开展"不忘初心、牢记使命"主题教育的工作方案》的通知

7号　关于全面学习浙江"千万工程"经验加快推进农村人居环境整治和美丽乡村建设的实施意见

沙办发〔2019〕

1号　关于印发《沙洋县环境保护"一票否决"制度实施办法(试行)》的通知

2号　关于印发《沙洋县"三乡"工程三年行动计划》《沙洋县推进实施"三乡"工程的支持措施》的通知

3号　印发《关于加强新时代政协党的建设工作的实施意见》

4号　关于印发《〈沙洋年鉴〉(2019年卷)编纂方案》的通知

5号　印发《沙洋县深化"九久入户"工程的实施意见》的通知

6号　关于转发《2019年全县宣传思想文化工作要点》的通知

9号　沙洋县公务员职务与职级并行制度实施工作方案

沙办文〔2019〕

1号　关于表彰2018年度全县党建工作先进单位的通报

2号　关于对2018年度全县调研、信息、督查、保密、档案工作突出单位和个人予以表扬的通报

3号　关于对首届湖北油菜花节承办工作突出贡献单位和个人给予表扬的通报

9号　关于印发《沙洋县科学技术和经济信息化局职能配置、内设机构和人员编制规定》的通知

10号　关于印发《沙洋县自然资源和规划局职能配置、内设机构和人员编制规定》的通知

11号　关于印发《沙洋县水利和湖泊局职能配置、内设机构和人员编制规定》的通知

13号　关于印发《沙洋县卫生健康局职能配置、内设机构和人员编制规定》的通知

14 号　关于印发《沙洋县应急管理局职能配置、内设机构和人员编制规定》的通知
15 号　关于印发《沙洋县市场监督管理局职能配置、内设机构和人员编制规定》的通知
17 号　关于印发《沙洋县医疗保障局职能配置、内设机构和人员编制规定》的通知
18 号　关于印发《沙洋县文化和旅游局职能配置、内设机构和人员编制规定》的通知
19 号　关于印发《沙洋县城市管理执法局职能配置、内设机构和人员编制规定》的通知
21 号　关于印发《沙洋县民政局职能配置、内设机构和人员编制规定》的通知
23 号　关于印发《沙洋县财政局职能配置、内设机构和人员编制规定》的通知
24 号　关于印发《沙洋县人力资源和社会保障局职能配置、内设机构和人员编制规定》的通知
26 号　关于印发《沙洋县行政审批局职能配置、内设机构和人员编制规定》的通知
27 号　关于印发《沙洋县招商服务中心职能配置、内设机构和人员编制规定》的通知
28 号　关于印发《沙洋县机关事务服务中心职能配置、内设机构和人员编制规定》的通知
29 号　关于印发《沙洋县公共资源交易中心职能配置、内设机构和人员编制规定》的通知
30 号　关于实行 2019 年重点项目建设挂旗作战的通知
31 号　关于印发《沙洋县深化环境监测改革提高环境监测数据质量实施方案》《沙洋县生态环境损害赔偿制度改革实施方案》的通知
32 号　关于调整县防汛抗旱指挥部成员分工及重点防洪工程责任人的通知
33 号　关于印发《县纪委监委派驻(出)机构改革实施方案》的通知
34 号　关于印发《后港镇行政管理体制改革实施方案》的通知
35 号　关于印发《官垱镇行政管理体制改革实施方案》的通知
36 号　关于印发《沙洋领导干部离任经济事项交接办法(试行)》的通知
37 号　关于雷汉丽等同志职级套转的请示
38 号　关于印发《沙洋县融媒体中心建设实施工作方案》的通知
39 号　关于印发《沙洋县贯彻落实〈党组讨论和决定党员处分事项工作程序规定(试行)实施细则〉的通知
40 号　关于做好经济责任和自然资源资产审计查出问题整改工作的通知

沙办通报〔2019〕

第 1 期　揭建平同志在县纪委五届四次全会上的讲话
第 2 期　刘克雄同志在全县基层党建、意识形态工作述职评议暨党建群团工作会议上的讲话
第 3 期　刘克雄同志在全县创建国家卫生县城攻坚大会上的讲话
第 4 期　刘克雄同志在全县“不忘初心、牢记使命”主题教育大会上的讲话

2019 年沙洋县人民政府文件目录

沙政发〔2019〕

1 号　关于印发沙洋县招商引资政策(2019 版)的通知
2 号　县人民政府嘉奖令(国网沙洋县供电公司)
3 号　关于印发力戒形式主义减轻基层负担若干措施的通知
4 号　关于废止部分文件的决定
5 号　关于印发沙洋县在市场监管领域全面推行部门联合“双随机、一公开”监管实施办法的通知
6 号　关于发布实施沙洋县公示地价体系建设成果的通知

沙政办发〔2019〕

1 号　关于印发政府工作报告责任分解的通知
2 号　关于分解落实全县经济工作会议重点工作的通知
3 号　关于印发 2019 年城区市政设施和园林绿化建设计划的通知
4 号　关于印发沙洋县 2019 年长江大保护十大标志性战役工作清单的通知
5 号　关于印发 2019 年资金争取计划的通知
6 号　关于印发沙洋县 2019 年度住房保障工作实施方案的通知
7 号　关于调整沙洋县畜禽养殖区域划分标准的通知
8 号　关于印发沙洋县人民政府及其各部门任命的国家工作人员宪法宣誓实施办法的通知
9 号　关于印发沙洋县粮食收购贷款信用保证基金管理暂行办法的通知

10号 关于处理不动产登记相关问题的补充意见(试行)

统计公报

2019年沙洋县 国民经济和社会发展统计公报

2019年,面对国内外经济下行压力加大的严峻形势,全县在县委县政府的带领下,认真贯彻落实习近平新时代中国特色社会主义思想,坚决落实中央、省、市各项工作部署,坚持稳中求进工作总基调,全面贯彻新发展理念,大力推动高质量发展,经济运行保持稳中有进、稳中向好的发展态势,经济社会各项事业取得新的进步。

一、综合

全年实现地区生产总值(GDP)335.85亿元,增长7.6%。其中,第一、二、三产业分别增长3.2%、9.8%、7.8%。三次产业结构为20.6:39.5:39.9,第一、二产业比重分别比上年下降0.5、3个百分点,第三产业比重比上年上升3.5个百分点。

年内新增城镇就业人员8310人,城镇失业人员实现再就业4448人;年末城镇登记失业人数1848人,城镇登记失业率为2.4%。

二、农业

全年实现农林牧渔业总产值122.05亿元,可比增长3.5%;实现农林牧渔业增加值72.78亿元,可比增长3.5%。

全年粮食种植面积186.27万亩,比上年减少6.68万亩,减少3.5%。棉花种植面积1.39万亩,比上年减少0.02万亩,减少1.5%。油料种植面积65.49万亩,比上年增长1.53万亩,增长2.4%。其中油菜籽面积56.39万亩,比上年增长0.95万亩,增长1.7%。蔬菜种植面积18.62万亩,比上年增长1.06万亩,增长6.0%。主要农产品产量为:粮食88.84万吨,比上年减少2.1万吨,减少2.3%。棉花890吨,比上年减少10吨,减少1.1%。油料11.17万吨,比上年增长0.79万吨,增长7.6%。其中油菜籽9.09万吨,比上年增长0.65万吨,增长7.6%。蔬菜42.63万吨,比上年增长3.25万吨,增长8.2%。

全年造林面积2.6万亩,比上年增长0.67万亩,增长34.5%。木材采伐量3.2万立方米,比上年增长1.2万立方米,增长60%。

全年生猪出栏53.62万头,比上年减少36.28万头,减少40.4%。生猪存栏14.58万头,比上年减少30.92万头,减少68.0%。牛出栏4.84万头,比上年增长0.01万头,增长0.3%。羊出栏2.01万只,比上年增长0.08万只,增长4.1%。家禽出笼1398.98万只,比上年增长150.18万只,增长12.0%。肉类总产量6.64万吨,比上年减少2.43万吨,减少26.8%。禽蛋产量3.38万吨,比上年增长0.16万吨,增长4.9%。全年水产品产量18.62万吨,比上年增长0.87万吨,增长4.9%。

年末农业机械总动力达117万千瓦,同比增长2.1%。农机化综合作业率达到88.5%,比上年提高1个百分点。机耕面积144.21千公顷,机播面积101.28千公顷,机收面积128.97千公顷。

三、工业和建筑业

全年新增规模以上工业企业13家,达到173家。规模以上工业增加值同比增长10.0%,其中:轻工业增长9.1%,重工业增长11.4%。全县25个工业大类行业中,有20个行业增加值增长。全年规模以上工业企业实现主营业务收入406.10亿元,同比增长10.9%;实现利润总额11.56亿元,同比下降48.0%;亏损企业亏损额0.19亿元,同比增长58.6%。工业产品销售率为96.9%。

全年实现高新技术产业增加值39.9亿元,同比增长18.4%。

全年建筑业总产值11.06亿元,同比增长17.4%。建筑业竣工产值6.33亿元,同比增长10.0%。

四、固定资产投资

全年完成固定资产投资同比增长11.7%。

固定资产投资中:国有经济控股单位完成投资比上年增加26.1%。第一产业完成投资同比减少40.0%;第二产业完成投资同比增长11.0%;第三产业完成投资同比增长5.1%。主要行业中,制造业完成投资同比增长7.9%;电力、燃气及水的生产和供应业完成投资同比增长54.9%;交通运输、仓储和邮政业完成投资同比下降39.3%;房地产业完成投资同比下降5.5%;水利、环境和公共设施管理业完成投资同比增长3.6%;卫生、社会保障和社会福利业完成投资同比下降100%。

全年房地产开发完成投资 7.9 亿元,同比下降 15.5%;房屋施工面积 228.94 万平方米,同比增长 5.0%;房屋竣工面积 22.98 万平方米,同比下降 42.3%。商品房销售面积 19.00 万平方米,同比下降 31.4%;商品房销售额 6.68 亿元,同比下降 38.9%。

五、国内贸易

全年社会消费品零售总额达到 116.09 亿元,同比增长 12.2%。其中,城镇消费品零售额 83.59 亿元,同比增长 17.0%;乡村消费品零售额 32.50 亿元,同比增长 1.3%。分行业看,限额以上商品零售 37.24 亿元,同比增长 18.2%;限额以上餐饮收入 5.15 亿元,同比增长 16.5%。

全年外贸出口总额 7 亿元,同比增长 28.8%。全年外商直接投资额 6209 万美元,同比增长 9.3%。

六、交通运输、邮电通信和旅游

全年完成道路货运量 1083.3 万吨,同比增长 2.0%;货运周转量 20967.9 万吨千米,同比增长 2.0%;道路旅客运输量 548.7 万人,同比下降 2.0%;城市公交周转量 539 万人,同比增长 33.4%;出租客运周转量 802 万人,同比增长 10.8%。全年完成水上货运量 155.3 万吨,同比增长 9.9%;货运周转量 21530.6 万吨千米,同比增长 21.2%。

年末移动电话用户 35.51 万户,同比增长 3.6%。互联网宽带接入用户 12.42 万户,同比增长 19.1% 。

全年共接待国内外游客 440 万人次,同比增长 12.8%,其中接待乡村旅游游客 295 万人次,同比增长 2.4%。全年旅游综合总收入 21.2 亿元,同比增长 9.3%,其中乡村旅游综合收入 13.4 亿元,同比增长 3.9%。全县共有星级饭店 2 家、旅行社 2 家、旅行社门市部 6 家、A 级景区 2 个、乡村旅游休闲点 6 个(包含 2 个省级休闲农业示范点)、农家乐 390 家、省级旅游名村 1 个、旅游商品专营店 1 个。

七、财政、金融

全年完成财政总收入 132507 万元,同比增长 2.1%。一般公共预算收入 100079 万元,同比增长 6.3%。一般公共预算收入中税收收入 66166 万元,同比增长 8.1%。一般公共预算支出 444530 万元,同比增长 7.6%。其中,一般公共服务支出 37894 万元,同比增长 4.9%;农林水事务支出 74762 万元,同比增长 7.0%;科学技术支出 10459 万元,同比增长 10.7%;交通运输支出 39762 万元,同比增长 12.1%;教育支出 55721 万元,同比增长 3.4%;医疗卫生健康支出 39588 万元,同比增长 5.6%;社会保障和就业支出 63721 万元,同比增长 6.1%;商业服务业等支出 1254 万元,同比增长 59.3%;住房保障支出 12439 万元,同比下降 54.2%。

年末全县金融机构各项存款余额 2809765 万元,比年初增加 175804 万元。其中:住户存款 1995449 万元,比年初增加 210998 万元;非金融企业存款 347579 万元,比年初减少 7063 万元;机关团体存款 437540 万元,比年初增加 23531 万元。年末金融机构各项贷款余额 1262462 万元,比年初增加 218146 万元。其中,短期贷款 81236 万元,比年初增加 10115 万元;中长期贷款 187287 万元,比年初增加 39663 万元。

八、教育、文化、卫生和体育

年末全县共有各级各类学校 133 所,其中中等职业教育学校 1 所、普通高级中学 2 所、普通初级中学 14 所、特校 1 所、小学 47 所、幼儿园 68 所。年末在校学生数 38340 人,在编教师 3578 人。

年末全县共有公共图书馆 1 个,公共图书馆藏书 16 万册;共有博物馆 1 个,专业艺术表演团体 18 个。年末全县广播人口综合覆盖率 100%,电视人口综合覆盖率 100%。

2019 年全县共有卫生机构 320 个,其中医院、卫生院 18 个,妇幼保健院 1 个,疾病预防控制中心 1 个,监督综合执法局 1 个,社区服务站 6 个,村卫生室 254 所,诊所 39 个。卫生机构人员数 2755 人,执业(助理)医师 996 人,注册护士 822 人。全县卫生机构编制床位数 1917 张,其中医院床位数 1050 张、卫生院床位数 845 张。

2019 年全年举办各类体育运动会 15 次,参加运动员人数 6.95 万人次,其中举办综合运动会 1 次,举办单项运动会 14 次。

九、环境和能耗

全年空气质量优良天数比例 75.8%,较去年同期减少 6.9 个百分点;水环境质量达标率 80%,较去年同期增长 20 个百分点;万元 GDP 能耗同比下降 5.6%。

十、人口、人民生活和社会保障

年末全县常住人口 55.98 万人。人口出生率 6.18‰,人口死亡率 1.86‰,人口自然增长率 4.32‰。

全年居民人均可支配收入 25314 元。按常住地分,城镇居民人均可支配收入 35324 元,比上年增加 2904 元,同比增长 8.96%;农村居民人均可支配收入 20224 元,增加 1752 元,同比增长 9.48%。城市居民家庭恩格尔系数为 30.81%,农村居民家庭恩格尔系数为 32. 92%。

年末城镇职工养老保险参保总人数 5. 12 万人,其中在职人员 3. 1 万人,享受待遇人员 2. 02 万人;参加失业保险职工 1. 84 万人,参加医疗保险职工人数 3. 42 万人,年内领取失业保险金人数 0. 05 万人;城乡居民社会养老保险参保人数 28. 03 万人,参加城乡居民医疗保险人数 40. 15 万人。全县城镇最低生活保障对象 1732 人,农村最低生活保障对象 8510 人。2019 年度发放住房租赁补贴 269 户,补贴金额 325440 元。

年末全县各类收留抚养类机构床位 1831 张,共入住人数 1132 人。全年销售社会福利彩票 4231 万元,比上年下降 2. 3%。

注释:

[1]本公报数据为初步统计数,最终核定数以当年《沙洋统计年鉴》为准。

[2]本公报中地区生产总值、增加值、农业总产值绝对额按现价计算,增长速度按可比价格计算。

[3]规模以上工业企业指年主营业务收入在 2000 万元及以上的工业企业。

索　引

数字首

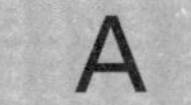

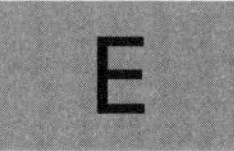

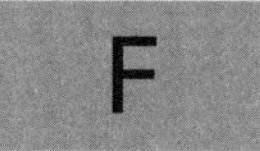

G

H

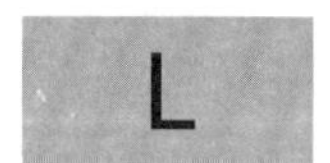

M

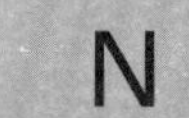

P

Q

R

S

T

纪山镇

优布第5条生产线

郭店新农村

企业厂房

纪山镇地处沙洋县西南端，是荆门市的南大门，素有“荆楚门户”之称。全镇辖12个村，1个社区，总人口2.7万人。国土面积100.5平方千米，耕地面积2866.66公顷。

2020年以来，纪山镇坚持以习近平新时代中国特色社会主义思想为指引，贯彻党的十九届二中、三中、四中全会精神和习近平总书记视察湖北重要讲话精神，团结带领全镇干部群众发扬“生命至上、举国同心、舍生忘死、尊重科学、命运与共”的伟大抗疫精神，攻坚克难、砥砺奋进，全镇经济社会形势平稳向好。

全力抓好疫情防控。严格落实宣传全覆盖、管控全方位、防治全领域的“三全”防控要求，组建“红袖章”纠察队、巡逻队、物资代购队、保洁队各13个400余人；排查走访居家人口21244人，到户见人率100%；“四类人员”、发热咳嗽病人及密切接触者收治、留观100%。全镇无一确诊病例。2月16日，《人民日报》头版对纪山镇疫情防控工作进行报道。复工复产期间，组织19家企业开展疫情防控演练4次、专项检查2次，确保复工复产、疫情防控“两手抓、两不误”。

全力抓实项目建设。招商引资签约项目4个、在谈项目3个。优布公司第5条生产线建成投产，鼎卓建材将与葛洲坝松滋水泥公司进行控股合作。卓航家居3栋主体车间基本建成，年底前完成设备安装及配套设施建设。万宇防水建材厂房、办公楼正在建设之中。

全力推进乡村振兴。推进三产融合发展，“东虾、西树、南药、北花”四大农业板块格局已经形成，新增稻虾连作200余公顷、苗木种植166.66公顷，新培植新型经营主体、种养殖大户13个。程新村月季公园、花果山休闲农庄、岳山葡萄走廊初具规模。郭店村水云山·本草健康小镇控制性详细规划通过专家评审。

全力加快镇村建设。投资280余万元开展美丽乡村建设，打造“一村一景”。持续加大农村环境综合整治力度，严格按照“五清一改一植”要求，对镇域地表垃圾及农户房前屋后环境进行集中整治。投资308万元新建垃圾中转站。推进碧桂园山湖城二期项目建设，新建低密度低层建筑30余套，建筑面积近2万平方米。

人民日报
RENMIN RIBAO
2020年2月
16
在大战中践行初心使命 在大考中交出合格答卷
《求是》杂志发表习近平总书记重要文章
在中央政治局常委会会议研究应对新型冠状病毒肺炎疫情工作时的讲话
各级财政疫情防控补助资金已经超过900亿元
金融系统全力支持抗击疫情和恢复生产
疫情防控，人民有力量！
——实地探访荆门市抗击疫情工作
来自疫情防控一线的报道
战疫情 保生产
武汉客厅方舱医院首批17名患者出院
为了千家万户平安，值！
“疫情不止，我们的行动不会停止”

《人民日报》头版报道纪山镇疫情防控工作

全力抓好环境整治。持续推进秸秆全面禁烧，投资18万元完成秸秆禁烧图像识别自动预警平台建设。投入40余万元对叶家大港渠进行全面清淤除障，投资300余万元聘请专业团队启动叶家大港水污染综合整治。集镇生活污水管网实现全覆盖，雨污全部分流，污水处理厂正常运行，污水收集率、处理率均在90%以上。

纪山寺

乌龙潭

程新村月季公园

郭店村水云山·本草健康小镇荷花池

后港镇

2019年6月20日上午，省委常委、宣传部部长、长湖省级湖长王艳玲（中）到荆门巡查调研长湖河湖长制及汉江防汛工作。王艳玲一行先后到沙洋拾桥河枢纽、后港镇荆南村等地，实地查看长湖水源和水质情况，市委书记张爱国（左一）、县委书记刘克雄（右一）及后港镇党政领导陪同

后港镇辖30个行政村，4个社区，户籍人口77318人。其中，男性38982人，女性38336人。国土面积274平方千米，耕地13773公顷。后港镇系全国文明镇，全国发展改革试点镇，全国重点镇，全国“创先争优”先进基层党组织，国家卫生镇；省级文明镇，全省乡镇党委“十面红旗”，第二、三、四、五、六届湖北省城镇规划建设管理“楚天杯”，湖北省百强乡镇；荆门市镇域城市建设试点镇；沙洋县域副中心城市。

2019年，全镇完成规模以上工业总产值109.20亿元；农林牧渔业总产值19亿元。其中，农业产值6.28亿元、林业产值0.04亿元、牧业产值2.87亿元、渔业产值9.16亿元、农林牧渔服务业产值1.53亿元；固定资产投资15.56亿元；社会零售总额11.30亿元，同比增长12.5%；财政收入1.54亿元，增长10.2%，城镇居民人均可支配收入28453元，增长12%；农村居民人均纯收入20571元，增长8.5%。

2019年9月18日晚，后港镇举行“庆祝新中国成立70周年，携手共创国家卫生镇”——沙洋县第二十届社区文化节暨后港镇社区纳凉晚会。图为舞蹈《老百姓的菜篮子》剧照

后港镇召开党委扩大会，研究部署重点工作，党委书记李俊怡（中）主持会议

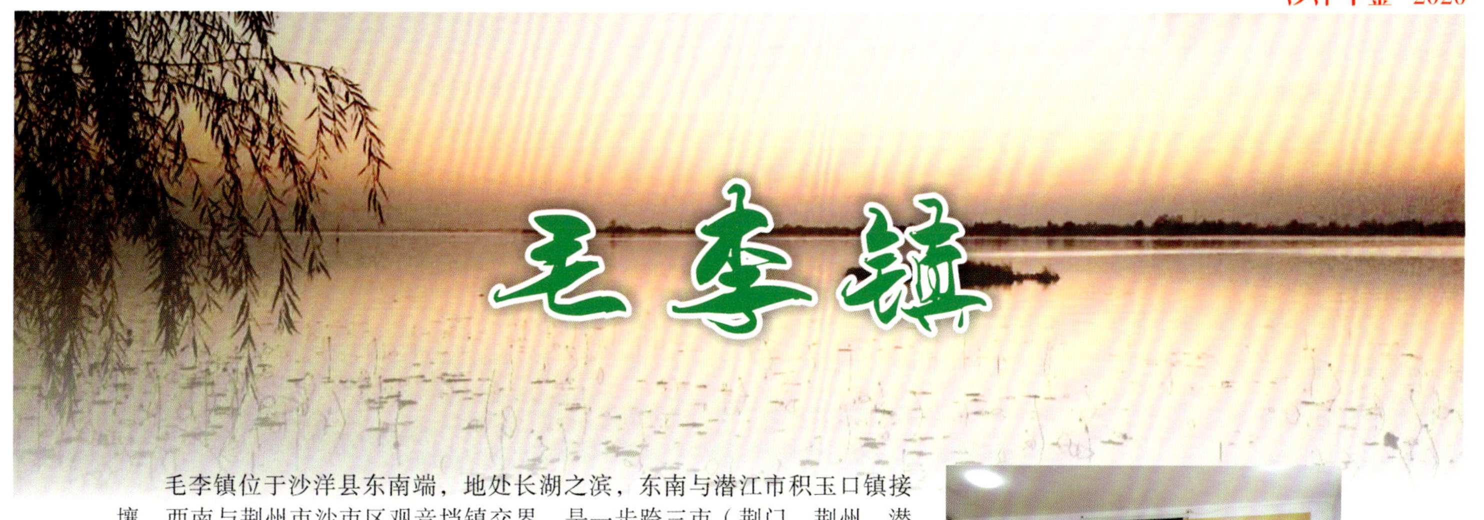

毛李镇

毛李镇位于沙洋县东南端，地处长湖之滨，东南与潜江市积玉口镇接壤，西南与荆州市沙市区观音垱镇交界，是一步跨三市（荆门、荆州、潜江）的“金三角”。全镇辖23个行政村、1个社区，179个村民小组、4个居民小组，总人口41879人。国土面积160平方千米，耕地面积7683.26公顷亩。

2019年，全镇完成固定资产投资5亿元，同比增长12%；规模以上工业总产值11.95亿元，增长18%；社会消费品零售总额7.3亿元，增长11.9%；地方财政总收入520万元，增长46.1%。农村常住居民人均可支配收入20198元，增长8.6%。

农业特色产业进一步发展。全镇三大主导产业发展持续向好，再生稻面积4000公顷、小龙虾养殖面积2000公顷、荸荠面积666.66公顷；瞄集食用菌种植项目、和议藕带加工项目集聚效应初步显现，带动推广秸秆回收利用和农村电商发展。

基础设施进一步完善。投入120余万元，加固南岳村和幸福垸堤防，完成借粮湖水利连通和高兴村安饮工程项目；新增“四好农村路”19千米，开通集镇至南岳公交线路，完成东升路西端和金市路升级改造，集镇“五乱”现象明显改善；投入300万元，完成借粮湖美丽乡村示范点建设

社会民生事业持续发展。实施全民参保计划，社会保险参保率达95%以上。城乡农村低保对象531人全部实行社会化发放，享受保障金额263万余元。加大对违法用地整治力度，完成1298平方米大棚房的清理、复耕工作，调整、补划基本农田后备资源533.33公顷。推广农业机械化生产，落实农机补贴225.48万元。开展农民就业培训5期，带动539人就业。持续开展“九久入户”工程，成功举办社会主义核心价值观广场舞大赛，并取得全县第一、全市第三的佳绩；涌现出“沙洋县见义勇为先进个人”李加月、沙洋县2019年“十大最美文化人”朱永森。义务教育均衡发展取得新进展，全镇4所幼儿园恢复公办性质；完成毛李中学、毛李小学升级改造，毛李小学初考综合成绩名列全县第四名，毛李中学中考综合成绩居全县第三名，创历史新高。基本公共卫生工作进一步发展，建立居民健康档案40944份，预防接种4493针次，为65岁老年人免费体检3083人次，落实农村计划生育奖励扶助922人，发放奖励扶助资金88.51万元。

毛里镇第十届人民代表大会第五次会议

拾回桥镇

2020年3月3日，县检察院检察长赵龙到拾回桥镇督办疫情防控工作，实地查看居家观察人员隔离规范、大走访大排查和村组封闭管理等工作落实情况

拾回桥镇辖17个行政村，4个社区，总人口43007人。国土面积143平方千米，耕地面积5777公顷。2019年，全镇实现规上工业总产值39亿元，固定资产投资6.3亿元，入库固投项目8个，其中年度新增固投项目5个，社会消费品零售额7.4亿元，实现税收收入1006万元，农村常住居民人均可支配收入达1.9万元。

2020年疫情期间，镇委、镇政府举全镇之力，共克时艰，抗疫防控取得重大战略成果。汛情期间，党员干部齐上阵，众志成城度汛期。同时，贯彻落实县委、县政府的各项工作部署，深入学习党的十九大精神，积极配合完成乡镇国土空间规划调研。

2020年3月7日，县检察院检察长赵龙到拾回桥镇督办疫情防控工作，现场检查镇卫生院和集中医学观察点隔离规范、卡口值班值守等工作情况

2020年7月11日，镇领导带领防汛工作人员到罗垱冲水库查看汛情

2020年7月2日，乡镇国土空间规划编制会议召开

2020年5月22日，学习贯彻党的十九届四中全会精神县委宣讲团拾回桥镇报告会

沙洋县民政局

2019年5月9日，市民政局副局长江红萍到沙洋县纪山镇调研基层政权和社区建设工作

2019年2月28日，全县民政工作会召开

2019年10月25日，县民政局全体党员在五七干校重温入党誓词

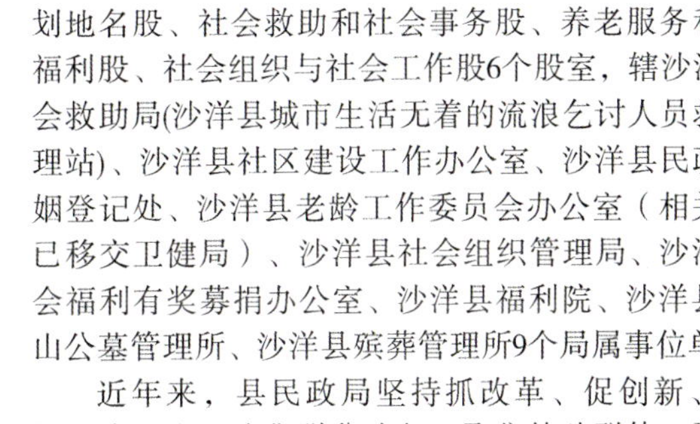

沙洋县民政局是县政府主管社会行政事务的职能部门。主要负责社会组织管理、社会救助、城乡群众自治建设和社区治理、养老服务和儿童福利、婚姻登记、殡葬管理、区划地名管理、贯彻落实慈善事业发展政策等社会保障和管理工作。

局机关内设办公室、规划财务股、基层政权和区划地名股、社会救助和社会事务股、养老服务和儿童福利股、社会组织与社会工作股6个股室，辖沙洋县社会救助局(沙洋县城市生活无着的流浪乞讨人员救助管理站)、沙洋县社区建设工作办公室、沙洋县民政局婚姻登记处、沙洋县老龄工作委员会办公室（相关职能已移交卫健局）、沙洋县社会组织管理局、沙洋县社会福利有奖募捐办公室、沙洋县福利院、沙洋县朱家山公墓管理所、沙洋县殡葬管理所9个局属事位单位。

近年来，县民政局坚持抓改革、促创新、补短板、惠民生，聚焦脱贫攻坚，聚焦特殊群体，聚焦群众关切，切实履行基本民生保障、基层社会治理、基本社会服务等职责，各项事业取得新进展，先后被评为“全市民政工作先进单位”“全市文明单位”“2019年度全县提案办理述职评议满意单位”“全县党建工作先进单位”。

2019年11月12日，县民政局举行传承红色基因不忘初心使命演讲比赛决赛。图为颁奖现场

2019年10月25日，县民政局全体党员到五七干校接受红色教育

2019年10月29日，全县社会组织培训会召开

沙洋县

2019年3月28日，财政部条法司司长贾荣鄂（左四），省财政厅党组成员、总会计师关红等一行到沙洋调研法治财政建设工作，县财政局党组书记、局长吴学雄（右一）陪同

2019年9月18日，县财政局召开"不忘初心、牢记使命"主题教育动员会

2019年9月20日，县财政局举办主题为"青春心向党、建功新时代"庆祝新中国成立70周年演讲比赛，全县财政系统32名年轻干部踊跃参赛

2019年，沙洋县财政局辖11个二级单位，14个股级单位和14个财政分局。其中：正科级单位4个，分别是：县国有资产监督管理局(挂靠)、县节能减排财政政策综合示范工作办公室、县政府和社会资本合作中心、县政府投资项目投融资监督局；副科级单位7个，分别是：县农村财政管理局、县财政监督局、县非税收入征收管理局、县会计管理局、县政府采购办公室、县国库收付中心、县道路交通事故社会救助基金管理办公室。

2019年11月6日，县财政局党组书记、局长吴学雄（中）到13个扶贫包联村之一的曾集镇蔡庙村走访贫困户

2019年12月19日，财政部预算司处长张波（左二）、省财政厅副厅长陈明（左一）等一行到沙洋调研，县财政局党组书记、局长吴学雄（左五）陪同

财 政 局

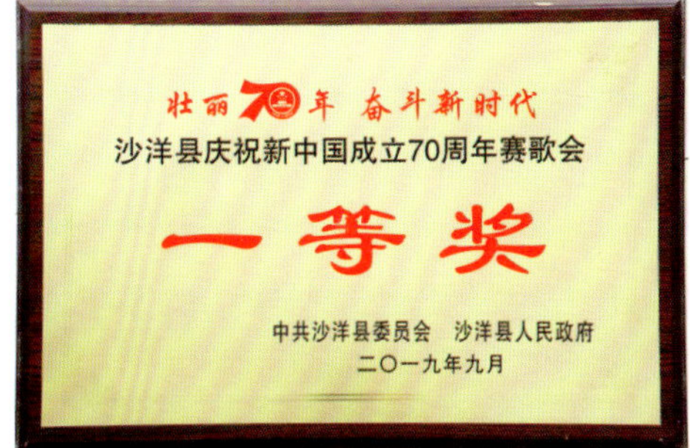

2019年，全县完成一般公共预算收入100079万元，同比增长6.3%，税收占比66.1%。其中：税收收入完成66166万元、非税收入完成33913万元。全县一般公共预算收入首次突破10亿元大关。财政支出进度、盘活存量、库款管理、预决算公开、统筹资金等财政管理工作获省级表彰；总部经济、招商引资、志愿服务等工作获市级表彰。2019年度领导班子政绩目标考核在县直经济发展组排名第一（连续4年排名第一）。党建、组织、综合治理、优化营商环境、人才等工作被县委县政府评为先进。

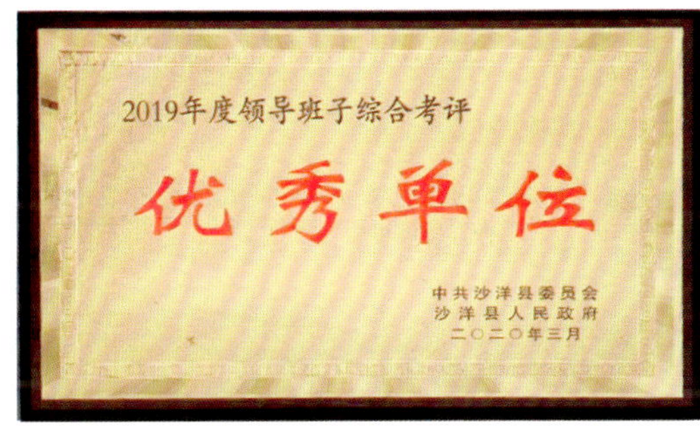

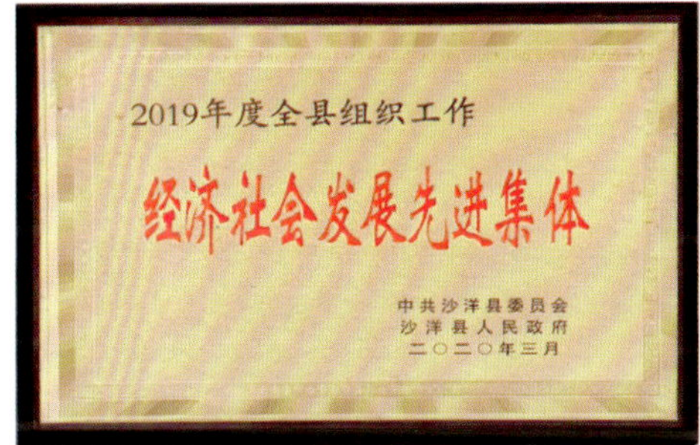

沙洋县应急管理局

2019年9月30日，县委书记刘克雄（中）带领应急、公安、教育、消防等部门负责人开展校园安全检查

2019年3月27日，县长刘克雄（中）带队开展危化行业领域企业安全检查

2019年3月，按照全县机构改革要求，沙洋县安全生产监督管理局更名为沙洋县应急管理局，为正科级单位，加挂县地震局牌子。同时，将职业健康工作职能划转到卫生健康局；防汛抗旱工作和火灾防治管理工作职能划转到沙洋县应急管理局。

2019年，县应急管理局坚持开展安全生产宣传教育、深化隐患排查治理、加强灾情预报和减灾预防，全县应急管理工作实现预期目标。全年全县发生一般生产安全事故15起，死亡15人，无较大及以上生产安全事故，较2018年持平。

责任体系进一步健全。按照管行业必须管安全、管业务必须管安全、管生产经营必须管安全和谁主管谁负责的原则，年初制定下发工作要点，坚持季度考查、半年考核、年末考评，督促各地各单位落实安全生产责任。先后对十里铺、县科技和经信局、开发区相关责任人给予纪律处分，约谈沈集、五里铺、开发区等相关责任人12人次。

安全意识进一步提升。组织全县137家工贸企业、67家危化生产和经营企业、239家烟花爆竹销售网点企业法人及安全管理员参加教育培训，考试合格率100%。聘请专家开展消防安全主题讲座，培训干部1000余名。发动干部群众20余万人次参加全省应急管理普法知识竞赛，干部群众安全生产知识知晓率大幅提升。组织26家县安委会成员单位开展“6·14”安全生产宣传咨询日活动，播放《张家口盛华化工“11·28”重大爆燃事故警示教育片》，展出宣传展板130块，接受群众咨询1000余人次，发放资料3万余份。

排查治理进一步深化。全年检查单位129家次，排查安全隐患320处，下达反馈意见书100份、现场检查整改意见书110份。采取联合执法、“零点行动”等方式，对全县安全生产领域非法违法行为进行常态化打击。全年各地各单位累计开展“零点行动”240多批次，组织人员4400人次，检查企业（经营点、场所）2100多家次，查处隐患1600多处，现场整改1200多处。全年检查危化品经营单位49家，排查隐患197处，下达文书186份；检查工商贸企业38家，排查隐患142 处，下达文书114份；检查烟花爆竹销售个体户37家，排查隐患65处，下达文书111份。

2019年10月3日，县委书记刘克雄（中）带队到沈集镇相关企业开展安全检查

2019年6月26日，县应急管理局组织全县危化品企业开展危化品泄漏处置应急演练

沙洋县交通运输局

省交通运输厅党组书记、厅长朱汉桥(左五）调研沙洋港建设情况

荆门市副市长胡小国（左七）调研207国道沙洋段建设

县委书记刘克雄（左二）、县长陈威（左一）调研沙洋“十四五”综合交通运输发展规划

沙洋县交通运输局主要负责全县公路、水路交通发展规划、建设养护，以及交通运输行业执法监管等工作。辖8个二级单位，内设8个股室，在职在岗干部职工276人。

近年来，该局围绕“交通强县”战略目标，立足“大交通、大格局”定位，加密高速公路，建设快速通道，打通城市外环，实施公路提档工程，高质量推进交通运输发展。先后建成枣潜高速沙洋段、高速公路连接线、G348绕城公路、疏港公路，提档改建207国道沙洋段、342省道沙洋至五里段、266省道沙洋至马良段、223省道沈集至蛟尾段、311省道沙洋至后港段、351省道沙洋段，改建升级通村通组公路1843千米，完成汉江沙洋段千吨级航道整治工程，建成沙洋港中心港一期综合码头、江汉运河航道，平稳完成城区公交车改革，提前完成“1+5”城镇圈公交改造目标，运输行业监管日趋规范，交通服务水平明显提升，行业发展软实力显著增强。先后被授予“全省交通运输工作先进集体”“全市交通运输系统先进集体”“全市精准扶贫工作突出工作队”“全市文明先进单位”“全县党建工作先进单位”“平安建设（综治）工作考评优胜单位”“全县领导班子政绩考核优秀单位”等荣誉称号。

枣潜高速沙洋段

潘集湖公路

沙洋港至城区集疏运公路

曾集镇“四好农村路”

繁忙的汉江沙洋新港

改革后的城市公共交通

◆沙洋县医疗保障局◆

2019年12月4日，省医保局处长刘俊（第二排右二）到县医保局指导工作，县医保局局长李克华（第一排左二）陪同

2019年10月9日，市医保局局长何庆华一行到沙调研（县医保局四楼会议室）

2019年3月，根据《沙洋县县级机构改革实施方案》，组建沙洋县医疗保障局，将县社会医疗保险局由县人力资源和社会保障局管理调整为县医疗保障局管理。机关内设办公室、规划财务和基金监管股、待遇保障股、医药服务管理股等3股1室，核定行政编制7名。设局长1名，副局长2名，总会计师1名，股级干部职数3名（兼职3名，含机关党组织专职副书记1名、工会主任1名）。实有干部9人。8月，县社会医疗保险局更名为县医疗保障服务中心，为县医疗保障局所属公益一类事业单位，机构级别相当副科级，核定全额事业编制35名，其中乡镇派出事业编制13名(每镇1名)，采取“县管乡用”方式由县医疗保障服务中心统一管理。12月，成立县医疗保障稽核信息中心，增核全额事业编制3名，在县医疗保障服务中心挂牌。另核“以钱养事”服务岗位13个（每镇1个），共同负责乡镇及以下医疗保障参保登记、资格初审、人员异动、政策宣传等相关工作。

截至12月底，全县基本医疗保险参保人员435727人，参加工伤保险21258人，参加生育保险14025人，参加长护保险435727人。职工医疗保险收入13211万元，工伤保险收入1168万元，生育保险收入603万元，长护收入4171.57万元。职工医疗保险支出10739.97万元，当期结余2471.38万元，累计基金结余14213.9万元；城乡居民医疗支出31886.83万元，当期结余3016.19万元。

2019年7月29日，县医保局在县人民医院五楼学术报告厅进行2019年农村贫困人口基本医疗保障政策解读会，党组书记、局长李克华作政策解读

2019年4月11日，县医保局在沙洋东方百货门前开展打击欺诈骗保宣传活动

2019年9月25日下午3时，县文化中心举行“不忘初心、牢记使命”沙洋县庆祝新中国成立70周年赛歌会。图为社会事务代表队合影

沙洋县人力资源和社会保障局

2020年1月12日，沙洋县人社局开展2020年“春风行动 接您回家”活动，安排“爱心专车”到武汉火车站接搭乘湖北“暖冬专列”的沙洋籍在粤务工人员返乡

2020年3月20日，沙洋县人社局安排3辆客车“点对点、一站式”送45名因疫情滞留在沙的务工人员赴浙江宁波市返岗

2020年，沙洋县人社局继续在全县开展“人社惠民政策进万家”活动，以“六进六促”为重点，提高人社惠民、惠企政策知晓率。图为6月3日，县人社局“领导班子政策宣讲团”到后港镇工业园区宣讲人社优惠政策，与企业代表沟通交流

2020年10月28日上午，沙洋县抗击新冠肺炎疫情表彰大会在县文化中心举行。县人社局作为具体承办单位，把准备工作想在前、谋在前、干在前，紧盯大会各个细节，精心组织、周密安排，高质量筹备，严标准把关。图为表彰大会结束后，工作人员留影

2020年11月19日上午，荆门市就业局、沙洋县人社局、后港镇人民政府在沙洋县后港镇东方百货广场联合举办“退捕渔民·精准扶贫”专场招聘会，精准对接企业，搭建供需平台，帮扶退捕渔民、建档立卡贫困人员、大中专院校毕业生等群体实现就业

陈家山生态停车场

沙洋县住房和城乡建设局

市政协副主席陈前华带队调研县乡镇生活污水处理厂

2019年，全县新开工市政项目17个，续建项目17个。新建市政道路14条，完成道路提标改造15条，累计通车里18.3千米。加强城市绿化建设。全力开展植绿补绿工作，重点完成精品绿化、零星绿化及道路绿化工程。全年实施园林绿化工程25个，实施老城区绿化补植补栽零星工程30余个，新增绿地面积38.27万平方米。完成工业三路、长林西一路、荷花南路等10余条道路绿化工程；对南环路、洪岭大道、汉津大道等20余处空闲零碎地带实施“见缝插绿”；重点打造东环线水域绿化和三元观文化休闲广场绿化景观，建成小游园2座。加强村镇建设。省住建厅下达沙洋县危房改造指标1111户，实际开工并完成1322户，完工率119%，拨付补助资金2170万元。加强建筑行业监管。全年累计完成各类新建、续建工程质量安全监管项目44项，总建筑面积100.82万平方米。其中，中心城区项目27项，总建筑面积86.91万平方米；开发区项目8项，总建筑面积2.75万平方米；乡镇项目9项，总建筑面积11.16万平方米。做好城市供气工作。全年新增天然气管网20.15千米（含乡镇），天然气用户新增3463户，累计开户26895户。其中，民用26580户，商业285户，工业30户。加强安全生产管理。全年开展各类专项检查10余次，累计下达建筑工程安全检查记录56份，安全隐患限期整改书28份，安全隐患停工通知书 19份，建筑工程质量整改通知书 9份，质量停工通知书2份，完成建筑工程行政处罚2起。全县安全形势总体平稳，建设领域和燃气领域未发生一起重大安全责任事故。完成3座生态停车场建设，新增停车位297个，缓解了我县部分城区“停车难”问题。

荷花中路

沙洋县气象局

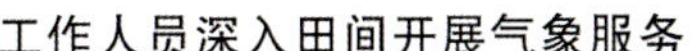

工作人员深入田间开展气象服务

现代化的气象业务平台

沙洋县气象局于2009年开始筹建，2011年底经中国气象局批准成立，2013年完成沙洋国家气象观测站建设，2015年完成办公楼建设，坐落于沙洋县经济开发区。

我局现有职工11人，其中气象参公3人，气象事业3人，地方事业5人。10人为大学本科学历，5人为气象类专业，其余为计算机、电子信息、财务等专业。领导班子配备1名局长、2名副局长、1名副科级干部。干部职工均为近年来新进人员，无离退休人员，平均年龄31岁。

近年来，我局大力推进气象现代化建设，有效融入地方经济社会发展。2014、2015、2016、2018、2019年获全市气象部门年度考核第一名；先后被县委县政府评为“三农工作先进单位”“抗洪抢险先进单位”、党风廉政建设、党建、综治先进单位；获市级文明单位和省级卫生单位；获2019年度湖北省重大气象服务先进集体。

国家气象观测站

人工增雨作业现场

沙洋县农业农村局

2019年12月30日，省农业农村厅厅长肖付清（右三）到沙调研

2019年3月20日，沙洋县农业农村局正式挂牌

2019年3月，沙洋县农业农村局正式挂牌，由原县农办、县农业局、县畜牧局、县水产局、县农机局5个单位整合组成。主要承担落实“三农”政策、拟订农业农村发展规划、推广农业科技、执行农业法规、服务特色产业、监管农产品质量安全、指导农业清洁生产、推进农业农村人才工作、负责农业防灾减灾及农作物重大病虫害防治、负责农业投资管理、开展农业对外合作、农业综合开发、农田整治、农田水利建设等管理职责和工作职能。

2019年，全县粮食播种总面积106246.66公顷，总产量达74.45万吨。其中，夏粮播种面积18206.66公顷，总产量5.97万吨；秋粮播种面积88040公顷，总产量71.48万吨。油菜种植面积37353.33公顷，油菜籽产量9.04万吨。蔬菜种植面积1万公顷，产量35.68万吨。全年组织遴选17项绿色高效技术模式和农业主推技术，依托144位技术指导员、864个科技示范主体和4个试验示范基地，通过召开现场会、观摩会等形式增强辐射带动力，提高农业技术入户率。依托基层农技推广体系改革与建设、新型职业农民培育2个项目，在全县建立“农科教结合、跨部门联动、条块结合、整体推进”的工作格局，以17项主推技术为主线，以144个推广团队为单元，以4个示范基地为平台，以应用成效为标准，全面提升农业技术推广工作效能。

2019年10月，县农业农村局全体干部职工开展“不忘初心，牢记使命”主题教育

沙洋县自然资源和规划局

2019年10月17日，市委常委、组织部部长高义勇在县委书记刘克雄陪同下，到县自然资源和规划局局检查“不忘初心、牢记使命”主题教育情况

2019年10月12日，市自然资源和规划局局长崔宏国到沙调研高阳镇吴集村增减挂钩项目

2019年5月，根据县机构改革方案，将原县国土资源局、县林业局、县规划局（县测绘地理信息局）职责，以及县发改局组织编制主体功能区规划职责、县水务局水资源调查和确权登记发证职责，相关部门的自然保护区、风景名胜区、自然遗产、地质公园等管理职责整合，组建县自然资源和规划局。

2019年，县自然资源和规划局坚持以习近平新时代中国特色社会主义思想为指导，贯彻习近平生态文明思想，统一行使全民所有自然资源资产所有者、空间用途管制者、生态保护修复者职责，完成年度自然资源和规划各项工作任务。年内，县自然资源和规划局被评为“省河湖和水利工程划界确权工作成绩突出单位”“全市工作突出驻村片长工作队”“全市五四红旗团支部”“县后发赶超综合考评先进单位”等。

2019年10月12日，市自然资源和规划局局长崔宏国到沙调研潘集湖湿地公园建设情况

2019年10月24日，县人大常委会组织县人大代表视察马良矿山地质环境恢复治理工作

2019年11月21日，县自然资源和规划局组织开展自然资源大讲堂活动

2019年12月29日，县自然资源和规划局与曾集镇联合开展送文化下乡活动。图为曾集镇曾集村活动现场

沙洋县人民政府扶贫开发办公室

沙洋县实施光伏扶贫工程，采取集中联建和村级自建形式共建设6座光伏扶贫电站，通过以县为单位对光伏电站集中运营管理的模式，将每年光伏扶贫收益资金的80%以上统筹用于全县村级公益性岗位工资和村级公益事业建设劳务费用支出。2020年，全县累计利用光伏收益资金设置公益性岗位1211个，帮助滞留在家贫困劳动力实现务工就业，达到贫困户实现稳定增收的目的。图为五里铺镇陈池村5.2MWP集中联建光伏扶贫电站

沙洋县实施易地扶贫搬迁工程，加大政府投入力度，创新投融资模式和组织方式，建立6个易地扶贫搬迁集中安置点,完成全县926户1546人贫困人口易地扶贫搬迁。通过开展贫困户劳动技能培训，引导易迁对象就地就近就业；加快贫困户土地流转，创新贫困户土地入股分红等措施方法，实现贫困户搬得出、稳得住、能致富。图为高阳镇集中安置点

沙洋县人民政府扶贫开发办公室成立于2000年10月，为沙洋县民政局局属二级单位。2009年2月，调整为参公管理事业单位。2018年2月，调整为县政府办所属公益一类正科级事业单位（参照公务员管理）。2019年3月，调整为县政府工作部门，内设综合股、社会扶贫股、开发指导股3个股室，核定行政编制6名。

2019年，全县建档立卡贫困人口20053户66229人，建档立卡贫困村38个，实现减贫11170人，出列9个贫困村，完成年初减贫计划。2015-2019年，全县脱贫贫困人口19039户64452人，38个贫困村全部出列，未脱贫贫困人口1014户1777人，综合贫困发生率由14%降至0.4%。

2019年4月，沙洋县人民政府扶贫开发办公室被中共荆门市委、荆门市人民政府表彰为荆门市区域性增长极建设“先进单位”；5月，沙洋县老区建设促进会被中国老区建设促进会评为2019年度老区宣传工作“三等奖”。2020年3月，沙洋县人民政府扶贫开发办公室被中共沙洋县委员会、沙洋县人民政府表彰为2019年度全县精准扶贫工作“经济社会发展先进集体”、2019年度领导班子综合考评“优秀单位”。

全县以“扶贫日”活动为契机采取多种形式，不断宣传扶贫政策，提升贫困户脱贫致富的“造血”功能，营造人人关心扶贫、人人支持扶贫、人人参与扶贫的社会氛围，弘扬“我脱贫我光荣”的公众理念。图为沙洋镇举办的以“脱贫攻坚 你我同行”为主题的文艺晚会

沙洋县稳固发展产业扶贫，围绕稻虾连作、花卉苗木、蔬菜、优质稻（再生稻）和优质油等五大扶贫主导产业，引导贫困户参与发展。图为曾集镇孙店村贫困户王在权在捕捞小龙虾

沙洋县公路建设养护中心

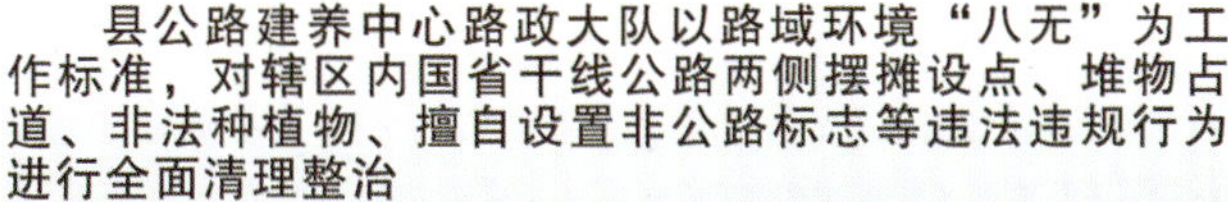

县公路建养中心路政大队以路域环境“八无”为工作标准，对辖区内国省干线公路两侧摆摊设点、堆物占道、非法种植物、擅自设置非公路标志等违法违规行为进行全面清理整治

县公路建养中心路政大队会同交警、运政等部门，以范家台超限检测站为依托，常态化开展路面联合治超行动，对上路行驶的违法超限超载运输车辆予以查处

沙洋县公路建设养护中心前身为沙洋县公路管理局，位于沙洋县洪岭大道南15号，2020年4月更名挂牌，为正科级事业单位。主要负责全县境内公路的规划、建设、养护、管理；市公路建设养护中心委托国有资产管理及行业管理等工作。机关内设办公室、人事教育股、财务审计股等7个股室，辖沙洋县公路路政管理大队、沙洋江汉道路建设养护有限公司两个二级单位。在册职工169人。

近年来，沙洋县公路建设成果显著，公路通达里程成倍增长，一级公路升等3条，二级公路升等5条，国、省干线公路里程增加到323.233千米。先后完成荆新线一级公路、借瞄公路、引江济汉渠顶公路、223省道沈后公路等公路建设工程。全县公路网络全面规划升级，改造升级207国道沙洋段，沙洋与周边县市区公路运输更加畅通；建设升级县域等级公路348国道沙洋城区绕城段等，国省干线路况进一步提升；改造升级五洋公路，助推荆沙新型城镇化示范带建设。近年来，县公路建设养护中心先后被授予“湖北省劳动保障诚信单位”“全省公路系统先进集体”“全市交通运输系统先进集体”等荣誉称号。

县公路建养中心主任王华清（右一）到沙河线督办董岗桥危桥改造项目进度，听取桥梁工程师汇报工程改造综合情况

养护作业人员对层陷路段进行铣刨作业

维修破损路面

2020年，县公路建设养护中心投入180万元，新购置中联洗扫车及洒水车各1台，专门用于城区进出口路段清扫及扬尘治理

沙洋县

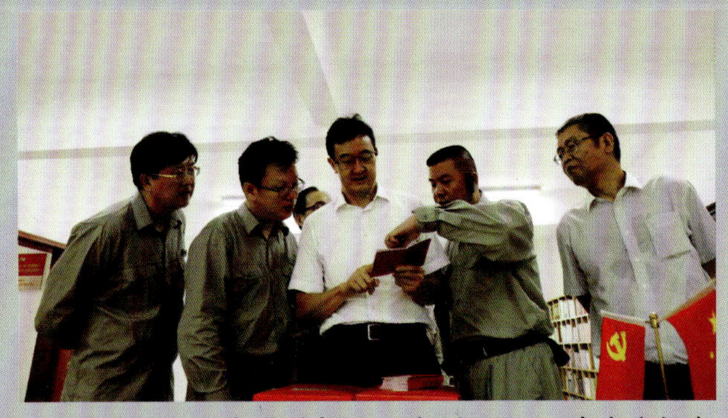

省电力公司党委副书记、副总经理、工会主席侯春（中）督导企业文化建设

省电力公司总工程师冀肖彤（右三）督导长湖保电工作

市电力公司总经理万康（左二）走访沙洋新港码头解决用电困难

沙洋县供电公司成立于2003年11月，位于沙洋县城洪岭大道与北环路交叉路口东南。主营电力销售及供电服务、电力线路及设备维护，负责为全县经济社会发展和人民生活提供电力保障。2019年，沙洋县全社会用电量10.83亿千瓦时，最大负荷19.7万千瓦。1000千伏荆门特高压变电站坐落于沈集镇王集、鄢岗、丁坪三村交会处。

截至2019年底，沙洋电网有220千伏变电站2座，主变3台容量51万千伏安；110千伏变电站8座，主变13台总容量41.75万千伏安，110千伏输电线路12条230.94千米；35千伏变电站13座，主变22台，容量14.38 万千伏安，35千伏输电线路22条231千米；10千伏配电变压器4700台，容量79.86万千伏安,其中：公变3578台，容量42万千伏安，企业及个体专变1122台，容量37.86万千伏安；10千伏配电线路156条2861.50千米，其中：10千伏公用线路122条2642.70千米；400伏及以下线路8210.5千米。

年内，沙洋县供电公司被国网湖北省电力有限公司表彰为2019年度红旗党委，被国网荆门供电公司评为2019年度最佳文明单位、2019年度红旗党委；2018年、2019年连续两年获县政府嘉奖令。

工作人员走访企业解决用电难题

工作人员到辖区学校开展"安全用电进校园"活动

供电公司

为湖北省第一届油菜花节活动保电

走访园区企业了解用电需求

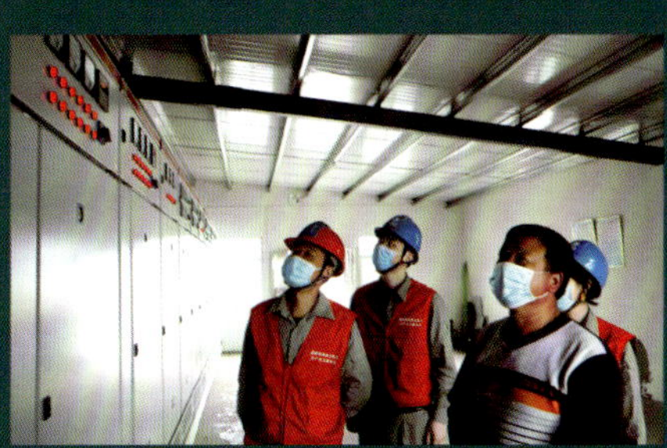

助力企业复工复产

为贫困村装设路灯

开展创卫行动，清理城区废旧电杆

开展带电检修减少用户停电时间

检查变电站运行情况

抢修变压器故障

工作人员到长湖开展防汛保电工作

为居民抢修线路故障

沙洋县宏图城市建设投资有限公司

2020年7月18日，市长王祺扬考察李市光伏电站

2020年4月，县人大常委会调研组一行到公司调研

2020年7月14日，董事长柴兴华、副总经理陈航巡查长湖防汛险情段面

沙洋县宏图城市建设投资有限公司成立于2004年9月，注册资金17.13亿元，总资产70亿元，其中净资产52.5亿元，属沙洋县大型国有企业。辖沙洋县市政工程公司、湖北佳成建设工程项目管理有限公司、沙洋县建筑勘察设计院、沙洋县宏诚测绘有限公司、沙洋县宏达建筑工程质量检测有限公司、沙洋县自来水公司、沙洋县康绿排水有限公司。

主营业务包括：基础性、公益性、功能性项目融资；投资、建设、管理；融资担保、委贷；房地产开发、保障性住房建设、棚户区改造；工程设计、项目管理、质量检测、工程监理、不动产测绘；市政公用工程、建筑工程施工总承包、代建、运营和管理；供水及污水处理设施建设运营；资产经营；光伏发电；物业管理；仓储物流等。

近年来，公司秉承“实干、担当、创新、图强”的国企精神，全面塑造“高标准、高质量、高速度”城投形象，为统筹推进沙洋经济社会发展作出积极贡献！

2020年4月，公司党员下沉农胜社区参加爱卫活动

2020年7月9日，公司防汛突击队在后港黄歇村防汛一线

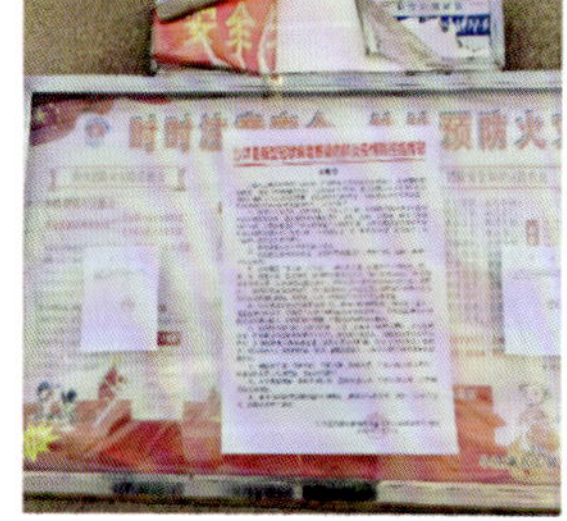

2020年3月疫情期间，监狱系统联合防控第四督办组组长苏海阔带队检查小江湖监狱疫情防控工作

沙洋县交通投资有限公司

2018年5月31日，沙洋县交通投资有限公司挂牌成立

2019年12月30日 ，沙洋县汉江二桥及G348绕城段项目完成工程总体进度35%，完成建安工程投资1.85亿元

沙洋县交通投资有限公司为国有独资企业，股东为沙洋县国有资产监督管理局。公司成立于2017年12月，注册资金10亿元。公司设有4部1室：经营发展部、项目管理部、计划财务部、成本法务部、综合办公室；有12家全资子公司和6家合资公司；员工百余人，其中硕士学历2人，本科学历13人，大专学历29人；高级工程师4人，中级工程师6人；一级注册建造师2人，二级注册建造师8人；一级注册造价师1人。主要职能是负责交通基础设施的投资、建设、开发和经营，政府授权范围内国有资产的经营管理；城市公共交通及客运站场的运营管理；河道采砂、销售；航道疏浚等。

2019年，公司围绕县委、县政府总体部署，理清思路，结合公司运营状况做好投资融资及防范化解金融债务风险，实现融资提款5.2亿元。同时，按照全年计划目标，精心组织、统筹安排，各在建项目稳步推进。在公路改造方面，承建公路改建项目5项：S342沙河线一级公路改建项目，完成建安投资4.37亿元，约占工程总量（55155万元）的79.24%；麻郭线改造项目，总投资2967.54万元，已完成交工验收；潘集湖旅游公路项目，总投资762.5万元，已完成交工验收；曾集镇四好农村公路路面刷黑工程，已完成路面17千米，约占总工程量的60%；207国道乌海线沙洋段（五里铺及十里铺集镇）路面大修工程，已完成五里铺集镇段4.7千米大修工程。在汉江二桥建设方面，完成桩基327根，完成主桥19#及22#桥墩承台混凝土浇筑，完成沙洋侧跨堤连续梁挂篮支架安装，完成天门侧跨堤连续梁下部结构施工。在G348绕城段建设方面，完成雨污水管网及管涵，全线路基完工，完成西荆河中桥28榀箱梁预制；累计完成建安投资约2.5亿元，约占工程总量的41%。在农谷干部学院建设方面，已完成食堂、文体中心、图书综合教学楼、学术报告厅的主体结构和砌体结构施工，完成1#学员宿舍、2#学员宿舍、职工综合楼、员工宿舍主体结构施工，完成建安投资约1.5亿元，约占工程总量的34%。

2019年10月15日，总投资约5.4亿元的中国农谷干部学院（沙洋）建设项目，已完成食堂、文体中心、图书综合教学楼等3栋单体建筑的主体结构，学术报告厅主体结构已完成2层，其余7栋单体建筑正在施工中

中国农业银行 AGRICULTURAL BANK OF CHINA | 沙洋县支行

2020年党建和经营工作会议

中国农业银行股份有限公司沙洋县支行是沙洋境内一家面向“三农”、城乡联动、综合经营的国有大型商业银行的分支机构，位于沙洋县汉津大道68号，其中沙洋支行本部内设一级部室4个、营销服务团队1个，辖营业网点11家，离行式自助银行7家，在职员工130人。

2020年新冠疫情爆发后，农行沙洋支行贯彻落实市委市政府关于金融支持复工复产的各项工作要求，围绕沙洋冲刺全省县域经济第一方阵目标，加大信贷投放力度，提供多层次、差异化、全覆盖的金融服务。截至10月末，农行沙洋支行新增授信5.38亿元，实现投放4.47亿元，净投放1.2亿元，“五行一社”排名第二。

沙洋农行2020年八届一次职工代表大会

沙洋农行2020年消费者权益宣传活动

中国邮政 CHINA POST

中国邮政储蓄银行沙洋县支行

党委书记、行长　严岱松

行长严岱松走访企业

中国邮政储蓄银行沙洋县支行自2008年成立以来，始终坚持“服务三农”“服务小微”的市场定位，践行服务民生、服务地方实体经济发展的定位，为全市经济社会发展作出积极贡献。

2019年，沙洋县支行围绕树牢“四个意识”、坚定“四个自信”、坚决做到“两个维护”，积极履行大行责任，助力地方经济发展。截至12月31日，全行自营网点各项储蓄余额144478万元，较年初净增21585万元，增长17.56%；各项贷款余额37423万元，较年初净增9330万元，增长33.21%。

加大信贷投放力度，支持地方经济建设。金融产品创新取得突破性进展。推出“农信贷”“楚农贷”产品，有效解决融资难、无担保、无抵押的困惑。服务中小企业成效显著。落实2019年早春行银企业签约工作，履约率100%。支持创业小额担保贷款发展。全年为全县2300多名再就业人员提供信贷支持。

服务民生，履行大行社会责任。积极服务民生，勇于担当，为全县所有低保户、高龄群体提供补贴资金的代发工作，为特殊群体提供优质金融服务。全年发放社保卡2万余张，承担制卡、耗材等费用50余万元。承担全县城镇居民合作医疗代收工作，全年代收金额近亿元，服务城乡居民32万余人次。承担居民养老保险的缴纳工作，全年服务城乡居民3万余人次。

党员开展主题教育

信贷客户经理下乡实地调查

中国农业发展银行沙洋县支行

沙洋农发行支行行长周晓霞到贷款企业——湖北洪森实业（集团）有限公司加工现场调研

沙洋农发行支行全体员工合影

2019年，中国农业发展银行沙洋县支行牢固树立发展第一要务理念，认真执行政策，明重点、抓机遇、强管理，盯目标、抢时间、赶进度，不等不靠、主动作为、尽职尽责，全力支持地方经济发展。截至年底，全行贷款余额184828万元，较年初增加23547万元;累计投放各类贷款66060万元，较2018年同期多投放贷款6578万元。全年获批贷款项目5个，金额8.49亿元。年内，沙洋县支行被评为市、县级文明单位。

沙洋农发行支行开展非法集资宣传活动

沙洋农发行支行贷款支持项目——沙洋县官垱镇高桥社区新农村（二期）建设项目现场

沙洋农发行支行办公大楼

支行荣誉室

中共沙洋县委党校

县委书记刘克雄讲话

县长陈威讲话

县委常委、统战部部长周翠兰讲课

中共沙洋县委党校位于洪岭大道南9号，为县委直属事业单位，是县委培训轮训干部、培养党的理论队伍的重要阵地。机关内设办公室、教务处、教务室、教研处、学员组织处、对外培训中心、总务处、信息化管理中心7个科室，编制16名。学校占地面积1.9万平方米，建筑面积5000平方米。2019年2月，县委党校获评“全县宣传思想文化工作‘春申杯’后发赶超先进单位”。

2019年，县委党校举办春秋两季主体班，组织学员分赴井冈山干部教育学院、河南焦裕禄干部学院开展异地教学。分别与县委组织部、县城投公司、县卫生健康局开展联合办学，举办包括村支部书记培训（2期）、意识形态专题培训、井冈山异地教学等特色专题联合培训，全年培训700余人次。组织骨干教师赴县直单位、镇（区）、企业广泛开展宣讲活动，累计宣讲20场，培训党员干部3000余人次。按照“专兼结合、外聘内培、资源共享”的原则,两期主体班聘请35名包括省、市委党校（院校）教授、先进人物代表与各领域专家学者、县直机关领导干部、业务骨干及企业人士等为客座教师，稳步提升办学质量。组织教师深入各工业企业、镇区、贫困村、县直单位，围绕民营经济发展、农村土地流转、基层领导干部意识形态等专题开展实地调研，完成调研课题3项。

沙洋县职业技术教育中心

2019年6月6日，县领导视察中心

校长 孙志平

重点项目——新校区建设

沙洋县职业技术教育中心
湖北省中职学校文化建设实验基地
湖北省学校文化研究会
华中师范大学学校文化研究中心
2019年11月

沙洋县教育系统2018年度
先进单位
沙洋县教育局
沙洋县人力资源和社会保障局
二〇一九年二月

沙洋县职业技术教育中心位于沙洋县汉津大道21号（原沙洋师范），由沙洋职教中心、五里高级中学、后港中学3校合并而成，为普职合一的综合型高级中学。

学校占地面积72369平方米，建筑面积69307平方米,环境优美，设备齐全，教学楼功能齐备，拥有全县唯一的室内体育馆。学校的办学理念：知识改变命运，技能创造财富，艺术成就未来；办学宗旨：让学生学有所获，学有所长，学有所专；办学目标：创业有优势，升学有保障，发展有基础。

学校有58个教学班，其中普高部设俊才班、励志班、实验班、艺术班、小语种班等，职教部分设汽修班、计算机班、学前班、护理班、财会班等。在籍学生2380人，在职在岗教师329人，其中高级教师占38%，全国优秀教师2人，湖北省优秀教师6人，荆门市名师8人，荆门市骨干教师16人。

学校高举“悦雅”文化育人大旗，推进“531”（五导三查一反思）智慧课堂课改工程，教育教学成果显著。先后获“湖北省最佳文明单位”“湖北省安全文明校园”“荆门市示范高中”“荆门市文明单位”“荆门市教育教学先进单位”等荣誉称号。2019年10月，学校成功申报“湖北省校园文化百强校”。11月，学校被确立为第一批“湖北省中职学校文化建设实验基地”。

党委书记、校长　唐青山

沙洋县教育工作领导小组2020年第二次全体（扩大）会议

武汉荆门商会助学奖教捐赠仪式

沙洋中学2020年秋季学期开学典礼暨表彰大会

2020年，沙洋中学在编在岗教职工252人，在校学生2867人，教学班级51个。秋季学期通过市“招硕引博”工程引进教师3人，通过县人社局事业单位公开招聘引进教师6人。截至年底，学校有高级教师115人，具有硕士及以上学历的27人。

疫情期间，学校积极响应上级“停课不停学”的号召，认真组织线上教学工作；心理辅导室发挥专业特长，开通疫情心理援助热线，对学生和家长进行一对一的心理辅导。5月6日，1000余名高三师生返校复课。7月10日，非毕业年级正式返校复课。高考续写“低进高出，高进优出”的质量神话，全校文理科一批本科上线308人，一批本科合格率达32.6%，本科率达90%；理科高分优势明显，全校600分以上人数56人，其中卢聿铭674分，录入上海交通大学工科实验班。特色教育再结硕果，学校入选教育部第三批国防教育特色学校（荆门市有5所学校上榜）。积极推动社会力量支持教育事业。8月29日，武汉荆门商会到学校开展捐资助学活动，对10名应届高中毕业生和10名优秀教师分别发放助学金和奖教金。9月10日，沙洋县教育工作领导小组2020年第二次全体（扩大）会议在学校召开，县委县政府高度重视沙洋中学的发展和建设，充分肯定学校对沙洋教育和沙洋经济发展所做的突出贡献。

返校复课

校园环境

后港镇西湖中学

电子图书室

送教下乡

后港镇西湖中学位于后港集镇，南临西湖，北接汉宜公路，是后港镇唯一一所初级中学。

学校始创于1964年,原址在新村五组（今后港党校），是一所戴帽初中(主体是原西湖小学)。1969年因形势发展，原西湖小学分为新村小学和西湖中学，西湖中学迁至今址。1978—1980年期间试办两届戴帽高中，随即停止。随着后港镇学校布局的调整，殷集中学、广坪中学、蛟尾中学先后拆并，学校的服务范围不断扩大，办学条件逐步提高。

学校占地面积43290平方米，建筑面积15522平方米，绿化面积16400平方米。有教学班21个，学生1033人，专任教师90人，其中中学高级教师15人，市县级骨干教师、学科带头人32人。学校教学设施完备，建有录播室、网络教室、电子备课室、电子阅览室、多功能物化生实验室等，每个班级均配齐交互式一体机。

近十年来，学校打造以“扛鲁洋旗、学鲁洋人、做鲁洋事”为主阵地的德育教育；落实“转变观念，强化服务，提升内涵”的系列教育教学活动；全体师生致力于“114”课堂教学改革和教育质量的提高，推动学校工作沿着科学轨道持续稳步前进。学校先后获得“中国德育学会先进实验学校”“省健康学校”“市德育十佳学校”“市教育科研先进学校”“县德育示范学校”等称号；连续多年被市、县教育局表彰为“教育质量先进单位”“教学管理先进单位”。2016年，湖北省电视台、《今日湖北》对学校特色办学及学校管理进行专题报道。2017年被县教育局授予“沙洋县第二批课堂教学改革窗口学校”称号、2019年被评为县“文明单位”、2019年11月学校档案工作目标管理被评定为“省一级”。在2019年高考中，学校2016届毕业生黄小龙以706分获得荆门市应届生理科第一名，并被清华大学录取。

教学楼

学校田径运动会开幕式

学校计算机教室

装饰一新的教学大楼

学生餐厅

文化长廊

教学楼前景观

新建的塑胶跑道

十里铺中学

十里铺中学位于十里铺镇207国道南街，是一所九年义务教育初级中学。1958年8月，随着教育发展的需要，十里铺在车坪乡政府（今粮站仓储大院）开办初中教育，称荆门县第十三中学。1960年，小学和中学分离，小学部搬迁到今十里铺中学位置，初中部在原地继续办学。1961年8月，首届初中生毕业。1970年1月在初中基础上开办高中教育，改称荆门县十里高中。1973年与十里小学校址对换，搬迁到今址，初中留在原地与小学合办，高中独立办学。1983年9月，停招高中学生，改办初中教育。1998年8月，将十里铺镇车坪中学合并到本校。

学校校园占地面积60706平方米，建筑面积9923平方米，绿化面积17169平方米。学校布局合理，教学区、运动区、生活区相对独立。建有教学楼、实验大楼、男女生公寓、学生餐厅、教工宿舍楼等，配有音乐室、美术室、体育器材室、卫生室、理化生实验室、多功能会议室、计算机教室、图书室、阅览室等12室和12个多媒体教室，教学办公逐渐实现网络化、信息化。

学校先后获得荆门市最佳文明单位、荆门市文明单位、荆门市绿化先进学校、荆门教学质量先进学校、沙洋县文明单位、沙洋县教学先进单位、沙洋县电教先进学校、沙洋县示范家长学校、沙洋县健康学校等称号。近年来，学校全面实施精细化管理，创建“美丽校园”“魅力教室”“雅致办公室”“温馨宿舍”“道德食堂”“实用功能室”，优化学校管理，提升办学水平，全方位提升学校品位。

沙洋县汉上实验学校

SHAYANGXIAN HANSHANG SHIYANXUEXIAO

▲县环保局工作人员对学生进行环保教育

沙洋县汉上实验学校起源于清乾隆年间沙洋汉上书院，是对沙洋历史名人、宋朝理学家朱震（世称“汉上先生”）的“廉洁守道”精神的传承。学校位于荷花北路，紧邻平湖公园，建设用地88209平方米，总建筑面积22384平方米，包括教学行政综合楼、食堂及风雨操场、设备房、400米跑道的标准塑胶运动场等设施。

学校开设小学部教学班47个，学生2515名，教师136名；幼儿园部教学班8个，幼儿284名，教师19名。拥有高级教师26人，一级教师107人，省级特级教师2人，省级骨干教师6人，市级学科带头人、骨干教师和名师14人。

学校开设独具特色的“勤学”校本课程。开展爱国主义教育、阅读分享、写作明志、手工创意、经典合唱和戏曲文化进校园等特色活动，激励学生勤奋学习、力争上游，引导学生陶冶情操、滋养心灵。打造活力四射的“向上”校本课程。开展诗词大会、动感拉丁舞、炫酷街舞、团体啦啦操、花式绳毽、趣味球类等特色活动，强化学生的进取意识，激发学生积极向上、追求卓越的品牌意识。构建品德至上的“廉正”校本课程。拓展廉正文化视角，丰富学生对廉正文化内容的认识，促进学生“崇廉洁、讲诚信、守纪律”的公德意识和习惯养成。创造拓展延伸的“守道”校本课程。开展棋类竞技、魔方比拼、法规辩论、武术健体和拓展实践等课程活动，坚韧学生意志、强化学生行为、提升学生意识、鼓励学生创新、净化学生心灵。

2019年，学校先后承办全市宣传思想工作现场会、荆门市第六届校长论坛等大型活动，获得湖北省健康示范学校、湖北省“四个100”法治建设示范点、荆门市首批特色学校、荆门市国学展演特等奖、荆门市示范心理辅导室、荆门市优质微课展示与评选活动优秀组织奖、荆门市优秀少先大队、荆门市依法治校示范学校、荆门市校务公开先进单位、沙洋县最佳文明单位、沙洋县教学质量先进单位等荣誉。

▲国学班节目《满江红 汉上》获荆门市国学展演特等奖

▲在戏曲进校园活动中，戏曲节目《小花旦》获县一等奖

▲舞蹈兴趣班的基本功训练

▲葫芦丝兴趣班的即兴表演

十里铺镇
十里小学

十里小学位于十里铺镇207国道与汉宜路交会处北约300米（顺安大道373号），始建于1936年，从1990秋至2006年秋，先后撤并荷堰小学等9所联村完小。学校有学生609人，教学班15个，专任教师45人,其中中共党员 19人，本科学历22人，专科学历23人，高级职称2人，市级骨干教师1人，县级学科带头人3人。

学校占地面积19600平方米,建筑面积8550平方米。学校环境优雅，景色怡人，是一所花园式小学。崭新实用的教学楼，秀美玲珑的绿化带，充满书香气息的校园环境，蓬勃生气的“乡村少年宫”项目，折射出学校深厚的文化底蕴。学校设备先进：书画室、录播室、音乐室、舞蹈室、图书阅览室、科学实验室、电子备课间和多媒体教室等功能教室一应俱全。

学校以“书香校园 博雅人生”为办学特色，围绕“博学多才 雅言雅行”目标，把校园特色创建和体艺“一校两特”、德育“一校一品”、乡村少年宫活动进行有机整合，开展一系列活动并取得丰硕成果。学校先后获得市“绿色生态校园”“特色学校创建先进学校”“平安校园”“优秀少先队大队”，县“师德建设”示范校、“示范家长学校”“教育质量先进单位”“常规管理示范学校”“教育技术装备先进学校”“文明单位”“综治维稳先进单位”等荣誉。

图书漂流站

文化墙

晨雾中的篮球场

教学楼

毛李镇中心小学

毛李镇中心小学始建于1948年2月，位于毛李镇校苑路38号，1981年2月改制为镇直公办中心小学。2020年，开设教学班16个，在校学生706人，专任教师42人，其中高级教师6人，一级教师26人，市县级名师、骨干教师、学科带头人12人。

2019年8月，教学楼改扩建项目正式动工，2020年9月正式投入使用。2020年7月改扩建学生食堂，新建塑胶篮球场，9月正式投入使用。

2020年，学校坚持“以人为本 以德为先 以安立校”为办学理念，以“快乐篮球 花样跳绳”为体育特色，以“灵动街舞”为艺术特色，以“阅读·乐读”为主题着力打造书香校园，营造良好的育人环境。

学校加强德育阵地建设，充分发挥学校中队、县青少年宫的作用，开展丰富多彩的德育主题教育活动。同时，推行“经典诵读”活动，形成“文明 健美 勤奋 向上”的良好校风和“自信 自主 乐学 善学”的良好学风。

学校先后被评为沙洋县“文明单位”“平安建设（综治）工作优胜单位”“‘阅读·素养·质量’主题活动先进学校”“常规管理示范学校”“荆门市‘放心食堂’”；罗云芳老师被湖北省人民政府授予“农村优秀教师”荣誉称号；刘继学、张浩、吴明金、何祖花等4位老师在沙洋县“阅读·素养·质量”主题活动中被评为“优秀个人”；金晨晖被评为荆门市“优秀少先队辅导员”；李丹被评为沙洋县戏曲进校园“优秀辅导教师”；刘梦玲在沙洋县首届青年教师教学竞赛中获优胜奖；鲁华翔家庭获荆门市“最美家庭”荣誉称号。

毛李小学塑胶篮球场

毛李小学新教学楼

五里中心小学创办于1970年，位于五里铺镇五洋路64号。学校的发展经历三个时期六个阶段：民办时期（1970—1977年）、公民合办时期（1978—1982年）、公办时期（1982年至今）；开办阶段（1970—1971年）、创新阶段（1972—1975年）、变迁阶段（1976—1979年）；恢复阶段（1980—1984年）、巩固阶段（1985—1991年）、飞跃阶段（1992至今），历经12任校长。

学校占地面积3.3万平方米，教学大楼雄伟壮观，科教楼装备一流，教职工宿舍新颖别致，运动场地宽阔平坦，班班通教室配备齐全，建有300米的环形跑道，2个塑胶篮球场，校园整洁亮丽，绿树成荫，四季如画。有教学班14个，学生527人，教职工60人。教师中，本科学历42人，市县骨干教师15人。

学校坚持“以人为本，特色办校”的办学理念，以“创满意的教育和学校”和“师风建设‘十不准’”为工作要求，以“创一流环境、办一流学校、出一流质量、育一流人才”为办学目标，秉承“文明、守纪、勤奋、向上”的校训，传承“正直、勤奋、和谐、健美”的校风，发挥“敬业、爱生、厚德、博学”的教风，发扬“自信、自主、乐学、善学”的学风，以质量为中心，以教育科研为先导，以德育为抓手，以教育现代化为手段，以教育活动化、信息化为策略，精心打造五里小学教育品牌。先后获“荆门市花园式学校”“荆门市示范学校”“荆门市平安校园”“沙洋县文明单位”“沙洋县小学教育教学质量先进单位”“沙洋县教育科研目标考核先进学校”“沙洋县‘阅读 素养 质量’常规管理示范学校”等荣誉称号。

研学旅行

庆“六一”文艺汇演

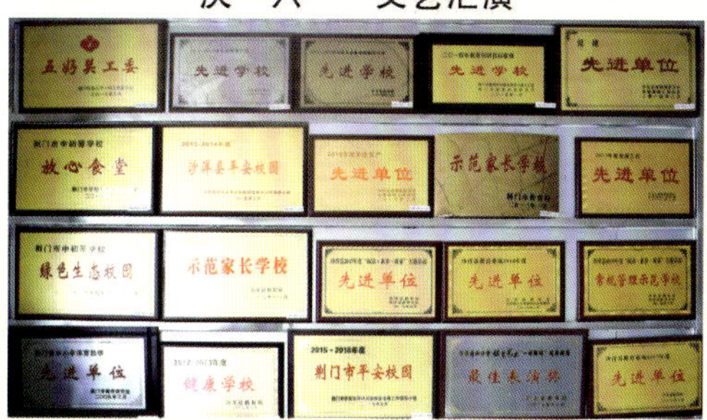

荣誉墙

校园一角

沙洋县妇幼保健院

沙洋县重大项目集中开工活动分会场·沙洋县妇幼保健院综合大楼项目开工仪式

沙洋县妇幼保健院开业

沙洋县妇幼保健院始建于2008年3月，位于城区中心汉津大道97号，是政府举办、不以营利为目的、具有公共卫生性质的公益性事业单位，是一所以保障妇女儿童身心健康为宗旨的二级专科医院。多年来，县妇幼保健院坚持“以保健为中心、以保障生殖健康为目的，保健与临床相结合，面向群体、面向基层和预防为主”的妇幼卫生工作方针，努力为全县妇女儿童健康提供优质、安全、周到、细致的服务。

2018年，医院整体搬迁工程正式启动。该项目位于沙洋县汉津大道与开源大道交叉口，占地面积1.63万平方米，分两期建设。计划建成后病床数达200张，装备有中央空调、中心呼叫、中心吸氧、中心负压吸引、病房热水供应、电视监控、计算机网络、婴儿防盗系统、五方会议系统等智能化系统；大楼按照大部制理念进行科室布置，设置孕产保健、儿童保健、妇女保健和计划生育技术服务中心。

沙洋县妇幼保健院综合大楼建设现场

沙洋县妇幼保健院新院效果图

后港镇 中心卫生院

市卫计委主任李志珍（右一）、县政协副主席康凤英（左二）、县医保局局长李克华（左三）调研后港镇国医堂

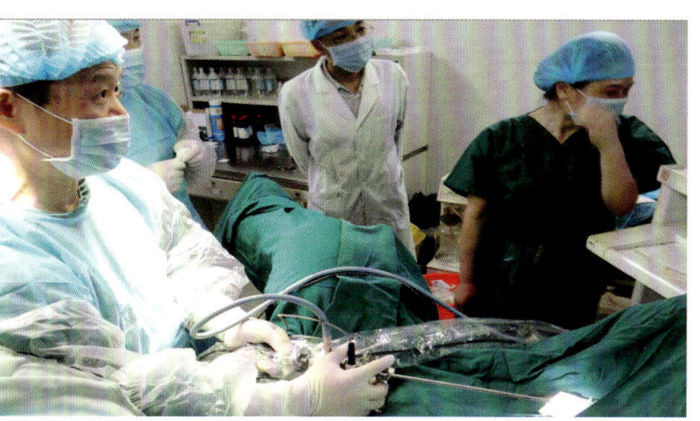

前列腺电切手术（荆州市中心医院张先觉（左一）主任主刀）术前对焦

后港镇中心卫生院（沙洋县第二人民医院）始建于1952年，是后港镇唯一一所集医疗、预防、保健于一体的综合性医院，担负着后港镇30个行政村及4个社区1个集团8万余人民群众的基本医疗和公共卫生服务。1979年省卫生厅批准为后港镇中心卫生院；1995年6月被卫生部授予一级甲等医院；1996年10月被世界卫生组织儿童基金会授予“爱婴医院”。

一直以来，该院坚持预防为主、综合服务、健康促进的方针，以妇女、儿童、老人、残疾人以及重症病患者为重点服务对象，以满足人民群众基本卫生服务需求为目的，对辖区的个人和家庭提供“预防、医疗、保健、康复、健教、计划生育技术指导”六位一体的基本卫生服务。医院开设内科、儿科、外科、妇产科、口腔科、理疗科、中医科等临床科室及检验、放射、心电图、超声等医技科室。

医院立足于常见病、多发病的诊断与治疗，急重症病人的抢救。能开展各种肛肠手术、疝修补术、阑尾切除术、腹腔镜胆囊切除术、腹腔镜子宫全切、宫外孕、黄体破裂、剖宫产、包皮环切、泌尿系手术、各类骨折内固定手术及前列腺电切术等，打造出结构合理、特色鲜明、管理一流、服务后港、辐射周边乡镇的特色科室--消化内科，并开办以推拿、针灸、火罐、刮痧、熏蒸等中医适宜技术为特色的国医堂。

后港国医堂

门诊部

十里铺镇卫生院

卫生督查

门诊部

住院部

十里铺镇卫生院始建于1975年，位于十里铺镇中心、207国道旁，是一所集医疗、预防、保健、康复于一体的一级甲等卫生院。卫生院下设门诊部、住院部、公共卫生科和18个村卫生室，服务于全镇17个行政村和1个社区，承担着全镇3.8万多人的医疗、预防和保健服务。

卫生院占地面积8347.10平方米，建筑面积4621.54平方米，其中业务用房面积2725平方米。建有门诊部、住院部各1栋，职工宿舍楼3栋，形成生活区与工作区分开，门诊部、住院部两部分分设的合理布局。编制床位50张，开放床位57张。

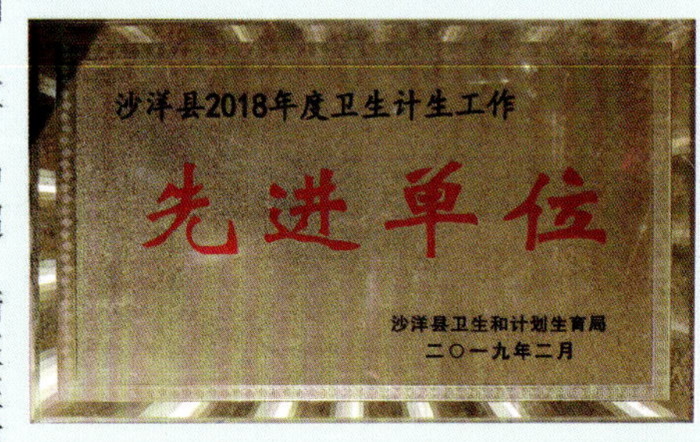

卫生院在岗职工52人，其中专业技术人员44人（副高职称3人，中级职称14人，初级职称27人）。固定资产527万余元，拥有DR、彩超等万元以上设备10多件。

多年来，卫生院始终坚持“救死扶伤，实行革命的人道主义精神，全心全意为人民服务，以病人为中心”的宗旨，以良好的医德医风、严谨的工作作风、精湛的医疗技术、热情的服务态度、优良的医疗环境，为病人服务，为社会服务，创造了良好的经济效益和社会效益。

国医堂

放射科

李市镇卫生院

市卫健委领导到院督察疫情防控工作

院班子成员会议

李市镇卫生院始建于1956年，位于李市镇金牛路26号。占地面积20854.53平方米，其中建筑面积8621.66平方米，设有2个门诊部和1个住院部，实际开放床位50张。在岗人员65人，医护技工作人员56人（其中执业医师26人，执业护士27人，执业药师1人，主管技师2人）；会计6人（会计师1人，助理会计师2人，会计员3人）；后勤3人。

国医堂

理疗科